论 物 体

〔英〕霍布斯 著

段德智 译

商务印书馆
2019年·北京

Thomas Hobbes

Elements of Philosophy

The First Section

Concerning Body

John Bohn，1839

本书根据约翰·博恩出版公司 1839 年版译出

中文版译者序言

段德智

《论物体》是17世纪英国哲学家霍布斯(1588—1679)的一部专论其物体哲学或自然哲学的著作。该著最初以拉丁文写成,于1655年出版。1668年,该著作为《霍布斯哲学著作全集(拉丁文版)》第一部分的内容予以再版。[①]1839年,威廉·莫尔斯沃思将其翻译成英文,作为他所编辑出版的11卷本的《托马斯·霍布斯英文著作集》的第1卷出版。一如莫尔斯沃思所说,他在该著付梓之前,曾将其交给霍布斯本人予以"审读"。霍布斯不仅对译著进行了修订,而且还对原著进行了增补,甚至重写了其中两章。[②]因此,莫尔斯沃思强调说,英文版《论物体》表达的"完全"是"作者自己的观念和意思"。[③]本书就是根据这个英译本翻译出来的。

[①] 《霍布斯哲学著作全集(拉丁文版)》共有三个部分。其中第一部分重印了《论物体》《论人》与《论公民》;第二部分主要是一些数学与物理学著作片断;第三部分是《利维坦》的一个拉丁译本,附有一个新附录,取代了先前的"评论与结论"。

[②] 这两章分别是第十八章"论直线与抛物曲线的相等,与模拟抛物线造成的其他图形"和第二十章"论圆的面积,及角或弓形的分割"。

[③] 参阅本著"英译者致读者"。

一、《论物体》的酝酿与写作

《论物体》虽然于1655年出版,但霍布斯写作这样一部著作的源头却可以一直上溯到25年前,即1630年。那一年,他在第二次到欧洲大陆旅游途中,在一位绅士的图书馆里,意外地读到了欧几里得的《几何原本》,一种新的世界景象展现在他的面前,他决意以几何学论证为样板,撰写出一部"没有论战和争论"的哲学论著。当时他并没有想到,这样一部哲学著作直到25年之后才问世,而且他也不是像笛卡尔那样坐在火炉旁进行其哲学沉思形成其第一哲学的,相反,他的物体哲学或自然哲学却是在一系列哲学争论中逐步酝酿成型的。

在霍布斯参与的一系列哲学争论中,最值得一提的当是他与笛卡尔之间开展的那场争论。无疑,无论是笛卡尔还是霍布斯都深受伽利略的物体和运动概念的影响,不同的是,笛卡尔仅在物理世界范围内运用伽利略的思想,而霍布斯则进一步将其运用到精神世界。这样,在他们之间便出现了二元论哲学和唯物主义一元论哲学之间的对立。1640年3月,笛卡尔在完成其第一部主要哲学著作《第一哲学沉思集》后,曾征求当时欧洲哲学界一些著名学者的意见,霍布斯当即提了16条批评意见予以反驳,笛卡尔对此都一一进行了"答辩"。1641年,霍布斯的反驳与笛卡尔的答辩作为"第三组反驳与答辩"附在《第一哲学沉思集》后面出版。霍布斯的反驳虽然涉及笛卡尔的所有六个沉思,但却主要集中在下述几个方面。(1)针对笛卡尔关于"我是一个在思维的东西",从而我是

"一个精神,一个灵魂,一个理智,一个理性"的说法,霍布斯指出:笛卡尔在这里混淆了"体""用",把"理智的东西"和"理智""当作一回事"。断言:"一个在思维的东西可以说是精神、理性或理智的主体,从而是物体性的东西。"①(2)针对笛卡尔事实上将推理视为用"是"这个字串起来的"一连串的名称的总和"的作法,霍布斯批评道:这样一来,"用理性,我们得不到任何有关事物的本性的东西,只能得出有关这些事物的称号"。②(3)针对笛卡尔的天赋观念论,霍布斯强调:我们心中的观念不是天赋的,不是来自上帝的,而是来自我们自己,来自我们对外物的感觉,都"是由一些看得见的东西的观念组合而成的"。③ 因此,我们根本没有上帝的观念和灵魂的观念,也没有实体的观念。④(4)针对笛卡尔将本质视为存在的观点,霍布斯强调指出:本质"不同于存在","它不过是用动词是结合起来的一堆名词"。⑤ 霍布斯的"反驳"既关涉到本体论,也关涉到认识论。一个人只要浏览一下《论物体》,就不难看出霍布斯在与笛卡尔的这场争论中已经确立了他的《论物体》的核心观点和基本立场。

事实上,霍布斯在其完成对笛卡尔《第一哲学沉思集》的反驳后即准备全面启动《论物体》的写作工作,但他的这一写作计划却因其在很长一段时间里受雇做宫廷数学教师而一直未能如愿。尽

---

① 笛卡尔:《第一哲学沉思集》,庞景仁译,北京:商务印书馆,1996年,第174页。
② 同上书,第179页。
③ 同上书,第181页。
④ 同上书,第186页。
⑤ 同上书,第196页。

管如此，霍布斯还是断断续续地为写作《论物体》做了一些准备。在此后的几年时间里，霍布斯研究了感觉问题和光学。1644年，他在著名学者梅尔森主持的《物理—数学杂志》上发表了他的《论光学》。同年又在梅尔森主持的《巴里斯提卡》(Ballistica)杂志上发表了《序言（论感觉）》一文。1646年，霍布斯完成了《光学初稿》。《光学初稿》虽然当时未能出版，但作为霍布斯感觉学说的一个大纲，后来成了其《论物体》第四篇"物理学"的一个草稿。

真正说来，《论物体》的写作是在1651年霍布斯完成《利维坦》从法国返回英国后才正式启动的。经过四年的努力，霍布斯终于于1654年完成书稿，并最终于1655年在伦敦出版了这部著作，终于圆了自己25年前萌生的哲学梦想。

霍布斯之所以能够在这四年时间内完成《论物体》的书稿，从政治大环境看，一方面得益于英国内战（1642—1651）的结束，另一方面也得益于其公民哲学与新兴政权的合拍，从而使其可能过上相对宁静的生活。但霍布斯的个人生活却并没有因此而完全宁静下来，《利维坦》的出版虽然给他带来了极高的声誉和学术地位，但却也给他招来了种种非难，使他很快又卷进了论战的旋涡。这些论战既关涉到"宗教权利与国家权力之争"和有神论与无神论之争，也关涉到作为霍布斯公民哲学理论基础的物体哲学或自然哲学是非之争（尤其是关于霍布斯自由意志学说的争论）。与此同时，剑桥柏拉图派代表人物之一亨利·莫尔（1614—1687）也向霍布斯的物体哲学或自然哲学发起了挑战。1653年，亨利先后出版了两部著作，即《对无神论的消毒剂》和《神秘的臆测》，其矛头或是直接或是间接地指向了霍布斯的物体哲学或自然哲学。按照亨利自己的说法,其著述的目的并不在于"使哲学神学化",而是在于"通过驳回反对有神论和灵魂不死的论证"建立起"环绕神学的外层篱笆或外部堡垒",显然意在反对"霍布斯加印在世界上的那种唯物主义"。① 如前所述,霍布斯不仅否定上帝观念和灵魂观念的存在,而且还将他的整个物体哲学或自然哲学都置放在他的机械论之上,与此相反,亨利则断然否认"纯粹机械现象"的存在,强调机械现象根源于那弥漫于整个物理世界的"自然精神"或"世界灵魂",并且因此还提出了"无形体的广延"问题。需要指出的是,亨利不仅是一个柏拉图主义者,而且还是一个笛卡尔主义者。但由于他将笛卡尔的二元论最终引上了唯心主义的一元论或唯灵论,就使得他的哲学整个走向了作为唯物主义一元论者的霍布斯的对立面。② 面对同胞的挑战,霍布斯不能置之不理。这也可以看作是霍布斯与笛卡尔主义的第二次论战。

《利维坦》的出版不仅在政治哲学、宗教神学和一般世界观领域引起了论战,而且这场论战的风暴还波及几何学领域。在《利维坦》中,霍布斯不仅宣布"世界是物体",而且还宣布几何学是"自然科学之母",乃至"哲学之母",断言:"一个人要讲哲学",就必须"首先在几何学方面有很深的素养"。③ 据此,霍布斯借机攻击了大学和大学教育:大学里唯有罗马宗教的权威和亚里士多德的权威"在

---

① 威廉·里奇·索利:《英国哲学史》,段德智译,陈修斋校,济南:山东人民出版社,1992年,第83—84页。
② 同上书,第89、84页。
③ 参阅霍布斯:《利维坦》,黎思复、黎廷弼译,杨昌裕校,北京:商务印书馆,2014年,第543—544页。

这里流行"。"至于几何学,则由于它不服从任何东西而只服从严格的真理,所以在最近时期以前没有任何地位。任何人如果凭自己的天资在这方面达到了任何圆满成熟的程度,便会被一般人认为是魔术家,他的学艺则被认为是魔鬼式的学艺。"① 他的这些评价遭到了一些大学教师的批评,特别是遭到了牛津大学数学教授们的强烈反对。但霍布斯不顾这些批评意见,在《论物体》第二十章"论圆的面积,及角或弓形的分割"里,具体地考察了求证圆的面积的三种尝试,突出地炫耀了自己在几何学领域的所谓"化圆为方法"。② 这导致了更大的数学争论。

应该说,这样一些争论对于霍布斯《论物体》的写作的影响是双重的。一方面,这些争论干扰了霍布斯平静的写作生活,另一方面它们又敦促霍布斯更深刻地反思其中所内蕴的自然哲学问题及其与公民哲学的关联,从而使他对其自然哲学的阐述更具意向性也更加深入和系统。

二、《论物体》的基本内容

对《论物体》,霍布斯非常自信,曾自称其为一部"伟大著作",而它之所以伟大,就在于它的创新,在于它"自始至终都新意盎然"。③ 霍布斯高度赞扬了伽利略的历史功绩,称赞他"第一个向

---

① 参阅霍布斯:《利维坦》,黎思复、黎廷弼译,杨昌裕校,北京:商务印书馆,2014年,第545页。
② 参阅本著第三篇,第二十章,第1—4节。
③ 参阅本著"作者献辞"。

我们打开了宇宙自然哲学的大门,使之成为运动本性的知识"。①而他的《论物体》从根本上说,也就是一部运用这样一种"运动本性的知识"来解释物体运动的著作。

《论物体》主体部分共分 4 篇 30 章。这就是"计算或逻辑学"(含 6 章),"哲学的第一根据"(含 8 章),"论运动与量的比例"(含 10 章)和"物理学,或自然现象"(含 6 章)。

在第一篇"计算或逻辑学"里,霍布斯围绕着理性问题,主要阐述了下述三个问题。首先,针对笛卡尔将哲学或推理视为"一连串名称总和"的观点,霍布斯强调物体乃哲学的唯一对象,哲学无非是求知物体的产生和特性的知识。并且据此提出了哲学排除神学的著名论点。② 其次,针对笛卡尔的天赋观念学说,霍布斯断言"知识的开端乃是感觉和想象的心像",提出了"推理即计算"的著名观点,并相应考察了"名称""命题"和"三段论",强调我们的理性知识对客观存在的个体事物的依赖以及对我们关于外在事物的感觉及其观念的依赖,③初步形成了基于感觉论的指称理论或"观念论的意义理论"。最后,霍布斯探讨了"哲学的方法"。霍布斯首先区分了两门科学,这就是"关于原因的科学"和"关于那个在者的科学"。他断言:借感觉、想象和记忆,我们就能获得关于那个在者的科学知识,但要获得关于原因的科学知识,我们便需要推理,需要加减计算,从而需要"组合法"(即综合方法)和"分解法"(即分析方

---

① 参阅本著"作者献辞"。
② 参阅本著第一篇,第一章,第 8 节。
③ 参阅本著第一篇,第六章,第 1 节。

法)。①

既然在霍布斯看来,哲学或自然哲学无非是关于物体的特性及其产生的学说,则他的自然哲学的基本任务便在于考察物体的特性及其产生,一般地说这就是本著后面三篇的内容,特殊地说,这就是本著第二篇"哲学的第一根据"的内容。

霍布斯首先讨论了物体的特性。与笛卡尔简单地将物体定义为"空间"或"广延性"不同,霍布斯给物体下的定义是:"物体是不依赖于我们思想的东西,与空间的某个部分相合或具有同样的广延。"②在这里,霍布斯虽然强调广延性是"为一切物体所共有"的"特性",但这样一种特性也只是一种"偶性"。作为偶性,广延性既非一种物体,也非物体的"一个部分",就好像红色之在血液里,红色既不构成一种新的物体也不构成血液的"一个部分"。③霍布斯不仅强调物体的广延性,而且强调物体的持续性,并且将时间与物体的运动联系起来,宣称:"我们是以运动来量时间,却并不是以时间来量运动的。"④这就与将时间理解成一种"思想方式"的笛卡尔的时间观区别开来了。霍布斯还将物体的偶性区别为两种:一种是我们刚刚讨论过的广延性这样一种为"一切事物所共有"的偶性,还有一种是"不为一切物体所共有,只为某些物体所特有的偶性",如静、动、颜色、硬之类。⑤

---

① 参阅本著第一篇,第六章。
② 参阅本著第二篇,第八章,第1节。
③ 参阅本著第二篇,第八章,第2节。
④ 参阅本著第二篇,第七章,第3节。
⑤ 参阅本著第二篇,第八章,第3节。

霍布斯在讨论过物体的特性之后，紧接着便讨论了物体的产生。在霍布斯看来，世界上的物体并不是孤立存在的，而是相互作用着的，从事物产生的角度看问题，物体之间的关系是一种因果关系。针对笛卡尔将上帝视为物体运动原因的观点，霍布斯一方面强调万物的产生都有其"必要的原因"，[①]另一方面又强调"没有任何运动的原因不存在于交接的和受到推动的物体之中"。但霍布斯片面地强调了因果必然性，将因果性混同于必然性，根本否认偶然性的存在，将偶然性归因于人们认识上的无知，宣称："一般而论，一切偶然的事物都有其必然的原因"，人们一般地"是把他们未察觉出具有必然原因的事件叫作偶然事件"。[②] 这无疑是其哲学机械论性质的一个典型表现。

霍布斯既然在第二篇里讨论了物体产生的原因，接下来他就势必在第三篇里考察运动问题。因为万物"总共只有一个普遍原因，这就是运动。……而运动除了以运动为原因外，不可能被理解为具有任何其他的原因。"[③]在霍布斯看来，运动不仅是物体产生的原因，也不仅是物体变化的原因，而且还是物体的差异原则和区分原则。正是不同的运动形成了不同科学的考察对象，正是对不同运动的考察形成了不同的科学："对点、线、面、体简单运动的考察"形成了几何学；[④]"对一个运动的物体在另一个物体上造成结果的考察，以及对任何一个物体的各个部分所造成的结果的考

[①] 参阅本著第二篇，第九章，第 5 节。
[②] 参阅本著第二篇，第十章，第 5 节。
[③] 参阅本著第一篇，第六章，第 5 节。
[④] 参阅本著第一篇，第六章，第 6 节。

察",形成了物理学;① "对心灵运动的考察"形成了道德哲学和公民哲学。② 霍布斯运动学说中最大的亮点是他提出的"努力"概念。与笛卡尔一味拘泥于机械运动甚至将动物视为"自动机器"不同,霍布斯将"努力"视为其运动学说的一项基本原则。按照霍布斯的说法,所谓"努力"即是"在比能够得到的空间和时间少些的情况下所造成的运动"。③ 霍布斯的"努力"概念是一个普遍概念,既意指物体的物理属性,也意指物体的心理属性和精神属性,意指动物和人的欲望、欲求或愿望。在霍布斯看来,动物不仅有"生命运动",而且还有"自觉运动"。也正是在"努力"概念的基础上,霍布斯提出了物体能够意欲和思维的观点。他的努力概念对莱布尼茨的"力本论"思想和狄德罗的"活动力"概念的酝酿和产生都有过积极的影响。但毋庸讳言,从根本上讲,霍布斯将所有的运动都归结为简单的位移运动,宣布:"运动是连续地放弃一个位置,又取得另一个位置。"④ 因此,他的运动观从根本上讲依然是一种机械论的运动观。

霍布斯在对运动做过考察之后,随即进入了对物理学的考察。需要特别指出的是,无论在致思的目标还是在致思的路径方面,物理学与逻辑学、哲学的第一根据和运动学都大异其趣。逻辑学、哲学的第一根据与几何学旨在证明,物理学则旨在发现;前者遵循的是由因及果以及从普遍到个别的理路,后者遵循的则是由果及因

---

① 参阅本著第一篇,第六章,第6节。
② 同上。
③ 参阅本著第三篇,第十五章,第2节。
④ 参阅本著第二篇,第八章,第10节。

以及从个别到普遍的理路;前者的着眼点是人的理智及其推理活动,是我们自己构建的那些语词的合法使用,后者的着眼点则是对我们感觉观念或现象成因的合理分析;前者依靠的是推理,后者依靠的是假设;前者追求的是普遍必然性、合理性与正确性,后者追求的则是盖然性与逼真性。霍布斯对其在这两个方面工作的自我评价是:在逻辑学、哲学的第一根据与运动学中,"所有的定理都是正确推证出来的";在物理学中,我们所假设的有关自然现象的可能的原因虽然未必绝对为真,但却"足以解释有关自然现象的产生"。①

在第四篇中,霍布斯还比较系统地阐释了他的感觉论。霍布斯用他的"努力"概念来解释感觉,宣称:"感觉是一种心像,由感觉器官向外的反作用及努力所造成,为继续存在或多或少一段时间的对象的一种向内的努力所引起。"②他的这个定义既考虑到了感觉主体的作用,也考虑到感觉对象或外界物体的作用,在当时条件下,应该说是一个比较健全的感觉概念。与完全否认感觉可靠性的笛卡尔不同,霍布斯强调感觉知识的可靠性,将其视为我们认识外界物体的有效途径。霍布斯断言:"与对感觉的默思相应的是对物体的默思,而物体乃感觉的动力因或对象。"③他对物理学的整个考察就是基于他的这一感觉论思想的。在物理学部分,霍布斯还比较系统地阐释了他的关于物体的"第一性的质"和"第二性的质"的学说。两种性质学说的源头可以一直上溯到古希腊的德谟

---

① 参阅本著第四篇,第三十章,第15节。
② 参阅本著第四篇,第二十五章,第2节。
③ 参阅本著第四篇,第二十六章,第1节。

克利特,至近代,伽利略在近代力学或物理学的基础上复兴和发展了这一学说。霍布斯继承和发展的正是伽利略的两种性质学说。

三、《论物体》的逻辑框架

由以上的概述不难看出,《论物体》的四篇内容不是孤立的,而是紧密地联系在一起的。至于各篇的内容,霍布斯曾将其概括为"理性"(第一篇),"定义"(第二篇),"空间"(第三篇),"星辰"与"感觉性质"(第四篇)。① 霍布斯之所以将逻辑学的内容概括为"理性",乃是因为在霍布斯看来,逻辑学阐释的是"理性之光"。众所周知,逻辑学从"真实的哲学定义"开始又以阐释"推理"为其主体内容。但"真实的哲学"本身不是别的,正是"人的自然理性",②亦即"理性之光"本身。而"推理"也不是别的,无非是人的理性或人的"思维"能力。③ 霍布斯之所以用"定义"来概括"哲学的第一根据"的内容,乃是因为在这一篇里,霍布斯"依据精确的定义把一些最普遍的概念辨别开来,以免混淆和模糊"。④ 事实上,霍布斯自然哲学的基本概念,如物体、偶性、运动、原因、结果、能力、活动等,差不多都是在这一篇里界定出来的。霍布斯之所以用"空间"来概括第三篇的内容,乃是因为这一篇虽然以"论运动与量的比例"为

---

① 参阅本著"作者致读者书"。
② 同上。
③ 参阅本著第一篇,第一章,第3节。
④ 参阅本著"作者致读者书"。

标题,但它事实上"阐释的是空间的扩展,这也就是几何学"。① 霍布斯之所以以"星辰"和"感觉性质"来概述第四篇的内容,乃是因为这一篇主要阐述的是"星辰运动"和"感性性质学说"。②

至于这四篇内容的逻辑关联,我们是不难发现的。应该说,它们之间是存在有一个线性的逻辑链条的。因为倘若没有"理性"或理性之光,没有推理,没有名称、命题和三段论,我们是断然不可能给物体、运动、原因、结果、能力、活动、分解法和组合法这样一些最普遍的概念下"定义"的,从而我们就断然不可能对"几何学"和"物理学"作出任何恰当的阐释。因为如果我们没有物体、运动、原因、结果等概念的真实的定义,我们便既不可能正确阐述"运动与量的比例"和"空间的扩展",也不可能正确阐述"星辰运动"和"感性性质学说"。此外,如果我们对几何学或对"运动与量的比例"没有正确的认识,我们也不可能对"星辰运动"和物体的"感性性质"有恰当的阐述。

为了论证和强调《论物体》四篇之间的这样一种逻辑联系的必然性和正确性,霍布斯还将他关于"理性"、"定义"、"空间"、"星辰"、"感觉性质"的"默思的次序"与"世界创造的次序"一一对应起来,强调他之写作《论物体》实际上是在"模仿""世界创造的过程":"世界创造的秩序是:光、昼夜的区分、天、光体、有感觉的受造物……因此,我们沉思的次序便应当是:理性、定义、空间、星辰、感觉性质"。③ 不难看出,《论物体》中的"理性"对应的是"世界创造

---

① 参阅本著"作者致读者书"。
② 同上。
③ 同上。

过程"中的"光","定义"对应的是"昼夜的区分","空间"对应的是"天","星辰"对应的是"光体","感觉性质"对应的是"有感觉的受造物"。读过《创世记》的人都知道,这里展现的正是上帝创造世界的头五天的进程。毋庸讳言,上帝六天创世是个事关基督宗教基本信仰的神话故事,"但是这个神话本身却蕴含着一种出乎意料的理性思辨"。① 上帝六天创世工作实际上是一项惊人严谨的逻辑演绎工作。例如,根据《创世记》,上帝是在第一日创造出"光",在第二日创造出"天",在第四日创造出"光体",它为什么不讲上帝在第一日创造出"光体"而于第四日创造出"光"呢? 原来《创世记》的上述说法是非常严谨的。首先,所谓"光体",顾名思义,是一种发光的物体。这样一来,它就只能是"光"的一个下位概念。从而,先讲创造"光"再讲创造"光体"就成了一件非常合乎逻辑的事情了。再说,《创世记》在这里所说的"光体",并非普通的"光体",而是指挂在天上的光体,即太阳、月亮和众星。既然太阳、月亮和众星是挂在天上的光体,则在创造出这些光体之前,也就需要先有"天"的存在。这样,既然上帝是在第二日创造出"天"的,则上帝对光体的创造就必须在第二日之后,而不能在第二日之前。② 同样,如果《论物体》先讲"空间"(第三篇)和"星辰"与"感觉性质"(第四篇),再讲"理性"(第一篇)和"定义"(第二篇),其逻辑关系便势必很混乱,而且这也从根本上违背了霍布斯的"推证的方法"或"叙述的方法"。所有这些都是需要《论物体》的读者细心体会的。

---

① 参阅段德智:《哲学的宗教维度》,北京:商务印书馆,2014年,第433页。
② 同上书,第433—434页。

四、《论物体》在霍布斯哲学体系中的基础地位

霍布斯的哲学体系,按照他自己的意见,主要由三个部分组成,这就是《论物体》(自然哲学)、《论人》(道德哲学)和《论公民》(政治哲学)。1668年,霍布斯在阿姆斯特丹出版的《哲学著作集》的第一部分就是由这样三本著作组成的。这也就是我们通常所说的霍布斯的哲学"三部曲"。

就这三部著作写作的顺序看,《论公民》最早,《论物体》其次,《论人》最后。《论公民》,作为专门讨论霍布斯"服从"学说的著作,其源头可以一直上溯到1640年,甚至更早些时候。因为在这一年,霍布斯的作为《论公民》前身的《自然的与政治的法律原理》(拉丁本)便已经以手稿形式在国会开会期间流传开来。① 1642年,《论公民》在巴黎出版。该著实际上是《自然的与政治的法律原理》第二部分的扩充版和英译本。1647年,霍布斯在阿姆斯特丹出版了《论公民》的修订版,书名也更改为《公民哲学原理》。1650年,霍布斯先后出版了《人的本性,或政治的基本原理》和《论政治物体,或道德的与政治的法律原理》。这两部著作其实是霍布斯早在1640年即完成的《自然的与政治的法律原理》的重述和发挥,其中《人的本性,或政治的基本原理》主要由《法律原理》的1—13章的

---

① 1640年10月,英国进行国会选举,产生了以资产阶级和新贵族占主导地位的"长期国会"(1640年11月—1653年4月),拉开了英国资产阶级革命的序幕。

内容组成，《论政治物体，或道德的与政治的法律原理》则主要由《法律原理》第14章以下各章的内容组成。1651年，霍布斯一口气出版了三部有关《论公民》的著作：第一部是《正义与适宜原理，为〈论公民〉辩护》，在阿姆斯特丹出版；第二部是《关于政府与社会的哲学基础》，作为《论公民》的英译本，在伦敦出版；第三部是《利维坦或一个教会与共同体的质料、形式和权力》，该著在巴黎写成，于伦敦出版。《利维坦》共含四个部分：（1）"论人类"，（2）"论国家"，（3）"论基督教体系的国家"，（4）"论黑暗的王国"。其中前面两个部分依据《法律原理》的有关内容加工而成，后面两个部分则由《论公民》的有关内容加工而成。至于《论物体》，如前所述，霍布斯虽然早在1641年在其完成对笛卡尔《第一哲学沉思集》的反驳后即准备全面启动这项工作，虽然此后他也断断续续地为写作《论物体》作过一些准备工作，但他最终却是在1651—1654年间完成书稿，并于1655年在伦敦出版。三年后，霍布斯的《论人》出版。至此，霍布斯阐述其哲学体系的三部主要著作全部出版。

毋庸讳言，霍布斯本人对于《论公民》是寄予厚望的，曾宣称："在我自己的著作《论公民》出版之前，是根本无所谓公民哲学的。"① 而他在事实上也如愿获得了"近代政治哲学创始人"的声誉和地位。但他之首先写作《论公民》及其相关作品却并非出于他的初衷，而是出于对时局的考量。因为早在1641年霍布斯完成对笛卡尔《第一哲学沉思集》之后他打算撰写《论物体》时即拟定了他的哲学规划，即他的哲学分别以物体、人的本性和社会为对象，撰写

---

① 参阅本著《作者献辞》。

三部著作：《论物体》《论人》和《论公民》。1642年，当他出版他的《论公民》时，给其冠以《哲学原理第三部分，论公民》（Elementorum Philosophiae Sectio tertia, De Cive）。这一名称便是对其哲学规划的一个明显不过的宣示。后来，当其1655年出版《论物体》时，将其冠以《哲学原理之第一部分，论物体》（Elementorum Philosophiae Sectio prima, De Corpore）的名称，当其1658年出版《论人》（Elementorum Philosophiae Sectio secunda, De Homine）时，将其冠以《哲学原理第二部分，论人》的名称，便进一步佐证了他的研究规划。由此看来，霍布斯之所以首先出版《论公民》及其相关作品并非其哲学体系的内在逻辑所致，而完全是由于外部政治环境，即英国资产阶级革命的具体情势所致。如上所述，《论公民》及其相关作品是在1640—1651年期间问世的，而1640年乃英国长期国会开始挑战王权、揭开英国资产阶级革命序幕的年份，而1649—1651年期间则是英国资产阶级革命取得重大阶段性成果（即废除君主制，确立共和制）的年份，也是作为护国主的克伦威尔正在寻求合适政府形式的年份。因此，《论公民》及其相关作品的首先出版丝毫不妨碍《论物体》在霍布斯哲学体系中的基础地位和逻辑在先地位。

关于《论物体》在霍布斯哲学体系中的基础地位和逻辑在先地位，霍布斯本人在《论物体》的"作者致读者书"中曾有过明白无误的说明。他写道："我们沉思的次序应当是：理性、定义、空间、星辰、感觉性质、人；而当人长大之后，便是服从命令。"[①]如前所述，

---

① 参阅本著"作者致读者书"。

霍布斯这段话中的理性、定义、空间、星辰和感觉性质,不是别的,正是《论物体》所讨论的内容,至于人和服从命令一如霍布斯随后所说,分别是《论人》和《论公民》所讨论的内容,这就明白无误地昭示了《论物体》与《论人》和《论公民》之间的逻辑关系,昭示了《论物体》在其整个哲学体系中的基础地位和逻辑在先地位。正如倘若不理解理性和定义,我们便无从恰当地理解和阐述空间、星辰和感觉性质一样,我们倘若不理解《论物体》,我们便无从理解和阐述人的本性和服从学说,无从理解《论人》和《论公民》。因为既然人无非是具有理性能力、能够思维的物体,而国家又无非是一种人造的物体,则我们倘若不理解物体,自然也就难以理解人,从而也就难以理解作为人造物体的国家。

《论物体》在霍布斯整个哲学体系中的基础地位和逻辑在先地位即使从《利维坦》这部著作的内容中,我们也可以窥见其端倪。如所周知,《利维坦》含四个部分,其中第一部分"论人类",第二部分"论国家",第三部分"论基督教体系的国家",第四部分"论黑暗的王国"。如果说其中第二至第四部分是本著主体的话,第一部分无疑是本著的序言和前奏。但在第一部分里,霍布斯究竟讲了些什么内容呢?简言之,主要地就是《论物体》和《论人》中所讲的内容。因为如果说这一部分中的第一至九章着重阐述的是后来出版的《论物体》中的内容的话,①则这一部分中后面七章(即第十一十

---

① 《利维坦》第一部分"论人类"前面九章的标题依序是:第一章"论感觉",第二章"论想象",第三章"论想象的序列或系列",第四章"论语言",第五章"论推理与学术",第六章"论自觉运动的内在开端——(通称激情):以及表示这些开端的术语",第七章"论讨论的终结或决断",第八章"论一般所谓的智慧之德以及其反面的缺陷",第九章"论各种知识的主题"。参阅霍布斯:《利维坦》,第4—62页。

六章)主要讲的便是后来出版的《论人》中的内容。① 这就是说,即使在《利维坦》中也潜在地存在着一个从自然哲学到道德哲学再到政治哲学(或公民哲学)的逻辑序列,亦即潜在地存在有一个从《论物体》到《论人》再到《论公民》的逻辑序列。《论物体》中的有关自然哲学思想不仅构成《利维坦》的理论前提,而且也贯彻到《利维坦》的各个部分之中。例如,《利维坦》第四部分"论黑暗的王国"里就蕴含有霍布斯的自然哲学思想和一般哲学思想。该部分总共含四章,其中两章,即第四十五章和第四十六章,主要讨论的就是《论物体》中所阐述的自然哲学思想和一般哲学思想。例如,霍布斯在第四十五章"论外邦人的魔鬼学及其他宗教残余"中,就着力阐述了他的感觉学说;②在第四十六章"空虚的哲学和神怪的传说所造成的黑暗"中,霍布斯不仅阐释了他的哲学概念、物体概念和几何学方法,宣称"哲学就是根据任何事物的发生方式推论其性质,或是根据其性质推论其某种可能的发生方式而获得的知识"、"世界是物体,具有量纲,也就是具有长、广、厚"、"几何学是自然科学之母"等,并且以此为根据,批判了种种"空虚的哲学和神怪的传说",尤其是批判了这些哲学和神学所宣扬的"抽象本质和实质形式"。③ 由此看来,《论物体》各篇的内容及其对"经院神学"和"形

---

① 《利维坦》第一部分"论人类"后面七章的标题依序是:第十章"论权势、身价、地位、尊重及资格",第十一章"论品行的差异",第十二章"论宗教",第十三章"论人类幸福与苦难的自然状况",第十四章"论第一与第二自然律以及契约法",第十五章"论其他自然法",第十六章"论人、授权人和由人代表的事物"。参阅霍布斯:《利维坦》,第62—127页。

② 特别参阅霍布斯:《利维坦》,第518—519页。

③ 参阅霍布斯:《利维坦》,第540、543—547页。

而上学的恩浦萨"的批判显然与此一脉相承。① 而这正表明,霍布斯哲学的三部曲并不是孤立的,而是相互渗透、相互贯穿、三位一体的。而在这种三位一体的结构中,《论物体》无疑扮演着基石和逻辑在先的角色。

《论物体》在霍布斯整个哲学体系中所扮演的基石和逻辑在先的角色即使在《论物体》著作本身中也有显著的体现。除我们在前面已经多次提及的霍布斯在《致读者书》中所阐述的从《论物体》到《论人》再到《论公民》的他的整个哲学体系的"沉思的次序"外,即使在《论物体》的正文中,霍布斯也反复表达了这一意向。诚然,《论物体》主要阐述的是他的自然哲学思想,但它同时也承担了为《论人》和《论公民》提供理论基础的使命。首先,在阐述"哲学的效用"时,霍布斯虽然特别强调了"自然哲学和几何学的效用",但它同时却又以更大的篇幅阐述了"道德哲学和公民哲学的效用",指出:"要估价道德哲学和公民哲学的效用,与其说靠的是我们因知道这些科学获得的利益,倒不如说靠的是我们由不知道这些科学而蒙受的灾难",并且得出结论说:"每一种类的哲学都具有同样的效用"。② 其次,在阐述"哲学的部分"时,霍布斯明确地提出了两类物体和两类哲学的观点,断言:不仅存在有作为"自然作品"的"自然物体",而且还存在有"由人们的意志和契约造成的""国家",从而哲学也就有"两个部分","分别被称作自然哲学与公民哲学"。但"通常又把公民哲学分为两个部分,一部分研究人们的气质和生

---

① 参阅本著"作者献辞"。
② 参阅本著第一篇,第一章,第 7 节。

活方式,称作伦理学;另一部分则注重认识人们的公民责任,称作政治学"。① 最后,霍布斯在考察哲学的方法时,不仅考察了自然哲学的方法,还进而考察了"公民哲学与道德哲学的方法",并且断言:"当其由感觉进展到原理时,它是分析的;而那些从原理开始的方法,则是综合的。"② 霍布斯不仅强调我们应当在物理学之后考察道德哲学和公民哲学,而且还说明了之所以应当如此的理由。这就是道德哲学和公民哲学考察的是"心灵的运动",而心灵运动的原因"存在于感觉与想象之中,而感觉与想象力乃是物理学默思的对象"。③ 这就把自然哲学(物理学)与道德哲学和公民哲学的逻辑联系以及公民哲学和道德哲学对自然哲学的依赖性清楚不过地昭示出来了。

在霍布斯哲学的当代研究中存在着两种不同的倾向。大多数学者认为霍布斯的《论物体》极其重要,我们研究"他的道德哲学和政治哲学必须从研究《论物体》开始,把它作为其理论体系的逻辑前提"。④ 例如,马尔海伯(所著《托马斯·霍布斯或理性的作品》于1984年出版)和扎尔卡(所著《霍布斯的形而上学判定:政治学的条件》于1987年出版)等就持这样的立场。也有一部分学者,他们虽然没有将霍布斯的道德哲学和公民哲学与他的自然哲学完全对立起来,但却不太重视它们同霍布斯的自然哲学或《论物体》的关系。例如,波林在1953年出版的《托马斯·霍布斯的政治学和

---

① 参阅本著第一篇,第一章,第9节。
② 参阅本著第一篇,第六章,第7节。
③ 参阅本著第一篇,第六章,第6、7节。
④ 《英、法关于霍布斯研究简况》,钮渊明译,《哲学译丛》1989年第4期。

哲学》中曾强调霍布斯理论体系的完整性和统一性,但在1980年出版的《霍布斯,神和人》却强调《论物体》在霍布斯政治哲学中只占有"很少的位置"。① 列奥·施特劳斯在其《霍布斯的政治哲学》中甚至宣称,霍布斯的"政治哲学的真正基础"不是"近代科学"或他的《论物体》,而是他早年形成的"人生观"。② 根据我们的上述考察,斯特劳斯所持的这样一种比较极端的观点似乎既有悖于霍布斯的初衷,③也与客观事实相左,值得商榷。

五、《论物体》在西方哲学史上的历史地位

《论物体》是西方哲学史上一部极其重要的哲学著作。其历史地位可以从不同角度予以审视。

迄今为止,在大多数霍布斯研究者看来,霍布斯在西方思想史上的地位主要地是由他的政治哲学,或者说是主要地是由他的《利维坦》奠定的。尽管至今还有人将马基雅维利视为"近代政治哲学的创始人",但大多数学者还是将"近代政治哲学的创始人"的桂冠戴到了霍布斯的头上。④ 然而,问题在于:霍布斯之所以能够写出《利维坦》这部西方近代政治哲学的开山之作,离开了他对基本哲

---

① 《英、法关于霍布斯研究简况》,钮渊明译,《哲学译丛》1989年第4期。
② 列奥·斯特劳斯:《霍布斯的政治哲学》,申彤译,南京:译林出版社,2012年,第3—4页。
③ 即使斯特劳斯本人也承认,"霍布斯试图把他的政治哲学放在近代自然科学的基础之上"。参阅列奥·斯特劳斯:《霍布斯的政治哲学》,第3页。
④ 参阅列奥·斯特劳斯:《霍布斯的政治哲学》,"美洲版前言",第9页。

学问题的创造性思考,是断然不可思议的。换言之,霍布斯之所以能够成为17世纪最伟大的政治学家或17世纪最伟大的政治学家之一,从学理上看,或者从治学的角度看,首先是因为他是17世纪最伟大的哲学家之一。否则,他的公民哲学或政治哲学是断然达不到现在这样一种广度和深度,具有现在这样的开创性。正因为如此,我们若想对霍布斯的道德哲学或政治哲学有一种全面深入和透彻的理解,我们就必须对他的自然哲学或一般哲学原理有一种全面深入和透彻的理解,我们要想读懂霍布斯的《利维坦》及其他一些著作,我们首先就必须读懂《论物体》。帮助读者全面深入透彻地理解《论物体》,从而全面深入透彻地理解霍布斯的《利维坦》及其他一些著作,正是我们翻译《论物体》的初衷之一。

然而,《论物体》的学术价值和理论意义不仅在于它之为《利维坦》提供了理论支撑,而且这部著作本身也有其独立的非凡的学术价值和理论意义。从西方哲学的发展历程看,西方哲学大体经历了一个从素朴性到机械性的发展过程。古代哲学显然都具有这样那样的素朴性。这种素朴性是由人们尚未进步到对自然界进行科学的解剖而只能满足于对世界进行宏观的观察这样一种状况决定的。至16—17世纪,机械性成了当时科学理论和哲学理论的普通特征。不仅伽利略和霍布斯的科学理论和哲学理论具有明显的机械性,而且其他的科学家和哲学家,如牛顿、笛卡尔、斯宾诺莎等也都具有程度不同的机械性。相形之下,霍布斯的机械性不过更为彻底也更见系统而已。可以说,在西方所有的哲学家中,没有一个像霍布斯这样简单地将世界上包括人和国家在内的所有的事物都无情地归结为冷冰冰的数字,宣布为机械运动的产物,从而如此充分地体现出近代思维的机械性原则。①

黑格尔在谈到哲学的时代性时曾经深刻地指出:"一如在思想的逻辑系统里,每一思想的形态有它独自有效准的地位,并且通过进一步向前的发展而被贬降为服从的环节,同样每一个哲学在全部过程里是一特殊的发展阶段,有它一定的地位,在这地位上有它的真实意义和价值。必须依照这样的规定去认识它的特殊性格,必须承认它的地位,对于它才有正确合理的处理。"② 对于霍布斯的自然哲学或《论物体》,我们也应当作如是观。一如他的公民哲学或政治哲学是他那个时代的公民哲学或政治哲学,霍布斯的自然哲学或一般哲学也是他那个时代的自然哲学或一般哲学。尽管他的自然哲学或一般哲学具有这样那样的片面性和局限性,但它所具有的这样一种片面性和局限性正是他那个时代理论思维的片面性和局限性的典型反映,而这又正好说明了它就是那个时代的哲学。至少对于17世纪的西方近代哲学来说,霍布斯的哲学是最具典型意义的哲学形态。尽管霍布斯哲学的机械论性质逐渐为后世的哲学所清除,但霍布斯的机械论哲学在西方哲学的这一历史阶段依然有并且将永远有它的"地位""真实意义和价值"。如果有谁想全面透彻地了解16—17世纪的西方哲学,他就不能不阅读霍

---

① 诚然,笛卡尔的物理学具有明显的机械论性质,但他的哲学的机械性由于其持守二元论和有神论立场而大大削弱了。18世纪法国唯物主义者拉美特利虽然也是一个典型的机械论哲学家,但他的哲学的机械性一方面由于其坚持物质自行运动的观点,另一方面由于他并未将其机械论观点直接应用到社会领域和政治领域而大大削弱了。

② 黑格尔:《哲学史讲演录》,第1卷,贺麟、王太庆译,北京:商务印书馆,1981年,第48页。

布斯的著作，尤其不能不阅读霍布斯的《论物体》。《论物体》在西方哲学史上所享有的这样一种特殊的地位是任何一部其他著作都难以取代的。

当然，我们说霍布斯的《论物体》全面和典型地体现了西方早期近代思维的机械性质，这并不意味着其中没有任何辩证意味。事实上，尽管霍布斯的《论物体》从总体上看明显不过地具有机械论性质，但这并不妨碍它在个别细节问题上依然闪烁出辩证的光辉。例如，该著较为详尽阐述的"努力"概念就包含有一定的辩证法思想，不仅催生了莱布尼茨的"力本论"思想，而且还催生了狄德罗的"活动的力"的思想。再如，霍布斯在批判笛卡尔将时间理解为"思想方式"的基础上阐述的时间与物体的运动密不可分的观点，也同样蕴含有某种辩证法思想。所有这些，都是需要读者在阅读《论物体》时认真揣摩体会的。

霍布斯所在的时代是一个伟大的时代，一个推陈出新的时代，是一个"需要巨人而且产生了巨人"的时代。霍布斯作为一个哲学家，就是一个应运而生的为这一时代所需要的"巨人"。他勇敢地担负起其所在时代赋予他的历史责任，不仅使其成为近代政治哲学的创始人，而且也使其成为近代自然哲学的全面系统的代言人。而构成其哲学丰碑基座的东西无他，正是他的《论物体》。

2015 年 4 月 10 日
于武昌珞珈山南麓

目　　录

英译者献辞 …………………………………………………… 1
英译者致读者 ………………………………………………… 3
作者献辞 ……………………………………………………… 4
作者致读者书 ………………………………………………… 10

第一篇　计算或逻辑学

第一章　论哲学 ……………………………………………… 15
第二章　论名称 ……………………………………………… 26
第三章　论命题 ……………………………………………… 43
第四章　论三段论 …………………………………………… 60
第五章　论犯错、虚假与诡辩 ……………………………… 73
第六章　论方法 ……………………………………………… 84

第二篇　哲学的第一根据

第七章　论位置与时间 ……………………………………… 109
第八章　论物体与偶性 ……………………………………… 120
第九章　论原因与结果 ……………………………………… 139
第十章　论能力与活动 ……………………………………… 147

第十一章	论同一与差异	153
第十二章	论量	160
第十三章	论类比推理,或同一比例	167
第十四章	论直线与曲线,角与形	197

第三篇 论运动与量的比例

第十五章	论运动和努力的本性、特性与种种考察	223
第十六章	论加速与匀速运动,并论集合运动	237
第十七章	论有缺陷的图形	266
第十八章	论直线与抛物曲线的相等,与模拟抛物线造成的其他图形	287
第十九章	论入射角与反射角,假定相等	292
第二十章	论圆的面积,及角或弓形的分割	305
第二十一章	论圆周运动	331
第二十二章	论运动的其他种类	346
第二十三章	论平衡的中心;论平行直线上下压的物体	363
第二十四章	论折射与反射	385

第四篇 物理学,或自然现象

第二十五章	论感觉与动物运动	399
第二十六章	论世界与星辰	422
第二十七章	论光、热,并论颜色	456
第二十八章	论冷,风,硬,冰,弯曲物体的复原,透明,闪电与打雷;并论江河的源头	475

第二十九章　论声音、气味、滋味与触摸	494
第三十章　论重力	518
附录　各章附图	**539**
第十四章图	540
第十六章图	541
第十七章图	542
第十八章图	543
第十九章图	544
第二十章图	545
第二十一章图	546
第二十二章图	547
第二十三章图	548
第二十四章图	549
第二十六章图	550
第二十七章图	551
第二十八章与第三十章图	552
索引	**553**
译者后记	**629**

英译者献辞[①]
——致乔治·格罗特伦敦市议员

亲爱的格罗特:

现谨将《霍布斯著作集》的这个版本献给您。这首先是因为,我知道您将非常高兴地看到一位受到您高度赞赏的作家的所有作品的全集。其次是因为,我非常感激您,使我最初接触到了这一英语世界中最伟大且最富原创精神的思想家之一的深思熟虑的理论,我不时地听到你感叹和惋惜,称赞他的著作乃旷世之作,但人们却又难得读到他的著作,并对之进行研究。一如您常常说到的,一个人如果有时间,并且对这个杰出人物怀有充分敬意,他就应当站出来,编辑他的著作,使他的观点再次展现在他的国人面前,他的国人如此长期地遗忘掉他,对他实在是太不公平了。因此之故,现在能够使您的期望成真,也使我得到了很大的满足。同样,我也渴望以某种方式向您表达真挚的谢意和敬意,感谢您的使我受益匪浅的教诲,感谢我从与您的交往中,以及从使我与您倍感荣耀的友情中所获得的一切,这许多年来,我们一直是政治生活中的同伴

[①] 威廉·莫尔斯沃思(Willian Molesworth)爵士为托马斯·霍布斯11卷本《英文著作集》有关内容的搜集者和编辑者,也是其中相当有部分著作的英译者(其中第11卷为索引和有关图像)。《论物体》乃该著作集的第一卷。——译者

和朋友。

忠诚于您的，
威廉·莫尔斯沃思

1839年2月25日
于伦敦伊顿广场79号

英译者致读者

倘若我完成了《哲学原理》第一部分的翻译,①我随即将其付梓,它可能已然到了你们手上。但正如当我做这件事情的时候,我对自己是否有能力将其做好并不那么自信那样,我认为,在我付梓之前,将其交给霍布斯先生审读一下,按照他自己心里的想法和愿望,予以订正和整理,是非常适宜的。因此,尽管你们发现一些地方扩展了,另外一些地方修改了,而且,还有两章,即第十八章和第二十章,差不多完全变了样,但你们依然可以确信:我现在呈交给你们的,并非完全有别于作者自己的观念和意思。至于致牛津大学萨尔威廉教授们的六节,它们并非我的译文,而是托马斯先生本人写出来的,这也就是你们在本著中所看到的以英文呈现出来的面貌。它们之所以被加到这部著作里,乃是因为它们主要的是在为同样的观点进行辩护。②

---

① 这里所谓《哲学原理》第一部分,即指《论物体》一书。该书最初以拉丁文写出,出版《英文著作集》时,威廉·莫尔斯沃思做了初步的英译工作,霍布斯本人继而做了重要的修订,对于一些部分甚至进行了重译。故而,尽管莫尔斯沃思以英译者自居,但他在《论物体》的扉页上还是特别注明"马姆斯伯里的托马斯·霍布斯以拉丁文写成并将其译成英文"。——译者

② 它们将与类似性质的其他作品一起,以单独一卷出版。——威廉·莫尔斯沃思注

作 者 献 辞

——谨以此书献给最值得我尊重的勋爵，
德文郡伯爵威廉

《哲学原理》这第一部分，我所奉献及伯爵资助出版的这部学术著作，虽然，在第三部分出版后，延宕了很久，但最终还是出版了。现在，值此出版之际，谨以此书献给我最卓越的勋爵，献给您这位爵爷。这部著作虽然微不足道，内容却甚为丰富。要是人们将其视为伟大著作，它也名副其实。而且，对于一个专心致志且精通数学推证的读者，也就是对于像爵爷您这样的人来说，这部著作是清楚明白和容易理解的，而且，尽管自始至终都新意盎然，但却没有任何令人望而生厌的猎奇之嫌。我知道，哲学的这一部分，其中考察的线段和图形，先人遗留给我们的是显著改进了的东西；而且，还有一个最完满的逻辑范型，凭借这一逻辑范型，他们便得以发现并推证出他们已然发现和推证出来的那样一些卓越的定理。我还知道，地球周日运动(diurnal motion)的假设即是先人的发明；但是它以及与之同时出现的天文学，即天体物理学这两者，都为后来的哲学家以语词陷阱所窒息。因此，我认为天文学,除天文观察外,发端于尼古拉·哥白尼,①而不会比这更为久远。哥白尼在刚刚过去的那个时代,复兴了毕达哥拉斯、阿里斯塔克斯与菲洛劳斯的意见。② 在他之后,地球运动的学说现在又为人们所接受。而且,关于重物下降出现的难题,至我们时代,伽利略知难而进,第一个向我们打开了宇宙自然哲学的大门,使之成为运动本性的知识,以致没有一个自然哲学的时代能够被认为高出他的时代。最后,人体科学(the science of man's body)这一自然哲学中最有益的部分,是由我们的同胞、国王詹姆斯和国王查理的首席医师哈维医生在他的《血液运动》和《论动物生殖》的著作中最早发现的。据我所知,他是唯一一位征服妒忌,生前就确立新说的学者。③ 此前,在自然哲学中和自然历史上,除了每个人自身的经验对他自己有某种确定性外,没有任何确定的东西。要是这些权且称作确定的话,那它们也不比公民社会的历史有更多的确定性。但是,自此之后,天文学和一般自然哲学,在极短的时间内,便为乔

---

① 哥白尼(Nicolaus Copernicus,1473—1543),波兰天文学家。提出并论证了日心说。代表作为《天体运行论》。——译者

② 毕达哥拉斯(Pythagoras,鼎盛年约在公元前531年)为古希腊哲学家,曾提出"对地"概念,否定了"地心说"。阿里斯塔克斯(Aristarchus,约公元前310—约前230)为古希腊天文学家和数学家,在西方天文学史上,第一个明确提出"日心说"。他将太阳视为恒星,将地球视为行星,断言"地球绕太阳运行"。菲洛劳斯(Philolaus,约公元前480年生,卒年不详)为毕达哥拉斯派主要代表人物之一。他进一步提出了"中心火团"(太阳为这一中心火团的反射)的概念,断言地球和其他行星都围绕着这一中心火团运行。——译者

③ 哈维(William Harvey,1578—1657),英国著名的生理学家和医生。他发现了血液循环规律,奠定了近代生理科学的基础,标志着新的生命科学的开始,成为发端于16世纪的科学革命的一个重要组成部分。其代表作即为《血液循环论》和《论动物生殖》。——译者

安尼斯·开普勒、皮埃尔·伽森狄以及马林·梅森卓越地向前推进了;①而人体科学(the science of human body),尤其为那些医师们,为那些真正的自然哲学家们,特别是为伦敦医学院那些最有学养的人们,以他们的智慧和勤勉,卓越地向前推进了。因此,自然哲学虽然很年轻,但公民哲学(Civil Philosophy)却还要年轻得多。因为在我自己的著作《论公民》出版之前,是根本无所谓公民哲学的(我的这样一种说法可能会受到挑衅,但我的诽谤者可能知道他们对我影响甚微)。但这究竟是因为什么呢？在古希腊人中难道就既没有自然哲学家也没有公民哲学家吗？确实有人这样说过。琉善就是证据。②希腊的自然哲学家和公民哲学家都受到了他的嘲笑。一些城邦也是证据。在这些城邦,他们常常被政府的法令明文驱逐出去。但我们却不能由此得出结论说：根本就不曾存在有哲学。在古希腊,还是有某种幽灵在游荡,表面看来非常庄严,尽管其中充满了欺诈和污秽,但多多少少还是有点像哲学。粗枝大叶的人们,误认为这也就是哲学,一味追随其教授者,一些人追随这个,另一些人追随那个,尽管在他们自身内部也不尽一致。

---

① 开普勒(Johannes Kepler,1571—1630)是杰出的德国天文学家。他发现了行星运动的三大定律：轨道定律、面积定律和周期定律,为哥白尼的日心说提供了可靠的证据,享有"天空立法者"的美名。伽森狄(Petrus Gassendi,1592—1655)是法国物理学家、数学家和哲学家。他复兴伊壁鸠鲁派,反对亚里士多德学派。梅森(Marinus Mersennus,1588—1648)是法国著名的数学家,梅森数和梅森素数的最早研究者,为百名世界科学史上享有重要地位的科学家之一。——译者

② 琉善(Lucian,约125—180)是古罗马的唯物主义者和无神论者,他辛辣地嘲笑他所在时代的所有哲学家懒散、好辩、自负、愚蠢、狂妄自大、目空一切,用荷马的话说就是"地球上的负担"。他们用虚伪的外衣掩盖着可憎的恶习,很像悲剧演员,一旦有人剥去他们的面具和绣金的服装,剩下的就只是可笑的小人物,用七个德拉克马雇来夺奖品的戏子。——译者

他们还以很高的薪水聘请这些人作他们孩子的教师，使之接受他们的教育。但孩子们学到的不是智慧，而只是一些无谓的争论。而且，他们还使孩子们无视法律，仅仅依据他们自己的幻觉去裁决每个问题。首先是教会的圣师们，接着是使徒，他们出生在那些时代，当他们致力于用自然理性针对各种异教为基督宗教信仰辩护的时候，他们便开始利用哲学，而且，他们还将异教哲学家们的词句与《圣经》的信条糅合在一起。他们先是利用柏拉图的一些无害的语句，但此后他们还利用了许多出自亚里士多德物理学和形而学的愚蠢荒谬的语句。他们甚至还招降纳叛，将敌对营垒中的动摇分子诱骗到基督宗教的营垒中来。从那时起，不再崇拜上帝，只致力于**经院神学**（school divinity）这样一件事情，一成不变地坚持一条腿走路，仅仅靠《圣经》行事，而是蹒跚地靠一条烂腿走路，使徒保罗将其称作自负，我们则可以将其称作**有害的哲学**。因为它在这个基督教世界里引起无穷无尽、没完没了的宗教论战，而且，这样一些论战又招致了无穷无尽、没完没了的战争。这有点像希腊喜剧诗人眼中的**恩浦萨**（Enpusa）。在雅典人那里，**恩浦萨**是一个鬼魂，能够不断地变换身形，他有一条黄铜制作的腿，但另一条却是一条驴腿，而且，被认为受女神赫卡忒差遣，而女神赫卡忒则被视为厄运的象征。① 我认为，对付这个**恩浦萨**，除在宗教法则与哲学法则之间作出区分，并且进而使凡适合于宗教的东西都服从

---

① 赫卡忒（Hecate）为希腊神话中的一个重要的提坦女神，作为星夜女神阿斯特里亚与破坏神珀耳塞斯的女儿，专司幽灵和魔法。古希腊人认为赫卡忒代表的是世界的黑暗面，有魔法女神、幽冥女神、地狱女神和鬼魂女神之称，即使宙斯也怕她三分。——译者

《圣经》，凡适合于哲学的东西都服从自然理性（natural reason）外，再也不可能发明出一套更好的驱邪方法了。这里所谓宗教法则，就是那些荣耀上帝的法则，我们是从法律获得这些法则的；而所谓哲学法则，就是那些私人的意见。而且，如果我确实真诚而清楚明白地对待"哲学原理"的话，我就将竭尽全力去成就这件事情。因此，在出版第三部分（这第三部分我已经出版并且已经敬献给伯爵您）时，我即借有力的理性证明将教会和公民社会的所有权力，在不与上帝的话相冲突的前提下，统统归结为同一个君主权威（sovereign authority）。现在，我则试图通过将一种清楚明白的方法置放进自然哲学的真实基础之内，来恐吓和驱走这个形而上学的恩浦萨。当然，这里所谓恐吓和驱走，并非通过冲突或格斗，而是通过让光亮照到她身上的方式实现出来的。因为要是对一部作品的任何一种信心都能够由作者的敬畏、审慎和踌躇产生出来的话，我现在则深信：在这部著作的前面三个部分中，我所说的一切都能够充分地从定义中推证出来；而这第四部分的一切也都完全能够充分地从并非荒谬的假定中推证出来。但要是在伯爵您看来有什么论证得不够充分，不能够使每个读者都感到满意的话，其原因便必定在于：我承认，我写的东西原本不都是写给所有人看的，其中的一些东西只是写给几何学家们看的。但毋庸置疑，伯爵您本人将会对之感到满意的。

还有第二部分，这部分是论人（concerning Man）的。在这部著作的有关部分，我讨论了光学，含有六章的篇幅，包括隶属于它们的图表。我已经写好了这部著作的这一部分，并且刻好了有关图表，它们在我的手头已经存放了六年以上的光景了。至于这部著作的其余部分,我将尽快地补充上去。尽管一些门外汉无端谩骂和卑劣中伤,但依据经验,我已经知道了,我应该多么地对此表示感谢,而不是谋求他们对我的补偿。因为这正好向人们道出了人究竟为何物这样一条真理。但既然我已经挑起了这副重担,我便义无反顾地一走到底。这不是说要极力压抑情绪,而毋宁是借强化这样一种情绪,从而为我自己一雪妒忌之仇。有伯爵您的支持,我感到非常满足。我承认,这也就是您所要求的一切。我将祈求万能的上帝保佑伯爵您的平安,我将终身对您感激不尽。

伯爵您的最谦卑的仆人
托马斯·霍布斯
1655年4月23日,于伦敦

作者致读者书

有学养的读者,请你们不要以为哲学(我现在就将其原理有序地铺陈出来)是制作哲人石的,①也不要以为哲学是可以在形而上学法典里随手拈来的东西,而是要认识到:哲学是人的自然理性,在受造物中繁忙地上下飞翔的活动中,所获得的有关受造物的秩序、原因和结果的一份真实的报告。因此,哲学作为世界和你自己心灵的产儿,存在于你自身之中。或许,它还尚未成型,但它却像它的父亲即世界那样,在其开始的时候,只是一种朦胧混沌的东西。因此,要像雕刻师那样:雕刻师通过凿去多余的东西,不是制作而只是发现了肖像。或者我们应当去模仿世界创造的过程:如果你确实热忱地渴望成为一位哲学家,那你就应当让你的理性在你自己的思维和经验的深处运行;你就应当将那些朦胧混沌的东西打成碎片,将它们区别开来,并将标有自身标签的每一个碎片都井然有序地排列起来。也就是说,你所采用的方法务必与世界创造的方法相一致或相类似。世界创造的秩序是:光、昼夜的区分、

---

① 哲人石(philosophers' stones)在欧洲中世纪被称作炼金术中的"唯一物质"、"万有灵药"或"第五元素",被视为有完成"嬗变"、使"贱金属"转化为"贵金属"的功能,又被称作"点金石"。法国炼金术士曾宣布他于1382年先后完成过"汞—阴"和"汞—金"的转化。这种观点至17世纪在欧洲仍有一定的影响。——译者

天、光体、有感觉的受造物、人;而且,在世界创造出来之后,还有诫命。① 因此,我们沉思的次序便应当是:**理性、定义、空间、星辰、感觉性质、人**;而当人长大之后,便是服从命令。在第一部分的第一篇计算或逻辑学里,我阐释的是理性之光(the light of reason)。第二篇则以哲学的第一根据为其标题。在这一篇里,我依据精确的定义把一些最普遍的概念辨别开来,以免混淆和模糊。第三篇阐释的是空间的扩展,这也就是几何学。第四篇则包含"星辰运动"(the Motion of the Stars),连同感性性质学说。

要是合上帝心意的话,在第二部分里,我们将处理人(*Man*)的问题。在第三部分里,我们处理的将是我们已经讨论过的服从(*Subjection*)的学说。这就是我所遵循的方法。如果您乐意的话,您也可以使用同样的方法。因为我只能向您建议我的思想,而不能向您吹嘘我的任何东西。但无论什么东西是您所喜欢的方法,我都会欣然向您推荐哲学,也就是推荐您去研究智慧。因为缺乏这样的研究,我们大家近来都蒙受了许多损失。因为即使那些研究财富的人,也是出于热爱智慧而去从事这样一种研究的。因为他们的金银财宝只是作为一面镜子对于他们才会有所助益的。因为只有在这面镜子里,他们才有望目睹并沉思他们自己的智慧。那些热爱操持公共事业的人,其用心也不在于任何别的事物,而只是在于置身其中,以彰显他们的智慧。那些耽于享乐的人也并非轻视哲学。只是因为他们并不知道,沉醉于最美丽世界生意盎然

---

① 参阅《圣经》之"摩西五经"部分,尤其是其中《创世记》第 1 章和《出埃及记》第 20 章。——译者

又永恒不朽的怀抱，对于人的心灵来说，该是一种多么大的愉悦！最后，纵然不追求任何别的事物，哪怕仅仅由于人的心灵之对于虚时(empty time)比其自然之对于虚空(empty place)更加缺乏耐性，哪怕仅仅是出于使您不至于无所事事，不至于因为无所事事而去打扰有职在身的人，或因为堕入闲散无聊的交际而蒙受其害，而是使自己有事可干得以填充和消磨自己的时间这样一种目的，我都劝您研究哲学。再见！

托马斯·霍布斯

第一篇

计算或逻辑学

第一章　论哲学

1.引论——2.哲学定义之解释——3.心灵的推理——4.特性,何谓特性——5.特性是如何借产生被认识到的,以及产生是如何借特性被认识到的——6.哲学的目标——7.哲学的效用——8.哲学的对象——9.哲学的部分——10.结论

1. 引论

在我看来,现在哲学之存在于大多数人中,就好像在古代说谷和酒存在于世界上一样。因为从一开始,田野里就到处有葡萄树和谷穗在生长;但却没有人照料它们的栽培和播种。人们靠橡子为生;要是有人斗胆贸然吞食那些不熟悉的可疑的果实,他们这样做很可能会危及健康。同样地,每个人都把哲学,即自然理性(Natural Reason),带到世界里。因为所有的人都能在一定程度上对某些事物进行推理;但在那些需要一长串推理之处,大多数人却茫然不知所措,因为由于缺乏方法,也可以说是由于缺乏播种和培植,亦即改进他们的理智,而陷入谬误。由此便出现了这样一种情况:那些沾沾自喜于日常经验的人,可能比作食用橡子的人,他们或是反对哲学,或是不太尊重哲学。但这些人却通常都受到尊重。而且,实际上,比起那些从意见出发的人来说,他们的判断往往更为健全。因为那些从意见出发的人,他们的那些意见虽然未

必粗俗,但却充满着不确定性,并且是漫不经心地获得的,因此,这些人办不成任何事情,只会论辩和争吵,就像那些才智不健全的人那样。实际上,我也承认,借以计算大小和数字的哲学的这一部分,已经大大改进了。但由于我在哲学的其他方面并没有看到同样的进步,我的目的便在于尽力去昭示很少几条基本的普遍哲学原理,这些原理就像许多粒种子一样,纯真的哲学此后有望由这些种子一点点地生长出来。

我并非不知道从人的心灵里数清这样一些在那儿扎根的积习甚深的意见是多么困难的一件事情,而且,这些意见由于大多数长于雄辩的著作家的权威而使人们的心灵对之深信不疑。鉴于真实的(亦即精确的)哲学不仅公开反对语言的虚假色彩,而且甚至还公开反对语言的装潢和雅致;鉴于整个科学的第一基础不仅不美丽,反而还乏味、枯燥,而且,从外表看来,甚至还丑陋;事情便越发如此了。但尽管如此,还是确实有一些人,尽管人数很少,他们还是喜好真理,喜好理性在万物中的力量,我想我还是应当不辞辛苦地为了这很少一些人的缘故把整个事情做好。因此,我还是言归正传,从下述的哲学定义本身开始。

2. 哲学定义之解释

哲学是那些我们借真实的推理(*true ratiocination*),从我们首先具有的有关原因或产生的知识中所获得的那样一些关于结果和现象的知识(*such knowledge of effects or appearances*);而且,哲学也可以是从我们首先具有的有关结果的认识中获得的那样一些关于原因或产生的知识(*of such causes or generations*)。

为了更好地理解这个定义,我们必须注意:首先,对于事物的感觉与记忆,是人与一切生物所共有的,它们虽然也是知识,但由于它们是由自然直接赋予我们的,不是借推理获得的,因此之故,它们并不是哲学。

其次,鉴于经验(Experience)不是任何别的东西,而只是记忆;**深谋远虑**(Prudence),或预见未来,也不是任何别的东西,而无非是对于我们曾经经验到的事物的期待,因此之故,深谋远虑也不能被视为哲学。

所谓**推理**(RATIONCINATION),我所意指的是**计算**(*computation*)。而计算或者是要加到一起的许多东西集合成一个总数,或者是求知从一件事物中取走另一件事物后还剩下的东西。因此,推理与**加减**(*addition and substraction*)是一回事。既然乘不过是把一些相等的量相加起来,而除不过是把一些相等的量一一减去,事情常常如此,所以,要是有人添上**乘除**(*multipiication and division*),我将不予反对。因此,一切推理,都包含在心灵的这两种运作,即加减里面。

3. 心灵的推理

但对于我们究竟怎样借我们心灵的**推理**,在无声的思想里进行加减,而无须使用语词,我却有必要举出一两个例子加以说明,以使其明白易懂。例如,假如一个人模糊地看到远处有某样东西,虽然他尚未给任何事物加上名称,但他却还是对眼下那个如果给它加上一个名称则我们便称之为**物体**(*body*)的东西具有同样的观念。其次,等到再走近一些,他便会看到那同一件事物是如此这般的,一会儿在这个地方,一会儿又在那个地方。这时,他就会对这件事物产生一个新的观念,也就是我们现在称之为有生命的事物(a thing animated)的观念。再次,当站得更近些时,他便知觉到形状,听到声音,并且看到其他一些作为理性心灵(a rational mind)的标志的其他事物,于是,他虽然尚无这件事物的名称,但却已然具有了关于这件事物的第三个观念,这就是我们现在称之为理性事物(anything rational)的观念。最后,当其充分地、清楚明白地注视这件事物,体悟到他所看见的一切原本只是一件事物时他现在所具有的有关这件事物的观念即是由他先前具有的那些观念组合成的。他先前的那些观念在他的心灵中便被置放到了一起,其秩序与这三个单个名称——**物体**(*body*)、**有生命的**(*animated*)、**理性的**(*rational*)的秩序是一样的,它们在言语中便组合成这样一个名称:**物体—有生命的—理性的**(*body - animated - rational*),或人(*man*)。同样,由四边、等边与直角这几个概念便组合成了一个正方形的概念。因为心灵可以设想一个四边形而没有这四条边相等的任何概念,也可以设想这四条边相等却不包含一个直角的概念。但心灵也可以将所有这些单个的概念结合到一起,形成一个正方形的概念或观念。这样,我就看出心灵中的各种概念是怎样组合在一起的了。再者,无论什么人,只要他看见一个人在他附近站着,都能设想出那个人的整个观念。倘若那个人走开了,他只用眼睛盯着那个人,他就会因此失去那些作为那个人理性的标志的东西的观念。然而,与此同时,物体—有生命的这个观念却依旧在他眼前,从而,理性的这个观念就从人——也就是从物体—有生命的—理性的这整个观念中减去,仅剩下物体—有生命的这样一个观念。再过一会儿,距离更远些,"有生命的"这个观念也会失去,只剩下物体这个观念继续存留下来。所以,到最后,当什么东西都看不见时,整个观念也随之而消失不见了。我想,通过这些例子,便足以明白地告诉我们:究竟何谓心灵不用语词的内心推理了。

因此,我们绝对不要以为,计算,亦即推理,只可以应用到数字上,仿佛人与其他生物的区别(据说这是**毕达哥拉斯**的意见)不是别的,仅仅在于计数的能力。因为大小、**物体**、运动、时间、性质的**程度**、作用、概念、比例、言语与名称(所有种类的哲学均由它们组合而成)都能加减。当我们加、减这样一些东西,也就是当我们对它们进行计算时,我们便被说成是在进行思考(to *consider*),用希腊文说就是 λογίϛεσθαι,在希腊文里,συλλογίϛεσθαι 也同样意指计**算**、**推理**或计数。

4. 特性,何谓特性

但事物对于感觉所产生的结果和**现象**,乃物体的能力或力量,物体的能力或力量使我们将它们相互区别开来。也就是说,这些能力或力量使我们认识到一个物体与另一个物体相等或不相等,相像或不相像。譬如,在上述例子里,当走到距离任何一个物体足够近的时候,我们便能知觉到那个物体在运动和在走动,我们便因此而将其同一棵树、一根柱子以及其他固定的物体区别开来。所以运动或走动就是它的**特性**。因为这是生物所特有的,同时也是生物使我们把它们同别的物体区别开来的一种能力。

5. 特性是如何借产生被认识到的,以及产生是如何借特性被认识到的

如何能从有关结果产生的知识得出有关结果的知识,这一点通过圆形的例子便可以非常容易地得到了解。如果在我们面前有一个平面图形,尽可能地接近圆形,但我们单凭感觉却根本不可能知觉到它究竟是否为一个真正的圆形。然而,对于一个首先知道这个所论图形产生的人来说,却没有什么比这更容易知道的事情了。因为假如我们知道,这个图形是通过一个其一端固定不动的物体的旋转运动制作而成的,则我们便可以作出如下的推理:一个始终保持同一长度向四周延伸的物体,先是致力于一个半径距离,然后致力于另一个,再致力于第三个、第四个,一直相继地致力于全部。因此,从同一点出发,以同一长度,在相关的每一部分都接触到圆周,这就等于说,所有的半径都是相等的。因此,我们便知道:由这样的产生所导致的图形,从一个中心点借同等的半径便能够达到所有的端点。同样,首先认识了我们面前的图形究竟是什么,我们便可以通过推理认识到这个图形的一些产生;尽管它也可能不是以这样的方式造出来的,但它却可能借这样一种方式制造出来。因为一个人如果他知道了圆具有如上所述的特性,他便会非常容易地知道如上所述向四周延伸的物体是否会产生一个圆形。

6. 哲学的目标

哲学的目的或目标,就在于我们可以利用事先看到的结果来

为我们谋取利益,或者可以通过把一些物体相互地应用到另外一些物体上,在物质、力量和工业所及的限度之内,产生出类似于我们心灵所设想的那些结果,来为人生谋取福利。因为一个人因通晓某种疑难的事体或发现某些隐蔽的真理而谋取内心的光荣与胜利,是不值得研究哲学的人花费么多气力的;一个人如果觉得获得知识即是他劳动的唯一的益处,则他也就用不着老惦记着把自己认识到的东西教给别人了。知识的目的是力量,应用定理(几何学家是用定理来发现特性的)是为了构建难题。最后,全部思辨的目标乃是在于践履某项活动,或是把事情办成。

7. 哲学的效用

什么是哲学的效用(the *utility* of philosophy),特别是自然哲学和几何学的效用,要理解这一点,最好的方法莫过于合计一下人类所能得到的主要福利,比较一下享受这些福利的人们的生活方式与另一些没有享受到这些福利的人们的生活方式。而人类最大的福利,就是种种技术,亦即测度物质与运动的种种技术,推动重物的种种技术,建筑术、航海术、制造各种用途的工具的种种技术,计算天体运动、星体方位以及时间部分的种种技术,地理学的种种技术等。凭借这些科学,人们所获得的利益究竟有多大,了解起来要比表示出来更容易些。差不多所有的欧洲人、大多数亚洲人,一部分非洲人都享受到了这些利益。但是美洲人以及住在南极洲和北极洲附近的人,则完全没有享受到这些利益。这究竟是为什么呢?难道是他们比这些人智慧更高?不是一切人都具有着同一种灵魂,同样的心灵能力吗?那么,除了哲学,还有什么东西能造出这种分别呢？所以哲学乃这一切利益的原因。但要估价道德哲学和公民哲学的效用，与其说靠的是我们因知道这些科学获得的利益，倒不如说靠的是我们由不知道这些科学而蒙受的灾难。而所有那些可以用人类坚持不懈的努力加以避免的灾难，都是由战争引起的，主要是由国内战争引起的。因为屠杀、土地荒芜以及万物匮乏都是由国内战争导致的。但是内战的原因并不是人们愿意进行战争，因为意志作为目的来说只会是善的，至少看起来是善的。战争的原因也不是由于人们不知道战争的结果是恶的，因为有谁会认为贫困和丧生不是最大的恶呢？所以，内战的原因在于人们既不知道战争的原因，也不知道和平的原因，在于很少有人懂得使人们联合起来保证大家处于和平状态，也就是说，在于世上很少有人充分地懂得公民生活的规则。但关于这些规则的知识正是道德哲学。然而，要不是由于迄今为止尚没有人以明白确切的方法教导他们，为什么他们竟然会不懂这些规则呢？希腊、埃及、罗马以及其他民族的古代大师们，即使他们自己也不知道他们关于他们诸神本性的无穷的意见究竟是真是假，而实际上这些意见又显然是虚假的和荒谬的，他们怎么能够使那些愚昧的大众信服他们的意见呢？要是他们自己对于公民的义务都不甚了了，他们又怎么可能说服这些愚昧的大众履行他们的公民责任呢？或者，难道很少几个健在的几何学家的著作应当被认为足以消除它们所论问题上的全部争论吗？如果《伦理学》著作所教导的东西，都是确实的和受到充分论证的，则那些数不尽的卷帙浩繁的《伦理学》著作，难道也应当被认为是不充分的吗？除非说人们是为了显露他们的智慧和雄辩方才教导他们的学说的，那些增进科学的著作为所知的作者所写,而那些仅只增进语词的作品则为那些不知的作者所写,否则,又有什么能够被设想为他们撰写这些著作的原因呢?然而,我并不否认,阅读这样一些书籍还是令人非常惬意的,因为它们是以最流畅的文笔写出来的,而且包含着许多明白的、审慎精选出来的语句,然而这些句子却并不都是普遍真实的,虽然它们都曾被普遍地说成是真实的。由此也就出现了这样一种情况:时间、地点和人物,诸多事项都改变了,它们便不时地被用来肯证恶人的意图,而不是帮助人们理解公民责任的规条。由此看来,在他们身上主要缺乏的是我们活动的真实确定的规则,但我们却正是凭借这些规则来判断我们从事的活动是否正义的。因为在确定的规则与正确的标准确立起来之前,宣布在每件事上做得正确是没有意义的,而这种规则和标准至今还不曾为人确立起来。因此,既然内战及人类的最大灾难都是因不知道公民责任所致,也就是因没有道德科学所致,那么我们把其反面福利的产生归之于这样一门科学便不无理由。这些就足以说明至今从哲学出发的东西尚没有什么值得称赞和令人满意的东西,也足以让你看出每一种类的哲学都具有同样的效用。

8. 哲学的对象

哲学的对象,或者哲学所处理的材料,乃是每一个这样的物体:这些物体我们能够设想它有产生,并且可以通过对它的思考,把它同别的物体加以比较,或是这种物体能够加以组合与分解。也就是说,对每个物体的产生或特性,我们是能够有所认识的。这一点也可以从哲学的定义推演出来。哲学的任务乃是从物体的产生求知物体的特性,或者从物体的特性求知物体的产生。所以,只要没有产生或特性,就没有哲学。因此,哲学排除神学。所谓神学,所指的是关于永恒的、不能产生的、不可思想的神的学说。在神里面,没有什么东西可以分解和组合,也不能设想有任何产生。

哲学排除关于天使的学说,也排除一切被认为既非物体又非物体特性的东西的学说。因为在这些东西里面,是既不能进行组合,又不能进行分解,也不能作出任何增加和减少的,这就是说,是没有推理的任何余地的。

哲学排除历史,既排除政治的历史,也排除自然的历史,尽管历史对哲学最为有用(甚至是必需的);因为这种知识只是经验,或权威,而非推理。

哲学排除一切凭神的灵感或启示得来的知识,排除一切并非由理性引导我们形成的,而是在一刹那间凭神的恩典,也可说凭某种超自然的感觉获得的知识。

哲学不仅排除一切错误的学说,而且也排除一切缺乏确实根据的学说。因为我们通过正确推理认识的一切,是既不会错误,也不会有任何可疑之处的。所以,像现时所宣传的占星术,以及一切这一类的占卜,都不是科学,都应当被排除。

最后,上帝崇拜的学说也被排除在哲学之外。因为这不是通过自然理性,而是通过教会的权威被认识到的。这种学说是信仰的对象,而非知识的对象。

9. 哲学的部分

哲学的主要部分有两个。因为主要有两类物体,彼此之间差别很大,它们的产生和特性供人们进行探究。其中一类是自然的作品,被称为**自然物体**(a *natural body*);另一类则称为**国家**(a *commonwealth*),是由人们的意志和契约造成的。因此,便产生出哲学的两个部分,分别被称作**自然哲学**(*natural philosophy*)与**公民哲学**(*civil philosophy*)。但既然为了认识国家的特性,必须先行知道人们的气质、爱好和生活方式。所以,通常又把公民哲学分为两个部分,一部分研究人们的气质和生活方式,称作**伦理学**(*ethics*);另一部分则注重认识人们的公民责任,称作政治学,或者径直称作**公民哲学**(*civil philosophy*)。因此,首先,在我已把属于一般自然哲学设定为前提之后,我将讨论自然物体;其次,讨论人的气质与生活方式(the *dispositions and manners of men*);最后,讨论臣民的公民责任(the *civil duties of subjects*)。

10. 结论

我们的结论如下:既然可能有许多人,他们并不喜欢我的这个哲学定义,他们会说:从自由来界定哲学的定义似乎对他是最好不过的事情了,这样一来他便可以从任何一件东西推断出任何一个结论(虽然我认为要推证出我的这个定义同所有人的意见一致并不是一件十分困难的事情)。然而,唯恐在这一点上,我与他们之间难免存在有争论的任何原因,我在这里将只打算发表这一科学的各种原理,凭借着这些原理,任何事物的结果都可以从该事物已知的产生中找得出来,或者相反,任何事物的产生都可以从其结果中找得出来。到最后,那些按照其他哲学进行探究的人们,他们也可能受到劝告,从其他的原则出发来探究哲学。

第二章　论名称

1.需要用感觉的标记或记号来帮助记忆：记号的界定——2.需要用记号表示心中概念的意义——3.名称提供这两种需要——4.名称的定义——5.名称不是事物的符号,而是我们思维的符号——6.我们究竟在给什么东西命名——7.肯定名称与否定名称——8.矛盾名称——9.公共名称——10.关于第一意念与第二意念的名称——11.普遍名称、特殊名称、个体名称与不定名称——12.单义名称与多义名称——13.绝对名称与相对名称——14.简单名称与复合名称——15.描绘范畴表——16.关于范畴应当予以注意的一些事情

1. 需要用感觉的标记或记号来帮助记忆：记号的界定

人们的思想是多么地变幻无常,多么地容易衰退消失,而人们思想的恢复又是多么地依赖于机会,要实现记忆的目标唯有一途,这就是绝对无误地认知他自己身上的经验。因为,要是没有感觉得到的现存的尺寸,便没有一个人能记得许多数量;要是没有感觉得到的现存的图案,也没有人能记得住各种颜色;要是没有排列有序的数字的名称,也没有一个人能记得住数字,并把它们背下。所以,不管什么东西,一个人只要不借这样的帮助,仅仅靠推理,在心里,将它们摆放到一起,这些东西都会很快地从他心里溜掉,而且

即使重新开始推理也难以将其召回。由此我们便可以得出结论说:为了获得哲学,有一些感觉得到的标记是必要的,凭借这些标记,我们过去的思想便不仅可以复原,而且,每个过去的思想还都可以按它自己的顺序记录下来。这些标记,我称之为记号(MARKS),也就是我们随意记录下来的感觉得到的事物,通过这些记号的意义,这样一些思想就可以召回到我们的心里,这些思想与我们过去获得的那些思想是相像的。

2. 需要用记号表示心中概念的意义

再者,一个人,不管其智慧是如何的卓越,他都应该把他的全部时间部分地用于推理,部分地用于发明帮助其记忆的记号,以推进他的学问。尽管如此,但有谁会看不出,他获得的这种利益属于他自己的并不很多,而属于别人的则全然没有呢?除非他同别人交流他所发明的记号,他的科学将与他一起消亡。但倘若他发明的符号(notes)成为许多人共同的东西,从而他这个人一个人的发明传授给别人,科学就将因此用来增进人类的普遍利益。因此,要获得哲学就必须有一定数量的符号(signs),凭借着这些符号,一个人发现的东西有望成为显而易见的东西,就可以为他人所认知。然而,我们称之为**符号**(SIGNS)的那些东西,**既是作为其后件的前件,也是作为其前件的后件**,我们会常常看到它们以同样的方式在前或继后。例如,一片乌云是雨接踵而至的符号,而雨呢,则又是那片乌云在前面运行的符号。其所以如此,这只是因为我们极少见到乌云而没有跟着落雨,也没有见到过落雨不是在乌云在先前消失的时刻。而这些符号中,有一些是**自然的**,关于自然符号,我已举出了一个例证，其他的则是人为的（*arbitrary*），也就是说，这些是我们随意选定的，譬如挂一根常春藤就表示这儿售酒；在地面上摆一块石头就表示一个地界；而如此这般联系在一起的语词则表示我们心灵的思维和运动。因此，在记号（marks）和符号（signs）之间的差异在于，我们制造记号旨在供我们自己使用，但我们制造符号则旨在供别人使用。

3. 名称提供这两种需要

这样联结在一起的语词当它们成为我们思想的符号时，而被称为言语（SPEECH），其每一部分都是一个名称（a *name*）。但既然（一如我们已经说过的）记号和符号这两者都为获得哲学所必需，（凭借记号，我们可以记得我们自己的思想，而凭借符号，我们则可以使我们的思想为他人所知），名称则既尽记号之责又尽符号之职。但它们在用作符号之前是用作记号的。因为尽管即使一个人孤独地活在世上，这些记号在帮助他记忆方面也有用处，但是要教育别人（除非有些人已受到过教育），便毫无用处。再者，名称虽然逐一单独地看是记号，因为它们可以把我们自己的思想召回心灵，但它们却不可能成为符号，除非它们作为言语的各个部分在言语中被安排得井然有序。例如，一个人可以从一个词开始，听者由于听到这个词便在他心里构建了一个有关某件东西的观念，尽管他设想不出处于讲者心中的那个观念，但却可以说出由那个词开始的某个东西，虽然可能不是单独地，而是作为另一个词的一个部分。所以，名称的本性首先便在于它是一个被看作方便记忆的记号。但它却偶尔也用来表示意义，使别人知道我们自己记得的东西,因此我将这样来给它下一个定义。

4. 名称的定义

名称(a NAME)是一个随意拿来用作记号的词,它能在我们的心中唤起和先前我们曾有过的某个思想一样的思想,如果把它宣示给他人,它对这些人就可能成为表示宣讲者曾经有过的思想的符号,或他心中此前不曾有过的思想的符号。简言之,我设定:名称的起源是人为的,但却将其判定为一种可以作为无可怀疑的东西加以接受的事物。如果考虑到每天都有许多新的名称被造出来,每天都有许多旧的名称搁置一边,如果考虑到不同的民族会用不同的名称,无论是在一名称与一事物之间看到它们的类似性,还是在它们之间进行任何一种比较,都是多么不可能,一个人怎么能够想象出由事物的本性竟然会把名称硬加到事物上面呢?尽管人类始祖曾用过的生物和其他事物的一些名称是由上帝亲自教给的,但上帝却是随意给事物加上这些名称的,而且,此后,由于巴别的通天塔计划的夭折,①自此以后,随着时间的流逝,世界各地到

---

① 据《创世记》载,诺亚方舟事件之后,上帝与诺亚、诺亚的儿子及其后裔,以及地上的一切活物"立约":"凡有血肉的,不再被洪水灭绝,也不再有洪水毁坏地了"。其"立约的记号"为"我把虹放在云彩中"。此后,"天下人的口音言语,都是一样"。此时,他们在东迁途中,决定"建造一座城,和一座塔,塔顶通天,为要传扬我们的名,免得我们分散在全地上"。上帝对此大为不满,说:"看哪,他们成为一样的人民,都是一样的言语,如今既作起这事来,以后他们所要作的事,就没有不成就的了。"于是,上帝就"变乱"了天下人的口音言语,使众人分散在全地上,人们也停工不造那城了。因此之故,人们原来要建的那城和那塔,就被叫作巴别城和巴别塔。因为所谓"巴别",也就是"变乱"的意思。参阅基督教《圣经》汉译本(和合本)之《创世记》第9—11章。——译者

处弃之不用,这些名称已经完全被人忘却了。而替代这些名称的,则是另外一些名称,这些名称却是人们随意发明和接受的。再者,不管词的通常用法是什么,然而那些打算把他们的知识教授给别人的哲学家们却总是具有自由,从而有时他们过去有需要将来也有必要自己使用一些他们乐意赋予其意义的名称,只要他们能使其为人们理解就行。数学家们除了需要允许他们自己给他们发明的图形(如抛物线、双曲线、蔓叶线、二次方程式等)命名,或者称一个量为 A、称另一个量为 B 外,也没有任何必要去请求同意任何东西。

5. 名称不是事物的符号,而是我们思维的符号

但是,既然在言语(前面已对其作出界定)中,依序排列的名称是我们概念的符号,则它们就显然不是事物本身的符号。因为石头这个词的声音之应当为一块石头的符号,这在任何意义上都无从理解,除非一个听到这个声音的人,他认定:这个发出石头这个词声音的人同时想到一块石头。因此,尽管有关名称是否意指质料,或者形式,或者某件由质料与形式组合而成的事物以及其他一类有关形而上学的精微隐蔽之物的种种争论,一直为那些持守错误意见的人们持续着,但这样理解的词却并非他们所争论的词。

6. 我们究竟在给什么东西命名

其实,每个名称也完全没有必要是某件事物的名称。因为像一个人、一棵树、一块石头这些都是事物本身的名称那样,一个人、一棵树和一块石头的图像,当其呈现在正在睡眠的人们脑海中的

第二章 论名称

时候,也就有它们的名称,尽管它们并非事物,而仅仅是事物的虚构和幻象。因为我们能够记得这些东西,因而它们也和事物本身一样有必要使用名称来标记和意指它们。**将来**(*future*)这个词也是一个名称,但将来的东西尚无任何实存,我们也不知道是否我们称之为将来的东西将来是否实存。然而,既然我们在心里惯常把过去的东西同现在的东西紧密结合在一起,则**将来**这个词便适用表示这样一类的紧密结合。再者,那种现在不存在,过去也不曾存在,将来也不存在,永远不可能存在的东西也会具有一个名称,这就是**那种现在不存在过去也不曾存在的东西**等;如果用更简洁的话来说,即使那种不可能的事物也会具有一个名称。由此,我们可以得出结论说:**无**(*nothing*)这个词是一个名称,但却不可能成为任何一件事物的名称。因为例如,当我们从 5 中减去 2 和 3 时,便没有什么东西剩下,我们便以**无物剩下**(*nathing remains*)这种话来称呼心灵的这种减法运算,在这句话中,**无物**(*nathing*)这个词并不是没有用处的。由于同样的理由,当我们从小的数中减去较大的数时,我们便诚实地说,剩下的比无还小。心灵捏造出这样一类剩余的东西,乃是出于学说的需要,而且希望借称呼同样的名称来记住它们,而这常常是很有必要的。但既然每个名称都同被命名的东西有某层关系,则尽管我们命名的东西并不总是一个在自然界实存的东西,然而为了学说的缘故,把**事物**(*thing*)这个词运用到我们命名的无论什么东西上都是合法的。仿佛不管那件事物究竟是真实存在的,还是完全捏造的,都是一回事。

7. 肯定名称与否定名称

名称的首要区别在于：一些是肯定的(positive or affirmative)，另一些则是否定的(negative)。否定名称也被称作缺乏某种性质的和不确定的。我们加给我们所考察的事物的类似、相等或同一等，即是肯定名称。我们加给我们所考察事物的差异、不像、或不等，等等，即是否定名称。肯定名称的例证有一个人，一个哲学家。因为由于他们的类似，一个人意指的只是一群人中的任何一个，而一个哲学家所意指的则是许多哲学家中的任何一个。同样，苏格拉底是个肯定名称，因为它意指的总是同一个人。否定名称的例证有否定词"非"(not)加于其上的那些肯定名称，如非人，非哲学家。但肯定名称必须先于否定名称。因为，不然的话，这样一些名称便会毫无用处。因为当我们先把白这个名称加到一些事物上，然后，再把黑、蓝、透明的等名称加到另外一些事物上的时候，在这种情况下，这些名称同白的无限差异任何一个名称也包含不了，除非其中包含有白的否定才行。也就是说，除非其中包含有非白(not-white)这个名称，或是其中包含有某个与非白等值的某个其他名称，在这种名称中，白这个词将被重复使用，例如，不像白(unlike to white)即是这样一种情况。凭借这些否定名称，我们自己就会注意到并且给别人指出我们未曾想到的东西。

8. 矛盾名称

肯定名称和否定名称是相互矛盾的。因此，它们两者不可能成为同一件事物的名称。此外，在矛盾的名称中，其中之一是无论一件什么事物的名称。因为不管什么东西,要么是人,要么是非人,要么是白的,要么是非白的,如此类推。而且,同样显而易见的是:这无须作任何更进一步的证明或解释。因为他们说:同一件事物不可能令人费解地说它**既存在**,又不存在。但他们却可以同样荒谬可笑地说:任何存在的事物,要么存在,要么不存在。两个矛盾的名称中,一个是任何无论什么样的事物的名称,另一个则不是,这条公理的确定性乃全部推理,亦即全部哲学的起源和基础。因此,这条公理应当十分精确地阐述出来,以便它自身对所有的人都清楚明白,容易理解。既然如此,为了维护这样的观点,当阅读形而上学著作家在这个题目上编造的长篇大论(他们认为这才是超乎寻常的学问)时,便会认为当他们这样做时他们并不理解他们自己在干什么。

9. 公共名称

第二,名称中有一些是许多事物所共有的,如一个人、一棵树,其他一些则是一件事物所专有的,如写作《伊利亚特》、《荷马》的他,这个人,那个人。公共名称虽然被认为是许多事物各自具有的名称,但却并不是许多事物一起集体具有的名称(如人并不是整个人类的名称,而是每一个人的名称,如彼得、约翰及其他个人各自具有的名称),因此,它被称作普遍名称,因此普遍这个词,绝不是在自然界中存在的任何一件事物的名称,也不是心灵中形成的观念或心像(phantasm)的名称,而始终是某个词或名称的名称。因此,当一个生物、一块石头、一个心灵或任何别的事物之被说成是**普遍的**,并不应理解为任何一个人、任何一块石头等都是或能够是普遍的,而只能理解为生物、石头等这些词是普遍名称,也就是说,是为许多事物所共有的名称。而我们心中与之相符的概念便是各个生物或其他事物的肖像或心像。因此,为了理解普遍名称的适用范围,我们便无须其他本能,而只需要我们的想象能力,凭借这种想象能力,我们便回忆出这样一些名称有时把这件事物有时又把另一件事物带进我们的心灵。公共名称中,有些公共性较大,有些则公共性较小。公共性较大的名称是那些为较多事物所共有的名称;公共性较小的名称则是那些为较少事物所共有的名称。例如,生物是一个比人、马、狮子公共性更大的名称,因为它全包括他们(它们)。因此,就公共性较小的名称而言,公共性较大的名称便被称为**属相**(the *genus*),或一般名称(a *general name*)。而这种公共性较小的名称,则被称作**种相**(the *species*),或一个特殊名称(a *special name*)。

10. 关于第一意念与第二意念的名称

由此,我们便进展到讨论名称的第三层区别,即其中一些被称之为第一意念的名称,另一些则被称为第二意念的名称。第一意念的名称是一个人、一块石头等事物的名称;第二意念的名称则是关于名称和语词的名称,如普遍、特殊、属相、种相、三段论等,即是第二意念的名称。但很难说清为什么那些名称要被称作第一意念的名称,这些名称应被称作第二意念的名称,除非我们首先意图赋予名称的是那些日常生活所使用的事物,尔后再意图赋予那些属于科学的事物以名称,也就是说,我们的第二意图是赋予名称以名称。但不管其原因如何,显而易见的是:属相、种相、定义等,都只不过是关于词和名称的名称。因此,用**属相**和**种相**代表事物,用定义来代表事物的本性,一如形而上学著作家所为,是不正确的。因为它们都只是用来意指我们认为属于事物本性的东西。

11. 普遍名称、特殊名称、个体名称与不定名称

第四,一些名称具有确定的和限定的意义,另一些则具有不确定的和不限定的意义。在具限定的和确定的意义的名称中,首先是那种仅只单独地赋予任何一件事物的名称,被称作**个体名称**(*individual name*);如荷马、这棵树、那个生物等。其次,是那些含有所有(*all*)、每个(*every*)、两者都(*both*)、两者中任何一个等这样一类词语加于其上的名称。因此,这样的名称被称作**普遍名称**。因为它表示的是对其是公共的那些事物中的每一件事物。由于这层原因,一个人只要听到具有确定意义的名称,他在其心中便能想象出那个讲这个名称的人希望使他想象出的那一件事物。关于意义不确定的名称,首先是有某些一类的词加于其上的名称,被称作**特殊名称**;其次,是既不表明普遍性也不表明特殊性的自行设置的公共名称,如人、石头等即是这样的名称,也被称作**不定名称**。但无论是**特殊名称**还是**不定名称**,都具有不确定的意义,因为听者并不确知讲者使他设想的事物。因此,在言语中,特殊的和不定的名称应该认为是相互等值的。但所有、每个、某些等这些表示普遍性和特殊性的词却并非名称,而只是构成各种名称的各个部分。所以,每个人,与听者在心中设想的那个人完全是一回事;而某个人,与讲者所想到的那个人,所意指的也是一回事。由此看来,这类符号的用处显然不是为一个人自己的,也不是为了使他自己的

个人思考获得知识的（因为每个人都有他自己的充分确定的思想而无须这些符号的帮助），而只是为了他人的缘故；也就是说，是为了把我们的概念传授给他人或表示给他人；发明它们也不仅是为了使我们方便记忆，而且还是为了使我们能够同他人进行讨论。

12. 单义名称与多义名称

第五，名称通常被区分成单义名称与多义名称。单义名称是那些在同一系列的论述中始终意指同样事物的名称；但多义名称，则是那些人们有时意指这一件事物有时又意指另一件事物的名称。因此，三角形这个名称被说成是**单义的**，因为它总是在同一个意义上被使用；而抛物线则被说成是**多义的**，因为它有时取类比的或类似的意义，有时又取一确定的几何图形的意义。每个隐喻都被说成是多义的。但这种区分与其说属于名称，毋宁说属于名称的使用。因为有些人之所以专门地和确切地使用它们，乃是为了发现真理；而另外一些人，则为了装潢或欺诈而从它们的专门意义中引申出来别的意义。

13. 绝对名称与相对名称

第六，名称中有一些是绝对的，另一些是相对的。相对的是诸如父亲、儿子、原因、结果、相像、不像、相等、不等、主人、仆人等一类的用作某种比较的。而那些不表示任何比较的则是绝对的名称。但如上所述，普遍性仅仅为词和名称所有，并不为事物所有，名称的其他区别也可以说是同样如此。因为没有什么东西既是单义的，又是多义的，既是相对的又是绝对的。名称还可以作出另外一种区分，这就是**具体的**和**抽象的**，但因为抽象名称由命题而来，而且在没有任何肯定的地方便无存在的余地，后面我将进一步谈到它们。

14. 简单名称与复合名称

最后，有简单名称和复合名称。但这里要注意的是一个名称在哲学中，不像在语法中那样，被认为是一个单独的词，而是被认为是任何数量的词集合到一起来表示一件事物。因为在哲学家中**有感觉能力的有生命的物体**传达的只是一个名称，即每个生物的名称。但这在语法学家之中，却被视为三个名称。在这里，简单名称也不像在语法中那样，借命题区别于**复合名称**。但我所谓的简单名称，是那些其中每一种都是最普通的或最普遍的名称。而我所谓复合名称，则是借把另一个名称加于其上结合而成的，具有较少普遍性的名称，其所表示的是存在于心灵之中的不止一个的概念，后面的名称就是因此而添加上去的。例如，在人的概念中，即是如此（在前面一章中我们已经说明）。① 首先，他被设想为某种具有广延的事物，以**物体**这个词作为标记。因此，**物体**是一个简单名称，用来表达那第一个单一的概念。此后，由于看到了这种那种运动，另一个概念便出现了，他因此便被称作一个有生命的**物体**；在这儿我即将其称作一个复合名称，就像我把动物这个名称称作

---

① 参阅前面第一章第 3 节。——译者

复合名称一样,动物这个名称与有生命的**物体**这个名称是等值的。同样,一个有生命的有理性的**物体**,也和人一样,人与有生命的有理性的物体也是等值的,只不过是一个更加复合的名称罢了。这样,我们便看到了心灵中概念的组合是如何对应于名称的组合的。因为,像在心灵中一个观念或心像继另一个而来,第三个观念或心像又继这一个而来。于是,一个名称便一个接一个地添加到另一个之上,而所有这些名称便统统组合成了一个复合名称。然而,我们绝对不能认为:存在于心灵之外的物体是以同样的方式组合而成的,也就是说,我们一定不要认为:在自然界中存在着一个物体,或任何一个可以想象的有广延的事物,它在开始时并没有量值,然后由于添加上去了量值,它才开始有了量值,并且因为有了或大或小的量值而进而有了疏密;又由于添加上去了图像概念,它才开始有了形状;然后又由于注射了光和色彩,才变得亮丽和五彩缤纷,尽管这些东西中有许多已经是哲学了。

15. 描绘范畴表

逻辑学的著作家们一向致力于对事物所有种类的名称加以分类,使它们形成一定级别或等级,连续不断地使那些公共性较少的名称隶属于公共性较多的名称。在种种**物体**的级别中,他们简单地把**物体**放在第一或最高位置上,在物体之下的位置上,他们安排了公共性较少的名称,通过这些名称,物体便受到了更多的限定和决定,也就是**生命的物体**与**无生命的物体**,如此等等,直到它们变成各个个体。同样,在各种量的级别中,他们也把第一个位置指定给了量本身,接下来是线、面和体这些范围较小的名称。名称的这

第二章 论名称

样一种顺序和级别,他们通常称之为范畴(predicaments and categories)。不仅肯定名称,而且否定名称也能够排成这样的等级。这些可以举出以下述范畴表以为例证。

物体的范畴表

非物体或偶性

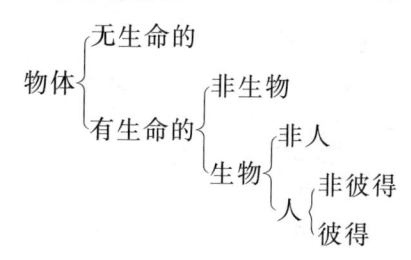

物体 { 无生命的 / 有生命的 { 非生物 / 生物 { 非人 / 人 { 非彼得 / 彼得 } } }

物体与偶性两者均受到考察 { 绝对地,如 { 量,或那么多 / 质,或这样那样 } / 比较地,被称作它们的关系 }

量的范畴表

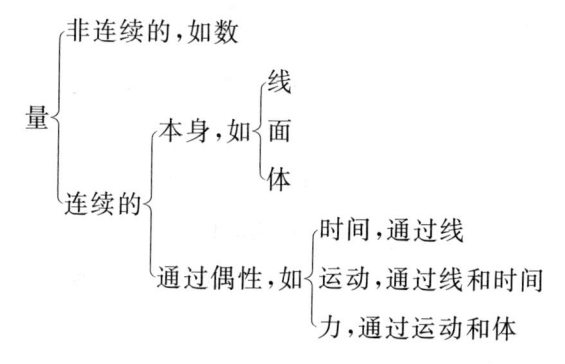

量 { 非连续的,如数 / 连续的 { 本身,如 { 线 / 面 / 体 } / 通过偶性,如 { 时间,通过线 / 运动,通过线和时间 / 力,通过运动和体 } } }

这里,应当予以注意的是,**线**、**面**和**体**可以被说是具有这样那样的量,也就是说,它们原本或依它们自己的本性就能够相等与不等。但我们却不能够说:无须线段和运动的帮助,在时间中,即存在有多、少、相等,以及事实上的任何一个量;我们也不能够说:无须线段和时间,在运动中,即存在有多、少、相等,以及事实上的任何一个量;我们同样也不能够说:不借运动和体,在力中,即存在有多、少、相等,以及事实上的任何一个量。

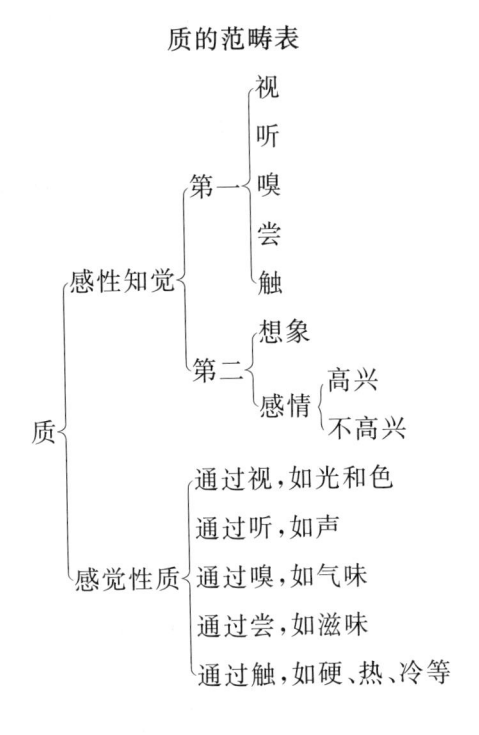

质的范畴表

```
         ┌ 第一 ┬ 视
         │     ├ 听
         │     ├ 嗅
         │     ├ 尝
   感性知觉    └ 触
         │
         │     ┌ 想象
         └ 第二 ┤        ┌ 高兴
质              └ 感情 ┤
                        └ 不高兴

         ┌ 通过视,如光和色
         │ 通过听,如声
   感觉性质 ┤ 通过嗅,如气味
         │ 通过尝,如滋味
         └ 通过触,如硬、热、冷等
```

关系的范畴表

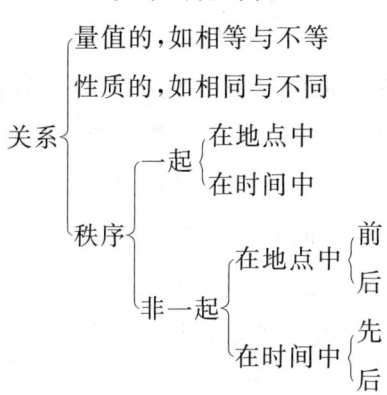

```
              ┌ 量值的, 如相等与不等
              │ 性质的, 如相同与不同
              │           ┌ 在地点中
              │      ┌ 一起┤
         关系 ┤      │     └ 在时间中
              │      │                  ┌ 前
              │      │           ┌ 在地点中┤
              └ 秩序 ┤           │      └ 后
                     │ 非一起 ┤         ┌ 先
                                 └ 在时间中┤
                                          └ 后
```

16. 关于范畴应当予以注意的一些事情

关于范畴,应该予以注意的是,第一,像在第一个范畴表中将范畴区分成矛盾的名称那样,在其余的范畴表中也可以作出同样的区分。因为,像在那儿,**物体被区分成有生命的与无生命的**那样,在第二个范畴表中,**连续的量**也同样可以区分成线与非线,再把非线区分成面与非面,如此等等。但这样做并无必要。

第二,应该看到,在肯定名称中,前者包含后者;但在否定名称中,前者却为后者所包含。例如,生物是每一个人的名称,因此它包含了人这个名称。但与此相反,非人则是属于非生物的每件事物的名称,从而,非生物这个名称,虽然放在前面,但却为后面这个名称,即非人,所包含。

第三,我们还必须注意到:我们并不认为,事物本身的差异也和名称一样可以凭借这样一类的区分找到,并确定下来。我们也

28 不认为,由此出发进行的论证(像有些人曾经荒谬地作过的那样)能够证明事物的种类不是无限的。

第四,我不是想使任何一个人认为,我提供的上述诸范畴表是一个真实精确的名称分类。因为只要哲学依然是不完善的,就不可能达到这一步。我也不是想使任何一个人认为,通过(例如)把光放在质的范畴表中,同时又把它放在物体范畴表中的另外一些地方,而佯装我们中的任何一个会认为这是从他的意见得出来的。因为这只有通过论证和推理才能做到,而不可能通过对语词进行分类实现出来。

第五,我承认,我尚未看出范畴表在哲学中有何重大的用处。我相信,亚里士多德当他看出他不能够把事物本身分成这样的等级时,很可能冀图由他自己的权威把一些语词归结成这样一些图表,一如我们已经列出的那样。但我之所以开列出这些图表,仅只是为了理解语词究竟是怎样分类的,并非将其作为实在的东西要人们接受,除非有人借很妥当的理由推证出实在的东西就是如此。

第三章 论命题

1.言语的不同种类——2.命题的界定——3.什么是主项、谓项和联系词,什么是抽象的和具体的——4.抽象名称的效用与滥用——5.普通命题与特殊命题——6.肯定命题与否定命题——7.真命题与假命题——8.真与假属于言语,而不属于事物——9.原初命题,非原初命题,定义、公理与请求——10.必然命题与偶然命题——11.无条件命题与假设命题——12.以不同方式宣布的同一个命题——13.可还原为同一个无条件命题的诸命题等值——14.借矛盾名称转换过来的普遍命题等值——15.否定命题不管否定词在联系词前还是在其后都一样——16.词项单纯颠倒的特殊命题等值——17.何谓特称命题、反对关系命题、小反对关系命题和矛盾命题——18.结论,何谓结论——19.虚假不可能由真理推演出来——20.一个命题是如何成为另一个命题的原因的

1. 言语的不同种类

由名称的联系而形成了多种不同类别的言语,其中有些是表示人的愿望和感情的。这样一类的言语,首先是**疑问**。疑问是用来表示求知欲望的。例如,**谁是一个好人?**在这种言语中,有一个名称被表达了出来,而所意欲和期待的另一个名称则来自我们所询问的对象。**祈求**,其指的是具有某件事物的欲望;**允诺、恐吓**、

希望、命令、抱怨以及其他一些言语所意指的则是其他一些感情的含义。言语也可能是荒谬的和无意义的。因为有时虽然有一系列语词，但心中却不可能有任何系列的思想与之对应；而且，下面一种情况也不时发生，这就是：一些人对某些深奥的问题本来一无所知，但为了使别人以为自己有知，便支离破碎地编造出一些东西来。因为语无伦次的语词的连接，尽管达不到言语的目的（这就是意义），但毕竟也是言语。而且，形而上学著作家差不多都将这种言语作为有意义的言语加以使用。在哲学中，只有一种语言有用，一些人用拉丁文称之为 $dictum$，另一些人则称之为 $enuntiatum$ et $pronunciatum$；但大多数人却称之为命题（$proposition$），所谓命题意指的是那些进行肯定或否定，表达真理与谬误的言语。

2. 命题的界定

命题是由两个连接在一起的名称组成的言语，通过这种言语，讲者要表示出来的是，他设想后面这个名称与前面那个名称相关的是同一件事物；换言之，前面那个名称包含在后面这个名称之中（这两种说法其实是一回事）。例如，人是生物，在这句话中，是两个名称为动词是所连接，这句话是一个命题。由于这个理由，讲这句话的人设想生物和人是关于同一件事物的名称，或者说，前面这个名称，即人，便包含在后面这个名称，即生物之中。既然前面这个名称通常被称作主语，或前件，所含的名称；而后面这个名称，则通常被称作谓语，或后件，能含的名称。在大多民族中，用于关联的符号，或者是某个词，例如，在人是一个生物这个命题中是这个词，或者是一个词的某个格和词尾，例如，在人散步（man

第三章 论命题 45

walketh）这个命题中，它与人在散步（man is walking）这个命题是等值的。通过这个词尾变化说他散步，毋宁说他在散步，这个词尾变化表示那两个名称被理解为是连接在一起的，是关于同一件事物的名称。

但是有一些民族，而且，确实可能有一些民族，它们并没有与我们的动词是相对应的词，然而他们却仅仅通过一个名称在另一个名称之后这样的位置设定来形成命题，他们不是说人是一个生物（man is a living creature），而是说人一个生物（man a living creature）。由于名称的这样一种秩序可以充分地表示出它们的联系，它们便被视为在哲学上是适宜的和有用的，仿佛它们是为动词是连接在一起似的。

3. 什么是主项、谓项和连系词，什么是抽象的和具体的

因此，在每个命题中有三样东西应当予以考察，这就是两个名称即主项（the subject）和谓项（the predicate），以及它们的联结（copulation）。这两个名称在我们心中唤起关于同一件事物的思想。但这种联结却使我们想到那些名称加到那件事物上面的原因。因为，例如，当我们说一个物体是可移动的（a body is moveable）时候，虽然我们并没有想那两个名称所意指的是同一件事物，但我们的心灵却并不滞留于此，而是去进一步探究何谓是一个物体，或何谓是可移动的，亦即在这些事物与那些事物之间的区别究竟何在。因为这些事物是这样称谓的，而另外一些事物却又不是这样称谓的。因此，当人们在探求何谓是任何一件事物，如何谓是可移动的（to be movable）、何谓是热的（to be hot）等的时候，他

们也就是在事物中探求它们名称的原因。

由此便出现了把名称区别(在上一章已经涉及这个问题)为**具体的**(concrete)和**抽象的**(abstract)问题。因为**具体的**是我们假定有实存的任何一件事物的名称,并且因此而被称作主项,在拉丁文中是 suppositum,在希腊文中是 ὑποκείμενον,如**物体、可移动的、被推动的、有一定形状的、一腕尺高**(a cubit high)**、热、冷、相像、相同、相等、阿佩乌斯**(Appius)**、伦都拉斯**(Lentulus),等等。而**抽象的**则是那些在任何一个主项中用来表达具体名称的原因的名称,如**是一个物体、是可移动的、是被推动的,是具有一定形状的,是具有这样量的、是热的、是冷的、是相像的、是相等的、是阿佩乌斯的、是伦都拉斯的**等的原因。或者是与这些名称等值的名称,它们最通常地称作抽象名称,如**有形体性**(corporiety)、**可移动性**(mobility)、**运动**(motion)、**形状**(figure)、**量**(quantity)、**热**(heat)、**冷**(cold)、**相像**(likeness)、**相等**(equality),以及西塞罗使用的 Appiety 和 Lentulity。各种不定式也属于这一类。因为**去生活**(to live)和**去运动**(to move)与**生活**(life)和**运动**(motion),以及与**正在生活**(to be living)和**正在受到推动**(to be moved)是一回事。但抽象名称意指的只是具体名称的原因,而非那些事物本身。例如,当我们看见任何一件事物,或者在我们心里想到任何一个可见的事物时,那个事物并不是以一个点的形式显现给我们,或是为我们所设想,而是以相互之间具有距离的多个部分组成的东西显现给我们,或为我们所设想的,也就是说,它是以有广延的充实着某个空间的东西显现给我们,或为我们所设想的。因此,既然我们称这件事物是如此设想的**物体**,则那个名称的原因便在于:

那件事物是**有广延的**(*extended*);换言之,那个名称的原因即在于那件事物的广延性(*extension*)或有形体性(*corporiety*)。所以,当我们看见一件事物有时出现在这儿,有时出现在那儿,从而称它是**被推动的**或**被移动开的**,则那个名称的原因便在于:这件事物受到了推动,或者说是同一件事物的运动。

而这些名称的原因与我们概念的原因,亦即某种活动的能力,或所设想的事物的属性(*affection*),也是一样的。一些人将其称作事物作用于我们感官的方式,但大多数人却将其称作**偶性**(*accidents*)。我这里所谓偶性,并非是在与必然性相对立的偶然的意义上讲的,而是这样一种东西,它们既非事物的本身,也非事物的各个部分,而是以这样一种方式伴随着事物,它们可以全部消亡,但却永远不可能抽离出来。

4. 抽象名称的效用与滥用

在具体名称和抽象名称之间也存在有这样一种差异:具体名称是在命题之前发明出来的,但抽象名称却是在其后发明出来的。因为抽象名称在存在有命题之前,是不可能有其存在的,它们出自命题的**联结**(*copula*)。在有关今生的所有问题上,首先是在哲学上,既存在有**抽象名称**的巨大效用,也存在有**抽象名称**的巨大滥用。其效用在于:如果没有抽象名称,我们在很大程度上,便既不能推理,也不能计算物体的特性。因为当我们乘、除、加、减热、光和运动时,如果我们借具体名称指导它们倍乘或加在一起,说(例如)热两倍于热,亮两倍于亮,或被推动两倍于被推动时,我们倍乘的便不应当是这种特性,而应当是发热、发光和受推动的物体本身,对热、光和被推动等,我们是不可能倍乘的。但对抽象名称的滥用却正是由此滋生出来的。一些人看到他们在不考察量、热或其他偶性所属的物体或主项的情况（他们称之为**抽象活动**,使之自行独立存在）下,也能够思考,即计算（我在前面曾说及这一点）量、热或其他偶性的增减,于是,当他们言说偶性时,仿佛它们完全可以脱离所有的物体而独立存在似的。由此出发,形而上学著作家便产生了许多严重的错误。既然他们能够在不考察物体的情况下思考思想,他们由此便推断：根本无须思考物体。而且,既然量可以在不考察物体的情况下受到考察,他们也就认为量是可以没有物体而存在的,而物体也是可以没有量而存在的；一个物体只是由于把量加到其上才具有量的。从这样一种源泉中,也就涌现出了那些无意义的语词,如**抽象实体**、**独立本质**等；还有源于拉丁动词 *est* 的许多语词的混淆,如**本质**（*essence*）、**本体**（*essentiality*）、**实存**（*entity*）、**实体的**（*entitative*）；此外,还有实在性（*reality*）、实质（*quiditty*）等。有一些民族,他们不是用动词是（*is*）来联结各个名称,而是用起形容词作用的动词,如 runeth（跑）、readeth（读）等,或仅只通过把一个名称放在另一个之后,来联结他们的名称的。在这些民族里,是绝不可能听到上述那些语词的。然而,既然这样一些民族也计算和推理,那就很显然,哲学是根本无须本质、实存那些语词,以及其他一些野蛮的措辞的。

5. 普通命题与特殊命题

在命题中存在有许多区别,其中第一：一些命题是普遍的,另外一些则是特殊的、不定的（*indefinite*）和单一的（*singular*）；而这通常被称作量的区别。**普遍命题**是一个其主项倾向于以一普遍名称作为符号的命题,如每个人都是一个生物。**特殊命题**,其主项则倾向于以一特殊名称作为其符号,如某人有学问。**不定命题**,以一公共名称作为其主项,且不以任何一个符号表述出来,如人是一个生物,人有学问。而**单一命题**,则是那些其主项为单一名称的命题,如苏格拉底是一位哲学家,这个人黑。

6. 肯定命题与否定命题

第二,命题分为肯定的和否定的,这被称作质的区别。**肯定命题**是那些其谓项为一肯定名称的命题,如人是一个生物。**否定命题**是那些其谓项为一否定名称的命题,如人不是一块石头。

7. 真命题与假命题

第三层区别在于:一种命题是真的,另一种命题是假的。**真命题**是那些其谓项包含或包容其主项,或其谓项是每件事物的名称,其主项是那名称的命题。例如,人是一个生物因此即是一个真命题。因为不管什么事物被称作人,这同一件事物也被称作生物。再如,某人生病也是一个真命题。因为生病是某个人的名称。那些非真的命题,或那些其谓项并不包含其主项的命题,被称作**假命题**,如人是一块石头。

然而,**真、真理**这些语词以及**真命题**,是相互等值的。因为真理在于言语,而不在于言说的事物。而且,虽然真(*true*)有时与表面的(*apparent*)或假装的(*feigned*)相对立,然而却总是涉及命题的真理性。因为一个人在镜子中的肖像或一个鬼,因此而被否认为一个真实的人。因为一个鬼是一个人这个命题并不是真的;但一个鬼是一个真实的鬼却是无可否认的。因此,真理或真实性(truth or verity)并不是那件事物的任何属性,而只是与之相关的命题的属性。至于形而上学著作家所说的东西,一件事物,某一件事物(one thing)和一件真实的事物(a very thing)都是相互等值的;这只是一种无聊的和幼稚的把戏。因为谁不知道一个人、某一个人和一个真实的人意指的完全是一个对象呢?

8. 真与假属于言语,而不属于事物

由此看来,真理与谬误除非在使用言语的生物之间,显然是没有任何存在余地的。因为虽然一些无理性的生物,在观看一个人在镜子中的肖像时,可能受其影响,仿佛这个肖像就是人本身似的,而且,由于这一原因而害怕之,或是徒劳地向它摇尾乞怜。然而,它们却并非把它作为真的或假的加以理解,而仅仅是把它作为相像的东西加以理解。因为,在这种情况下,它们上当受骗了。因此,与人把他们一切真正的推理归因于对言语的正确理解那样,他们也把他们的各种错误,归因于对言语的误解。而且,像所有的哲学文章都仅仅从人出发那样,那些虚假意见的可恶的谬论也是起源于人的。因为言语中有些类似蜘蛛网的东西(早在**梭伦**的法中就有这样一种说法),通过语词的编织物,幼弱稚嫩的智慧便遭到诱捕和截杀。但强有力的智慧却能够轻易地冲决它们的罗网。

由此也可以推演出:第一真理是由那些最早将所有应用的名称强加给事物的人们随意制造出来的,或是因其他人的欺骗而接受过来的。诚然,人是一个生物,但正因为如此,把这两个名称强

加到同一件事物上面才使人感到快乐。

9. 原初命题,非原初命题,定义、公理与请求

第四,命题还区分为原初的(*primary*)和非原初的(*not primary*)。原初的,是那些在其中主项由于一个谓项由许多名称组成而被复杂化了的命题,如人是**有理性的、有生命的物体**。因为包含在人这个名称中的东西被更加详尽地表述在联结在一起的**物体、有生命的与有理性的**诸多名称之中。它之被称为原初的,乃是因为它首先存在于推理之中。因为如果不先理解所考察的事物的名称,则任何东西都证明不了。然而,原初命题不是任何别的东西,它无非是定义,或者是定义的各个部分,从而只有这些才是推证的原理,才是言语发明者随意构建起来的真理,因此并不是推证出来的。对于这样一些命题,一些人还进而添加上其他一些命题。他们将他们添加到原初命题之上的命题称作**基本命题和原理**,也就是**公理和共同意念**。这些东西尽管它们如此清楚明白以致无须进行任何证明,然而,由于它们是可以被证明的,从而也就不是真正的原理。从而这样一些命题便更少为人们所接受了。至于那些不可理解的,有时甚至是显然虚假的命题,则是一些人以**原理**的名义大肆兜售,强迫我们接受它们的。这些人显然是在将一切他们信以为真的东西当作不证自明的东西强加给他人的。当然,也有一些请求通常也被视为原理一类的东西被人接受。例如,**可以在两点之间画出一条直线**,以及几何学著作家的其他一些请求。这些实际上是技艺原理或建构原理,而非科学和推证原理。

10. 必然命题与偶然命题

第五，命题还被区分为**必然的**，亦即必然为真的；与虽然为真但却并非必然为真的，它们被称之为**偶然的**。**必然命题**在于：当在任何时候任何东西都不能够能被设想或捏造，其主项是一件事物的名称，其谓项也是同一件事物的名称。如人是一个生物便是一个必然命题。因为在无论什么时候，我们都假定人这个名称与任何事物相一致，而与此同时，生物这个名称也与这一事物相一致。但**偶然命题**却在于：其在一个时间可能为真，但在另一个时间却可能为假。如每只乌鸦都是黑的。这个命题在现在可能是真的，但以后却可能是假的。再者，在每个**必然命题**中，谓项或者与主项等值，如人是一个**有理性的生物**这个命题中，情况即是如此；谓项或者是一个等值名称的一部分，如在人是一个生物这个命题中，情况即是如此。因为**有理性的生物**这个名称或人这个名称都是由**有理性的**和**生物**这样两个部分复合而成的。但在**偶然命题**中，情况便不可能如此。因为尽管每个人都是一个说谎者这个命题可能是真的，不过因为**说谎者**这个词并非与人这个名称等值的复合名称的一部分，所以，这个命题是不应该称作**必然命题**，而是应当称作**偶然命题**的，尽管它总是碰巧成为真的。因此，只有那些属于永恒真理的命题，也就是无论何时都为真的命题，才是必然的。由此看来，真理依附的显然不是事物，而只是言语。因为有一些真理是永恒的。因为只要有人，然后有生物，人是有理性的生物这个命题就将永恒地为真。但若说任何一个人或生物将永恒地存在，这就不是必然的了。

11. 无条件命题与假设命题

命题的第六层区别是分成无条件的和假设的。**无条件命题**(a *categorical* proposition)是那些简单地或绝对地宣布出来的命题，如每个人是一个生物，任何一个人都不是一棵树。而**假设命题**(a *hypothetical* proposition)则是那些有条件地宣布出来的命题，例如，如果任何一个事物是一个人，则任何一个事物也就是一个生物，如果任何一件事物是一个人，则任何一个事物也就不是一块石头。

无条件命题和与之相应的假设命题，如果这两种命题都是必然的话，它们两者便都意指同一件事物；但如果它们是偶然的，则它们意指的便不是同一件事物。例如，如果每个人是一个生物为真，则如果任何一件事物是一个人，则任何一件事物也是一个生物这个命题也将为真。但在偶然命题中，虽然每只乌鸦都是黑的这个命题为真，然而，如果任何一件事物都是一只乌鸦，则任何一件事物便都是黑的这样一个命题却为假。但一个假设命题，当其结论是真的时候，它便因此而被正确地说成是真的。例如，每个人是一个生物便被正确地说成是一个真的命题。因为无论什么事物，只要它能真的被说成是一个人，那就不能不也真的说：这样的事物是一个生物。因此，无论何时，只要**假设命题**是真的，与之对应的**无条件命题**，便不仅是真的，而且也是必然的。我认为，作为一种证明，这是没有任何价值的，哲学家们在大多数事物中是借假设命题，而不是借无条件命题，坚实地进行推理的。

12. 以不同方式宣布的同一个命题

但既然每个命题可以,而且通常也是,以许多形式宣布和写出来的,既然我们也不得不和大多数人以同样的方式讲话,则那些向大师学习哲学的人们就需要留意,不要蒙受表述多样性的欺骗。因此,无论何时,只要他们遇到含混不清的命题,他们都应当将其转化成其最简单的和无条件的形式,在这种命题中,连系词 *is* 必定是独立表达出来的,不以任何方式与主项和谓项相混合,它们两者必须是相互分离,并且是相互清楚明白地区分开来的。例如,如果拿人能够不犯罪(*man can not sin*)这个命题与人不能够犯罪(*man cannot sin*)这个命题作比较,要是把它们都转化成人是能够不犯罪的(*man is able not to sin*)和人是不能够犯罪的(*man is not able to sin*),它们之间的差异便非常容易地显现出来了,因为这两个命题中的谓项显然不同。但他们却应当仅只通过他们本身,或在他们与其大师之间心照不宣地作这件事。因为一个人当众使用这样的语言便既会被认为是可笑的,也会被认为是荒谬的。因此,在讲意义等值的命题时,我将所有那些等值的命题放在首位,因为等值的命题可以纯粹地还原成同一个无条件命题。

13. 可还原为同一个无条件命题的诸命题等值

其次,无条件的和必然的命题与其假设命题是等值的。例如,直线三角形(*a right-lined triangle*)其三个角与两直角相等这个无条件命题,与如果任何一个图形是一个直线三角形,则其三个角等于两个直角这个假设命题是等值的。

14. 借矛盾名称转换过来的普遍命题等值

复次,任何两个普遍命题,其中一个命题的词项(亦即主项与谓项)与另一个命题的词项相矛盾,其顺序将是先后颠倒的,例如,每个人都是一个生物,和每一件不是生物的事物都不是一个人,这两个命题是等值的。因为既然每个人都是一个生物是个真命题,生物这个名称便包含人这个名称。但它们却都是肯定名称,从而(根据上一章最后一节),非人这个否定名称便包含着非生物这样一个否定名称。因此,每一件不是一个生物的事物都不是一个人便是一个真命题。同样,任何人都不是一棵树(*no man is a tree*),任何一棵树都不是一个人(*no tree is a man*),也是等值的。因为如果树不是任何一个人(*any man*)的名称,则任何一件事物便都不能够借人和树这两个名称意指出来,从而,任何一棵树都不是一个人(*no tree is a man*)便是一个真命题。每一件不是一个生物的事物都不是一个人这个命题也同样如此。在这个命题中,这两个词项都是否定的,这与另外一个命题,即只有一个生物才是一个人,是等值的。

15. 否定命题不管否定词在连系词前还是在其后都一样

进而,否定命题,不管否定词是像有些民族那样放在连系词后面,还是像在拉丁和希腊文中那样放在前面,只要有关词项一样,便是等值的。譬如,人不是一棵树(*man is not a tree*)和人是非树(*man is not-a-tree*)是等值的,尽管亚里士多德否认这一点。每个人不是一棵树（every man is not a tree）和没有什么人是一棵树（no man is a tree）这两个命题也是等值的，而且这一点如此明显以致无须作任何推证。

16. 词项单纯颠倒的特殊命题等值

最后，一切使其词项颠倒的特殊命题，如某个人眼瞎（some man is blind），与某个眼瞎的事物是一个人（some blind thing is a man）这两个命题，是等值的。因为这两个名称中的任何一个都是某同一个人的名称；因此，在这些命题中，不管用它们得以连接的这两种顺序中的那一种，它们所意指的都是同一条真理。

17. 何谓特称命题、反对关系命题、小反对关系命题和矛盾命题

有一些命题，它们的词项一样，排列顺序一样，但却无论在量的方面还是在质的方面都不相同。在这些命题中，有些被称作特称的，其他的则被称作反对关系的、小反对关系的和矛盾的。

特称的（subaltern），是那些具有同质的普遍的和特殊的命题。如每个人都是一个生物，某人是一个生物；或者如没有任何一个人是聪明的，某人是不聪明的。在这些命题中，如果普遍命题为真，特殊命题就也将为真。

反对关系的（contrary），是那些具有不同质的普遍命题。如每个人都是幸福的，没有任何一个人是幸福的。在这些命题中，如果一个为真，另一个便为假。它们也可能两个都是假的，上述例证即是如此。

小反对关系的(*subcontrary*)，是那些具有不同质的特殊命题。如有些人是有学问的，某人是没有学问的。它们不可能两个都是假的，但它们却可能两个都是真的。

矛盾的(*contradictory*)，是那些在量和质两个方面都不相同的命题。如每一个人都是一个生物，某人不是一个生物。它们既不能两个同时都为真，也不能两个同时都为假。

18. 结论，何谓结论

说一个命题被说成是从另外两个命题**推演**出来的(*follow*)，当这两个命题被承认为真时，那就不可能否认这个命题也是真的。例如，让我们假定每个人都是一个生物和每个生物都是一个物体这样两个命题都为真，这也就是说，**物体**是每一个生物的名称，而**生物**又都是每个人的名称。因此，既然这样两个命题都被理解为是真的，那就不可能将**物体**不是每一个人的名称，也就是说，那就不可能将每一个人都是一个物体，理解成假的，这个命题就会被说成是从那两个命题中**推演**出来的，或者说是必然地从它们**推论**出来的。

19. 虚假不可能由真理推演出来

真命题可以由假命题推演出来，这种情况有时也可能发生。但假命题却绝不可能由真命题推演出来。因为如果每一个人都是一块石头和每一块石头都是一个生物这两个命题（其实这两个命题都是假的）被误认为是真的，那我们也就应当承认生物是每一块石头的名称以及石头是每一个人的名称，亦即生物是每一个人的名称。这也就是说，每一个人都是一个生物这个命题是真的，一如它实际上是真的那样。因此，一个真命题有时是可以由假命题推演出来的。但如果任何两个命题都是真的，则假的命题便绝不可能由它们推演出来。因为如果仅仅以认假为真这样一个理由，即断言：真的命题能够从假的命题推演出来，那么，真理便可以以同样的方式从信以为真的两条真理推演出来。

20. 一个命题是如何成为另一个命题的原因的

既然任何一个真命题都只能由真命题推演出来，而且，将两个命题理解成真的乃理解由它们推演出来的同样为真的命题的原因，那么，这两个作为前提的命题通常便被称作推断出来的命题或结论的原因。而且，逻辑学家由此便说：**前提乃结论的原因**。这是可以说得过去的，尽管严格讲来，事情并非如此。因为虽然理解活动是理解活动的原因，但言语却并非言语的原因。但当他们说任何一件事物的特性的原因即是这件事物本身时，他们就讲得荒谬了。例如，如果有人提出一个被称作三角形的图形予以考察：既然每个三角形所有的角加到一起等于两个直角，由此便得出结论：这个图形的所有的角的和等于两个直角，他们以此为理由，便说：这图形即是它们相等的原因。但既然这个图形并不是自身造成它的各个角的，因此便不能够被说成是**动力因**，他们便将其称作形式因，但实际上，它根本不是任何原因。任何一个图形的特性都不可能从这个图形推演出来，它们是与这图形同时并存的。只不过认识这个图形要先于认识这些特性，而一种认识才真的是另一种认识的原因，亦即动力因。

第三章　论命题

关于命题就这么多。这在哲学的进展中是第一步，就像是向前迈出了一英尺似的。在下面一章，我将再向前迈出一步，我将进而阐述三段论，迈出更完满的一步。

第四章 论三段论

1.三段论的定义——2.在一个三段论中只有三个词项——3.大项、小项和中项,大前提和小前提,以及它们各自为何物——4.每个三段论中的中项在两个前提中应规定为同一件事物——5.从两个特称命题中得不出任何结论——6.一个三段论是两个命题集合而成的一个合体——7.何谓三段论的格——8.心灵中与三段论相应的东西是什么——9.第一间接格,它是如何造成的——10.第二间接格,它是如何造成的——11.第三间接格是如何造成的——12.在每个格中都有许多论式,但它们大多数在哲学上毫无用处——13.假设的三段论在什么时候与一个无条件的三条论等值

1. 三段论的定义

由三个命题组成的,其中第三个是由其余两个推演出来的言说方式,被称作三段论(SYLLOGISM)。这被推演出来的命题被称作结论,其他两个则被称作前提。例如,每一个人都是一个生物,每一个生物都是一个物体,所以,每一个人都是一个物体,这种言说方式即是一个三段论。因为第三个命题是从前面两个命题推演出来的。也就是说,如果承认前面那两个命题为真,这第三个命题也就必须被承认为真。

2. 在一个三段论中只有三个词项

从没有一个公共词项的两个命题中,任何一个结论也不可能推演出来。因此,由它们是不可能造出任何一个三段论的。因为设任何两个前提,如一个人是一个生物,一棵树是一个植物——它们都为真,但由于不可能由它们推断出植物是一个人的名称,或人是一个植物的名称,那就未必能够推演出来一个人是一个植物这样一个结论应当为真的结论。因此,在一个三段论的前提中,只能够存在有三个词项。

此外,在结论中是不可能存在有任何一前提中没有的词项的。因为设任何两个前提为一个人是一个生物,一个生物是一个物体,然而,倘若把任何一个别的词项放进人是**两足的**这样一个结论中,则虽然这个结论为真,但它却不可能从这样两个前提推演出来。因为从这两个前提中,是不可能推演出**两足**的这个名称属于一个人的结论的。从而,在每个三段论中,都只能有三个词项。

3. 大项、小项和中项,大前提和小前提,以及它们各自为何物

在这些词项中,在结论中作为谓项的词项,通常被称作大项,在结论中作为主项的词项,被称作小项,其他的词项则被称作中项。例如,一个人是一个生物,一个生物是一个物体,所以,一个人是一个物体这样一个三段论中,**物体是大项,人是小项**,生物则是中项。而在这两个前提中,在其中能够找到大项的那个前提,被称作大前提,而那个具有小项的前提,则被称作小前提。

4. 每个三段论中的中项在两个前提中应规定为同一件事物

如果中项在这两个前提中并未规定为同一件单称的事物,就推演不出任何一个结论,也作不出任何一个三段论。因为假设小项为人,中项为生物,大项为狮子,又假设其前提是人是一个生物,某个生物是一头狮子,这就推演不出每个人或任何一个人是一头狮子的结论。因此,很显然,在每个三段论中,那个以中项为其主项的命题,应当不是全称的就是单称的,但不能是**特称的或不定的**。因此,例如每个人是一个生物,某个生物是四足的,所以,某人是四足的,这个三段论便是假的。这是因为中项生物在第一个前提中仅仅对人才是确定的,因为在那儿,生物这个名称虽然仅仅赋予了人,但在后一个前提中,它却可以理解为除人外的某个别的生物。但如果后一个前提是**全称**的,例如,在这里,每个人都是一个生物,每个生物都是一个物体,所以,每一个人都是一个物体,这个三段论就是一个真的了。因为它推演出来的是:**物体**是包括人在内的每一个生物的名称这样一个结论。这就是说,每个人是**物体**这个结论已经是真的了。同样,当中项是**单称**名称时,也可以造出一个三段论来,我这里说的是一个真的三段论,虽然这在哲学中并没有什么用处。例如,下面这个三段论:某人是苏格拉底,苏格拉底是一位哲学家,所以,某人是一位哲学家。因为只要承认了前提,结论便不容否定。

5. 从两个特称命题中得不出任何结论

因此,从两个其中项是特称的前提中,也做不出任何一个三段论。因为不管中项在这两个前提中究竟为**主项**,还是**谓项**,还是在其中一个中为**主项**,在另一个中为**谓项**,其规定的都未必是同一件事物。因为假设前提为

　　某人是瞎子,　　⎫ 在这两个前提中中项
　　某人是有学问的,⎭ 都是主项

这并不能推演出瞎子是有任何一个有学问的人的名称,或有学问的是任何一个眼瞎的人的名称。既然有学问的这个名称并不包含眼瞎这个名称,眼瞎也不包含有学问。因此,这两者就未必是同一个人的名称。所以,从这两个前提:

　　每个人是一个生物,⎫ 在这两个前提中,
　　每匹马是一个生物,⎭ 中项都是谓项

也推演不出任何一个结论。因为既然在这两个前提中,生物都是不确定的,其与特称名称是等值的,人可能是一种生物,而马则为另一种生物,从而人便未必是马的名称,马也未必是人的名称。或者,如果这两个前提是:

　　每个人都是一个生物,⎫ 在这两个前提中,一个的中项
　　某个生物是四足的,　⎭ 为主项,另一个的中项为谓项

这也推不出结论来。因为生物这个名称并未受到限定,其中的一个中,它可以被理解为人,而在其中的另一个中,它则可以被理解为非人。

6. 一个三段论是两个命题集合而成的一个合体

由上所述的看来，很显然，一个三段论不是别的，只不过两个命题集合在一起形成的东西，这两个命题是通过一个公共词项结合在一起的，这个公共词项被称作中项。正如命题是两个名称相加而成的那样，三段论也是把三个命题加在一起形成的。

7. 何谓三段论的格

三段论通常是依据其格（figures）的不同而被区别开来的，也就是说，是依据其中项的不同位置而区别开来的。再者，在格中还存在有一些论式（moods）的区别。论式则是由量与质方面不同的命题组合而成的。第一格在于：其中的各个词项都是依照它们意义范围的大小一个接一个地排列起来。依照这样的顺序：小项最先，中项其次，大项在最后。譬如，如果小项为人，中项为生物，大项则为物体，那么，人是一个生物，是一个物体将为三段论的第一格：在其中，人是一个生物为小前提，大前提是生物是一个物体，而结论或这两者的合体是：人是一个物体。而这个格便被称作直接的（direct），因为其中各个词项都是以直接的顺序排列起来的。而且，它还由于量和质的不同而变化成四个论式。第一个论式是那些在其中所有各个词项都是肯定的，而且，其小项为全称，例如：每个人都是一个生物，每个生物都是一个物体：在其中所有的命题都是肯定的和全称的。但如果大项是否定名称，而小项为全称名称，则这个格就将处于第二论式中。例如，每一个人都是一个生物，每个生物都不是一棵树，即是如此。在其中，大前提和结论都既是全称的,又是否定的。对于这两个论式,通常通过使小项成为特称又会增加两个论式。也可能会出现大项和中项都为否定词项这样一种情况,于是也就又出现了另一个论式:其中所有的命题全是否定的,然而这个三段式却是好的。例如,如果小项是人,中项为不是一块石头,大项为不是一块燧石,这个三段论:没有任何一个人是一块石头,凡不是一块石头的东西也都不是一块燧石,所以,没有任何一个人是一块燧石,便是真的,虽然它是由三个否定词项组成的。但在哲学方面,有关业内人士却旨在建立有关事物特性的普遍规则,既然否定与肯定之间的不同仅仅在于,在前者中,主项是借一个否定名称受到肯定的,而在后者中,主项则是借一个肯定名称受到肯定的。这对于考察直接格中的其他论式都是多此一举的。此外,在其中,所有的命题都既是全称的,又是肯定的。

8. 心灵中与三段论相应的东西是什么

心灵中与直接三段论相应的思想是以这样一种方式产生出来的:第一,是心灵设想一个有关被命名的事物的心像(a phantasm),这个心像带有有关的偶性或性质,它因此存在于由于主项这个名称而被称作的小项之中。第二,心灵便有了有关带有那偶性或性质的同一件事物的心像,它因此有了这个名称,它是作为谓项存在于同样的命题之中。第三,思想回到了其中具有那种偶性的同一件事物,因此它是借这个名称而被这样称呼的,此乃大前提的谓项。最后,当回忆起所有那些属同一件事物的偶性的所有内容时,它便得出结论说:那三个名称也是同一件事物的名称。这就是说,这个结论是真的。例如,当人是一个生物,一个生物是一个**物体**,所以,人是一个**物体**这样一个三段论被造出来的时候,心灵首先设想的是一个在言说或推理的人的肖像,并且它记住了:这样出现在他心中的肖像被称作**人**。然后,心灵又有了在运动着的同一个人的肖像,并且记住了:这样在他心灵中显现的东西,被称作**生物**。随后,心灵设想同一个人的肖像,它充满某个处所或空间,并且记得:在心灵中这样显现的东西,被称作**物体**。最后,当心灵记得:那件有广延的,能够运动的,能够言讲的东西是同一件事物,它于是就得出结论说:人、生物和物体这三个名称都是有关同一件事物的名称,从而,人是一个生物便为一个真命题。由此看来,很显然,那些不使用言语的生物,在心灵中并没有与由全称命题造成的三段论相应的概念或思想。这是因为,为了能够思想,不仅必须想到一个事物,而且还要轮番记得各种不同的名称,而各种不同的思考都是要应用到这同一件事物上的。

9. 第一间接格,它是如何造成的

其他的格或者是由词形曲折变化产生出来的,或者是由第一格或直接格的倒置产生出来的。这是经由把大项,或小项,或这两个前提改变成与它们等值的换位的命题实现出来的。

由此便演绎出三个其他的格。其中有两个是由词形曲折变化产生出来的,第三个是由倒置产生出来的。这三个格中的第一个是经大前提的换位造成的。因为假设小项、中项和大项处于直接的顺序中,例如,人是一个生物,不是一块石头。这就是第一格或直接格。词形的曲折变化即是以这样一种方式来变换大前提:人

第四章 论三段论

是一个生物,一块石头不是一个生物。而这就是第二格,或是第一种间接格。这样,其结论便是:人不是一块石头。因为在上一章第14节中,我们已经证明:经词项矛盾变换的各种全称命题是等值的,那些三段论得出的结论也是相像的。所以,如果像希伯来语那样,倒着读大前提,例如,一个生物不是一块石头,则它就像它过去那样,又是直接的了。同样,人不是一棵树,不是一棵梨树这样一个直接的三段论,便由于将大前提(通过言辞的矛盾)变换成另一个与之等值的前提,而成为间接的了,例如,人不是一棵树,一棵梨树是一棵树。但同样的结论照样也能推演出来:人不是一棵梨树。

但为要实现直接格向第一间接格的转换,直接格中的大项就应当是否定的。因为人是一个生物,是一个物体这样一个直接格,是经由变换大前提,而变成间接的。例如:

> 人是一个生物,
> 没有一个物体不是一个生物,
> 所以,每一个人都是一个物体。

尽管如此,这样一种转换却是如此的含混不清,以致这种论式毫无用处。很显然,在这种格中,大前提虽然经过换位,但中项却始终是两个前提中的谓项。

10. 第二间接格,它是如何造成的

第二种间接格是经变化前提造成的,以至于中项成了两个前提的主项。但这却永远不可能普遍地得出结论,从而对哲学毫无

用处。我将举出下面这个例证加以说明：

> 每个人都是一个生物，
> 每个生物都是一个物体，

这个直接格通过变换小前提，就成了下面这个样子：

> 某个生物是一个人，
> 每个生物都是一个物体，
> 所以，某个人是一个物体。

因为**每个人都是一个生物**并不能够变换成**每个生物都是一个人**这样一个命题。而且，因此，如果这个三段论回复到它的直接方式，则小前提就将会是**某个人是一个生物**，从而，其结论就将是**某人是一个物体**，因为人这个小项，作为结论的主项，是一个特称。

11. 第三间接格是如何造成的

第三种直接的或倒置的格是经两个前提的换位造成的。例如，

> 每个人都是一个生物，
> 每个生物都不是一块石头，
> 所以，每个人都不是一块石头，

这个直接三段论经倒置后,就成为下面这个样子:

> 每块石头都不是一个生物,
> 凡不是一个生物的东西,都不是一个人,
> 所以,每块石头都不是一个人;

这个结论是直接结论的一种倒置,且与之等值。

因此,三段论的格,如果仅仅由中项的不同位置标号的话,它们便只能有三个。在第一格中,中项居中间位置;在第二格中,中项居最后位置;在第三格中,主项则居最前面的位置。但如果它们单纯地依据词项的位置予以标号的话,则三段论便会有四个格。因为,第一格可以再分成两个,即分成直接的格和倒置的格。由此看来,很显然,在逻辑学家之间存在的关于第四个格的争论只是一个 λογομαχία, 即只是一个有关名称的争论。因为,就事情本身论,如果不考虑论式借以区别的量和质的话,显然是词项的情势造成了三段论的四种差别。而三段论的这些差别是可以称作格的,如果高兴的话也可以用任何别的名称来称呼它们。

12. 在每个格中都有许多论式,但它们大多数在哲学上毫无用处

在这些格中,每一个都有许多论式。它们是借它们在量和质方面能够具有的所有差异改变前提造成的。例如,在直接格中,即有六种论式;在第一间接格中,有四种论式;在第二间接格中,有十四种论式;在第三间接格种中,有十八种论式。但除了那些由全称

命题组成的论式以及其小前提为肯定的论式外,我将排斥一切来自直接格的论式,将其视为浅薄无聊的东西。因此之故,我也就同样排斥由直接格中前提的换位所造成的其他格的诸多论式。

13. 假设的三段论在什么时候与一个无条件的三条论等值

如前所述,在必然命题中,无条件的命题与假设的命题是等值的。同样显而易见的是:一个无条件的三段论与假设的三段论也是等值的。因为每个无条件的三段论,如:

> 每个人都是一个生物,
> 每个生物都是一个物体,
> 所以,每个人都是一个物体,

这样一个三段论同下面这个假设的三段论:

> 如果任何一件事物都是一个人,则它们也就同样都是一个生物,
> 如果任何一件事物都是一个生物,则它们也就同样都是一个物体,
> 所以,如果任何一件事物都是一个人,则它们也就同样都是一个物体。

便具有同样的力量。

第四章 论三段论

同样,间接格中的这种无条件的三段论:

> 没有任何一块石头是一个生物,
> 每个人都是一个生物,
> 所以,没有任何一个人是一块石头,
> 或者说,没有任何一块石头是一个人,

与下面这个假设的三段论:

> 如果任何一件事物都是一个人的话,则它们也就都是一个生物,
> 如果任何一件事物都是一块石头的话,则它们也就都不是一个生物,
> 所以,如果任何一件事物都是一块石头的话,则它们也就都不是一个人。
> 或者说,如果任何一件事物都是一个人的话,则它们就都不是一块石头。

也是等值的。

而且,这么多例证似乎足以说明三段论的本性;因为关于论式和格的学说已经被为其他一些论说这些道理的人们详尽无遗地、清楚明白地阐述出来了。这样一些规则也不像达到真正推理的实际活动那样必不可少。而且,那些研究数学家推证的人们,他们学习真正的逻辑学要比那些花费时间阅读逻辑学家制造的三段论推

论规则的人们快得多。小孩子学习走路,也不是通过规则学习的,而是通过练习走路学习的。因此,这一点对于在哲学道路上迈出第一步无疑是有所助益的。

在下面一章,我将谈到那些推理粗心的人们容易犯下的种种缺点和错误,以及这些缺点和错误的种类和原因。

第五章 论犯错、虚假与诡辩

　　1.犯错和虚假,它们如何不同？心灵自身不使用语词的犯错,这种情况是如何发生的——2.名称的七种不连贯性,其中的每一种都造成一种假命题——3.不连贯性的第一种方式的例证——4.不连贯性的第二种方式的例证——5.不连贯性的第三种方式的例证——6.不连贯性的第四种方式的例证——7.不连贯性的第五种方式的例证——8.不连贯性的第六种方式的例证——9.不连贯性的第七种方式的例证——10.借连续的定义将各种词项一直分解成简单名称,或是分解成它们种类中最一般的名称,来发现命题的虚假——11.三段论的错误在于具有联系动词的各种词项的含义——12.关于那些因多义性而生的错误——13.智者的诡辩更经常地发生在三段论的质料上,而不是发生在三段论的形式上

1.犯错和虚假,它们如何不同？心灵自身不使用语词的犯错,这种情况是如何发生的

　　人们不仅在肯定和否定事物时犯错,而且也在知觉和无声的思维中犯错。在肯定和否定事物时,当他们用一个名称来称呼一件事物时,这个名称却并非有关事物的名称。例如,由于先通过太阳在水中的反射看到太阳,尔后又直接地在天空见到太阳,我们便将太阳的名称都给了这两个现象,并且因此说:存在有两个太阳。

这是除了人，没有任何一种事物能够做到这一步的。因为任何一种别的生物都是不使用名称的。只有这样一种错误才应该得到**虚假**的名称。因为它的出现不是来自感觉，也不是来自事物本身，而是由于轻率的断言。因为名称的构造，并非来自事物的种相，而是来自人们的意志和同意。伴之产生的是：人们**虚假地**断言。其所以如此，乃是由于他们自己粗心所致，以致离开了与之相一致的事物的称号。他们既没有受到事物的蒙骗，也没有受到感觉的蒙骗。因为他们并没有知觉到他们所看见的那件被称作太阳的事物，他们只是因他们自己的意志和同意而将这个名称赋予了事物。默认的错误，或感觉与思维的错误，是由从一个想象向对另一件不同事物的想象的转移造成的；或是对过去了的事物，或是对将来的事物的虚构造成的，这些事物原本过去不曾存在，将来也永远不会存在。例如，由于看到了太阳在水中的投影，我们就想象太阳本身就在水中。或者由于看到了刀剑，就想象着这儿曾经发生过或将要发生战斗。因为在大多数情况下事情常常是这样的。或者从一个允诺中，我们就虚构出允诺人心里是怎么想的。最后，当我们获得一个符号时，我们就平白无故地想象它所意指的是某件事物，但其实，这件事物根本不存在。诸如此类的错误是具有感觉的一切事物所共有的。但这种蒙骗却既非出自我们的感觉，也非出自我们知觉到的事物，而是出自我们自己，出自我们把仅仅是影像的一类事物虚构成不只是影像的某种东西。但是既不能把事物，也不能把事物的想象说成是虚假的，因为它们都真实地是其所是（they are truly what they are）。它们，作为符号，也并不允诺它们代表任何事物。因为它们实际上，根本不允诺任何事物，是我们因它们而允诺某种事物。云块也不允诺任何事物。是我们由于看到了云块,而说天将要落雨。因此,使我们自己免予由自然符号所起的这样一类错误的最好方式,便是在我们开始推论这样一些推测的事物之前,首先要假定我们无知。然后,再去利用我们的推理(ratiocination)。因为这些错误是由于我们缺乏推理造成的。同时,那些由肯定和否定造成的错误(即命题的虚假)也是由推理的差错造成的。因此,我将主要地谈谈这些与哲学相抵触的东西。

2. 名称的七种不连贯性,其中的每一种都造成一种假命题

在推理中或在三段论中发生的错误,或者是由于前提的虚假,或者是由于推论的虚假。在第一种情况下,一个三段论是就其质料而言被说成是有错误的。而在第二种情况下,一个三段论则是就其形式而言,被说成是有错误的。我将先考察质料问题,亦即一个命题究竟有多少可能错误的方式;然后再接下去考察形式问题,考察当前提为真时,推论却是假的这样一种情况究竟是如何发生的。

因此,既然依据第三章第 7 节,在一个命题中,只有当同一件事物的两个名称联系在一起时,这个命题才是真的(第三章第 7 节);在一个命题中,当不同的事物的名称被联系在一起时,这样的命题便总是假的。因此,不同事物的名称可以联系在一起的方式有多少,造成假命题的方式也就有多少。

然而,我们赋予名称的所有事物可以归结为下面四种,即物体,偶性,心像和名称本身。因此,在每个真命题中被联系在一起

的两个名称就必定或者两个都是**物体**的名称,或者两个都是**偶性**的名称,或者两个都是**心像**的名称,或者两个都是**名称**的名称。以任何其他方式联系在一起的那些名称都是不连贯的,从而构成的都是假命题。也可能出现这样一种情况:一个物体、一个偶性或一个心像的名称,可能由一种语言的名称联系在一起。这样,联系在一起的名称便可以以七种方式成为连贯的。

1. 如果一个**物体**的名称 —— 一个**偶性**的名称
2. 如果一个**物体**的名称 —— 一个**心像**的名称
3. 如果一个**物体**的名称 —— 一个**名称**的名称
4. 如果一个**偶性**的名称 联系方式 一个**心像**的名称
5. 如果一个**偶性**的名称 —— 一个**名称**的名称
6. 如果一个**心像**的名称 —— 一个**名称**的名称
7. 如果一个**物体**、**偶性**或**心像**的名称 —— 一种**语言**的名称

所有这些,我都将举出一些例证。

3. 不连贯性的第一种方式的例证

依照上述第一种方式,当抽象名称与具体名称联系在一起时,命题便都是假的。例如,在希腊文和拉丁文中,esse est ens(存在是存在者),essentia est ens(本质是存在者),τυ τι ην ειναι(本质是存在),quidditas est ens(实质是存在者),以及许多诸如此类的命题,这些在亚里士多德的《形而上学》中都找得到。还有,理智(understanding)在工作着,理智在理解着,视力在看着;一个物体是大小,物体是量值,物体是广延,成为一个人(to be a man)即是一个人,白是一件白色的事物等。这就好像一个人应当说,跑者是

在跑的事物，走路者在走路。再者，本质是独立的，实体是抽象的，以及其他一些诸如此类的东西，或由之派生出来的东西，而充斥流俗哲学的正是这样一些东西。因为，既然一个偶性即使没有主体（亦即没有物体），也依然是一个偶性，则一个偶性也就没有什么名称应当赋予一个物体，而一个物体也同样没有什么名称应当赋予一个偶性了。

4. 不连贯性的第二种方式的例证

在第二种方式里，像下面这样一些命题都是假的：一个鬼魂（a ghost）是一个物体，或一种神灵（a spirit）是一种稀薄的物体；感性种相（sensible species）在空中上下飞舞，或四处活动，这是适合于物体的。还有，阴影被推动，或阴影是一个物体；光被推动，或光是一个物体，颜色是视觉对象，声音是听觉对象，空间和场所是有广延的，以及无数其他诸如此类的东西。因为既然鬼魂、感性种相、阴影、光、颜色、声音、空间等在我们睡觉时，显现给我们的并不比我们醒着时少些什么，它们便不可能是我们身外的事物，而只能是想象着它们的心灵的心像。而且，因此，关于这些与物体的名称联系在一起的东西的名称便不可能构成一个真正的命题。

5. 不连贯性的第三种方式的例证

第三种方式的假命题是这样一类命题：属相是存在者（genas est ens），共相是存在者（universale est ens），存在的存在者是谓词（ens de ente predicatur）。因为属相，与共相和谓词都是名称的名称，而不是事物的名称。同样，数是无限的也是一个假命题。因为任何一个数都不可能是无限的,而数这个语词,只有当其在心中没有一个与之相应的确定的数字时,才被称作一个不定名称。

6. 不连贯性的第四种方式的例证

下面这样一些假命题属于不连贯性的第四种方式:一个对象具有显现给观察者那样的大小和形状;颜色、光泽、声音,存在于对象之中,如此等等。因为同一个对象随着距离和媒介的不同而有时显得大些,有时则显得小些,有时看上去是方的,有时看上去又是圆的。但所看到的事物的真实的大小和形状却都总是一样的。所以,显现给观察者的大小和形状并不是这个对象的真实的大小和形状,也不是任何事物,而是一种心像。因此,在这样一类命题中,偶性的名称总是与心像的名称联系在一起的。

7. 不连贯性的第五种方式的例证

在第五种方式里,下面这些命题是假的。例如,当有人说:定义是一件事物的本质;白色或某种别的偶性,是属相或共相,这些命题便是假的。因为定义并不是任何一件事物的本质,而只是表示我们所设想的有关事物的本质的一种语言;而且它也不是白本身,而是白这个词,是一个属相,或一个普遍名称。

8. 不连贯性的第六种方式的例证

在他们犯错的第六种方式中,他们说:任何一件事物的观念都是普遍的。仿佛在心中能有一个人的形象,它不是某一个人的形象,而只是一个人的形象,但这是不可能的。因为每个观念都是一

(one)，而且还都是属于一件事物的。但他们在这里却上当受骗了，因为他们把这件事物的名称误作这件事物的观念了。

9. 不连贯性的第七种方式的例证

他们也以第七种方式犯错。他们在具有存在的事物之间作出区别，认为其中一些是**借它们自身而存在的**，另一些则是**借偶性而存在的**。这就是说，由于苏格拉底是一个人是一个必然命题，而苏格拉底是一个音乐家则为一个偶然命题，所以，他们说某些事物是必然地存在的，或是借自身而存在的，而另外一些事物则是偶然地存在的，或是借偶性而存在的。既然**必然的、偶然的、借自身的、借偶性的**，都不是事物的名称，而只是命题的名称，他们便说：任何一个具有存在的事物，都是借偶性而存在的，一个命题的名称便总是与一件事物的名称联系在一起的。他们还以同一种方式犯错，把一些观念置放进理智之中，而把另外一些观念置放进想象之中。其中致使他们受骗的地方在于：仿佛从对人是一个生物这个命题的理解中，我们有一个源于感觉达到记忆的人的观念或形象，还有另外一个源于感觉达到理智的人的观念或形象。因为命题所意指的仅仅是那些接踵而至的事物的秩序，而这样一种秩序则是我们在人的同一个观念中看到的。从而，人是一个生物这个命题在我们身上就只提出了一个观念，尽管在这一观念中，我们注意到：他先是被称作人，尔后，他才被称作生物。在所有这几种方式中，命题的虚假都能够借联系在一起的名称的定义发现出来。

10. 借连续的定义将各种词项一直分解成简单名称，或是分解成它们种类中最一般的名称，来发现命题的虚假

但是，当物体的名称与物体的名称，偶性的名称与偶性的名称、名称的名称与名称的名称、心像的名称与心像的名称联系在一起时，如果我们依然怀疑这些命题是否为真，我们则首先就应该找出那两类名称的定义，尔后再找出那些存在于前一类定义中的那些名称的定义，以此类推，进行连续不断的分解，直到我们达到一个简单名称，亦即达到此类名称中那种最一般或最普遍的名称。而且，倘若在我们做过所有这些事情之后，其真假仍不明显，则我们就必须通过哲学、推理，从定义开始将其探究出来。因为凡普遍为真的命题，或者是一个定义，或者是定义的一部分，或者是依赖于定义的明证。

11. 三段论的错误在于具有联系动词的各种词项的含义

隐藏在其形式之中的三段论的错误，总是能够或者从与其中一个词项结合在一起的系词的含义中找到，或者从某个词的多义中找到。而且，在这两种方式中的任何一种中，都将存在有四个词项，否则，一如我们前面所说，便不足以构成一个真正的三段论。然而，同任何一个词项相联系的系词的含义，是可以借将命题还原成清楚明白的谓词很容易察觉出来的。例如，倘若有人进行这样的推证：

手触到了笔,

笔触到了纸,

所以,手触到了纸;

这样一种三段论的错误通过还原,是很容易显现出来的。例如:

这只手,正在,接触这支笔,

这支笔,正在,触纸这张纸,

所以,这只手,正在,接触这张纸;

很显然,其中存在有四个词项:这只手,**在接触这支笔**,这支笔,与**正在接触这张纸**。但受这种诡辩(sophisms)欺骗的危险似乎并不很大,从而尚需要对之作出更为详尽的论证。

12. 关于那些因多义性而生的错误

虽然在多义词项中也可能存在有谬误,但在那些显然多义的词项中,却完全没有任何这样的谬误。在隐喻中,也是如此。因为它们公开承认将名称从一件事物转换到另一件事物。然而,有时多义词(以及那些含义并不那么含糊的语词)却往往可能骗人。例如,在下面的论证中,就存在这样一种情况:论述原理属于形而上学;但所有原理中的第一原理,即同一件事物不可能同时既存在又不存在;从而,论述同一件事物是否可以同时既存在又不存在便属于形而上学。在这里,谬误就在于原理这个词项的多义性。因为,亚里士多德在其《形而上学》中开宗明义地说:论述原理属于第一科学,并把原理理解为事物的原因,以及某种他称之为第一存在的某种存在。但当他说第一命题是一项原理时,他却又解释说:所谓原理,他意指的是知识的起点和原因,也就是说,如果任何一个人如果不理解这些词,他便不可能具有学问。

13. 智者的诡辩更经常地发生在三段论的质料上,而不是发生在三段论的形式上

但智者和怀疑派,他们很久前就常常用**诡辩**来嘲笑和反对真理。他们的诡辩,就其大部分而言,不是错在三段论的形式上,而是错在它的质料上。而且,他们自己受骗也和他们蒙骗别人一样经常。因为芝诺的用来反对运动的著名论证就在于下面这个命题:无论什么事物都是可以分成许多部分的,这在数量上是无限的,它同样也是无限的。毫无疑问,他认为这是真的,然而,这却是假的。因为能够被分成无限个部分的东西,不可能是任何别的事物,而只能是照人们所意愿的那样被分成那么多部分。但一条线段并不必然地在数量上具有无限的部分,或者说是无限的,因为我只能像我常常意愿的那样对它进行划分再划分。但不管我将其划分成多少部分,它们的数量都依然还是有限的。一个人只是说各个部分,而不管添加多少,他就没有限定任何数字,究竟添加多少,任凭听众来决定,从而我可以一般地讲,一条线段是可以无限地划分下去的。但这在任何别的意义上都不可能是真的。

关于三段论,讲这么多也就足够了。这似乎可以说是走向哲学的第一步。我所说的这么多很有必要,它们可以教导任何一个人由此出发进行的所有真实的论证都具有力量。用所有那些可以

堆积到一起的东西来扩充这一论述完全是多此一举。这就好像一个人（我在前面已说过）教给一个小孩许多规则，让他学会走路一样。推理的技巧借规则总没有借实践学习得好，也没有借阅读那些其结论完全严格推证出来的书籍学习得好。所以，我紧接着便来讲哲学的方法，亦即讲研究的方法。

第六章 论方法

1.方法与科学之界定——2.就存在而言,单个事物比普遍事物更容易认识,但就它们为什么存在或什么是其存在的原因而言,普遍事物比单个事物更容易为人们所认识——3.哲学家们力图认识什么东西——4.原理借以发现的第一部分纯粹是分析的——5.每一个种类中的最高原因和最普遍的原因,都是借它们自身认识到的——6.方法是由原理发现出来的,它只趋向于科学,何谓方法——7.公民哲学与道德哲学的方法,当其由感觉进展到原理时,它是分析的;而那些从原理开始的方法,则是综合的——8.探求的方法,所提出的任何一件事物究竟是物质还是偶性——9.探求是否任何一种偶性都存在于这个或那个主体之中——10.探求所提出的任何一个结果的原因的方法——11.语词作为记号有助于发现,作为符号有助于推证——12.推证的方法是综合的——13.定义只是第一的和普遍的命题——14.定义的本性和对定义的定义——15.定义的特性——16.推证的本性——17.推证的特性以及所推证的事物的秩序——18.推证的谬误——19.为什么在这里不能论述几何学家们的分析方法

1. 方法与科学之界定

为了理解方法,我就必须用这样一种方式,重申前面(第一章第 2 节)所提出的哲学的定义:哲学是那些我们借真实的推理,从我们业已具有的有关现象或显而易见的结果可能产生的知识中,

第六章 论方法

所获得的关于这些现象或显而易见的结果的知识；而且，哲学也是我们从我们业已具有的有关结果的知识中，获得的那样一些我们已经具有的或可能具有的关于产生的知识。所以，在哲学研究中，方法就是根据结果的已知原因来发现结果，或者根据原因的已知结果来发现原因时所采取的最便捷的道路。但我们只有认识某个结果存在有原因，并且认识那些原因所在的主体，认识它们所产生的那种结果所在的主体，以及它们是以什么方式造成这种结果的，我们才可以说是认识了这个结果。这就是关于原因的科学，或者如他们说，是关于 the διότι (为什么)的科学。所有别的科学，它们被称作 the ὅτι (关于那个在者的学问)，则或者是通过感觉所得的知觉，或者是想象，或者是这种知觉存留下来的记忆。

因此，知识的开端乃是感觉和想象的心像。这样一种心像的存在，我们本性便足以知道。但认识它们为什么存在，或者要认识它们是由什么原因产生出来的，却是推理的工作。推理就在于（一如我们在前面第一章第 2 节里所说）组合、分开或分解。所以，我们用来发现事物的原因的方法，或者是组合法，或者是分解法，或者部分组合法与部分分解法，此外再没有什么别的方法。而分解法通常又称为分析方法，组合法又称为综合方法。

2. 就存在而言，单个事物比普遍事物更容易认识，但就它们为什么存在或什么是其存在的原因而言，普遍事物比单个事物更容易为人们所认识

从已知的事物进展到未知的事物，这对于所有种类的方法来说都是一样的。这一点从上述的哲学定义看来是很显然的。但在凭感觉获得的知识里，我们对整个对象，要比对这个对象的任何部分认识得都更清楚些。例如，当我们看见一个人时，有关那个人的概念或整个观念的认识，相较于有关这个人之**有形状**、**有生命**和**有理性**这样一些特殊观念，是首先认识到的，也是认识得更清楚的。这就是说，我们注意到这个人身上的其他特殊属性之前，我们首先看到的是这整个人，首先注意到的是他的存在。所以，在关于 the ὅτι（那个在者）的任何知识中，或者在有关任何一件事物**存在**的知识中，我们的探讨都是从整个观念开始的。反之，在我们关于 the διότι（为什么）的知识中，或者在我们关于任何一件事物的原因的知识里，也就是各种科学里，我们有关各个部分的原因的知识要多于我们对整体的原因的知识。因为整体的原因是由各个部分的原因组合而成的。但在能够认识由各个部分组合而成的整体之前，我们必须先行认识那些将要被组合在一起的事物。然而，所谓部分，我在这里所意指的并不是这件事物本身的各个部分，而是其本性的各个部分。譬如，所谓人的各个部分，我并不是将其理解为他的头、他的肩、他的臂等，而是将其理解为他的形状、量、运动、感觉、理性等。这些偶性组合在一起，构成的是人的整个本性，但却并非这个人本身。常言道，一些事物更多地为我们所认识，而另一些事物则更多地为自然（本性）所认识，即是谓此。因为我并不认为，人们作出这种区分，意思是说某件事物是自然（本性）认识到的，但却不为任何人所认识。所以，所谓那些我们认识得更多的事物，我们应当将其理解为我们凭我们的感官即察觉到的事物，而所谓自然（本性）更多认识到的事物，我们则应当将其理解为我们凭理性获知的东西。因为，在这个意义下，**整体**，亦即那些具有普遍名称的那些事物(为简便计,我称之为共相),比起部分,亦即那些具有较不普遍名称的事物(因此,我称之为殊项或单个事物),我们认识得则更多一些。而各个部分的原因比起整体的原因来,本性(自然)认识得要更多一些。这就是说,本性(自然)更多认识的是共相,而不是单个事物或殊相。

3. 哲学家们力图认识什么东西

在研究哲学时,人们或者用简单的方式去探求科学,或者是用不确定的方式去探求科学。也就是说,尽可能多地去认识,不给自己提出任何受到限制的问题。他们或者是探讨某种确定的现象的原因,或者致力于发现所考察的某种事物的确定性,例如什么是所考察的光、热、引力和一种形状的原因;所考察任何一种偶性究竟是什么主体所固有的;究竟什么东西最有可能致使许多偶性产生出某种所考察结果;特殊的原因究竟应当以什么方式组合起来才能产生出某种结果。然而,依据所考察的事物的不同情况,有时应当使用分析的方法,有时又应当使用综合的方法。

4. 原理借以发现的第一部分纯粹是分析的

科学,就其能够达到的范围而言,即是关于万物原因的知识。而单个事物的原因是由普遍的或单纯的事物的原因组合而成的。但那种以不确定的方式探求科学的人,必须先行认识普遍事物的原因,认识一切物体,亦即一切物质所共有的偶性的原因,然后才能认识单个事物的原因,亦即认识使一件事物区别于另一件事物的那些偶性的原因。而且,他们还必须先行认识那些普遍的事物之所是，尔后才有可能认识它们的原因。再者，既然普遍事物包含在单个事物的本性之中，则关于普遍事物的知识凭借理性，也就是通过分解，即可以获得。例如，如果有人提出了某个单个事物的概念或观念，譬如一个正方形的概念或观念，这个正方形便必定可以分解成一个平面，它以一定数目的相等的直线与直角为界限。因为凭借这样一种分解，我们就得到了这样一些普遍的、与所有的质料相一致的事物，这也就是：线、平面（包括面积）、界限、角、直线、直角与相等。而且，如果我们能够找出这些事物的原因，我们就可以将它们组合到一起，形成一个正方形的原因。再者，如果有人向他自己提出金子的观念，他便可以凭借分解得到**固体、可见、重**（就是引向地心或向下）等观念，以及许多比金子本身更普遍的东西。而且，他还可以对这些东西进行再分解，直到获得最普遍的东西。像这样，凭借连续不断地分解，我们就可以认识到那些事物究竟是什么；它们的原因最初是各自认识到的，此后被组合到了一起，从而就使我们得到了关于单个事物的知识。所以，我们的结论是：获得关于事物的普遍知识的方法，纯粹是**分析**的。

5. 每一个种类中的最高原因和最普遍的原因，都是借它们自身认识到的

但普遍的事物（其中至少是那些具有原因的普遍事物）的原因是自明的，或者像大家通常说的那样，是本性认识得到的。因此根本无须任何方法。因为它们总共只有一个普遍原因，这就是运动。一切形状的不同，都是由造成这些形状的运动的不同产生出来的。而运动除了以运动为原因外，不可能被理解为具有任何其他的原

第六章 论方法

因。我们通过感觉而观察到的东西，像颜色、声音、滋味等的不同，除了运动以外，也没有任何别的原因。这种运动一部分存在于作用于我们感官的对象之中，一部分存在于我们自身之中，这种情况表明它显然是某种运动，虽然我们如果不推理就不会知道它究竟属于哪种运动。一切变化都在于运动，虽然在没有以某种方式对这一点加以证明以前，许多人是理解不到的。可这并不是由于事物本身模糊不清的缘故（因为除非凭借运动，是无法理解任何一件事物能够脱离它的静止状态，或者脱离它的运动状态的），而是或者是由于他们的自然论述受到他们得自其大师的先入之见的败坏所致，或者是由于他们根本不专心追究真理所致。

6. 方法是由原理发现出来的，它只趋向于科学，何谓方法

因此，凭借关于共相及其原因（它们即是我们借以认识事物的 the διότι，即为什么的第一原理）的知识，我们首先获得的是它们的定义（事物的定义不是别的，无非是对我们简单概念的一种解释）。例如，一个人对于位置有了真正的概念，他就不会对下面这个定义无知：位置就是为某件事物充分占据或充满的空间。所以，一个正确认识运动的人，他不会不知道运动就是失掉一个位置，而获得另外一个位置。其次，我们对它们有一种产生或描写。例如，一条线段是由一个点的运动造成的，而面是由一条线的运动造成的，以及一个运动是由另外一个运动造成的等。此外，我们还研究是什么运动产生出如此这般的结果。例如，是什么运动造成一条直线，什么运动造成一个圆形，什么运动推，什么运动拉，以及它们

用什么方式推,用什么方式拉;什么运动使一件事物被看到或被听到,有时以这种方式看到或听到,有时又以另外一种方式看到或听到。这种研究方法是组合的。因为,首先,我们要考察一个受到推动的物体产生什么样的结果,当我们只考虑它的运动并不考虑其中任何一件别的事物时,我们即刻便可以看出这种运动造成了一条线或这条线的长度;其次,我们要考察具有一定长度的物体的运动产生出什么样的结果,我们就发现它产生了面。这样下去,一直到我们看出简单运动的结果究竟是些什么。然后,我们以同样的方式,来观察从这些运动的加、乘、减、除中得出些什么,以及它们产生出什么样的结果,产生出什么样的图形和什么样的特性。由这样一些思考,就将产生出哲学中被称作几何学的那个部分。

考察过简单运动产生出什么事物之后,我们还要进而考察一个运动的物体在另一个物体上造成什么样的结果。因为在一个物体的所有各个部分里都可以有运动,但整个物体却仍然处于同一个位置上。所以,我们首先要研究究竟是什么运动在整体里引起这样的运动,也就是说,当一个物体侵扰了另一个静止的或运动的物体时,被侵扰的物体将以什么方式、什么速度运动;其次,要研究这第二个物体将在第三个物体中产生什么样的运动,这样一直续下去。哲学中讨论运动的部分,就是从这种思考中得出来的。

在第三步,我们必须着手研究任何一个物体的各个部分的运动所造成的那样一些结果。例如,怎样可能这些事物还是同样的事物,但看起来却不同,而被改变了。这时,我们要探究的东西是感觉性质,诸如光、颜色、透明、不透明、声音、气味、滋味、热、冷之类的东西。因为在认识感觉自身的原因之前,我们是不可能认识

第六章　论方法

这些东西的。所以，考察视、听、嗅、尝和触的原因，属于第三步。而上面所列举的所有的性质和变化，则应当归入第四步。以上两种考察包含了哲学中被称作物理学的那个部分。这四个部分包含着自然哲学里一切可以用真正的推证来说明的东西。因为如果要给特殊的自然现象指定出原因，例如，天体及其各个部分的运动与影响究竟是什么，其理由一定或者是从上述的几个科学部分里得来的，或者就根本提不出任何理由，一切都听任不确定的猜测。

在**物理学**之后，我们将进而考察道德哲学。在道德哲学中，我们将要考察心灵的运动，这就是：**欲望、厌恶、爱、仁慈、希望、恐惧、愤怒、竞争、嫉妒**等；它们都有些什么样的原因，以及它们又是什么东西的原因。其所以要在**物理学**之后考察这些东西，乃是因为它们的原因存在于在感觉与想象之中，而感觉与想象力乃是**物理学**默思的对象。还有，其所以要按照上述次序研究这一切事物，乃是因为要了解物理学，只有先认识物体最小的部分里存在有什么样的运动才行；要了解物体各个部分里的这样一种运动，就要先行认识使另一个物体运动的究竟是什么东西；为要了解使另一个物体运动的究竟是什么东西，就要先行认识简单运动会产生出什么样的结果。而且，还因为事物对感觉的一切现象都是由复合运动决定的，并且正是复合运动使它们具有如这般的质和量，而每一种复合运动又都有一定程度的速度和某种确定的方式。所以，首先我们只是单纯地发现运动的各种方式（几何学就在于此）；其次，我们要发现那些明显的、被产生的运动的各种方式；最后，去发现内部的、不可见的运动的各种方式（这是自然哲学家们要研究的）。因此，研究自然哲学的人如果不从几何学开始，就是徒劳无益。自然哲学的著作家们或争论者如果对几何学无知，那就只能让读者和听众白费时间。

7. 公民哲学与道德哲学的方法，当其由感觉进展到原理时，它是分析的；而那些从原理开始的方法，则是综合的

公民哲学（*civil philosophy*）与道德哲学并非紧密地相互依附，它们是可以拆分开的。因为心灵运动的原因不只为推理所认识，而且也为每一个肯费力气观察自己内部这些运动的人的经验所认识。所以，不但有些人用综合方法（*the synthetical method*），从哲学的第一原理出发，得到关于心灵的情欲与纷扰的知识，也可以用同样的方式，认识构成国家的原因与必然性，认识究竟什么是自然权利，究竟什么是公民责任，以及在每种政府里，国家的权利究竟是什么，而且还可以得到其他属于公民哲学的知识。这是因为政治学的原则是以关于心灵的运动的知识为基础的，而关于这些运动的知识则来自关于感觉与想象的知识；但甚至于有些人没有学习过哲学的第一部分，即几何学与物理学，还是可以用分析方法得到公民哲学的原则。如果提出一个问题，例如：这样一种行为究竟是公正的，还是不公正的，要是把不公正分析成违反法律的事实，并且把法律的概念分析成一个或一些拥有强制权力的人的命令，又把权力从构成这种力量的人们的意志导引出来，而这些人构成这种力量是为了让大家可以和平生活；那么，他们最后便可以得到这样一种认识：人们的欲望以及心灵的情欲如果不受某种权力的限制，他们就会永远互相攻战。一个人只要考察一下自己的心灵,就可以凭他的经验认识事情会是这样的。所以,由此他就可以用组合来决定任何一个被提出来予以考察的行为究竟是公正的还是不公正的。由前面所述,可以明显地看出:哲学的方法,对于单纯研究科学,而并不要求解决任何特殊问题的人们来说,一部分是分析的,一部分是综合的,就是说,从感觉出发进而发明原理的方法是分析的,其余的则是综合的。

8. 探求的方法,所提出的任何一件事物究竟是物质还是偶性

对于那些寻求某种确定的被提出的现象或结果的原因的人们,有时会发生这样的事情:他们并不知道被寻求原因的那个东西究竟是物质或物体,还是物体的某种偶性。因为虽然在几何学中,在寻求量、比例或图形的原因时,确实知道量、比例、图形这些东西都是偶性,可在自然哲学中,一切问题都是关于感性事物的影像的原因的,就不是那么容易辨别发生那些影像的事物本身和那些事物对感觉的现象了。这样的现象欺骗了许多人,特别是在影像由光造成的时候是如此。例如,一个观看太阳的人有一个约一呎多大的照耀着的观念,他称之为太阳,虽然他知道太阳实际上要比这大得多。同样,同一件事物的影像有时由于远看,显得是圆的,有时由于近点看便显得是方的。因此,就很令人怀疑,那个影像究竟是物质或某种自然物体,还是仅仅是物体的某种偶性。在考察这种怀疑的时候,我们可以应用这样一种方法。我们已经用综合方法把物质的特性与偶性从它们的定义里找出来了,可以把它们拿来同我们当前的观念比较一下,如果这个观念与物质或物体的特

性一致，那么它就是物体；否则它就是偶性。所以，鉴于物质不能因我们的任何努力而被制造或消灭，被增加或减少，或者被推动得离开它的位置，而那个观念则随意出现、消失、被增加和减少，并且被推得来来去去地运动，我们便可以确定地断言它不是一个物体，而只是一种偶性。这种方法即是综合的。

9. 探求是否任何一种偶性都存在于这个或那个主体之中

但如果对某一种已知偶性的主体发生怀疑（因为有时这是可以怀疑的，像在前面的例子里，就可以怀疑太阳的那种光辉与外表看来的大小是在什么主体里），我们的研究就应该按照这样一种方式来进行。首先，必须把普遍物质分成若干部分，例如，分成对象、媒介以及感觉者本身，或者其他看起来与所提出的东西最相适合的其他一些部分。其次，分别考察一下这些部分如何与主体的定义相一致，其中的一些如果不能具有那种偶性，就将其排除掉。例如，如果根据真实的推理发觉太阳比它的外表看来的大小要大，那么，这个大小就不在太阳里；如果太阳是在一条一定的直线上，保持着一个一定的距离，而这种大小与光辉却在不止一条线上，从不止一个距离都可以看见——例如，在反射或折射中，那么，这种光辉与外表看来的大小就不在太阳本身里面，所以，太阳这个物体就不能是这种光辉与大小的主体。由于同样的理由，空气与其他的部分也都应排除掉，到了最后，剩下来能够作为这种光辉与大小的主体的，便只是感觉者自己了。这种方法，就其把主体分为若干部分而言，是分析的，就其把一些性质，包括主体的性质和偶性，拿来与我们要研究的主体的偶性进行比较而言,则是综合的。

10. 探求所提出的任何一个结果的原因的方法

但当我们寻求某种被提出的结果的原因时,我们心里首先应当对我们所谓原因有一个确切的概念或观念。这就是:一个原因,就是主动者和被动者双方中所有的这样一些偶性的总和或集合,这些偶性共同起作用就会产生所提出的那个结果。这些偶性是全部存在在一起的,只有结果与它们一同存在,原因才能得到理解。或者说,即使它们中间缺少了某一个,结果照旧有可能存在。在认识到这一点之后,下一步我们必须单独考察每一种伴随着结果或先于结果的偶性,只要它看来以某种方式对结果的产生有所帮助,看看如果那些偶性中的某一个不存在,是不是还可以照旧设想那个被提出的结果存在;而且,用这样一种方法便可以把不是会同产生上述结果的偶性与会同产生上述结果的偶性区分开来。然后,我们就把那些会同产生上述结果的偶性放在一起,考察一下我们是否能够设想:当这些偶性全部出现时,被提出的结果会不会跟着出现,如果很明显这个结果会跟着出现,那么这些偶性的集合就是全部的原因,否则就不是全部的原因;不过,我们仍然要寻找出其他的偶性,并且把它们放在一起,例如,如果要寻找的是光的原因,首先我们就得考察我们身外的事物,发现只要有光出现,就有某种主要的对象,就可以说是光的来源,没有它,我们就不可能有任何关于光的知觉。所以,那个对象的会同出现对于光的产生是必不可少的。其次,我们考察媒介物,发现如果它不是被安排成一定的样式,就是说,如果它不透明,那么虽然对象还在那里,结果也仍然不会随着出现；所以，透明的会同出现对于光的产生也是必不可少的。第三，我们观察我们自己的身体，发现由于眼睛、脑子、神经和心脏的失常，也就是说，由于种种阻塞、迟钝和衰弱，我们就看不到光，因此，我们的身体器官长得适合从外面接受印象，也是光的原因的一个必要部分。再者，在内在于对象的一切偶性中，除了活动（或一定的运动）之外，没有任何别的东西能对光的产生有所帮助了，只要有结果出现，就不能设想没有活动。因为，要一件东西可以发光，并不需要它有如此般的大小或形状，也不需要把它的整个形体从它所占据的位置推出去。除非有人也许会说，在太阳或其他物体里，产生光的是它在自身中所具有的光；不过这只是一种无意义的例外，因为这种话除了光的原因外并没有说出任何别的东西来，正如一个人说光的原因是太阳里产生光的那个东西一样。

79 所以，剩下来的就只能是：产生光的活动只是对象的各个部分的运动。了解了这个，我们就可以很容易地设想媒介物所作出的贡献，这就是把那种运动延续到眼睛里。最后，我们也很容易设想眼睛与感觉者的其余器官所作出的贡献，这就是把这种运动延续到最后的感觉器官——心。像这样，就可以说光的原因是从一种运动的来源延续到生命运动的来源的那种运动，光只是从对象延续来的运动影响生命运动而造成的生命运动的变化。我这只是举个例子。因为在适当的地方我还要更详细地谈到光及其产生。同时很明显，在寻找原因的时候，一方面需要用分析方法，另一方面也需要用综合方法。要了解周围各种东西如何各自对产生结果有所帮助，需要用分析方法；要把它们自身能够单独产生的东西放到一起加以组合，就需要用综合方法。关于发明的方法说这么多就够了。

第六章 论方法

此外,我还要谈一谈教导的方法(the method of teaching),也就是推证的方法(the method of demonstration),以及我们借以作推证的种种手段。

11. 语词作为记号有助于发明,作为符号有助于推证

在发明的方法方面,语词的用处就在于它们可以用来作为记号,借助这些记号,就可以召回记起我们曾经发现的一切。因为如果没有这种东西,我们的一切发明就消失不见了。由于记忆力微弱,我们也不能从基本原则出发超出一两个三段论以外。例如,任何一个人,当其考察他面前的三角形时,他就会发现它的三个角加在一起等于两个直角,而他只是默默地想这件事,并不用任何语词,不管是内心理解的语词,还是说出来的语词,后来他又遇到另外一个三角形要考察,这个三角形与前一个三角形不相似,或者就是那个三角形放在不同的位置上,他就不容易知道同样的性质是不是也在这后一个三角形里面,而是只要有一个不同的三角形在他面前(三角形的不同是无限的),就不得不重新开始思考。它如果应用名称,就无须这样作了。因为每一个普遍名称都指示着我们所有的关于无限个别事物的概念。可是,像我以上所说的,它们是一些**记号**,用来帮助我们记忆,用来把我们自己的发明给自己记录下来,而不是一些**符号**,用来把我们自己的发明告诉别人的。所以,一个人可以靠自己单独地作一个哲学家,无须任何老师,亚当就有这种能力。但是要教导,就是说,要进行推证,就要至少假定有两个人,并且还要假定三段论式的语言。

12. 推证的方法是综合的

既然教导不过是沿着我们的心灵获得某种发明的道路，引导接受教导的人的心灵去认识我们的那些发明，则我们用来发明的那种方法便也可以用来向别人作推证；只是略去第一部分从对事物的感觉进展到普遍原则的方法。这些普遍原则由于是原则，从而是不能够进行推证的。而且，它们既是凭本性认识到的（如本章前面第 5 节所说），便无须推证，虽然依然需要解释。所以，整个推证的方法是综合的，它包括从自明的基本命题或最普遍的命题开始的那种语言次序，通过不断地把命题组合成三段论而向前推进，一直到最后学习者理解了所要寻找的结论的真理性为止。

13. 定义只是第一的和普遍的命题

然而，这样一些原则不是别的任何东西，它们无非就是定义。定义有两种，一种是给那些表示具有某种可以理解的原理的东西的名称所下的定义，另一种是给那些表示根本不能设想其有原因的东西的名称所下的定义。前面一类名称是**物体**或**物质**、**量**或**广延**、**运动**，以及一切物质所共有的东西。第二类名称是**这样一个物体**，**这样大的运动**，**这样大的大小**，**这样的图形**，以及一切我们能借以区别一个物体与另一个物体的东西。当我们用尽量简短的言语，使听者心中对于某个名称所意指的东西产生完全的、清楚的观念或概念时，我们就是给前一种名称下了一个很好的定义。例如，我们就把运动定义为**连续地离开一个位置，又获得另一个位置**。因为虽然没有东西运动，在那个定义里也没有任何运动的原因，可是只要听到那句话，在听者心里就会出现一个很清楚的运动观念。但对于可以理解为有某种原因的事物所下的定义，却都必须包含表示它们产生的原因或方式的名称。例如，我们就把圆定义为一条直线在一个平面上固定一端而旋转所造成的图形。除定义外，没有别的命题可以称为基本命题，或者依照严格的真理算作原则。因为那些欧几里得的公理既然是可以推证的，就不是推证的原则，虽然这些公理由于人人都同意，被认为不需要加以推证，已经获得了原则的权威。还有那些公设（*petitions* or *postulate*，一般人是这样称呼它们的），虽然是原则，却不是推证的原则，只是构造的原则，也就是说，它们不是科学的原则，而是力量的原则。换言之（这完全是一样的），不是**定理**的原则（the principles of *therems*），因为定理就是思辨，而是**问题**的原则（the principle of *problems*），因为问题属于实践或做事。但至少那些为一般人所接受的意见，如**自然厌恶真空**，**自然不作无谓的事情**等，既不是自明的，也根本无须推证，而且，它们错的时候比对的时候多，它们被认为是原则的时候便更少了。

因此，我们需要再次回到定义。我之所以说：凡是有原因或产生的东西，都应该将它们的原因和产生放在它们的定义里面，其理由在于：科学的目的是对事物的原因与产生的推证。原因与产生如果不在定义里，就不能在第一个三段论的结论出现，因为那个三段论是由那些定义造成的。而如果它们不在第一个结论里，也就不会出现在任何从那个结论推出来的进一步结论里。因此，我们这样进行下去，就会永远达不到科学。这就违反了推证的目的和宗旨。

14. 定义的本性和对定义的定义

既然定义，一如我前面所说，是原则和基本命题，所以，定义是语言。既然它们是用来在研究者心中引起某样事物的观念的，不管那样东西有什么名称，那样事物的定义就只能是用语言来解释那个名称。而如果那样事物的名称是表示某种复合而成的概念的，那么定义就只是把那个名称分解为最普遍的部分。例如，我们给人下定义时，便说人是一个**物体**，它是有生命的，有感觉的，有理性的。**物体**、**有生命**的等名称，是人这整个名称的各个部分。所以，这一类定义永远由**属相**（genus）和**种差**（difference）组成，前面的名称，一直到倒数第二个以前，都是**属相**（general），最末一个是**种差**（difference）。但如果有某个名称在那一类中是最普遍的，那么，它的定义就不能由属相和种差组成，就要用把那个名称的力量解释得最好的迂回说法来下定义。还有一种情形，就是属相和种差放到一起，却还是不能成为定义。这是可能并且常有的事。例如，"一条直线"这几个语词就包含着属相和种差，但它们却都不是定义，除非我们认为一条直线可以定义为一条直线是一条直线。可如果加上另外一个名称，包含着不同的语词，却表示着原来那些语词所表示的那个事物，那么，这些字眼就可以是那个名称的定义了。从以上所说。便可以理解对定义应该如何下定义，这就是：**定义是个命题，如果可以，这个命题的谓语就分解主语，如果不可以，它就用例子来解释主语**。

第六章 论方法

15. 定义的特性

定义的特性如下。

首先,它取消多义,也取消所有那些数量非常多的区别,这些区别为某些人所应用,他们认为可以通过争辩来学习哲学。因为定义的本性就是去规定(to define),也就是去确定被定义的名称的意义,并且从这个意义里排除掉其他意义,只留下包含在定义本身里的那个意义。所以,一个定义所作的事,就等于一切可以用在被定义的名称上的那些区别(不拘怎样多)所作的事。

其次,定义提供出所定义的事物的一个普遍意念(an universal notion),表象出那件事物的某种普遍图景,但这并不是对视觉而言的,而是对心灵而言的。例如,当画一个人的时候,是画某个人的像,所以,给人这个名称下定义,就是对心灵作出某个人的表象。

第三,不必争论所下的定义是否受到承认。因为一个老师教学生时,如果学生对于定义里分解了的被定义的事物的一切部分都了解,却不愿意承认定义,那么他们之间便无须再争论下去,因为这就等于他拒绝接受教育。但如果他什么都不了解,那就必定是定义本身有错误。因为定义的本性就在于表现出被定义的东西的清楚观念;而原则则是自明的,因为如果原则不是自明的,那它也就不复是原则了。

第四,在哲学里,定义先于被定义的名称。因为教授哲学时,首先从定义开始。而整个教授过程,直到我们认识复合的事物之前,都是组合的。所以,既然定义是用分解来解释一个复合名称,过程是从部分到复合,那么在了解复合名称之前,就必须先了解定义。如果把某个言辞各个部分的名称都解释明白了，就没有必要再把那些名称组合起来当作定义。例如，如果把等边的、四边的、直角的这些名称都充分了解了，这样在几何学里就根本不必要有正方形这样一个名称了。因为在哲学里采用被定义的名称只是为了简便的缘故。

第五，复合名称在哲学的某一个部分里是这样下定义，在哲学另一个部分里也可以那样下定义。像抛物线和双曲线在几何学里有一个定义，在修辞学里就有另外一个定义。因为定义的建立和用途乃是为了理解所论述的学说。所以，在哲学的一个部分里，一个定义可以包含某一个更简便地说明几何学中某一命题的名称；在哲学的其他各个部分里，定义也可以有同样的自由。因为名称的用法是见仁见智的（即使在许多人都同意加以规定的地方）和任意的。

第六，名称不能用某一个语词来下定义，因为没有一个语词是以分解成一个或多个语词的。

第七，被定义的名称不应当在定义里重复。因为被定义的名称是复合而成的整体，而定义则是那个复合物分解为各个部分的分解活动。但整体是不可能成为它自身的部分的。

16. 推证的本性

任何可以组成一个三段论的两个定义，都能产生出一个结论。因为结论是由原则引申出来的，也就是说从定义中引申出来的，所以人们说：结论是被推证出来的。这种引申或组合本身就叫作推证。同样，如果一个三段论由两个命题造成，其中一个是定义，另一个是得到推证的结论，或者二者都不是定义，都是以前得到推证的，那个三段论也叫作推证。再往下也是如此。所以，推证的定义是：一个推证就是从名称的定义引申出来并且继续推到最后结论的一个三段论或一系列三段论。从这个定义可以了解，一切从真实原则开始的真实推理，都产生科学，并且都是真实的推证。因为说到这名称的起源，虽然希腊人叫作 ἀποδείξις，拉丁人叫作 demonstratio，他们都是把它了解为只是那样一种推理，在那种推理里，凭着描绘一些线和图形，可以说把要推证的东西放到了人们眼前，这正是 ἀποδείκνυειν 或用图形表明（to shew）；可他们有这样的了解，理由似乎就是认为除几何学（只有在这里才可以有这一类图形）以外，是没有达到科学的确实推理的。他们关于其他事物的学说都只是争论和喧闹，然而这种情况的发生，却并不是因为他们所主张的真理没有图形就不足以阐述明白，而是因为他们缺乏可以引出他们的推理的真实原则。因此，我们只能肯定：如果各种学说都以真实的定义为前提，那么各种推证也就将是真实的。

17. 推证的特性以及所推证的事物的秩序

有方法的推证的特性在于：

首先，根据上面所述的三段论推理规则，有方法的推证中，存在有一个理由接着一个理由的真正的连续性。

其次，一切三段论的前提都是由第一定义推证出来的。

再次，在定义之后，一个教导或推证任何事物的人，他能够以与他借以发现它的方法相同的方法继续进行下去。也就是说，首先推证出来的是那些直接承接普遍定义的事物，那些被称作第一哲学的哲学部分就包含在这些普遍定义之中。其次，是那些可借简单运动推证出来的事物,几何学就在于这样一种运动。几何学之后,是那些可借明显的活动,即借从那里推或向前拉的运动,可以受到教授或显示出来的事物。在这些事物之后,是事物不可见部分的运动和变化,以及感觉和想象学说,以及有关内在情感的学说,尤其是人的内在情感的学说,公民责任的根据或公民哲学即包含在这样一种学说之中。公民哲学因此是最后要讨论的。所有各类哲学都应当使用这样一种方法。这显然是因为:我曾经说过的这样一些事物都应该是最后教导出来的,它们是不可能被推证出来的,直到这样一类事物被提出来首先加以论述,得到充分的理解。对于这种方法,除那部论述哲学原理(the elements of philosophy)的论著外,给不出任何别的例证。我将在下一章里开始论述哲学原理,并且一直持续到本著的结尾。

18. 推证的谬误

一些**谬误**(*paralogisms*),其错误或者在于前提的虚假,或者在于缺乏真实的组合,我在前面一章已经论及。此外,还有两种别的谬误,它们常常出现在推证之中。其中之一通常被人称作**循环论证**。另一个则是假定一种**虚假原因**。而这些并不仅仅蒙骗那些不熟悉的学习者,而且有时还会蒙骗老师他们自己,使他们把那些根本没有推证出来的东西误作充分推证出来的。**循环论证**在于:当被证明的结论以别的语词伪装起来,加上定义或原理的标签,由此便被认为受到了推证。而且,他们借给事物的本身或它的某个结果标上所探求的事物的原因,他们在其论证中便制造了一个循环。例如,如果一个人要推证地球仍旧处于世界中心,他假定以地球的引力作为它的原因,并且把引力定义为一件事物借以倾向于世界中心的物质,这就是徒劳无益。因为问题在于:在地球中,究竟什么才是一种性质的原因?而且,因此,如果一个人要假定引力是其原因,他就是把事物本身作为它自己的原因了。

我在一篇论文里找到了**虚假原因**的一个例证,在这篇论文里,被推证的事物是地球的运动。作者是这样开始的,既然地球和太阳并不总是处在同一个位置上,那就必定需要它们其中之一在空间上受到推动,这倒是真的。接着,他断言,太阳由地球和海洋产生出来的蒸气,由于这种运动的缘故而必然地受到推动,这也是真的。他由此推断说:风就是由此造成的,而这也可以视之为当然。而他又推断说:由于刮风,海水便被推动,而且由于海水的运动,海底可以说是被冲击向前作旋转运动,我们同样也可以将这视为当然。他由此得出结论说:地球是被推动的。但这却是一个谬误推理。因为如果风是地球从一开始被推动作旋转运动的原因,而太阳或地球的运动又是风产生的原因,那么太阳或地球的运动就在风本身出现之前,而如果地球在风被造出来之前就被推动,则风就不能成为地球旋转的原因。但如果太阳是被推动的,而地球静止不动,那么,很明显尽管有风吹,地球依然不被推动。因此,这地球的运动就不是由他们断言的那个原因所造成的。但这类谬误推理,在**物理学**的著作家中屡见不鲜,尽管再没有一个能比所举的这个例证更加精心制作的了。

19. 为什么在这里不能论述几何学家们的分析方法

在一些人看来,在这个地方论述几何学家们的技巧是恰当的。

这些人把几何学家们的技巧称作**逻辑学**（*logisitica*）。逻辑学是一种技巧，他们凭借这种技巧假定所求问的事物为真，通过推理这样一种技巧或者一直进展到他们可借以推证出他们所探求事物真理的某个已知的事物，或者一直进展到某个不可能的事物，由此他们推断出他们曾假定为真的东西为假。但在这里并不能对这种技巧详加解释。这是因为如果不精通几何学的话，其方法就既不能被实践，也不能被理解。而且，在几何学本身中，那些熟练地掌握了大多数定理的人，他们也最熟练地使用这种**逻辑学**。所以，它实际上并不是一个与几何学本身明显不同的东西。因为它的方法包括三个部分。其第一部分在于找出已知事物与未知事物之间的他们称作方程式的等式，即使这种方程式找不出来，也可以通过寻找而完满地地认识线、面和求根的本性、特性及比例交换，如加、减、乘、除等。这些职责并非是几何学家中的平庸之辈能够承担得了的。其第二部分，当找出方程式后，能够判断可以由它演绎出来的那个问题的真或假；而这是需要更大量的知识的。其第三部分在于：当适合解决这个问题的方程式找到时，去认识如何以下述方式来解决这一问题：使真假得以明显地显示出来。对于困难的问题，如果没有关于由线画出的图形的本性的知识，是做不到这一步的。但如果一个人能够不费力气地理解它们的本性和特性，那他就是一个完全的几何学家。此外，也还出现这样一种情况，这就是：一个人要是有最上乘的自然才智，即使没有任何确定的方法，他也还是能够以最出色的方式找到那些方程式的等式。

第二篇

哲学的第一根据

第七章 论位置与时间

1. 没有任何存在的事物依然可以被理解和计算——2. 何谓空间——3. 何谓时间——4. 何谓部分——5. 何谓分割——6. 何谓一——7. 何谓数目——8. 何谓组合——9. 何谓整体——10. 空间和时间之交接与连续——11. 何谓始点、终点、距离、有限与无限——12. 何谓范围无限，任何无限的事物都不能真正地被说成整体或一；无限的空间或时间也不能真正被说成多——13. 分割不可能进展到最小

1. 没有任何存在的事物依然可以被理解和计算

在教导自然哲学时，没有什么比从缺乏开始更为合适的了，这一点我在前面已经证明过了。从**缺乏**（privation）开始，也就是从设想世界成为虚无（to be annihilated）开始。但如果假定所有的事物都这样湮灭，人们或许便可以追问：对于作为哲学主体进行思考的任何一个人（除此一人，事物普遍湮灭）来说，世上还能剩下什么？或者说，世上还有什么能够对之进行推理？或者说，世上还有什么为了进行推理的缘故而赋予其名称。

因此，我说对于那个人来说，依然会有他曾经获得的这个世界的观念，依然会有他曾经获得的所有那些物体的观念；这些物体是

在其湮灭之前,他用他的眼睛看到过的,或用任何别的感官知觉过的。这也就是说,这个人依然还会有对这些物体的大小、运动、声音、颜色等的记忆和想象,依然还会有它们的秩序及其各个部分的记忆和想象。所有这些东西,显然它们全都变成了虚无,但却依然有其观念和心像,这些观念或心像在这个进行想象的人身上却是内在地发生过的。但它们看起来却好像是外在的,完全不依赖心灵的任何力量。而这些正是他赋予名称,从中扣除,并且将其相互组合在一起的事物。因为既然我假定在所有其他事物毁灭后,人还依然存在,也就是说,他思想、想象、记忆,那么于他除了过去的东西外不能再有任何事物供他思想了。而且,如果我们在思考和推理时,只是孜孜不倦地观察我们所观察到的东西的话,我们就将发现虽然所有的事物依然存在于世界上,然而我们计算的却不是别的,只是我们自己的心像。因为当我们计算苍天和地球的大小和运动时,我们并没有登上我们可以把它分成若干部分,或测度出它的运动的苍天,我们是坐在私室或暗处计算的。而可以被考察,亦即被求问的事物,或者是我们心灵的内在偶性,当问题在关于心灵的某种官能时,我们就考察之,或者是外在事物的种相,不是作为实际存在的事物,而是那些仅仅看起来才存在、仅仅看起来在我们身外有实存的事物。我们现在就是以这样一种方式来考察它们的。

2. 何谓空间

因此,如果我们回想到某件在假定世界毁灭之前在世界上存在过的事物,或者心里对那件事物有一个影像,而并不设想那个事

第七章　论位置与时间

物是这样或那样,只是设想它存在于心灵之外,那么,我们就立刻有了我们所谓的空间(space)概念。它实际上是一个想象的空间,因为它虽然只是一种心像,可这正是所有的人称为空间的东西。因为没有一个人是由于它已经被充满而叫它空间,而只是由于它可以被充满;也没有一个人认为物体把它们的位置带走。而只是同一个空间有时包容着这一个物体,有时又包容着另一个物体。如果空间永远伴随着那个一度在它里面的物体,那就不可能是这样的了。这个道理本身就是十分明显的,我觉得根本无须解释。但我发现空间被某些哲学家下错了定义,他们从这个定义进行推论,一个认为世界是无限的(因为他把空间当作物体的广延,又以为广延可以不断增大,所以推论出物体可以无限扩展);另一个人则从同样的定义轻率地下结论说:甚至连上帝也不可能创造出不止一个的世界。他说,因为要是上帝创造了另一个世界,既然在这个世界之外没有任何东西,因为(按照他的定义)也没有空间,那么,那个新世界就必定要放在虚无之中。但在虚无之中是不可能放进任何东西的;他只是这样肯定,却没有说出任何理由。可反过来说却是真理:正因为在一个已经充满的位置里不能再放进任何东西,所以,要接受新物体,空的空间要比充实的空间更为合适。我为了这些人以及他们的主张已经说了这么多,现在回到我原来的目的,像这样给空间下定义:空间(SPACE)是一个单纯在心灵以外存在的东西的影像;也就是说,空间是那样一种影像,在那种影像里面,我们不考虑别的偶性,只考虑它在我们之外的呈现。

3. 何谓时间

像一个物体在心里留下一个关于它的大小的影像一样，运动的物体也留下一个关于它的运动的影像，也就是关于那个物体从一个空间连续不断地过渡到另一个空间的观念。这个观念或影像，就是我叫作时间的东西（这同普通意见或亚里士多德的定义相去不远）。因为既然人人都承认一年是时间，可并不认为一年是某个物体的偶性或属性，所以他们一定要承认时间并不在我们以外的事物里，而只是在心灵的思想里。所以，他们说到他们的祖先的时代时，并不认为他们的祖先死后，那些时代除了在回忆他们的人的记忆里之外，还能在任何别的地方。还有一些人，他们说年、月、日是太阳和月球的运动。既然说过去了的运动与说消灭了的运动是一样的，而未来的运动与尚未开始的运动是相同的，所以，他们那样说，其意思并不是认为现在、过去、将来都没有时间，因为对任何事物都可以说它曾经是（*it has been*）或将要是（*it shall be*），对于任何一件事物，也可以在此之前曾说过它是（*it is*），或者在此之后可以说它是（*it is*）。这样，年、月、日除了是我们心里所作的这种计算的名称之外，能够是什么呢？所以，时间是一种影像，不过是运动的一种影像。因为如果我们想要知道时间经过那些瞬间度过，我们就应该利用这种或那种运动，像太阳的运动、钟的运动、滴漏中沙土的运动，或者画条线，想象在那上面有某样东西运动，此外，我们根本没有别的方法能用来察觉时间了。然而，我说时间是运动的影像时，我并不是说，用这个就足以给它下定义了。因为时间这个语词包含着先与后的概念，或者一个物体运动中的连续的概念,这里是就它先在这里后在那里而言的。因此,时间的完全定义是这样的:时间(TIME)是运动中的先与后的影像。这与亚里士多德的定义时间是依照先与后的运动的数目是一致的。由于计数是心灵的一种活动,所以说时间是依照先与后的运动的数目,和说时间是被计数的运动的影像是一样的。但还有一种定义:时间是运动的度量,却并不那样确切,因为我们是以运动来量时间,却并不是以时间来量运动的。

4. 何谓部分

一个空间被叫作另一个空间的部分,一个时间也被叫作另一个时间的部分。在这种情况下它就包容着那个及某个别的东西。由此便可以推断出,除了那些与包容着它的某件东西相比较的东西外并没有什么能够正确地称作部分(PART)的东西。

5. 何谓分割

所以,制造部分,或者分割空间或时间,无非是考察同一个空间或时间之内的这一个部分和另一个部分。所以,如果任何一个人要分割空间或时间,他所有的各种不同的概念便势必多于他所制造的诸多部分。因为他的第一个概念是关于要被分割的东西,然后是关于它的某个部分的概念,再就是关于它的某个其他部分的概念,只要他连续分割就一直这样继续下去。

但应予注意的是,我这里所谓分割并不是指把这个空间或时间与另一个分隔开或扯开(因为难道一个人会认为一个半球能对另一个半球,第一个小时能与第二个小时分离开吗?),而是指各种不同的思考。所以，分割不是由手的操作而是由心灵的活动造成的。

6. 何谓一

当空间或时间被认为属于别的诸空间或诸时间时，它就被说成是一(ONE)，亦即它们中的一个。因为除非一个空间可以加到另一个空间之上，或者一个空间从另一个空间减去，除非一个时间可以加到另一个时间之上，或者一个时间从另一个时间减去，则只说时间或空间也就足够了，从而说一个空间或一个时间就是多余的了。关于一的普通定义，亦即一是一个不可分割的东西，是一个应当受到批评的荒谬结论。因为可以从中推断出：凡被分割的东西都是许多事物，也就是说：每个被分割的事物都是被分割的事物，这是毫无意义的。

7. 何谓数目

数目(NUMBER)是一加一，或一加一再加一，这样加下去。也就是说，一加一造出数目二，一加一再加一得出数目三，所有其他的数目都是这样造出来的。它们每个全都是一，我们似乎可以说，数目即是若干个一。

8. 何谓组合

以诸空间去组合(COMPOUND)空间，或以诸时间去组合时间，首先是一个接一个地考察它们，然后是一个接一个地将它们加在一起。就好像一个人应该分别不同地计算头、脚、手臂和身躯，然后为了说明它们就全把它们放到一起从而形成了人。而这样将它借以构成的所有不同部分放到一起所构成的东西，则被称作**整体**(the WHOLE)。而这些不同的部分，当其借整体的分割而重新被个别地考察时，便都是这一整体的各个部分。因此，**整体和被放到一起的所有不同的部分，其实是一回事**。而且，像我在上面说过的分割不必把各个部分扯开那样，组合就应该被理解成，为了编造一个整体，而不必把多个部分放到一起，使它们相互接触，而仅仅是在心灵里把它们收集成一个总体。因为所有这样的人被一起考察，拼凑成整个人类，尽管从来都不是这样，而是被时间和空间分散开的。而 12 个小时，尽管是若干天中的 12 个小时，也是可以组合成 12 这一个数字的。

9. 何谓整体

充分理解了这些之后，就会明白地看到，凡是不能设想成由各个部分组合而成的东西，凡是不能分割成不同部分的东西，都是不能够正确地称作一个整体的。所以，如果我们否认一个事物有多个部分，则我们就是在否认这个事物是一个整体。例如，如果我们的灵魂能够没有部分，则我们就肯定没有灵魂能够是一个整个灵魂。同样明显的是，没有什么东西具有部分，除非它被分割开。而且，当一个事物被分割时，其部分正好与使他们分割的那么多。再者，一个部分的一个部分也是那个整体的一个部分；因而，数目 4 的任何部分，例如 2，也是数目 8 的一个部分。因为 4 是由 2 加 2 得出来的；但 8 却是由 2 加 2，再加 4 组合而成的。所以，2 作为 4 这个部分的一个部分，便也是整体 8 的一个部分。

10. 空间和时间之交接与连续

两个空间当其间再无任何别的空间时，便被说成是交接的（contiguous）。但两个时间其间再无任何别的时间时，便被称作是**紧接的**（immediate），如 A B、B C，就是这样。

A　　　B　　　　C

任何两个空间，也和任何两个时间一样，当它们有一个公共部分时，如 A C、B D 这两个部分，B C 这个部分便是公共的，便被说成是**连续的**（CONTINUAL）。

A　　B　　C　　D

当相互紧接的每两个是相互连续的时候，便有更多的空间和时间是连续的。

11. 何谓始点、终点、距离、有限与无限

处于两个别的部分之间的那个部分被称作**中项**（MEAN）。而不处于两个别的部分之间的那个部分则被称为**端点**（EXTREME）。在各种端点中，最初被看作是端点的那个部分，被称为**始点**（the BEGINING），最后被看作是端点的那个部分，被称为**终点**（the END），所有中项加在一起便是**距离**（the WAY）。端点部分和界限也是一回事。因此，很显然，始点和终点依靠着我们给

它们编号的那种顺序,限定或限制空间或时间与想象它们的始点和终点是一回事。每个事物根据我们想象或不想象它的每个距离受到限制或限定,而成为有限的(FINITE)或无限的(INFINITE)。而任何一个数目的界限都是各种一(unities)。在所有这些部分中,我们编码中的第一个是始点,而我们编码的最后一个则是终点。当我们说数目是无限的时候,我们意指的只是任何一个都没有表达出来的数目。因为当我们讲到数目2、3、1000等时,它们便总是有限的。但当人们仅只是说数目是无限的时候,那就应理解为,似乎可以说是数目这个名称是一个不确定的名称。

12. 何谓范围无限,任何无限的事物都不能真正地被说成整体或一;无限的空间或时间也不能真正被说成多

空间或时间当其可以确定为若干有限空间或时间,如若干步或小时,在那个空间或时间里不能有更大数目的量度(measure)时,便被说成是在范围上是有限的,或可有限界的。而在范围上无限则是这样一种空间和时间,在其中关于所说的步和小时能够指出比所给出的任何既定的数目还要大些的数目。但我们必须注意:尽管在范围无限的空间或时间中也还是可以数出比任何一个能够指定出来的确定的数目更多的步数和小时数,但它们的数目却总是有限的。因为每个数码都是有限的。所以,一个人如果这样进行推理,则他的推理便不足以来证明世界有限;如果世界是无限的,则其中就可以取出距离我们无限数目的步的某个部分。但这样的部分是不可能取出来的。因此,世界并不是无限的。因为

由大前提得出的这个结论是假的。这是由于在无限空间中不管我们在我们心灵中构思出什么事物，我们与这件事物的距离都是一个有限的空间。因为在每个有关位置的构想中，我们都必定将一个终点置放进那个空间之中，而我们自己则构成这个空间的始点。我们终止我们自己是其开端的那个空间。无论什么人，只要他以他的心灵从这两个方面切断来自无限的道路，他就确定了同样的结论，这就是：他使这个世界成为有限的。

我们不能够说：无限的空间或时间是一个**整体**或一。它之所以不可能是一个整体，乃是因为它不是由各个部分组合而成的。因为既然各个部分，不管它们如何多，分别地看，它们都是有限的，从而它们在全部放到一起时，也将使一个整体成为有限的。它之所以也不是一，乃是因为除非有另外一个与之相比较，便没有任何事物能够被说成是一。但不能够设想，存在有两个空间或两个时间是无限的。最后，当我们提出世界究竟是有限的还是无限的这个问题时，我们心里并不存在任何与世界这个名称相应的东西。因为我们想象的一切都是有限的，虽然我们的计算能达到9个、10个恒星，数千个行星。这个问题的意义只在于：上帝是否像我们能够把一个空间加到另一个空间那样，实在地作出如此伟大的工作，将一个物体添加到另一个物体之上。

13. 分割不可能进展到最小

因此，通常所谓空间和时间可以无限地划分，并不应当理解为，仿佛可以有一种无限的或永恒的划分，而毋宁理解为下面这个意思：凡被分割的事物，都可以被分割成可以再被分割的各个部分；从而，最小的不可分的事物是永远达不到的；或者如几何学家们所理解的，没有一个量会小到不可能再获得一更小的数值。这一点可以用这样的方式很容易地推证出来：设任何一个空间或时间，被认为是最小可分的空间或时间，被分成两个相等的部分 A 和 B。它们中的任何一个，如 A，是可以再次被划分的。因为假定 A 这个部分的边与 B 部分的边相邻，而其另一边也与某个别的等于 B 的空间交接。这整个空间因此便大于既定的空间，从而依然是可分的。因此，如果它被分成两个相等的部分，则处于中间的部分，即 A，也就将再度被分成两个相等的部分。因而，A 也就依然是可分的。

第八章 论物体与偶性

1.物体的界定——2.偶性的界定——3.偶性何以能够理解为存在于其主体之中——4.大小,何谓大小——5.位置,何谓位置?以及位置是不可移动的——6.何谓充实和空虚——7.这儿、那儿,某个地方,它们究竟意指什么——8.许多物体不可能存在于一个位置上,一个物体也不可能存在于许多位置上——9.交接与连续,何谓交接与连续——10.运动的定义。除非与时间在一起,任何运动都是不可理解的——11.何谓静止?何谓已经受到推动?何谓受到推动?如果没有过去和将来的概念,任何运动都是不可设想的——12.点、线、面、体,何谓点、线、面、体——13.物体的和量值的相等,大于和小于;它们各自为何物——14.同一个物体始终具有同一个大小——15.速度,何谓速度——16.时间的等于、大于或小于,它们各自为何物——17.速度的相等、大于和小于,它们各自为何物——18.运动的相等、大于和小于,它们各自为何物——19.处于静止状态的事物将始终静止,除非它为某个外部事物所推动;运动的事物将始终运动,除非它为某个外部事物所阻止——20.偶性有生有灭,而物体却并非如此——21.偶性不可能离开其主体——22.偶性也不可能受到推动——23.本质、形式与质料,它们各自为何物——24.原初质料,何谓原初质料——25.整体大于其任何部分,它为何需要推证

1. 物体的界定

我们明白了什么是想象的空间(imaginary space),我们假定

在想象的空间里面没有任何东西存在于我们之外,所有那些此前存在的事物都消失不见了,只在我们的心中留下了它们的影像。现在我们假定那些东西中间的某一个再被放进世界里,或者重新被创造出来。所以,这个新创造出来的或者又被放进世界之中的东西,必定不仅充满上面所说的空间的某个部分,或者与那个部分相合并具有同样的广袤,而且必定不依赖我们的思想。就是这个东西,由于它有广延,我们一般称其为**物体**。由于它不依赖我们的思想,我们说它是一个自己存在的东西。它也是**现实存在的**,因为它在我们以外。最后,它又被称为**主体**,因为它是如此地放在想象的空间里面,并且从属于想象的空间,因而可以为感觉所知觉,并且为理性所理解。所以,我们可以给物体下这样一个定义:**物体是不依赖于我们思想的东西,与空间的某个部分相合或具有同样的广延**。

2. 偶性的界定

但偶性(an accident)又是什么?解释这个问题,用例子比用定义容易得多。我们可以想象一个物体充满某个空间,或与这个空间具有同样的广延。那个共同的广延却并不是具有这同样广延的物体。同样,我们可以想象这个物体从它的位置上移动出来;这种移动也并非移动的物体。或者我们可以再想象这个物体没有移动;这个没有移动或静止也并非这静止的物体。那么,这些东西又是什么呢?它们是这个物体的**偶性**。但问题在于:何谓偶性?这个问题研究的是我们已知的东西,并非研究我们要研究的东西。因为一个人说任何一件事物是有广延的,或者运动,或者不动的,谁会不始终以同样的方式理解他的意思呢？但多数人却愿意说一个偶性是某样东西，亦即自然物的某一个部分，而实际上它却并非自然物的一个部分。为了尽可能满足这些人，最好的回答是把偶性定义为某个物体借以得到理解的方式。这就等于说：一个偶性就是某个物体在我们心里造成它自身概念的那种能力。这个定义虽然不是对于所提出的问题的答案，却是对于那个应该提出的问题的答案。这就是：某个物体的一个部分出现在这里，另一部分出现在那里，其根源究竟何在？因为这个问题可以这样回答：其所以会如此，乃是由于那个物体具有广延。如果问题是：整个物体连续不断地有时看见在这里，有时又看见在那里，这又是如何发生的呢？对此的回答将是：这乃是由于它的运动。最后，如果问题是：一个物体有时具有同样的空间，其根源究竟何在呢？对此的回答将是：因为它没有受到推动。因为，如果所问的是一个物体的名称，也就是说，是一个具体名称，即它是什么？这就一定要用定义来回答；因为其所问的是名称的意义。但如果问的是一个抽象名称：它是什么？其所问的就是一个东西之所以表现得如此的原因。如果问：什么是硬的？对此的回答就将是：那种除非整个让出位置、不会有部分让出位置来的东西即是硬的。但如果问：什么是硬？这就必须指出其所以除非整个让出位置，不会有一个部分让出位置的原因。因此，我将偶性定义为我们形成物体概念的方式。

3. 偶性何以能够理解为存在于其主体之中

当一种偶性被说成是存在于一个物体里面的时候，并不能将其理解为：好像某件东西包含在那个物体里，例如，不要认为红色之在血液里,就好像血液之在一块染了血的布里,也就是好像一个部分之在整体里。因为如果这样,偶性就也是物体了。但正如大、静止或运动之在大的东西、静止的东西,或运动的东西里一样(这个究竟应当如何理解,是尽人皆知的),每种其他偶性之存在于它的主体里,也应当作如是观。对此,亚里士多德的解释只不过是消极的,这就是:一个偶性之存在于它的主体里,并不是作为主体的任何部分;它可以离开而主体仍然留存。这是正确的。只是有些偶性除非物体也消失了,它们才消灭。因为倘若没有广延或形状,物体是不可能设想的。其他一切不为一切物体所共有,只为某些物体所特有的偶性,像静、动、颜色、硬之类,则逐渐消灭,为别的偶性所接替。可物体却永远不消灭。有些人也可以秉持一种意见,认为其他一切偶性,如颜色、热、气味、德性、罪恶之类,它们之存在于它们的物体里,与广延、运动、静止或形状之存在于物体里不一样,是以另外的方式,他们说是以固有的方式存在于物体里面的。我希望他们暂时不要下判断,等候一下,等到根据推理发现这些偶性是否也是既非知觉者心灵的运动,也不是被知觉的物体本身的运动。因为自然哲学的大部分就是讨论这个问题的。

4. 大小,何谓大小

一个物体的广延(extension),与它的大小(magnitude)是一回事。一些人将其称作实在空间。但这个大小不像想象空间那样依赖我们的思维。因为想象空间是我们想象的结果,而大小却是想象空间的原因,想象空间是心灵的一种偶性,而物体的偶性则是存在于心灵之外的。

5. 位置，何谓位置？以及位置是不可移动的

空间这个词，我在这里将其理解为想象空间，当其与任何一个物体的大小相符合时，便被称作那个物体的位置。至于这个物体本身，我们则称之为**取得了位置的事物**。然而，位置与取得了位置的那件事物的大小却不同。首先，一个物体始终保持着同样的大小，无论其处于静止状态还是处于运动状态，都是如此。但当这物体运动时，它并不保持同样的位置。其次，位置是具有这种那种量值和形状的任何物体的影像，但大小却是每个物体的特殊偶性。因为一个物体可以在不同时间占有不同的位置，但却总是具有同样的大小。第三，位置离开心灵便是无，但大小在心灵之内却无任何东西。最后，位置是想象的广延，但大小却是真正的广延。一个具有位置的物体并不是广延，而是一个具有广延的东西。此外，**位置是不可移动的**，既然被移动的东西被理解为从一个位置搬到另一个位置，则如果位置被移动，它也就会从一个位置搬到另一个位置。这样，一个位置就必定会有另一个位置，而这另一位置又要会有别的一个位置，这样下去，以致无穷，这是荒谬可笑的。而那些使位置具有实在空间一样本性的人，他们因此便主张位置是不可移动的。他们还不知不觉地使位置成为一个影像。一个人之所以断言空间是不能移动的，乃是因为他认为存在有一般空间。如果他想到除了名称和符号外没有什么东西是一般的和普遍的，他就会容易地看到他所说的被认为是一般的空间，只不过是心灵里或记忆中有一个关于具有一定大小和形状的物体的影像而已。又有人说，是理智使真实空间成为不可移动的。例如，在奔腾的水流表

层之下，我们想象其他的水连续地流来，为理智规定在那儿的表层是这条河流的不可移动的位置。虽然这样作时含糊不清，语词混乱，但他除了使其成为一个影像还能使之成为别的什么东西呢？最后，位置的本性不在于四周表层，而在于坚实的空间。因为整个具有位置的物体是与它的整个位置在广延上是相同的。其每一部分也是与这个位置的每一个相应部分在广延上是相同的。但既然每一个被置放到一定位置的物体都是一个坚实的东西，则它就不能理解为与表层具有相同的广延。此外，任何一个整个物体如果它的所有各个部分不同它一起移动，它又如何会移动呢？它的内在各个部分如何能离开它们的位置而移动呢？但一个物体的内在部分是不能离开与它交接的外在部分的表面的。而且，因此，也就可以推论出：如果位置是周边的表层，则一个被移动的物体的各个部分，即被移动的各个物体，便没有受到推动。

6. 何谓充实和空虚

一个物体所占有的空间或位置被叫作充实（*full*），而不为物体所占有的空间或位置则叫作空虚（*empty*）。

7. 这儿、那儿，某个地方，它们究竟意指什么

这儿、那儿，在乡下，在城里以及其他类似的名称，借着这样一些名称，也就回答了它在何处这个问题了吗？如果这些不是位置的专门名称，则它们本身也不会使心灵想到被寻求的那个位置。因为这儿和那儿并没有意指任何东西，除非用手指或某件他物同时指向某个东西。但寻求者的眼睛，经指点或某个别的符号，对准

那个所寻求的东西的时候,这个东西的位置就不是由回答提问者的人所规定的,而是由提问者所发现的。而仅仅借语词造成的这类显示,如我们说在某国家,在某城市的时候,比另外一种显示——如我们说,在某国家,在某城市,在某条街,在某栋房子,在某房间,在床上等,具有更大的范围。因为这些一点一点地指导寻求者更加接近于那个特定的位置。可它们都并不能决定这个特定位置,仅仅只能把它限制到较小的空间,仅只表示出那个东西的位置在由这些语词所指定的某个位置的范围之内,就如一个部分在整体之中似的。而所有这些名称是否回答了究竟在何处(where)这样一个问题呢?这就要求有某处(somewhere)这个名称作为其最高的属相(highest genus)。因此,我们便可以这样认为,在某处的无论什么东西,都存在于某个这样专门称呼的某个位置,这个位置是在某国、在某城市等这样一类名称所表示的较大空间中的一个部分。

8. 许多物体不可能存在于一个位置上,一个物体也不可能存在于许多位置上

一个物体及其大小和位置都是由同一个心灵活动分开的。因为,划分一个有广延的物体及其广延,以及作为位置的那个广延的观念是与划分它们中的任何一个一样的。既然它们是相合的,划分空间不通过心灵是作不到的。因此,很明显两个物体不能共处一个位置,一个物体也不能同时处于两个位置。两个物体之所以不能共处一个位置,乃是因为当一个填满其整个位置的物体被分成两个时,这个位置本身也被分成了两个,所以就会有两个位置。

一个物体之所以不能同时处于两个位置，乃是因为一个物体填满的位置在被分成两个时，这个具有位置的物体也就将被分成了两个。因为如上所说，一个位置和那个填满这个位置的物体两个一起被划分开了，于是也就有了两个物体。

9. 交接与连续，何谓交接与连续

两个物体被说成相互交接的，同样，它们也与空间一样，也被说成是连续的。也就是说，那些交接的物体，其间并没有任何空间。然而，这里亦一如既往，所谓空间我理解为是一个物体的观念或心像。因此，虽然在两个物体间放不下别的物体，从而便没有大小，或如他们所说，没有实在的空间，可如果有另外一个物体可以放到它们中间，也就是说，如果从中调出一个可接纳另一个物体的想象空间，则那些物体也就因此而不是交接的了。这一点十分容易理解，以致我们很奇怪有些在哲学的其他方面相当精通的人对此竟持有不同的意见，但我却发现那些伪装成形而上学微言大义的大多数意见却都偏离了真理，就好像他们为鬼火（*ignis fatuus*）引入歧途似的。因为一个有自然感官的人会因为两个物体之间没有任何一个别的物体而认为要必然地相互接触吗？他会因为真空（vacuum）是虚无或者如人们所称是非存在（non ens），而认为不能有真空吗？这是十分幼稚的，就好像一个人这样地推理：没有人会绝食，因为绝食就是不吃任何东西，但是，没有什么东西不能够被吃掉。连续，是任何两个物体，它们具有共同的部分；而当相互交接的每两个物体是连续的时候，就有不只两个物体是连续的。

10. 运动的定义。除非与时间在一起，任何运动都是不可理解的

运动（MOTION）是连续地放弃一个位置，又取得另一个位置。被放弃的那个位置一般称为始点（*terminuus a quo*），所取得的那个位置则被称为终点（*terminus ad quem*）。我之所以说连续不断地放弃，乃是因为任何一个物体，不管多么小，都不能够整个一下子从它先前的位置走到另一个位置。所以，它的某个部分将在一个为放弃了的位置与取得的位置二者所共有的位置的一个部分里。譬如，有一个物体在ＡＣＢＤ的位置上，这个物体要进入ＢＤＥＦ的位置，一定要先在ＧＨＩＫ位置上，但ＧＨＩＫ的一部分是ＡＣＢＤ位置与ＧＨＩＫ位置共有的，而另一部分ＢＤＩＫ又是ＧＨＩＫ与ＢＤＥＦ位置共有的。我们可以图示如下：

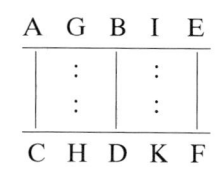

```
A G B I E
| : | : |
| : | : |
C H D K F
```

然而，没有时间就不能设想任何东西运动。因为时间根据定义就是运动的一个影像，也就是运动的一个概念。所以，设想某件东西可以离开时间而运动，就等于设想没有运动的运动，但这是不可能的。

11. 何谓静止？何谓已经受到推动？何谓受到推动？如果没有过去和将来的概念，任何运动都是不可设想的

一个物体，在任何一个时间里，都处于同一个位置，它就被说成是静止的；而另一个物体，不管它现在是静是动，只要先前处于另一个位置而非现在这个位置，则被说成是受到推动或已经受到推动。由这个定义便可推论出，首先，凡受到推动的东西都已经受到推动。因为如果它一直在它此前曾在的那个位置，那么根据静止的定义，它就是静止的，也就是说它没有受到推动。但如果它处于另一个位置了，则根据受到推动的定义，它就已经受到推动了。其次，受到推动的东西还将受到推动。因为受到推动的东西在离开它现在所在的位置，因此，将处于另一个位置，从而将依然受到推动。第三，凡受到推动的东西在任何时间里都不处于同一个位置，不管这段时间是多么短暂。因为根据静止的定义，在任何时间处于一个位置的东西才是静止的。

有一种反对运动的诡辩，似乎是由不理解上述那个命题产生出来的。他们说：如果任何物体受到推动，它就或是处在它现在所在的位置上，或是不处在它现在所在的位置上，这两种情况都是假的，从而没有什么事物受到推动。但这种虚假在于大前提。因为受到推动的东西既不是在它现在所处的位置上受到推动，也不是在它现在不在的位置上受到推动，而是从它在所在的位置向它现在不在的位置运动。事实上，无可否认的是：凡受到推动的东西都存在于某个地方，亦即在某个空间内受到推动。但那时这个物体

的位置并不是那整个空间,而是如本章前面第 7 节所说,是它的一个部分。从上面推证出来的东西看,凡受到推动的东西,都也是已经受到推动的,而且还将受到推动,我们还可以由此推断出:如果不设想过去和将来的时间,就不会有任何运动的概念。

12. 点、线、面、体,何谓点、线、面、体

虽然没有任何一个物体没有某种大小,但如果当物体受到推动时,其大小根本不予考虑,它进展的轨迹便称作一条线,或一个单一的维度。而它所通过的空间,则被称作长度(length);而那个物体本身,则被称作一个点。在这个意义上,地球也被称作一个点,而它每年旋转的轨迹,被称作黄道线(the ecliptic line)。但如果一个物体,它受到推动,被认为很长,它就被假定它是这样受到推动的:它的所有的各个部分被理解为造成了若干条线,那么这个物体的每个部分的轨迹就被称作宽度(breadth),其所造成的空间就被称作面(superficies)。面由两维组成,而其中一维整个儿叠置于另一维的每个不同部分。再者,如果一个物体被认为具有若干个面(superficies),并且被理解为是这样受到推动,以致它的所有各个部分都画出了若干条线,则这个物体每个部分的轨迹就被称作厚度或深度(thickness or depth),而那个被造成的空间则被叫作立体(solid)。立体由三维组成,其中任何两维都与第三维的每个不同部分叠置。

但如果一个物体被认为是立体,则它的所有各个部分就不可能画出不同的线。因为不管它以什么方式受到推动,则相接部分的轨迹都将进入在它之前的那个部分的轨迹,从而,就还是造成了那个最前面的面总是自行造成的那一个面。因此，一个物体，作为一个物体，除了我现在所描述的三维，则不可能还有任何另外的一个维。虽然，一如后文将要说明的，**速度**，这种依据长度的运动，因其适用于固体的所有各个部分，而造成了运动的大小，从而构成了四维；一如黄金的质地优良，将其所有各个部分计算到一起，便造成了它的价格和价值一样。

13. 物体的和量值的相等，大于和小于；它们各自为何物

物体，不管有多少，只要每一个物体都能充满每一个物体的位置，每一个物体就都被说成是与每一个别的物体相等。然而，一个物体却可以充满另一个物体充满的位置。尽管它与另一个物体的形状并不相同，只要它可以被理解为变换成同样的形状即行，不管是借各个部分的弯曲还是借各个部分的置换，都是一回事。而一个物体当其一个部分等同于另一个物体的全体时，则这一个物体就大于另一个物体；而当它的全体等同于另一个物体的一个部分时，则小于另一个物体。出于同样的考虑，物体相互之间，其大小也有等于、大于或小于之分。也就是说，物体，就其大小而言，它们或者相等，或者是大些或小些，等等。

14. 同一个物体始终具有同一个大小

同一个物体始终具有同样的大小。既然一个物体及其大小和位置如果不一致便不可能得到心灵的理解，如果某个物体被理解为是静止的，也就是说，在某段时间里，它一直存留在同一个位置，

而其大小在这段时期的一个部分里大些,在这段时间的另一部分里却小些,从而这个物体的位置(是同一个)便有时与较大的量值相合,有时又与较小的量值相合,这就是说,同一个位置将会比它本身大些或小些,就显然不可能。如果不是有人谈论物体及其大小时认为一个物体可以离开其大小而存在,并且可把较大较小的量值给予它,利用这个原则来解释**疏密**的本性,一个事物之存在于它本身之中原本十分明显,从而是根本无须推证的。

15. 速度,何谓速度

运动,在一定时间里可以传送一定的长度,被称作**速度**(VE-LOCITY)或**快**。因为虽然快常被理解为与**较慢**或**不够快**相对应,就像大与小相对应一样,但像大小被哲学家们绝对地看作是广延一样,**速度**或**快**也就可以绝对地表达成依据长度的运动。

16. 时间的等于、大于或小于,它们各自为何物

许多运动,当其中的有一个同某个别的运动同始终时,或者如果它同某个别的运动不仅一起开始,而且也将一起结束,则它们就被说成是在相同的时间造成的。因为时间,作为运动的影像,如果不通过某种暴露的运动便无法进行计算。例如,日晷就以日落就是借太阳或指针的运动来计算时间的。如果两个或两个以上的运动同这个运动一起开始和终结,则它们就被说成是在相同的时间造成的。因此,也就可以容易地理解:某个东西在较多或较长时间及在较短或没有那么长的时间里受到推动究竟是什么意思。这就是说,较长时间受到推动的东西,它与另一个东西一起开始,但结

束得却较晚；或者它虽然与另一个东西一起结束，但开始得却早些。

17. 速度的相等、大于和小于，它们各自为何物

当在同一个时间里经过同一个长度时，这些运动便被说成是等速的。而所谓速度大，其所意指的就是在相同的时间里，经过了更大的长度，或者说在较短的时间里，经过了同样的长度。在同样的时间部分里，经过相同的长度，这样的速度被称作匀速运动。而在非匀速运动中，在同样的时间部分里，以同样增加或减少的比率变得快些或慢些，则被说成是匀加速运动或匀减速运动。

18. 运动的相等、大于和小于，它们各自为何物

但运动之被说成是大些、小些或相等，不仅是就在一定时间里经过的长度而言，也就是说不仅是就速度而言，而且也是就每个具有大小的最小微粒的速度而言的。因为当任何一个物体受到推动时，它的每个部分也就受到了推动。假定这些部分是相等的两半，则这两半的速度便相等，而且，它们各自等同于这整体的速度。这整体的运动也等同与这两个的运动，它们中的任何一个都是与之等速的。因此，两个运动相互等同是一回事，它们等速却又是一回事。这从并肩拉车的两匹马的例子中非常明显。在这种情况下，这两匹马一起的运动，与它们任何一匹单独的运动是等速的。但这两匹马的运动却大于其中之一的运动，也就是是它的两倍。因此，运动当其中一个以其量值的每个部分加以计算的速度等于另一个也以其量值的每个部分加以计算的速度时，就被简单地说成

是相等的。而运动当一个像上面那样计算出来的速度等于另一个这样计算出来的速度时，则比它们彼此间都要大些。当一个小于另一个时，则比它们彼此间都要小些。此外，以这种方式计算出来的运动的量值即是一般所谓的力（FORCE）。

19. 处于静止状态的事物将始终静止，除非它为某个外部事物所推动；运动的事物将始终运动，除非它为某个外部事物所阻止

凡静止的事物，将始终静止，除非在它之外存在有某个别的事物，致力于借运动进入它的位置，使它不再处于静止状态。因为，假定有某个有限的物体存在，并且是静止的，而在它以外所有的空间都是空的，如果现在这个物体开始运动，它一定将以某种方式受到推动。既然那个物体里并没有任何东西使它不处于静止状态，则它之所以如此受到推动的理由，便是存在于在它以外的某种东西之中的。同样，如果它以任何一种别的方式受到推动，以那种方式运动的理由也就同样存在于在它之外的某件东西之中。但既然假定了在它之外没有任何东西存在，则它以一种方式运动的理由，便与它以别的方式运动的理由相同，从而，它便会同时以各种方式同样受到推动。但这是不可能的。

同样，凡受到推动的东西，除非在它之外存在有某个别的物体能够使它静止，它便将始终受到推动。因为如果我们假定在它之外根本不存在任何事物，也就没有理由说明它何以会在现在而不在另外一个时间静止，它的运动也就同样将会在时间的每一瞬间停止。但这是不可理解的。

20. 偶性有生有灭，而物体却并非如此

当我们说到一个生物、一棵树或任何别的种相的物体产生或消灭时，并不能将其理解为：似乎有什么物体是从非物体的东西造出来，或者有什么物体是从物体造出来；而是应当将其理解为：一个生物不是由一个生物造出来，一棵树不是由一棵树造出来的等等；这就是说：我们称一件事物为一个生物，称另一件事物为一棵树，或某个别的名称，它们的偶性是有生有灭的。因此，同样的名称，现在并不能给予它们，这些名称是此前给予它们的。但我们借以给予任何一件事物以物体名称的大小却是既没有产生也没有消灭的。因为尽管我们可以在我们的心灵里想象一个点可以膨胀成一个巨大的物块，还可以再次将其缩小成一个点；也就是说，尽管我们可以想象某件事物在其此前是虚无的地方出现，虚无也可以存在于此前是某件事物的地方，然而，我们的心灵却理解不了这样的事情在自然中究竟是怎样才能实现出来的。因此，哲学家们，他们将他们自己与自然理性联系起来，假定一个物体既不能产生，也不能消灭，而仅仅对我们显得是如此，也就是说，它们都处于不同的**种相**之下，从而被其他人称作不同的名称；以至于现在被称作人的东西，在另外一个时刻则获得了非人这个名称；但一旦它们被称作物体，那就永远不能够再称作非物体了。但很显然，除大小或广延外，所有别的偶性都是可以有生有灭的。例如，当一件白色的事物变成黑色的时候，其中的白色便被消灭了，而原本不在其中的黑色却产生出来了。从而，物体，与在物体之下显现出五花八门的偶性，便大不相同：物体是事物，它没有产生；而偶性却是产生出

的,它们并非事物。

21. 偶性不可能离开其主体

因此,当任何一件事物借助于其他事物和其他偶性看起来与往常不同时,并不能认为有一个偶性从一个主体进入了另一个主体。因为它们并不是,如上所说,像部分存在于主体之中那样,存在于它们的主体之中,或者像一件被包容的事物存在于包容它的事物之中,也不能像一家之存在于他的家庭那样,而是一个偶性消灭了,另一个偶性产生出来了。例如,当手受到推动,使笔运动,运动并没有从这只手离开,而进入到这支笔上面。因为如是,则尽管这只手静止不动,写作却依然可以继续下去;而是一种新的运动在这支笔上产生出来了,这也就是笔的运动。

22. 偶性也不可能受到推动

而且,因此,说一个偶性受到推动也是不合适的。例如,我们不是说:形状乃被取走的一个物体的偶性,而是说:一个物体取走了它的形状。

23. 本质、形式与质料,它们各自为何物

既然我们将一定名称赋予任何物体的偶性,或者用来命名其主体的那种偶性,通常被称作偶性的本质(ESSENCE)。例如,理性是人的本质;白是任何白色事物的本质;广延乃物体的本质。同一个本质,当其被产生出来时,便被称作形式(FORM)。再者,一个物体,相对于任何偶性来说,便被称作主体(the SUBJECT),而

相对于形式而言,它便被称作质料(MATTER)。

而且,任何一个偶性的产生或消灭都使它的主体被说成是**被改变了**。只有形式的产生或消灭才使主体被说成是产生或消灭了。但在所有的生成变化中,质料或物质这个名称依然存在着。因为一张由木头制成的桌子,不只是木制的,而且也是木头。一尊黄铜塑像,既是黄铜制作的,也是黄铜。虽然亚里士多德在其《形而上学》中说,凡是由任何事物造成的东西都不应当被称作某某事物(ἐκεινὸ),而是应当被称作由某某事物造的(ἐκείνινον)。例如,由木头作成的东西就不应当被称作 ξύλον,而是应当被叫作 ξύλινον。这也就是说,不应当叫作木头,而应当叫作木制的。

24. 原初质料,何谓原初质料

至于一切事物所共有的,遵循亚里士多德的哲学家们通常称作原初质料(*matteria prima*)的质料,亦即**第一质料**(*first matter*),它并非区别于所有其他物体的任何一种物体,也不是这些物体中的一种。那么,它究竟是什么东西呢?它纯粹是一个名称,然而它却是一个并非一无用处的名称。因为它意指的是这样一个物质概念,除大小和广延及倾向于接受形式或其他偶性这一点外,不考虑任何形式或其他偶性。所以,无论何时,只要我们使用**一般物体**这个名称,如果我们使用原初质料这个名称,就很合适。因此,例如,一个人当其不知道水或冰究竟那个是原初的时候,而想要找出这两样东西中所共有的质料,他就不得不去假定某个均非这两种东西的第三种质料。因此,一个人如果他想要找出所有事物的质料,他就应当去假定这种质料并非现实存在着的某种事物的质料。由此看来,所谓原初质料,其实是虚无(nothing),从而,他们便既不能将形式,也不能将除量之外的任何别的偶性归因于它。反之,所有单个的事物都具有它们的形式和一定的偶性。

因此,原初质料是一般物体,也就是说,是一种受到普遍考察的物体,它既没有形式,也没有任何偶性;在其中,既没有形式也没有除量之外的任何别的偶性受到考察,也就是说,它们并未进入论证的范围。

25. 整体大于其任何部分,它为何需要推证

由上所述,可以看出:那些由欧几里得在其第一原理开宗明义设定的公理,是可以得到推证的;而这些公理都是关于大小的等与不等的。在这里,我将仅仅推证整体大于其任何一个部分这条公理,其他的则一概不论,以便读者可以知道那些公理也不是不可推证的,从而并不是推证的原则;并且因此而学会如何谨慎从事,不要认为任何一件事物都是一项原则,至少并不是像这些东西那样明显。大于被定义为这样的东西:其部分等同于另一件事物的整体。如让我们假定任何一个整体为 A,它的一个部分为 B。既然整体 B 等于它本身,而同一个 B 又是 A 的一个部分。从而,A 的一个部分就将等同于整体 B。因此,根据上述定义,A 便大于 B。这就得到了证明。

第九章 论原因与结果

1.什么是作用与受动性——2.间接和直接的作用与受动性——3.简单看待的原因。如果没有原因,任何结果便都不会跟着产生,或原因被设定为必要的——4.动力因与质料因——5.完全的原因始终足以产生其结果。在原因成为完全的瞬间,结果便产生了出来——6.结果的产生是连续的。什么是因果关系中的始点——7.没有任何运动的原因不存在于交接的和受到推动的物体之中——8.同样的活动主体和受动者,如果受到了同样的安排,就会产生出同样的结果,尽管时间不同——9.一切变化都是运动——10.偶然的偶性,何谓偶然的偶性

1. 什么是作用与受动性

当一个物体在另一个物体之中产生或消灭某种偶性时,我们便说一个物体作用于另一个物体,亦即对另一个物体做了某种事情。里面有一个偶性被产生或消灭的那个物体,我们说是在承受(to *suffer*),也就是说,由另一个物体对它做了某种事情。例如,当一个物体借推动另一个物体前进而在这另一个物体里产生了运动时,就被称为活动主体(the AGENT)。其里面像这样产生了运动的那个物体,就被称作受动者(the PATIENT)。因此,把手烤暖的火就是活动主体,被烤暖了的手就是受动者。在受动者里产

生的偶性,就叫作结果(the EFFECT)。

2. 间接和直接的作用与受动性

一个活动主体与一个受动者相互交接时,我们便说它们的活动与受动是**直接的**,否则就是**间接的**。如果有另外一个物体,处在活动主体与受动者之间,与它们两者都接触到,那么,它本身就既是一个活动主体,又是一个受动者。它之为一个活动主体,乃是对于在它后面紧接着的那个它所作用的物体来说的;它之为一个受动者,乃是对于在它前面紧接着的那个它所承受的物体来说的。如果有许多物体像这样排列着:每两个紧接着的物体都彼此接触,那么,凡是在第一个与最后一个物体之间的那些物体便都既是活动主体又是受动者,而第一个只是活动主体,最末一个则只是受动者。

3. 简单看待的原因。如果没有原因,任何结果便都不会跟着产生,或原因被设定为必要的

我们把一个活动主体理解为依据它与受动者双方都受影响的某个或某些偶性,在受动者上产生它的一定的结果。这就是说,活动主体之所以恰好有这样的结果,并不是因为它是一个物体,而是因为它是这样一个物体,或者因为它是这样运动着。因为否则一切活动主体既然都同样是物体,就会在一切受动者里面产生同样的结果了。因此,例如,火之所以暖,就并不是因为它是一个物体,而是因为它是热的。一个物体之把另一个物体推向前进,也并不是因为它是一个物体,而是因为它运动到另一个物体的位置上去

了。所以,一切结果的原因,都在于活动主体与受动者双方之中的某些偶性。这些偶性全部在场时,就产生结果,但如果其中缺少任何一个,结果就不产生。那个属于活动主体或受动者的,没有它结果就不能产生的偶性,叫作不可缺少的原因(causa sine qua non),或者叫假定必要的原因,也叫产生结果所必需的原因。但单纯一个原因或者一个完全的原因,乃是一切属于活动主体——不拘活动主体有多少——和受动者双方的偶性合在一起的集合。假定它们都在场时,就只能被理解为结果同时产生;如果其中缺少任何一个,就只能被理解为那结果不产生。

4. 动力因与质料因

产生结果所需要的一个或若干活动主体中的偶性的集合,当结果产生出来时,便被叫作它的动力因。而受动者中偶性的集合,当结果产生出来时,通常被叫作质料因。我说结果是被产生出来的,是因为没有结果,就不会有原因,没有什么能叫作结果,也就没什么东西能叫作原因。但动力因和质料因都是部分原因,都是我上一节中所谓完全的原因的一些部分。因此,很明显,我们期望的结果,虽然活动主体就其本身而言并非不完全,不过仍然可以为受动者中的不足所阻挠,而当受动者充分时,却又为活动主体的不足所阻挠。

5. 完全的原因始终足以产生其结果。在原因成为完全的瞬间,结果便产生了出来

完全的原因,如果它产生的结果完全可能的话,则对于这个结

果的产生就永远是充足的。因为设定所提出的无论什么结果都产生出来了。如果有什么样的结果产生出来了，很明显，产生这一结果的原因就是一个充足原因。但如果结果没有产生出来，而它又是可能的，那就显然在某个活动主体或受动者中缺少某种没有它结果就不能产生出来的东西，也就是缺少了某种为结果产生的必需的偶性。从而，这个原因就是**不完全的**，这与它所假定的东西是正相反对的。

123　　由此还可推断出：只要原因是完全的，结果就同时产生出来。因为如果结果不被产生出来，就依然是缺少某种对其产生所必需的东西。从而，这个原因就如所假定的那样，是不完全的。

而且，既然必要的原因被定义为假定结果不能不随之产生出来的原因，那就还可以推断出在某时刻无论什么样的结果产生出来，也都是由必要的原因产生出来的。因为凡产生出来的东西，就其被产生而言，都有一个完全的原因，也就是有被假定的一切东西，只能被理解为结果必然随之而生。也就是说，它有一个必要的原因。同样还可以说明：在后来产生出来的无论什么样的结果中，都将有一个必要的原因，所以曾经产生出来或将被产生出来的一切结果在产生前的事物中都有其必然性。

6. 结果的产生是连续的。什么是因果关系中的始点

无论何时，只要原因是完全的，结果就同时产生出来。因此很显然，原因和结果的产生在于某种连续的进展。从而，像其他活动主体的作用在活动主体或受动者中有一种连续的变化那样，它们作用其上的受动者也就连续地改变或变化。例如，随着火的热度

增加得越来越高,结果,与其紧接着的物体的热度,以及与这些物体紧接着的物体的热度也就随着越来越高。已经有许多理由说明一切变化都只在于运动。有关真理将在本章第9节中作出进一步推证。但在因果关系的进展中,即在活动与受动这样一种关系的这样一种进展中,如果任何一个人在其想象中理解了它的一个部分,并且又进而将它分成若干个部分,则它的第一部分或始点就不能被视为任何别的东西,而只能被视为活动或原因。因为如果它被视为结果或受动性,则考察在它之前的某件事物,以其作为它的原因或活动,就是必要的了。但这是不可能的,因为没有什么事物能在始点之前即存在。同样,最后这个部分也只能被视为结果,因为如果没有任何事物随之产生,它便不可能被称作原因。但在最后这个部分之后,是没有什么事物随之产生出来的。因此,在每个活动中,始点和原因被认为是一回事。但每一个中间部分却都既是活动又是受动,既是原因又是结果,这是就其与在前的部分或随后部分相比较而言的。

7. 没有任何运动的原因不存在于交接的和受到推动的物体之中

除非在交接的和受到推动的物体中,是不可能存在有运动的任何原因的。因为如果假设有两个物体它们并不是交接的,而且它们之间的中间空间也是空的,或者如果被充实的话,也是为另一个处于静止状态的物体所充实。而且,还设定所提到的物体中的一个被假定是静止的,则我就断言它将始终处于静止状态。因为如果它将运动的话,那么根据第八章第19节,其运动的原因就将是某个外在的物体。所以,如果在这个物体与外在物体之间不存在任何别的事物,而只存在有空的空间,则无论对那个外在物体或受动物体或受动本身作出什么样的安排,只要假定它现在处于静止状态,我们就可以设想它将继续处于静止状态,直到它为某个别的物体接触为止。但既然原因按照定义是被假定在场的所有这样一些偶性的集合,就不能不设想结果将随之产生出来;而那些偶性,无论是存在于外在物体之中的,还是存在于受动者本身之中的,都不可能构成将来运动的原因。同样,既然我们可以设想:凡是静止的东西都将依然静止,即使它为某个别的物体所接触亦复如此,除非这个别的物体是运动的。所以,在一个所接触的处于静止状态的物体中,是不可能存在有运动的任何原因的。因此,除非一个物体是交接的和运动的,任何一个物体中都不可能存在有运动的原因。

同样的理由也有助于证明:凡运动的东西都将以一定的方式和一定的速度永远运动,除非它为某个别的相交接的运动的物体所阻止。这样,任何物体,无论是当其静止的时候,还是当其中间插入真空的时候,都不能在别的物体里产生、消灭或减少运动。有一位作者曾经写道,运动的物体更多地受到的是静止事物的抵抗,而不是与之相反的运动事物的抵抗。这是因为他设想运动并不像静止那样与运动正相反对。使他蒙受欺骗的东西在于:**静止和运动**这些语词只是矛盾的名称;而运动实际上却并不是为静止所抵抗,而是为相反的运动所抵抗。

8. 同样的活动主体和受动者,如果受到了同样的安排,就会产生出同样的结果,尽管时间不同

但如果一个物体在一个时刻作用于另一个物体,此后又在另一个时刻作用于同一个物体,结果活动主体与受动者这两者,以及它们所有的各个部分,在所有的方面都与它们过去全都一样。除时间外根本不存在任何差别,也就是说,一个活动在前,另一个在时间上在后。不言自明,结果将是相等同的,除时间外在任何事物方面都没有差别。而且,像结果本身出自它们的原因那样,结果的多样性也就依赖于其原因的多样性。

9. 一切变化都是运动

如果这是真的,则变化就必然不是任何别的东西,而只是那个被改变的物体的各个部分的运动。首先,我们并不能说任何一个事物被改变了,而只能说显示给我们感官的东西与它此前显现出来的不一样了。其次,这两个现象都是感觉者身上产生的结果。因此,如果它们有所不同,则根据上一节,必然或是由于以前处于静止状态的那个活动主体的某一部分现在运动了,如是,变化就在于这种运动;或是由于此前受到推动的某个部分,现在以另外一种方式受到推动,如是,则变化即在于这种新的运动;或是此前受到推动的物体现在静止了,这如上所述如果没有运动就不能发生,如是,变化就在于运动;最后或是,以其中的某一种方式使受动者或其某些部分发生变化,如是,则变化无论是如何造成的,都在于事物各个部分的运动,这种运动或者是被知觉到的物体的,或者是感

觉者躯体的，或者是它们两者的，都是如此。因此，变化就是运动，或者是活动主体各个部分的运动，或者是受动者各个部分的运动；这是可以推证出来的。由此，我们便可以得出结论说：静止不可能是任何事物的原因，任何活动也不可能由静止产生出来。因为无论运动和变化都不能由静止产生出来。

10. 偶然的偶性，何谓偶然的偶性

偶性，相对于产生它们的别的偶性，或者相对于那些时间在它们之前的而且并不依赖之作为其原因的偶性而言，就被称作**偶然的偶性**（contigent accidents）。我之所以说偶然的偶性是相对于那些它们并非借以产生出来的偶性而言的，乃是因为就它们的原因而言，一切事物都将以同样的必然性产生，否则，它们就不可能具有任何原因，如是，事物的产生就变得不可理解了。

第十章 论能力与活动

1.能力和原因是一回事——2.能力在其充分的瞬间便产生活动——3.能动能力与被动能力只是充分能力的部分——4.活动,在何时被说成是可能的——5.必然的活动与偶然的活动,何谓必然的活动和偶然的活动——6.能动的能力在于运动——7.原因,形式因与目的因,何谓形式因和目的因

1. 能力和原因是一回事

与原因和结果相对应的是能力(POWER)和活动(ACT)。它们简直是一回事,虽然为了不同的考虑,它们取了不同的名称。因为无论何时,当某一个活动主体具有在受动者中间产生某种结果所必须的一切偶性时,我们就说,那个活动主体如果应用到一个受动者上,就有能力产生出那个结果。但像我在上一章说过的那样,那些偶性构成了动力因。从而,构成动力因的那些偶性,也构成活动主体的能力。因此,活动主体的能力与动力因是同样的东西。但它们却被看成有这种分别:我们称其为原因,乃是相对于已经产生了的那个结果而言的,而我们称其为能力,乃是相对于以后将要产生的同样的结果而言的。因此,原因是相对于过去而言的,能力则是相对于将来而言的。活动主体的能力也就是一般所谓能动的

能力。

同样,当某一个受动者具有在它里面产生某种结果所必需的一切偶性时,我们就说那个受动者如果应用到一个适当的活动主体上,就有能力产生那个结果。但那些偶性在上一章已经下过定义,乃是构成质料因的东西。因此,受动者的能力、一般所谓**被动能力**与质料因乃是同一的东西。但有时出于不同的考虑:原因是相对于过去而言的,而能力则是相对于将来而言的。因此,活动主体与受动者的能力合在一起,便可以叫作完全的或**充分的能力**,与完全的原因是同一个东西。因为二者都是活动主体以及受动者里面为产生结果所必需的一切偶性的总和与结合。最后,所产生的偶性相对于原因来说,被称为一个结果,相对于能力来说,则被称为一种活动。

2. 能力在其充分的瞬间便产生活动

因此,正如结果是在原因充分的瞬间产生出来的那样,可以产生出来的每一个活动也同样是在能力充分的同一个瞬间产生出来的。而且,正如任何结果都只能由充分和必要的原因产生出来那样,任何活动也同样只能由充分的能力,或那种舍之便不能产生出来的那种能力,产生出来。

3. 能动能力与被动能力只是充分能力的部分

正如很显然,如我所述,动力因和质料因各自地并且自行地构成完全原因的一个部分,它们如果不结合在一起,便产生不出任何一个结果;同样,主动能力和被动能力也都只是充分能力或完全能力的一个组成部分,如果它们不结合在一起,便也不可能产生出任何活动。因此,这些能力,如我在第一节所说,都只是有条件的;也就是说:一个活动主体,如果它应用到一个受动者身上,它便具有能力;而一个受动者,如果它被应用到一个活动主体上面,它便具有能力。否则,它们中任何一个便都不可能具有能力,分别存在于它们之中的各种偶性,严格地讲也不能叫作能力。任何一种活动无论是仅仅对于活动主体的能力,还是仅仅对于受动者的能力,都不能够说是可能的。

4. 活动,在何时被说成是可能的

没有充分的能力,活动的产生便是一件不可能的事情。既然充分的能力是一切事物借以同时发生的能力,为活动的产生所必需,则如果这种能力将永远不够充分,那就是因为始终缺少它们中的一些事物,没有这些事物,这种活动便不可能产生出来。因此,这种活动将永远产生不出来。也就是说,这种活动是不可能的(IMPOSSIBLE);每个并非不可能的活动则是可能的(POSSIBLE)。所以,每个活动,只要是可能的,便都将在某个时间被产生出来。因为如果它永远不被产生出来,则那些为活动的产生所必需的所有事物就将永远不可能同时产生出来。因此,这种活动根据定义是不可能的。这与所假定的东西是正相反对的。

5. 必然的活动与偶然的活动,何谓必然的活动和偶然的活动

必然的活动就是其产生不可阻止的活动。因此,将要产生出

来的每个活动都将必然地被产生出来,它之不被产生出来是不可能的。因为正如已经推证出的,每个可能的活动都将在某个时刻被产生出来。不仅如此,将要存在的东西将要存在(what shall be, shall be)这个命题,就如一个人是一个人这个命题一样,是必然的。

但就在这里,或许有人会问:那些一般称做**偶然事件**的将来的事物是否是必然的?我则回答说:一般而论,一切偶然的事物都有其必然的原因,上面一章我们已经对此作过说明。但它们之被称作偶然的事物,乃是相对于它们并不依赖的其他事件而言的。譬如,明天将要落雨这件事,将是必然的,也就是说,它是由必然的原因产生出来的。但我们却认为,并且说它是偶然地发生的。这是因为我们尚未察觉出落雨的原因的缘故,尽管其原因现在就现实存在着。人们一般地正是把他们未察觉出具有必然原因的事件叫作**偶然事件**。同样,人们不知道一件事是否已经做了时候,他们就常常讲事情过去了。他们说:这件事永远做不出来是可能的。

因此,关于将来事物的所有命题,无论是偶然的还是不是偶然的,如明天将要下雨,或明天太阳将要升起,或者必然地为真,或者必然地为假。但我们却因为还不知道它们究竟为真为假,便称它们是偶然的。而它们的真实性并不依赖于我们的知识,而是依赖于它们原因的此前的发生。但还有一些人,他们虽然承认**明天将或者下雨或者不下雨**这整个命题为真,但他们却不愿承认它的各个部分如**明天将下雨**,或**明天将不下雨**其中之一单独为真。他们说:这两个命题中的这个或那个都不能**确定地为真**。但倘若不依据我们的知识或明显为真的东西来判断真假,又有什么能成为这种确定地为真的东西呢？因此,他们只是说事情是否为真尚付阙如。但他们却说得更加含糊其辞,并且还以一些同样的语词,努力掩盖他们自己的无知,而将真理的明证弄得昏暗不清。

6. 能动的能力在于运动

在前面第五章第 9 节中,我已经证明:一切运动和变化的动力因在于那个活动主体或那些活动主体的运动。在本章第 1 节中,我又指出:活动主体的能力与动力因是一回事。由此,我们便可以理解:一切活动能力也都在于运动;而且,这种能力也不是一种有别于一切活动的偶性,它实际上也是一种活动,即运动。它之所以被称做能力,乃是因为另外一种活动将在以后由它产生出来。例如,如果在三个物体中,第一把第二个,第二个把第三个推向前进,这第二个的运动相对于产生它的第一个运动来说,即是第二个物体的活动;但相对于第三个来说,它却是这第二个物体的活动能力。

7. 原因,形式因与目的因,何谓形式因和目的因

形而上学著作家们在动力因和质料因之外,还把另外两个别的东西算作原因。这就是本质(ESSENCE),有些人称之为形式因(the *formal cause*),和目的(the END)或目的因(*final cause*)。然而,这两个原因都不是动力因。因为当说到一件事物的本质即是其原因时,如说有理性是人的原因,这是不可理解的。因为这与说"是一个人"是人的原因是一回事。这样一种说法显然不恰当。然而,关于任何事物的本质的知识却是关于事物本身的知识的原

因。因为如果我首先知道一个事物是**有理性的**,我由此便可进而知道这个事物是人。但是这不是别的,只是一种动力因。**目的因**除非在具有感觉和意志的事物中,没有任何意义。而且,后面我还将证明:这种目的因无非是一种动力因。

第十一章　论同一与差异

1.何谓一件事物区别于另一件事物——2.在数值、大小、种相和属相方面作出区别,什么是它们的区别——3.何谓关系、比例和关系项——4.比例,何谓比例——5.大小之间相互的比例,它在于什么——6.关系并非任何新的偶性,乃是在关系或比较造出之前存在于关系项中的一种偶性。相关物中偶性的原因乃关系的原因——7.个体化的始点

1. 何谓一件事物区别于另一件事物

至此,我已经简单地讲到了物体,以及为所有物体所共有的偶性,如大小、运动、静止、活动、受动、能力、可能,等等。现在,在我本来应当沿着这条路走下去,进而去讲那些一个物体借以区别于另一个物体的偶性,但在此之前,我却应当首先去申明究竟什么是不同的,什么是并非不同的,亦即何谓同一(SAME)和何谓差异(DIFFERNT);因为事物之可以相互区别和区分开来,这对所有的物体也是共同的。然而,当某件事物可以说成是它们中的一个,同时又不能说是它们中的另一个时,这两个物体便被说成是相互区别。

2. 在数值、大小、种相和属相方面作出区别，什么是它们的区别

133　　首先，很显然，没有任何两个物体是完全一样（the same）的。因为既然它们是两个，它们在同一个时间，就存在于两个位置上。在同一个时间，存在于同一个位置，同一（the same）之谓也。因此，所有的物体在数值上都是相互不同的，就像一个物体与另一个物体一样。所以，数值上的同一与差异是两个因矛盾而相互对立的名称。

两个物体，一个大于另一个时它们在大小上就不同，如一英寸长的物体和两英寸长的物体，两磅重的物体和三磅重的物体。这些与相等是正相反对的。

物体，当其不只在大小上不同时，就叫作相异，而那些只在大小上不同的物体，就叫作相同。相异的物体中，有一些被说成是在种相（species）上相异，另一些则被说成是在属相（genus）上相异。当物体的差异为同一个感官所知觉时，便在种相上不同，如白和黑即是如此；当物体的差异不借不同的感官便知觉不到时，便在属相上不同，如白和热即是如此。①

---

①　关于 species 和 genus，向有两种译法：一种是逻辑学界译法，species 汉译为属或属相，genus 汉译为种或种相。另一种是生物界译法，species 汉译为种或种相，genus 汉译为属或属相。所谓纲门科属种，此之谓也。这里似以从生物界译法为妥。请参阅莱布尼茨：《人类理智新论》，陈修斋译，商务印书馆，1982 年，第 314 页注。——译者

3. 何谓关系、比例和关系项

一个物体与另一个物体的相同或相异,相等或不等叫作它们的关系(RELATION)。而这些物体本身则叫作关系项(relatives)或相关者(correlatives)。亚里士多德将它们称作 τὰ πρὸς τί。通常其中第一个物体叫作前件,第二个物体叫作后件。前件对后件的关系,根据大小,即相等、超过或不足,被称作前件对后件的比例(PROPORTION)。所以,比例不是别的,无非是就前件的大小仅仅就其差异与后件的大小相比较形成的相等或不等,或是与它们的差异进行比较时所形成的相等或不等。例如,3 对于 2 的比例仅仅在于 3 比 2 多 1,而 2 与 5 的比例也仅仅在于 2 比 5 差 3。所以,在不等的比例中,小的对大的比例叫作不足(DEFECT),而大的对小的比例则叫作超过(EXCESS)。

4. 比例,何谓比例

此外,在不等中,一些多些,一些少些,还有一些同等地不等。所以,既有大小的比例,也有比例的比例。所谓比例的比例,也就是两个不等同其他两个不等相关的比例。例如,当 2 与 3 之间的不等与 4 于 5 之间的不等相比较时,情况就是如此。在这种比较中始终存在有四个量值;如果只有三个,则最居中的那个量值便被两次数了,这与前面那种情况完全是一回事。如果第 1 个与第 2 个的比较等于第 3 个与第 4 个的比例,则这 4 个就被说成是比例项。否则,它们就不是比例项。

5. 大小之间相互的比例，它在于什么

前件与后件的比例在于它们的差异，不仅简单地看是如此，而且，当与关系项的一个进行比较时，也是如此。这就是说，无论是就它借以超出小的那个大的部分看，还是就从大的部分取出小的部分之后所剩余的部分看，都是如此。例如，虽然2与5的比例在于5超出2的那个3，但不仅仅简单地在于那个3，而是还在于5与2比较所得的3。因为虽然在2与5之间的差，与9与12之间的差相等，即都是差3，但却不存在任何同样的不等量。从而，2与5的比例与9与12的比例，在整个关系上，并不就等于9与12的，仅仅在被称作算数的关系方面才相等。

6. 关系并非任何新的偶性，乃是在关系或比较造出之前存在于关系项中的一种偶性。相关物中偶性的原因乃关系的原因

但我们一定不要这样来思考关系，仿佛关系是一个与关系项的所有别的偶性都不相同的偶性。它只是它们中的一个，即那个比较借以形成的偶性。例如，一个白与另一个白的相同，或它与黑的不同，其实与它的白是同一个偶性。而相等和不等，与所比较的那个事物的大小，也是同一个偶性，虽然它用了另外一个名称。因为某个东西，当其不与某个别的事物比较时被称作白或大，当其与其他事物进行比较时，才被叫作相同或相异、相等或不等。而由此便可得出结论说：偶性的原因，虽然存在于关系项中，但却也是**相同、相异、相等和不等的原因**。这就是说，一个人，如果他制造了两

个不相同的物体,他也就同时制造了它们的不相等。而且,如果他制造了一条规则和一个活动,如果这个活动适合于这条规则,则他也就制造了它们的一致性;如果这个活动不适合这条规则,则他也就制造了它们的不一致性。关于一个物体同另一个物体的比较就讲这么多。

7. 个体化的始点

但同一个物体可以在不同时间同它自身进行比较,由此在哲学家中也就产生了关于**个体化始点**(the beginning of individuation)的伟大争论。所谓个体化的始点,也就是究竟在什么意义上可以设想一个物体在一个时间是同一个,而在另一个时间里便与此前的它不再是同一个了。例如,一个长大变老的人,与他年轻时的那个人是同一个人,还是另外一个人。再如,一个城市在不同年代是同一个城市还是另一个城市。一些位置的个体性(individuity)在于质料的统一性(the unity of matter);另一些位置的个体性则在于形式的统一性(the unity of form)。也有人说:它在于**所有偶性集合在一起的统一性**。对于**质料**,可以辩护说:一块蜂蜡,无论它是球形还是立方体的都是同一块蜂蜡,因为其质料相同。对于形式,也可以辩护说:一个人从婴儿长成一个老人时,虽然其质料改变了,但他却依然是同一个号数的人。因为凡不能归于质料的同一性,很可能就应当归之于形式。因为**偶性**的集合是举不出任何例证的。但因为当某个新的偶性产生出来时,一般地也就要把一个新的名称加到那个事物上,所以,如果一个人要指出这种个体性的原因,他就会认为那个事物本身也变成了另一件事物。根据第一种意见，一个人如果犯罪并且受到惩罚，他就不应当再是同一个人，因为人的身体已经发生了持久的流转和变化。而一个城市也会由于其在一个时期制定的法律在另一个时期又废除了，而不应当再是同一座城市，否则便混淆了公民的所有权利。根据第二种意见，同时存在的两个物体，将不会是同一个号数的物体。例如，忒修斯的这只船(that ship of Theseus)，① 由于连续不断的修补，不断地从中取出旧的木板，而放进新的木板，从而造成了很大的差异。雅典的智者们对此争论不休：当所有的船板都换掉后，它还是曾经的那同一号数的船吗？如果有人将那些换下来的旧船板都保存了下来，后来又以同样的顺序将它们安装到一起，这样拼装起来的船无疑与最初的那只船属于同一个号数，如是，便有了两只不同的船。但这是荒谬的。但根据第三种意见，根本没有什么两样东西会是同一的，从而，一个正在站着的人与刚才那个坐着的他并不是同一个人；盛在一个容器里的水与被倒出来的水也并不是同样的水。因此，个体化的始点并不仅仅来自质料，也不仅仅来自形式。

但我们应当考察：当我们探究任何事物的**同一性**(*identity*)时，我们应该用什么名称来称呼它。因为问苏格拉底他是否是同一个人是一回事，问他是否为同一件物体又是一回事。因为他的躯体，当其年老时，由于大小的不同，便不会与其婴儿时一样，而一个物体则总是同一个大小。然而，他却可以是同一个人。所以，无

---

① 忒修斯为希腊神话中的一位英雄，为雅典王埃吉屋斯(Aegeus)之子。一生功勋卓著。其中尤以杀死人身牛头怪物迈诺陶赫(Minotaur)最为著名。——译者

第十一章　论同一与差异

论何时，当问仅仅因为质料而给某件事物一个名称，借这个名称而问一个事物是否一样，在这种情况下，如果质料相同，则这个事物也就**个体地**相同。譬如水，它在海里和在云块里就是同样的。一个物体，无论它的各个部分被放到一起，还是被疏散开，无论它被凝结在一起还是被分散开，都一样。还有，如果把名称给了运动开始时的形式，则只要这运动依然存在，它就将是同一个个体事物。例如，一个人，其行为和思想全都出自同一个运动的开始，亦即都出自存在于其产生中的事物，则他就始终是同一个人。再如，从同一个源泉流出来的，将是同一条河流，不管是同样的水，还是其他种类的水，还是某种别的非水的东西，便都是从这个源泉里涌现出来的。同一个城市，其法令连续不断地从同一部宪法制定出来，不管法令制定者是否一样。最后，如果把名称赋予某种偶性，则这件事物的同一性便依赖于质料。因为经取走或提供质料，曾经存在的偶性就被消灭了，而另外一些新的偶性也就产生出来了，它们不可能在号数上一样。所以，一只船所意指的是质料是如此这般构造的，只要质料依然一样，它就将是同一只船。但如果质料的任何一个部分都不一样了，则它在号数上就成了另外一只船了。但如果质料一部分依旧存在，一部分换掉了，则这只船就将部分地一样，部分地不一样。

第十二章 论量

1.量的定义——2.量的显示,何谓量的显示——3.线、面和体是如何显示的——4.时间是如何显示的——5.数是如何显示的——6.速度是如何显示的——7.重量是如何显示的——8.大小的比例是如何显示的——9.时间与速度的比例是如何显示的

1. 量的定义

向量或维(*dimension*)是什么,以及它是几重的,对此,我在第八章已经说过,这就是:有三个向量或维:线或长度、面和体。三个向量或维中的任何一个,如果加以规定了,也就是说,如果它的界限弄明白了,一般就称为量(*quantity*)。因为所谓量,人人都了解这个词所意指的东西,也就是用来答复这有多少这个问题的答案。所以,不管在什么时候,如果问这趟路程有多长?答复就不应当是一个不确定的长;如果问这块地有多大?答复也不应当是一个不确定的面;如果有一个人问这块东西有多大?答复也不应当是一个不确定的体。所有这些答复都应当是确定的:这趟路程有一百哩,这块地有一百英亩,这块东西有一百立方呎。或者至少要以一种方式,使要研究的东西的大小可以通过某些界限在心里得

第十二章　论量

到了解。所以，对量只能这样下定义：一个确定的向量或维，或者一个由界限的位置或某种比较划定其界限的向量或维。

2. 量的显示，何谓量的显示

确定量的方式有两种。一种是通过感官；当某个感性对象被放在感官前面的时候，例如有一呎长以某种质料标出的一条线、一个面或体呈现于眼睛前面的时候，便是用这种方式确定的。这种确定方式叫作显示，像这样认识的量，叫作显示的量。另外一种是通过记忆，也就是通过与某个显示的量相比较。在第一种方式之下，当问一个东西的量有多大时，回答是像你见到它显示的那么大的量。在第二种方式之下，只能通过与某个显示的量相比较来回答。因为如果问**路有多长？** 回答是**多少千步**，这就是通过拿路同步或某种特别的度量来比较，而步或某种别的度量，是通过显示来确定和认识的。换句话说，它的量要与某种别的通过显示而认识的量相比较，就像正方形的对角线要与它的边相比较那样，或者用别的类似的方法来确定，但是要知道，显示的量必须是某样固定不变的东西，是用坚固经久的物质标出来的，或者至少是某种可以对感觉再现的东西。因为否则就不能用它来作比较。所以，既然根据上一章所说，一个大小与另一个大小的比较同比例是一回事，显然可以看出，第二种方式的确定的量，不过是一个并不显示的向量与另一个显示的向量的比例，也就是说，是那个量与一个显示的量相等或不相等的比较。

3. 线、面和体是如何显示的

线、面和体首先是由运动以我在第八章已经说过的产生它们的方式显示出来的。但这却使这种运动的标记成为恒久不变的。因为当把它们指定给某些质料时，就如把线画在纸上一样，或者像是以某些经久的质料雕刻成的。其次，线、面和体是通过并置显示出来的。因为当一条线或长度应用到另一条线或长度，一个宽度应用到另一个宽度，一个厚度应用到另一个厚度时，这就是用点来画一条线，用线来画一个面，用面来画一个体。假定在这里，所谓点被了解为极短的线，而所谓面被了解为极薄的体。第三，线和面可以借片断显示出来，即一条线可以通过切割一个显示出来的面作成；而一个面又可以通过切割一个显示出来的体作成。

4. 时间是如何显示的

时间不仅可以通过一条线，而且也可以通过可以运动的事物显示出来；这个可以运动的事物或是沿着这条线作匀速运动，或是至少假定是这样受到推动的。因为，既然时间是个我们思考前后相续的运动的观念，则用一条线加以描述的时间的显示就是不充分的。我们心里还必须想象某个可运动的事物经过这条线。而且，这件事物的运动还必须是匀速的，一经需要，时间便可以分开或合成。因此，当哲学家们在他们的推证中画出一条线，并且说：设这条线为时间，这就应当理解为，仿佛他们在说：设在这条线上匀速运动的概念为时间。因为虽然日晷上的圆是线,[①]但它们本身却不足以表明时间,除非也有或假定有阴影或指针的运动。

5. 数是如何显示的

数或是通过点的显示或是通过数的名称1、2、3等显示出来。而那些点则绝对不能交接,从而它们也不能借符号区别开来;它们必须这样安置使它们可以相互分辨开来。因此,数便称作隐性的量,而一切由运动指示出来的量则被称作连续的量。但数要能够由数的名称显示出来,我们就必须按如1、2、3等的顺序记住它们。因为通过1、1、1这样一直说下去这样一种方式,我们并不知道超出2或3的究竟是什么数;这样一种方式呈现给我们的,并不是数字,而是图形。

6. 速度是如何显示的

速度(velocity),根据其定义是一种在一定时间里经过一定空间的运动。因此,为了显示速度,我们就不仅必须显示时间,而且还必须显示那个物体所经过的空间,由此我们确定物体的速度;而一个物体也必须被理解为也在那个空间运动;从而,也就必须以两条线显示出来,匀速运动须理解为是根据其中的一条线造出来的,时间据此可以确定下来。根据另一条线,速度就将被计算出来。如果我们要显示物体A的速度,我们就画出两条线,AB和CD,并把一个物体放在C上。做过这些后,我们就可以说:物体A的

---

① 该句的原文是:"though the circles in dials be lines"。——译者

速度如此大，以致它在物体 C 以匀速运动经过线 C D 的同时，也经过线 A B。图示如下：

A̲ ̲ ̲ ̲ ̲ ̲ B

C̲ ̲ ̲ ̲ ̲ ̲ D

7. 重量是如何显示的

重量（*weight*）是借任何一个重物显示出来的，不管它由什么质料构成，也总是一样重。

8. 大小的比例是如何显示的

两个大小的比例（*proportion*），当大小本身显示出来时，也就显示出来了，即当大小相等时，是相等的比例，当它们不相等时，就是不相等的比例。因为既然根据上一章第 5 节，两个不等大小的比例在于它们与它们中任何一个比较的差异。而当两个不相等的大小被显示出来时，它们的差异也就显示出来了。由此便可以得出结论说：当相互间具有比例的大小被显示出来时，它们的比例也就与它们一起显示出来了；而且，同样，在其大小并无任何差异的相等者的比例，当同等的大小本身显示出来时，同时也就显示出来了。例如，如果被显示的线 A B 和 C D 相等，则相等的比例就在它们中显示出来了。而且，如果所显示出来的 E F 和 E G 不相等，则 E F 所有的对 E G 的比例和 E G 所有的对 E F 的比例也就在它们中显示出来了。因为不仅这些线本身,而且它们的差异 G F,也都显示出来了。可以图示如下：

```
A        B
C        D
E    G   F
```

不相等的比例是量,因为差异所在的 G F 是量。但是等式的比例不是量,因此在相等者之间没有差异,一个等式也不像一个不等式大于另一个不等式那样,等于另一个等式。

9. 时间与速度的比例是如何显示的

两个时间的比例,或者两个匀速运动的速度的比例,当两个物体借以得到理解的两条线被显示成匀速运动的时候,便被显示出来了。因此,这两条线便既有助于显示它们自己的比例,也有助于显示时间和速度的比例,这要视它们被认为所显示的是大小本身,还是时间或速度而定。因为设两条线 A 和 B 被显示；图示如下：

```
A
B
```

它们的比例(根据上节)因此也就被显示出来了。而且,如果它们被认为是以相等均匀的速度画出来的,那么,既然它们的时间或大、或等、或小取决于同样的空间在较多、相等或较少的时间里被

144 传输,则线 A 和 B 就将显示出相等或不相等,即时间的比例。总之,如果同样的线段 A 和 B 被认为是在同一时间画出来的,那么,既然它们的速度会长些、相等、短些,这要视它们在这一时间里经过的线段长些、相等、短些而定,则同样的线段 A 和 B 就将显示出相等或不等,即它们速度的比例。

第十三章 论类比推理,或同一比例

1—4.比例的本性与定义,算术比例与几何比例——5.同一算术比例的定义与某些特性——6、7.类比的定义与变形,或同一几何比例——8、9.超出推理与不足推理的定义,即大于和小于命题的定义,及其变形——10—12.依据大小,对类比的量的比较——13—15.命题的组合——16—25.连续比例的定义与特性——26—29.算术比例与几何比例的比较

〔注:在本章中,符号 + 意指存在于所述事物之间的各种量之加在一起;符号 - 意指的是后面的量从前面的量取走后的剩余;所以,A+B 便等于 A 与 B 两者加到一起形成的和;而在你看到 A-B 的地方,其中,A 为整体,B 则是从中取出的 B 这个部分,A-B 意指的则是从 A 中取走 B 之后的剩余。还有,如果两个符号放到一起,而不加任何符号,除非它们属于一个图形,则它们意指的便是这些量中的一个与另一个的乘积;例如,AB 所意指的便是 A 乘以 B 的积。〕

1. 比例的本性与定义,算术比例与几何比例

大和小只有通过比较才可以理解。而它们与之比较的东西是

某种显示出来的东西,即某个大小,它或是为感官所知觉的,或是为语词所定义的大小,从而可以为心灵所理解。而且,某个大小与之比较的东西或是大于它,或是小于、等于它。因此,比例,如我已经说明的,就是经比较对大小的估价或理解,它有三种。一种是关于**相等**的比例,即关于相等者与相等者的比例;第二种是关于**超出**的比例,即关于大的对于小的比例;第三种是关于**不足**的比例,即关于小的对于大的比例。

再者,这些比例中的每一种都是双重的。因为如果要问给出的每一大小有多大,可以通过两种方式进行比较予以回答:首先,可以通过说它等于或少于另一个量值(大小)多少来回答;例如,7 比 10 少三个 1。这也就是所谓算术比例。其次,可以通过说它多于或少于另一个量值的这样一个或多个部分来回答。例如,我们可以说:7 以小于三个十分之一的部分小于 10。虽然这个比例并不总是可以借数字予以说明的,但它却是一种确定的比例,是与前者种类不同的比例,我们称之为**几何比例**,最一般地称作单纯比例。

2. 比例的本性与定义,算术比例与几何比例

比例,一如我在上章第 8 节已经说过的,无论是算术的还是几何的,都可能以两种大小(量值)显示出来,其中前面一个一般叫作比例的前项,而后面一个则被叫作比例的后项,因此,如果对两个比例进行比较,就必定有四个显示出来的量值,即两个前项和两个后项。因为虽然有时出现前面一种比例的后项与后面一种的前项是同一个,然而在这种倍比(双重比例)中,它必然地被双重地编

码，结果便总是有四项。

3. 比例的本性与定义，算术比例与几何比例

这两种比例，不管它们是算术的还是几何的，当对它们两个方面进行比较的量值（欧几里得在其第六卷第 15 个定义中称之为比例的量）相等时，则这些比例中的一个便不能大于或小于另外一个。因为一个等式是既不会大于也不会小于另一个等式的。但不等的两种比例，无论它们是超出还是不足的，其中的一个就可能会大于或小于另外一个，否则它们就可能是两个相等的。因为虽然提出了两个互相不等的量，但却还是可能有另外两个比所提出的两个更不相等的量、相等地不相等的量以及较少地不相等的量。由此便可以理解：超出和不足的比例是一种量，它是能够大些或小些的；但相等的比例（等比）却不是量，因为它既不能大些，也不能小些。因此，不相等的比例可以相互加在一起，相互减去，也可以相互乘除；但相等的比例却不能这样。

4. 比例的本性与定义，算术比例与几何比例

两个相等的比例一般地称作同一比例；而且，这也被说成第一个前项对于第一个后项的比例同第二个前项对于第二个后项的比例同一。当四个量这样地相互地形成几何比例时，它们就被叫作比例项。一些人则更简捷地称它们为类比推理或类推。大于的比例（*greater proportion*），是较大的前项与同一个后项的比例，或关于较大前项对于一个较小后项的比例。而且，当第一个前项对于第一个后项的比例大于前项对于第二个后项的比例时，相互如此

的四个量值，就可以称作超出推理（hyperlogism）。

小于的比例（less proportion）是较小的前项对于同一后项的比例，或者是同一前项对于一个较大的后项的比例。而且当第一个前项对于第一个后项的比例小于第二个前项对于第二个后项的比例时，这四个量就可以叫作不足推理（hypologism）。

5. 同一算术比例的定义与某些特性

一个算术比例和另一个算术比例，当这两个前项中的一个超出它的后项，或者为它的后项超出时，就叫作同一；当另一个前项超出它的后项，或为其后项所超出时，也是如此。因此，在作为算术比例项的四个量中，外项的和等于中项的和。因为如果 Ａ Ｂ∷Ｃ Ｄ 是算术比例的，两边的差异就将是同一的超出或不足 E，则 B+C（如果 A 大于 B）将等于 A-E+C；而 A+D 将等于 A+C-E；但是 A-E+C 和 A+C-E 是相等的。换言之，如果 A 小于 B，则 B+C 将等于 A+E+C；而 A+D 将等于 A+C+E；但 A+E+C 和 A+C+E 相等。

而且，如果从来没有那么多算术比例的量，它们全部的总和就将等于为外项的总和与各项的数的一半的乘积。因为如果 A.B∷C.D∷E.F 是算术比例的，则 A+F, B+E, C+D 就将相互等同。而它们的和将等于 A+F 与它们组合的数的乘积，即与各项的数的一半的乘积。

如果四个不相等的量中有某两个加在一起等于另外两个加在一起，则它们中最大者和最小者就将是同样的组合。设四个不等的量为 A、B、C、D；设 A+B 等于 C+D，设 A 为它们四个中最大者，B 就将是它们中最小者。因为如果可以说，设其余各项中的任何一个譬如 D 为最小者，既然 A 大于 C、B 大于 D，则 A + B 就将大于 C + D。这就与相假定的东西就正相反对了。

如果有任何四个量，最大的量与最小的量的和、中项的和、最大者的差以及两个最小者的差，就将是算术的比例项。因为设有四个量，其中 A 是最大者，D 是最小者，B 和 C 是中项，我就说 A + D、B + C∷A - B、C - D 是算术的比例项。因为第一个前项和它的后项的差是 A + D - B - C。而第二个前项和它的后项的差是 A - B - C + D。但这两个差是相等的。因此，根据本节所述，A + D. B + C∷A - B. C - D 即是算术的比例项。

如果在四个量中，有两个与其他两个相等，它们就将处于相互的算术比例之中。因为设 A + B 等于 C + D，A. C∷D. B 是算术比例项。因为如果它们不是的话，设 A. C∷D. E (假定 E 大于或小于 B) 是算术的比例项，则 A + E 就将等于 C + D。从而，A + B 和 C + D 便不等。但这与所假设的东西是正相反对的。

6. 类比的定义与变形，或同一几何比例

一个几何比例与另一个几何比例，当在相同的时间里产生相等结果的相同的原因决定着这两个比例时，便是同一的比例。

如果一个匀速运动的点画了两条线，或是以等速画，或是以不等速画，这些同时出现的，亦即在同时画出来的线的所有各个部分，在几何比例上，都将是 2 比 2，不管前项是不是在同一条线上得到的。因为，从点 A (在十四章结尾的第 10 个图中) 设两条线 A D、A G，以匀速运动画出来，又设在它们中取出两个部分 A B、

ＡＥ；再取出两个部分ＡＣ、ＡＦ；这样，ＡＢ、ＡＥ便是同时发生的。同样，ＡＣ、ＡＦ也是同时发生的。我首先说（在线ＡＤ上取出前项ＡＢ、ＡＣ，在线ＡＧ上取出后项ＡＥ、ＡＦ）ＡＢ、ＡＣ∷ＡＥ、ＡＦ是比例项。因为既然（根据第八章第15节）速度被认为是由在一定时间里它所经过的一定长或线所决定的运动，则线ＡＢ的量就将是由借以描述线ＡＢ的速度和时间决定的。由于同样的理由，线ＡＣ的量也将由借以描述ＡＣ的速度和时间决定。因此，ＡＢ对于ＡＣ的比例，无论它是相等的比例，还是超出或不足的比例，都是由借以描述ＡＢ、ＡＣ的速度和时间决定的。但既然点在ＡＢ和ＡＣ的运动是匀速的，则它们这两条线便是以等速描述的。因此，无论它们一个对于另一个具有的是大于还是小于的比例，这比例的唯一原因都是它们的时间差。而且，根据同样的理由，很显然，ＡＥ对于ＡＦ的比例也仅仅是由它们的时间差决定的。因此，既然ＡＢ、ＡＥ，也如ＡＣ、ＡＦ那样是同时发生的，则ＡＢ、ＡＣ在其中得以描述的时间差和ＡＥ、ＡＦ在其中得以描述的时间差便是相同的。因此，ＡＢ对于ＢＣ的比例和ＡＥ对于ＡＦ的比例两个都是由同一个原因决定的。但这样决定着这两个比例的原因，由于它是匀速运动，从而在相等的时间里同等地起作用。而且，根据上述定义，ＡＢ对于ＢＣ的比例与ＡＥ对于ＡＦ比例也是相同的。所以，ＡＢ.ＡＣ∷ＡＥ.ＡＦ是比例项。这是第一点。

第二，当在不同的线里取出前项时，我便说ＡＢ.ＡＥ∷ＡＣ.ＡＦ是比例项。这是因为既然ＡＢ，ＡＥ是在同一个时间里描述出来的，则它们在其中得以描述的速度和差异就是它们所具有的相互间的比例的唯一原因。而ＡＣ对于ＡＦ的比例可以说也是如此。但既然线ＡＤ和ＡＧ这两条线都是以匀速运动在上面经过的，则ＡＢ，ＡＥ在其中得以描述的速度的差，就将与ＡＣ，ＡＦ在其中得以描述的速度的差异是相同的。因此，决定着ＡＢ对于ＡＥ的比例的原因就与决定ＡＣ对于ＡＦ的比例的原因是相同的。从而，ＡＢ．ＡＥ∷ＡＣ．ＡＦ就是比例项。证讫。

推论一：如果四个量存在有几何比例，它们也将经过**置换**即经过交换中项而成为比例项。因为我已经说明不仅ＡＢ．ＡＣ∷ＡＥ．ＡＦ，而且经过**置换**，ＡＢ．ＡＥ∷ＡＣ．ＡＦ也是比例项。

推论二：如果有四个比例项，它们也将经过**倒置**或**转换**即经过把前项转变成后项而成为比例项。因为如果在最后一个类比推理中，我已经倒置ＡＣ、ＡＢ为ＡＢ、ＡＣ，并且同样地把ＡＥ、ＡＦ转换成ＡＦ、ＡＥ，然而，我用过的是同样的推证。因为ＡＣ、ＡＢ和ＡＢ、ＡＣ一样具有相等的速度，而ＡＣ、ＡＦ也和ＡＦ、ＡＣ一样是同时发生的。

推证三：如果比例项加上比例项，或从中取出比例项，则集合或余数也将是比例项。因为同时发生的东西，无论它们是加到同时发生者上面还是从它们中取出，都使得集合或余数成为同时发生的，虽然进行加或减，或是所有的词项，或仅仅是前项，或是仅仅是后项。

推论四：如果四个比例项中的两个前件，或两个后件，或所有的词项，都为同一个数或量相乘或相除，则积或商就将都是比例项。因为比例项的乘和除同它们的加和减是一回事。

推论五：如果有四个比例项，它们经过组合，即经过把那个前件的一个前件和后件加到一起,并且经过单独地把后件,或单独地把前件当作后件,也将成为比例项。因为这样的组合不是别的,无非是比例项的相加,也就是说,是后件与它们前件的相加,而这些也都是被假定为比例项的。

推论六:同样,如果单独地把前件或单独地把后件当作前件,并且这两个的前件加在一起,则这些也都将成为比例项。因为这是经过组合而实现的比例的倒置。

推论七:如果有四个比例项,它们经过除,亦即经过取出前件从后件中减去的余数,或者经过取出作为前件的前件和后件的差,并且把整个加或减所得的和或差作为后件,则它们也都将是比例项。譬如 A.B::C.D 是比例项,则它们经过除,就将是 A－B.B::C－D.D 和 A－B.A::C－D.C。而且,当后件大于前件时,则 B－A.A::D－C.C 和 B－A.B::D－C.D。因为在所有这些除法中,比例项经假定类比推理 A.B::C.D 便从 A 和 B 及 C 和 D 中取出来了。

推论八:如果有四个比例项,经比例转换,即经过所除的**比例的倒置**,或者经过把整个作为前件,把差和余数作为后件,它们还将是比例项。譬如 A.B::C.D 是比例项,则 A.A－B::C.C－D,也和 B.A－B::D.C－D 一样,也将是比例项。因为既然这些被倒置的都是比例项,则它们本身也就将是比例项。

推论九:如果有两个类比推理,其中第二个对于第二个,第四个对于第四个,都具有相等的量,则第一个量与第二个的和与差将会和第三个对于第四个的和与差一样。设 A.B::C.D 和 E.B::F.D 是类比推理,我便说 A＋E.B::C＋F.D 是比例项。因为所说的类比推理是通过变换而成为 A.C∷B.D 和 E.F∷B.D 的。因此，A.C∷E.F 也将是比例项。这是因为它们两个都有 B 对于 D 的共同比例。因此，如果在第一个类比推理的变换中加上 E 和 F 对于 A 和 C，则（根据第三个推论）A+E.B∷C+F.D 也将是比例项。这一点已经证明过了。

同样地，我们也可以证明 A-E.B∷C-F.D 也是比例项。

7. 类比的定义与变形，或同一几何比例

如果有两个类比推理，其中四个前件组成一个类比推理，则它们的后件也将组成一个类比推理；它们前件的和也将是它们后件的和的比例项。因为如果 A.B∷C.D 和 E.F∷G.H 是两个类比推理，A.E∷C.G 是比例项，则通过变化 A.C∷E G.E G∷F.H 和 A.C∷B.D 将是比例项。因此 B D∷E G 即 B D∷F H 以及经置换 B F∷D H 是比例项。这是第一点。其次，我说 A+E.B+F∷C+G.D+H 将是比例项。因为既然 A E∷C G 是比例项，A+E.E∷C+G.G 也经组合而为比例项，经变换 A+E.C+G∷E.G 将是比例项。因此 A+E.C+G∷F.H 也将是比例项。再者，既然如上所述，B.F∷D.H 是比例项，B+F.F∷D+H.H 也将经组合而为比例项。而且经置换 B+F.D+H∷F.H 也将是比例项。因此，A+E.C+G∷B+F.D+H 是比例项。

推论：根据同样的理由，如果从来没有那么多类比推理，并且前件是前件的比例项，那么，我们还可以推证出后件将是后件的比例项，它们前件的总和对于后件的总和也是如此。

8. 超出推理与不足推理的定义，即大于和小于命题的定义，及其变形

在一个超出推理里，其中第一个前件对其后件的比例大于第二个前件对于其后件的比例，比例项的置换，比例项与比例项的相加，比例项与比例项的相减，以及它们的组合和分解和它们为同一个数的乘和除，都总是产生一个超出推理。因为假定 A.B::C.D 和 A.C::E.F 是类比推理，则 A+E.B::C+F.D 就将是一个超出推理。因此，通过置换，A+E.C::B.D 是一个类比推理，因为 A.B::C.D 是一个类比推理。其次，如果把比例项 G 和 H 加到超出推理 A+E.B::C.D，则 A+E+G.B::C+H.D 也将是一个超出推理。因为 A+E+G.B::C+F+H.D 是一个类比推理。同样，如果取走 G 和 H，则 A+E-G.B::C-H.D 也将是一个超出推理。因为 A+E-G.B::C+F-H.D 是一个类比推理。第三，经过组合，A+E+B.B::C+D.D 将是一个超出推理。因为 A+E+B.B::C+F+D.D 是一个类比推理。所以，它将存在于其所有各种组合中。第四，通过除法，A+E-B.B::C-D.D 将是一个超出推理。因为 A+E-B.B::C+F-D.D 是一个类比推理。所以，它也将存在于其所有的各种组合中。第五，经过乘法，4A+4E.B::4C.D 将是一个超出推理。因为 4A.B::4C.D 是一个类比推理。而经过除法，$\frac{1}{4}$A+$\frac{1}{4}$E.B::$\frac{1}{4}$C.D 是一个超出推理，因为 $\frac{1}{4}$A.B::$\frac{1}{4}$C.D 是一个类比推理。

9. 超出推理与不足推理的定义,即大于和小于命题的定义,及其变形

但如果 A+E.B∷C.D 是一个超出推理,则经过倒置,B.A+E∷D.C 就将是一个不足推理。因为 B.A∷D.C 是一个类比推理,第一个后件将会非常大。而且,经过命题转换,A+E.A+E-B∷C.C-D 是一个不足推理(hypologism)。因为对它的倒置,即 A+E-B.A+E∷C-D.C 是一个超出推理,一如我刚才说过的那样。所以,B.A+E-B∷D.C-D 也是一个不足推理。因为一如我刚才所说,它的倒置,即 A+E-B.B∷C-D.D,是一个超出推理。请注意:这种不足推理一般这样表述的:A+E.A+E-B∷C.C-D 通常就是这样表述的。如果整体(A+E)对于从它(B)取出来的东西的比例大于整体(C)对于它(D)取出来的东西之比,则整体(A+E)对于这个差(A+E-B)的比例就将小于整体(C)对于差(C-D)的比例。

10. 依据大小,对类比的量的比较

如果有四个比例项,前两个的差对于后面两个的差作为第一个前项,将或是如同第一个前项之对于第二个后项,或如同第一个后项对于第二个后项。因为如果 A.B∷C.D 是比例项,则经过相除,A-B.B∷C-D.D 就将是比例项,经置换,A-B.C-D∷B.D,其差即成为后项的比例项。因此,它们也是前项的比例项。

11. 依据大小,对类比的量的比较

四个比例项中,如果第一个大于第二个,那么第三个也将大于第四个。因为既然第一个大于第二个,则第一个对应第二个的比例就是超出比例。但第三对于第四个和第一个对于第二个的比例是一样的,因此,第三个对于第四个的比例也是超出比例,从而第三个大于第四个。同样,还可以证明:无论何时当第一个小于第二个时,第三个也小于第四个;当第一个和第二个相等时,第三个和第四个也相等。

12. 依据大小,对类比的量的比较

如果有四个比例项,如 A.B∷C.D,其中第一个和第三个为任何一个数如为 2 所乘,第二个和第四个也为任何一个数如 3 所乘,第一个比例项 2A 的乘积大于第二个比例项 3B 的乘积,则第三个 2C 的乘积也将大于第四个 3D 的乘积。但如果第一项的乘积小于第二项的乘积,则第三项的乘积就将小于第四项的乘积。最后,如果第一个和第二个乘积相等,则第三个和第四个的乘积也将是相等的。而这个定理用欧几里得关于同一比例的定义完全一样。它可以推证如下:既然 A.B∷C.D 是比例项,经置换(第 6 节推论一),A.C∷B.D 也就将是比例项。因此,根据第 3 节推论四,2A.2C∷3B.3D 也将是比例项。而经过再度置换,2A.3B∷2C.3D 也将是比例项。因此,根据上节所说,如果 2A 大于 3B,则 2C 将大于 3D,如果 2A 小于 3D,则 2C 将小于 3D,如果 2A 等于 3B,则 2C 将等于 3D。

13. 命题的组合

如果提出任何三个量或三件事物，不管它们相互间有任何比例，如三个数字、三个时间、三个等级等，则第一个对于第二个的比例与第二个对于第三个的比例加在一起，便等于第一个对于第二个的比例。设有三条线，其中任何一个比例都可以还原成线段ＡＢ、ＡＣ、ＡＤ的比例。如下图所示：

Ａ　　　Ｂ　　　Ｃ　　　Ｄ

首先，设第一个线段ＡＢ对于第二个线段ＡＣ的比例以及第二个线段ＡＣ对于第三个线段ＡＤ的比例，是不足的比例，或较小、较大的比例。我则说：ＡＢ对于ＡＣ和ＡＣ对于ＡＤ加在一起的比例就等于ＡＢ对于ＡＤ的比例。假定点Ａ匀速地在整个线段ＡＤ上运动，则ＡＢ对于ＡＣ的比例和ＡＣ对于ＡＤ的比例就由它们在其中得以描述的时间差决定，也就是说，ＡＢ所有的对于ＡＣ的这种比例是由它们描述的不同时间决定的。而ＡＣ对于ＡＤ这样的比例则是由它们的时间决定的。但ＡＢ对ＡＤ的比例则是由ＡＢ与ＡＤ得以描述的时间之差决定的。而ＡＢ与ＡＣ得以描述的时间差，与ＡＣ和ＡＤ得以描述的时间差加在一起，便等于ＡＢ与ＡＤ得以描述的时间差。从而，决定ＡＢ对ＡＣ与ＡＣ对ＡＤ两个比例的同样的原因，也决定着ＡＢ对ＡＤ的比例。因此，借同一命题的定义（见本章前面第６节），ＡＢ对ＡＣ的比例，与ＡＣ对ＡＤ的比例加在一起，与ＡＢ对ＡＤ的比例是一样的。

其次，设ＡＤ为第一条线段，ＡＣ为第二条线段，ＡＢ为第三条线段，并且设它们的比例是一种超出的比例，或大于、小于的比例。则和前面一样，ＡＤ对ＡＣ的比例，ＡＣ对ＡＢ的比例，以及ＡＤ对ＡＢ的比例，就将是由它们时间的差决定的。在ＡＤ与ＡＣ以及ＡＣ与ＡＢ加在一起的描述中，与在ＡＤ与ＡＢ的描述中，时间之差是一样的。因此，ＡＤ对ＡＢ的比例将等于ＡＤ对ＡＣ与ＡＣ对ＡＢ这两个比例。

最后，如果这些比例中的一个，即ＡＤ对ＡＢ的比例，是一种超出比例，而它们中的另一个，如ＡＢ对ＡＣ是不足比例，这样，ＡＤ对ＡＣ的比例就将等于ＡＤ对ＡＢ的比例与ＡＢ对ＡＣ的比例这两个比例相加之和。因为ＡＤ与ＡＢ借以描述的时间之差为时间的超出。因为ＡＤ比ＡＢ的描述所用的时间要更多一些。ＡＢ与ＡＣ借以描述的时间的差，为时间的不足。因为ＡＢ比ＡＣ的描述所用的时间要少一些。但这种超出和不足加在一起，形成的ＤＢ－ＢＣ，是与ＤＣ相等的，ＡＤ据此则超出第三个线段ＡＣ。因此，第一个线段ＡＤ对第二条线段ＡＢ的比例，以及第二条线段ＡＢ对第三条线段ＡＣ的比例，是由决定第一条线段ＡＤ对第三条线段ＡＣ的比例的同样的原因决定的。因此，如果任何三个量等等，其情况也都是如此。

推论一：如果从来没有这么多相互具有比例的量，第一个对最后一个的比例就将是由第一个对第二个、第二个对第三个等等，直到你进展到最后一个的种种比例组合而成。或者第一个对最后一个的比例与居中的种种比例之和相等。因为任何数量的相互具有比例的量,如所提到的 A,B,C,D,A 对于 E 的比例,如刚刚证明了的,是由 A 对于 D 以及 D 对于 E 的比例组合而成的。再者,A 对于 D 的比例,是由 A 对于 C 以及 C 对于 D 的比例组合而成的。最后,A 对于 C 的比例也是由 A 对于 B 以及 B 对于 C 的比例组合而成的。

推论二:由此便可以理解:任何两个比例如何可能组合而成。因为如果 A 对于 B,以及 C 对于 D 的比例,被提出来相加在一起,设 B 对于某个别的事物,例如对于 E,与 C 对于 D 具有同样的比例,并且设它们处于这样的秩序:A,B,E。如是,A 对于 E 的比例显然即是 A 对于 B 以及 B 对于 E,也就是 C 对于 D 这样两个比例的总和。或者设它为 D 对于 C,这样,A 则对于某件别的事物,例如对于 E,并且设它们以 E,A,B 这样的顺序排列。因为 E 对于 A 的比例,就将由 E 对于 A,即 C 对于 D,以及 A 对于 B 的比例组合而成。这样,一个比例何以可能从另一个比例抽取出来,也就有望得到理解。因为如果 C 对于 D 的比例,从 A 对于 B 的比例中减去,设它为 C 对于 D,这样,A 对于某件别的事物,例如 E,并且设它们以 A,E,B 这样的顺序排列,在取走 A 对于 E 的比例,也就是在取走 C 对于 D 的比例之后,就将依然保留了 E 对于 B 的比例。

推论三:如果存在有相互具有比例的量的两种秩序,并且第一个秩序的若干个比例在数值上与第二个秩序的比例相同,则不管这两个秩序是连续地相互对应,这被称作**纵坐标比例**,还是不连续地相互对应,这被称作**摄动的比例**(perturbed proportion),这两个秩序中的第一个与最后一个都将是比例项。因为第一个对最后一个的比例等同于居中的比例;这在两个秩序中都是一样的,在数值上也都是相等的,那些比例的集合也将是相互一样的。第一个对最后一个的比例对它们的集合也是相等的;从而,在一个秩序中第一个对最后一个的比例与另一个秩序中第一个对最后一个的比例也是一样的。因此,这两个秩序中第一个和最后一个两者都是比例项。

14. 命题的组合

如果有任何两个由相互成比例的许多量相乘产生的量,并且当两个方面的有效量在数值上相等,则这些乘积的比例就将由这些有效量相互具有的几个比例复合而成。

首先,设这两个乘积为 A B 和 C D,其中一个由 A 与 B 相乘产生,另一个由 C 与 D 相乘产生,我则说 A B 对于 C D 的比例由有效数 A 对于有效数 C 及有效数 B 对于有效数 D 的比例复合而成。因为设 A B、C B 和 C D 以顺序安排,并且像 B 之对于 D 那样,设 C 也对于另一个量,如 E。并且设 A,C,E 也依序排列。如下图所示:

A B.　　A.
C B.　　C.
C D.　　E.

那么,根据第 6 节的推论 4,就像在第一个序列中,第一个量 A B 对于第二个量 C B 那样,在第二个序列中 A 对于 C 也是如此。再者，像在第一个序列中ＣＢ之对于ＣＤ那样，在第二个序列中，Ｂ也如此对于Ｄ，也就是说，经过构建（construction），Ｃ也就如此对于Ｅ。因此，根据最后一个推论，ＡＢ．ＣＤ∷Ａ．Ｅ就将是比例项。但Ａ对于Ｅ的比例就将是由Ａ对于Ｃ和Ｂ对于Ｄ的比例组合而成。从而，ＡＢ对于ＣＤ的比例也是由它们复合而成的。

其次，设两个乘积为ＡＢＦ和ＣＤＧ，其中每一个都由三个有效数组成，第一个Ａ、Ｂ和Ｆ组成，第三个由Ｃ、Ｄ和Ｇ组成，我则说ＡＢＦ对于ＣＤＧ的比例便由Ａ对于Ｃ、Ｂ对于Ｄ和Ｆ对于Ｇ的比例复合而成。因为设它们还是排列成以前那个顺序，并且像Ｂ对于Ｄ成比例那样，设Ｃ对于另一个量Ｅ也成比例，像Ｆ对于Ｇ而成比例那样，设Ｅ也对于另一个量Ｈ成比例，并且设第一个序列排列成ＡＢＦ、ＣＢＦ、ＣＤＦ和ＣＤＧ，第二个序列排序成Ａ、Ｃ、Ｅ、Ｈ。如下图所示：

ＡＢＦ．　　Ａ．
ＣＢＦ．　　Ｃ．
ＣＤＦ．　　Ｅ．
ＣＤＧ．　　Ｈ．

则在第一个序列中，ＡＢＦ对ＣＢＦ的比例将和第二个序列中Ａ对于Ｃ的比例一样，第一个序列中ＣＢＦ对于ＣＤＦ的比例也和第二个序列中Ｂ对于Ｄ的比例一样，就是和经过构建Ｃ对于Ｅ的比例一样；第一个序列ＣＤＦ对于ＣＤＧ的比例和第二个序列中Ｆ对于Ｇ，即和（经过构建）Ｅ对于Ｈ的比例一样。因此，ＡＢＦ

对于ＣＤＧ乘积的比例也是由它们复合而成的。不管制造这些给予量的有效数有多少，这种运算都是有效的。

因此，也就产生了另外一种把许多比例复合为一个的方式，即欧几里得《几何原本》第三卷第5个定义中所假定的那种方式。这种方式就是比例的所有前件都相乘，比例的所有后件也同样地相乘。由此也就很显然，首先，是为什么由两条直线相乘的积所造成的平行四边形和与这样造成的图形相等的所有主体都具有它们的有效数的比例所复合的比例的原因；其次，是为什么两个或更多的分数相乘同它们的若干分子对于它们的若干分母的比例的组合是一回事的原因。例如，为要使 $\frac{1}{2}$、$\frac{2}{3}$、$\frac{3}{4}$ 这些分数相乘，首先就要使 1、2、3 这些分子相乘得出 6；其次是使 2、3、4 这些分母相乘，得 24；这两个乘积就得出分数 $\frac{6}{24}$。同样，如果把 1 对于 2、2 对于 3、3 对于 4 的比例复合起来，按照我上面所说的去运算，同样的 6 对于 24 的比例也将产生出来。

15. 命题的组合

如果任何一个比例与它本身的倒置复合起来，则这种复合就将是相等的比例。因为设给出任何一个比例，如 A 对于 B 的比例，并且设其反面是 C 对于 D 的比例；而且，像 C 对于 D 那样，设 B 将对于另一个量也是那样。因为这样一来，根据本章第 12 节的第二个推论，它们就将被组合起来。而既然 C 对于 D 的比例是 A 对于 B 的比例的倒置，B 对于 A 也就将如 C 对于 D 一样。因此，如果把它们安排成 A、B、A 的顺序，由 A 对于 B 以及 C 对于 D 的比例复合而成的比例，就将是 A 对于 A 的比例，即相等的比例。并且，由此看来，两个相等的乘积为什么它们的有效数相互成为比例项的原因也是明显的。因为要使两个乘积相等，它们有效数的比例，就必定是可能制成相等的比例的东西被复合起来的，除非一个是另一个的倒置，事情便不可能如此。因为如果在 A 和 A 之间某个另外的量如 C 插入，则它们的顺序就将是 A、C、A，而 C 对于 A 的后面这个比例就将是前者 A 对于 C 的比例的倒置。

16. 连续比例的定义与特性

一个比例，当它被常常视为存在有某个数的诸多单元之时，便被说成是为这个数字相乘。而且，如果这个比例是大的对于小的，则这个比例的量也将为乘所增加。但当这个比例是小的对于大的时，则当这个数字增加时，这个比例的量便减小。例如，在 4、2、1 这三个数字中，4 对于 1 的比例不仅二倍于 4 对于 2，而且还大两倍。但把这些数字倒置成 1、2、4 时，1 对于 2 的比例大于 1 对于 4 的比例。因此，虽然 1 对于 4 的比例是 1 对于 2 的两倍，然而它却并不是 1 对于 2 的比例的两倍大，相反，它却只是它的一半。同样，一个比例当在两个量间以连续的比例插入一个或一个以上的中项，则第一个对于第二个的比例便被说成是第一个对于第三个的比例的立方根，以及第一个对于第四个的立方根，等等。

诸多比例的这样一种混合，其中，有一些是超出的比例，另一些是不足的比例，就像商人关于借方与贷方的账目一样，并不是像有些人所想的那样容易计算出来的。但有时使这种比例的组合成为加，有时却成为减。这听加起来就像始终通过组合就理解了加，通过减少就理解了减一样地荒谬。因此，为使这种说法多少让人明白一点，我们就应当考察（这是人们通常设定的并且是确实设定的）：如果从来不曾有这么多量，第一个对于最后一个的比例便由第一个对于第二个，及第二个对于第三个，这样下去直到最后一个的诸多比例的复合组成，而根本不考虑它们的相等、超出或不足等情况。所以，如果把两个比例，一个是不相等的，另一个是相等的，加到一起，则这个比例并不会因此变得大些或小些。因为例如如果把 A 对于 B 和 B 对于 B 的比例复合起来，则第一个对于第二个的比例就等于它们两个的和。因为相等的比例由于不是量便既不能使量增大也不能使量减小。但如果有三个量 A、B、C 不相等，其中第一个最大，最后一个最小，则 B 对于 C 的比例便是 A 对于 B 的比例的增加，从而使之成为较大的。相反，如果 A 是最小量，B 是最大量，则 B 对于 C 的比例便使得 A 对于 C 的复合比例小于 A 对于 B 的比例，即整体小于部分。因此，比例的组合在这种情况下便不是它们的增加而是减少。因为同一个量（据欧几里得《几何原本》第八卷）与两个其他量相比，与其中较小者相比则比例就大于与其中较大者相比的比例。同样，当在复合比例中，一个是超出比例，另一个是不足比例时，如果第一个是超出比例，如在 8,6,9 这些数字中，复合的比例即 8 对于 9 的比例便小于它的一个部分的比例，即 8 对于 6 的比例。但如果第一个对于第二个的比例是不足比例，而第二个对于第三个的比例是超出比例，如在 6,8,4 这些数字中，则第一个对于第三个的比例将大于第一个对于第二个的比例，如 6 对于 4 的比例便大于 6 对于 8 的比例。其理由显然是：一个量比另一个量不足得越少，或一个量超出另一个

第十三章　论类比推理，或同一比例　187

量越多，则它对于那另一个的比例就越大。

现在假定三个量成连续比例ＡＢ４、ＡＣ６、ＡＤ９。因为ＡＤ大于ＡＣ，但并不大于ＡＤ，则ＡＤ对于ＡＣ的比例（根据欧几里得《几何原本》第八卷）将大于ＡＤ对于ＡＤ的比例。同样，因为ＡＤ对于ＡＣ，ＡＣ对于ＡＢ的比例是一样的，则ＡＤ对于ＡＣ和ＡＣ对于ＡＢ的比例，由于两个都是超出比例，便使得ＡＤ对于ＡＢ的整个比例，或９对于４的比例不仅两倍于ＡＤ对于ＡＣ即９对于６的比例，而且也是其两倍大。另一方面，因为ＡＤ对于ＡＤ的比例，或９对于９的比例，由于是相等的比例，便没有任何量，然而它却大于ＡＣ对于ＡＤ的比例，或６对于９的比例，这将和０—９对于９—６那样，ＡＣ也同样对于ＡＤ的；再者，像０—９对于０—６那样，０—６也同样对于０—４。但０—４，０—６，０—９存在于连续的比例中。而且，因为０—４大于０—６，则０—４对于０—６的比例将双重于０—４对于０—９的比例。我所说的是双重（double），并非两倍（doublicate），而是平方根（subduplicate）。

如果有人不满足于这种推理，让他首先想一下（根据欧几里得《几何原本》第八卷）ＡＢ对于ＡＣ的比例大于ＡＢ对于ＡＤ的比例；不管把Ｄ放在延长了的线ＡＣ上的无论什么地方，使点Ｄ离Ｃ更远一些，ＡＢ对于ＡＣ的比例比ＡＣ对于ＡＤ的比例都要大得多。因此，在离开Ｃ的某处有一个点（假定它为Ｅ），使ＡＢ对于ＡＣ的比例是ＡＢ对于ＡＥ的比例两倍大。如下图所示：

A ——————— Ḃ　Ċ　Ḋ ——————— E

在对此作出考察后,就请他来决定线 A E 的长度,如果他能够的话,也请他来推证出 A E 大于或小于 A D。

根据同样的方法,如果有三个以上的量,如 A、B、C、D,成连续的比例,并且 A 是最小的,这就可表明:A 对于 B 的比例是 A 对于 D 的比例的三重量值(a triple magnitude),尽管从量上看这是次三重的。

17. 连续比例的定义与特性

如果从来没有这么多量,其数字是奇数,它们的顺序是这样:它们从最中间的量开始向两个方面成连续比例。与最中间的量在任何一边相邻的那两个量的比例,是与两边的这些相邻的那两个量的比例的平方根,也是更远的一个地方的两个量的比例的平方根,等等。因为设量值为 C、B、A、D、E,并且设 A、B、C,也与 A、D、E 一样,成连续比例。我则说:D 对于 B 的比例是 E 对于 C 的比例的平方根。因为 D 对于 B 的比例是由 D 对于 A 的比例与所取得 A 对于 B 的比例(如果做好的话)复合而成的。但 E 对于 C 的比例则是 E 对于 C 的比例的平方根。同样,如果在两边中任何一边有三个项,就可推证出 D 对于 B 的比例将是外项的比例的立方根,等等。

18. 连续比例的定义与特性

如果从来没有这么多连续的比例项,如第一、第二、第三等,它们的差就将对于它们成为比例项。因为第二、第三等分别地是前面比例的后件和后面比例的前件。但根据第 10 节,在连续比例项中，第一个前件与后件的差对于第二个前件和后件的差，和第一个前件对于第二个前件即第一个词项对于第二词项的比例一样，也和第二个对于第三个的比例一样，等等。

19. 连续比例的定义与特性

如果有三个连续比例项，外项的和，同两倍中项加在一起，中项和一个外项的和，和同一个外项，是连续的比例。因为设 A、B、C 是连续的比例项。既然 A.B∷B.C 是比例项，则经过组合，A＋B.B∷B＋C.C 就将也是比例项。而通过变换，A＋B.B＋C∷B.C 也将是比例项。再者，经过组合，A＋2B＋C.B＋C∷B＋C.C 也是比例项。证讫。

20. 连续比例的定义与特性

在四个连续比例项中，最大的和最小的加在一起比另外两个加在一起的量大。设 A、B∷C、D 是连续比例项，设其中最大者为 A，最小者为 D，我则说：A＋D 大于 B＋C。因为根据第 10 节，A－B、C－D∷A、C 是比例项，因此根据第 11 节，A－B 大于 C－D。把 B 加在两边，A 将大于 C＋B－D。再在两边加 D，A＋D 将大于 B＋C。证讫。

21. 连续比例的定义与特性

如果有四个比例项，其外项相乘，中项相乘将得同样的积。设 A、B∷C、D 为比例项，我则说 AD 等于 BC。因为 AD 对于 BC 的比例，根据 13 节，是由 A 对于 B 和 D 对于 C，亦即 B 对于 A 的倒置的比例的复合而成的。因此，根据14节，这种复合的比例是相等的比例；从而，AD对于BC的比例也是相等的比例。因此，它们是相等的。

22. 连续比例的定义与特性

如果有四个量，其中第一对于第二个的比例是第三个对于第四个比例的二倍，则其外项的乘积对于中项的乘积就将和第三个对于第四个的乘积一样。设四个量为A，B，C和D，A对于B的比例是C对于D的比例的两倍。我则说：AD，亦即AD对于BC的乘积，亦即对于中项如C对于D的乘积。因为既然A对于B的比例是C对于D的比例的两倍，如果D对于另一个E和C对于D一样，则A．B∷C．E就将是比例项。因为A对于B的比例根据设定是C对于D的比例的二倍；而C对于E，根据第15节的定义，也是C对于D的比例的两倍。因此，根据上一节所说，AE即A乘以E等于BC即B乘以C。但根据第6节推论四，AD之对于AE和D对于E一样，亦即和C对于D一样。因此，AD之对于BC（如我已经说明的，等于AE）和C对于D一样。证讫。

再者，如果第一个A对于第二个B的比例是第三个C对于第四个D的比例的三倍，则外项的乘积对于中项的乘积将是第三个对于第四个的比例的两倍。因为如果D对于E和C对于D一样，E对于另一个F又和D对于E一样，则C对于F的比例就将是C对于D的比例的三倍。因而，A．B∷C．F将是比例项，且AF等于BC。但像AD对于BC那样，D对于F也是如此，而且，因此，和AD对于BC那样，D对于F也是如此，也就是说，C对于

E 也是如此。但 C 对于 E 的比例是 C 对于 D 的比例的两倍。因此，A D 对于 B C 的比例也是 C 对于 D 的比例的两倍。证讫。

23. 连续比例的定义与特性

如果有四个比例项，在第一个和第二个之间插入一个中项，在第三个和第四个之间插入另一个中项，这些中项中的第一个之对于第二个，就将和这些比例项中的第一个之对于第三个一样，或者和它们中的第二个对于第四个一样。因为设 A.B::C.D 是比例项，E 为在 A 和 B 之间的中项，F 为在 C 和 D 之间的中项，我则说：A.C::E.F 是比例项。因为 A 对于 E 的比例是 A 对于 B 或 C 对于 D 的比例的平方根。C 对于 F 的比例也是 C 对于 D 的比例的平方根。因此，A、E::C、F 是比例项，经变换 A、C::E、F 也是比例项。证讫。

24. 连续比例的定义与特性

某件事物当整体和各个部分为连续比例时，便被说成是由分成了外项和中项的比例。例如，当 A＋B.A.B 为连续比例项时，或当直线 A C 为 B 划分，使 A C、A B、B C 为连续比例时，如果同一条线 A C 再在 D 处划分，使 A C、C D、A D 为连续比例项，则 A C、A B、A D 也将为连续比例项。如下图所示：

```
A         B  C
├─────────┼──┤
          D
```

而且，同样地，虽然序列相反，但 C A.C D.C B 也将是连续比例项。这是不可能在任何一条不是这样划分的线上出现的。

25. 连续比例的定义与特性

如果存在有三个连续比例项,另外还有三个连续比例项,它们具有同样的中项,则它们的外项就将相互成比例。因为设 A.B.C 与 D.B.E 为连续比例项,我则说:A.D::E.C 将是比例项。因为 A 对于 D 的比例是由 A 对于 B 的比例与 B 对于 D 的比例组合而成的。而且,E 对于 C 的比例是由 E 对于 B,即 B 对于 D 的比例与 B 对于 C,即 A 对于 B 的比例,组合而成的。因此,由于相等,A.D::E.C 也是比例项。

26. 算术比例与几何比例的比较

如果使任何两个不相等的量为外项,在它们中间按几何比例插入一定数目的中项,并且还按算术比例插入一定数目的中项,则几何比例的若干个中项就将少于算术比例中的若干个中项。因为在 A 这个较小的外项和 E 这个较大外项之间,设按几何比例插入三个中项 B、C、D,同时按算术比例插入同样多的中项 F、G、H,我则说:B 将小于 F,C 将小于 G,D 将小于 H。因为 A 与 F 之间的差,与 F 与 G 之间的差,以及与 G 与 H 之间的差,按照算术比例的定义,是一样的;从而,相互相邻的比例项的差,与诸外项的差,当只存在有一个中项时,便是它们的差的一半;当存在两个中项时,相互相邻的比例项的差,便是诸外项的差的三分之一;当存在三个中项时,相互相邻的比例项的差,便是诸外项的差的四分之一,以此类推。但 D 与 E 之间的差,依据第 17 节,则大于外项之

间的差的四分之一,因为这种比例是几何比例,从而,A 与 D 之间的差便小于外项的同样的差的四分之三。如下图所示:

```
A    A
─    ─
B    F
─    ─
C    G
─    ─
D    H
─    ─
E    E
```

同样,如果 A 与 D 之间的差被理解为分成三个部分,这就可以证明:A 与 C 之间的差小于外项 A 与 E 之间的差的四分之二。最后,如果 A 与 C 之间的差被分成两个同样的部分,则 A 与 B 之间的差便小于外项 A 与 E 之间的差的四分之一。

由相关考察看来,很显然,那 B,即与小于外项 A 与 E 的差的四分之一的某个其他项结合在一起的 A,小于 F,即小于与某个别的等于所说四分之一的项结合在一起的同一个 A。而且,这 C,即与某个别的小于所述差的四分之二的项结合在一起的 A,也小于 G,即小于与所说成四分之二结合在一起的 A。最后,那个 D,因小于所述差的四分之二而超出 A,也小于 H,即超出同样的 A 所述差的整个四分之三。同样,如果存在有四个中项的话,那我们便不是说为外项的差的四分之几,而是要说是外项的差的五分之几了,如此等等。

27. 算术比例与几何比例的比较

引论:如果给定一个量,一个量先加给它又从中减掉,因此,另一个量将大些或小些,剩余者的量对于这一个集合的比,在那里较小的量被加上又被减去,将大于较大的量被加上又被减去。设 B 为从量 A 中被加上又被减去;这样,A－B 便成为剩余数,而 A＋B 则成为集合;再设 C 这个大于 B 的量,被从同一个 A 中先是加上后是减去,这样,A－C 即成了剩余数,而 A＋C 则成了集合,我则说:A－B．A＋B::A－C．A＋C 就将是一个超出推理。因为 A－B．A::A－C．A 是一个由大的前件对于同一后件的超出推理。从而,A－B．A＋B::A－C．A＋C 是一个大得多的超出推理,因为它由一个大的前件对小的后件组成。

28. 算术比例与几何比例的比较

如果不等的部分从两个相等的量中取出,在其中每一个整体与部分之间,都存在有插入的两个中项,其中一个呈几何比例,另一个则呈算术比例。这两个中项之间的差就将是最大的,在其中,整体与其部分之间的差也是最大的。因为设 A B 与 A B 是两个同等的量,设两个不等的部分被从中取出,即 A E 是较小的,而 A F 是较大的;在 A B 和 A E 之间,设 A G 是几何比例的一个中项,A H 是算术比例的一个中项。在 A B 与 A F 之间,设 A I 为几何比例中的一个中项,设 A K 为算术比例的一个中项;我则说:H G 大于 K I。现图示如下:

```
A     E    G      H        B
|—————|————|——————|————————|
|—————————|————|——|————————|
A         F    I  K        B
```

第十三章　论类比推理，或同一比例

因为在第一个位置，我们有了这个类比推理：	A B . A G :: B G . G E，依据第18节
因此，借组合，我们有了：	A B + A G . A B :: B G + G E，即 B E . B G
而且，取出第三个前项的一半，	$\frac{1}{2}$ A B + $\frac{1}{2}$ A G . A B :: $\frac{1}{2}$ B G + $\frac{1}{2}$ G E，即 B H . B G
倒置第四个，并且除第五个：	A B . $\frac{1}{2}$ A B + $\frac{1}{2}$ A G :: B G . B H $\frac{1}{2}$ A B - $\frac{1}{2}$ A G . $\frac{1}{2}$ A B + $\frac{1}{2}$ A G :: H G . B H
双倍第一个前件和第一个后件	A B - A G . A B + A G :: H G . B H
以同样的方法，可以找出这一类比推理	A B - A I . A B + A I :: K I . B K

现在，既然 AB 对于 AE 的比例大于 AF 的比例，是为较大比例一半的 AB 对于 AG 的比例大于为较小比例一半的 AB 对于 AI 的比例。因此，AI 大于 AG。因此，AB - AG 对于 AB + AI 的比例，根据前面的引论，将大于 AB - AI 对于 AB + AI 的比例。而且，HG 对于 BH 的比例也将大于 KL 对于 BK 的比例，比 KL 对于 BH（大于 BK）的比例大得多；因为 BH 是 BE 的一半，正如 BK 是 BF（假定其小于 BE）的一半。因此，HG 大于 KL。证讫。

推论。由此看来，很显然，如果任何一个量被假定分成了在数目上无限的部分，在算术和几何中项之间的差就将无限地小，也即是说，根本没有。制作那些数字的技巧，被称作对数，似乎主要是建立在这个基础之上的。

29. 算术比例与几何比例的比较

如果提出任何数量的量,不管它们相互之间是否相等;都将还有另外一个量,与所提出的量的数字相乘,这个量便与它们全体相等;而其他的量在算术比例中,则是所有那些所提出的量的中项。

第十四章 论直线与曲线,角与形

1.直线的定义与特性——2.平面的定义与特性——3.曲线的不同种类——4.圆形线的定义与特性——5.取自一个平面中的直线的特性——6.切线的定义——7.角的定义及其种类——8.在同心圆中,同一个角的弓形相互成比例,一如整个圆周线相互成比例一样——9.一个角的量,它在于什么——10.如此简单称谓的各种角的区分——11.关于从圆心到该圆切线的直线——12.平行线的一般定义,与直的平行线的特性——13.圆的圆周线如其半径一样相互成比例——14.在各种三角形中,平行于底边的直线,如从顶点切割开的各边的部分一样,相互成比例——15.经过一条直线的什么部分,方可造成圆的圆周线——16.切线角是量,但却是一种与简单称谓的角的量不同的量;它既不能添加也不能从中取走什么——17.平面的倾角是简单称谓的角——18.何谓立体角——19.何谓渐近线的本性——20.位置,它是由什么决定的——21.何谓相同的位置?何谓图形?何谓相同的角

1. 直线的定义与特性

在给定的两点之间最短的线,是其端点在不改变这个量的情况下,也就在不改变这条线对于任何一个给定线段的比例的情况下,不可能划得更长些的线。因为线的量值是以其端点间可能有

的最大距离来计算的;所以,任何一条线,不管它是延展出去的还是成弓形的,都总是具有同样的长度,因为在其端点间只能有一个最大的距离。

既然使直线成为曲线或相反地使曲线成为直线的活动没有别的,只是使其端点相互间更近些或把它们延展得更远一些,那么,就可以正确地将一条曲线定义成:其端点可以理解为画得更长一些的线段,而把一条直线定义成:其端点不可能划得更长一些的线段;同时,比较地说,假定两条线段长度相等,一条更曲的线则是其端点相互间比另一条的端点相互间更近一些。然而,如果一条线被弯曲成弓形,它就总是有时在这一边有时在另一边造成一个凹,结果同一条曲线就可能或者它的整个凹处是在一边,或者它的凹一部分在一边,而另一部分在另一边。充分理解这一点,就容易理解直线和曲线的下述比较了。

首先,如果一条直线和一条曲线的端点相同,则曲线长于直线。因为如果把这条曲线的端点拉长到其最大的距离,就造成一条直线,从始点开始的一条直线将只是其一个部分的直线;因此,直线就短于具有同样端点的曲线。而且,由于同样的理由,如果两条曲线端点相同,且它们两条曲线的凹处全都在同一边,则这两条曲线远离中心的将是最长的线段。

其次,一条直线和一条持久弯曲的线不会重合,并且即使在其最小部分也不会重合。因为如果它们相重合的话,则不仅一条直线会同一条曲线有共同的端点,而且它们由于重合而会相互相等,而根据我刚刚说明的,这是不可能的。

第三,在两个给定的点之间,虽能理解为只有一条直线,因为在这两点间不能有一个以上的最小的间隔或长度。因为如果可以有两条的话,则这两条直线将会重合,而如此,则它们就将是一条直线了。而如果它们不重合的话,则一条直线对于另一条的延展就将使这条延展线段的端点间的距离比另一条大些,从而它在一开始就是一条曲线。

第四,由上面一点便可推出两条直线不能包括一个面。因为如果这两条直线的端点相同,它们就重合;而如果它们另有一个端点相合或两个端点都不相合,则在一个或两个终点上,这些端点就将分开,而不可能包括一个面,而只是任其全部打开,处于未经确定状态。

第五,一条直线,其每一部分都是一条直线。因为既然一条直线的每个部分都是在其端点间能够划出的最短的线,如果所有各个部分都不构成一条直线,则它们加在一起就会长于整条直线。

2. 平面的定义与特性

一个平面是由一条直线所描述的面,这条直线运动使得它的所有各个点都描述多条直线。因此,一条直线必然也全部在它所描述的那个面上。由描述一个平面的各点所作成的各条直线,它们也全都在一个平面上。再者,如果一条线在一个面上运动,则由它所描述的各条线,它们也全在一个平面上。

不在一个平面上的所有其他的平面都是弯曲的,也就是说,它们或者是凹面的或者是凸面的。关于直线和曲线所作的比较,也可以用来比较平面和曲面。

因为,首先,如果一个平面和曲面为同样的线段所限制,则曲面大于平面。因为如果组成平面的线段是延展的话，那么，我们就会发现它们比起那些组成平面的、不能延展的平面大些，因为它们是直线。

其次，两个面，其中一个是平面，另一个是连续弯曲的，不会重合，甚至也不会在最小部分重合。因为如果它们重合的话，它们就会相等，不仅如此，同一个面就将既是平的又是曲的，但这是不可能的。

第三，在同样限制的线内，不能有一个以上的平面；因为在同样限制的线内只能有一个最小的面。

第四，除非两个以上的平面终止于一个公共顶点，无论多少面都不能包括一个体。因为如果两个面有同样的终止线，则它们就会重合，也就是说，它们只是一个面；而如果它们的终止线不一样，则它们就会敞向一个以上的边。

第五，一个平面的每个部分都是一个平面。因为既然整个平面在那些具有同样终点线的面中是最小的，而同一个平面的每个部分在具有同样终点线的面中也是最小的，如果每个部分不构成一个平面的话，则所有各个部分加在一起就将不等于整体。

3. 曲线的不同种类

不管是在线中还是在面中，直（straitness）都只有一样，但曲却能够有许多种。因为曲的量值，有些是全等的，也就是说，当它们相互用到对方身上时，它们是重合的；其他的则是不等的。再者，一些是均匀的（ὁμοιομερεῖς 或 uniform），也就是说，它们的各个部分，无论怎么看，相互间都是全等的，而其他的则具有若干不同的形式（ἀνομοιομερεῖς 或 several forms）。还有，在这样的曲线中，有些是连续弯曲的，而其他一些，有的部分却并不弯曲。

4. 圆形线的定义与特性

如果一条直线以这样一种方式在一个面上运动，当它的一端静止不动时，整条线转动，直到它回到它最初由以开始运动的地点，这将画出一个平面，其每一面都为那条由转动的直线所造成的曲线所终止。这个面即叫作圆（a CIRCLE），而那个未曾运动的点叫作圆心，限制着它的那条曲线叫作周长；那条曲线的每一部分叫圆周或弓形；产生这个圆的直线叫作半径；经过同心圆两边又终止于圆周线的任何一条直线，都叫作直径。再者，画这个圆的同时又在画限制它自己的圆的圆周，有人说它对于所有其他的圆是同心的，因为这个圆与所有其他的圆具有一个共同的中心。

因此，在每个圆中，从圆心到圆周线的所有直线都相等。因为它们全都与产生这个圆的半径重合。

直径既将周长，也将圆本身划分成两个相等的部分。因为如果那两个部分相互应用到对方，且半径重合，则既然它们具有一个共同的直径，它们就将相等；而这两个半圆也将相等；因为这些也都将重合。但如果这两个半径不重合，则穿过圆心的某一条直线（圆心在直线上）将为它们分割成两个点。因此，既然从圆心到圆周线的所有直线都相等，则同一条直线的一个部分就将等于整体，但这是不可能的。

由于同样的理由，一个圆的圆周将是匀质的，也就是说，它的任何一个部分都将与它的任何其他相等的部分重合。

5. 取自一个平面中的直线的特性

由此便可以推断出直线的这样一种特性,即在那个包含着两个端点的平面里包含着一切。因为既然它的两个端点在那个平面里,则画出这个平面的那条直线将穿过这两个端点;而且,如果它们中的一个成了圆心,而以它们之间的距离为间隔画出圆周线,其半径是画这个平面的直线,那个圆周线将穿过另一个点。因此,在这两个提到的点之间,有一条直线,根据圆的定义,整个地包含在提到的平面里;而且,因此,如果在相同的点间可以画出另一条直线而不包含在同一个平面里,则就将得出在两点间可以画出两点直线;这已被证明是不可能的。

还可以从中推断出:如果两个平面相互切割则它们的共同部分就将是一条直线。因为这条交叉线的两个端点处于两个交叉的平面里;而在两点间可以画一条直线,但任何两点间的一条直线都处于这些点所在的同一个平面里,而且,既然这些在两个平面里,则连接它们的那条直线也将在两个同样的平面里,因此它是这两个平面的共同部分。而在那些点间能够画出的每条其他的线都将或者与那条线重合,或者它将不与其重合,在前一种情况下,它将是同一条线;而在后一种情况下,它就或者不在这两个平面里,或是只在这两个平面中的一个里。

像一条直线可以理解为当其一端作为圆心固定起来时作旋转运动那样,同样也就容易理解一个面围绕一条直线作旋转运动,这条直线一直保持在同一个位置上,为其运动的**轴线**。从而很显然,任何三点都在某一个平面上。因为像任何两点如果它们为一条直

第十四章　论直线与曲线，角与形　　203

线连接在一起，便被理解为这条直线所在的同一个平面里那样，如果那个平面围绕着这同一条直线作旋转运动，在其旋转中，不管它处于何处都将处于三个点中，而且这三个点也将全在那个平面上，从而连接那些点的第三条直线，也将在同一个平面上。

6. 切线的定义

两条线画在同一点上，就被说成是相互相触，它们将不会互相切割，虽然它们被一再地产生出来，但我则说：它们是以同样的方式产生出来的。因此，如果两条直线在任何一个点上都相互接触，它们的整个长度都是接触着的。两条连续弯曲的线，如果它们是连续接触着的，而且，它们相互之间是全等的，它们的整个长度也就都是接触着的。不然，如果它们相互不重叠，它们就将像所有别的曲线那样，虽然在它们接触的地方也相互接触，但它们却只在一个点上相互接触。因此很显然，在一条直线和一条连续弯曲的线之间是不可能有任何重叠的。因为，不然的话，同一条线就可能既是直线又是曲线了。此外，当一条直线接触到一条曲线时，如果这条直线永远没有在相触的点上作任何轻微的运动，它就将切割这条曲线。因为既然它只在一个点上接触它，如果它有任何倾斜，它就将不只接触到这一个点，也就是说，它将或是与它重叠，或是切割它；但它是不可能与它重叠的，所以，它只能切割它。

7. 角的定义及其种类

角，根据这个词最普遍认可的词义，可以将其定义如下：当两条直线或许多面在一个点上相合，而在其他每个地方都岔开时，那个岔开的量,就是一个角(an ANGLE)。而角有两类:因为首先它可以由线的会合所造成,这时它为一个**平面角**;或者它由面的会合所造成,这时便被叫作**立体角**。

再者,从两条线可以相互岔开的两个方向来看,平面角又可以区分为两种。因为相互用到对方且在其整个长度里都相触的两条线,既可依照一定方式分离开来或者岔开,但它们却依然在一个点上会合;而这种分离或岔开或是由于圆的运动,其圆心即是它们的会合点,而这些线将依然保持它们的直线性质,而这种分离或岔开的量,简单地称呼起来,也就是所谓**角**;这两条线也可以由于在每一个想象到的点上的连续弯曲而分离,这种分离的量即被称作**切线角**。

此外,在简单称谓的平面角中,那些在一个平面中的角是平面的,而那些不是平面的角则由它们所在的面命名。

最后,那些由直线造成的角被称作**直线角**(strait-lined angles),而那些由曲线造成的角是**曲线角**,而那些由直线和曲线造成的角则是所谓**混合角**。

8. 在同心圆中,同一个角的弓形相互成比例,一如整个圆周线相互成比例一样

同心圆两条半径间截取的两个弓形相互间具有的比例,与它们的整个圆周相互间所具有的比例是一样的。因为设点 A(在本书附录第十四章图图 1① 中)为两个圆 B C D 和 E F G 的圆心,半

---

① 第十四章起各章所讨论到的圆形,均见本书"附录各章附图"。——编者

径ＡＥＢ和ＡＦＣ截取弓形ＢＣ和ＥＦ；我则说：弓形ＢＣ对于弓形ＥＦ的比例同圆周ＢＣＤ对于圆周ＥＦＧ的比例的大小是一样的。因为如果半径ＡＦＣ被了解为环绕着圆心Ａ作圆形和匀称的运动，即处处作等速运动，则点Ｃ将在某个时间画出圆周ＢＣＤ，而在这个时间的一部分里画出弓形ＢＣ；而且，由于画这个弓形和整个圆周的速度相等，则圆周ＢＣＤ的量对于弓形ＢＣ的量的比例便仅仅由画这个直径和弓形的时间的差决定。但由于是在同一个时间里画这两个周长，在同一个时间里画这两个弓形的，从而，周长ＢＣＤ对于弓形ＢＣ的比例和圆周ＥＦＧ对于弓形ＥＦ的比例都是由同样的原因决定的。因此，ＢＣＤ.ＢＣ∷ＥＦＧ.ＥＦ是比例项（根据上章第 6 节），并且经变换ＢＣＤ.ＥＦＧ∷ＢＣ.ＥＦ也将是比例项。证讫。

9. 一个角的量，它在于什么

无论是构成一个角的各条线段的长度，还是它们之间的相等或不相等，都不能对这个角的量作出任何贡献。因为同一个角由线ＡＢ和ＡＣ组成，也可以由线ＡＥ和ＡＦ，或ＡＢ和ＡＦ组成。而一个角也不会因包含着它的那个弓形的绝对量而增加或减少。因为较大的弓形ＢＣ和较小的弓形ＥＦ都包含在同一个角里。但一个角的量却是依据同整个圆周的量相比较而形成的所包含的弓形的量判断出来的。因此，一个这样简单称谓的一个角的量可以定义如下：一个角的量是一个由它对整个圆周的比例所决定的圆的弓形或圆周线。结果，当一个弓形在由圆心画出的两条直线之间截取出来时，看看那个弓形在整个圆周中究竟占有多大的份额，而所占的这个份额也就是那个角。由此便可以理解：当包含着一个角的线为直线时，那个角的量便可以从离开圆心的任何距离加以审视。但如果包含它的线中有一个或两个是曲线的话，则这个角的量便应当从圆心或从它们会合点的最小距离予以审视。因为所谓最短的距离，也就是将其作为一条直线予以审视，因为任何一条曲线都不可能想象会如此短，从而只可能存在有一条较短的直线。而且，尽管最短的直线不可能画出来，因为对所给出的最短的线依然可以进行划分，然而，我们却还是可以进展到其极其小的一个部分，以致其小到完全可以忽略不计。我们将这样一个部分，称作一个点。我们可以将这个点理解为存在于一条与一条曲线相接触的直线上。因为一个角是由如上面第7节所说的一条直线借分离、借圆形运动，由另一条与之接触的直线产生出来的。因此，由两条曲线所造成的角，与由两条与之接触的两条直线所造成的角，是一回事。

10. 如此简单称谓的各种角的区分

由此便可推断出：对顶角，如（本书附录第十四章图）图2中的ＡＢＣ、ＤＢＦ，都是相互相等的。因为如果从相等的两条半径ＤＡＣ、ＦＤＡ中取出共同的弓形ＤＡ，则剩下的弓形ＡＣ、ＤＦ便将相等。

角还可以区分为直角和非直角。直角是其量为圆周四分之一的角。而造成直角的线也被说成是相互垂直的。非直角中大于直角的，叫作钝角，小于直角的叫作锐角。由此可推断出：在同一个点上可以造成的所有的角，加在一起等于四个直角。因为它们的量加在一起造成了整个圆周。还可由此推断出：在一条直线的一边，由这条直线上的任何一个点所造成的所有的角，都等于两个直角。因为如果把那个点作为圆心，这条直线就将是一个圆的直径，一个角的量即是由其圆周线决定的；而这个直径也将把圆周划成两个相等的部分。

11. 关于从圆心到该圆切线的直线

如果把一条切线造成一个其圆心为触点的圆的半直径，则由前面那个圆的圆心到后面那个圆的圆心画出的一条直线将造成同切线即同后面那个圆的直径加在一起的两个角，根据上一节所说，等于两直角。而且，因为根据第 6 节，这条切线在两边都同等地倾向于圆，它们中的每一个角都将是直角；而这条半径也将垂直于同一条切线。再者，这一半径，由于其为半径，便是从圆心的这条切线能够画出的最短的直线，而每条其他的达到这条切线的直线，都将从这个圆里穿过，因此，将大于这条半径。同样，从圆心到切线可以画出的所有直线中，最长的是同垂线一起造成的最大的角的直线。很明显，如果环绕着同一个圆心，画出另一个圆，其半径是一条距垂线更近的直线，也就是画出一条垂线，亦即同一个圆的一条切线。

因此也很明显，如果在垂线的任何一边造成两个等角的两条直线延长到切线，它们也将相等。

12. 平行线的一般定义，与直的平行线的特性

在欧几里得《几何原本》中有一个直线平行线的定义，但我却

找不到一般平行线在何处被定义过。因此，作为它们的一个普遍定义，我则说：任何两条线，不管是直的还是曲的，也和任何两个面一样，是平行线（PARALLEL）；那时，两条相等的直线，不管它们落到它们的什么地方，都永远与它们中每一个造成相等的角。

从这个定义中可以推论出：首先，任何两条直线如果是不倾向相反的方向，落到两条别的直线上，这两条直线是平行的，并且在它们两个身上都截取同样的部分，则它们本身也是相等的和平行的。例如，如果（在本书附录第十四章图图3中）ＡＢ和ＣＤ，倾向于同一个方向，落到平行线ＡＣ和ＢＤ上，且ＡＣ和ＢＤ相等，ＡＢ和ＣＤ也将相等和平行。因为画垂线ＢＥ和ＤＦ，直角ＥＢＤ和角ＦＤＨ将相等。因此，既然ＥＦ和ＢＤ平行，则角ＥＢＡ和角ＦＤＣ也将相等。而如果ＤＣ不等于ＢＡ，设任何别的一条等于ＢＡ的直线从Ｄ点画出，既然它不能落到点Ｃ上，则设它落到Ｇ上。因此，ＡＧ将大于或小于ＢＤ，从而，角ＥＢＡ和ＦＤＣ，如所设定的，不相等。因此，ＡＢ和ＣＤ相等。这是第一点。

再者，因为它们与垂线ＢＥ和ＤＦ造成了相等的角；从而，角ＣＤＨ将等于角ＡＢＤ，而且，根据平行线定义，ＡＢ和ＣＤ将平行。这是第二点。

包括在平行线内两个方向的平面，被称作平行四边形。

推论一：从这最后一点可推断出，角ＡＢＤ和ＣＤＨ相等，也就是说，一条直线如ＢＨ，落到两条平行线如ＡＢ和ＣＤ上，就使内角ＡＢＤ等于外反角ＣＤＨ。

推论二：由此还可推断出，一条直线落到两条平行线上就使一对内错角相等，也就是说，（本书附录第十四章图）图4中的角ＡＧＦ

等于角ＧＦＤ。因为既然角ＧＦＤ等于外反角ＥＧＢ，它也就等于它的对顶角ＡＧＦ，而角ＡＧＦ即为角ＧＦＤ的替代品。

推论三：在线ＦＧ同一边的两内角的和等于两直角。因为在Ｆ的角即ＧＦＣ和ＧＦＤ等于两直角。但角ＧＦＤ等于它的全等角ＡＧＦ。因此，在线ＦＧ同一边的两内角ＧＦＣ和ＡＧＦ等于两直角。

推论四：一个直线组成的平面的三角形的三个角的和等于两直角。如果延伸任何一边，其外角都将等于两个外内角的和。因为如果给这个平面三角形ＡＢＣ(本书附录第十四章图图5)的顶点画一条与任何一边如对于ＡＢ的平行线，则角Ａ和Ｂ将等于它们的全等角Ｅ和Ｆ，而角Ｃ则是公共角。但根据第10节，三个角Ｅ、Ｃ和Ｆ的和等于两直角，因此，这个三角形的和也等于两直角。这是第一点。再者，Ｂ和Ｄ这两个角，根据第10节，等于两直角。因此，在取走Ｂ后，还将剩下角Ａ和Ｃ，它们等于角Ｄ。这是第二点。

推论五：如果角Ａ和Ｂ相等，则边ＡＣ和ＣＢ也将相等，因为ＡＢ和ＥＦ平行。反之，如果边ＡＣ和ＣＢ相等，角Ａ和Ｂ也将相等。因为如果它们不相等，我们便设角Ｂ和Ｇ相等。因此，既然ＧＢ和ＥＦ是平行线，而角Ｇ和Ｂ相等，边ＧＣ和ＣＢ也将相等。因为假定ＣＢ和ＡＣ相等，ＣＧ和ＣＡ也就将相等。但根据第11节，这是不可能的。

推论六：由此很明白，如果一个圆的两条半径为一条直线所连接，则它们同那条连接线所造成的角就将是相互等同的；而如果加上为连接着半径的同一条线所包含的那个圆的弓形，则那些半径同圆周线所造成的角也将相等。因为包含着任何一个弓形的直线,将同圆周线制造出两个相等的角。因为,如果这个弓形和弦在中间分开,则这个弓形的两个半边就将相互全等,这是由于圆周线和直线的一致性的缘故。

13. 圆的圆周线如其半径一样相互成比例

圆的直径是相互的,就像它们的半径是相互的那样。因为设有两个圆,如在(本书附录第十四章图)图１中,圆ＢＣＤ较大,圆ＦＥＧ较小,公共圆心为Ａ,又设它们的半径为ＡＣ和ＡＥ,我则说:ＡＣ对于ＡＥ与圆周线ＢＣＤ对于圆周线ＥＦＧ有同样的比例。因为ＡＣ对于ＡＥ的半径的量值由从圆心Ａ到点Ｃ和Ｅ的距离决定;而同样的距离则由以在相等的时间里获得相等距离的匀速运动所获得。但圆周线ＢＣＤ和ＥＦＧ也由从圆心的点Ｃ和Ｅ的同样的距离所决定。因此,圆周ＢＣＤ和ＥＦＧ,以及半径ＡＣ和ＡＥ,它们的量值都由同样的原因决定,这个原因在相等的时间里造出相等的空间。因此,根据十三章第６节,圆的周长及其半径是比例项。证讫。

14. 在各种三角形中,平行于底边的直线,如从顶点切割开的各边的部分一样,相互成比例

如果构成一个角的两条直线为直线平行线切割,则截取的平行线将是相互的,正如它们从顶点切割开的部分那样。在(本书附录第十四章图)图６中,设直线ＡＢ和ＡＣ在Ａ造成一个角,为两条直线平行线ＢＣ和ＤＥ所切割,这样,在这两条线中的一条中,

第十四章 论直线与曲线,角与形 211

如在ＡＢ中,从顶点切割的部分可能为ＡＢ和ＡＤ。我则说:平行线ＢＣ和ＤＥ将是相互的,就如ＡＢ和ＡＤ这两个部分是相互的一样。因为设把ＡＢ分成若干相等的部分,如ＡＦ、ＦＤ、ＤＢ;经点Ｆ和Ｄ,再画出ＦＧ和ＤＥ平行于基线ＢＣ,且在Ｇ和Ｅ切割ＡＣ;再绕经Ｇ和Ｅ点,设画出另一条直线平行于ＡＢ,且在Ｈ和Ｉ切割ＢＣ。如果把点Ａ了解为在ＡＢ上作匀速运动,而同时Ｂ运动到Ｃ,而所有各点Ｆ、Ｄ和Ｂ均匀速地在ＦＧ、ＤＥ、和ＢＣ上运动;则Ｂ将在Ａ经过ＡＦ的同时经过ＢＨ,等于ＦＧ;而ＡＦ和ＦＧ将是相互的,正如它们的速度是相互的一样;而当Ａ在Ｆ时,Ｄ将在Ｋ;当Ａ在Ｄ时,Ｄ将在Ｅ;而点Ａ以什么样的方式经过点Ｆ、Ｄ和Ｂ,点Ｂ就将以同样的方式经过点Ｈ、Ｉ和Ｃ;直线ＦＧ、ＤＫ、ＫＥ、ＢＨ、ＨＩ和ＩＣ由于它们平行而相等;因此,像ＡＢ上的速度之对于ＢＣ中的速度那样,ＡＤ也就同样相对于ＤＥ;但像ＡＢ中的速度对于ＢＣ中的速度那样,ＡＢ也就同样相对于ＢＣ;也就是说,所有平行线将分别地对于所有从顶点切割开的各个部分,都和ＡＦ对于ＦＧ那样。因此,ＡＦ.ＧＦ∷ＡＤ.ＤＥ∷ＡＢ.ＢＣ是比例项。

在不同圆中的等角的弦(the subtenses),如(本书附录第十四章)图１中直线ＢＣ和ＦＥ,是相互的,就像它们所包括的弓形那样。因为根据第８节,等角的弓形也和它们的直径一样,是相互的;而且,根据13节,直径也和它们的半径那样是相互的;但弦ＢＣ和ＦＥ,因它们与半径一起造成的诸角的相等,而相互平行。并且,因此,相同的弦,根据前面一节,对诸半径也成比例,亦即对于直径,对于它们所朝向的弓形,也成比例。

15. 经过一条直线的什么部分,方可造成圆的圆周线

如果一个接一个地直接放进同一个圆中若干数目的等弦,从第一条弦的端点到所有其余条弦的端点画出直线,则第一条弦由于延伸将同第二条弦造成一个二倍于由同一条弦,同在其端点触着圆的切线造成的角的外角;而如果延伸包容着其中两条弓形的一条直线,就将同第三条弦造成一个外角,三倍于由这条切线同第一条弦所造成的角,如此类推。因为设以半径ＡＢ(本书附录第十四章图图7中)画一个圆,并且把若干数目的弦ＢＣ、ＣＤ和ＤＥ放置其内;又设画出ＢＤ和ＢＥ,且经延伸ＢＣ、ＢＤ和ＢＥ到一定距离Ｇ、Ｈ和Ｉ,设它们同相互接续的弦造成的角,即外角ＧＣＤ和角ＨＤＥ。最后,设画切线ＫＢ,同第一条弦造成角ＫＢＣ;我则说:角ＧＣＤ两倍于角ＫＢＣ,角ＨＤＥ三倍于同一个角ＫＢＣ。因为如果画ＡＣ在Ｍ点上切割ＢＤ,而从点Ｃ到ＡＣ画垂线ＬＣ,则ＣＬ和ＭＤ将由于在Ｃ和Ｍ成直角而平行;因此,交错角(the alterne angels)ＬＣＤ和ＢＤＣ就将是相等的:正如角ＢＤＣ和角ＣＢＤ由于直线ＢＣ和ＣＤ相等也将相等一样。因此,角ＧＣＤ两倍于角ＣＢＤ或角ＣＤＢ,而且,因此角ＧＣＤ也两倍于角ＬＣＤ,即两倍于角ＫＢＣ。再者,ＣＤ由于角ＣＢＥ和角ＤＥＢ以及直线ＣＢ和ＤＥ相等而平行于ＢＥ;并且因此,角ＧＣＤ和角ＧＢＥ相等,从而,角ＧＢＥ也和角ＤＥＢ一样两倍于角ＫＢＣ。但外角ＨＤＥ等于两内角ＤＥＢ和角ＤＢＥ,并且因此,角ＨＤＥ三倍于角ＫＢＣ,等等。证讫。

推论一:由此很明白,角ＫＢＣ和角ＣＢＤ,以及所有那些为

第十四章 论直线与曲线,角与形

两条相会于圆的圆周线,并且持续为相等弓形的直线所包含的角都相互相等。

推论二:如果切线 BK 围绕着圆心 B,在圆周线上作匀速运动,它将在相等时间里切割相等的弓形。而且,在它本身围绕着圆心 B 画一条半径的同时将经过整个直径。

推论三:由此我们还可以明白,是什么决定着一条直线弯曲成圆的圆周线,也就是说,它是像数字从 1 向上连续增加 1 那样连续增加着。因为无限定的直线 KB 在 B 点依照任何一个角断裂,就像 KBC 直线那样,它在 C 点又会依照一个双倍角断裂,它在 D 点又会依照一个三倍角断裂,它在 E 点又会依据一个四倍于第一个角的角断裂,如此持续不断地继续下去,如果断裂部分被看作是具有量值的话,就将画出一个实际上是直线的图形,但如果它们被了解为可能最小的,也就是说,有这许多点,所画的图形将不是直线的,而是一个圆,其圆周线就将是一条断裂的线。

推论四:从本节已经说到的,还可以推证出:圆心上的一个角,如果所截取的弓形相等,它就两倍于位于这同一个圆的圆周线上的一个角。因为既然其运动决定着一个角的直线,在相等的时间里,从圆心也从圆周线,经过相等的弓形;当从圆周线开始的运动经过其自己直径的一半时,它在同时也经过从圆心的开始运动的那条直线的整个直径;这些弓形,在其圆心为 A 的直径上被切断,就将在它自己的其圆心为 B 的半径上造出的东西的两倍。但在等圆中,就像弓形是相互成比例的那样,角也是相互成比例的。

由此,还可以推断出:由一条线延伸和相邻的等弦造成的外角等于从圆心持守着同一个弓形的角;例如,在上一个图中,角 GCD

等于角ＣＡＤ；因为外角ＧＣＤ两倍于角ＣＢＤ；持守着同一弓形ＣＤ的角ＣＡＤ也两倍于相同的角ＣＢＤ或角ＫＢＣ。

16. 切线角是量，但却是一种与简单称谓的角的量不同的量；它既不能添加也不能从中取走什么

一个切线角，如果同一个简单称谓的角相比，不管多么小，都对它有一个这样的比例，就像一个点所具有的对于一条线的比例；也就是，完全没有任何比例，也没有任何量。因为首先，一个切线角由连续弯曲造成；结果在其产生中便完全没有圆形运动，简单称谓的角的本性则正在于这样一种运动；从而，不可能在量的方面与它作任何比较。其次，既然由一条弦延伸的和相邻的弦所造成的外角等于一个从圆心持守着同样弓形的角，例如，在上一个图中，角ＧＣＤ等于角ＣＡＤ，切线角将等于那个从圆心画出的由ＡＢ和同一个ＡＢ造成的角；因为一条切线的任何一个部分都不可能包括一个弓形；但像触点应当可以看作弦那样，切线角也就可以被认为是外角，并且等于那个其弓形是同一个点Ｂ的角。

既然一个一般角被定义为在两条线的敞开或岔开，无论是它们的敞开还是岔开，都同时发生在一个点上。既然一个敞开大于另一个，那就不容否认，一个切线角只有借它的产生，才有量可言。因为无论是多么大或多么小的东西，其中都存在有一个量的问题。但这个量却在于弯曲的大小。因为一个圆大出多少，它的圆周线离一条直线的本性也就接近多少。因为一个圆的圆周线由一条直线弯曲而成，则这条直线越短，其曲度也就越大；因此，当一条直线是许多圆的切线时，它同较小的圆所造成的切线角就大于它同一

个较大的圆所造成的切线角。

因此，给一个简单称谓的角上面添加上或从中取走从来不曾有这么多的切线角，也并没给这种角添加上或取走任何东西。而且，像一个种类的角永远不可能等同于另外一个种类的角那样，它们也不可能相互大于或小于。

由此，我们可以得出结论说：一个弓形角，即一条直线同一个弓形所造成的角，等于由同一条直线和在它们同时发生的那个点上触及到圆的另一条直线所造成的角。例如，在上一个图中，在ＧＢ和ＢＫ之间所造成的角便等于在ＧＢ和弓形ＢＣ之间所造成的角。

17. 平面的倾角是简单称谓的角

一个由两个平面所造成的角通常叫作那些平面的倾角；而且，因为这两个平面在其所有各个部分有相等的倾度，而不是由两条直线所造成的角所取的倾度，其中一个在一个平面上，另一个在另一个平面上，而是两个都垂直于公共的部分。

18. 何谓立体角

立体角（a solid angle）可以以两种方式加以设想。首先，作为由一条直线的运动所造成的所有各个角的集合，当其一个端点固定不动时，它就造成一个平面图形，在这个图形中，这条直线的固定点并不包含在内。在这个意义上，似乎是欧几里得所理解的。很明白，一个这样设想的主体角的量不是别的，只是在一个这样画出的平面内（即在一个棱锥体的平面内）所有各个角的集合。第二，当一个锥体其顶点在一个球体的中心点时，一个立体角就可以了解为与包括那个顶点的这球体全部表面成比例。在这个意义上，立体角和其顶点在这个球体中心点的立体的球体基面一样，也是相互成比例的。

19. 何谓渐近线的本性

两条直线借以互不相扰的所有方式，或它们位置的所有变化，都可以包含在四个项目之下。因为无论什么样的两条线都或者是平行的，或者是延长的，如有必要或者它们中的一个平行地移向另一个，它们就造成一个角；否则，它们就借同样的延长和运动，而相互接触；或者最后，它们就成了**渐近线**。平行线、角和切线的本性，我们在前面已经阐明了。我还需要简捷地讲一下渐近线的本性。

渐近线在于量是无限可分的。并且由此可以推出：任何一条给定的线，并且假定一个物体从其一个端点被移动到另一个端点。通过采取越来越小的不同程度的速度，其所依据的比例就如这条线的各个部分由于不停的划分而变得越来越小，以致同一个物体可以永远在这条线上受到推动，然而却永远达不到它的终点。因为很明显，如果一条直线，如ＡＦ（在本书附录第十四章图图８中）在Ｂ的任何地方被切割，ＣＦ再在Ｄ处被切割，ＤＦ再在Ｅ处被切割，这样永远不断地切割下去，从点Ｆ画直线ＦＦ或角ＡＦＦ；最后，如果直线ＡＦ、ＢＦ、ＣＦ、ＤＦ、ＥＦ等，与线ＡＦ的弓形相互间具有同样的比例，被安排成一定的顺序，并且平行于同一条线ＡＦ，从而形成曲线ＡＢＣＤＥ，并且形成直线ＦＦ，这样两条线就将是渐近线。也就是说，它们彼此离得越来越近，但却永远不相接触。然而，由于任何一条线都可以依照弓形的相互间的比例而永远地切割下去，因此各个种类的渐近线在数目上是无限的，在此我们无须多讲。在一般渐近线的本性中，没有别的，只有它们们越来越近但却永远不能相互接触。但在双曲线的渐进中，情况特殊，它们被了解为接近一个比任何一个给定的量都更小的距离。

20. 位置，它是由什么决定的

位置（SITUATION）是一个地点对于另一个地点的关系；在有许多地点时，它们的位置就有四个东西决定：由它们相互间的距离，由到一确定地名的若干距离，由从一确定地点到它们所有各点画出的各条直线的顺序，以及由这样画出来的直线所造成的角。因为如果给定即确知了它们的距离、顺序和角，则它们的若干地点也将确知。因为它们根本不可能是另外一种情况。

21. 何谓相同的位置？何谓图形？何谓相同的角

点，不管有多少，都同一个同等数量的别的点具有相同的位置，当从某一点向所有这些点画出的所有各条直线，分别地同那些以同样的顺序和同样的角从某一点向所有那些点画出的直线有同样的比例。因为设有若干数目的点如 A、B 和 C，在（本书附录第十四章图图 9 中）从同一点 D 向点 A、B 和 C 画直线 D A、D B 和 D C；再设有相等数目的其他点，如点 E、F 和 G，从某点 H 画直线 H E、H F 和 H G，这样，角 A D B 和角 B D C 就分别并且以同样的顺序等于角 E H F 和角 F H G，而直线 D A、D B 和 D C 也将与直线 H E、H F 和 H G 成比例；我则说，三个点 A、B 和 C 与三个点 E、F 和 G 有同样的位置或被一样地放置。因为如果 H E 被了解为放在 D A 上,这样点 H 在 D 上,点 F 将在直线 D B 上,由于角 A D B 和角 E H F 相等;而直线 A B 和 E F,以及 B C 和 F G,由于 A D.E H∷B D.F H∷C D.G H 通过构建而成比例项。因此,在点 A、B 和 C 的位置和点 E、F 和 G 的位置上,以同样秩序构建的角将是相等的。所以,其位置的不同仅仅在于:它们相互离开的距离,以及它们相互离开点 D 和 H 的距离之不等。然而,在各点的两种顺序中,那些不等却是相等的。因为它们相互离开的距离 A B.B C∷E F.F G,此乃它们相互之间的距离,也和 D A.D B.D C∷H E.H F.H G(此乃它们与所设定的点 D 和 H 的距离)一样,是比例项。它们的差异仅仅在于其距离的大小。但根据第一章第 2 节所界定的相同的定义,① 那些仅仅在大小方面不同的事物,在类别上都是相同的。因此,点 A、B 和 C 和点 E、F 和 G 相互之间就必定具有同样的位置,或者说,它们受到了同样的安置。证讫。

图形是量,是由其所有端点的位置或安置所决定的量。然而,我却称同那个在图形之外的位置相接触的点为端点。因此,在线和面中,所有各点都可以称做端点;但在立体中,只有那些包含着它们的点存在于这个面中。

相同的图形是这样一些图形,其中一个图像的端点和另一个图形上的所有端点置放得全都相同。因为这样的图形除量之外毫

---

① 原文如此,但这个说法似有误。据《论物体》原文,应当为"第十一章第 2 节"。——译者

无区别。

相同的图形受到相同的安置；这两个图形中对应的直线，即把相互对应的点联系在一起的直线，是平行的，并且它们比例项的各边也倾向同一条路线。

而且，既然每一条直线都和每一条别的直线相同，而且，每个平面当不考察别的只是考察平面时，便都和每一个别的平面相同；如果当已经包含着平面的各个线段，也包含着有其已知的各个体，那就不难知道一个图形对于另一个提到的图形究竟相同不相同。

关于哲学的第一根据就讲这么多。下一部分讲几何学。在几何学部分中，将由线和角的比例找出图形的量。因此，一个人，如果他想要研究几何学，他就必须首先知道什么是量、比例、角和图形的本性。因此，在这前面三章里解释过这些之后，我认为接着讲第三部分是合适的。下面，我们就来讲这一部分。

第三篇

论运动与量的比例

第十五章　论运动和努力的本性、
　　　　特性与种种考察

1.复述前面提出的有关运动学说的一些原理——2.添加到这些原理之上的其他一些原理——3.关于运动本性的一些定理——4.对运动的种种考察——5.受到推动的物体的第一努力趋向的方式——6.在由集合所致的运动中，一个运动物体停止了，这种努力就将由另一个物体所趋的路线所造成——7.全部努力都无限地传递出去——8.一个运动物体的速度或大小多么大，则它对于在其道路上的任何其他物体的功效也就多么大

1. 复述前面提出的有关运动学说的一些原理

下面将要依序论述的运动和大小（MAGNITUDE），它们是全部物体最普通的偶性（accidents）。因此，这一部分最特别地属于几何学原理。但由于哲学这一部分经历代最杰出的才智之士改进后，提供的资料无限丰富，将其一起放进这一论述的狭隘领域绰绰有余。我想，应当告诫读者，在他进一步阅读本著之前，应先行地翻阅一下欧几里得、阿基米德、阿波罗尼奥斯（Apollonius），①以及

---

①　阿波罗尼奥斯（约公元前262—前190），古希腊数学家，与欧几里得和阿基米德齐名。其代表作为《圆锥曲线论》，共含8卷。前4卷的希腊文本和接着的3卷的阿拉伯文本保存了下来。最后一卷遗失。该著是圆锥曲线的经典著作。——译者

其他一些古代作家和现代作家的著作。因为,重做一篇他人已经做过的事,意图何在?在下面一些章节中,关于几何学,我将说的很少,将仅限于一些新的而且是有助于自然哲学的东西。

在前面第八、第九两章中,我已经提供了这个学说的诸项原理。这里我将扼要地将它们集中到一起,以便继续阅读本著的读者能够更加清楚明白地理解和把握它们。

首先,在第八章第 10 节中,运动被定义为**不断地放弃一个位置,又取得另一个位置**。

其次,在那儿还证明:凡是运动的东西都是在时间中运动的。

第三,在同一章第 11 节中,我已曾经把**静止**定义为一个物体在一段时间里一直存在于一个位置上。

第四,在那里,我还证明:任何一个运动的物体都不存在于任何一个确定的位置;而且,曾经受到推动的物体,现在依然受到推动,而且还将受到推动;在运动所造成的空间的每一个部分,我们都可以看到三个时间,这就是过去,**现在和将来**。

第五,在同一章的第 15 节中,我曾经将**速度**(*velocity* or *swiftness*)定义为可以视为有力的运动,即一个物体借以受到推动的力量可以在一定时间里传送一定的长度;也可以更为简练地说成这样:速度乃由时间和线段所决定的运动的量。

第六,在同一章第 16 节中,我曾经证明:运动是时间的尺度。

第七,在同一章第 17 节中,我曾经将各种运动在同一时间里传送同一长度定义为同样的疾速。

第八,在同一章的第 18 节中,当一个运动物体的速度(在其量值的每一个部分都受到计算)与另一个运动物体的速度(在其量值的每一个部分也都受到计算)相等时,这两个运动便被定义为相等的。由此我们应当注意:相互相等的运动,与相同速度的运动,意指的并不是一回事。因为当两匹马并肩而拉时,这两匹马的运动就大于这两匹中任何一匹单独拉动所造成的运动。但这两匹马一起拉的速度就仅仅等于这两马中任何一匹马拉的速度。

第九,在同一章第19节中,我曾经证明:任何一个静止的物体,在它以外如果没有某个别的物体以运动力图进入它的位置使它不再处于静止,就将永远静止下去。同样,任何一个运动的物体,在它以外如果没有某个别的物体阻碍它运动,就将永远运动下去。

第十,我在第九章第7节中曾经推证出:当一个先前处于静止状态的物体运动时,这个运动的直接的动力因存在于另外一个受到推动的和相接触的物体之中。

第十一,我在同一个地方,还曾证明:任何一个运动的物体,如果它不被另外一个运动和相接触的物体阻碍的话,就将永远以同样的方式,和同样的速度运动。

2. 添加到这些原理之上的其他一些原理

除这些原理外,在这儿我还将补充下述几项原理。首先,我将努力(ENDEAVOUR)定义为在比能够得到的空间和时间少些的情况下所造成的运动;也就是说,比显示或数字所决定或指派给的时间或空间都要少些;也就是说,通过一个点的长度,并在一瞬间或时间的一个节点上所造成的运动。为了解释这个定义,我们必须记住:所谓一个点并不能被理解为它没有任何量,或者它不能以任何一种方式加以划分,因为自然界根本没有这样的事物。而应当理解为:它的量的大小完全不予考虑,也就是说,不论是它的量或任何一部分在推证中都没有被计算在内。就如一个点不应当被看作是一个不可划分的平面,而应当看作是一个未经划分的东西一样,一个瞬间也就应当被看作是一个未经划分的时间,而不应看作是一个不可划分的时间。

同样,应当把努力设想成运动。但运动在其中形成的时间和线段的量在推证中完全不可以拿来同作为其一部分的时间或线段的量进行比较。而且,就如一个点可以同一个点比较一样,一个努力也可以同另一个努力进行比较,从而可以发现一个比另一个大些或小些。因为,如果两个角的顶点可以比较的话,则它们就像以这两个角本身相互具有的同一比例成为相等的或不相等的。或者如果一条线段切割许多同心圆的圆周,则交点的不等就将与周长相互具有的比例相同。同样,如果两个运动一起开始和结束,则它们的努力就将依它们速度的比例相等或不相等。就像我们看见一颗铅弹,以比一个绒球更大的努力向下降落一样。

其次,我把动力(INPETUS),或运动的急速定义为运动物体的疾速或速度,但这要在物体运动历经时间的若干个点上进行考察。在这个意义上,动力不是别的只是努力的量或速度。但以整个时间来考察,它就是那贯穿整个时间加在一起的那被推动物体的整个速度,并且等于代表着时间的一条线段,与代表着算术中项动力或疾速的一条线段的乘积。这个算术中项,它究竟是何意义,我们在第十三章第29节中曾经作出过界定。

而且,由于在同样的时间里,所经过的路程,即是速度,但动力却是它们在时间所有各点都计算在内的借以运行的速度。由此，我们便可以得出结论说：在任何一个时间，不管动力是增是减，所经过的道路的长度都将以同样的比例进行增减。而同一条线将既代表着运动物体的道路，又代表着运动物体经过这段道路的各种动力或不同等级的速度。

而且，如果运动的物体不是一个点，而是一条运动的线段，以致它的每个点都造成若干条线段，则由它的运动——不管是匀速的、加速的、还是减速的，所绘制的平面，在同一个时间里，都将以被认为是在一个运动中的动力同被认为是在另一个运动中的动力的同一个比例，增大或减小。其理由与边形及其各边是一样的。

也由于同样的原因，如果运动的物体是一个面，则被绘制的体，就将依然以被认为穿过一条线的若干个动力或速度对穿过另一条线的若干个动力的比例，增大或减少。

这也可以理解成：设ＡＢＣＤ（见本书附录第十七章图图1）为一个平行四边形。在图里，假定边ＡＢ平行运动至对边ＣＤ，一直把这条边缩短减少到在点Ｃ消失，而这样就绘制了图ＡＢＥＦＣ。点Ｂ，当ＡＢ增加时，将因此而绘制出线ＢＥＦＣ。假定这一运动的时间为线ＣＤ所设计，而在同一个时间ＣＤ里，设边ＡＣ平行匀速运动至ＢＤ。从线ＣＤ上尝试着取点Ｏ，画线ＯＲ平行于ＢＤ，与线ＢＥＦＣ在Ｅ点上相交，与边ＡＢ在Ｒ相交。进而试着从线ＣＤ上取出一点Ｑ，从点Ｑ画ＱＳ平行于ＢＤ，与线ＢＥＦＣ相交于Ｆ，与边ＡＢ相交于Ｓ。再画ＥＧ和ＦＨ平行于ＣＤ，与ＡＣ相交于Ｇ和Ｈ。最后，设同样的作图在线ＢＥＦＣ所有可能各点都作过一遍。我则说：就像ＱＦ、ＯＥ、ＤＢ和所有其他假定被划作平行于ＤＢ、终止于线ＢＥＦＣ的线段所凭借的速度的比例，是它们的各条平行线ＨＦ,ＧＥ,ＡＢ,以及所有其他假定划在平行于线ＣＤ且终止于ＢＥＦＣ所分配的各个时间的比例，一种集合对一种集合的比例，面积或平面ＤＢＥＦＣ同面积或平面ＡＣＦＥＢ也是那样。因为像ＡＢ为线ＢＥＦＣ不断减少直到在时间ＣＤ消失在点Ｃ时一样，在相同的时间里，线ＤＣ不断地为同一条线ＣＦＥＢ减少而消失在点Ｂ上。而点Ｄ在这种减少的运动中画出线ＤＢ等于为点Ａ在ＡＢ的减少运动中所画出的线ＡＣ,而它们的速度因此也是相等的。再者，由于在时间ＧＥ中点Ｏ画出线ＯＥ,在同一个时间里，点Ｓ画出线ＳＥ,线ＯＥ将等于线ＳＥ,就如画ＯＥ的速度等于画ＳＥ的速度那样。同样，由于在相同的时间ＨＦ里，点Ｑ画出线ＱＦ,而点Ｒ画出ＲＦ,这将是和画出ＱＦ的速度等于画ＲＦ的速度那样，线段ＱＦ本身等于线段ＲＦ本身，在其与线ＢＥＦＣ相交的各点上，也就同样可以画出平行于ＢＤ的各点。但所有平行于ＢＤ的线段，如ＳＥ、ＲＦ、ＡＣ,以及其余那些可以从线ＡＢ到线ＢＥＦＣ画出的线段，造成了面ＡＢＥＦＣ的面积；而且，所有那些平行于同一条ＢＤ的线段，如ＱＦ、ＯＥ、ＤＢ以及其余在其与同一条线ＢＥＦＣ相切的各点画出的线段，造成了面ＢＥＦＣＤ的面积。从而，像绘制平面ＢＥＦＣＤ的速度的集合，就是去绘制平面ＡＣＦＥＢ的速度的集合那样，平面ＢＥＦＣＤ本身对于平面ＡＣＦＥＢ本身也是如此。但由平行线ＡＢ、ＧＥ、ＨＦ和其他线段所代表的时间的集合，也造成了面积ＡＣＦＥＢ。因此，像线段ＱＦ、ＯＥ、ＤＢ以及其余一切平行于ＢＤ且终止于线ＢＥＦＣ的线段的集合即是线段ＨＦ、

第十五章　论运动和努力的本性、特性与种种考察

ＧＥ、ＡＢ以及其余一切平行于ＣＤ且终止于同一条线ＢＥＦＣ的线段的集合一样，也就是说，像速度线段的集合对于时间线段的集合一样，或者说像在平行于ＤＢ的线段中的整个速度对于在平行于线ＣＤ的线段中的整个时间一样，平面ＢＥＦＣＤ也就以同样的关系相对于平面ＡＣＦＥＢ。而且，ＱＦ与ＦＨ，ＯＥ与ＥＧ，以ＤＢ与ＢＡ以及其余一切这样集合到一起的线段的比例，也就是平面ＤＢＥＦＣ同平面ＡＢＥＦＣ的比例。但线段ＱＦ，ＯＥ，ＤＢ及其余一切线段都是绘制速度的线段；而线段ＨＦ，ＧＥ，ＡＢ以及其余一切线段却都是绘制运动时间的线段；因此，平面ＤＢＥＦＣ对于平面ＡＢＥＦＣ的比例就是所有集合到一起的全部速度同集合到一起的全部时间的比例。所以，像速度等的比例一类的说法，都是应当得到推证的。

这同样也适用于其时间线段是半径的圆的缩小，这一点借想象整个平面ＡＢＣＤ环绕着轴ＢＤ旋转是很容易设想的。因为线ＢＥＦＣ将到处都处于这样制作的表面，而线段ＨＦ，ＧＥ，ＡＢ，在这里它们是平行四边形，在那儿它们将成为圆柱体，作为其基线的直径是线段ＨＦ，ＧＥ、ＡＢ，等等，以及和作为一个点的顶垂线，也就是说，一个比任何一个可以命名的量都还要小的量；而线段ＱＦ、ＯＥ、ＤＢ，等等，以及其长度和宽度都小于任何一个可以命名的量的微小的立体。

但应当注意到：除非速度总和的比例（大小）对于时间总和的比例确定下来，则图ＤＢＥＦＣ对于图ＡＢＥＦＣ的比例便不可能确定下来。

第三，我把阻力（ＲＥＳＩＳＴＡＮＣＥ）定义为一个运动物体或者整

个地或者部分地同另一个与之相触的运动物体的努力相反的努力（the endeavour）。我所谓整个相反，所意指的是两个物体沿着同一条线段从两个相反的端点所作的努力；我所谓部分相反（contrary in part），所意指的是两个物体使它们的努力发生在两条线段上，它们从一条线段的端点出发，却并不相交。

第四，我可以把所谓压力（PRESS）界定为：在两个运动的物体中，其中一个压迫另一个，它以它的努力使另一个物体或是整个或是部分地离开它的位置。

第五，一个物体，当其受到压力时，并非整个地离开自己的位置，而当对其施压的物体撤走后，受到推动的各个部分，因受压物体的内在结构，又各自进入它自己的位置，这时，便被说成是自行恢复。我们可以在喷泉、在吹鼓的气泡，以及许多别的物体中看到这种情况。这些物体的各个部分或多或少地屈服于施压物体最初到来时所作出的努力；但随后，当施压物体撤走后，它们由于其内部的某种力的作用，就自行恢复了，而使它们组成的整个物体获得了它先前所有的同样的形状。

第六，我把力（FORCE）定义为运动的动力或疾速，它或是乘以它本身或是乘以运动物体的量值，借此所说的运动物体或多或少地作用于抵抗着它的那个物体。

3. 关于运动本性的一些定理

在预先提出这么多原理之后，现在我将首先推证：如果一个在运动的点开始接触到另一个处于静止状态的点，则不管它的运动的动力或疾速是多么的小，它都将使另一个点运动。因为如果这

第十五章 论运动和努力的本性、特性与种种考察

个动力根本不能使它从它的位置移开的话,则以双倍于此的动力也不能使它运动。因为双倍的无依然是无;而且由于同样的理由,不管动力大多少倍,它都永远不会由于这动力而运动,因为无,不管它乘以多少倍,都将永远是无。因此,当一个点处于静止状态时,如果它不屈服于最小的动力,它就将对无论什么东西也不屈服,所以,处于静止状态的东西将永远不可能运动。

其次,当一个点受到推动时,不管其动力多么小,落到任何一个处于静止状态的物体的一个点上时,不管这个物体多么坚硬,它都将在最初一触中使它有所屈服。因为如果它不屈服于那个点上的运动,它就将永远不会屈服于非常多的点的动力,这许多点使它们的全部动力分别等于那个点的动力。因为,既然所有那些点一起同样起作用,如果它们中任何一个无效的话,不管在整个物体中存在的点被说成有多少倍,它们全体的集合还是不会产生任何效果,也就是说,依然完全没有效果;因此,有一些物体是十分硬,硬得不可打破它们,换言之,一个有限的硬,或一个有限的力将不会屈服于无限的东西。但这是荒谬的。

推论:因此,很明显,静止什么也不做,它也没有任何效应,而且,除了运动,什么东西也不能把运动给予这样一些处于静止状态的东西,并把它从运动的东西中取走。

第三,运动物体的停止并不能引起为它所推动的物体停止。因为据本章第1节第11条原理,任何一个运动的物体只要不受到某个运动的物体阻碍,就以同样的路线和同样的速度继续运动。很明显,停止并不与运动相矛盾。从而,我们可以得出结论说:运动物体的静止状态并不一定使得被推动的物体也处于静止状态。

推论:因此,断言说取走作为运动原因之一的阻碍或阻力是骗人的。

4. 对运动的种种考察

可以从不同方面对运动加以考察:首先,或是作为一个未经分割的物体来考察,也就是作为一个加以考察;或是作为一个分割了的物体予以考察。在一个未经分割的物体中,我们假定运动形成的道路,是一条线;而在作为一个已经分割了的物体中,我们则将那个物体各个部分的运动算作各个部分的运动。

第二,从运动规则的多样性的角度看,它之存在于作为未经分割的物体之中;有时是**匀速的**,而有时又是**各种各样的**。匀速运动是相同的时间里传送相同的线段的运动,而各种各样的运动,则在一段时间里传送的空间多些,在另一段时间里传送的空间少些。再者,在各种各样的运动中,有一些加速和减速程度都是以相同比例进行的,其所传送的空间都是以任何倍数增长的,或者是两倍、三倍增长,或者以无论什么样的数字增长;还有一些则不是这样。

第三,从运动物体的数目看,一种运动是只由一个运动物体造成的,而另一种运动则是由许多物体集合造成的。

第四,从一个物体在其中运动的那条线对于另外一条线的位置看,由此一种运动被称作垂直的,另一种被称作倾斜的,再一种被称作平行的。

第五,从运动物体与受动物体的位置看,由此,一种运动是**推进的**或驱动的,另一种则是**牵引的**或拖拉的。所谓**推进**,是说运动物体使受动物体走在它的前面。所谓**牵引**,是说运动物体使受动物体随后跟来。再者,有两类推进,一类指运动物体和受动物体一起开始运动,可称之曰**缚绑**或**推挤**和**传播**;另一类,则指运动物体首先运动,尔后受动物体跟着运动,这种运动称之曰**打击**或**敲击**。

第六,运动有时被认为仅仅来自运动物体对受动物体的作用,这种作用通常称作力矩,而力矩是运动物体所具有的超出抵抗物体的运动或努力的运动的过量。

第七,运动也可以从媒介的多样性来考察:例如,一种运动可以在**虚空**和**空的空间**形成,另一种运动可以在**液体**中形成;再一种可以在坚实的媒介中形成,也就是说这种媒介各部分十分紧密粘连,如果它不整个地屈服于运动物体的话,它的任何一部分都不会屈服。

第八,当一个运动物体被看作是具有部分的话,就又会出现一种运动的区别,即简单运动和复合运动。所谓简单运动,是指所有各个部分都绘制出若干个相等同的线段;所谓复合运动,是指所绘制的各个线段不相等。

5. 受到推动的物体的第一努力趋向的方式

全部努力都趋向于那个部分,也就是说,如果运动物体只是一个的话,就趋向于沿着由运动物体的运动所确定的路线;或者,如果有若干运动物体的话,就趋向于它们的集合所确定的路线。例如,如果一个运动物体在直接运动,它的第一个努力将沿着一条线段运动,如果它在作圆周运动,则它的第一个努力就将沿着一个圆的周线运动。

6. 在由集合所致的运动中,一个运动物体停止了,这种努力就将由另一个物体所趋的路线所造成

而且,不管这条线是什么样的,在这条线上一个物体由于两个运动物体的集合而运动,一旦两个运动物体中任何一个的力在其任何一个点上停止了,在那里,那个物体先前的努力就将立即变成一个沿着另一个运动物体运动路线运行的努力。

因此,当一个物体为两股风的集合所运载时,如果这两股风中的一股停止了,则那个物体的努力和运动就将沿着它为依然在吹的唯一的那股风所运载的路线前进。而在一个圆的绘制中,在那儿当一个受动的物体为一个运动物体所决定而开始沿着切线并且依照使它与圆心保持一定距离的半径运动,如果这半径的保持力停止了,则处于这个圆的周线上的努力,现在就将处于切线上,也就是说,处于一条线段上。因为,既然依一个可以得到的圆的周线的较小部分,也就是说依一个点来计算,一个受动物体在圆周线上的路线就是由无数的线段复合而成的,这些线段中的每一条都小于可以得到的,因此我们把它们称作点。所以,当任何一个在一个圆的周线上运动的物体,都是不受半径的保持力束缚的,它将在那些线段中的一条线段上,亦即在一条切线上运行。

7. 全部努力都无限地传递出去

所有的努力,不管是强的还是弱的,都被传送到无限距离。因为它是运动。因此,如果一个物体的第一个努力在空的空间里造出来,它就始终以同样的速度前进,因为不可设想它会得到空的空

第十五章　论运动和努力的本性、特性与种种考察　　235

间的任何一种抵抗;而且,因此,据第九章第 7 节,它将始终沿着同一条路线以同样的速度前进。而且,如果它的努力处于充实的空间中,而既然努力是运动,在它的路线上处于相邻位置的物体将被移动,而进一步的努力,再移动下一个处于相邻位置的物体,如此下去,以至无穷。因此,努力的传送,从充实空间的一个部分达到另一个部分,是无限地进行下去的。此外,它在任何一个时刻都能达到任何一个不管多么遥远的距离。因为在同一瞬间,充实媒介的第一个部分移动与之相邻的部分,第二个部分也移动与之相邻的那个部分;因此,全部努力,不管它处于空的还是充实的空间里,都不仅前进到任何一个不管多么遥远的距离,而且在任何一个不管多么短暂的时间,即一瞬间,即使努力在前进中变得越来越弱,直到最后,人们再也感知不到它也毫无关系,因为运动可以是感知不到的,更何况这里我也不是根据感觉和经验而是根据理性来考察事物的。

8. 一个运动物体的速度或大小多么大,则它对于在其道路上的任何其他物体的功效也就多么大

当两个运动物体具有同样的大小时,它们中运动速度快者比速度慢者对一个在抵抗它们运动的物体的作用要大些。还有,如果两个运动物体速度一样,则它们中较大的比较小的对那个物体的作用力大。因为在大小相等的情况下,速度较大的运动物体,对它所撞击的那个物体所造的影响也大;而在速度相等的情况下,较大的运动物体撞击另一个物体的同一个点,或同一个部分,它失去的速度较少。因为在抵抗的物体仅仅作用于它所触及的运动物体

的那个部分,因此仅仅减少那个部分的动力;而同时,未被触及的各个部分将继续前进,保持它们的全部力量,直到它们也被触及,而且它们的力也有一定作用。因此,例如,在连续击打中,在粗细和速度一样的情况下,一条长的木棍比一条短的木棍,在长度和速度一样的情况下,一条粗的比一条细的木棍,对墙的作用大。

第十六章　论加速与匀速运动，
　　　　　并论集合运动

1.任何物体的速度,在它被计算的无论什么时间里,都是由其运动的动力或疾速与时间的乘积构成的——2—5.在整个运动中,所经过的长度(the lengths which are passed through)都是相互的,犹如动力与时间相乘所形成的乘积一样——6.如果两个物体以匀速运动经过两个长度,则那些长度相互之间的比例就将是时间与时间的比例和动力与动力的比例复合而成的——7.如果两个物体以匀速运动经过两个长度,则其时间相互的比例就将是由长度与长度和动力与动力相互之间所采取的比例复合而成的;而它们动力相互之间的比例也同样是长度与长度和时间与时间相互采取的比例复合而成的——8.如果一个物体为两个运动的物体推进,一起作匀速运动,这两个物体相交于一个角上,则它经过的这条线就将是一条直线,朝向这个角对于两个直角的余角——9—19.还有,如果一个物体为两个运动物体一起推动,其中一个作匀速运动,另一个作加速运动,而且,其长度与其时间的比例在数值上是可以说明的,何以找出那个物体所绘制的线段之所是

**1.任何物体的速度,在它被计算的无论什么时间里,
　都是由其运动的动力或疾速与时间的乘积构成的**

任何物体的速度,不管它在什么时间运动,它的量都为所有各种疾速或动力的总数决定,这个动力存在于该物体运动时间的多

个点上。因为既然速度,据第八章第15节关于速度的定义,是一个物体能够在一定时间里经过一定长度的力,而运动的疾速或动力,据第十五章第2节,仅仅在一个时间点上所取的速度,在所有时间点上一起起作用的全部动力,将同乘以整个时间是一回事,或者说完全一样,将是整个运动的速度。

推论:如果在每一点上动力是一样的,而代表它的任何一条线段也可以代表时间的尺度;而且,通常用于同它一起构成一个角,并且代表着这个物体运动路线的疾速或动力,将绘制出代表整个运动速度的平行四边形。但如果运动的动力或疾速从静止开始,并且匀速地,也就是说随着时间消逝不断地以同样的比例增加,则运动的整个速度将为一个直三角形所表征,这个三角形的一个边代表整个时间,而其他的边则代表在这个时间里所获得的动力;否则,便为一个平行四边形所表征,其中一个边代表运动的整个时间,而另一边则代表最大的动力;最后,为一个一边具有介乎整个时间与那段时间一半之间的比例中项,另一边代表最大动力一半的平行四边形所表征。因为这两个平行四边形是相互等量的,而且它们也分别等于那个由整个时间线段及所取得的最大动力所构成的三角形。这一点在几何学原理中已经得到了推证。

2. 在整个运动中,所经过的长度都是相互的, 犹如动力与时间相乘所形成的乘积一样

在所有匀速运动中,传送的长度是相互的,就如平均动力与其时间的乘积与平均动力与其时间的乘积是相互的一样。

因为设(见本书附录第十六章图图1)ＡＢ成为时间,设ＡＣ

第十六章 论加速与匀速运动，并论集合运动

成为使任何一个物体以匀速运动经过长度ＤＥ的动力；而且，在时间ＡＢ任何一部分和在时间ＡＦ中一样，设另一个物体首先以同样的动力ＡＣ作匀速运动。因此，这个在时间ＡＦ中具有动力ＡＣ的物体将经过长度ＡＦ。因此，既然当物体在相同时间、在它们运动的每一个部分都具有同样的速度和动力，则一个传送长度（the lengths transmitted）同另一个传送长度的比例，就和时间同时间的比例一样，从中便可得出结论：在时间ＡＢ由于动力ＡＣ所传送的长度同在时间ＡＦ是由于同一个动力ＡＣ所传送的长度的比例，如ＡＢ本身对于ＡＦ的比例，也就是像平行四边形ＡＩ对于平行四边形ＡＨ，也就是像时间ＡＢ与平均动力ＡＣ的乘积对于时间ＡＦ与同一个动力ＡＣ的乘积一样。再者，让我们假设一个物体在时间ＡＦ中，不是以同一个而是以另外一个相等的动力，如ＡＬ推动。因此，既然这两个物体的一个在它运动的所有各部分中具有动力ＡＣ，而另一个以同样的方式具有动力ＡＬ，则由于动力ＡＣ为运动物体所传送的长度对于由于动力ＡＬ运动物体所传送的长度，和ＡＣ本身之对于ＡＬ，也就是像平行四边形ＡＨ之对于平行四边形ＦＬ一样。因此，根据普通比例，像平行四边形ＡＩ对于平行四边形ＦＬ，亦即像平均动力与时间的乘积之对于平均动力与时间的乘积那样，在时间ＡＢ中由动力ＡＣ所传送的长度也就同样对于在时间ＡＦ由动力ＡＬ所传送的长度。这就被推证出来了。

推论：因此，既然在匀速运动中，一如已经证明的，所传送的长度是相互的，就像平均动力与时间的乘积所造成的平行四边形那样，也就是说，由于动力，像时间本身一样，始终相等，通过置换，就

像时间之对于长度那样,时间也就同样对于长度。而且一般说来,我在第十三章中所提出和推证的所有那些关于类比推理的特性和换变在这个地方也都全部适用。

3. 在整个运动中,所经过的各种长度都是相互的,犹如动力与时间相乘所形成的乘积一样

在从静止开始和匀加速运动中,也就是说,在动力依据时间比例不断增加的情况下,它将也是和由平均动力乘以时间所得出的一个乘积,对于另外一个同样的由平均动力乘以时间所得出的乘积一样,在一个时间里传送的长度也就对于在另一个时间里传送的长度。

因为让ＡＢ(在本书附录第十六章图图1)代表一个时间,在时间Ａ的开端,让动力成为点Ａ,但是像时间在继续一样,让动力匀速增加,直到在时间ＡＢ的最后一点上,即在Ｂ上,所获得的动力为ＢＩ。再者,让ＡＦ代表另一个时间,在其开端Ａ中,让动力作为点本身Ａ;但是像时间继续前进一样,让动力匀速增加直到在时间ＡＦ的最后一点Ｆ上,所获得的动力为ＦＫ;同时让ＤＥ为在时间ＡＢ是由匀速增加的动力所经过的长度。我说,长度ＤＥ之对于在时间ＡＦ传送的长度,就如时间ＡＢ乘以通过时间ＡＢ所增加动力的平均值,对于时间ＡＦ乘以经过时间ＡＦ增加的动力的平均值。

因为既然三角形ＡＢＩ是在时间ＡＢ中运动物体的整个速度,直到所获得的动力为ＢＩ为止,而且三角形ＡＦＫ是在时间ＡＦ中以增加的动力运动的物体的整个速度,直到获得动力ＦＫ为

第十六章　论加速与匀速运动,并论集合运动

止,长度ＤＥ对于在时间ＡＦ中以从在Ａ静止直到获得动力ＦＫ所增加的动力所获得的长度将和三角形ＡＢＩ对于三角形ＡＦＫ一样,也就是说,如果三角形ＡＢＩ和ＡＦＫ以时间ＡＢ对于时间ＡＦ的双重比例相似。但是如果不相似,则以ＡＢ对ＡＦ和ＢＩ对ＦＫ比例复合后的比例。因此,和ＡＢＩ之对于ＡＦＫ一样,也就让ＤＥ之对于ＤＰ；因为这样,在时间ＡＢ中由增加到ＢＩ的动力所传送的长度,将对于在时间ＡＦ中,由所增加到ＦＫ的动力所传送的长度,就如三角形ＡＢＩ之对于三角形ＡＦＫ一样；但是三角形ＡＢＩ由时间ＡＢ与增加到ＢＩ的动力的平均值的乘积所造成；而且三角形ＡＦＫ由时间ＡＦ与增加到ＦＫ的动力的平均值的乘积所造成；而且因此,在时间ＡＢ中由增加到ＢＩ的动力所传送的长度ＤＥ,对于在时间ＡＦ以增加到ＦＫ的动力所传送的长度ＤＰ,就和由时间ＡＢ乘以它的平均动力所传送的长度ＤＰ,就和由时间ＡＢ乘以它的平均动力所得的乘积,对于时间ＡＦ与它的平均动力所造成的乘积,这是已被证明出来的。

推论一：在匀加速运动中,所传送的长度对于它们时间的长度的比例,由它们的时间对于它们的时间与动力对于动力的比例复合而成。

推论二：在匀加速运动中,在相同时间里从运动一开始在不断的连续中所获得的传送的长度,是从１开始所数的数字的平方之间的差,如３,５,７,等等。因为如果在第一个时间里所传送的长度将是作为２的二次幂的４,而在第三次中,它将是作为３的二次幂的９,在第四次中,它将是作为４的二次幂１６,等等。于是,这些平方的差数便分别为３,５,７,等等。

推论三：在从静止开始的匀加速运动中，所传送的长度虽然相对于在同一个时间里匀速传送的另一个长度，但却具有由加速运动在那个时间的最后一点所获得的动力，就像一个三角形对于一个平行四边形一样，它们具有共同的顶垂线和底边。因为既然作为三角形ＡＢＩ的速度经过长度ＤＥ（见图1），则由于经过了一个双倍于ＤＥ的长度，速度就必然是平行四边形ＡＩ的速度；因为平行四边形ＡＩ双倍于三角形ＡＢＩ。

4. 在整个运动中，所经过的各种长度都是相互的，犹如动力与时间相乘所形成的乘积一样

在由静止开始的其动力不断地以造成它的时间的比例的平方的比例①增加的加速运动中，在一个时间里所传送的长度将对于一个在另一个时间里所传送的速度，其对于另一个时间里所传送的长度，就将如平均动力乘以那些运动之一的时间所得的乘积之对于平均动力乘以另一个运动的时间所得的乘积的比例。

因为设ＡＢ（见本书附录第十六章图图2）代表一个时间，在其第一瞬间Ａ里，让动力成为点Ａ；但像时间继续前进一样，也就设动力不断地以双倍于这些时间的比例增加，直到在最后一点时间Ｂ上，所获得的动力为ＢＩ，然后取时间ＡＢ上任何一点Ｆ，让在时间Ａ下获得的动力在纵坐标上适用于点Ｆ。因此，既然ＦＫ

---

① "以时间的比例的平方的比例"的原文为："in proportion duplicate to the proportion of the times"。其中，duplicate一词的基本含义是"二重的"，既可以汉译为"二倍"，也可以汉译为"二次方"或"平方"。在这里，我们依据上下文，将其译作"平方"。——译者

与 BI 的比例被设定为双倍于 AF 对于 AB 的比例，AF 对于 AB 的比例将不足于 FK 与 BI 比例的两倍，而 AB 与 AF 的比例，据第十三章 16 节，将双倍于 BI 与 FK 的比例；因此，点 K 将在一条抛物线上，其直径是 AB，其底 BI；而且，由于同样的理由，对于时间 AB 上的任何一点，在那个时间所获得的动力在纵坐标上也是适用的，这条设计动力的线段就将处在同一条抛物线 AKI 上。因此，乘以整个时间 AB 的平均动力，就将是抛物线 AKIB，等于平行四边形 AM，这个平行四边形的一边是时间线段 AB，另一边是动力线段 AL，AL 是动力 BI 的三分之二。因为每一个抛物线都等于它借以具有顶垂线和公共底线的平行四边形的三分之二。因此，在 AB 上的整个速度将是由动力 AL 与时间的乘积所造成的平行四边形 AM。而且，同样，如果为动力 FK 三分之二的 FN 取走了，而平行四边形 FO 完成了，则 FO 就将是在时间 AF 上的整个速度，它是由平均动力 AO 或 FN 与时间 AF 的乘积造成的。现在，设在时间 AB 里，以速度 AM 的传送长度为线段 DE；最后，设在时间 AF 以速度 AN 传送的长度为 DP，我则可以说，像 AM 之对于 AN，或原抛物线 AKIB 对于抛物线 AKF 一样，PE 也就同样相对于 DP。因为像 AM 之对于 FL，即像 AB 之对于 AF 一样，也就是设 DE 之相对于 DG。现在，AM 与 AN 的比例由 AM 与 FL 和 FL 与 AN 的比例复合而成。但像 AM 对于 FL 一样，通过解释，也就成了 PE 对于 DG；而且，像 FL 之对于 AN（既然它们两个的时间一样，即都是 AF）一样，长度 DG 也就对于长度 DP。因为在同一个时间里所传送的长度和它们的速度一样是相互的。因此，依据纵标比例，像 AM

之对于ＡＮ,即像平均动力ＡＬ乘以它的时间ＡＢ之对于平均动力ＡＯ乘以ＡＦ一样,ＤＥ对于ＤＰ也就如此。这正是原本要证明的。

推论一:由双倍于它们时间比例的比例不断增加的动力造成的加速运动所传送的长度,如果其底边代表动力,就将三倍于它们在其时间最后点上所获得的动力的比例。因为像长度ＤＥ之相对于长度ＤＰ那样,平行四边形ＡＭ也就同样相对于平行四边形ＡＮ,而且,抛物线ＡＫＩＢ与抛物线ＡＫＦ的比例也就三倍于底边ＢＩ与底边ＦＫ所具有的比例。因此,ＤＥ与ＤＰ的比例也三倍于ＢＩ与ＦＫ的比例。

推论二:在从一开始就相互连续的相同时间里,以两倍于时间比例的动力比例所形成的加速运动传送的长度,相互之间就像从１开始的立方数的差数,即７,１９,３７,等等。因为如果在第一个时间里,所传送的长度是１的话,则在第二个时间结束时的长度就将是８,在第三个时间结束时的长度为２７,在第四个时间结束时的长度为６４,等等;它们是自然数的立方幂,其差数分别为７,１９,３７,等等。

推论三:在这样加速的运动里,由于其所传送的长度始终以双倍于它们时间的比例相对于所传送的速度,在整个时间里由始终等于最后获得的动力所匀速传送的长度,也就像一个抛物线之对于具有同样顶垂线和底边的平行四边形那样,也就是说,就像２对于３那样。因为抛物线ＡＫＩＢ是在时间ＡＢ里不断增加的动力;而平行四边形ＡＩ则是乘以同一个时间ＡＢ的最大的匀速动力。因此,所传送的两种长度就将像一个抛物线对于一个平行四边形那样，也就是说，就将像 2 比 3 那样。

5. 在整个运动中，所经过的各种长度都是相互的，犹如动力与时间相乘所形成的乘积一样

如果我应当继续去解释这样一些由以三倍、四倍、五倍等等于它们时间比例的比例增加的动力所造成的运动，就会是一种没完没了的而且是完全不必要的劳动了。因为以我计算这些由单一的和两倍的比例增加的动力传送的长度所使用的相同的方法，任何一个人都可以计算出由三倍、四倍或无论什么样他所喜欢的比例增加的动力所传送的长度。

在进行这样计算时，他将发现：在动力以三倍于时间比例的比例增加的情况下，整个速度将为由第一个抛物体（我们将在下一章专门论述抛物体）绘制出来；而传送的长度将是四倍于时间比例的比例。而且，同样，在动力以四倍于时间比例增加的情况下，整个速度将由第二个抛物体绘制出来，而所传送的长度将处于以五倍时间比例的比例，以此类推。

6. 如果两个物体以匀速运动经过两个长度，则那些长度相互之间的比例就将是时间与时间的比例和动力与动力的比例复合而成的

如果两个物体以匀速运动传送两个长度，每一个都以它自己的动力和时间进行传送，所传送的长度的比例将由直接获得的时间与时间的比例和动力与动力的比例复合而成。

设两个物体作匀速运动（见本书附录第十六章图图 3），一个

在时间ＡＢ以动力ＡＣ运动,另一个在时间ＡＤ里以动力ＡＥ运动。我就可以说,所传送的长度相互间的比例由ＡＢ与ＡＤ和ＡＣ与ＡＥ的比例复合而成。因为设任何一个长度,如Ｚ,由在时间ＡＢ中具有动力ＡＣ的物体之一传送,任何一个别的长度,如Ｘ,由另外一个在时间ＡＤ中具有动力ＡＥ的物体传送,而且还设平行四边形ＡＦ和ＡＧ是完整的。现在,既然Ｚ之对于Ｘ,据本章第2节,就如乘以时间ＡＢ的动力ＡＣ之对于乘以时间ＡＤ的动力ＡＥ,即和ＡＦ对于ＡＧ一样;则Ｚ对于Ｘ的比例就将是由作为ＡＦ对于ＡＧ的比例复合而成的同样的比例复合而成的;但ＡＦ与ＡＧ的比例是由边ＡＢ与边ＡＤ和边ＡＣ与边ＡＥ的比例复合而成(据欧几里得的原理,这一点是显而易见的),也就是说,是由时间ＡＢ与时间ＡＤ和动力ＡＣ与动力ＡＥ的比例复合而成的。因此,Ｚ与Ｘ的比例也是由时间ＡＢ与时间ＡＤ和动力ＡＣ与动力ＡＥ的同样的比例复合而成。这正是原本要证明的。

推论一:当两个物体作匀速运动时,如果时间和动力相互成比例,则所传送的长度将相等。因为如果像ＡＢ与ＡＤ(见本书附录第十六章图图3)那样,ＡＥ与ＡＣ也相互成比例,则ＡＦ与ＡＧ的比例就将由ＡＢ与ＡＤ和ＡＣ与ＡＥ的比例,亦即ＡＢ与ＡＤ和ＡＤ与ＡＢ的比例复合而成。因此,ＡＦ与ＡＧ就将和ＡＢ与ＡＢ一样,也就是说,是相等的。而且,由动力与时间所得的两个乘积也将相等;因此,Ｚ将等于Ｘ。

推论二:如果两个物体在同一个时间,都以不同的动力运动,则所传送的长度就将和动力对于动力一样。因为如果它们两个的

第十六章　论加速与匀速运动，并论集合运动

时间是ＡＤ，并且，它们不同的动力是ＡＥ和ＡＣ，则ＡＧ与ＤＣ的比例就将是ＡＥ与ＡＣ和ＡＤ与ＡＤ的比例，亦即由ＡＥ与ＡＣ和ＡＣ与ＡＣ的比例复合而成；而ＡＧ与ＤＣ的比例，即长度与长度的比例，也将和ＡＥ与ＡＣ，即和动力与动力的比例一样。同样，如果两个物体匀速运动，而且它们两个都具有同样的动力，但都以不同的时间作匀速运动，则由它们所传送的长度的比例也就将和它们时间的比例一样。因为如果它们两个都具有一个动力ＡＣ，而它们的不同时间分别为ＡＢ和ＡＤ，则ＡＦ与ＤＣ的比例就将由ＡＢ与ＡＤ和ＡＣ与ＡＣ的比例复合而成，也就是说，由ＡＢ与ＡＤ和ＡＤ与ＡＤ的比例复合而成；因此，ＡＦ与ＤＣ的比例即长度与长度的比例，将和ＡＢ与ＡＤ的比例，即时间与时间的比例相同。

7. **如果两个物体以匀速运动经过两个长度，则其时间相互的比例就将是由长度与长度和动力与动力相互之间所采取的比例复合而成的；而它们动力相互之间的比例也同样是长度与长度和时间与时间相互采取的比例复合而成的**

如果两个物体以匀速运动经过两个长度，则它们受到推动的时间的比例就将由相互采取的长度与长度和动力与动力的比例复合而成的。

因为设任何两个既有长度，例如（在本书附录第十六章图图3中）Ｚ和Ｘ，并且设它们中的一个以动力ＡＣ传送，另一个以动力ＡＥ传送。我则可以说：它们传送所用时间的比例，将由Ｚ与Ｘ，

和作为ＸＸ传送动力的ＡＥ与作为Ｚ传送的ＡＣ的比例复合而成。因为既然ＡＦ是动力ＡＣ乘以时间ＡＢ所得的积，则通过Ｚ的运动时间就将是一条线段，这条线段由把平行四边形ＡＦ应用到线段ＡＣ上而形成，这条线段就是ＡＢ。因此，ＡＢ是通过Ｚ的运动的时间。同样，既然ＡＧ是动力ＡＥ乘以时间ＡＤ所得的乘积，则通过Ｘ的运动的时间将是一条由于把ＡＧ应用到线段ＡＤ而生成的线段，但ＡＤ却是通过Ｘ的运动的时间。现在，ＡＢ与ＡＤ的比例由平行四边形ＡＦ与平行四边形ＡＧ和动力ＡＥ与动力ＡＣ的比例复合而成；这可以推证如下。依序设平行四边形ＡＦ，ＡＧ和ＤＣ，很明显，ＡＦ与ＤＣ的比例将由ＡＦ与ＡＧ和ＡＧ与ＤＣ的比例复合而成；但ＡＦ与ＤＣ的比例却和ＡＢ与ＡＤ的比例一样；因此，ＡＢ与ＡＤ的比例也将是由ＡＦ与ＡＧ和ＡＧ与ＤＣ的比例复合而成。而且，由于长度Ｚ与长度Ｘ的比例和ＡＦ与ＡＧ的比例一样，而动力ＡＥ与动力ＡＣ的比例和ＡＧ与ＤＣ的比例一样，所以，ＡＢ与ＡＤ的比例就将由长度Ｚ与长度Ｘ和动力ＡＥ与动力ＡＣ的比例复合而成。这正是原本要证明的。

同样，我们还可以证明：在两个匀速运动中，动力的比例是由相互采取的长度对长度和时间对时间的比例复合而成的。

因为如果我们设ＡＣ（见本书附录第十六章图图3）是时间，设ＡＢ是长度Ｚ借以通过的动力；并且设ＡＥ是时间，设ＡＤ是长度Ｘ借以通过的动力，这一推证就将像在上一节那样进行下去。

第十六章　论加速与匀速运动，并论集合运动

8. 如果一个物体为两个运动的物体推进，一起作匀速运动，这两个物体相交于一个角上，则它经过的这条线就将是一条直线，朝向这个角对于两个直角的余角

如果一个物体为两个运动物体一起推动，这两个物体以直线匀速运动活动，并且以任何一个给定的角度同时发生，则这个物体借以通过的线段就将是一条直线。

设运动物体ＡＢ(见本书附录第十六章图图4)，具有直线匀速运动，并且受到推动，直到进入位置ＣＤ；而且，设另一个运动物体ＡＣ，具有同样的直线匀速运动，并且与运动物体ＡＢ形成任何一个特定角ＣＡＢ，被理解为在同一个时间受到推动，到达ＤＢ；再设这个物体被置放在它们集合的点Ａ上。我则说：那个物体借以绘制其运动的那条线是一条直线。因为设平行四边形ＡＢＤＣ是完整的，设它的对角线ＡＤ画了出来；并且，在直线ＡＢ上，取任何一个点Ｅ；通过点Ｇ，画ＨＩ与直线ＡＢ与ＣＤ相平行；最后，设时间的尺度为ＡＣ。因此，既然当ＡＢ存在于ＣＤ，这个物体也将存在于ＣＤ上的时候，这两个运动在同一时间便被作了出来。同样，当ＡＣ存在于ＣＤ上，这个物体就将存在于ＢＤ上，这两个运动在同一个时间也被作了出来。但ＡＢ是在ＡＣ存在于ＢＤ之上的同一个时间存在于ＣＤ之上的。因此，这个物体是在同一个时间存在于ＣＤ和ＢＤ之上的。从而，它将是存在于一个共同点Ｄ之上的。再者，既然从ＡＣ到ＢＤ的运动是匀速运动，也就是说，它所穿过的各个空间在它们被传送的时间里相互之间

232　是成比例的，当ＡＣ存在于ＥＦ之上时，ＡＢ对ＡＥ的比例就将与ＥＦ对ＥＧ的比例是相同的，也就是说，与时间ＡＣ对时间ＡＨ的比例是相同的。因此，ＡＢ就将在ＡＣ存在于ＥＦ的同时存在于ＨＩ中，以致这个物体同时存在于ＥＦ和ＨＩ上，从而存在于它们的公共点Ｇ上。而且，同样，无论在何处，它都将存在于取自Ａ和Ｂ之间的点Ｅ上。因此，这个物体将始终存在于对角线ＡＤ之上。这正是原本要证明的。

推论：由此看来，很显然，这个物体就将被带着通过同一条直线ＡＤ，虽然这个运动并非匀速运动，除非它是同样的加速。因为ＡＢ对ＡＥ的比例将始终与ＡＣ对ＡＨ的比例是一样的。

9. 还有，如果一个物体为两个运动物体一起推动，其中一个作匀速运动，另一个作加速运动，而且，其长度与其时间的比例在数值上是可以说明的，何以找出那个物体所绘制的线段之所是

如果一个物体为两个运动物体一起推动，这两个物体在任何一个给定的角相会，并且也受到推动，其中一个作匀速运动，另一个则从静止开始作非匀速地加速运动，也就是说，它们动力的比例与它们时间的比例是一样的，即它们长度的比例两倍于它们时间线段的比例，直到由加速运动所获得的最大动力的线段等同于匀速运动时间线段的比例；受到推动的那个物体所在的线段将是一个半抛物线的曲线，其底边为最后获得的动力，以及作为静止点的顶点。

设线段ＡＢ（见本书附录第十六章图图5）被理解为受到推

动,以匀速运动,达到ＣＤ;设线段ＡＣ上的另一个运动物体被假定在同一个时间受到推动,达到ＢＤ,但却具有非匀速的加速运动,也就是说,它具有的是这样的运动:其被传送的空间的比例始终两倍于时间的比例,直到ＢＤ所获得的动力等于线段ＡＣ;并且,设半抛物线ＡＧＤＢ被画了出来。我则说:借这两个运动物体的集合,这个物体就将受到推动,通过半抛物曲线ＡＧＤ。因为设平行四边形ＡＢＤＣ已经完成;从点Ｅ(取自线段ＡＢ上的任何一处),设ＥＦ平行于ＡＣ画出,并且在Ｇ点上与这条曲线相切;最后,通过点Ｇ,设ＨＩ平行于线段ＡＢ与ＣＤ画出。因此,既然ＡＢ对ＡＥ的比例被假定为两倍于ＥＦ对ＥＧ的比例,也就是说,两倍于时间ＡＣ对时间ＡＨ的比例,同时,当ＡＣ存在于ＥＦ之上时,ＡＢ就将存在于ＨＩ之上;从而,这个受到推动的物体就将存在于公共点Ｇ上。这样,所取的点Ｅ就将始终存在于ＡＢ的无论什么部分上。因此,被推动的物体就将始终能够在抛物线ＡＧＤ上发现。这正是原本要证明的。

10. 还有,如果一个物体为两个运动物体一起推动,其中一个作匀速运动,另一个作加速运动,而且,其长度与其时间的比例在数值上是可以说明的,何以找出那个物体所绘制的线段之所是

如果一个物体为两个运动物体一起推动,这两个物体在任何一个给定的角相会,并且也受到推动,其中一个作匀速运动,而另一个则具有从静止开始不断增长的动力,直到它与匀速运动的物体相等，而且还具有这样的加速度，其所传送的长度的比例在每一个地方都是它们在其中得到传送的时间的比例的立方；①这个物体在其中受到推动的线段，将是两个中项第一个半抛物线的曲线，其底边即是最后获得的动力。

设线段ＡＢ（见本书附录第十六章图图6）受到推动，匀速运动达到ＣＤ；设另一个运动物体ＡＣ在同时受到推动，以这样加速的运动达到ＢＤ；所传送的长度的比例在每个地方都三倍于它们时间的比例；设在这个运动结束时所获得的动力为ＢＤ，等于线段ＡＣ；最后，设ＡＧＤ为两个中项第一个半抛物线的曲线。我则说：借两个运动物体一起的集合，这个物体就将始终存在于曲线ＡＧＤ上。因为设平行四边形ＡＢＤＣ是完整的；从线段ＡＢ任何一处取点Ｅ，设ＥＦ平行于ＡＣ画出，并且在Ｇ点上，与曲线相交；通过点Ｇ，设ＨＩ平行于线段ＡＢ和ＣＤ画出。因此，既然ＡＢ对ＡＥ的比例，通过假定，三倍于ＥＦ对ＥＧ的比例，也就是三倍于时间ＡＣ对时间ＡＨ的比例，同时，当ＡＣ存在于ＥＦ之上时，ＡＢ就将存在于ＨＩ之上；从而，这个受到推动的物体就将存在于公共点Ｇ上。这样，所取的点Ｅ就将始终存在于ＡＢ的无论什么部分；结果这个物体就将始终存在于曲线ＡＧＤ上。这正是原本要证明的。

---

① "时间的比例的立方"的原文是"triplicate to that of the times"。其中，triplicate的基本义是"三重的"，既可以为"三倍"，也可译为"立方"。在这里，我们根据上下文，将其译作"立方"。——译者

第十六章　论加速与匀速运动,并论集合运动

11. 还有,如果一个物体为两个运动物体一起推动,其中一个作匀速运动,另一个作加速运动,而且,其长度与其时间的比例在数值上是可以说明的,何以找出那个物体所绘制的线段之所是

借同样的方法,我们还可以证明:一个物体受任何两个运动物体所推动,其中一个匀速地受到推动,另一个具有加速运动,但其空间和时间的比例却可以用两倍(平方)、三倍(立方)等的数字加以说明,或者可以用任何一个无论什么样的断裂数字设计出来;这个物体的运动造成的究竟是一个什么样的线段。这就是它的规则。设长度与时间的两个数字是加在一起的;并且设它们的和是一个分数的分母,其分子必定是这个长度的数值。请找到第十七章第3节表格中的这个分数;所寻找的这条线将是那条在左首标注的那个三边形;其种类将是在分数之上标有号码的那个。例如,设存在有两个运动物体的一个集合:其中一个作匀速运动,另一个则具有下述加速运动:其空间以 5 比 3 的比例相对于时间。设一个分数,其分母是 5 与 3 的和,其分子为 5,也就是分数 $\frac{5}{8}$。在表格中寻找,你将会发现 $\frac{5}{8}$ 是那一排中的第三个,属于具有四个中项的三角形。因此,由两个这样运动物体的集合造成的运动的线条,由于是所有绘制的最后一个,就将是具有四个中项的第三个抛物线的曲线。

12. 还有,如果一个物体为两个运动物体一起推动, 其中一个作匀速运动,另一个作加速运动,而且, 其长度与其时间的比例在数值上是可以说明的, 何以找出那个物体所绘制的线段之所是

如果运动由两个运动物体的集合所造成,其中一个匀速地受到推动,另一个从静止开始在一个集合的角中以任何无论什么样的加速运动;这个运动物体,由于是匀速地受到推动,就将在若干个平行的空间推动受推动的物体,如果这两个运动物体具有匀速运动,就会变得小些;当另一个运动物体的运动越来越加速时,它就会变得越来越小。

设这个物体被置放在点 A 上(见本书附录第十六章图图 7), 并且受到两个运动物体的推动,一个运动物体以匀速运动从线段 AB 向平行于它的线段 CD 运行;而另一个运动物体则以任何一种加速运动运行,从线段 AC 向平行于它的直线 BD 运行;在平行四边形 ABDC 中,设一个空间取自任何两条平行线 EF 与 GH 之间。我则说:当运动物体 AC 经过处于 EF 与 GH 之间的纬线,如果这个从 AC 到达 BD 的运动是匀速运动的话,这个物体在从 AB 走向 CD 的过程中,就比它曾经受到过的推动要小些。

因为假定当这个物体因这个从 AC 走向 BD 的运动物体的力量而下降到平行线 EF,这同一个物体在同一个时间里,为从 AB 走向 CD 的运动物体的力所推动,达到存在于 EF 线段上的任何一个点 F;设线段 AF 被画出,并被无限延长,在 H 点上与 GH

第十六章　论加速与匀速运动,并论集合运动

相交。因此,既然像ＡＥ之对于ＡＧ那样,ＥＦ也同样对于ＧＨ;如果ＡＣ应当以匀速运动下降到ＢＤ,则这个处于时间ＧＨ之中的物体(因为我已经使ＡＣ与它的平行线成为时间的尺度),就将在点Ｈ发现。但由于ＡＣ被假定以连续不断加速的运动被推动,趋向ＢＤ,也就是说,以比时间对于时间更大的空间对于空间的比趋向ＢＤ。现在假定:在时间ＧＨ结束时,它处于平行线ＩＫ之上,在ＩＫ之上取ＩＬ,使之等于ＩＫ,它就将处于点Ｌ之上。因此,当这个物体处于平行线ＩＫ之上时,它就将处于点Ｌ之上。因此,当它处于平行线ＧＨ之上时,它就处于Ｇ与Ｈ之间的某一点上,例如,处于点Ｍ之上。但如果这两个运动物体都是匀速运动,它就会处于点Ｈ之上;从而,当运动物体ＡＣ经过存在于ＥＦ与ＧＨ之间的纬度时,这个物体受到推动所作的从ＡＢ趋向ＣＤ的运动,那么,如果这两个运动都是匀速的话,就小于它曾经具有的运动。这正是原本要证明的。

13. 还有,如果一个物体为两个运动物体一起推动,
**　　其中一个作匀速运动,另一个作加速运动,而且,**
**　　其长度与其时间的比例在数值上是可以说明的,**
**　　何以找出那个物体所绘制的线段之所是**

任何一个给定的长度,在一个给定的时间里以匀速运动穿过,找出在同一个时间以匀加速运动将要穿过的那个长度,也就是以这样的运动将要穿过的那样的长度,其被穿过的长度的比例两倍于它们时间的比例,而且,最后获得的动力的线段等于这一运动整个时间的线段。

设ＡＢ(见本书附录第十六章图图8)为长度，它乃在时间ＡＣ以匀速运动传输的长度；设这为发现另一个长度所必需，这一长度将在同一时间以匀加速运动传输，以致最后获得的动力的线段等于线段ＡＣ。

设平行四边形ＡＢＤＣ已经完成；设ＢＤ在中点Ｅ被分开；在ＢＥ与ＢＤ之间，设ＢＦ为一个中项比例项；设ＡＦ被画出，且延长至Ｇ点与ＣＤ的延长线相交；最后，设平行四边形完成。我则说：ＡＨ即是所需要的长度。

因为正像两倍的比例之对于单一的比例那样，设ＡＨ也同样相对于ＡＩ，也就是说，设ＡＩ为ＡＨ的一半；而且，设ＩＫ平行于直线ＡＣ画出，而且，在Ｋ点与对角线ＡＤ相交，在Ｌ点与直线ＡＧ相交。因此，既然ＡＩ是ＡＨ的一半，ＩＬ就将也是ＢＤ的一半，也就是说，等于ＢＥ；而ＩＫ则等于ＢＦ。因为ＢＤ，即ＧＨ，ＢＦ，与ＢＥ，即ＩＬ，是连续的比例项，ＡＨ，ＡＢ与ＡＩ也就同样是连续的比例项。但就像ＡＢ之对于ＡＩ，也就是像ＡＨ之对于ＡＢ那样，ＢＤ也就同样对于ＩＫ，ＧＨ也同样如此，也就是说，ＢＤ对于ＢＦ也同样如此。因此，ＢＦ与ＩＫ是相等的。然而，ＡＨ对于ＡＩ的比例两倍于ＡＢ对于ＡＩ的比例，也就是说，两倍于ＢＤ对于ＩＫ的比例，或ＧＨ对于ＩＫ的比例。因此，点Ｋ就将存在于一个抛物线上，其直径为ＡＨ，其底边为ＧＨ，而ＧＨ等于ＡＣ。因此，这个物体在Ａ点由静止开始，在时间ＡＣ以匀加速的方式运动，当其穿过长度ＡＨ时，就将获得与时间ＡＣ相等的动力ＧＨ，也就是说，这个物体因这个动力将在时间ＡＣ传输长度ＡＣ。因此，任何一个给定的长度，等等，凡被提出来的都是可

14. 还有，如果一个物体为两个运动物体一起推动，其中一个作匀速运动，另一个作加速运动，而且，其长度与其时间的比例在数值上是可以说明的，何以找出那个物体所绘制的线段之所是

任何一个给定的长度，在一个给定的时间里以匀速运动受到传输，找出在同一个时间以如此加速的运动将要传输的那个长度，所传输的长度连续不断地是它们时间的比例的立方的比例，①而且，最后获得的动力的线段等于给定的时间的线段。

设给定的长度ＡＢ(见本书附录第十六章图图9)以匀速运动在时间ＡＣ受到传输；设要求发现那个长度将在同一时间以如此加速的运动受到传输，所传输的长度连续不断地三倍于它们时间的比例，而且，最后获得的动力等于所给定的时间。

设平行四边形ＡＢＤＣ已经完成；设ＢＤ在Ｅ点被分开，使ＢＥ为整个ＢＤ的三分之一；设ＢＦ为ＢＤ与ＢＥ之间的中项比例项；设ＡＦ画出，并被延展到Ｇ点与直线ＣＤ相交；最后，设平行四边形ＡＣＧＨ已经完成。我则说：ＡＨ即是所要求的长度。

因为就像三倍比例是一个单一的比例那样，设ＡＨ也以同样的比例相对于另一条线ＡＩ，也就是说，使ＡＩ为整个ＡＨ的三分之一；设ＩＫ被画出来，平行于直线ＡＣ，在Ｋ点与对角线ＡＤ相

---

① "它们时间的比例的立方的比例"的原文是"in triplicate proportion to that of their times"。其中，triplicate 的基本义是"三重的"，既可译为"三倍"，也可译为"立方"。在这里，我们根据上下文，将其译作"立方"。——译者

交，在Ｌ点与直线ＡＧ相交；这样，正如ＡＢ之对于ＡＩ的比例那样，设ＡＩ也以同样的比例相对于另一条线ＡＮ；从点Ｎ，设ＮＧ平行于ＡＣ画出，相交于ＡＧ、ＡＤ，延长ＦＫ至Ｐ点、Ｍ点和Ｏ点；最后，设ＦＯ与ＬＭ画出，它们将等于并且平行于直线ＢＮ与ＩＮ。通过这样的建构，所传输的长度ＡＨ、ＡＢ、ＡＩ和ＡＮ就将是连续的比例项；而且，同样，时间ＧＨ、ＢＦ、ＩＬ、与ＮＰ，也就是说，ＮＱ、ＮＯ、ＮＭ与ＮＰ将是连续的比例项，而且，与ＡＨ、ＡＢ、ＡＩ与ＡＮ，具有同样的比例。因此，ＡＨ对ＡＮ的比例与ＢＤ，即ＮＱ，对ＮＰ的比例是一样的；而且，ＮＱ对ＮＰ的比例三倍于ＮＱ对ＮＯ的比例，也就是说，三倍于ＢＤ对ＩＫ的比例；因此，长度ＡＨ对于长度ＡＮ也三倍于时间ＢＤ对时间ＩＫ的比例；从而，具有两个中项，其直径为ＡＨ，其底边ＧＨ等于ＡＣ的第一个三边形的曲线，就将穿过Ｏ点；结果，ＡＨ就将在时间ＡＣ受到传输，并且将具有其最后获得的等于ＡＣ的动力，而且，在任何时间所获得的长度的比例将三倍于这些时间本身的比例。因此，ＡＨ即是所要寻找的那个长度。

以同样的方法，如果给定一个在任何一个给定的时间里，由匀速运动传输的长度，另一个在同一时间里以如此加速的运动传输的长度就有可能找到，所传输的这些长度将四次方、五次方等无限次方于它们在其中传输的时间的比例。因为如果ＢＤ在Ｅ点被分开，以致ＢＤ对于ＢＥ的比例为４∶１；在ＢＤ与ＢＥ之间取一个中项比例项ＦＢ；而且，就像ＡＨ对于ＡＢ一样，ＡＢ被造成对于三分之一，再次这个三分之一对四分之一，这个四分之一对五分之一ＡＮ，以致ＡＨ对于ＡＮ的比例四倍于ＡＨ对于ＡＢ的比例,平行四边形ＮＢＦＯ得以完成,具有三个中项的第一个三边形的曲线将穿过点Ｏ;结果,这个受推动的物体就将在时间ＡＣ获得等于ＡＣ的动力ＧＨ。其余的情况也是如此。

15. 还有,如果一个物体为两个运动物体一起推动,其中一个作匀速运动,另一个作加速运动,而且,其长度与其时间的比例在数值上是可以说明的,何以找出那个物体所绘制的线段之所是

还有,如果所传输的长度的比例对于它们时间的比例,像任何数值对于任何数值那样,同样的方法也有助于发现以这样的动力在这样的时间里所传输的长度。

因为设ＡＣ(见本书附录第十六章图图10)是一个物体以匀速运动从Ａ传输到Ｂ的时间;平行四边形ＡＢＤＣ已经完成,设要求找到在同样的时间ＡＣ,以这样加速的运动从Ａ可能被推动的长度,所传输的长度的比例对于时间的比例连续不断地是３∶２的比例。

设ＢＤ在Ｅ点被划分,使ＢＤ对于ＢＥ的比例为３∶２;在ＢＤ与ＢＥ之间,设ＢＦ为一中项比例项;设ＡＦ被画出,并且延伸到在Ｇ点与ＣＤ相交;使ＡＭ成为ＡＨ与ＡＢ之间的一个中项比例项,设像ＡＭ对于ＡＢ那样,ＡＢ也就以同样的比例相对于ＡＩ;这样,ＡＨ对于ＡＩ的比例就将是ＡＨ对于ＡＢ的３∶２的比例;因为在各个比例中,ＡＨ对于ＡＭ的比例是１,ＡＨ对于ＡＢ的比例是２,ＡＨ对于ＡＩ是３;结果,像３对于２对于ＧＨ对于ＢＦ(ＦＫ被画出,平行于ＢＩ,并且在Ｋ点于ＡＤ相交)那样,

ＧＨ或ＢＤ也就同样相对于ＩＫ。因此，长度ＡＨ对于ＡＩ的比例即是时间ＢＤ对于ＩＫ作为３∶２的比例；从而，如果在时间ＡＣ，这个物体以加速运动受到推动，一如曾经提到的，直到它获得等于ＡＣ的动力ＨＧ，在同一时间里所传输的长度就将是ＡＨ。

16. 还有，如果一个物体为两个运动物体一起推动，其中一个作匀速运动，另一个作加速运动，而且，其长度与其时间的比例在数值上是可以说明的，何以找出那个物体所绘制的线段之所是

但如果这些长度对于各个时间的比例曾经是４∶３，那就在ＡＨ与ＡＢ之间取两个中项比例项，而它们的比例就将使一个项更远，以致ＡＨ对ＡＢ可能有三个属于同一比例，ＡＨ对于ＡＩ就可能有四个；而所有别的事物像已经证明过的那样做出来了。然而，究竟在两条给定的线段之间如何插入任何数量的中项的方法，至今仍然没有找到。尽管如此，这依然可以代表一个一般规则；如果存在有一个给定的时间，在那个时间里，一个长度以匀速运动穿过；例如，如果时间为ＡＣ，长度为ＡＢ，线段ＡＧ，这决定着在同一时间ＡＣ以任何加速运动传输的长度ＣＧ或ＡＨ，就将在Ｆ点与ＢＤ相切，ＢＦ就将是一个存在于ＢＤ与ＢＥ之间的中项比例项，ＢＥ取自ＢＤ，长度对长度的比例到处都是时间对时间的比例，就像整个ＢＤ对于其部分ＢＥ一样。

17. 还有，如果一个物体为两个运动物体一起推动，其中一个作匀速运动，另一个作加速运动，而且，其长度与其时间的比例在数值上是可以说明的，何以找出那个物体所绘制的线段之所是

如果在一个给定的时间，有两个长度得到了传送，一个具有匀速运动，另一个则具有以长度对于时间的任何比例的加速运动；再者，在同一时间的部分里，同一长度的各个部分以同样的运动受到传送，则整个长度就将以一个部分超出其他部分的同样的比例超出其他的长度。

例如，设ＡＢ（见本书附录第十六章图图8）是一个在时间ＡＣ，以匀速运动得到传送的长度；设ＡＨ是在同一时间以匀加速运动传送的另一个长度，致使最后获得的动力是等于ＡＣ的ＧＨ；设在ＡＨ中取任何一个部分，并且在时间ＡＣ的部分，以匀速运动受到传送；设取另一个部分ＡＢ，在时间ＡＣ的同一个部分，以匀加速运动受到传送；我则说：正如ＡＨ之相对于ＡＢ那样，ＡＢ也以同样的比例相对于ＡＩ。

设画ＢＤ，平行于并且等于ＨＧ，并在Ｅ这个中点处划分开，而且，在ＢＤ与ＢＥ之间，取一个中项比例项为ＢＦ；线段ＡＧ，据本章13节的推证，将穿过Ｆ点。再在Ｉ这个中点处划分开，ＡＢ就将是存在于ＡＨ与ＡＩ之间的一个中项比例项。再者，由于ＡＩ和ＡＢ都是以同一的运动绘制出来的，如果画ＩＫ平行于并且等于ＢＦ或ＡＭ，并且在Ｎ这个中点划分开，而且，在ＩＫ与ＩＮ中间，取中项比例项ＩＬ，线段ＡＦ，据本章第13节的推证，就将穿

过 L。再在 O 这个中点进行划分，线 AI 就将是位于 AB 与 AO 之间的一个中项比例项。在 AB 于 I 和 O 处被划分的地方，同样，就像 AH 在 B 和 I 被划分那样；而且，像 AH 之对于 AB 那样，AB 也以同样的比例相对于 AI。这正是原本要证明的。

推论：正如 AH 之对于 AB 那样，HB 也同样对于 BI；而且，BI 对于 IO，也同样如此。

而且，像在诸运动中的一个是匀加速的地方，据本章第 13 节的推证，也同样如此那样，当加速运动双倍比例于时间时，同样的东西也同样可以据本章第 14 节的推证，证明出来。而且，在所有别的推证中，依据同样的方法，其对时间的比例也可以用数字加以说明。

18. 还有，如果一个物体为两个运动物体一起推动，其中一个作匀速运动，另一个作加速运动，而且，其长度与其时间的比例在数值上是可以说明的，何以找出那个物体所绘制的线段之所是

如果在任何一个平行四边形中包含着一个角的两边，在同一的时间里，被推向与之相反的两边，其中一边具有匀速运动，另一边具有匀加速运动；作匀速运动的这一边，以它的集合，通过所传送的整个长度，所造成的影响，就会和另一个运动所造成的影响一样大，如果另一个运动也是匀速的话，而且，它在同一时间里所传送的长度，就将是一个存在于整体与其一半之间的中项比例项。

设平行四边形 ABDC 的边 AB（见本书附录第十六章图图 11），被理解为一匀速运动受到推动，直到它与 CD 相一致；设运

第十六章　论加速与匀速运动，并论集合运动

动的时间为ＡＣ或ＢＤ。在同一时间里，再设边ＡＣ被理解为以匀加速运动受到推动，直到它与ＢＤ相一致；然后，在Ｅ这个中点划分ＡＢ，设ＡＦ成为存在于ＡＢ与ＡＥ之间的一个中项比例项；而且，画ＦＧ平行于ＡＣ，设边ＡＣ被理解为在同一时间ＡＣ，以匀速运动受到推动，直到运行至与ＦＧ相一致。我则说：整个ＡＢ，当运动ＡＣ受到匀加速运动的推动，直到其达到ＢＤ时，它对被置放到Ａ点的那个物体的速度的贡献，就与ＡＥ这个部分，当边ＡＣ以匀速运动在同一时间里被推动达到ＦＧ时，所作的贡献是一样的。

因为既然ＡＦ是存在于整个ＡＢ与其一半ＡＥ之间的一个中项比例项，ＢＤ，依据本章第 13 节，就将是由ＡＣ，以匀加速运动，直到其达到同一ＢＤ而获得的最后的动力；这样，直线ＦＢ就将超出，凭借这一超出，由ＡＣ以匀加速运动传送的这一长度，就将超出同一ＡＣ在同一时间以匀速运动，并且以到处等同于ＢＤ的动力，所传送的长度。因此，如果整个ＡＢ在ＡＣ匀速运动到ＦＧ的同一时间，匀速地运动到ＣＤ，则部分ＦＧ，既然它与被假定仅仅运动到ＦＧ的边ＡＣ的运动根本不会同时发生，它就对它的运动提供不出任何帮助。再者，假定边ＡＣ以匀加速运动被推动到达ＢＤ，以匀速运动到达ＣＤ的边ＡＢ，当物体在所有的平行线上加速运动时，它对物体的推动，就将比小于物体完全不作加速运动的时候；而且，物体所作的加速运动大多少，它对物体的推动也就小多少，这一点在本章第 12 节中便已经证明过了。因此，当ＡＣ以加速运动存在于ＦＧ上的时候，这个物体并不存在于在边ＣＤ的Ｇ点上，而是存在于Ｄ点上；以致ＧＤ就将是超出，凭借

这一超出，以加速运动传送到ＢＤ的长度，便超出以匀速运动传送到ＦＧ的长度；从而，这个物体便借着它的加速运动而避开了部分ＡＦ的作用，而在时间ＡＣ到达边ＣＤ，而造成了长度ＣＤ，而ＣＤ等同于长度ＡＢ。因此，在时间ＡＣ从ＡＢ到ＣＤ的匀速运动，在整个线段ＡＢ上，对那个从ＡＣ到ＢＤ作匀加速运动的物体的作用，与ＡＣ在同一时间以匀速运动运行到ＦＧ，并没有什么两样；其差别仅仅在于：当ＡＢ作用于那个从ＡＣ到ＦＧ作匀速运动的物体时，加速运动因此而超出匀速运动，是整个存在于ＦＢ或ＧＤ中的；但当同一ＡＢ作用于加速运动的物体时，加速运动之超出匀速运动，是分散到ＡＢ或ＣＤ的整个长度之上的，从而，如果它被集合到一起，它就等于同一ＦＢ或ＧＤ。因此，如果包含着一个角的两个边在同一的时间里，被推向与之相反的两边，其中一边具有匀速运动，另一边具有匀加速运动；作匀速运动的这一边，以它的集合，通过所传送的整个长度，所造成的影响，就会和另一个运动所造成的影响一样大。这正是原本要证明的。

19. 还有，如果一个物体为两个运动物体一起推动，其中一个作匀速运动，另一个作加速运动，而且，其长度与其时间的比例在数值上是可以说明的，何以找出那个物体所绘制的线段之所是

如果两个被传送的长度对于它们的时间具有可以用数字说明的任何别的比例，边ＡＢ在Ｅ点被划分开，使ＡＢ以所传送的长度所具有的对于它们得以传送的时间所具有的同样的比例，相对

第十六章 论加速与匀速运动，并论集合运动

于ＡＥ，在ＡＢ与ＡＥ之间取一个中项比例项ＡＦ；则借同样的方法便可以证明：受到匀速运动推动的这个边，以它的集合通过整个长度发挥的作用，与另外一个也是匀速运动的运动所发挥的作用是一样的，而且，在同一时间ＡＣ所传送的长度也是那个中项比例项ＡＦ。

关于集合运动，就讲这么多。

第十七章　论有缺陷的图形

1.有缺陷图形的定义;完全图形的定义;有缺陷图形的补形的定义;关于相互之间成比例与可通约的比例的定义——2.有缺陷的图形与其补形的比例——3.有缺陷的图形与在其在一个图表中所绘制的平行四边形的比例——4.同一个图形的绘制与比例——5.绘制它们的切线——6.同样的图形以什么样的比例超出同高同底的直线三角形——7.关于在一个圆柱体上所绘制的立体的有缺陷的图形的表格——8.相同的图形以什么样的比例超出同高和同底的锥形——9.一个平面的有缺陷的图形何以能够在一个平行四边形里绘制出来,致使它能够成为一个同底同高的三角形,就如另一个有缺陷的平面的或立体的两次使用的图形能够成为同样有缺陷的图形,连同那个绘制出来的完全的图形——10.把在一个平行四边形中绘制的有缺陷的图形的一些特性转移到以不同速度传递的空间的比例上去——11.论在圆里所绘制的有缺陷的图形——12.在第2节里所推证出来的定理由哲学原理予以证实——13.对一个球的一部分的表面同一个圆之间的相等进行推理的一种异乎寻常的方式——14.如何从对一个平行四边形中的有缺陷的图形的绘制中,把存在于两条给定线段之间的任何数量的中项比例项找出来

1. 有缺陷图形的定义;完全图形的定义;有缺陷图形的补形的定义;关于相互之间成比例与可通约的比例的定义

我把那些可以被理解为具有一定量的匀速运动所产生,但可

以连续不断地减少，直到最后完全没有一点量值的图形，称之为有缺陷的图形(deficient figures)。

而我所谓完全图形(a complete figure)，是对应于上述有缺陷的图形而言的，这种图形是由一始终保持着其完整量值，以同一运动在同一时间里产生出来的。

有缺陷图形的补形(the completement)，是那种添加到有缺陷图形之上使之得以完整的图形。

四个比例，当其中第一个与第二个的比值同第三个与第四个的比值相等时，就被说成是**成比例**的。例如，如果第一个比例项是第二个的两倍，而第三个又是第四个的两倍，则这些比例就被说成是成比例的。

而可通约的(commensurable)比例，则是指那些是相互的比例，就像数与数是相互的一样。因为对于一个既定的比例来说，一个比例是它的两倍，另一个是它的三倍，则那两倍的比例与那三倍的比例的比值即为 2：3；而对于那个即定的比例来说，其比值就将是 2：1；从而，我把这三个比例称作是可通约的。

2. 有缺陷的图形与其补形的比例

一个有缺陷的图形是由某一按照处处成比例的可通约的比例，连续地成比例地减少、直到减少到零的量值所造成的。它之对于它的补形，一如整个顶垂线对于一个随时缩减的顶垂线的比例，之对于这绘制着这一图形的整个量值之对于同时缩减的同一个量值的比例。

设量 AB（见本书附录第十七章图图 1），用它的穿过顶垂线

248　ＡＣ的运动来绘制完全图形ＡＤ；然后，设同一个量，用连续减少到无至点Ｃ来绘制有缺陷的图形ＡＢＥＦＣ，其补形将是图形ＢＤＣＦＥ。现在，我们来设定ＡＢ移动到ＧＫ，这样，其高度减少到了ＧＣ，而ＡＢ线段也减少到了ＧＥ；同时，设整个高ＡＣ之对于所缩减的高ＧＣ的比例，三倍于整个量ＡＢ或ＧＫ之对于所缩减的量ＧＥ的比例。以同样的方式，设ＨＩ与ＧＥ相等，并且让它减少至ＨＦ；设ＧＣ与ＨＣ的比三倍于ＨＩ与ＨＦ之比；并且，对直线ＡＣ上尽可能多的部分作同样的处置；然后，画一条过点Ｂ、Ｅ、Ｆ和Ｃ的线。我则说：有缺陷的图形ＡＢＥＦＣ对它的补形ＢＤＣＦＥ之比是３：１，或者说是一如ＡＣ对ＧＣ的比之对于ＡＢ的比，亦即ＧＫ对ＧＥ的比。

　　因为依据第十五章第２节，补形ＢＥＦＣＤ对有缺陷的图形ＡＢＥＦＣ的比完全是ＤＢ对ＢＡ、ＯＥ对ＥＧ、ＱＦ对ＦＨ的比，也就是所有那些同ＢＥＦＣ曲线的终点ＤＢ相平行的线段之对于所有那些同曲线ＢＥＦＣ的相同各点所终止的ＡＢ相平行的平行线的比。而且，既然ＤＢ对ＯＥ以及ＤＢ对ＱＦ等等的比，在任何地方，都三倍于ＡＢ对ＧＥ以及ＡＢ对ＨＦ等等的比，则ＨＦ对ＡＢ和ＧＥ对ＡＢ等等的比，依据第十三章第16节，也就三倍于ＱＦ对ＤＢ以及ＯＥ与ＤＢ等等的比。因此，有缺249　陷的图形ＡＢＥＦＣ，作为ＨＦ、ＧＥ、ＡＢ等所有这些线段的集合，也就三倍于由ＱＦ、ＯＥ、ＤＢ等所有这些线段组合而成的补形ＢＥＦＣＤ。这正是原本要证明的。

　　由此，我们便可以得出结论说：这一补形ＢＥＦＣＤ是整个平行四边形的四分之一。而且，依据同样的方法，对所有其他有缺陷

第十七章　论有缺陷的图形

的图形中,这一平行四边形对它的其他部分的比,都是可以计算出来的。同样,当这些平行线从一点按相同比例增加时,这一平行四边形便被划分成了两个相等的三角形;当一条平行线的增值是另一条的两倍时,它就被划分成了一条半抛物线及其补形,或者划分成了2与1。

如果运用同样的制图法,则我们也可以在其他方面推证出同样的结论。

画线ＣＢ在Ｌ处同ＧＫ相交,过点Ｌ画ＭＮ平行于直线ＡＣ;这样,平行四边形ＧＭ和ＬＤ就将是相等的。然后,把ＬＫ划分为三个相等的部分,这样,具有ＡＣ对ＧＣ,或者ＧＫ对ＧＬ同一比例的这些部分中的每一个便都具有ＧＫ对ＧＥ的比例。因此,ＬＫ将是那三个部分中的一个,虽然ＧＫ与ＧＬ之间的算术比例,就是ＧＫ与缺乏ＬＫ三分之一的同一个ＧＫ之间的算术比例;而ＫＥ就将比ＬＫ的三分之一大一点。现在 既然高ＡＧ或ＭＬ,由于连续减少的缘故,就被设定为比任何一个给定的量都小些。在对角线ＢＣ和边ＢＤ之间所截取的ＬＫ,也会比任何一个给定的量都小些。因此,如果Ｇ被放在更靠近Ａ的 g 点,当Ｃg和ＣＡ之间的差比所指定的任何一个量都小时,则ＣＩ(移动Ｌ到 l)和ＣＢ之间的差也就会比任何一个指定的量要小些。然后,画线 gI 并延长至线ＢＤ至 k 点,在 e 点同曲线相交,则Ｇk对Ｇl 的比就也将三倍于Ｇk对Ｇe 的比;并且,k 与 e 之间的差,即 kl 的三分之一,就将比能够给定的任何一个量都要小些。因此,平行四边形 eD 与平行四边形 Ae 之间的差就会比任何一个指定的量要小些。又,画ＨＩ平行且等于ＧＥ,与ＣＢ相交于点

P，与曲线相交于点 F，与 OE 相交于 I，则 C g 对 C H 的比将三倍于 H F 对 H P 的比，而 I F 也将大于 P I 的三分之一。但是，又，使 H 在 h 点与 g 非常靠近，以至于 C h 与 C g 之间的差可以看作一个点，同时，点 P 也将在 p 处非常靠近 l，以致 C p 与 C l 之间的差也可以看作是一个点。画 h p 直到在 i 点同 B D 相交，在 f 点同那条曲线相交，这样，再画 e o 平行于 B D，在 o 点同 D C 相交之后，平行四边形 f o 同平行四边形 g f 的三分之一的差别就将比能够给定的任何一个量都要小一些。并且，所有以同样方式产生出来的别的空间，其情况也将如此。因此，算术方法同几何学方法的差别只是在于：由 B，e，f 等等许许多多的点（既然整个图形都是由许许多多的不可分的空间构成的）构成一条线，如线 B E F C，而这条线将把完全图形 A D 划分成两部分，其中一个，即我称之为有缺陷的图形的 A B E F C，将三倍于另一个，即我称之为其补形的 B D C F E。在这种情况下，这些高相互之间的比例在任何地方都将三倍于逐渐减小的量相互之间的比例。同样，如果它们的高之间的比例到处都四倍于逐渐减少的量的比例，则我们就有可能推证出这一有缺陷的图形是它的余形的四倍；任何一个别的比例也是如此。因此，一个有缺陷的图形之被绘制出来，等等，也就被证明出来了。

同样的规则也适用于圆柱体底部的减少。这一点在第十五章第 2 节中已经证明过了。

3. 有缺陷的图形与在其在一个图表中所绘制的平行四边形的比例

根据这一定理，所有有缺陷的图形的大小，当它们的底部不断

第十七章 论有缺陷的图形

减少的比例同它们的高的减少成比例时,就可以同它们的补形相比较;并且因此,可以同它们的完全图形相比校。而且,它们也将被发现和我在下述表格中所表明的那样;在这些表格中,我拿一个平行四边形同三边形相比;并且,首先是同一个三角形相比,这个三角形很可能是由整个平行四边形的一个底边连续不断地减小,以致它们的高始终同这些底一样相互之间成比例;而整个三角形也就同样等于它的补形。或者,这些高和底的比例就将是1比1,并且因此,这个三角形就将是这个平行四边形的一半。其次,同那个由这些底的不断减少所形成的三边形相比较,它与高的减少平方根的比例。这样,这个有缺陷的图形将会双倍于它的补形,并且同这个平行四边形成2∶3的比例。因此,在这些高的比例三倍于这些底的比例的地方,这一有缺陷的图形就将三倍于它的补形,而与这个平行四边形则成3∶4的比例。而且,这些高同这些底的比例可以成为3∶2;并且因此,这一有缺陷的图形同它的补形的比例也将是3∶2,同这个平行四边形的比例将会为3∶5;如此类推,如果所采用的比例中项越多,或者这些比例越是增多,在下列的表中看到的可能就越多。例如,如果这些底边一直减少,直到这些高的比例同这些底的比例始终为5∶2,并且这被要求成为这个图形同平行四边形的比例,这被假定为统一。那么,既然这个比例被5次采用,那就必定有4个比例中项。现在,我们来看一看这个具有四个比例中项的三边形的表格,既然这个比例为5∶2,看标着数字2的最上一排,从第2栏下降到你看到三边形,你将发现$\frac{5}{7}$;这表明这个有缺陷的图形之同这个平行四边形的比例为$\frac{5}{7}$∶1,或作

5∶7。现图示如下：

	1	2	3	4	5	6	7
平行四边形······	1	∶	∶	∶	∶	∶	∶
三边形········	$\frac{1}{2}$	∶	∶	∶	∶	∶	∶
具有1个中项的三边形·	$\frac{2}{3}$						
具有2个中项的三边形·	$\frac{3}{4}$	$\frac{3}{5}$	∶	∶	∶	∶	∶
具有3个中项的三边形·	$\frac{4}{5}$	$\frac{4}{6}$	$\frac{4}{7}$	∶	∶	∶	∶
具有4个中项的三边形·	$\frac{5}{6}$	$\frac{5}{7}$	$\frac{5}{8}$	$\frac{5}{9}$	∶	∶	∶
具有5个中项的三边形·	$\frac{6}{7}$	$\frac{6}{8}$	$\frac{6}{9}$	$\frac{6}{10}$	$\frac{6}{11}$	∶	∶
具有6个中项的三边形·	$\frac{7}{8}$	$\frac{7}{9}$	$\frac{7}{10}$	$\frac{7}{11}$	$\frac{7}{12}$	$\frac{7}{13}$	∶
具有7个中项的三边形·	$\frac{8}{9}$	$\frac{8}{10}$	$\frac{8}{11}$	$\frac{8}{12}$	$\frac{8}{13}$	$\frac{8}{14}$	$\frac{8}{15}$

4. 同一个图形的绘制与比例

现在，为了更好地理解三边形的性质，我将说明它们可以由点来绘制。首先，是表里第一栏中的图形。任何一个平行四边形，如ＡＢＣＤ（见本书附录第十七章图图2），在被绘制时，画出对角线ＢＤ；而三角形ＢＣＤ是平行四边形的一半；然后，画任何数量的线，如ＥＦ，平行于边ＢＣ，并且同对角线ＢＤ相交于Ｇ；并让它无论在哪儿，就像ＥＦ到ＥＧ那样，ＥＧ也同样相比于另一个量，ＥＨ；通过所有点Ｈ画线ＢＨＨＤ；图形ＢＨＨＤＣ就是我所谓具有一个中项的三边形，因为在三个像ＥＦ、ＥＧ和ＥＨ的三个比例中，只有一个中项，即ＥＧ；而这个三边形将是这个平行四边形的$\frac{2}{3}$，而这个也就是所谓抛物线（a parabola）。又让它像ＥＧ对于

第十七章 论有缺陷的图形

EH那样，EH也同样相对于另一个量，EI，并且画出线段BII D，从而绘制出三边形BIIDC；而这将是这个平行四边形的$\frac{3}{4}$，而这也就是为许多人称作的**三次抛物线**（a *cubic parabola*）。同样，如果这些比例在EF点上进一步继续，那就会绘制出第I栏中所有其余的三边形。这样，就被推证出来了。画出线段，如HK和GL，平行于底边DC。既然EF同EH的比三倍于EF对EG，或BC对BK的比，亦即CD对LG，或KM对KH的比，则BC对BK的比，就将两倍于KM对KH的比。但是，正如BC之对于BK的比，DC或KM对于KH的比也同样如此；从而，KM对于KN的比两倍于KM对KH的比；这就将是平行线KM置放的无论什么地方。因此，图BHHDC两倍于它的补形BHHDA，并且因而是整个平行四边形的$\frac{2}{5}$。同理，如果通过I画OPIQ平行于并且等于CD，那就可以证明出OQ对OP的比，亦即BC对BO的比，三倍于OQ对OI的比，并且因此，图BIIDC就三倍于它的补形BIIDA，从而是整个平行四边形的$\frac{3}{4}$。如此类推。

其次，处于任何一个横排中的这样一个三边形，都是可以这样画出来的。设ABCD（见本书附录第十七章图图3）为一个平行四边形，其对角线为BD。我将在其中画这样一些图形，就如我在前面的表中我所谓具有三个中项的三边形。平行于DC，如有必要，我就画EF，相切BD于G；并且在EF和EG之间，我取三个比例EH、EI和EK。如果现在通过点H、I和K画出若干条线段，则通过点Ｈ的所有线段便构成图ＢＨＤＣ，即那些三边形中的第一个；而通过点Ｉ的所有线段便构成图ＢＩＤＣ，即那些三边形中的第二个；而那些通过点Ｋ画出来的所有线段，将构成图ＢＫＤＣ，即那些三边形中的第三个。这些图形中的第一个，既然ＥＦ对ＥＧ的比例是ＥＦ对ＥＨ的比例的四倍，便将同它的补形之比为４∶１，与其平行四边形的比为４∶５。这些图形中的第二个，既然ＥＦ对ＥＧ的比同ＥＦ对ＥＩ的比之比为４∶２，也就将双倍于它的补形，并且是整个平行四边形的$\frac{4}{6}$或$\frac{2}{3}$。这些图形中的第三个，既然ＥＦ对ＥＧ的比例之同ＥＦ对ＥＫ的比例之比为４∶３，同它的补形之比为４∶３，同这个平行四边形的比例之比为４∶７。

被绘制的这样一些图形中的任何一个都可以随心所欲地绘制出来；设ＡＢＣＤ（见本书附录第十七章图图４）为一个平行四边形，并且画出ＢＫＤＣ，亦即具有三个中项的第三个三边形。设ＢＤ无定限地延长至Ｅ，画ＥＦ平行于底边ＤＣ，相切ＡＤ于Ｇ点，相切ＢＣ于Ｆ点；而在ＧＥ中取点Ｈ，使ＦＥ同ＦＧ的比有可能是ＦＥ同ＦＨ的比的四倍；这可以经由使ＦＨ成为ＦＥ和ＦＧ之间的三个比例中的最大的一个形成；画出曲线ＢＫＤ的延长线，将通过点Ｈ。因为如果画出线段ＢＨ，在Ｉ点同ＣＤ相切，并且画ＨＬ平行于ＧＤ，在Ｌ点同ＣＤ相交；那像ＦＥ对ＦＧ那样，ＣＬ对ＣＩ的比也就同样四倍于ＦＥ对ＦＨ的比，或ＣＤ对ＣＩ的比。因此，如果画出线ＢＫＤ，则它将落到点Ｈ上。

５．绘制它们的切线

一条线段可以以这样的方式画出来，以至于在任何一个点上，

第十七章 论有缺陷的图形

以这样一种方式,触及到上述图形中的曲线。要求画一条切线在点Ｄ同曲线ＢＫＤＨ相交。把点Ｂ同点Ｄ连起来,然后画ＤＡ等于且平行于ＢＣ,把Ｂ同Ａ连接起来,由于这个图形被构建成具有三个中项的第三个图形,在ＡＢ上取三个点,这样由于它们,这同一条线便被分成四个相等的部分;从中取出三个,即ＡＭ,使ＡＢ可能相比于ＡＭ,恰如图ＢＫＤＣ同它的补形的比。这样,线段ＭＤ就将在给定的点Ｄ上触及到这个图形。因为要在ＡＢ与ＢＣ之间的任何一个点上画出一条平行线,如ＲＱ,分别在点Ｐ、Ｋ、Ｏ和Ｑ上同直线ＢＤ、曲线ＢＫＤ、直线ＭＤ,以及直线ＡＤ相交。因此,ＲＱ就将在ＲＱ与ＲＰ之间的几何学比例中是三个中项中最小的一个。因此,根据第十三章第28节的定理,ＲＫ将小于ＲＯ;并且因此,ＭＤ就将落在这个图形之外。现在,如果延长ＭＤ至Ｎ,ＦＮ就将在同样的ＦＥ和ＦＧ之间的三个中项中,就算术比例说,是最大的。因此,根据十三章第28节的同一条定理,ＦＨ就将小于ＦＮ;并且ＤＮ因此就将落在这个图形之外,而直线ＭＮ也将仅仅在点Ｄ上触及到同一个图形。

6. 同样的图形以什么样的比例超出同高同底的直线三角形

既然已经知道了有缺陷的图形同它的补形的比,我们也就能够知道一个三角形所具有的对于这一有缺陷的图形超出同一个三角形的比例了:我在下列表格中已经指出了这些比例;如果你要寻求,例如,具有五个中项的第四个三边形超出同高同底的三角形多少,就会在具有五个中项的三边形的第四栏的群集里找到$\frac{2}{10}$;它所表示的意思在于:这个三边形超出同一个三角形的十分之二或五分之一。现图示如下:

		1	2	3	4	5	6	7
	这个三角形······	1	:	:	:	:	:	:
超出者	具有1个中项的三边形·	$\frac{1}{3}$						
	具有2个中项的三边形·	$\frac{2}{4}$	$\frac{1}{5}$					
	具有3个中项的三边形·	$\frac{3}{5}$	$\frac{2}{6}$	$\frac{1}{7}$				
	具有4个中项的三边形·	$\frac{4}{6}$	$\frac{3}{7}$	$\frac{2}{8}$	$\frac{1}{9}$			
	具有5个中项的三边形·	$\frac{5}{7}$	$\frac{4}{8}$	$\frac{3}{9}$	$\frac{2}{10}$	$\frac{1}{11}$		
	具有6个中项的三边形·	$\frac{6}{8}$	$\frac{5}{9}$	$\frac{4}{10}$	$\frac{3}{11}$	$\frac{2}{12}$	$\frac{1}{13}$	
	具有7个中项的三边形·	$\frac{7}{9}$	$\frac{6}{10}$	$\frac{5}{11}$	$\frac{4}{12}$	$\frac{3}{13}$	$\frac{2}{14}$	$\frac{1}{15}$

7. 关于在一个圆柱体上所绘制的立体的有缺陷的图形的表格

在下一个表里,记录下来的是一个圆锥和那个所谓三边形的立体的比,亦即在它们和一个圆柱体之间的比例。例如,在具有四个中项的三边形的第二栏的集群中,你有5∶9的比例;这会使你理解到具有四个中项的第二个三边形的立体之对于这个圆柱体比例是$\frac{5}{9}$∶1,或者为5∶9。现图示如下:

第十七章　论有缺陷的图形

		1	2	3	4	5	6	7
立体	一个圆柱体······	1	:	:	:	:	:	:
	一个圆锥······	$\frac{1}{3}$	:	:	:	:	:	:
	具有1个中项的三边形	$\frac{2}{4}$	:	:	:	:	:	:
	具有2个中项的三边形	$\frac{3}{5}$	$\frac{3}{7}$	:	:	:	:	:
	具有3个中项的三边形	$\frac{4}{6}$	$\frac{4}{8}$	$\frac{4}{10}$	:	:	:	:
	具有4个中项的三边形	$\frac{5}{7}$	$\frac{5}{9}$	$\frac{5}{11}$	$\frac{5}{13}$	:	:	:
	具有5个中项的三边形	$\frac{6}{8}$	$\frac{6}{10}$	$\frac{6}{12}$	$\frac{6}{14}$	$\frac{6}{16}$	:	:
	具有6个中项的三边形	$\frac{7}{9}$	$\frac{7}{11}$	$\frac{7}{13}$	$\frac{7}{15}$	$\frac{7}{17}$	$\frac{7}{19}$	:
	具有7个中项的三边形	$\frac{8}{10}$	$\frac{8}{12}$	$\frac{8}{14}$	$\frac{8}{16}$	$\frac{8}{18}$	$\frac{8}{20}$	$\frac{8}{22}$

8. 相同的图形以什么样的比例超出同高和同底的锥形

最后,具有所谓三边形的立体对同高同底的圆锥的超出如下表所示:

		1	2	3	4	5	6	7
超出	这个圆锥······	1	:	:	:	:	:	:
	具有1个中项的三边形立体的······	$\frac{6}{12}$	:	:	:	:	:	:
	具有2个中项的···	$\frac{12}{15}$	$\frac{6}{21}$	:	:	:	:	:
	具有3个中项的···	$\frac{18}{18}$	$\frac{12}{24}$	$\frac{6}{30}$	:	:	:	:
	具有4个中项的···	$\frac{24}{21}$	$\frac{18}{27}$	$\frac{12}{33}$	$\frac{6}{39}$	:	:	:
	具有5个中项的···	$\frac{30}{24}$	$\frac{24}{30}$	$\frac{18}{36}$	$\frac{12}{42}$	$\frac{6}{48}$	:	:
	具有6个中项的···	$\frac{36}{27}$	$\frac{30}{33}$	$\frac{24}{39}$	$\frac{18}{45}$	$\frac{12}{51}$	$\frac{6}{57}$	:
	具有7个中项的···	$\frac{42}{30}$	$\frac{36}{36}$	$\frac{30}{42}$	$\frac{24}{48}$	$\frac{18}{54}$	$\frac{12}{60}$	$\frac{6}{66}$

9. 一个平面的有缺陷的图形何以能够在一个平行四边形里绘制出来，致使它能够成为一个同底同高的三角形，就如另一个有缺陷的平面的或立体的两次使用的图形能够成为同样有缺陷的图形，连同那个绘制出来的完全的图形

如果这些有缺陷的图形中的任何一个，我现在将要讲到它们，如ＡＢＣＤ（见本书附录第十七章图图5）内接于完全图形ＢＥ，有ＡＤＣＥ作为它的补形；并且使ＣＢ延长至三角形ＡＢＩ；画出平行四边形ＡＢＩＫ；画出一条线平行于直线ＣＩ，任何一条线，如ＭＦ，它们中的每一个都在Ｄ点同有缺陷图形的曲线相交，在Ｈ点、Ｇ点和Ｌ点同直线ＡＣ、ＡＢ和ＡＩ相交；而且，同ＧＦ之对于ＧＤ的比一样，ＧＬ同另一条线，即ＧＮ的比也同样如此；通过Ｎ的所有各点，画出曲线ＡＮＩ将会有一个有缺陷的图形，其补形将为ＡＮＩＫ。我则说：图形ＡＮＩＢ之对于三角形ＡＢＩ，就将像两次采用的有缺陷的图形ＡＢＣＤ之对于同一个有缺陷的图形，加上完全的图形ＢＥ。

因为正像ＡＢ之对于ＡＧ，亦即ＧＭ之对于ＧＬ的比例，就是ＧＭ之对于ＧＮ的比例那样，根据本章第2节，图ＡＮＩＢ的大小之对于它的补形ＡＮＩＫ的大小的比例也同样如此。

但根据同一节，像ＡＢ对ＡＧ，亦即ＧＭ对ＧＬ的比是ＧＦ对ＧＤ，亦即ＧＬ对ＧＮ的比那样，图ＡＢＣＤ对它的补形ＡＤＣＥ便也同样如此。

而且，由于组合，像ＧＭ对ＧＬ的比例，连同ＧＬ之对于ＧＮ

的比例，为ＧＭ之对于ＧＬ的比例那样，完全图形ＢＥ之对于有缺陷的图形ＡＢＣＤ的比例也同样如此。

而且，由于换算或变位，像ＧＭ之对于ＧＬ的比例既是ＧＭ对于ＧＬ的比例，也是ＧＬ之对于ＧＮ的比例，亦即为ＧＭ之对于ＧＮ的比例，后者是前面两者组合而成的比例，完全图形ＢＥ之对于有缺陷的图形ＡＢＣＤ也同样如此。

但既然ＧＭ之对于ＧＬ的比例即为ＧＭ之对于ＧＮ的比例，图ＡＮＩＢ之对于图ＡＮＩＫ的比例便也是如此。并且因此，ＡＢＣＤ.ＢＥ：ＡＮＩＢ.ＡＮＩＫ便都是比例项。并且由于组合，ＡＢＣＤ＋ＢＥ.ＡＢＣＤ：ＢＫ.ＡＮＩＢ也都是比例项。

而且，通过两倍于这些后项，ＡＢＣＤ＋ＢＥ.2ＡＢＣＤ∷ＢＫ.2ＡＮＩＢ便也是比例项。

但若取第三项和第四项的一半，则ＡＢＣＤ＋ＢＥ.2ＡＢＣＤ∷ＡＢＩ，ＡＮＩＢ也是比例项；这是已经证明过了的。

10. 把在一个平行四边形中绘制的有缺陷的图形的一些特性转移到以不同速度传递的空间的比例上去

由上述就在一个平行四边形中所绘制的有缺陷的图形所谈论的原理中，我们不难发现：在确定时间里，以加速运动传送的空间所具有的同时间本身的比例，是由运动的物体在不同时间里以一个或一个以上的速度受到加速而定的。

设平行四边形ＡＢＣＤ（见本书附录第十七章图图6），并且在其中把三边形ＤＥＢＣ绘制出来；画线段ＦＧ，使之在任何地方都平行于底边，同对角线ＢＤ相交于点Ｈ，且同曲线ＢＥＤ相交于点Ｅ；然后，使ＢＣ对ＢＦ的比例，例如，三倍于ＦＧ对ＦＥ的比例；于是，图ＤＥＢＣ将三倍于它的补形ＢＥＤＡ；同样，画ＩＥ平行于ＢＣ，则三边形ＥＫＢＦ就将三倍于它的补形ＢＫＥＩ。因此，为平行于底边的直线从顶点切割下来的有缺陷的图形的各个部分，即ＤＥＢＣ和ＥＫＢＦ，相互之间的比恰如平行四边形ＡＣ和ＩＦ之比；也就是说，它们为高和底的比复合而成的比例。既然高ＢＣ对高ＢＦ的比三倍于底ＤＣ对底ＦＥ的比，则图ＤＥＢＣ对图ＥＫＢＦ的比就将四倍于ＤＣ对ＦＥ的比。而且，按照同样的方法，我们就可以发现所说的三边形的任何一个所具有的同由一条平行于底边的直线从顶点切割的同一个图形的任何一个部分的比例。

这样，正如这一图形可以被理解为是由底边，如ＣＤ，连续不断的减少，直至一个终点，如Ｂ，所形成的那样，它们也同样可以被理解为一个点，如Ｂ，连续不断地增加，直至它获得一定的长度，如ＣＤ，而形成的。

现在，我们设图ＢＥＤＣ是由点Ｂ增加至一定的长度ＣＤ而形成的。既然ＢＣ对ＢＦ的比例三倍于ＣＤ对ＦＥ的比例，则ＦＥ对ＣＤ的比例，也将会三倍于ＢＦ对ＢＣ的比例。我马上就会证明出这一点。因此，如果线段ＢＣ是由点Ｂ在一定时间里的运动形成的，则图ＥＫＢＦ就将以同样的方式表现出在时间ＢＣ间所增加的速度的总和。既然图ＥＫＢＦ对ＤＥＢＣ的比例是由高对高，底边对底边的比例组合而成的，既然ＦＥ对ＣＤ的比三倍于ＢＦ对ＢＣ的比，则图ＥＫＢＦ对图ＤＥＢＣ的比就将四倍于ＢＦ对ＢＣ的比，也就是说，在时间ＢＦ上速度的总和同在

第十七章 论有缺陷的图形

时间 BC 上速度的总和之比例,将四倍于 BF 对 BC 的比例。因此,如果一个物体以这样增加的速度从 B 点运动,以致在时间 BF 获得的速度之对于在时间 BC 间所获得的速度,将三倍于时间本身 BF 对 BC 的比例,而这个物体在时间 BF 期间就将被带至 F 点;同一个物体在时间 BC 期间也将会以 BF 对 BC 的连续的比例受到推动,穿过一条等同于第五个比例项的线段。以同样的工作方式,我们还可以决定以任何一个别的比例不断增加的速度所经过的空间。

我还要证明 FE 与 CD 的比三倍于 BF 对 BC 的比。既然 CD,亦即 FG 对 FE 的比不足 BC 对 BF 的比的三倍,则 FG 与 FE 的比便也将不足 FG 对 FH 的比的三倍。因此,FG 对 FH 的比也将小于 FG,亦即 CD 对 FE 的比的三倍。但在四个连续的比例项中,最小的是第一个,第一个对第四个的比,依据第十三章第 16 节,小于第三个与第四个的比的三倍。因此,FH 与 GF 的比也就小于 FE 对 CD 的比的三倍;因此,FE 对 CD 的比三倍于 FH 对 FG 的比,亦即 BF 对 BC 的比;这正是原本要证明的。

由此便可以断定:当一个物体的速度与时间的速度同比增加时,速度相互之间高出的程度如一个接一个的自然数,也就是 1,2,3,4 等等连续增加。而当速度以时间的平方的比例增加①时,其增加的程度便如自然数序列一个跳过一个进行,如 1,3,5,7 等等。

---

① 这句话的原文为:"the velocity is increased in proportion duplicate to that of the times"。其中,duplicate 一词的基本含义是"二重的",既可以汉译为"二倍",也可以汉译为"二次方"或"平方"。在这里,我们依据上下文,将其译作"平方"。——译者

最后,当速度的比例相应于时间的立方的比例①时,则等级的进展便如在自然数序列中每一个地方都隔两个数字进行,如1,4,7,10等等。其他比例亦复如此。至于几何学比例项,当它们在每一个点上取定后,便同算术比例项一样。

11. 论在圆里所绘制的有缺陷的图形

再者,需要说明的是:正如在由任何一个不断增加的大小所造成的量中一样,这些图相互之间的比例也同样是它们的高之比同它们底边的比。在由不断增加的运动中也是如此,这种运动不是别的,只是或大或小的图形得以绘制出来的力。因此,在阿基米德对螺线的描述中,螺线是由一个圆的半径以与该圆圆周减少的比例同样的比例,不断减少而形成的,包含在半径和螺线之内的空间,是整个圆的三分之一。因为,圆的半径,就圆被理解为是由它们组合而成而言,也就是这么多扇形。并且因此,在对螺线的绘制中,绘制它的诸多扇形也以两倍于与其相内接的该圆圆周减少的比例而减少。于是,该螺线的补形,亦即该圆中处于该螺线之外的空间,将两倍于该螺线之内的空间。同样,如果在该圆的半径(其包含着该螺线)与处于其内部的半径的部分之间的任何地方,取一个比例中项,那就会造成另一个图形,它将是该圆的一半。由此可以推断,这项规则将有助于说明所有那些可以由在大小或力的方面不断减小的线或面绘制出来的空间。这样,如果它们减小的这

---

① 这句话的原文为:"the proportion of velocities are triplicate to those of the times"。其中,triplicate一词的基本含义是"三重的",既可以汉译为"三倍",也可以汉译为"三次方"或"立方"。在这里,我们依据上下文,将其译作"立方"。——译者

些比例与它们所减少的时间的比例是同量的,则它们所绘制的图形的大小就可以知道了。

12. 在第 2 节里所推证出来的定理由哲学原理予以证实

我在本章第 2 节里所证明的那条定理,乃是关于有缺陷的图形所说过的一切的基础,其真理性可以由哲学原理推导出来。两个结果之间的平等和不平等,亦即所有的比,都是由作为这些结果的原因的相等和不相等产生出来的或者是由后者决定的,或者是由与一个结果同时发生的诸多原因所具有的同与另一个结果之产生同时出现的诸多原因的比例所产生出来的。因此,诸量之间的这些比例与它们的原因的比例是一样的。既然两个有缺陷的图形,其中一个是另一个的补形,一个是由在一定时间里以一定比例的运动造成的,另一个是在同一时间里运动的丧失造成的。这些原因造成并决定这两个图形的量,以至于它们只能如此,并且仅仅在这一点不同,产生该图形酌量从它的绘制中产生出来的比例,亦即所有时间和高的补数的比例,可以是别的比例,而不是同样产生的量在造成该图形的补形时所减小的比例,也就是产生该图形的连续不断减小的量的比例。因此,正如失去运动的时间的比例之为有缺陷的图形借以产生的不断减小的量的比例那样,整个有缺陷的图形或补形也就将同样为所产生的图形本身。

13. 对一个球的一部分的表面同一个圆之间的相等进行推理的一种异乎寻常的方式

还有一些别的量是可以由关于它们的原因的知识所确定的，也就是说，是可以从对它们借以产生的运动的比较来确定的。而且，这要比由几何学的普通原理来确定容易得多。例如，一个球体的任何一部分的表面都等于一个其半径为一条从该部分的顶端到它的底边的圆周线的线段的圆，我便可以按照这种方式推证出来。设（本书附录第十七章图）图 7 中 Ｂ Ａ Ｃ 是一个球的一部分，其轴线为 Ａ Ｅ，其底边为 Ｂ Ｃ；设 Ａ Ｂ 为从顶点 Ａ 到底边 Ｂ 点的线段；设 Ａ Ｄ，等于 Ａ Ｂ，在顶点 Ｃ 同大圆 Ｂ Ａ Ｃ 相切。由此可以证明：由半径 Ａ Ｄ 所形成的圆等同于 Ｂ Ａ Ｃ 部分的表面。把 Ａ Ｅ Ｂ Ｄ 理解为围绕着轴 Ａ Ｅ 所作的一个旋转；显然，通过直线 Ａ Ｄ，一个圆就可以绘制出来。而通过弓形 Ａ Ｂ，一个球的一部分的表面也可以绘制出来。最后，通过弦 Ａ Ｂ，一个锥体也可以绘制出来。现在，既然直线 Ａ Ｂ 和弓形 Ａ Ｂ 作出同样的旋转，它们两个也都有同样的端点 Ａ 和 Ｂ，则由弓形所形成的球的表面之大于由弦所造成的圆锥的表面的原因便在于弓形 Ａ Ｂ 大于弦 Ａ Ｂ。而它大的原因就在于：尽管它们都是从 Ａ 到 Ｂ 画出来的，然而，弦被画成直线，而弓形则被画成有角度的，也就是说，是按照弓形与弦一起造成的角度画出来的，而且该角度等同于角 Ｄ Ａ Ｂ。因为一个切线角并没有给一个弓形角增加什么东西，这一点在本书十四章第 16 节中便已证明出来了。因此，角 Ｄ Ａ Ｂ 的大小便是由弓形 Ａ Ｂ 所形成的那个部分的表面大于为线 Ａ Ｂ 所形成的圆锥的表面的原因。

再者，由切线ＡＤ形成的圆之大于由弦ＡＢ所形成的圆锥的表面（尽管切线和弦相等，并且两者都在同一时间作旋转运动）的原因在于：ＡＤ对该轴处于直角的位置，而ＡＢ则处于斜的位置；而其斜度正在于同一个角ＤＡＢ。既然角ＤＡＢ的量是那一构成该部分表面以及由半径ＡＤ所形成的圆这两个部分超出由弦ＡＢ所形成的圆锥的量，我们就可以推断出：该部分的表面和该圆的表面必定同样多地超出该圆锥的表面。因此，由ＡＤ或ＡＢ所形成的圆，以及由弓形ＡＢ所形成的球的表面，就是相互等量的。这正是原本要证明的。

14. 如何从对一个平行四边形中的有缺陷的图形的绘制中，把存在于两条给定线段之间的任何数量的中项比例项找出来

如果能够对我在一个平行四边形里所绘制的这些有缺陷的图形加以精确地绘制，那么，任何数量的比例中项就可以在两条给定的线段中找到。例如，在平行四边形ＡＢＣＤ（见本书附录第十七章图图8）中，绘制出具有两个比例中项的三边形，这可以称作**三次抛物线**；如果在其中找到两个比例中项，就可以这样作了。设它为Ｒ对Ｓ，就如ＢＣ对ＢＦ一样；画ＦＥ平行于ＢＡ，同该曲线相交于Ｅ点；那么，通过Ｅ画ＧＨ平行于且等于线段ＡＤ，且同对角线ＢＤ相交于Ｉ；这样，我们就获得了ＧＩ这一在ＧＨ和ＧＥ之间两个中项中较大的一个，就如在第4节中通过对图的绘制所出现的那样。因此，如果就像ＧＨ对于ＧＩ那样，则Ｒ对于另一

条线 T 也就同样如此；而 T 就将是 R 与 S 之间两个比例中项中较大的一个。因此，如果它再次像 R 对于 T 那样，则 T 对于另一条线 X 便也同样如此；而所需要作的事情也就这样完成了。

同样，四个比例中项也可以通过绘制具有四个中项的三边形找出来；而任何别的数量的比例中项也都可以这样找出来。

第十八章 论直线与抛物曲线的相等，与模拟抛物线造成的其他图形

1.找出一条直线,等同于半抛物线的曲线——2.找出一条直线,等同于第一半抛物曲线,或者等同于上章第3节表格中任何一个其他有缺陷图形的曲线

1. 找出一条直线,等同于半抛物线的曲线

在一个给定的抛物线中,找出一条直线等同于半抛物的曲线。

设给定抛物线为ＡＢＣ(见本书附录第十八章图图1),画出其直径ＡＤ,画出其底边ＤＣ;在平行四边形ＡＤＣＥ形成后,画线ＡＣ。然后,在点Ｆ处等分ＡＤ,画ＦＨ等于且平行于ＤＣ,在点Ｋ处与ＡＣ相交,在Ｏ点同抛物线相交;然后,在ＦＨ和ＦＯ之间取比例中项ＦＰ,画ＡＯ、ＡＰ和ＰＣ。这样,ＡＰ与ＰＣ两条线,合在一起组成一条线,便等于抛物线ＡＢＯＣ。

因为线ＡＢＯＣ,作为一条抛物线,由两个运动集合而成,一个从Ａ到Ｅ作匀速运动,另一个是在同一时间里从Ａ向Ｄ作匀加速运动;也由于从Ａ到Ｅ的运动是匀速的,ＡＥ便可以代表两个从开始到结束的运动的时间。因此,设ＡＥ为时间;从而在半

抛物线中的纵坐标上适用的线段便将指示出形成线ＡＢＯＣ的物体处于它的每一点的时间部分。这样，正如在时间ＡＥ或ＤＣ的终点时，它处于Ｃ点那样，在时间ＦＯ的终点，它将同样处于Ｏ点。由于在ＡＤ的速度是匀速增加的，也就是说，是以与时间同比增加的，在半抛物线中的纵坐标上适用的同样的线段也将标示出由底边ＤＣ所标示出来的该动力的连续不断的增大，直到其增至最大点。因此，设在Ａ点的物体在时间ＦＫ内在线段ＡＦ作匀速运动，则该物体由于在ＡＦ和ＦＫ的两个匀速运动的集合就将沿着线段ＡＫ作匀速运动；而ＫＯ也将是在时间ＦＫ之间所获得的动力的增加或加速；线段ＡＯ也将是两个在时间ＦＯ期间在ＡＥ和ＦＯ的匀速运动的交合形成的。从Ｏ画ＯＬ平行于ＥＣ，交ＡＣ于Ｌ；并且画ＬＮ平行于ＤＣ，交ＥＣ于Ｎ，且交抛物线于Ｍ；并且在ＡＤ的另一边将其延长至点Ｉ；而ＩＮ、ＩＭ和ＩＬ，由于一抛物线的构建，就将处于连续的比例，并且等于三条线段ＦＨ、ＦＰ和ＦＯ；而一条直线平行于ＥＣ且通过Ｍ的直线将落到Ｐ点；因此，ＯＰ就将是动力在时间ＦＯ或ＩＬ获得的增加量。最后，延长ＰＭ到ＣＤ的Ｑ点；而ＱＣ或ＭＮ或ＰＨ将是动力与时间ＦＰ或ＩＭ或ＰＱ成比例的增量。现在，设一个在ＰＨ期间从Ｈ到Ｃ的匀速运动。因此，既然在时间ＦＰ内具有的是匀速运动，而与时间成比例所增加的动力，是由直线ＡＰ绘制出来的；而在时间和动力的其余部分，亦即ＰＨ，则是由线段ＣＰ绘制出来的；那我们就可以得出结论说：整条线ＡＰＣ，是由整个动力绘制出来的，而同时也是由抛物线ＡＢＣ绘制出来的；从而，由两条直线ＡＰ和ＰＣ构成的线ＡＰＣ，便等于抛物线ＡＢＣ。这正是原本要证明的。

2. 找出一条直线，等同于第一半抛物曲线，或者等同于上章第 3 节表格中任何一个其他有缺陷图形的曲线

找出一条直线等于第一半抛物曲线。

设ＡＢＣ(见本书附录第十八章图图 2)为第一半抛物曲线，设ＡＤ为直径，ＤＣ为底边；然后，设平行四边形完成，为ＡＤＣＥ，其对角线为ＡＣ。从Ｆ点等分直径，画ＦＨ等于且平行于ＤＣ，交ＡＣ于Ｋ，交该曲线于Ｏ，并且交ＥＣ于Ｈ。然后，画ＯＬ平行于ＥＣ，交ＡＣ于Ｌ；并且，画ＬＮ平行于底边ＤＣ，交该曲线于Ｍ，交直线ＥＣ于Ｎ；在另一边延长它至ＡＤ于Ｉ。最后，通过点Ｍ画ＰＭＱ平行于且等于ＨＣ，切ＦＨ于Ｐ；连接ＣＰ、ＡＰ和ＡＯ。这样，直线ＡＰ和ＰＣ便等于曲线ＡＢＯＣ。

由于线段ＡＢＯＣ，作为第一条半抛物的曲线，由两个运动交会而成，一个是从Ａ到Ｅ的匀速运动，另一个是在同一时间里从Ａ的其余部分到Ｄ作加速运动，这样，正如动力持续以三倍于时间增加的比例那样，其穿过的长度的比例也就同样三倍于其所传送的时间；因为正如动力或速度增加那样，所经过的长度也就同样跟着增加。而且，由于从Ａ到Ｅ的运动是匀速的，所以，线段ＡＥ便能够用来代表时间，并且，因此在半抛物线纵坐标上画出的这些线段就将能够标示出该物体从Ａ的其余部分开始的由它的运动所绘制出来的曲线ＡＢＯＣ所用的时间。同时，由于ＤＣ，作为所需求的最大的动力，等于ＡＥ，所以，同一纵坐标线将标示从Ａ的其余部分不断增值的动力的若干个增值。因此，如果设定从Ａ

到 F 在时间 F K 为匀速运动,那就可以通过 A F 和 F K 这两项匀速运动的集合把线段 A K 匀速地绘制出来,而 K O 也就将是动力在时间 F K 的增值。而通过 A F 和 F O 两项匀速运动的集合,线段 A O 也就匀速地绘制出来了。通过点 L 画线 L M N 平行于 D C,切直线 A D 于 I,切曲线 A B C 于 M,切直线 E C 于 N;且过点 M,画直线 P M Q 平行于且等于 H C,切 D C 于 Q,切 F H 于 P。因此,通过在时间 F P 在 A F 和 F P 的两项匀速运动的集合便由直线 A P 匀速地绘制出来了。而 L M 或 O P 也就是时间 F O 期间所增加的动力的增值。并且,由于 I N 对 I L 的比例三倍于 I N 对 I M 的比例,则 F H 对 F O 的比例也就将三倍于 F H 对 F P 的比例。而且,在时间 F P 所获得的成比例的动力也就是 P H。这样,由于 F H 等于 D C,其标示出了由加速度所获得的全部动力,便不会有任何更多动力的增加能够计算出来。然而,在时间 P H,设一个从 H 到 C 的匀速运动;通过在 C H 和 H P 两个匀速运动,就能匀速地将直线 P C 绘制出来。因此,既然两条直线 A P 和 P C 被绘制成在时间 A E,以动力的同一增加,曲线 A B O C 因此也就能够在同一时间 A E 里绘制出来,也就是说,既然线 A P C 和线 A B O C 是由同一个物体在同一时间并且以同一速度传送的,则这些线本身便是相等的。这正是原本要证明的。

通过同样的方法(如果前章第 3 节的表格中的任何一个半抛物线都展示出来的话),我们便可以发现一条直线等于相关的那条曲线,也就是说,通过把直径划分成两个相等的部分,就像前面所作过的那样。然而,迄今尚没有任何一个人将任何一条曲线与任何一条直线相比较,尽管每个时代都有许多几何学家作过这种努

第十八章 论直线与抛物曲线的相等，与模拟……

力。但他们之所以不能对它们进行这种比较，其原因可能在于：在欧几里得几何学里，除全等（此为欧几里得几何学原理第一卷之公理8）外，既没有相等的定义，也没有任何据以对之作出判断的记号，但全等在比较直线和曲线方面，却可以说是一件毫无用处的东西。而欧几里得之后的其他一些人，除阿基米德和阿波罗尼奥斯[①]以及我们时代的波那文都[②]外，全都认为：勤奋的古人已经把几何学的成就推向了极致，从而，今人能够提出的一切，要么是由他们写出的著作中推演出来的某些结论，要么是完全徒劳无益的东西。一些古代几何学家他们自己所争论的问题在于：在直线和曲线之间是否可能存在有任何全等；欧几里得曾经不无理由地设定一些直线等于一个圆的圆周，他们对此却似乎不屑一顾。后来有一个作家曾经把在一条直线和一条曲线之间存在相等视为当然。但现在，他却又说，既然亚当堕落了，如果没有神恩的帮助，那就发现不了这一点。

[①] 阿波罗尼奥斯（Apollonius，约公元前262—前190），古希腊数学家。详见前面第十五章第1节注。——译者

[②] 波那文都（Bonavebtura，1217—1274），13世纪与托马斯·阿奎那齐名的经院哲学家和神学家。曾长期担任法兰西斯修会会长。死后，被封为圣徒和"六翼天使博士"。与托马斯强调理性，被称为"理性神学家"不同，波那文都秉承奥古斯丁路线，强调神恩与神修，被称作"心（爱）的神学家"。霍布斯这里所谓"我们时代的波那文都"，并非中世纪的这个波那文都，而是指西方近代的数学家卡瓦勒赫乌斯·波那文都（Cavallerius Bonaventura）。参阅本著第二十章第6节。——译者

第十九章　论入射角与反射角，假定相等

1.如果投射到另一条直线上的两条直线平行的话，那么，由它们反射出来的线段也将是平行的——2.如果从一个点引出的两条直线投射到另一条直线之上，那么由它们反射出来的线段，若以另外一种方式作出来，将交于一个角，此角等于由入射线形成的角——3.如果由相同部分作出而不是由相反方向作出的两条平行直线投射到一段圆周线上，那么，由它们反射出来的线段，假如延长后它们相交于圆内，就将形成一个角，二倍于由圆心向入射点引出的两条直线所形成的角——4.如果由圆外同一个点引出来的两条直线投射到圆周上，而且，延长由它们所反射出来的线段，相交于圆内，那么，它们就将形成一个角，二倍于由圆心向入射点引出的两条直线所形成的角加上入射直线本身所形成的夹角——5.如果由一个点引出来的两条直线投射到一个圆的曲面圆周线上，而且，它们所形成的角小于圆心角的二倍；那么，由它们反射出来并相交于圆内的线段就将形成一个角；假如将此角加到由入射线所形成的角上，其和将等于圆心角的两倍——6.如果经过任何一点作两条相互切割的不相等的弦，且圆心不在其间而由它们反射出来的线段相遇于某处，那么，此处便不可能经过先前所作两条直线经过的那一点，而且不可能作出任何一条直线，其反射线将经过先前那两条反射线的共同点——7.如果两条弦相等，情形就不是这样了——8.如果在圆周线上给出两点并且由它们引出两条直线，那么，它们的反射线就有可能包含任何一个给定的角——9.如果投射到一个圆的圆周线上的直线被延长，直至其半径，而且，由圆周和半径所截取的那一部分与半径上圆

第十九章　论入射角与反射角，假定相等

心与汇聚点之间的那一部分相等，那么，这条反射线就将平行于此半径——10.如果从圆内一点向圆周线引两条直线，而且，其反射线相交于同一个圆的圆周线上，那么，由反射线所形成的角就将等于由入射线所形成的角的三分之一

一个物体是否投射到另一个物体的表面上并且为它所反射，确实会在那个表面上形成相等的角，这不属于此处所争论的问题，因为它是依赖于有关反射的诸多自然原因的一种知识。对此，这里不准备说什么，将留在后边予以讨论。

因此，在这里，且令入射角等于反射角；且令我们现在的研究不用于寻找原因，而用于寻找同样原因的某些结果。

我所说的入射角，指的是一条直线与另一条或曲或直的线所形成的夹角，而且，在这条或曲或直的线上有着我所称为反射线的东西。至于反射角，则与它相等，那是位于同一顶点的由那条被反射的直线与反射线所形成的角。

1. 如果投射到另一条直线上的两条直线平行的话，那么，由它们反射出来的线段也将是平行的

如果两条直线，它们投射到另一条直线上，相互平行，那么，它们反射形成的线段便也将是相互平行的。

假设两条直线ＡＢ和ＣＤ(见本书附录第十九章图图１)，为两条相互平行的直线，且它们投射到直线ＥＦ上并交于点Ｂ和点Ｄ；又假设由它们反射出来的两条直线为ＢＧ和ＤＨ。我则说：直线ＢＧ和直线ＤＨ也相互平行。

至于角ＡＢＥ和角ＣＤＥ，由于直线ＡＢ和直线ＣＤ相互平

行，因而它们是相等的；而且，由推测可知，角ＧＢＦ和角ＨＤＦ分别与它们相等；这是因为，直线ＢＧ和直线ＤＨ系由直线ＡＢ和直线ＣＤ反射而来。这样一来，直线ＢＧ和直线ＤＨ就相互平行了。

2. 如果从一个点引出的两条直线投射到另一条直线之上，那么由它们反射出来的线段，若以另外一种方式作出来，将交于一个角，此角等于由入射线形成的角

假设由点Ａ（见本书附录第十九章图图2），引出ＡＢ和ＡＤ两条直线；又假设它们投射到直线ＥＫ上且交于点Ｂ和点Ｄ；再假设直线ＢＩ和直线ＤＧ系由它们反射出来。我则说：直线ＩＢ和直线ＧＤ必定汇聚，而且，如果将它们在直线ＥＫ的另一侧延长，它们将相交于点Ｆ；而且，角ＢＦＤ就将等于角ＢＡＤ。

至于反射角ＩＢＫ，它等于入射角ＡＢＥ；而且，对于角ＩＢＫ来说，其对顶角ＥＢＦ也与之相等；因此，角ＡＢＥ等于角ＥＢＦ。再者，角ＡＤＥ等于反射角ＧＤＫ，也就是说，等于其对顶角ＥＤＦ；因此，三角形ＡＢＤ的两个角，即角ＡＢＤ和角ＡＤＢ，与三角形ＦＢＤ的两个角，即角ＦＢＤ和角ＦＤＢ对应相等；这样一来，一个三角形的第三个角ＢＡＤ就等于另一个三角形的第三个角ＢＦＤ了。这正是原本要证明的。

推论一：如果作直线ＡＦ，那么，它就将垂直于直线ＥＫ。由于两个角ＡＢＥ和ＦＢＥ相等，且它们的两个边即ＡＢ和ＦＢ分别相等，在Ｅ点的两个角也就将相等。

推论二：如果在点 B 和点 D 之间的任意一点上投射一条直线，现假设这条直线为 A C，其反射线为 C H，并且将其延长超过 C，并在点 C 的另一侧将它作出，那么，它就将投射到点 F 上；这从前面的推证看来是显而易见的。

3. 如果由相同部分作出而不是由相反方向作出的两条平行直线投射到一段圆周线上，那么，由它们反射出来的线段，假如延长后它们相交于圆内，就将形成一个角，二倍于由圆心向入射点引出的两条直线所形成的角

如果由相同部分作出而不是由相反方向作出的两条平行直线投射到一段圆周线上，那么由它们反射出来的直线，假如作出来后相交于圆内，就将形成一个角，此角等于由圆心向入射点引出的两条直线所形成的角的二倍。

假设两条平行直线 A B 和 D C（见本书附录第十九章图图3），投射到圆周线 B C 上且交于点 B 和点 C；又假设该圆的圆心为 E；又假设直线 A B 的反射线为 B F，而 D C 的反射线为 C G；又假设直线 F B 和直线 G C 延长，在点 H 上与圆相交；再假设直线 E B 和直线 E C 被连接起来。我则说，角 F H G 是角 B E C 的二倍。

因为既然直线 A B 和直线 D C 平行，且直线 E B 与直线 A B 相交于点 B，同一条直线 E B 延长后将与直线 D C 相交于某处；假设它们相交于点 D；又假设直线 D C 无论怎样延长，一直延长至点 I，并且，假设直线 D C 和直线 B F 的交叉点为 K。因此，由于角 I C H 是三角形 C K H 的外角，它就将等于两个内角，即角

ＣＫＨ和角ＣＨＫ的和。再者，由于角ＩＣＥ是三角形ＣＤＥ的外角，因此它也将等于角Ｄ和角Ｅ之和。这样一来，角ＩＣＨ，由于是角ＩＣＥ的两倍，便等于角Ｄ和角Ｅ之和的两倍；因此，角ＣＫＨ和角ＣＨＫ之和等于角Ｄ和角Ｅ之和的两倍。但角ＣＫＨ等于角Ｄ和角ＡＢＤ之和，也就是说，是角Ｄ的两倍；因为直线ＡＢ和直线ＤＣ平行，所以作为错角的角Ｄ和角ＡＢＤ相等。这样一来，角ＣＨＫ，亦即角ＦＨＧ，也就等于Ｅ点的那个角的两倍。这正是原本要证明的。

推论：如果于圆内取两个点并由此两点作两条平行线投射于圆周线之上，那么，由这两条直线发出的两条反射线将相交于一个角内，此角将等于由圆心引向入射点的两条直线所形成的角的二倍。这是因为，投射于点Ｂ和点Ｃ的平行线ＡＢ和ＩＣ被反射在直线ＢＨ和直线ＣＨ之上，而且在点Ｈ上形成的角等于在点Ｅ上形成的角的二倍。这是原本期待证明但现在已经证明了。

4. 如果由圆外同一个点引出来的两条直线投射到圆周上，而且，延长由它们所反射出来的线段，相交于圆内，那么，它们就将形成一个角，二倍于由圆心向入射点引出的两条直线所形成的角加上入射直线本身所形成的夹角

如果由圆外同一个点引出来的两条直线投射到圆周上，而且由它们所反射出来的线相交于圆内，那么它们将形成一个角，此角等于由圆心向入射点引出的两条直线所形成的角加上入射直线本身所形成的夹角的二倍。

第十九章　论入射角与反射角,假定相等

设两条直线ＡＢ和ＡＣ(见本书附录第十九章图图4)是由点Ａ向以点Ｄ为圆心的那个圆的圆周线所引的两条直线;又假设它们的反射线为直线ＢＥ和直线ＣＧ,而且,延伸它们,在圆内形成角Ｈ;又假设从圆心Ｄ向入射点Ｂ和Ｃ作两条直线ＤＢ和ＤＣ。我则说:角Ｈ等于角Ｄ与角Ａ之和的二倍。

这是因为,假设直线ＡＣ延伸,直至点Ｉ。因此,角ＩＣＨ,由于它是三角形ＣＫＨ的外角,将等于角ＣＫＨ与角ＣＨＫ之和。再者,角ＩＣＤ,由于它是三角形ＣＬＤ的外角,将等于角ＣＬＤ与角ＣＤＬ之和。但由于角ＩＣＨ是角ＩＣＤ的两倍,因此,它等于角ＣＬＤ与角ＣＤＬ之和的两倍。这样一来,角ＣＫＨ与角ＣＨＫ之和便等于角ＣＬＤ与角ＣＤＬ之和的两倍了。但角ＣＬＤ,由于是三角形ＡＬＢ的外角,因此等于角ＬＡＢ与角ＬＢＡ之和;于是理所当然地,角ＣＬＤ的两倍等于角ＬＡＢ与角ＬＢＡ之和的两倍。这样一来,角ＣＫＨ与角ＣＨＫ之和等于角ＣＤＬ连同角ＬＡＢ与角ＬＢＡ之和的两倍。同样,角ＣＫＨ等于角ＬＡＢ一倍与角ＡＢＫ之和,亦即两倍ＬＡＢ。因此,角ＣＨＫ就等于剩下的角ＣＤＬ(亦即角Ｄ)的两倍与角ＬＡＢ(亦即角Ａ的一倍)之和了。这正是原本要证明的。

推论:如果两条汇聚的直线,如ＩＣ和ＭＢ,投射到一个圆的凹面圆周线上,其反射线ＣＨ和ＢＨ,就将相交而形成角Ｈ,此角等于角Ｄ的两倍连同由入射线延伸而形成的角Ａ之和。换句话说,如果有两条入射线ＨＢ和ＩＣ,其反射线分别为ＣＨ和ＢＭ,且相交于点Ｎ,那么,角ＣＮＢ就将等于角Ｄ的两倍与由入射线所形成的角ＣＫＨ之和。这是因为,角ＣＮＢ等于角Ｈ(亦即二

倍角D)连同两个角A与角NBH(亦即角KBA)之和。但角KBA与角A之和等于角CKH。这样一来,角CNB便等于角D的两倍连同由入射线IC和HB向点K延伸所形成的角CKH之和。

5. 如果由一个点引出来的两条直线投射到一个圆的曲面圆周线上,而且,它们所形成的角小于圆心角的二倍;那么,由它们反射出来并相交于圆内的线段就将形成一个角;假如将此角加到由入射线所形成的角上,其和将等于圆心角的两倍

假设由点A所作两条直线AB和AC(见本书附录第十九章图图5),投射到以点D为圆心的那个圆的凹面圆周线上;又假设其两条反射线BE和CE相交于点E;再假设角A小于角D的两倍。我则说:角A与角E之和等于角D的两倍。

这是因为,假设直线AB和直线EC在点G和点H上与直线DC和直线DB相交;那么,角BHC将等于角EBH与角E之和;并且,同一个角BHC将等于角D与角DCH之和;同样,角BGC将等于角ACD与角A之和,而且同一个角BGC将等于角DBG与角D之和。这样一来,四个角亦即角EBH、角E、角ACD和角A,便分别等于另外四个角,亦即角D、角DCH、角DBG和角D。因此,如果在两边分别减去一些等量,也就是说,在一边减去角ACD和角EBH,在另一边减去角DCH和角DBG(因为角EBH等于角DBG,而角ACD等于角DCH),那么,两边的差就将是相等的,也就是说,在一边的角A和

角 E，等于在另一边的两个角 D。这样一来，角 A 与角 E 之和就等于二倍角 D 了。

推论：如果角 A 大于二倍角 D，那么，它们的反射线就将是发散的或岔开的（diverge）。这是因为，据第三个命题的推论可知，如果角 A 等于角 D 的两倍，那么，其两条反射线 B E 和 C E 就将是平行的；而如果它小一些，那么，它们将汇聚在一起，这一点现在已经得到证明了。因此，如果它大一些，那么，反射线 B E 和 C E 就将发散或岔开，从而，如果它们被向另一个方向延伸，则它们便将汇聚在一起，并形成一个角，此角等于上述角 A 与二倍角 D 之差。这一点在第 4 节，已经证明清楚了。

6. 如果经过任何一点作两条相互切割的不相等的弦，且圆心不在其间而由它们反射出来的线段相遇于某处，那么，此处便不可能经过先前所作两条直线经过的那一点，而且不可能作出任何一条直线，其反射线将经过先前那两条反射线的共同点

假设在圆 B C 内过点 A 作任意两条不相等的弦 B K 和 C H（见本书附录第十九章图图 6）；又假设它们的两条反射线 B D 和 C E 相交于点 F；又假设圆心不在直线 A B 与直线 A C 的夹角之间；并且假设由点 A 有任意直线 A G 引向点 B 与点 C 之间的圆周线。我则说：穿过反射线 B D 和反射线 C E 的交点 F 的直线 G N，将不是直线 A G 的反射线。

这是因为，假设圆弓形 B L 等于圆弓形 B G，并且线段 B M 等于线段 B A；而且，由于直线 L M 已经被作出，现在假设它被延

伸至圆周线而交于点ＯＯ鉴于线段ＢＡ与线段ＢＭ相等，并且圆弓形ＢＬ与圆弓形ＢＧ相等，角ＭＢＬ与角ＡＢＧ相等，线段ＡＧ与线段ＭＬ就将是相等的，而且，由于将直线ＧＡ延伸至圆周线而交于点Ｉ，整个线段ＬＯ与线段ＧＩ就将同样是相等的。但线段ＬＯ大于线段ＧＦＮ，这一点马上即会得到证明；因此，线段ＧＩ也就将大于线段ＧＮ。这样一来，角ＮＧＣ与角ＩＧＢ就不会相等了。从而，线段ＧＦＮ就不是由入射线ＡＧ反射出来的，而理所当然地，除了均系通过点Ａ而作出且投射到圆周线ＢＣ之上的线ＡＢ和线ＡＣ之外，就再也没有别的直线可以反射至点Ｆ了；这正是原本要证明的。

留待解决的问题便是：我要去证明线段ＬＯ大于线段ＧＮ；我将这样来进行推证。线段ＬＯ和线段ＧＮ相交于点Ｐ；而且线段ＰＬ大于线段ＰＧ。现在既然ＬＰ.ＰＧ：ＰＮ.ＰＯ是比例项，因此，两个端点ＬＰ和ＰＯ，亦即ＬＯ，便大于ＰＧ与ＰＮ之和。这一点就是先前留待证明的。

7. 如果两条弦相等，情形就不是这样了

但是如果在圆内经过一点作两条相等的弦，而且由它们反射出来的直线交于另一个点上，那么，就可以经过前一个点而在它们之间作出另一条直线，而这条直线的反射线将经过后一个点。

假设两条相等的弦ＢＣ和ＥＤ（见本书附录第十九章图图７）在圆ＢＣＤ内相交于点Ａ；又假设它们的反射线ＣＨ和ＤＩ相交于点Ｆ。然后，等分圆弓形于点Ｇ，假设经过点Ａ和点Ｆ分别作出两条弦ＧＫ和ＧＬ。我则说：直线ＧＬ将是弦ＫＧ的反射线。

第十九章 论入射角与反射角,假定相等　301

这是因为,按照假设,ＢＣ、ＣＨ、ＥＤ和ＤＩ这四条弦是相等的;因此,圆弓形ＢＣＨ等于圆弓形ＥＤＩ;同样,角ＢＣＨ也同样等于角ＥＤＩ;而且,角ＡＭＣ等于其对顶角ＦＭＤ;直线ＤＭ等于直线ＧＭ;而且,以同样的方式,直线ＡＣ等于直线ＦＤ;假如ＣＧ和ＧＤ这两条弦被作出来,它们也将是相等的;而且同样,角ＦＤＧ和角ＡＣＧ,由于它们位于ＧＤＩ和ＧＣＢ这两个相等的扇形之中,也是相等的。因此,直线ＦＧ和直线ＡＧ相等;从而,角ＦＧＤ等于角ＡＧＣ,也就是说,入射角等于反射角。所以,直线ＧＬ就被从入射线ＣＧ反射出来了。这正是原本要证明的。

推论:通过观察这个图形本身,下列情形是显而易见的。如果点Ｇ不是点Ｃ和点Ｄ之间的中点,那么反射线ＧＬ就不可能通过点Ｆ。

8. 如果在圆周线上给出两点并且向它们引出两条直线,那么,它们的反射线就有可能包含任何一个给定的角

如果在一个圆的圆周线上给出两点并且向它们引出两条直线,那么它们的反射线就可能是平行的,或者包含任何一个给定的角。

在以点Ａ为圆心的那个圆的圆周线上(见本书附录第十九章图图8),假设有两个点即点Ｂ和点Ｃ被给出;又假设有两条入射线,从圆外的两个点上,按照要求被引向圆周线上的两个点,那么,它们的反射线,首先可能是平行的。

假设直线ＡＢ和直线ＡＣ被作出;又假设任意入射线ＤＣ连同其反射线ＣＦ也被作出;又假设角ＥＣＤ被作成角Ａ的两倍;

又假设直线ＨＢ被作成与直线ＥＣ平行，并且将直线ＨＢ延伸，直到它与直线ＤＣ的延伸线相交于点Ｉ。最后，将直线ＡＢ向点Ｋ无限延伸，假设直线ＧＢ被如此作出以至于角ＧＢＫ与角ＨＢＫ相等，那么，直线ＧＢ就将是入射线ＨＢ的反射线。我则说：直线ＤＣ和直线ＨＢ是两条入射线，它们的反射线ＣＦ和ＢＧ是平行的。

因为既然角ＥＣＤ是角ＢＡＣ的两倍，那么，由于直线ＥＣ与直线ＨＩ平行，所以，角ＨＩＣ也是同一个角ＢＡＣ的两倍；因此，直线ＦＣ和直线ＧＢ，也就是说，入射线ＤＣ和ＨＢ，其反射线是平行的。这样一来，所要求的第一件事情就实现了。

第二，假设按照要求向点Ｂ和点Ｃ作这样两条入射直线，以便由它们反射出来的直线可以包含任意角Ｚ。

对于以点Ｃ为顶点所作出的角ＥＣＤ，假设在它的一边添加角ＤＣＬ，且该角等于角Ｚ的一半，又在它的另一边添加角ＥＣＭ，且该角等于角ＤＣＬ；又假设直线ＢＮ被作出，且该直线与直线ＣＭ平行；又假设角ＫＢＯ被作出，且该角等于角ＮＢＫ；那么，在做了这一切之后，直线ＢＯ就是入射线ＮＢ的反射线了。最后，由入射线ＬＣ，假设反射线ＣＯ被作出且与直线ＢＯ相交于点Ｏ，并形成角ＣＯＢ。我则说：角ＣＯＢ与角Ｚ相等。

假设直线ＮＢ被延伸，并且与直线ＬＣ的延长线相交于点Ｐ。因此，鉴于角ＬＣＭ按照作图的要求而与角ＢＡＣ加上角Ｚ之和相等；又因为直线ＮＰ与直线ＭＣ平行的缘故，角ＮＰＬ等于角ＬＣＭ，于是角ＮＰＬ也将等于同一个角ＢＡＣ与角Ｚ之和的两倍。而且，既然ＯＣ和ＯＢ这两条直线，均系由点Ｏ而投射到

第十九章 论入射角与反射角,假定相等

点Ｃ和点Ｂ之上;而且,它们的两条反射线ＬＣ和ＮＢ相交于点Ｐ;那么,角ＮＰＬ将等于角ＢＡＣ与角ＣＯＢ之和的两倍。但我已经证明了角ＮＰＬ等于角ＢＡＣ与角Ｚ之和的两倍。因此,角ＣＯＢ就等于角Ｚ;这也就是说,如果在一个圆的圆周线上给出两个点,这是我已经作出来了的,那么,就会有以上的结果;这正是原本期待证明的。

但如果按照要求在圆内由一个点作这样两条入射线,以至于它们的反射线包含一个等于角Ｚ的角,那么,就应该使用同样的方法,除非在这种情形下不打算将角Ｚ添加到角ＢＡＣ的二倍之上,而是从中减掉。

9. 如果投射到一个圆的圆周线上的直线被延长,直至其半径,而且,由圆周和半径所截取的那一部分与半径上圆心与汇聚点之间的那一部分相等,那么,这条反射线就将平行于此半径

假设任意一条直线ＡＢ(见本书附录第十九章图图9),是以点Ａ为圆心的那个圆的半径;而且,假设直线ＣＤ投射在圆周线ＢＤ之上,并且被如此延伸而与直线ＡＢ相交于点Ｅ,以至于直线ＥＤ与直线ＥＡ相等;并且,由入射线ＣＤ处,假设有直线ＤＦ被反射出来。我则说:直线ＡＢ与直线ＤＦ将是平行的。

假设过点Ｄ直线ＡＧ被作出。因此,由于线段ＥＤ与线段ＥＡ相等,所以,角ＥＤＡ与角ＥＡＤ也将相等。但角ＦＤＧ与角ＥＤＡ是相等的;对于这两个角来说,每一个均等于角ＥＤＨ或角ＦＤＣ的一半。这样一来,角ＦＤＧ与角ＥＡＤ就相等了;

从而，直线ＤＦ与直线ＡＢ平行。这正是原本要证明的。

推论：如果直线ＥＡ大于直线ＥＤ，那么，直线ＤＦ和直线ＡＢ经过延伸后将汇聚于一点；但如果直线ＥＡ小于直线ＥＤ，那么直线ＢＡ和直线ＤＨ经过延伸后也将汇聚于一点。

10. 如果从圆内一点向圆周线引两条直线，而且，其反射线相交于同一个圆的圆周线上，那么，由反射线所形成的角就将等于由入射线所形成的角的三分之一

假设在以点Ａ为圆心的那个圆内有一个点Ｂ（见本书附录第十九章图图10），由点Ｂ出发，朝着圆周线作两条直线ＢＣ和ＢＤ；又假设它们的两条反射线ＣＥ和ＤＥ在同一个圆的圆周线上相交于点Ｅ。我则说：角ＣＥＤ将是角ＣＢＤ的三分之一。

假设直线ＡＣ和直线ＡＤ被作出。于是我们看到，角ＣＥＤ与角ＣＢＤ之和，等于角ＣＡＤ的二倍（这一点在本章第5节中已经得到证明了）；而且，角ＣＡＤ之二倍也就是角ＣＥＤ的四倍；角ＣＥＤ与角ＣＢＤ之和，也将等于角ＣＥＤ的四倍。因此，如果将角ＣＥＤ从等式的两端减去，那么，在等式的一端剩下的便是角ＣＢＤ，该角等于在等式的另一端所剩下的角ＣＥＤ的三倍。这正是原本要证明的。

推论：因此，当一个点在圆内被给定时，就可以由该点向圆周线作这样两条直线，使其反射线可以在圆周线上相交。由于这个点的存在，角ＣＢＤ便被三等分了。至于其中的道理，我们将在下一章予以说明。

第二十章 论圆的面积，及角或弓形的分割

1.阿基米德和其他人说明圆的面积绝不能为数字所确定——2.通过线段求证圆的面积的第一种尝试——3.通过考察曲线的本性来求证圆的面积的第二种尝试——4.第三种尝试；并提出了一些值得进一步探究的事物——5.阿基米德的螺线等式与线段——6.几何学家通过线的乘方所作的分析

1. 阿基米德和其他人说明圆的面积绝不能为数字所确定

许多伟大的几何学家，甚至从最古老时代起，就运用他们的理智将弓形与线段进行比较；更多的人作着同样的事情，如果他们不曾看到前人的努力，尽管他们承担的是公共利益，如果他们未曾臻于完满，就通过那些嫉妒得到他人赞扬的人来贬低前人。在那些其作品传到我们手上的古代作家中，阿基米德第一个得到了在数字范围内与真理几乎无异的圆周的长度；证明圆周的长度小于三又七分之一直径，而大于三又七十一分之十直径。从而，假定这个半径由 10,000,000 个相等部分构成，而这个四分之一的弓形将会处在同一部分的 15,714,285 和 15,704,225 之间。在我们的时

代，路德维库斯·范·卡伦（Ludovicus Van Cullen）和威尔布劳杜斯·斯内利乌斯（Willebrordus Snellius）共同努力，使之更其接近真理；他们从真实的原则提出：这个四分之一弓形，像以前一样，半径由 10,000,000 个相等部分构成，没有一个完整的单位与 15,707,963 这个数字相区别；如果他们要展示他们的算术运算，没有谁能在他们俩冗长的运算中发现任何错误。这是通过数字方式所获得的最大进步；他们取得如此的成就，其勤奋是迄今为止最值得赞叹的。如果我们考虑到利益，它无疑是全部思考都应该针对的目的，但他们所作的改进却是少之又少，甚至是全然没有的。任何一个普通人都比任何一个几何学家能快得多或准确得多地发现一条线段与圆的周长相等，从而将这个圆变方（square the ciecle），他们只要将一根细线缠绕在一个给定的圆筒上即可；而任何一个几何学家却需要将半径划分成 10,000,000 个相等部分，才能够做到这一步。尽管圆周的长度是精确地测定出，或是以数字，或是通过机械，或者只是偶然，但这对于角的切割却毫无助益，除非恰巧是这样两个问题：**按照任何比例的分配来划分一给定的角，发现一条线段与圆的弓形相等**，这两个问题是互补的、是相互追随的。因此，鉴于来自四分之一的弓形的长度的知识的利益在于：我们可以因此按照任何比例来划分角，要么精确、要么至少为着共同使用足够精确；鉴于这个不能通过算术来进行，我宁愿通过几何学来尝试进行，在这一章里我将通过画若干直的和圆的线段来试试是否能够实行。

第二十章　论圆的面积，及角或弓形的分割

2. 通过线段求证圆的面积的第一种尝试

画正方形ＡＢＣＤ(见本书附录第二十章图图１)；以半径ＡＢ、ＢＣ和ＤＣ作弓形ＢＤ、ＣＡ和ＡＣ；设弓形ＢＤ与弓形ＣＡ在Ｅ点上相交，弓形ＢＤ与弓形ＡＣ在Ｆ点上相交。因此画对角线ＢＤ和ＡＣ，它们将会在这个正方形的中心Ｇ点上相交，这两个弓形ＢＤ和ＣＡ将会分别在Ｈ和Ｙ点上平分为二；弓形ＢＨＤ将会在Ｆ和Ｅ两点上平分为三。通过中心Ｇ点，画ＫＧＬ和ＭＧＮ两线段分别与这个正方形的ＡＢ与ＡＤ的两边平行且相等。与正方形四边的交点分别为Ｋ、Ｌ、Ｍ和Ｎ；这些完成后，ＫＬ将通过Ｆ点，ＭＮ将通过Ｅ点。然后，画ＯＰ边与ＢＣ边平行且相等，与弓形ＢＦＤ相交于Ｆ点，与这两边ＡＢ、ＤＣ分别相交于Ｏ和Ｐ点。所以，ＯＦ将是弓形ＢＦ的正弦，弓形ＢＦ为30度的弓形；这个ＯＦ与半径的二分之一相等。最后，在Ｑ点将弓形ＢＦ平分为二，画ＲＱ、画弓形ＢＱ的正弦一直延长到Ｓ，于是ＱＳ与ＲＱ相等，所以ＲＳ与弓形ＢＦ与的弦相等；画ＦＳ在ＢＣ边延长到Ｔ。我则说，线段ＢＴ与弓形ＢＦ相等；所以，ＢＶ是ＢＴ的三倍，与90度的弓形ＢＦＥＤ相等。

延长ＴＦ直到它与延长在Ｘ点上与ＢＡ边相交；在Ｚ点将ＯＦ平分为二，画ＱＺ直到它与延长的ＢＡ边相交为止。所以，这两个线段ＲＳ和ＯＦ是平行的，分别在Ｑ和Ｚ点上平分为二，延长ＱＺ将会落在Ｘ点上，将ＸＺＱ延长到ＢＣ边就会在中间ａ点上与ＢＴ相切。

在线段ＦＺ上，半径ＡＢ的四分之一部分，设等边三角形

aZF 绘制出来；在圆心 a 点上，以半径 aZ 画弓形 ZF；弓形 ZF 将因此与弓形 QF 相等，与弓形 BF 的二分之一相等。再者，线段 ZO 在 b 点上被平分为二，线段 bO 在 C 点上被平分为二；设这种平分继续以这种方式进行，直到最后一个部分 Oc 成为能够这样取出来的中最小的；在最后这个部分 Oc 上，所有其余的部分与它相等，都是线段 OF 可以被切割成的东西，设如此多的等边三角形被理解为是构建起来的；设它们中的最后一个为 dOc。因此，如果在圆心 d 点上，以半径 dO 画弓形 Oc，在线段 OF 的其余的相等部分上同样地画这样许多相等的弓形，所有这些弓形合在一起就将与整个弓形 BF 相等，而它们的二分之一，即那些包括在 O 与 Z 或 Z 与 F 之间的这些弓形，就将与弓形 BQ 或 QF 相等，简言之，线段 Oc 的无论什么部分都属于线段 OF，这同一部分，弓形 Oc 的相同的部分就将属于弓形 BF，尽管这个弓形和这个弦都能被无限地平分。然而，既然弓形 Oc 比与它相等的弓形 BF 的那部分更加弯曲；而且，既然线段 Xc 越是延长，它与线段 XO 就越是岔开，如果将 Q 点与 c 点理解为只在线段 XO 与 Xc 向前作线段运动，那么，弓形 Oc 因此就将会逐步地延伸，直至最后它的某处开始与和它相等的弓形 BF 的那部分有同样的弯度时为止。同样，如果画线段 Xb，将 b 点理解为在同一时间向前运动，那么，弓形 cb 同样就将会逐步地延伸，直到它的弯度开始与和它相等的弓形 BF 的那部分的弯度相等时为止。同样的事情也将会发生在所有那些小的相等的弓形上，它们则被画在线段 OF 的如此多的相等部分上。同样明显的是，所有那些小的弓形通过在线段 XO 和 XZ 上的运动，将会处在弓形 BF 的 B 点、Q

第二十章 论圆的面积,及角或弓形的分割

点和F点上了。尽管这些同样小的相等的弓形不应与在所有其他点上的弓形BF的相等部分重合,但它们所构成的两条弯的线段,不仅与这两个弓形BQ、QD相等且同样地弯曲,而且它们的缺口都朝向同样的部分;它何以会是如此呢?除非所有那些小的弓形将会与在所有它们的点上的弓形BF相重合,否则是不可想象的。它们因此就将是一致的,所有那些从X点上画出的线段,在穿过线段OF划分的各个点时,也都会将把弓形BF分成OF划分的同一的比例。

然而,既然Xb与弓形BF的四分之一部分的B点相切,则设这个四分之一部分为Be;设其弦fe延长到FT于g点,因为,如是,fe就将是线段fg的四分之一部分,因为像Ob之对于OF那样,fe也就以同样的比例相对于fg。但BT比fg大一些;从而,这同一个BT便大于弓形BF的四分之一部分的四个正弦。同样,如果将弓形BF再分成许多无论怎样的相等部分,那就可以证明:线段BT比那些小的弓形中的一个的正弦要大一些,这样许多次地进行,以致存在有构成整个弓形BF的各个部分。因此,线段BT便并不小于弓形BF。但它却不可能比它更大一些,因为如果无论怎样的任何一条线段,小于BT,被画在BT的下面,与它平行,在线段XB与XT上终止,那么,它就会与弓形BF相交;这样,弓形BF这些部分的某一个的正弦,小的弓形在整个弓形BF如此经常地发现之后,就将大于如此众多的同一个弓形;但这是荒谬的。因此,线段BT与弓形BF相等;线段BV与四分之一弓形BFD相等;BV四倍后,与由半径AB绘制的圆的周长相等。同样,弓形BF与线段BT在任何地方,都被分成相同

的比例；从而，任何一个给定的角，不管是比ＢＡＦ大还是小，都可以分成任何给定的比例。

而线段ＢＶ，即使它的量值处于由阿基米德指定的各项之中，但如果按标准的符号计算，就会发现比鲁道夫数字（Rudolphine）显示的量值稍大一些。然而，如果在ＢＴ的位置上，另一条线段即使绝不会如此之小，却依然遭到替代，这些角的划分立刻就会丧失，任何一个人在这个框架下进行推证都会如此的。

无论如何，如果任何一个人以为我的这条线段ＢＶ太长，但既然这个弓形以及所有这些平行线在无论什么地方都受到如此精确的划分，ＢＶ就将非常接近真理，我希望他能够探究出何以肯认ＢＶ确实为真，相切的这些弓形何以不应当相等的理由。

但可能还是有人会追问从Ｘ点上画出通过弓形ＢＦ的那些相等部分的这些线段，为什么竟会与切线ＢＶ相切，以致许多线段与它们相等的理由，既然这条相连的线段ＸＶ不能通过Ｄ点，但却会与延长在Ｌ点上的线段ＡＤ相交；所以，需要对这一难题作出某种限定。关于这个问题，我将要说的我认为这些是其理由的东西在于：当这个弓形的量值并不超过这个半径的量值时，也就是切线ＢＣ的量值，这个弓形与这个切线同样地被从Ｘ点上画出的那些线段相交；否则，便不可能。因为既然ＡＶ是相连接的，在Ｉ点上与弓形ＢＨＤ相交，如果画出的线段ＸＣ竟会也在Ｉ点上与弓形ＢＨＤ相交，那么，弓形ＢＩ与半径ＢＣ相等，就将是真实无疑的，就如同弓形ＢＦ与线段ＢＴ相等真实无疑一样；在画ＸＫ时，它就会在 i 点上将弓形ＢＩ平分为二；同样，在画Ａi 并将其延长到在 k 点上的切线ＢＣ，直线ＢＫ将会是弓形Ｂi 的切

第二十章　论圆的面积,及角或弓形的分割

线(弓形 B i 与半径的二分之一相等),而且,这同一条线段 B K 也就会与线段 K I 相等。如果前面的证明真实无疑的话,我说的所有这些也就同样真实无疑;所以,到目前为止,这个弓形以及它的切线的比例部分便产生出来了。根据金律(the golden rule),很显然,使 B h 双倍于 B T,线段 X h 将不会与弓形 B E 相切,而弓形 B E 虽然双倍于弓形 B F,但却要更大一些。对于线段 X M、X B、M E 的量值(在数字中)已被认识,这个线段的量值通过延长到切线的线段 X E 与这切线相切,便同样可以被认识;而且,我们将会发现它小于 B h;因此,画出线段 X h,将会相切于大于弓形 B E 的 90 度弓形的一个部分。但在下一节,我将会更充分地讲到有关弓形 B I 的量值问题。

这也就是通过弓形 B F 的切割来求证圆的面积的第一种尝试。

3. 通过考察曲线的本性来求证圆的面积的第二种尝试

现在我将试图通过从圆自身的弯曲性质所得出的论证来求证圆的面积;为了这个探究我将首先提出一些必需的前提;

首先,如果将一线段弯成与其长度相等的一个弓形,如同一根有弹性的线缠绕在一直立的圆柱体上,它的每一点是如此地弯曲以致它处处都与圆柱体底部的周长相符合,那个线段的弯曲度在其所有的点上都将是相等的;从而,一个圆的弓形的弯曲度就处处都是匀质的;一个圆的周长是一条均匀的线段,此外,不需要任何其他的证明。

其次,因此,如果制作同一圆形的两个不等的弓形,通过与两个弓形相等的两线段的弯曲制成，那么，按照弓形自身的比例，当长线段的弯成大些的弓形，短线段的弯成小些的弓形时，长线段的弯曲度便大于短线段的弯曲度；所以，大些弓形的弯曲度与小些弓形的弯曲度相比，如同大些弓形与小些弓形相比一样。

第三，如果两个不等的圆形与一条线段在同一点上相互接触，那么，处在小些圆形里的弓形的弯曲度就将大于与之相等的取于校大的圆里的弓形的弯曲度，与这个圆借以绘制出来的半径的弓形相互成比例；或者，与其完全一样，从相切的点上画出任何一条线段，直到与两个圆周相交时为止，由较大的圆的圆周所切割的这一线段的这一部分，与较小圆所切割的那一部分相互成比例。

设ＡＢ和ＡＣ（见本书附录第二十章图图2）是两个圆形，相互相切，在Ａ点上，画线段ＡＤ；设它们的圆心是Ｅ和Ｆ；假定像同ＡＥ与ＡＦ相比那样，弓形ＡＢ也同样相比于弓形ＡＨ。我则说：弓形ＡＣ与弓形ＡＨ的弯曲度相比，如同ＡＥ与ＡＦ相比一样。假定线段ＡＤ与弓形ＡＢ相等，线段ＡＧ与弓形ＡＣ相等；例如，设ＡＤ是ＡＧ的两倍。因此，由于弓形ＡＢ与ＡＣ相同的原因，线段ＡＢ将会是线段ＡＣ的两倍，半径ＡＥ将会是半径ＡＦ的两倍，弓形ＡＢ将会是弓形ＡＨ的两倍。因为线段ＡＤ是如此地弯曲以致和与其自身相等的弓形ＡＢ相重合，如同线段ＡＧ是如此地弯曲以致和与其自身相等的弓形ＡＣ相重合一样，线段ＡＧ的弯曲度变成弯曲线段ＡＣ时，就会与线段ＡＤ弯曲度变成弯曲线段ＡＢ相等。但线段ＡＤ的弯曲度变成曲线段ＡＢ时，线段ＡＧ的弯曲度变成弯曲线段ＡＨ的两倍；所以，线段ＡＧ的弯曲度变成弯曲线段ＡＣ时，这同一线段ＡＧ的弯曲

第二十章　论圆的面积,及角或弓形的分割　313

度变成弯曲线段ＡＨ的两倍。因此,如同弓形ＡＢ之对于弓形ＡＣ或ＡＨ那样,或者如同半径ＡＥ之对于半径ＡＦ那样,或者如同弦ＡＢ之对于弦ＡＣ或ＡＨ那样,弓形ＡＣ的弯曲度或均匀的弯曲,也就以同样的比例相对于弓形ＡＨ的弯曲度或均匀的弯曲,也就是两倍于弓形ＡＨ的弯曲度或均匀的弯曲。按相同的方法,也可以推证出来:在圆中,其周长相互间将是三倍之比、四倍之比或是无论什么样的给定的比例。所以,取自若干个圆中的两个相等弓形的弯曲度,与它们的半径,或同样的弓形,或同样的弦的弯曲度,也是相互成比例的。这正是原本要证明的。

　　设再次绘制正方形ＡＢＣＤ(见本书附录第二十章图图３),在其中画９０度弓形ＡＢＤ、ＢＣＡ和ＤＡＣ;在正方形ＡＢＣＤ的每条边的中间Ｅ、Ｆ、Ｇ和Ｈ点上分开,连接ＥＧ和ＦＨ,它们就将在这个正方形的中心Ｉ点上相切,在Ｋ点和Ｌ点上将９０度的弓形ＡＢＤ分成三个相等的部分。所画出的对角线ＡＣ和ＢＤ在Ｉ点相互相切,在Ｍ点和Ｎ点上弓形ＢＫＤ和ＣＬＡ各自分成两个相等的部分。然后,以半径ＢＦ画弓形ＦＥ,在Ｏ点上与对角线ＢＤ相切;在Ｐ点上将弓形ＢＭ平分为二,使与弦ＢＰ相等的线段Ｅa离开弓形ＥＦ上的Ｅ点,使弓形ab与弓形Ｏa相等,画Ｂa和Ｂb,延长它们到弓形ＡＮ的c点和d点上;最后,画线段Ａd。我则说:线段Ａd与弓形ＡＮ或ＢＭ相等。

　　在上一节中,我已经证明:弓形ＥＯ在弯曲度上两倍于弓形ＢＰ,也就是说,弓形ＥＯ比弓形ＢＰ要弯曲得多,如同弓形ＢＰ比线段Ｅa弯曲得多一样。所以,弦Ｅa、弓形ＢＰ和弓形ＥＯ三者的弯曲度是０:１:２。同样,弓形ＥＯ与ＥＯ之间的差别、弓形

ＥＯ与Ｅａ之间的差别，以及弓形ＥＯ与Ｅｂ之间的差别，这三者之比的比例也是０∶１∶２。因此，弓形ＡＮ与ＡＮ之间的差别、弓形ＡＮ与Ａｃ之间的差别，以及弓形ＡＮ与Ａｄ之间的差别，这三者之比的比例也同样是０∶１∶２；线段ＡＣ是弦ＢＰ或Ｅａ的两倍，线段Ａｄ是弦Ｅｂ的两倍。

再者，在Ｑ点上将线段ＢＦ平分为二，在Ｒ点上将弓形ＢＰ平分为二；画９０度的弓形ＢＱＳ（它的弓形ＱＳ是９０度的弓形ＢＭＤ的四分之一部分，如同弓形ＢＲ是弓形ＢＭ的四分之一部分一样，弓形ＢＭ是４５度的弓形ＡＢＭ），从弓形ＳＱ的Ｓ点上出发，使弦Ｓｅ与弦ＢＲ相等；画出Ｂｅ，并将其延长到弓形ＡＮ的ｆ点上；这些完成后，线段Ａｆ将是弦ＢＲ或Ｓｅ的四倍。而且，既然弓形Ｓｅ或弓形ＡＣ的弯曲度是弓形ＢＲ的弯曲度的两倍，弓形Ａｆ弯曲度的量超出弓形Ａｃ的弯曲度的量，也就将是弓形Ａｃ弯曲度的量超出弓形ＡＮ的弯曲度的量的两倍；从而，弓形Ｎｃ也就将是弓形ｃｆ的两倍。因此，在ｆ点上将弓形ｃｄ平分为二，画９０度的弓形ＢＸＹ，那么，从弓形ＹＸ的Ｙ点上与弦ＢＶ相等的线段Ｙｇ被划分出来，这样，便可以证明：画线段Ｂｇ，并将其延长到弓形ＡＮ，将会使弓形ｆｄ分成两个相等部分，从Ａ点到那个部分的那点上画一个线段，就将与弓形ＢＶ的８个弦相等，如此等等；从而，线段Ａｄ与弓形ＢＭ的如此许多相等部分的相等的弦相等，如同通过无限地二等分所产生出来的都相等一样。因此，线段Ａｄ与弓形ＢＭ或ＡＮ相等，即与半个９０度的弓形ＡＢＤ或ＢＣＡ相等。

推论：由于一给定的弓形不比９０度的弓形更大（由于更大，它

第二十章 论圆的面积,及角或弓形的分割

会再次向着半经ＢＡ延长,从半径ＢＡ处它退回到原处),如果一条两倍于所给定的弓形的一般的弦的线段,从这个弓形的端点就相适应,那么,为它所包含的这个弓形在多大程度上大于所给定的弓形,一个为另一条线段所包含的更大的弓形便在多大程度上等同于第一个所给定的弓形。

假设线段ＢＶ(见本书附录第二十章图图1)等同于90度的弓形ＢＨＤ,连接ＡＶ在Ｉ点上与弓形ＢＨＤ相交,那就可以问弓形ＢＩ对于弓形ＩＤ具有什么样的比例。因此,在Ｏ点上将弓形ＡＹ平分为二,在线段ＡＤ上使线段Ａp与其相等,使线段Ａq双倍于画出的弦Ａo。然后,在圆心Ａ点上,以半径Ａq,画一个圆的弓形,在r点上,与弓形ＡＹ相切;然后,在t点上,使弓形Ｙr增加一倍;这些完成后,所画线段Ａt(通过刚刚证明的道理可知)将会与弓形ＡＹ相等。再者,在圆心Ａ点上,以半径Ａt,画出弓形tu,在u点与ＡＤ相切。这样,线段Ａu就将等于弓形ＡＹ。从u点上,画线段us,与线段ＡＢ相等且平行,在x点上与ＭＮ相切,在同一个点x上被ＭＮ平分为二。因此,画出线段ＡＸ,使其延长,直到它与延长在Ｖ点上的ＢＣ相遇时为止,它就将会与双倍于ＢＳ的ＢＶ相切,即与弓形ＢＨＤ相等。现在,设线段ＡＶ与弓形ＢＨＤ相切的这一点为b;并且设弓形ＤＩ在y点上平分为二;在线段ＤＣ上,使Ｄz与其相等,使Ｄδ双倍于画出的弦Ｄy;在圆心Ｄ点,以半径ＤＳ画一条弓形在n点上与弓形ＢＨＤ相交;使得弓形nm与弓形Ｉn相等;这些完成后,线段Ｄm就将会依据上述推论,与弓形ＤＩ相等。如果线段Ｄm与ＣＶ相等,那么,弓形ＢＩ就将会与半径ＡＢ或ＢＣ相等;从

而，所画出的ＸＣ就将会通过Ｉ点。再者，如果完成半圆ＢＨＤ
β，画线段βＩ和ＢＩ，在Ｉ点上画一直角（在半圆内），那么，弓形
ＢＩ就会在ｉ点上平分为二，那就可以得出结论说：连接后的Ａｉ，
就将平行于线段βＩ，并将被延伸至ＢＣ的ｋ点，从而将与等同于
线段Ｋｉ相等的线段ＢＫ相切，同时也等同于在ＡＤ上与线段
βＩ相切的Ａγ相等。所有这些都表明：弓形ＢＩ与半径ＢＣ之相
等是显而易见的。

但如果弓形ＢＩ与半径ＢＣ是精确地相等，那也不能（无论它可能如何真实）被证实，除非包含在本章第１节中的内容首先得到证明，即由Ｘ点穿过ＯＦ（延长一定的长度）的一些相等部分画出的一些线段，也在切线ＢＣ中切割成分别等于所切割的各个弓形的那么多部分。就ＢＣ在切线中和ＢＩ在弓形ＢＥ中而言，这些是最精确不过的；因为在弓形ＢＩ与半径ＢＣ之间，任何不平等都既不可能通过作图，也不可能通过推理发现。因此，需要进一步探究的问题在于：线段ＡＶ在Ｉ点上是否以点Ｃ划分线段ＢＶ的同一比例，与９０度的弓形相切，后者是等于９０度的弓形的。但无论如何，我们已经证明了线段ＢＶ等于弓形ＢＨＤ。

4. 第三种尝试；并提出了一些值得进一步探究的事物

现在我将尝试以另一种方法，假设下述两条辅助定理（lemmas），来求证出圆相同的面积。

辅助定理一：假定９０度的弓形和半径按连续不断的比例画出第三条线段Ｚ；然后，４５度的弓形和９０度弓形的半个弦，以及Ｚ，就将也同样处于连续不断的比例之中。

第二十章　论圆的面积，及角或弓形的分割　　317

因为既然半径是存在于 90 度弓形的弦和它的半个弦之间一个中项比例项，这同样的半径也是 90 度的弓形和线段 Z 之间的一个中项比例项，这个半径的平方也将等于由 90 度弓形和半个弦构成的矩形，就像与由 90 度的弓形与线段 Z 构成的矩形相等一样；这两个矩形也将彼此相等。因此，如同一个 90 度的弓形与它的弦相比的比例那样，90 度弓形的弦的一半与线段 Z 也是相互以同样的比例相比的。但就像 90 度的弓形相对于它的弦那样，90 度弓形的一半也以同样的比例相对于 90 度的弦的一半。因此，如同 90 度的弓形的一半之相对于 90 度的弦的一半（或是相对于 45 度的正弦）那样，90 度的弦的一半也是以同样的比例相对于线段 Z。这正是原本要证明的。

辅助定理二：这个半径，45 度的弓形，45 度的正弦，半径的二分之一是成比例的。

因为既然 45 度的正弦是半径与半径的二分之一之间的中项比例项；而这同样的 45 度的正弦（依据前面的辅助定理）也是 45 度的弓形和线段 I 之间的中项比例项；45 度正弦的平方将会与由半经和半径的二分之一构成的矩形相等，也将会与由 45 度的弓形与线段 I 构成的矩形相等。因此，正如同半径与 45 度的弓形之间的比例那样，线段 I 也就以同样的比例相关于半径的二分之一；这正是原本要证明的。

现在，设 A B C D（见图 4）是一个正方形；分别以 A B、B C 和 D A 为半径，画出三个 90 度的弓形 A B D、B C A 和 D A C；画线段 E F 和 G H 分别与边 B C 和 A B 平行，并将这个正方形 A B C D 分成四个全等正方形。它们因此将会使 90 度的弓形 A B D 在

Ｉ点和Ｋ点上平分为三，使90度的弓形ＢＣＡ在Ｋ点和Ｌ点上平分为三。同样，画对角线ＡＣ和ＢＤ，将会分别在Ｍ点和Ｎ点上各自与弓形ＢＩＤ和ＡＬＣ相交。然后，在圆心Ｈ点上，半径ＨＦ与弓形ＢＭＤ的半个弦相等，或是与45度的弦相等，画弓形ＦＯ在Ｏ点上与弓形ＣＫ相交；画出ＡＯ，并延长之，直到它与延长在Ｐ点上的ＢＣ相遇为止；同样，使它在Ｑ点上与弓形ＢＭＤ相交，在Ｒ点上与线段ＤＣ相交。如果线段ＨＱ与线段ＤＲ相等，并延长到ＤＣ于Ｓ点上，那么，它就将与线段ＢＰ的二分之一相等的ＤＳ相切；我则说：因此，接着线段ＢＰ将会与弓形ＢＭＤ相等。

因为既然ＰＢＡ和ＡＤＲ是相似三角形（like triangles），则它就会像ＰＢ相对于半径ＢＡ或ＡＤ那样，ＡＤ也会以同样的比例相对于ＤＲ；因此，ＰＢ、ＡＤ和ＤＲ，也和ＰＢ、ＡＤ（或ＡＱ）和ＱＨ一样，也处于连续的比例之中；延长ＨＯ到ＤＣ于Ｔ点上，ＤＴ就将会与45度的正延相等，不久以后我们将会对此作出证明。然而，ＤＳ、ＤＴ和ＤＲ，依据辅助定理一，是存在于连续比例之中的；而依据辅助定理二，ＤＣ.ＤＳ∷ＤＲ.ＤＦ是比例项。因此，不管ＢＰ与90度的弓形ＢＭＤ是否相等，事情都将如此。但如果它们相等，那就会像与半径相等的弓形ＢＭＤ的那部分之对于这同一个弓形ＢＭＤ的剩余部分的比例那样，ＡＱ也就会以同样的比例相对于ＨＱ，或者ＢＣ也就会以同样的比例相对于ＣＰ。因此，ＢＰ也就和弓形ＢＭＤ相等。但这却不能够证明线段ＨＱ和ＤＲ相等；虽然如果从Ｂ点画出（据图形１作图）一条线段与弓形ＢＭＤ相等，但ＤＲ与ＨＱ，以及线段ＢＰ的一半与ＤＳ，就将会

第二十章　论圆的面积,及角或弓形的分割　　319

始终是相等的,以致在它们之间看不可能找出任何不相等。因此,我将对这个问题作进一步探究。因为尽管线段ＢＰ与弓形ＢＭＤ相等几乎是毫无疑问的,但倘若没有论证却依然是不可接受的;无论什么样的论证方法,都不容许将圆的线段奠基于弯曲的或角的本性上面。但借助于这样一种方式,我已经表明在第一种和第二种集合中,一条线段与90度的弓形相等。

还剩下一件事要作,这就是去证明ＤＴ与45度的正弦相等。

使ＢＡ延长,在其中,使ＡＶ与45度的正弦相等;画出ＶＨ并延长之,它就会在Ｎ点上将90度的弓形ＣＡＮ平分为二,在Ｏ点上将这同一个弓形再次平分为二,在Ｔ点上将线段ＤＣ平分为二,结果ＤＴ就会与45度的正弦相等,或与线段ＡＶ相等;而且,线段ＶＨ因此就会与线段ＨＩ相等,或与60度的正弦相等。

因为ＡＶ的平方与半径的二分之一的2次方相等;所以,ＶＨ的平方也与半径的二分之一的3次方相等。但ＨＩ是二分之一半径与3个二分之一半径之间的中项比例项;因而,ＨＩ与ＨＶ相等。因为在Ｈ点上将ＡＤ平分为二,所以,ＶＨ与ＨＴ相等;而且,因此,ＤＴ与45度的正弦相等。在半径ＢＡ内,使得ＢＸ与45度的正弦相等;因为如是,ＶＸ就会与这个半径相等;如同ＶＡ将会与半径的二分之一ＡＨ相比那样,半径ＶＸ就将会以同样的比例相对于半径的二分之一ＡＨ,半径ＶＸ就会以同样的比例相对于45度的正弦ＸＮ。因此,延长ＶＨ将会通过Ｎ点。最后,在圆心Ｖ点上,以半径ＶＡ,画出一个圆的弓形,使之在Ｙ点上与ＶＨ相交;这些完成后,ＶＹ就会与ＨＯ相等(因为通过作图,ＨＯ与45度的正弦相等),ＹＨ也就会与ＯＴ相等;因此,

ＶＴ将穿过Ｏ点。这正是原本要证明的。

在这里,我还将进一步讨论一些问题,如果任何一个分析者对它们能够画出图形,他就能够清晰判断有关圆的面积我已经说到的内容。然而,这些问题没什么别的(至少对感官而言),只不过是伴随本章图１和图３的绘制而出现的一些征兆而已。

因此,再次绘制正方形ＡＢＣＤ(见本书附录第二十章图图５)和三个９０度的弓形ＡＢＤ、ＢＣＡ和ＤＡＣ,画对角线ＡＣ和ＢＤ分别在Ｈ和Ｉ两点上将弓形ＢＨＤ和ＣＩＡ平分为二;画线段ＥＦ与ＧＬ将正方形ＡＢＣＤ分成四个相等的正方形,将弓形ＢＨＤ和ＣＩＡ平分为二;画线段ＥＦ和ＧＬ将正方形ＡＢＣＤ分成四个相等的正方形,将弓形ＢＨＤ和ＣＩＡ平分为三,即在Ｋ和Ｍ两点上使弓形ＢＨＤ分成三等分,在Ｍ和Ｏ两点上使弓形ＣＩＡ分成三等分。然后,在Ｐ点上将弓形ＢＫ平分为二,画弓形ＢＰ的正弦ＱＰ延长到Ｒ点,以致ＱＲ双倍于ＱＰ;连接ＫＲ,一方面将它延长到ＢＣ于Ｓ点,另一方面将它延长到ＢＡ于Ｔ点。同样,画ＢＶ是ＢＳ的三倍,所以,(据本章第２节)与弓形ＢＤ相等。这样一种绘制与第一个图形的绘制是一样的,我认为,除去那些为我当前的目的所必要的之外,更新所有线段的草图都是合适的。

因此,首先,如果画出ＡＶ,在Ｘ点上与弓形ＢＨＤ相交,在Ｚ点上与边ＤＣ相交,我希望某一个分析者将给出理由,如果他能够的话,说明为什么ＴＥ和ＴＣ会与弓形ＢＤ相交,一个在Ｙ点上相交,另一个在Ｘ点上相交,以致弓形ＢＹ与弓形ＹＸ相等;或者,如果它们不相等,他就应当测定它们的差。

第二十章　论圆的面积,及角或弓形的分割

第二,如果在ＤＡ边上,取线段Ｄa与ＤＺ相等,并且画出Ｖa;我也希望能够给出理由,说明为什么Ｖa与ＶＢ应当相等;或者,如果它们不相等,它们的差究竟是什么。

第三,画出Ｚb,使之与ＣＢ边平行且相等,在Ｃ点上与弓形ＢＨＤ相交,画出线段ＡＣ,使之延长到ＢＶ于d点;我也希望能够给出理由,说明为什么Ａd会与线段aＶ相等且平行,从而也与弓形ＢＤ相等。

第四,画弓形ＢＫ的正弦eＫ,使得ef(在eＡ点上延长)与对角线ＡＣ相等,连接fＣ;我也希望能够给出理由,说明为什么fＣ会通过a点和c点(a点是给定的,弓形ＢＨＤ的长度也是给定的);说明为什么fe和fc会相等,如果不相等,又为什么不相等。

第五,画fＺ,我希望他能够说明为什么fＺ与ＢＶ相等,或与弓形ＢＤ相等;如果它们不相等,它们的差又是什么。

第六,姑且承认fＺ与弓形ＢＤ相等,我希望他能够确定fＺ究竟完全落在弓形ＢＣＡ之外,还是与之相切,或与之相触,而且,究竟在哪一个点上相切和相触。

第七,画半圆ＢＤg,给出理由,说明为什么gＩ在画出并延长后,会通过Ｘ点,确定弓形ＢＤ的长度。而且,更进一步延长这同一个gＩ到ＤＣ于h点,说明为什么与弓形ＢＤ相等的Ａd会通过h点。

第八,在正方形ＡＢＣＤ的中心Ｋ点上,画90度的弓形ＥiＬ与延长在i点上的eＫ相交,给出理由,说明为什么画线段iＸ会与ＣＤ边平行。

第九，在ＢＡ边与ＢＣ边使ｇＬ与Ｂｍ各自与ＢＶ的一半相等或与弓形ＢＨ相等，画ｍｎ与ＢＡ边平行且相等，并相交弓形ＢＤ于ｏ点，给出理由，说明为什么与ＶＬ相连的线段会通过ｏ点。

第十，我想知道他关于与ａＨ相连的线段为什么会与Ｂｍ相等；或如果不相等，两者的差是多少。

这位自称能够解决这些问题的分析者，如果首先不知道弓形ＢＤ的长度，运用除进行一个角的不断二等分之外的任何别的已知的方法，或从考虑弯曲的本性绘制图形，在普通几何学能够实施的活动之外，还能够作更多的事情。但如果圆的面积不能够以任何其他的方法求出，那么，我就或是已经求证出了它，或是它就根本求证不出来。

从已知的 90 度弓形的长度，从这个弓形和正切ＢＣ的成比例的分割中，可以推出一个角切成为任何给定的比例；同样，求证一个圆形的面积、求证一个给定扇形的面积以及许多相似的命题，在此都是无须进行论证的。所以，在这里，我只是表明一条线段与阿基米德螺线相等，然后就此停笔，不再考虑这一思辨问题了。

5. 阿基米德的螺线等式与线段

求出圆周的长度，同样求出那个线段，它相交螺线于第一换位的终点。因为在圆心Ａ点上（见本书附录第二十章图图 6），绘制圆形ＢＣＤＥ；在它之中画阿基米德螺线ＡＦＧＨＢ，起始于Ａ点，终结于Ｂ点。通过圆心Ａ点，画线段ＣＥ，相交直径ＢＤ成直角；使线段ＣＥ延长至Ｉ点，以致ＡＩ与圆周ＢＣＤＥＢ相等。因

第二十章　论圆的面积，及角或弓形的分割

此，画出ＩＢ将相交螺线ＡＦＧＨＢ于Ｂ点；阿基米德在他的著作《论螺线》中已经对此做过推证。

而且，一条线段与一给定的螺线ＡＦＧＨＢ相等，也可以这样求出。

设一条线段ＡＩ，与圆周ＢＣＤＥ相等，在Ｋ点上平分为二；使ＫＬ与半径ＡＢ相等，完成矩形ＩＬ。将ＭＬ认作轴，ＫＬ是抛物线的底部，ＭＫ是曲线。然而，如果设想Ｍ点受到两个运动物体的集合的推动，一个从ＩＭ到ＫＬ按照与时间同一的比例以不断增长的速度运动，另一个从ＭＬ到ＩＫ作匀速运动，这两个运动物体开始于Ｍ点，终结于Ｋ点；伽利略已经推证出：通过Ｍ点的这样一种运动，一个抛物线的曲线便被绘制出来了。再者，如果设想Ａ点在线段ＡＢ上作匀速运动，并且在同样的时间里，围绕着圆心Ａ点在Ａ与Ｂ之间的所有点上作圆周运动；阿基米德已经推证出：借着这样的运动，一条螺线便被绘制出来了。而且，既然所有这些圆周运动在Ａ点是同心的；在一定时间的比例内，内圆便始终依照时间的比例小于外圆，在其中以匀速运动通过ＡＢ；而Ａ点的圆周运动的速度也会不断与时间成比例增加。迄今为止，抛物线ＭＫ和螺线ＡＦＧＨＢ的形成，都是同样的。但在线段ＡＢ上同时发生的在所有同心圆的周长上圆周运动的匀速运动，将绘制出那个圆，其圆心是Ａ点，其周长是ＢＣＤＥ；从而，当螺线ＡＦＧＨＢ绘制出来时，那个圆（依据第十六章第１节的推论）便是聚集在Ａ点上的全部速度的总和。同样，当曲线ＭＫ绘制出来时，矩形ＩＫＬＭ也同样是聚集在Ｍ点上的全部速度的总和。而且，因此，抛物线ＭＫ借以绘制出来的整个速度，之对于在同一时间内，螺线ＡＦＧＨＢ借以绘制出来的整个速度，与矩形ＩＫＬＭ对于圆形ＢＣＤＥ，亦即对于三角形ＡＩＢ的比例是一样的。因为ＡＩ在Ｋ点上平分为二，线段ＩＭ和ＡＢ相等，所以，矩形ＩＫＬＭ和三角形ＡＩＢ同样相等。因为以相同的速度和相同的时间，绘制螺线ＡＦＧＨＢ和抛物线ＭＫ会彼此相等。然而，在第十八章第１节中，已求证出一条线段与任何一条抛物线相等。因此，一条线段也被发现与一给定的为阿基米德所描述的第一旋转的螺线相等。这正是原本要证明的。

6. 几何学家通过线的乘方所作的分析

在论方法的第六章中，我已经讲到了几何学家的分析法，但我当时认为对它在后面加以说明是合适的。因为那时我们还不曾了解这么多被命名为线、面、体、相等和不相等等东西。因此，在这里，我将把我的有关看法谈出来。

所谓**分析**（*analysis*），是一种连续不断的推理，从我们对假定为真的一个命题中的各个词项的定义以及从那些定义的各个词项的定义开始等，直到我们达到某些已知的事物，其有关组合即是对第一设定真假的推证；这种组合或推证即是我们所谓综合。所以，**分析**，是一种艺术，借助分析，我们的推理从某种假设的事物，达到原理，即达到第一命题，或者通过这些达到一些已知的东西，直到我们获得足够的已知命题，足以推证出所假设的事物的真假。综合是推证的艺术本身。因此，综合与分析没有什么不同，除了推证顺序不同外；而**逻辑**则包含着两者。所以，在对任何一个问题的分析或综合中，换句话说，任何一个问题，其所有命题的词项都应该

第二十章 论圆的面积,及角或弓形的分割

是可以变换的;或者如果假设它们的被确切地说明,则其后件的真理就不仅应该从它的前件的真理中推出,而且反之,其前件的真理也必定能够从后件的真理推出。因为否则,当通过分解我们得出了一些原理时,我们便不可能通过组合直接回到所探索的事物。因为那些在分析中是最先的词项,在综合中将是最后的;例如,在**分解**中,我们说这两个矩形相等,所以它们的边也是相互成比例的,但在组合中,我们却必定说,这些矩形的边是相互成比例,所以,这些矩形本身相等;我们不能够说:**除非这些矩形的边相互成比例,从而,矩形是相等的**,其中的词项是可以变换的。

然而,在每一个分析中,其探求的是两个量的比例;通过这一比例,一个图形在得到绘制时,所寻求的量,就有可能展示给感官了。而这样一种展示正是这个问题的目的和解决,或者说是这个问题的意义。

而且,既然分析是推理活动,从所假定的某些事物开始,直到我们得到一些原理,即得到一些定义,或得到以前已知的定理;既然同一推理活动最后趋于某种等式,我们因此便能够使分解没有任何终点,直到最后我们得到它们相等与不相等的原因本身,或从那些原因得到以前推证的定理;从而具有足够数量的定理去推证所探求的事物。

而且,既然分析的终点或是对作为可能问题的构建,或对其不可能性的觉察;对于无论什么可以解决的问题,分析者都绝对不能停顿,直到他得到那些包含着他打算对之作出建构的动力因的那些事物为止。但当其得到一些第一命题时,他便必定要停顿下来;这些第一命题即是定义。因此,这些定义必定包含着他要建构的

动力因；我说的是他的建构，而不是他所论证的结论；因为结论的原因被包含在作为前提的命题之中；也就是说，他所证明的命题的真理是从一些自我证明的命题中得出来的。但他建构的原因却存在于事物本身之中，却在于运动或在于运动的集合之中。因此，作为分析的目的的那些命题是一些定义，但这些定义所意指的却是事物得以建构或产生的某种方式。因为否则，当他通过综合回到他的问题的证明时，他就会达到根本没有作出任何证明的地步；其中根本不存在任何真实的证明，而只有一些科学之类的东西；任何一种推证都不是科学的，问题的构建是从关于原因的知识产生出来的东西得出来的。因此，综上所述：**分析（ANALYSIS）是从一件事物的所假定的建构或产生到建构或产生事物的动力因或共动力因的推论。而综合（SYNTHESIS）则是从建构的第一因，不断通过所有中间原因，直到我们达到建构或产生的事物本身。**

但由于存在有同一件事物借以产生或同一个问题得以建构的许多方法，所以，所有的几何学家既不会、同一个几何学家也永远也不会运用同一种方法。因为如果对于某个给定的量，需要建构另一个相等的量，那就可能会有一些人将去探究是否通过某种运动来建构。因为存在有一些量，它们的相等和不相等是既可以从一致或全等中得到证明，也可以从运动和时间中得到证明；而且，还存在有一种运动，两个量不管是线还是面，虽然一个是弯的，另一个是直的，但却都可以通过它而成为一致或相合。而这种方法正是阿基米德在《论螺线》著作中所运用的。从思考重量中也可以求出和证明两个量的相等或不相等，阿基米德在求抛物线面积时，就是这么做的。此外，将两个量分割成不可再分割的部分也能经

第二十章　论圆的面积,及角或弓形的分割

常求出相等和不相等;我们时代的卡瓦勒赫乌斯·波那文都 (Cavallerius Bonaventura) 已经这样做了,阿基米德则经常这样做。最后,通过思考线的乘方或这些乘方的根,通过乘法、分割法、加法和减法,也通过求这些乘方的根,或找出相同比例线段的终结点都同样能这样证明。例如,许多线段无论如何多都从一线段画出,通过同一点,看它们有什么比例,如果从这点上延长的它们的部分处处都保持着相同比例,它们将会在一条线段上全部终结。如果使这点在两个圆之间,同样会如此发生。结果,它们所有终结点的位置或成为线段或成为圆周线,它们都称作平面位置。同样,当把直线平行线运动应用到一条线段时,如果这一条线段的各个部分,它们所应用到的是相互之间按比例复制这条相交接的应用的线段,它们就将全部终结在一个圆锥曲线上;这个部分,由于是它们终结的位置,故而被称作立体位置,因为它有助于求出由三个维度构成的任何等式的量。所以,存在有三种方法,在两个给定的量之间求出相等或不相等的原因。第一种方法,通过计算运动;因为通过相等的运动和相等的时间,相等的空间就描述出来了;借以权衡的是运动。第二种方式,是通过不可分:因为所有部分集合在一起与整体相等。第三种方式,是通过乘方:因为当乘方相等时,乘方的根也是相等的;反之,当乘方的根相等时,乘方也相等。如果问题太复杂,便不能通过这些方法中的任何一种制定出一个确定的法则,分析最好从假定的未知量开始;也不能由多样的等式来求证,我们最好选择最初出现的等式;但在这样一种情况下,成功将依靠机敏,依靠以前获得的科学知识,而且在许多时候,还得靠运气。

因为没有一个人会是一个好的分析家而首先不是一个好的几

何学家;分析的法则也不能造成一个几何学家,综合也同样如此;综合开始于特殊的原理,按照同样的逻辑程序进行。因为几何学的真正学说,是通过综合,按照欧几里得的方法获得的;一个人奉欧几里得为老师,便可以在没有韦达①的情况下,成为一个几何学家,尽管韦达是一个最令人钦佩的几何学家;但一个人奉韦达为老师却不懂欧几里得,却成不了一个几何学家。

而且,就借乘方工作的分析的那个部分而言,尽管一些几何学家认为它不是最重要的解决所有问题的最好方法,但它却在一定范围内有效;它全被包含在矩形和长方体的学说中。以致虽然他们也能达到确定所寻求的量的等式,但他们有时却不能通过技术在一平面上显示那个量,而只能在某一个圆锥曲线上显示;也就是说,正像几何学家们所说的,这不是以几何学的方式显示的,而是以机械的方式显示的。现在,像这样一些问题,他们称之为立体(solid);而且,当他们不能借助于圆锥曲线的显示所求的量时,他们称它为一个线性问题。所以,在角和弓形的量值中,根本没有运用通过乘方进行的分析方法;以致古人断言:以平面是不可能显示角的分割的,除非平分为二,平分部分的平分为二,这无非是一种机械的方法。帕普斯(Pappus)在其第四卷命题31之前,曾区别和界定了不同种类的问题,②他说:"一些是**平面**,另一些是**立体**、还

---

① 韦达(François Vieta,1540—1603),法国数学家。代表作有《应用于三角形的数学定律》和《分析法入门》。他最早明确给出有关圆周率的无穷运算式,而且创造了十进分数表示法,促进了计数法的改革,后为笛卡尔发展为解析几何。——译者

② 帕普斯,即亚历山大里亚的帕普斯(Pappus of Alesandria,活动时期为320年前后),亚历山大里亚时期最后一位伟大的希腊几何学家。其代表作为《数学汇编》,共8篇,分别涉及算术、平面几何、立体几何、力学等问题。——译者

第二十章 论圆的面积,及角或弓形的分割

有一些是**线性的**。所以,那些可以通过线段和圆周线解决的(即可以用尺子和圆规不用任何其他仪器绘制出来的),是适合于称作平面;因为这样一些问题能够借以发现的各种线段,在一个平面中都是有其产生的。但那些在自身的建构中以运用某一个或更多的圆锥曲线解决的,则称作立体,因为它们的建构不运用立体图形即锥体的面便不能被造成。剩下的是第三种,被称作线性的,因为其他的线段,除那些已被提及的之外,在他们的建构中都是被用到的,等等。"他说了这些以后过了一会,又接着说:"属于这样一种的,有**螺线线段**(the *spiral* lines)、**割圆曲线**(*quadratrices*)、**蚌线**(the *conchoeides*)和**蔓叶线**(the *cissoeides*),或新线段求出一平面问题时,几何学家认为:当任何一个人为寻求解决一个平面问题,而利用圆锥曲线或新的线段时,会存在不小的漏洞(no small fault)。"然而,他将一个角的三等分安排在立体问题中,五等分安排线段中。但是,什么?连古代几何学家运用割圆曲线求证一条线段与弓形相等,都要受到谴责?帕普斯当他求助夸张法求证一个角的三等分时,他自己也错了吗?或者我以为我仅以尺子与圆规即求证出了两个这样问题的建构,是我错了?既不是他们错了,也不是我错了。因为古代几何学家运用是由乘方开始的分析;他们通过一个更远的乘方进行分析是一种错误,因为原本是可以通过一个较近的乘方进行这种分析的;他们所作的这样一种证明并不足以理解事物的本性。

这种分析的优点在于矩形的变化、转向、翻转和类比推理;分析者的技能纯粹是逻辑的,通过逻辑他们能有条理地求证出隐藏在要寻求的结论的主项或谓项之中的无论什么东西。但这严格地

讲，并不属于代数学，或者说这种解析学是徒有其表的，象征的和牵强附会的；我可以说，它是解析学的一种**速记学**（*brachygraphy*），一种既非教授几何学的艺术，也非学习几何学的艺术，而是对几何学家发明的简洁、快速记录的艺术。因为尽管通过非常古老的命题的符号来论证是一件容易的事情，但这样的论证，当其在没有事物本身任何观念的情况下作出来时，我不知道它是否值得思考，被认为是思而有益的。

第二十一章 论圆周运动

1.在简单运动中,运动物体中的每一条直线始终与它此前所在的位置平行——2.如果圆周运动围绕静止的圆心点进行,而且在该圆中,存在有一个周转圆,其回转按反方向进行,圆周运动以这样的方式在相同时间内造成相同的角度,在这种情况下,在周转圆内取得的每条直线始终与它此前所在的位置平行——3.简单运动的特性——4.如果一个流体随简单圆周运动移动,则流体内的每一个点所形成的圆周大小在时间上和它与圆心的距离成比例——5.简单运动离散异质、聚合同质的物体——6.如果一个由以简单运动受到推动的运动物体所形成的圆,与另一个由同一个运动物体所推动的点所形成的圆可公度,则这两个圆上所有的点就会在某一时刻回到同一个位置——7.如果一个球体作简单运动,则其离两极越远,其圆周运动便越能离散异质的物体——8.如果一个流体的简单圆周运动受到一个非流体的物体阻碍,则这个流体便会在该物体表面漫延开——9.围绕一个固定中心的圆周运动因位于圆周线上一类事物的相切,而脱离圆周运动,并且不再继续作圆周运动——10.随简单圆周运动运行的事物,产生了简单的圆周运动——11.如果按圆周运动运行的物体,有一面是硬质的,另一面是流质的,则该物体的运动就不会完全是圆周运动

1. 在简单运动中,运动物体中的每一条直线始终与它此前所在的位置平行

我已经把简单运动定义为:若运动物体中的若干点在相等时

间内形成若干相同的弓形，则此运动为简单运动。因此，在简单的圆周运动中，运动物体内的每条直线都必定始终与其本身相平行。兹推证如下。

首先，设ＡＢ（见本书附录第二十一章图图1）为任何一个立体中的任意一条直线；设ＡＤ为任意一个以Ｃ为圆心，以ＣＡ为半径的圆上的弓形。设Ｂ点，被理解为绘制同一部分弓形ＢＥ，与ＡＤ相像，并且相等。但在相同时间内，点Ａ沿弓形ＡＤ运动，点Ｂ则由于简单运动的缘故，而被假定与Ａ相等的速度运动，将传送弓形ＢＥ；在同一时间结束时，整个ＡＢ将运动至ＤＥ；因此，ＡＢ与ＤＥ相等。而且，既然弓形ＡＤ与弓形ＢＥ等长，则它们对应的直线ＡＤ与ＢＥ也将等长；从而四边形ＡＢＤＥ就将是一个平行四边形。因此，ＡＢ与它本身作平行运动。如果从ＡＢ所在运动物体中取任何其他一条直线，也可以以同样的方法做出同样的证明。因此，所有取自作简单圆周运动的物体上的直线，都将受到推动作平行与自身的运动。

推论一：显而易见，在任何作简单运动的物体中都将会发生同样的情况，尽管并非是圆周运动。因为任何一条无论什么直线上的所有的点都绘制着直线，虽然这些直线并不是圆形的，但却是相等的；从而，虽然曲线ＡＤ和ＢＥ不是圆周的弓形，而是抛物线、椭圆，或是属于任何其他图形上的弓形，但弓形ＡＤ与ＢＥ两者，以及那些与之对应的弓形，以及那些连接它们的直线，却都是相等且平行的。

推论二：同样显而易见的是，等圆ＡＤ和ＢＥ的半径，或者一个球体的轴，也都受到推动，始终平行于它们的初始位置运动。因

第二十一章　论圆周运动

为通过弓形ＢＥ指向圆心的直线ＢＦ与半径ＡＣ相等，也与直线ＦＥ或直线ＣＤ等长；而角ＢＦＥ与角ＡＣＤ也将相等。设直线ＣＡ与ＢＥ相交于Ｇ点，角ＣＧＥ（既然ＢＥ与ＡＤ平行）就将与角ＤＡＣ相等。但角ＥＢＦ与角ＤＡＣ相等；因此，角ＣＧＥ与ＥＢＦ也将相等。所以，ＡＣ与ＢＦ平行。这正是原本要证明的。

2. 如果圆周运动围绕静止的圆心点进行，而且在该圆中，存在有一个周转圆，其回转按反方向进行，圆周运动以这样的方式在相同时间内造成相同的角度，在这种情况下，在周转圆内取得的每条直线始终与它此前所在的位置平行

设存在有一个给定的圆（见本书附录第二十一章图图2），其圆心为Ａ，半径为ＡＢ；而且，在圆心Ｂ上和任何一条半径ＢＣ上，作周转圆ＣＤＥ。圆心Ｂ绕圆心Ａ转动，整个周转圆也随之转动，直到它与圆心为Ｉ的圆ＦＧＨ重合。设ＢＡＩ为给出的任意角。而在圆心Ｂ移至Ｉ的时间内，周转圆ＣＤＥ绕其圆心作反方向回转，即从Ｅ经过Ｄ到Ｃ，转动以相同的比例进行。在这种方式下，在两个圆中，相同时间内转过相同的角度。我则说：周转圆的轴ＥＣ会始终与其本身平行。设角ＦＩＧ与角ＢＡＩ相等；则ＩＦ与ＡＢ因此就将平行；轴ＡＧ偏离初始位置ＡＣ的幅度（其前进的尺度用角ＣＡＧ表示，或者用ＣＢＤ表示，我假定它们相等）有多大，在同一时间里，轴ＩＧ，与ＢＣ相同，偏离其初始位置的幅度也就多大。因此，通过围绕点Ａ的圆周运动，Ｂ点移至Ｉ点，这段时间内ＢＣ移至ＩＧ，同时，通过周转圆的反向运动点Ｇ

移至点 F，即点 G 会回到点 F，I G 转移到 I F。但角 F I G 与 G A C 相等。因此，A C 即 B C 以及 I F（即轴，虽然处于不同的位置上）就将是平行的。由此可见，周转圆 E D C 的轴一直与其自身相平行。这正是原本要证明的。

推论：由此可见，很显然，哥白尼认为地球具有的两种周年运动，可归结为这一种圆周简单运动。其中运动物体上的所有各点以同样的速度运行，也就是说，在同一时间内，它们一律匀速地作相等的旋转。

因为就像它是最简单的运动那样，所以它也同样是所有圆周运动中最普遍的一种。所有的人当他们用手臂摇转某物时，比如研磨或筛东西时，所作的也是这样一种简单圆周运动。因为受到推动的事物的所有各点所形成的线段也是相互相等的。所以，如果有人有一把尺，在上面绑上相同长度的钢笔尖，那么在作圆周简单运动时，就会同时画下许多线段。

3. 简单运动的特性

在介绍了简单运动的概况后，下面我将阐述它的一些特性。

首先，当一件物体在无真空的流体媒介中作简单运动时，它便改变着在它周围阻碍它运动的流体所有局部的位置；我则说：周围流体中存在有小到不能再小的局部，无论简单运动持续多久，它都确实地改变着它们的位置，所用方式是流体部分连续不断地将它们的位置留给进入同样状态的其他小的部分。

因为设任何一个物体（见本书附录第二十一章图图 2），如 K L M N 作简单圆周运动；其圆周中每个点所绘制的这个圆具有任

第二十一章 论圆周运动

意确定的量,同理假设 K L M N。因此,圆心 A,其他任意点以至移动的物体本身,有时会朝点 K 一侧移动,有时会朝点 M 所在的另一侧移动。因此,当它运动至点 K 时,那一侧的流体媒介便会流回;假设所有空间都充满流质,其他侧的流体部分便会接替。从而,当这一物体向 M 一侧、N 一侧以及任意方向运动时,这样的流体运动便会出现。然而,当最近的流体媒介部分流回的时候,它附近的最为接近的流体部分必定也会流回;仍假设所有空间充满流质,其他部分便会相继地持久无止境地进入它们的位置。因此,所有的甚至是最小的流体媒介的部分,都会改变它们的位置。这正是原本要证明的。

由此可见,很显然,持续返回初始位置的物体,其所作的简单运动不管是圆周的,还是非圆周的,都具有离散阻碍物体各个部分的或大或小的力。因为它有或快或慢的速度,所形成的线段也有或大或小的量值。然而,能够达到的最大的速度可以理解为存在于最小的圆周之中,而能够达到的最小的速度则存在于最大的圆周之中;当需要时,是可以作出如此的假设的。

4. 如果一个流体随简单圆周运动移动,则流体内的每一个点所形成的圆周大小在时间上和它与圆心的距离成比例

第二,假设在空气、水或其他流体媒介中具有同样的简单运动;附着于运动物体的媒介部分会以同样的运动和速度四处移动,以致在任何时间内,运动物体上的任一点在结束其圆周运动的同时,每一部分附着于运动物体的媒介也将形成其圆周的一个部分,

这相当于运动物体的整个圆周。我之所以说媒介形成的是部分圆周,而不是整个圆周,乃是因为媒介的所有部分的运动都是从内部同心的圆周运动物体领受其运动的,而外部的同心的圆周运动物体将始终大于内部的同心的圆周运动物体;为任何一个具有更大速度的运动物体所赋予特征的运动也不能大于这个运动物体本身的速度。由此我们可以得出结论说:周围流体较为遥远的各个部分将适时地完成它们的圆,它们与其离开运动物体的距离相互之间具有同样的比例。因为就周围流体的每一点而言,只要它接触带动它运动的物体,就会随该物体而运动,并作出相同的圆周运动,同时它又带动出许多超出内部圆的外部圆周。因此,如果我们假设有某样事物,并非流体物质,浮在距这一运动物体最近的周围流体的那个部分之中,它就将会随着那个运动物体运动。既然周围流体的那个部分,并非是最近的而是几乎最近的,它是从最近的部分接受其速度的等级,而速度的这一等级是不可能大于其在给予者身上的等级的,从而在同一时间造出圆周线,不是一个整圆,但却等同于最近流体的那个整圆。从而在运动物体完成一圆周运动的同时,未接触它的流体却无法完成它的整圆;但它可以完成部分圆周运动,这等同于这一运动物体的完整圆周运动。而且,按照同样的方式,离得较远的周围流质的部分在同等时间内会完成各自完整圆周运动的那些部分,它们将分别等同于这一运动物的完整圆周运动。由此必然得出一个结论:流体媒介的各个点完成其完整圆周运动的时间与之距运动物体的距离是成比例的。这正是原本要证明的。

5. 简单运动离散异质、聚合同质的物体

第三，处在流体媒介中的物体所作的同样的简单运动，这样一些自然地漂浮在媒介中的事物，如果它们是同质的，便会聚合或集中在一个位置；而如果它们是异质的，则它就会分解离散它们。然而，如果这样一些异质物体并非悬浮而是沉淀在媒介中，则同样的圆周运动便会搅动这些异质物体，并将它们杂乱地混合在一起。因为既然物体，相互之间不同，也就是说，它们是异质的物体，则就其是物体这一点论并没有什么不同；因为各种物体，作为各种物体，是没有任何差别的。但仅就某个特殊的原因论，例如，就某种内部运动，或它们最小部分的运动论（如我们在第九章第9节所证明的，所有的变异都是此种运动），异质物体依然因其内部的或特殊的运动而相互存在有不同或差别。然而，具有这样一些差别的物体却从同样的外部公共运动物体那里领受了不同的和有差别的运动；从而，它们不会一起受到推动，也就是说，它们将会离散。但在离散过程中，它们将必然在这个或那个时候，会遇到与自身相似的物体，并与之一起作类似的运动；此后，这些相似的物体又遇到更多的与自身相似的物体，它们就将聚集起来，形成一些更大的物体。因此，由于在媒介中自然浮着的简单运动的作用，同质物体将聚合在一起，异质物体便相互离散。再者，流体媒介中的这样一些存在物并非悬浮，而是沉淀，如果流体媒介的运动足够强大，则沉淀物体就会被这一运动搅起来，并被这一运动带走，随之而来的是它们很难回复到自然沉淀后的那一位置，只有在那里它们会聚集在一起，在别处它们便混杂在一起被带走，也就是说，它们是被杂

乱地混合在一起的。

然而,这种聚合同质物体、离散异质物体的运动,通常被称作**发酵**(fermentation)。发酵这个词源自拉丁文 *fervere*;这两个词其在希腊语中有 Ζύμη,源于 Ζέω (*ferveo*),其所意指的是同样的东西。因为沸腾使水的每一个部分都改变其位置;而任何一件事物的各个部分,当其被投进沸水中的时候,便会根据其各自的本性向不同方向运动。然而,所有的**迷醉**或沸腾并不都是由火引起的;新酒和许多其他的事物也有其自身的发酵发热过程,其中火的作用甚微,有时甚至根本不起任何作用。但在发酵过程中,我们却发现有热量产生,这是由发酵作用造成的。

6. 如果一个由以简单运动受到推动的运动物体所形成的圆,与另一个由同一个运动物体所推动的点所形成的圆可公度,则这两个圆上所有的点就会在某一时刻回到同一个位置

第四,不论在何时,运行在ＫＬＮ中,以 A 为圆心(见本书附录第二十一章图图2)的运动物体,经过任意周的旋转,即周长ＢＩ与ＫＬＮ可公度,便会运行出一条线段,这条线等于经过点 B 和点 I 的圆周。在同一时间,所有以 B 为圆心的悬浮物体的各点,会回到运动物体的同一位置,即它们出发的位置。因为既然它为距离ＢＡ,即像经过ＢＩ的圆周的半径与ＢＩ本身长度成一定比例那样,圆周ＫＬＮ的半径与ＫＬＮ的长度也成同样的比例。而且,既然点 B 与点 K 的速度相同,在ＩＢ内回转的时间与在ＫＬＮ内回转的时间之比,也就将与ＢＩ周长与ＫＬＮ周长之比一样。因

此，ＫＬＮ的回转圆周长之和，当加在一起等于周长ＢＩ的长度时，就将在整个周长ＢＩ完成所需的相同时间内完成。因此，点Ｌ、Ｎ、Ｆ、Ｈ及其余任何一个点，都将在同一时间内回到它们出发的位置；而这也就可能推证出：无论什么都是所考察的各点。因此，所有的点，都将在这段时间内回到同一位置；这正是原本要证明的。

由此我们可以得出结论说：如果周长ＢＩ与ＬＫＮ不可公度，那么，所有的点也就都永远不会回到同一位置或相互对应的配置。[326]

7. 如果一个球体作简单运动，则其离两极越远，其圆周运动便越能离散异质的物体

在简单运动中，如果运动的物体是球体，则其在接近其两极所具有的力便小于其趋向于其中间离散异质物体或聚合同质物体所具有的力。

设存在有一个球体（见本书附录第二十一章图图3），其球心为Ａ，直径为ＢＣ；设想它以简单圆周运动受到推动；设其运动的轴心为直线ＤＥ，在直角Ａ点上与直径ＢＣ相交。现在，设这个过球面任意点Ｂ的圆，直径为ＢＦ；然后，取ＦＧ等于ＢＣ，在中点Ｈ上将其对分，球体Ａ的圆心，在完成一半回转后，将会位于点Ｈ上。而且，既然ＨＦ与ＡＢ相等，在球心Ｈ上以ＨＦ或ＨＧ为半径所形成的圆，就将等同于以Ａ为球心、以ＡＢ为半径的圆。若同样的运动继续进行，在另一半回转完成之后，点Ｂ就会回到它最初开始运动的位置；因此，在一半回转结束时，点Ｂ运动至点Ｆ，半球ＤＢＥ运动至点Ｌ，Ｆ所在的那个半球之上。因此，邻近点

F 的流体媒介也将会在同时返回到线段 BF 的那个长度上来;而在点 F 返回点 B 时,也就是点 G 回到 C 时,流体媒介会就将像从点 C 在直线上那么多地返回。这是在球体中部的简单运动的效果,这里离极点的距离最远。现在,设在同一球体中距极点 E 较近的位置取点 I,过点 I 作直线 IK 平行于直线 BF,与弓形 FL 交于 K,与轴线 HL 交于 M;再连接 HK,过 HF 作垂线 KN。在点 B 运动至点 F 的同时,点 I 运动到 K,BF 等于 IK,它们以相同速度运行。在 IK 内,邻近点 K 的那一部分媒介在其带动下所作的运动是倾斜的,如果它在直线 HK 中继续运动,它会在垂直方向运动。因此,在 IK 中进行的运动产生的力小于在 HK 内同速运动产生的力。而在 HK 以及 HF 中的运动确实将媒介推回。因此,在点 K 的球体部分与在点 F 的球体部分相比较,前者将媒介移动得较少,即 KN 小于 HF。因此,在作简单运动的球体上,距极点较近的部分与距极点较远的部分相比,前者分散异质、聚合同质的作用力较小。这正是原本要证明的。

推论:由上文必然可以得出结论:在垂直于轴,并与极点本身相比,距球体中心更远的平面上,简单运动产生不出任何效果。因为作简单运动的轴 DE 在圆柱表面运动,在这种运动中根本不存在趋向圆柱底面的任何努力。

8. 如果一个流体的简单圆周运动受到一个非流体的物体阻碍,则这个流体便会在该物体表面漫延开

如果在一个作简单运动的流体媒介内,如上所述,设想漂浮着另一个非流体的球体,则流体媒介中被该球体阻碍的那个部分,将

会竭力使它们自身扩散到该物体表面的任何部分。这凭经验就足以看清楚。倒在道路上的水会在路面漫开。但其原因也许是这样的：既然球体Ａ（见本书附录第二十一章图图3）向Ｂ移动时，球体在其中受到推动的媒介也将具有相同的运动。但由于在这个运动过程中，流体会落在一个不是液态的物体Ｇ上，就不能继续前进；而且，既然流体媒介的小的部分既不能前进，又不能反向逆着运动物体的作用力行进；因此，事情便依然是：它们朝着Ｏ和Ｐ的方向而漫延到那个物体的表面；这正是原本要证明的。

9. 围绕一个固定中心的圆周运动因位于圆周线上一类事物的相切，而脱离圆周运动，并且不再继续作圆周运动

复合的圆周运动中运动物体的各个部分，并不同时形成圆周，依它们各自距一个共同圆心的距离，一些大些，另一些则小些；这种复合的圆周运动携带着那些非流体的附在其上的物体运动；而将那些并未黏附其上的物体从它们与之相切的切点所在的那条直线上抛出去。

因为设存在有一个其半径为ＡＢ的圆（见本书附录第二十一章图图4）；设一个物体被置放在圆周的Ｂ点上，如果它被固定在那里，便必定会被带着一起运动，这是自明。但当运动进行时，我们假设这个物体并未被固定在Ｂ点上。我则说：这个物体就将在切线ＢＣ上继续运动。因为假设半径ＡＢ和球Ｂ两者都被设想为是由硬质物体构成的；我们还假设半径ＡＢ的Ｂ端被沿着切线ＤＢ运动的物体撞击。因此，此时，就会产生出由两件事物的

集合所形成的运动。其中一件事物沿着ＤＢ向Ｃ运动；如果Ｂ没有被半径ＡＢ束缚，它也会沿ＤＢ运动；另一件事物就是阻碍本身。但仅有阻碍并不会产生向圆心的运动。因此，当阻碍被撤销时，也就是设想Ｂ并未固定，在Ｂ点就将只剩下一种努力，也就是在切线ＢＣ方向上的努力。因此，未被固定的物体Ｂ的运动就将沿着切线ＢＣ继续进行。这正是原本要证明的。

通过这样一种推证，很显然，围绕着一个未受推动的轴的圆周运动中的离散状态和使它们离中心越来越远的运动状态，就是那些与表面接触而不是黏性很强的物体所具有的运动状态。离圆周运动极点的距离增加多大，被摆脱的事物，由于其他原因，为周围流体强迫趋向圆心就减少多少，而且，前者越是增大，后者便越是减少。

10. 随简单圆周运动运行的事物，产生了简单的圆周运动

如果在一个液体媒介中，一个球体受到推动，作简单的圆周运动，而在同一个媒介中漂浮有另一个非液态的球体，那么，这个球体也将受到推动，作简单的圆周运动。

设ＢＣＤ（见本书附录第二十一章图图5）为一个圆，其圆心为Ａ，在其圆周上有一个球体以简单运动形成周长ＢＣＤ。又设ＥＦＧ是另一个由一致质料构成的另一个球体，其半径为ＥＨ，圆心为Ｈ。同时，以ＡＨ为半径，绘制出圆ＨＩ。我则说：由于ＢＣＤ上物体的运动，ＥＦＧ将受到推动，在圆周ＨＩ上作简单运动。

因为既然在ＢＣＤ中的运动（据本章第4节）使流体媒介上的所有的点在相同的时间内形成的圆周线相互相等，直线ＥＨＧ

第二十一章　论圆周运动

上的点ＥｰＨ和Ｇ，就将在相同的时间，以相等的半径，形成相等的圆。画出ＥＢ，使之等于且平行于ＡＨ；连接ＡＢ，则ＡＢ与ＥＨ平行且相等；而且，因此，若在圆心Ｂ和半径ＢＥ上，画弓形ＥＫ，使之等于弓形ＨＩ，再画出直线ＡＩ、ＢＫ和ＩＫ，则ＢＫ与ＡＩ也相等；而且，它们也将是平行的，因为这两个弓形ＥＫ和ＨＩ相等，换言之，这两个角ＫＢＥ与ＩＡＨ也是相等的；因此，连接它们的直线ＡＢ和ＫＩ也将等长和平行。所以，ＫＩ和ＥＨ平行。因此，既然Ｅ和Ｈ在同一时间运动到Ｋ和Ｉ，整个直线ＩＫ就将与它由以出发的球体ＥＨ平行。而且，既然球体ＥＦＧ被假定具有一致的质料，以致其中所有的点都将始终保持同样的情势，这个球体上的每一条别的直线，便必定受到推动，始终与它初始的位置平行。因此，球体ＥＦＧ受到推动，作简单的圆周运动；这正是原本要证明的。

11. 如果按圆周运动运行的物体，有一面是硬质的，另一面是流质的，则该物体的运动就不会完全是圆周运动

如果流体媒介的各个部分受到一个作简单运动的物体的搅动，其中还飘浮有另一种物体，其表面或完全是固体，或完全是液体，则这一物体的各个部分在各个方面都会同等地接近圆心；也就是说，物体的运动将是圆周的，且与运动物体的运动是同圆心的。但若此物体一边是固态的，另一边是液态的，则这两种运动便不具有同一个圆心，漂浮的物体也不会受到推动，在一个完全圆形的圆周上运行。

设一个物体受到推动，在以 A 为圆心的圆周 K L M N 上运行（见本书附录第二十一章图图 2）。另有一个物体存在于 I 点，其表面或者全是固态的或者全是液态的。设这两个物体都置放其中的流体媒介是液态的。我则说：在 I 点的这个物体将受到推动，在圆 I B 上围绕着圆心 A 运动。因为这在上一节中已经推证过了。

因此，设存在于 I 点的这个物体的表面一面是液态，另一面是固态。首先，设液态的那一面面向圆心。因此，既然媒介的运动是它的各个部分连续地改变其位置（在本章第 5 节中已经对此作过说明）；如果位置的这种变化被认为存在于接近液态表面的液体媒介的那些部分，则液体表面的那些微小部分就必定需要进入接近它们的液体媒介的微小部分的位置；而位置的类似变化也将与趋向于 A 的邻近的液体部分一起造成。而且，如果处于 I 点的那个物体的液体部分具有任何程度的韧性（因为在空气或水中，就存在有韧性），整个液态的一边面就会被抬高一点，但抬高的程度却会由于韧性的减弱而降低；但与液体接触的固态面，就完全没有提升的原因，也就是说，没有任何趋向于 A 的努力。

其次，设处于 I 点的固态一边面向 A。因此，由于刚才所说的邻近液体的部分改变位置的理由，再考虑到根本不存在真空的假设，固态面必定要么向 A 靠近，要么它的微小组成部分必定填补邻近液体的位置，否则就会出现真空。但由于所假定的是固态，填补之事便不复可能；因此，就必须是另外一种情况，也就是这个物体必须更加接近 A。这样，在 I 点的物体，当其硬的一边接近它时，它就比硬的一边背向 A 时，便具有一种趋向圆心 A 的更大的

第二十一章　论圆周运动

努力。但处于 I 点的这个物体，当其在圆 I B 的圆周上运动时，就有时这面朝向 A，有时那面朝向 A，因此，它有时离圆心 A 近些，有时离圆心 A 远些。因此，处于 I 点的这个物体并不是在一个完全圆的圆周上运动的；这正是原本要证明的。

第二十二章 论运动的其他种类

1.努力和压力如何区别——2.物体在其中运动的两类媒介——3.运动的传递,何谓运动的传递——4.当物体相互挤压时,它们有什么运动——5.流动物体,当它们一起受到压力时相互渗透——6.当一个物体压另一物体而并没穿透它时,该施压物体的活动是垂直于受压物体的表面的——7.当一个压迫另一个物体的坚固的物体穿透这一物体时,它并非垂直地穿透它,除非它垂直地落在它上面——8.运动有时与运动物体的运动相反——9.在一个充实的媒介里,运动能够扩展到任何一个距离——10.膨胀与收缩,何谓膨胀与收缩——11.膨胀与收缩假定了最小部分位置的变化——12.所有的牵动都是推动——13.诸如受到压迫或被弄弯曲而又能自行恢复的物体,在其内部的各个部分都存在有运动——14.虽然携带着另一个物体运动的物体可以停止,但被携带的物体却将继续运动——15、16.撞击的结果不能与重量的结果相比较——17、18.运动是不可能首先从物体的内在部分开始的——19.作用与反作用是在同一条线上发生的——20.习性,何谓习性

1. 努力和压力如何区别

我已经在第十五章第 2 节将努力界定为是经过一定长度的运动,虽然并不认为是长度,而只是一个点而已。因此,不管是否存

在有阻力,努力将仍旧是同样的。因为简单地讲,所谓努力就是去活动。但当两个物体具有相反的努力时,它们便相互施压,则它们中的任何一个的努力都是我们所称作的压力,并且当它们的努力是相对着的时候,这种压力是相互的。

2. 物体在其中运动的两类媒介

运动的物体和它们在其中运动的媒介有两个种类。因为或者它们的部分是以这样的方式联结在一起的,即运动的物体没有一个部分会容易地产生运动,除非整个物体也产生运动,这样的事物,我们称之为**固体**(*hard*):或者它们的部分,在整个物体没有运动时,会容易地产生运动,而这些物体我们称之为**流体**或**软体**(*fluid or soft*)。因为语词**流动的、软的、坚固的**和**硬的**,以一种类似于大小的方式,仅仅是被相比较时使用的;它们并非不同的种类,而只是性质的不同程度。

3. 运动的传递,何谓运动的传递

活动(to *do*)和**遭受**(to *suffer*),就是运动和被动:但没有事物是被动的,除非通过其本身也是被推动的物体触及到它,就像以前所证明过的那样。但无论距离是多么地大,我们虽然说第一个运动物体推动了最后一个受推动的物体,但这是间接的;也就是说,第一个推动了第二个,第二个推动了第三个,如此等等,直到最后一个被触及到为止。因此,当一个物体与另一个物体的努力相反,推动了这另一个物体,它接着又推动了第三个,依此类推,我称这种活动为**运动的传递**。

4. 当物体相互挤压时，它们有什么运动

当处于空闲的和敞开的空间中的两种流体相互施压时，它们的各个部分就将向边沿努力或移动；不仅是那些相互接触的部分，而且所有其他各个部分都是如此。因为在第一次接触中，那些被两个在努力的物体压着的部分并没有供它们向前或向后移动的地方；而且，它们因此被挤压到了边沿。而这种压迫，当各种力是相等的时候，便存在于垂直于施压物体的一条线段上。但无论何时，两个受压物体的最前沿部分，也包括最后边的部分，便必定是在同一时间受到压力的；因为最后边部分的运动不可能在一瞬间就被最前边部分阻力所阻止，而是要有一段时间继续运动；而且，因此，既然它们必须有得以运动起来的地方，以及如果没有它们向前运动的任何地方，它们按照各方向向外侧的地方运动就是必然的。而且，必然伴随产生的这种结果，不仅存在于流体中，而且也存在于一致的和坚固的物体中，虽然这不是常为感官所明显感觉得到的。因为虽然从两块石头的收缩我们不能用眼睛发现任何向外侧的膨胀，像我们对两个蜡块感觉到的那样；但我们通过理性却依然能够清楚地知道，一些肿块必定存在于那儿，尽管它们很小。

5. 流动物体，当它们一起受到压力时相互渗透

但当空间是封闭的和两个物体都是流体时，如果它们一起受到压迫，它们将相互渗透，虽然根据它们的不同努力，渗透的程度不同。因为假定有一个固体的空柱，两端被很好地封住，但首先是充满的，下面是一些像水银那样的重的液体，而上面是水或空气。

第二十二章 论运动的其他种类

如果现在空柱被倒过来底朝上,那么现在在上面的,有着向下的最大努力和被容器坚硬的边沿阻止其向外扩张的重的液体必然或者为轻的物体通过沉入其中而被它所容纳或者它必定通过自身而敞开一个通道,从而让轻的物体可以升上去。因为其各个部分很容易就可分开的两个物将首先分裂开;而当这样分开时,其他物体的各个部分却并不一定遭受任何分离。而且,因此,当两种液体被封闭在同一个容器中改变它们的位置时,它们的最小部分并无必要相互混合在一起;因为在一条通路通过它们中的一个让出来时,另一个物体的各个部分便无须分离开来。

然而,如果一种流体,没有被封闭,压迫着一个固体,它的努力就将确实是朝向该固体内部的表面的;但由于被它的阻力所排斥,流体的各个部分就将根据该固体的表面而向各个方向移动,而且如果这种压力是垂直的,情况也同样如此;因为当这个原因的所有部分都是相等的时候,则其结果也是相等的。但如果这种压力不是垂直的,那么,入射角便是不等同的,膨胀也将是不等同的,也就是说,在角度大的那边膨胀就会大些,因为沿最直的线路而继续运动的,其运动也是最直的。

6. 当一个物体压另一物体而并没穿透它时,该施压物体的活动是垂直于受压物体的表面的

如果一个物体,压迫另一个物体,却并未穿透它,那么,它将不过给予它所压迫的这一部分一种屈服的努力,并且在一垂直于被压表面之点的直线上退回。

假定ＡＢＣＤ(见本书附录第二十二章图图1)是一固体,让

另一个物体沿直线ＥＡ落向它,有或没有倾向性的在点Ａ处压迫它。我则说:这个如此压迫但却没有穿透它的物体将赋予Ａ点一种屈服的努力,或沿垂直于线ＡＤ的直线退回。

因为设线ＡＢ垂直于ＡＤ,设ＢＡ延长到Ｆ。因此,如果ＡＦ和ＡＥ重合,那么很明显,ＥＡ上的运动就将使Ａ点努力存在于线段ＡＢ上。现在,假定ＥＡ向ＡＤ倾向,而且,从点Ｅ画直线ＥＣ,于点Ｄ与直角ＡＤ相切,完成矩形ＡＢＣＤ和ＡＤＥＦ。我在第十六章第 8 节中已经证明:那个物体将由于两个匀速运动的集合而被从Ｅ点带到Ａ点,其中一个运动存在于ＥＦ及其平行线处,另一个运动则存在于ＥＤ及其平行线处。但在ＦＥ及其平行线(其中一个是ＤＡ)处的那个运动,对于这个在Ａ点的物体,使之产生趋向于Ｂ点的努力或压力,并无任何贡献;因此,物体在斜线ＥＡ经过或压迫直线ＡＤ之处的整个努力,都完全是从ＦＡ的垂直运动或努力那里产生出来的。因此,物体Ｅ在经过了Ａ点之后,将只有继续从ＦＡ处的亦即从ＡＢ处开始的那种垂直的努力。

7. 当一个压迫另一个物体的坚固的物体穿透这一物体时,它并非垂直地穿透它,除非它垂直地落在它上面

如果一个落在或压迫另一个物体的固体,并且穿透了这一个物体,那么,其在首次穿透后的努力,就将既不存在于这条斜线的延长线上,也不存在于它的垂线上,而是有时存在于这两者之间,有时又存在于它们之外。

第二十二章 论运动的其他种类

设ＥＡＧ（见本书附录第二十二章图图1）这条斜线的延长线；而且首先，假定ＥＡ在其中的媒介比ＡＧ在其中的媒介更容易通过。因此，物体一不在ＡＧ的媒介中，它就会发现它存在于ＤＡ及其平行线上的运动比它在ＡＤ之上的运动所受到的阻力更大一些；而且，因此，在ＡＤ之下，它在ＤＡ的平行线上进行的运动将比在它之上的运动要更慢一些。因此，在那里由在ＥＦ和ＥＤ上的两种运动复合而成的运动，在ＡＤ之下就会比在其上更慢一些；而且，因此，物体也将不会从Ａ在ＥＡ的延长线上继续运动，而是在其下继续运动。因此，既然ＡＢ上的努力是由ＦＡ上的努力产生出来的，如果ＦＡ上的努力被添加到了ＤＡ的努力之上，这并不会因点Ａ而一点也通过点浸入较低的媒介中而被完全取消，这个物体就将不会从垂直于ＡＢ的Ａ点继续运动，而是在其外继续运动：也就是说，在ＡＢ和ＡＧ之间的某一条直线，如在直线ＡＨ上继续运动。

其次，假定通过媒介ＥＡ不比媒介ＡＧ容易。因此，由ＥＦ和ＦＢ中的运动集合而产生的运动在ＡＤ之上就比在其下更慢：从而，这种努力就将不是由Ａ在ＥＡ的延长线上开始，而是在其外，例如在ＡＩ上开始。因此，在那里，如果一个硬的物体落下，就会出现诸如此类的事情了；这正是原本要证明的。

这种直线ＡＨ从直线ＡＧ的岔开就是光学作家通常所谓折射，当第一种媒介比第二种媒介更容易通过时，这种折射便是从对着垂线偏折出的斜线那里产生出来的；反之，当在第一种媒介中，由于离开垂线更远，折射便不那么容易通过。

8. 运动有时与运动物体的运动相反

依据第 6 条定理，很明显，运动物体的力也许是如此发挥作用的，一如我们在船的运动所看到的那样，被它推动的物体可能以运动物体的运动几乎直接相反的方向继续向前运动的。

因为设 ＡＢ(见本书附录第二十二章图图 2)代表一条船，其从船头到船尾的长度为 ＡＢ，而且假定风沿着平行直线 ＣＢ、ＤＥ 和 ＦＧ 吹拂它；再假定 ＤＥ 和 ＦＧ 与一条过 Ｂ 点并垂直于 ＡＢ 的直线相交于 Ｅ、Ｇ；再假定 ＢＥ 和 ＥＧ 是相等的，角 ＡＢＣ 是任意小的一个角。然后，在 ＢＣ 和 ＢＡ 之间画一条直线 ＢＩ；而且，设想船帆在直线 ＢＩ 上展开，风吹在它上面的三个点是 Ｌ、Ｍ 和 Ｂ；从垂直于 ＢＩ 的这些点分别画直线 ＢＫ，ＭＱ 和 ＬＰ。最后，垂直于 ＢＧ 画出直线 ＥＮ 和 ＧＯ，交于 ＢＫ 于 Ｈ 和 Ｋ；而且，假定 ＨＮ 和 ＫＯ 彼此相等，并分别与 ＢＡ 相等。我则认为：船 ＢＡ 被从 ＣＢ、ＤＥ、ＦＧ 及其他平行线方向刮来的风吹着的船 ＢＡ，将几乎被推向与风相反的方向，也就是说，沿着与运动物体几乎相反的方向向前移动。

因为从直线 ＣＢ 刮来的风(如在本章第 6 节已经说明过的那样)将赋予 Ｂ 点一种努力，使之沿着垂直于直线 ＢＩ 的一条直线，即沿着 ＢＫ 这条直线上继续前进；至 Ｍ 点和 Ｌ 点上，一种继续在直线 ＭＱ 和 ＬＰ 上继续运动的努力，直线 ＭＱ 和 ＬＰ 即平行于 ＢＫ。现在我们假定时间的尺度是 ＢＧ，它在 Ｅ 点被等分：还假定点 Ｂ 在时间 ＢＥ 内被带到 Ｈ 点。因此，在同一时间内，依据从 ＤＭ 和 ＦＬ 及其他平行线方向刮来的风力，整条船将沿直线 ＨＮ 方向

第二十二章 论运动的其他种类

运动。在第二个时间段ＥＧ的末端,它将沿直线ＫＯ运动。因此,这条船将总是向前运动;它与风所形成的角度将等于角ＡＢＣ,无论这个角多么小,都是如此。而且,它所造成的运动方向在每一个时间都将等同于直线ＥＨ。我则说:只要这条船从侧路ＢＡ向ＫＯ移动像它在直线ＢＡ上向前移动地那样迅速,它就将会如此这般。但这是不可能的,其理由是大量的水在船边上产生了阻力,这阻力远远超过少量的水在船头所产生的阻力;因此,船向侧路的方向几乎是感觉不到的;所以,点Ｂ就将沿着ＢＡ线段本身的方向前进,与风向形成一个角ＡＢＣ,无论这个角多么小;也就是说,它将几乎沿着直线ＢＣ继续前进,也就是说,它将沿着与运动物体几乎相反的方向继续前进;这正是原本要证明的。

但在直线ＢＩ上的帆必须是如此张开,以至于不留一点折皱;因为否则直线ＬＰ、ＭＱ和ＢＫ就不再垂直于船帆的平面,而是低于Ｐ、Ｑ和Ｋ了,从而将把船向后推动了。但通过为帆配上一条小木板,为船装上带轮子的小推车,以及利用很顺畅的航道,我凭经验发现这是如此正确,以至于我几乎不可能反对使用挡风的木板,虽然决不会如此小,但它却向前推动了小推车。

依据第６条定理,我们可以发现,无论斜着打击的力量多么大,却还是要比垂直打击的力量要小些,假如它们在各方面都相似和相等的话,事情便必然如此。

假定一击斜落在墙ＡＢ上,例如,在直线ＣＡ上(见本书附录第二十二章图图３)。还假定画一条直线ＣＥ平行于ＡＢ,ＤＡ垂直于这同一条直线ＡＢ,并与ＣＡ相等;在ＣＡ上运动的速度和时间与ＤＡ上的运动速度和时间相等。我则说:在ＣＡ上的一击按ＥＡ对ＤＡ的比例将弱于在ＤＡ上的一击。因为延长ＤＡ，不管延长多少，也要延长至Ｆ，两次打击的努力，依据定理６，就将从垂直于ＡＦ的Ｆ点开始运行。但在ＣＡ上的一击却是集合了ＣＥ和ＥＡ上面的两个运动产生出来的，其中在ＣＥ上的运动无助于在Ａ上的一击，因为ＣＥ和ＢＡ是平行的；因此，在ＣＡ上的一击便仅仅是由ＥＡ上的运动造成的。但在ＥＡ上垂直一击的速度或力比在ＤＡ上的一击的速度或力是与ＥＡ和ＤＡ的比例一样的。故ＣＡ上的斜击比ＤＡ上的垂直一击按ＥＡ对ＤＡ或ＣＡ的比例要小一些；这正是原本要证明的。

9. 在一个充实的媒介里，运动能够扩展到任何一个距离

在充满了的媒介里，所有的努力都会继续运行到此媒介所及的任何范围，也就是说，如果媒介是无限的，这种努力也就会无限地继续下去。

因为受到推动的无论是什么样的努力，因此，无论什么东西都会停止在它使之屈服的方向上，至少有一点点，也就是说，至少就这个运动物体本身被推动向前而言是如此。但屈服的东西也受到了推动，从而使处于它的方向上的东西屈服，而且，只要媒介是充实的，它就会如此连续不断地进行下去。也就是说，只要充实的媒介是无限的，它就会无限地进行下去。这正是原本要证明的。

然而，现在虽然力如此持久地传递下去的努力并不始终像运动那样显现给感官，但它却总是显现为一种作用，或显现为某些变化的动力因。因为如果在我们眼前置放一些微小的对象，例如，一

颗微小的沙粒,它在一定距离的范围之内是可以看见的;很明显,它可以被移动一段距离,直到再也看不见为止;虽然通过它的运动,它仍然作用于视觉感官,就像我们刚刚证明过的,所有的努力都将无限地进行下去是很显然的那样。因此,可以设想它被从我们眼前开始移动到任意无限远的距离;将足够数目的同样大小的沙粒添加到它的上面;很显然,所有这些沙子集合在一起就是可以看见的了;虽然当从其他沙子中分离出来的单独一个沙粒,没有一个是可以看见的,但堆积起来的整个沙堆或沙丘显然将是可见的;而如果某些作用不是从整个沙堆的每一个部分分别产生出来的,那这就将是不可能的。

10. 膨胀与收缩,何谓膨胀与收缩

介于硬的和软的事物之间的,是我们称之为可弯曲而不改变其所是的物体:一条线段的弯曲是末端部分的内转或者拉长,也就是说,是一个从直线到曲线的运动,或者相反,这条直线一直保持着它过去的那个样子;因为延长一条线的末端至其最大的长度,这条线段就成直的了:否则,它就是弯曲的,面的弯曲也是它们的末端线段的内转或拉长,亦即它们的膨胀或收缩。

11. 膨胀与收缩假定了最小部分位置的变化

膨胀(*dilatation*)和收缩(*contraction*),还有所有的弯曲,必然假定弯曲物体的内在的各个部分或者更加接近于外在的部分,或者更远离它们。因为虽然弯曲被认为只是一个物体长度上的变化,但当那个物体是弯曲的,沿一侧画的一条线将是凸状的,在另

一侧的线将是凹状的；内侧的凹线除非从它那里去掉一些加在凸线上就会是更加弯曲，即在两者中是弯得较大的一条线段。但它们是相等的；而且，因此，在弯曲中有一个从内在部分到外在部分所造成的接近；相反，从外在部分到内在部分则处于内包状态；至于那些并不易遭受它们各个部分这种移项的事物，它们就叫作脆的；而且，它们需要的使它们屈服的巨大力量也使它们因突然运动而猛然破裂，成为碎片。

12. 所有的牵动都是推动

运动也被区分为**推动**（*pulsion*）和**牵动**（*traction*）。推动，正如我已经对之定义的那样，当被推动的物体走在推动它的物体之前时，就是所谓的推动。但与此相反，在牵动中，运动的物体却走在被推动的物体之前。然而，如果进一步仔细考察它，它似乎与推动是一回事。因为在一个固体的两个部分中，当最前面的那个部分推动在它前面的运动得以在其中发生的媒介时，在被向前推挤的同时又推挤了它的下一个部分，而后者又复推挤了再下一个部分，如此类推，依次不断继续进行下去。在这一活动中，如果我们假定根本不存在任何虚空，那就必定需要：通过连续不断的推动，也就是当那种活动已经绕道时，这个运动物体就将绕到那个部分的后面，乍看起来便不是向前推进而是向后拖拉；以至于至现在，被拖拉的物体，反而走到了赋予其运动的那个物体的前面；从而，它的运动就不再是牵动，而是推动了。

13. 诸如受到压迫或被弄弯曲而又能自行恢复的物体，在其内部的各个部分都存在有运动

那些被强制地压缩或扩展而从其位置移开，以及只要力一撤销就马上回归或恢复原状，回到它们此前的位置的一类物体，在它们自身内部即存在有它们恢复的根源，也就是说，在其内在部分就有某种运动，在力被取消、它们被压缩或扩大之前，它就存在于那儿。因为这种原状的恢复即是一种运动，而且，那些处于静止状态的物体是不可能运动的，而只能是通过一个受动的与其交接的运动物体所推动。它们恢复原状的原因也不是由于使它得以压缩或扩展的力之取消产生出来的；因为阻碍的取消并不具有原因的功效，这一点我们在第十五章第3节的结尾处就证明出来了。因此，它们恢复的原因或者是周围各个部分的某种运动，或者是受到压缩或扩展的物体各个部分的某种运动。但周围事物的各个部分既无助于压缩或扩展，也无助于它们自由设置或恢复。因此，从它们压缩或扩展的时间起，就依旧还保留有某种努力或运动，通过它这种努力或运动，阻碍便被取消，每一部分都得以恢复到其先前的位置；也就是说，完全恢复它自身。

14. 虽然携带着另一个物体运动的物体可以停止，但被携带的物体却将继续运动

在物体的携带物上，如果那个载着另一个物体的物体碰到任何障碍物，或被用任何手段突然止住，但被载的物体却没有停住，则它就将继续向前运动，直到其运动被某种外在阻碍所抵消。

因为我已经证明（第八章第 19 节）：运动，除非它被某些外在阻力阻止，它就会按照同一速度一直继续运动下去；在第九章第 7 节，我还证明了外部活动主体的活动如果没有接触便产生不了任何效果。因此，当那个载着其他物体的物体停了下来时，那种停止并不立即取消被载物体的运动。因此，它将继续运动下去，直到它的运动一点点地被外在阻力抵消为止。这正是原本要证明的。尽管单靠经验也足以证明这一点。

同样，与此相关，如果这个载着物体的物体从静止状态突然运动起来，那么，被载的物体不是随它一起向前运动，而是将被丢弃在它后面。因为被载物体的接触部分几乎有着与载着它的物体同样的运动；而未接触的部分将根据它们与载着它们的物体的不同距离接受到不同的速度，亦即这些部分离载着它们的物体越远，其速度的等级便越低。因此，被载物体相应地或多或少的被丢弃在后面是件必然的事情。而且，根据经验这也是十分明显的，当马刚开始向前奔跑时，骑马者就会被摔下马来。

15. 撞击的结果不能与重量的结果相比较

因此，在撞击（*percussion*）中，当一个固体的很小一个部分受到另一个固体的撞击时，整个固体却并不一定以与受击部分退让的同一速度遭受这一撞击。因为这个物体的其余部分是从受到撞击和退让的那个部分的运动领受它们的运动的，这一运动向周边各个方向比它直接向前传递的要少。而这也就是为什么有时候有些几乎不能使之竖立的非常坚固的物体，一个猛烈打击会更容易将其打破而非将其打翻在地的原因；然而，如果所有部分一起被任何微弱的运动向前推进时,它们就将比较容易被推翻。

16. 撞击的结果不能与重量的结果相比较

虽然推动(*trusion*)①和撞击(*percussion*)的差别仅仅在于:在推动中,运动的物体与受推动的物体两者的运动它们接触时是同时开始的;而在撞击中,撞击的物体是首先开始运动的,然后,才是被撞击的物体开始运动;但它们的结果却如此不同,以至于看起来不可能相互比较它们的力。我则认为,撞击所引起的任何结果,例如,一个任意重量的木槌的一击,把任意给定长度的木桩打进任意给定黏性的土里,这在我看来,如果不是不可能的话,这是很难用什么重量或什么撞击和在何时来定义出这同一个木桩可能打进同一种泥土里的深度。困难的原因在于这样一种撞击的速度是与重量的大小相比较而言的。现在,速度既然是通过经过的空间长度来计算的,是仅就一个维度来计量的;但重量就如一个固体,是通过整个物体的维度而被测量的。而且,一个固体与一个长度,即与一条线段,是形不成任何比较的。

17. 运动是不可能首先从物体的内在部分开始的

如果一个物体的内在部分处于静止状态,或与另一个物体在无论任何短的时间内保持相同的位置,就可能在那些部分中产生任何新的运动或努力,其动力因并不在它们作为其部分的那个物

---

① Trusion 通常汉译为"错位"或"异位"。在这里,根据上下文,我们将其汉译为"推动"。——译者

体的外部。因为如果包括整个物体表面上的任何一个微小的部分,被假定现在处于静止状态,然后一点点地受到推动,则那个部分就必然从某个受到推动并与之相接触的物体那里接受它的运动。但根据假设,在这个物体内部,根本不存在这样一个受到推动的与之接触的部分。因此,如果在那个物体的内在部分存在有任何努力、运动或位置变化的话,它就必定是由某个存在于包含着它们的那个物体的外部的动力因产生出来的。这正是原本要证明的。

18. 运动是不可能首先从物体的内在部分开始的

因此,在受到压迫或扩展的固体中,如果取消对它们的压迫或扩展,它们自身便会恢复到以前的位置或状况,那就必须要求它们内在的各个部分有一种努力或运动,通过这种努力或运动,它们便能够恢复到先前的位置或状态,当它们借以受到压迫或被扩展的力被取消时,也不会被取消。因此,当使一块带叉的弓的弓条发生弯曲时,只要它一被松开,它就会自行恢复到原状,虽然根据感官的判断,它及其各个部分似乎都处于静止状态;但根据理性的判断,他却并不把阻碍的取消看作是一种动力因,也不认为如果没有动力因,任何事物都能够从静止转入运动状态,由此,他便得出结论说:其各个部分在它们开始恢复以前便已经处于运动状态之中了。

19. 作用与反作用是在同一条线上发生的

作用(action)和反作用(reaction)在同一条线上运行,但却是以对立的关系发生的。因为既然反作用不是别的，无非是受动物体从活动主体所迫使的状态中恢复其自身原来状态的一种努力；活动主体和受动物体或反应者的努力或运动在同样的端点之间传递；虽然如此，但在作用中为从出的端点，在反作用中，即是到达的端点。而且，既然所有的作用都不仅是在它得以传递的整条线段对立的端点之间发生的，而且也是在那条线段上的所有部分，即所从出的端点和所到达的端点，发生的，故作用与反作用两者，将处于同一条线段上。因此，作用与反作用是在同一条线段上发生的，等等。

20. 习性，何谓习性

对于所谈到的运动，我将还补充一下关于习性我不得不说的一些内容。因此，**习性**（habit），是一种运动的产生，并不简单是运动，而是一种受推动的物体以一种确定和有图谋的方式所进行的一种轻易的行为方式。并且，既然它是通过减弱转移其运动方式这样一种努力达到的，则这样一种努力就将被一点点地减弱。但除了通过长时间的连续活动，或通过经常的重复外，是不可能做到这一步的；而且，因此，**习惯**（custom）也产生了灵巧，而这在通常，并且恰当地被称作习性；而且，也可以这样来定义习性：**习性就是通过习惯所造成的更加轻易也更加灵巧的运动**；也就是说，习性是通过持久的努力或通过努力的重复，形成一种不同于运动开始时所发生的，并且与抵抗一类的努力相反的运动方式。为了用例子把这一点解说得更为明白，我们或许注意到：当一个在音乐上缺乏技巧的人第一次把手放到乐器上，他不可能在第一次敲击后将他的手放到他进行第二次敲击时的位置上,而不用通过一个新的努力抽回他的手,并且,就像重新开始一样,从第一下过渡到第二下。如果没有另一个新的努力,他的手也不可能放到第三个地方;他将被迫重新抽回他的手,并且如此连续不断地,在每一次敲击时都重新他的努力;直到最后,通过经常地这样做和通过把许多中断的运动或努力组合成一个同等的努力,他就能够使他的手按照开始时设计的秩序和方式轻易地从这一敲击到另一敲击。习性不仅在生物上看到,而且也能够在无生命的物体中看到。因为我们发现如果当一个叉形的弓的弓条很弯曲,如果这种阻碍被取消后以很大的力才能恢复过来;如果它长时间的保持弯曲,它就将形成这样一种习性,以至于当它被松开和恢复其自由时,它就不仅恢复不了其自身,而且还将需要很大的力量才能使它恢复到它原来的姿态,像最初使之弯曲时的那个样子。

第二十三章　论平衡的中心；
论平行直线上下压的物体

1.定义与假设——2.平衡的两个平面并不是平行的——3.平衡的中心存在于每一个平衡的面上——4.相等重物的力矩相互之比等于它们与天平中心的距离之比——5、6.不等重物的力矩相互之间所具有的比例是由它们的重量和其与天平中心的距离的比例组合而成的——7.如果两个重物的重量和与天平中心的距离是互成比例的,则它们就是同等平衡的,反之亦然——8.如果任何一个重物的各个部分到处都同等地压在天平横梁上,那么被切掉的所有部分,从天平中心算起的力矩,就将与三角形的由平行于底边且从顶点切掉的各个部分的力比例相同——9.平衡的直径依据高和底的比例有缺陷的将轴分割,以致靠近顶点的部分和其他部分之比就是完整图形与有缺陷图形之比——10.任何已经说过的有缺陷的图形的一半补足的平衡的直径,分割过顶点平行于底部的那条直线,以致靠近顶点的那个部分与其他部分之比就等于完整图形与此补足部分之比——11.第十七章第3章图表第一行中,任何一个有缺陷图形的一半的平衡中心都可以在第二行中的数字中找到——12.同一个表格第二行中的任何一个图形的一半的平衡中心,也可在表格第四行中的数字中找到——13.如果同一个表格中的任何一个图形的一半的平衡中心是已知的话,则同底和高的三角形之上的这同一个图形的在其外部的平衡中心便也是已知的——14.一个立体扇形的平衡中心在如此被分割的轴上,以至于靠近顶点的部分与整个轴的比,在缺少球体部分的一半轴的情况下,是3∶4

1. 定义与假设

定   义

一、一座天平是一条直线，它的中心点是不可动的，其他所有的点都是任意可动的；天平的从中心到两边砝码的那个部分称之为**天平横梁**。

二、**平衡**是当一个物体压着天平的一边横梁的努力抵抗压在另一边横梁上的另一个物体的努力：以至于它们中的任何一边都没有受到推动；这些物体，当它们的任何一方都没有受到推动时，便被说成是**同等平衡**的。

三、**重量**是所有努力的集合，通过它，那个压着天平横梁的物体的所有的点，在相互平行的直线上都向下；施压的那个物体就叫作**重物**或**砝码**。

四、**力矩**是重物根据一个确定的位置必定推动横梁的那种力。

五、**平衡的平面**就是通过它重物如此地被分割，致使两边的力矩保持相等。

六、**平衡直径**是两个平衡平面的公共部分，而且存在于重物借以被悬挂起来的一条直线上。

七、**平衡中心**是两条平衡直径的公共点。

假   设

一、当两个物体同等平衡时，如果重量添加到它们中的一个上面，而不是添加到另一个的上面，它们的平衡就不复存在了。

二、当两个大小相等、具有同一种相或质料的重物，在距天平中心的两边以相等的距离压着横梁，它们的力矩便是相等的。又当两个物体在距天平中心相等的距离用力，如果它们属于同样的大小和同一个种相，则它们的力矩也就相等。

2. 平衡的两个平面并不是平行的

假定 ＡＢＣＤ（见本书附录第二十三章图图 1）是任意一个重物；在其中，设 ＥＦ 是一个平衡的平面；平行于它，画任意一个其他平面，如 ＧＨ。我则说：ＧＨ 并不是一个平衡的平面。因为既然重物 ＡＢＣＤ 的 ＡＥＦＤ 和 ＥＢＣＦ 部分是相等平衡的；而重量 ＥＧＨＦ 加到 ＡＥＦＤ 部分上，却没有物体加到 ＥＢＣＦ 上，ＥＧＨＦ 反而从它那里取走了；因此，根据第一个假定，ＡＧＨＤ 和 ＧＢＣＨ 就将不是相等平衡的了；从而，ＧＨ 就不是一个平衡的平面。因此，没有两个平衡的平面是平行的。这正是原本要证明的。

3. 平衡的中心存在于每一个平衡的面上

因为如果取出另一平衡的平面，根据上一节，它将不再与前一个平面平行；而且，因此，这两个平面就将相切。既然那个部分（根据第 6 个定义）就是平衡的平面的直径。再者，如果取出另一个平衡的平面的直径，它就将与那前者的直径相交；平衡的平面中心（根据第 7 个定义）就存在于那个部分之中。因此，平衡中心就在上面所说的平衡的平面内的那条直径上。

4. 相等重物的力矩相互之比等于它们与天平中心的距离之比

放在横梁上的一个点上的相同或相等的任何重物的力矩对于放在横梁上的任何其他的点上的相同或相等重物的力矩的比,是前者与天平中心的距离和后者与此同一个中心的距离之比。或者因此,那些力矩是互成比例的,正如在同时过这些点而在天平中心上作成的圆的弓形。或者最后,因此,如在天平中心上有公共角的两个三角形的平行底线。

假定ＡＣ(见本书附录第二十三章图图2)是天平的中心;设相等的重物Ｄ和Ｅ正压在横梁ＡＢ上的Ｂ点和Ｃ点上;又设直线ＢＤ和ＣＥ为平衡的平面的直径;在重物Ｄ和Ｅ上的点Ｄ和点Ｅ是它们的平衡的中心。任意地画ＡＧＦ,相交于ＤＢ的延长线于Ｆ,相交于ＥＣ的延长线于Ｇ;最后,在公共中心Ａ上,画两个弓形ＢＨ和ＣＩ,交ＡＧＦ于Ｈ和Ｉ。我则说:重物Ｄ的力矩与重物Ｅ的力矩之比,与ＡＢ对于ＡＣ,或ＢＨ对于ＣＩ,或ＢＦ对于ＣＧ的比例。因为重物Ｄ在点Ｂ上的结果是弓形ＢＨ上的圆形运动;重物Ｅ在点Ｃ的结果是在弓形ＣＩ上的圆形运动;由于Ｄ和Ｅ相等,这些运动彼此就等于Ｂ点和Ｃ点借以形成弓形ＢＨ和ＣＩ的速度,也就是等于弓形ＢＨ和ＣＩ本身,或等于直线平行线ＢＦ和ＣＧ,或者等于横梁ＡＢ和ＡＣ的各个部分;因为ＡＢ.ＡＣ∶∶ＢＦ.ＣＧ∶∶ＢＨ.ＣＩ都是比例项;因此,这些结果,也就是,根据第4个定义,放在横梁上几个点上的相等的重物的力矩彼此之比为ＡＢ和ＡＣ,或是这些点与天平中心的距离之比:或是有公共角 A 的三角形的平行底线之比；或为同心的弓形 B H 和 C I 之比；这正是原本要证明的。

5. 不等重物的力矩相互之间所具有的比例是由它们的重量和其与天平中心的距离的比例组合而成的

不相等的重物，当它们被任意地悬挂在横梁上的几个点上时，也就是，正如放在一条用来悬挂它们的直线上时，这条直线就是平衡直径，不管这个重物是什么样的图形，它们相互之间的力矩的比例就是由与天平中心的距离的比和其重量之比合成的。

假定 A C（见本书附录第二十三章图图 3）是天平的中心，A B 为横梁；设两个重物 C 和 D 放在点 B 和 E 上。我则说：C 和 D 的力矩之比就是由 A B 和 A E 以及重量 C 和重量 D 的比例合成的；或者，如果 C 和 D 属于同一个种相的话，那么，就是由 C 对于 D 的大小之比构成的。

它们中的任何一个，如 C，假定比另一个，即 D 大。因此，如果通过加上 F，使 F 和 D 一起构成一个物体 C，那么 C 的力矩对于 F+D 力矩之比（根据本章上一节）就等于 B G 对于 E H 之比。然而，就像 F+D 的力矩之对于 D 之比那样，设 E H 也以同样的比例相对于另一个 E I；那么，F+D 的力矩，即 C 的力矩，之对于 D 的力矩之比，就将与 B G 与 E I 的比是一样的。但 B G 对 E I 之比，是由 B G 对 E H 之比，也就是由 A B 对 A E 之比，与 E H 对 E I 之比，亦即重量 C 对重量 D 之比复合而成的。因此，不相等的重物，只要它们被放在横梁上，就会如此；这正是原本要证明的。

6. 不等重物的力矩相互之间所具有的比例是由它们的重量和其与天平中心的距离的比例组合而成的

保持同一个图形,如果画ＩＫ平行于横梁ＡＢ,并交ＡＧ于Ｋ点;并且画ＫＬ平行于ＢＧ,交ＡＢ于Ｌ点,那么,与中心的距离ＡＢ和ＡＬ就将与Ｃ和Ｄ的力矩成比例。因为Ｃ的力矩是ＢＧ,Ｄ的力矩是ＥＩ,而它与ＫＬ相等。但就如与中心的距离ＡＢ之对于与中心的距离ＡＬ之比那样,重物Ｃ的力矩ＢＧ之对于ＬＫ,或重物Ｄ的力矩ＥＩ之比也是如此。

7. 如果两个重物的重量和与天平中心的距离是互成比例的,则它们就是同等平衡的,反之亦然

如果两个重物的重量和与中心的距离是相互成比例的,而且,天平的中心又在重物所在点的中间,那么,它们就将是相等平衡的。反之,如果它们是同等平衡的,那么,它们的重量和与中心的距离也将是相互成比例的。

假定天平中心(见本书附录第二十三章图图3)是Ａ,ＡＢ为横梁;设任意一个重物Ｃ,以ＢＧ为其力矩,并放到Ｂ点之上;又设另一个重物Ｄ,其力矩为ＥＩ,并放在Ｅ点之上。过Ｉ点,让ＩＫ平行于横梁ＡＢ,交ＡＧ于Ｋ;又设ＫＬ平行于ＢＧ,那么,ＫＬ就是重物Ｄ的力矩;根据本章上一节,在点Ｂ的重物Ｃ的力矩ＢＧ与在Ｅ点的Ｄ的力矩ＬＫ之比就等于ＡＢ和ＡＬ之比。在天平中心的另一侧,设ＡＮ等于ＡＬ;再放一个重物Ｏ于点Ｎ上,它和重物Ｃ的比等于ＡＢ和ＡＮ的比。我则说:在Ｂ和Ｎ点的重

物将是相等平衡的。因为在Ｎ点的重物Ｏ的力矩和在Ｂ点重物Ｃ的力矩之比，根据第5节，就是由重量Ｏ和Ｃ以及由与天平中心的距离ＡＮ或ＡＬ和ＡＢ之比组合而成的。但既然我们已经假定了距离ＡＢ和ＡＮ之比与重量Ｏ和Ｃ之比是相互成比例的，因此，在Ｎ点的重物Ｏ和在Ｂ点的重物Ｃ的力矩之比也就是由ＡＢ和ＡＮ及ＡＮ和ＡＢ之比组合而成的。因此，依序设置ＡＢ、ＡＮ和ＡＢ的顺序，重物Ｏ和Ｃ的力矩之比就等于第一个和最后一个，也就是ＡＢ和ＡＢ之比。因此，它们的力矩是相等的；而且，因此，穿过Ａ点的平面（根据第5个定义）就将是一个平衡的平面。所以，它们也将是相等平衡的；这正是原本要证明的。

然而，这种关系的颠倒也是十分清楚的。因为如果存在平衡，但重量和距离又不相互成比例，那么，这两个重量就会始终具有同样的力矩，虽然其中之一有更多的重量添加到了发生了改变的它上面或它的距离上面。

推论：当重物属于同一个种相时，它们的力矩就是相等的；它们的大小和与其同天平的距离就将相互成比例。因为在同质的物体中，就像重量对于重量那样，大小和大小之比也是如此。

8. 如果任何一个重物的各个部分到处都同等地压在天平横梁上，那么被切掉的所有部分，从天平中心算起的力矩，就将与三角形的由平行于底边且从顶点切掉的各个部分的力比例相同

如果一个平行四边形或一个平行六边形，或一个棱形，或一个圆柱形，或一个圆柱，或一个球形的表面，或一个球形或棱形的任

何一个部分的表面，放在整个横梁上，那么，它们与平行于底边的平面相切的任何一个部分的力矩之比，就将和一个三角形的各部分的比例相同，这个三角形的顶点在天平中心，而其中一条边就是横梁本身，它的各个部分与平行于底边的平面相切。

首先，设矩形ＡＢＣＤ（见本书附录第二十三章图图4）放在整个横梁ＡＢ上，延长ＣＢ到Ｅ，画三角形ＡＢＥ。现在设这个矩形的任何一个部分，如ＡＦ，被平行于底ＣＢ的平面ＦＧ相切；还设ＦＧ延长到ＡＥ，交于Ｈ点。我则说：整个ＡＢＣＤ的力矩和它的ＡＦ部分的力矩之比就和三角形ＡＢＥ与三角形ＡＧＨ之比是一样的，也就是二倍于与天平中心的距离之力矩。

因为平行四边形ＡＢＣＤ被平行于底边的直线在分成数目上无限的相等的部分；而且，只要假定了直线ＣＢ的力矩是ＢＥ，也就假定了直线ＦＧ的力矩（据本章第7节）是ＧＨ；并且，那个平行四边形的所有直线的力矩就将是平行于底ＢＥ的三角形ＡＢＥ上的许多条直线；所有合在一起的平行直线也就是整个平行四边形ＡＢＣＤ的力矩；而且，同样的平行线也构成了三角形ＡＢＥ的表面。因此，平行四边形ＡＢＣＤ的力矩就是三角形ＡＢＥ。同理，平行四边形ＡＦ的力矩就是三角形ＡＧＨ；因此，整个平行四边形的力矩和只是这整个平行四边形的一个部分的一个平行四边形的力矩之比就等于三角形ＡＢＥ和三角形ＡＧＨ之比，或者是与它们放在横梁上的力矩之比完全相同。这里，在一个平行四边形的例子中所证明的也同样适用于说明一个圆柱、一个棱柱及其表面的情况；同样也适用于一个球体表面，半球表面或一个球体任何部分的情况。因为一个球体的表面的各个部分和被相同的平行线相切的轴的各个部分具有同样的比例,而且一如阿基米德证明过的,这些表面的各个部分也被这些平行线所切割;因此,当这些图形的任何一个的各个部分都是相等的,而且,与天平中心的距离也都是相等的时候,它们的力矩也都是相等的,其方式与它们在平行四边形中的情形相同。

其次,设平行四边形ＡＫＩＢ并非矩形,直线ＩＢ垂直相交于直线ＢＥ于点Ｂ;直线ＬＧ垂直相交于直线ＧＨ于点Ｇ;而且,其余所有的平行于ＩＢ的直线都与此类似。因此,无论什么力矩,例如这里是直线ＩＢ,那么它就被假定为ＢＥ,如果画出ＡＥ,那么整个平行四边形ＡＩ的力矩就是三角形ＡＢＥ;ＡＬ的力矩就将是三角形ＡＧＨ。因此,任何重物,只要是放在横梁上的各边都相等,不管是垂直放置的还是倾斜放置的,那么,它的力矩之对于与它的一个部分的力矩的比例,就始终与整个三角形和它的一个为平行于底的一个平面所切割的部分之比是相等的。

9. 平衡的直径依据高和底的比例有缺陷的将轴分割,以致靠近顶点的部分和其他部分之比就是完整图形与有缺陷图形之比

根据底和高的可通约的比例,任何一个有缺陷的图形的平衡的中心及其完整的图形,或者是一个平行四边形,或者是一个圆柱形,或者是一个平行六边形,将轴分割开,以致靠近顶点的那个部分和其他部分之比,就等于完整图形和这个有缺陷的图形之比。

因为设ＣＩＡＰＥ(见本书附录第二十三章图图5)是一个有缺陷的图形,它的轴是ＡＢ,而它的完整的图形是ＣＤＦＥ;并且,

还设轴ＡＢ在Ｚ点被这样分割，以至于ＡＺ和ＺＢ之比就等于ＣＤＦＥ和ＣＩＡＰＥ之比。我则说：图形ＣＩＡＰＥ平衡的中心就在点Ｚ上。

首先，图形ＣＩＡＰＥ的平衡的中心在轴ＡＢ上的某个地方，这一点是很明显的；因此，ＡＢ是平衡的平面的一条直径。画直线ＡＥ，设ＢＥ作为直线ＣＥ的力矩；三角形ＡＢＥ因此就将（根据本章第３节）是完整图形ＣＤＦＥ的力矩。设轴ＡＢ在Ｌ处被等分，又设ＧＬＨ被画出，平行并等于直线ＣＥ，在Ｉ点和Ｐ点与曲线ＣＩＡＰＥ相交，并且与直线ＡＣ和ＡＥ相交于Ｋ和Ｍ。再者，设ＺＯ平行于同一条直线ＣＥ；并且让ＬＧ对于ＬＩ那样，ＬＭ也以同样的比例相对于另一个，即ＬＮ；设所有其余的可能直线也都同样使之与底平行；过所有的点Ｎ，画线ＡＮＥ；三边形ＡＮＥＢ将因此就是图形ＣＩＡＰＥ的力矩。现在，三角形ＡＢＥ（据第十七章第９节）和三边形ＡＮＥＢ之比，恰等于ＡＢＣＤ＋ＡＩＣＢ之对于两倍的ＡＩＣＢ之比，也就是等于ＣＤＦＥ＋ＣＩＡＰＥ之对于两倍的ＣＩＡＰＥ之比。但正如ＣＩＡＰＥ对于ＣＤＦＥ之比，也就是等于有缺陷的图形和完整图形的重量之比那样，两倍的ＣＩＡＰ对于两倍的ＣＤＦＥ之比。因此，依序排列就是：ＣＤＦＥ＋ＣＩＡＰＥ．２ＣＩＡＰＥ．２ＣＤＦＥ；ＣＤＦＥ＋ＣＩＡＰＥ之对于两倍的ＣＤＦＥ之比，就将是由ＣＤＦＥ＋ＣＩＡＰ之对于两倍的ＣＩＡＰＥ的比例，也就是三角形ＡＢＥ对于三边形ＡＮＥＢ的比例，即完整图形对于有缺陷的图形的力矩的比例，与两倍的ＣＩＡＰＥ对于两倍的ＣＤＦＥ的比例，也就是有缺陷图形的重量对于完整图形的重量相互之间的比例，复合而成的。

第二十三章 论平衡的中心；论平行直线上下压……

再者，既然根据假定，ＡＺ.ＺＢ::ＣＤＦＥ.ＣＩＡＰＥ是比例项，那么，ＡＢ.ＡＺ::ＣＤＦＥ＋ＣＩＡＰＥ.ＣＤＦＥ,通过组合，就也将是比例项。而且，既然ＡＬ是ＡＢ的一半，ＡＬ.ＡＺ::ＣＤＦＥ＋ＣＩＡＰＥ.２ＣＤＦＥ就也将是比例项。但ＣＤＦＥ＋ＣＩＡＰＥ对于２ＣＤＦＥ的比例，一如刚刚证明了的，是由力矩对于力矩的各种比例组合成的，从而，ＡＬ对于ＡＺ之比也是由完整图形ＣＤＦＥ的力矩对于有缺陷图形ＣＩＡＰＥ的力矩的比例，与有缺陷图形的ＣＩＡＰＥ的重量对于完整图形ＣＤＦＥ的重量的比例组合而成的；但ＡＬ对于ＡＺ的比例却是由ＡＬ和ＢＺ及ＢＺ对于ＡＺ的比例组合而成的。现在，ＢＺ对于ＡＺ的比例就是重量相互之间的比例，也就是说，是由重量ＣＩＡＰＥ和重量ＣＤＦＥ的比例。因此，ＡＬ对于ＡＺ所剩下的比例，也就是ＬＢ对于ＢＺ的比例，即是重量ＣＤＦＥ的力矩对于重量ＣＩＡＰＥ力矩的比例。但ＡＩ对于ＢＺ的比例却是由ＡＩ对于ＡＺ与ＡＺ对于ＺＢ的比例复合而成的；ＡＺ对于ＺＢ这样一种比例即是重量ＣＤＦＥ对于重量ＣＩＡＰＥ的比例。因此，依据本章第５节，ＡＬ对于ＡＺ的剩余比例即是点Ｚ和Ｌ与天平中心Ａ的距离之的比例。而且，因此，依据本章第６节，重物ＣＩＡＰＥ将悬挂在直线ＯＺ上的Ｏ点。因此，ＯＺ就是重物ＣＩＡＰＥ的平衡直径。但直线ＡＢ却是同一个重物ＣＩＡＰＥ的另一条平衡直径。因此，依据本章第７节，点Ｚ就是同一个平衡的中心；这个点，通过构建，将这个轴划分开来，致使靠近顶点的ＡＺ部分之对于另一部分ＺＢ，就像完整图形ＣＤＦＥ之对于有缺陷图形ＣＩＡＰＥ的比例那样；这正是原本要证明的。

推论一：那些平面三边图形任何一个的平衡的中心，与第17章第3节的表格中它们的完整图形相比较，通过用切割靠近顶点的轴上的一个部分替代分数的分母和用靠近底边的其他部分替代分子，就能在此表格中发现。例如，如果要求寻找具有四个中项中的第二个三边图形的平衡的中心，就会在第二列与具有四个中项的三边形的那行的集合中发现这个分数为$\frac{5}{7}$，这个分数表示：那个图形之对于它的平行四边形或完整图形之比就等于$\frac{5}{7}$对于1，也就是，等于$\frac{5}{7}$和$\frac{7}{7}$之比，或者是5对于7之比；因此，那个图形的平衡的中心对这条轴作出了划分，以至于靠近顶点的部分对于其他部分之比是7∶5。

推论二：那些包含在第十七章第7节的同一个表格中的图形的任何一个固体的平衡的中心，在同一个表格中也展示出来了。例如，如果要找到一个锥形的平衡的中心的话，那么，就会发现这个锥形将是它的圆柱形的$\frac{1}{3}$；并且，因此，它的平衡的中心将对这个轴作出这样的划分，致使靠近顶点的部分和其他部分的比将是3∶1。具有一个中项的三边形的固体，也就是一个抛物状的固体，既然它是2∶4，亦即是它的圆柱形的$\frac{1}{2}$，故它的平衡的中心也将落在分割这个轴的那个点上，以至于这个朝向顶点的部分二倍于朝向底边的部分。

10. 任何已经说过的有缺陷的图形的一半补足的平衡的直径，分割过顶点平行于底部的那条直线，以致靠近顶点的那个部分与其他部分之比就等于完整图形与此补足部分之比

在第十七章第3节的表格中，任何一个图形的一半的余形的平衡的直径，分割了过顶点画出的那条直线，平行并且等于底边，致使靠近顶点的部分对于其他部分之比，与完整图形对于这个余形之比是一样的。

因为设ＡＩＣＢ（见本书附录第二十三章图图5）是一条抛物线的一半，或者是那些存在于第十七章第3节表格中的任何其他三边形的一半，其轴是ＡＢ，底是ＢＣ，从顶点画直线ＡＤ，相等并且平行于底ＢＣ，其完整的图形是平行四边形ＡＢＣＤ。在离边ＣＤ的任何距离，画ＩＱ，但却要平行于它；而且，设ＡＤ是余形ＡＩＣＤ的高，ＱＩ是它上面的纵坐标线。因此，有缺陷图形ＡＩＣＢ的高ＡＬ就和它的余形的纵坐标线ＱＩ相等；反之，在图形ＡＩＣＢ上的纵坐标线ＬＩ就和它的余形上的高ＡＱ相等；因此，在所有其余这些纵坐标线和高上面的所有其余部分，这种变化在于：处于这个图形上的纵坐标上的那条线段就是其余形的高。并且，因此，高的下降的比例之对于这条纵坐标线段的下降比例，根据有缺陷图形的任何数目而倍增，而根据其余形的同样的数目而成为乘方的。例如，如果ＡＩＣＢ是一条抛物线，既然ＡＢ和ＡＬ之比两倍于ＢＣ和ＬＩ之比，则在余形ＡＩＣＤ上的ＡＤ和ＡＱ之比（与ＢＣ之对ＱＩ之比相同），就将是ＣＤ和ＱＩ之比

(与ＡＢ对ＱＩ之比相同)的平方根；这样一来，在一条抛物线上，这个补足部分和这个平行四边形之比就是1∶3；在两项中的一个三角形上，则是1∶4，在三项中的一个三边形上是1∶5，如此等等。但ＡＩＣＤ上的所有纵坐标加在一起就是它的力矩；而且ＡＩＣＢ上的所有纵坐标线也都是它的力矩。因此第十七章第3节表格中相比较而言的不完整图形的半个完整部分的力矩，其实就等于这些不完整图形本身；因此平衡直径就以这样一来的比例分割直线ＡＤ，以至于靠近顶点的部分和其他部分之比，就等于完整图形ＡＢＣＤ和其补足部分ＡＩＣＤ之比。

推论：这些半个图形的平衡直径可以用这种方式在第十七章第3节的表格中找到。设任意取出一不完整图形即两项中的第2个三边形，它和其完整图形之比等于$\frac{3}{5}$∶1，也就是3∶5。因此，这个补足部分和此完整图形之比就是2∶5；因此，这个补足部分的平衡直径就与从顶点引出的平行于底的直线相交，以至于靠近顶点的部分和其他部分之比为5∶20而且于类似方式，任何曾提及的三边形，如果在表格中查到的分数的分子减去分母，那么从顶点引出的直线就这样被分割，以致靠近顶点的部分和其他部分之比就等于分母和减去后的余数之比。

11. 第十七章第3节图表第一行中，任何一个有缺陷图形的一半的平衡中心都可以在第二行中的数字中找到

在第十七章第3节表格的第一行中，这些曲线图形的任何一

第二十三章　论平衡的中心；论平行直线上下压……　　377

个,其一半的平衡的中心存在于那条平行于轴的直线上,根据靠近在它下面的第二行中的分子数而分割边底,以至于分子是对应着朝向轴的那个部分。

例如,取具有三个中项的第一个图形,其一半是ＡＢＣＤ(见本书附录第二十三章图图6):设矩形ＡＢＥＤ是一个完整图形。因此,它的这个余形就是ＢＣＤＥ。而且,既然ＡＢＥＤ和ＡＢＣＤ(据表格)之比是5:4,同一个ＡＢＥＤ和其余形ＢＣＤＥ之比就是5:1。因此,如果ＦＧ平行于底ＤＡ,交轴,致使ＡＧ和ＧＢ之比为4:5,那么,图ＡＢＣＤ的平衡的中心,根据上一节,就在同一条直线ＦＧ的某个点上。再者,既然根据同一节内容,完整图形ＡＢＥＤ和其余形ＢＣＤＥ之比为5:1,因此,如果ＢＥ和ＡＤ在Ｉ点和Ｈ点按5:1分割,那么,余形ＢＣＤＥ的平衡的中心就存在于连接Ｈ和Ｉ的直线中的某个点上。现在,设直线ＬＫ过这个完整图形的中心点Ｍ并平行于底;而且,直线ＮＯ过此同一个中心点Ｍ,并垂直于它:再设直线ＬＫ和ＦＧ交直线ＨＩ于Ｐ点和Ｑ点。设ＰＲ四倍于ＰＱ;画出ＲＭ,再延长其到ＦＧ交于Ｓ点。因此,ＲＭ和ＭＳ之比就是4:1,也就是说,与图ＡＢＣＤ和它的余形ＢＣＤＥ之比是一样的。因此,既然Ｍ是完整图形ＡＢＥＤ的中心,而Ｒ和Ｓ与中心Ｍ的距离的相互之比就是余形ＢＣＤＥ和图ＡＢＣＤ的重量之比,所以,Ｒ和Ｓ就或是它们本身图形的中心,或是这些中心就在平衡直径ＨＩ和ＦＧ上的其他某些点上。但后者是不可能的,因为不可能存在其他的直线能过点Ｍ,并按ＭＨ和ＭＳ之比,也就是按图形ＡＢＣＤ和其余形ＢＣＤＥ之比终止于直线ＨＩ和ＦＧ上。因此,图ＡＢＣＤ的中心就在S点上。然而，既然PM和QS具有与RP和RQ同样的比例，所以，QS就是PM为其4的那些部分的5，也就是IN是4的那些部分的5。但IN或PM是EB或FG为6的那些部分的2；因此，如果像4：5那样，2就比四分之一，这个四分之一就将是$2\frac{1}{2}$。因此，QS是FG是6的那些部分的$2\frac{1}{2}$。但FG是1，；而且，因此，FS是$3\frac{1}{2}$。因此，余下部分GS就是$2\frac{1}{2}$。结果，FG就在S点被如此分割，以至于朝向轴的那个部分和其他部分之比是$2\frac{1}{2}$比$3\frac{1}{2}$，也就是5：7；这就对应在第二行中的分数$\frac{5}{7}$，在第一行中的靠近下面的分数为$\frac{4}{5}$。因此，如果画ST平行于轴，那么，这个底边就是同样的方式被分割的。

根据这种方法，很明显，半个抛物线的底边就被分成3和5；而且，具有两个中项的第一个三边形的底边便被分成4和6；具有四个中项的第一个三边形的底边，被分成6和8。因此，第二行的分数表明的这些比例，即是第一行图形的底线被平衡直径所分割的比例。但第一行开始的位置却高于第二行。

12. 同一个表格第二行中的任何一个图形的一半的平衡中心，也可在表格第四行中的数字中找到

在第十七章第3节同一表格中第二行的任何一个图形，其一半的平衡的中心存在于一条平行于轴的直线上，并按照第四行中的分数的数目将其底边分割，其中两个位置较低，以至于分子对应

第二十三章 论平衡的中心;论平行直线上下压……

于靠近轴的那个部分。

取具有两个中项的第二个三边形的一半;设它是ＡＢＣＤ(见本书附录第二十三章图图7);它的余形是ＢＣＤＥ,ＡＢＥＤ是完整的矩形。设这个矩形被两条直线ＬＫ和ＮＯ分割,并相交于中心直角三角形Ｍ;并且,因为ＡＢＥＤ和ＡＢＣＤ之比为5∶3,ＡＢ在Ｇ点被如此分割,以至于ＡＧ和ＢＧ之比为3∶5;再设ＦＧ平行于底边。因为ＡＢＥＤ(根据第9节)与ＢＣＤＥ之比为5∶2;所以,设Ｂ在Ｉ点上被如此被分割,以至于ＢＩ和ＩＥ之比为5∶2;再设ＩＨ平行于轴,交ＬＫ和ＦＧ于Ｐ点和Ｑ点。现在,这样截取ＰＲ,以至于它和ＰＱ之比为3∶2,并且画出ＲＭ,延长它交ＦＧ于Ｓ。因此,既然ＲＰ与ＰＱ之比,也就是ＲＭ与ＭＳ之比,与ＡＢＣＤ和它的余形ＢＣＤＥ之比一样,则ＡＢＣＤ和ＢＣＤＥ的平衡的中心就在直线ＦＧ和ＨＩ上,它们的平衡的中心都一起在点Ｍ上;Ｒ就将是余形ＢＣＤＥ的平衡的中心,而Ｓ则是ＡＢＣＤ的平衡的中心。并且,既然ＰＭ,也就是ＩＮ和ＱＳ之比等于ＲＰ和ＲＱ之比;而ＩＮ或ＰＭ是ＢＥ也就是ＦＧ是14的那些部分的3;故ＱＳ是这些同样部分的5;ＥＩ也就是ＦＱ是4;而ＦＳ,是9;ＧＳ,则是5。因此,平行于轴画出的直线将分割底边ＡＤ为5和9。但分数$\frac{5}{4}$在表格的第四行中可以查到,向下两个位置在第二行的分数则为$\frac{3}{5}$。

按照同样的方法,如果在同样的第二行中,取出具有两个中项的第二个三边形,则其一半的平衡的中心,就将发现存在于平行于轴的一条直线上，按照$\frac{6}{10}$的分数比例分割底边，在第四行的向下两个位置。而且，用同样的方法，也能够解决第二行中所有其他图形的平衡的中心问题。同样，具有三个中项的第三个三边形的平衡的中心，也能够在一条平行于轴的一条直线上找到，它如此分割底线，以至于靠近轴的部分和其他部分之比为7∶13。如此等等。

推论：上述图形的一半的平衡的中心是已知的，因为它们都存在于直线ＳＴ和直线ＦＧ的相交处，而这两条直线都是已知的。

13. 如果同一个表格中的任何一个图形的一半的平衡中心是已知的话，则同底和高的三角形之上的这同一个图形的在其外部的平衡中心便也是已知的

任何一个图形的一半的平衡的中心，这（见第十七章第3节的表格）是与它们的平行四边形相比较而言，是已知的；同一个图形对其三角形的超出平衡的中心也是已知的。

例如，取一半抛物线ＡＢＣＤ（见本书附录第二十三章图图8），它的轴是ＡＢ；其完整图形是ＡＢＥＤ；并且，它对其三角形的超出部分是ＢＣＤＥ。它的平衡的中心可用这样一种方式找到：设ＦＧ平行于底边，以至于ＡＦ是轴的第三个部分；再设ＨＩ平行于轴，以致ＡＨ就是底边的第三个部分。这样一来，三角形ＡＢＤ的平衡的中心就将是Ｉ。再者，设ＫＬ如此平行于底边，即ＡＫ和ＡＢ之比为2∶5；而且，ＭＮ平行于轴，即ＡＭ和ＡＤ之比为3∶8；再设ＭＮ止于直线ＫＬ上。因此，抛物线ＡＢＣＤ的平衡的中心就是Ｎ；并且，由此，我们得到了半抛物线ＡＢＣＤ的

第二十三章　论平衡的中心；论平行直线上下压……

平衡的中心，以及它的部分三角形ＡＢＤ的平衡的中心。现在，我们可以发现剩余部分ＢＣＤＢ的平衡的中心；画出ＩＮ，将其延长到Ｏ，使ＮＯ二倍于ＩＮ；那么，Ｏ就将是所要找的平衡的中心。因为既然ＡＢＤ的重量和ＢＣＤＢ的重量之比就是直线ＮＯ和直线ＩＮ之比是相互成比例的；而Ｎ是整个的中心，而Ｉ则是三角形ＡＢＤ的中心；那么，Ｏ就将是剩余部分，即图形ＢＤＣＢ的中心；这正是我们要找的。

推论：图形ＢＤＣＢ的平衡的中心存在于两条直线的交叉点上，两条直线中的一条平行于底边，而且如此分割轴，致使靠近底边的部分是整个轴的$\frac{3}{5}$或$\frac{9}{15}$；另一条直线平行于轴，并如此分割轴，致使朝向轴的部分是整个底边的$\frac{1}{2}$，或$\frac{12}{24}$。因为如果画ＯＰ，使之平行于底边，那就像ＩＮ和ＮＯ之比那样，ＦＫ与ＫＰ也具有同样的比例，也就是像１∶３，或５∶１５那样。但ＡＦ是整个ＡＢ的$\frac{5}{15}$或$\frac{1}{3}$，而ＡＫ是$\frac{6}{15}$或$\frac{2}{5}$；ＦＫ是$\frac{1}{15}$；ＫＰ是$\frac{3}{15}$；因此，ＡＰ是轴ＡＢ的$\frac{9}{15}$。ＡＨ也是$\frac{1}{3}$，或$\frac{8}{24}$；并且ＡＭ是整个底边的$\frac{3}{8}$或$\frac{9}{24}$；因此，如果画ＯＱ平行于轴，ＭＱ，三倍于ＨＭ，就将是$\frac{3}{24}$。因此，ＡＱ就是底边ＡＤ的$\frac{12}{24}$，或$\frac{1}{2}$。

第十七章第３节第一行表格中的其余三边形的超出部分，其平衡的中心在两条直线上，这两条直线按照下述分数分割轴和底边，即把４加在一条抛物线的分数$\frac{9}{15}$和$\frac{12}{24}$的分子上，并以同样方式把 6 加在分母上；其方式如下：

在一抛物线上， 　　　　　　　轴 $\frac{9}{15}$，底边 $\frac{12}{24}$

在第一个三边形上， 　　　　　轴 $\frac{13}{21}$，底边 $\frac{16}{30}$

在第二个三边形上， 　　　　　轴 $\frac{17}{27}$，底边 $\frac{20}{36}$，等等。

并且根据同样的方法，任何一个人，只要他不辞辛苦，就会在第二和第二行等行中发现其余图形对其三角形的超出部分的平衡的中心。

14. 一个立体扇形的平衡中心在如此被分割的轴上，以至于靠近顶点的部分与整个轴的比，在缺少球体部分的一半轴的情况下，是 3∶4

一个球体的扇形部分的平衡的中心，也就是一个由其顶部为这个球体中心的直角锥体与其底边与该锥体之底边相同的球体的一部分组合而成的图形的平衡的中心，分割由锥体之轴所形成的那条直线，以及所共取的那一部分的轴之一半，以致靠近顶点的那个部分三倍于其他部分，或者与整条直线之比为 3∶4。

因为设 Ａ Ｂ Ｃ（见本书附录第二十三章图图 9）是一个球体扇形部分，它的顶点是球心 Ａ；其轴是 Ａ Ｄ；Ｂ Ｃ 上的圆是球体和它的顶点是 Ａ 的锥体的公共底；这个部分的轴是 Ｅ Ｄ，而且是 Ｆ Ｄ 的一半；扇形的轴是 Ａ Ｅ。最后，设 Ａ Ｇ 为直线 Ａ Ｆ 的 $\frac{3}{4}$。我则

第二十三章 论平衡的中心；论平行直线上下压……

说：ＧＧ是锥体ＡＢＣ的平衡的中心。

设直线ＦＨ的长度是任意的，并与ＡＦ在Ｆ点成直角；画直线ＡＨ，作三角形ＡＦＨ。然后，在同一中心Ａ上，作任意一个弓形ＩＫ，交ＡＤ于Ｌ；并且，它的弦交ＡＤ于Ｍ；在Ｎ点等分ＭＬ；设ＮＯ平行于直线ＦＨ，交直线ＡＨ于Ｏ点。

现在，既然ＢＤＣ是由穿过ＢＣ的平面切割下来的那个部分的球体的表面，并且以直角与轴相切；既然ＦＨ在Ｆ点分割ＥＤ即这个部分的轴，成为两个相等的部分；则表面ＢＤＣ的平衡的中心就将在Ｆ点上（根据本章第８节）；而且，由于同样的理由，由于Ｋ在直线ＡＣ上，面ＩＬＫ的平衡的中心，就将在Ｎ点上。与此类似，如果在球体Ａ的中心和这个锥体的最外侧的球面之间作无限数目的弓形，那么，包括这些弓形在内的球体的表面的平衡的中心，就能够在轴的那个部分之中找到，它在此表面本身和一个被此弓形的弦穿过的一个平面之间相交，并且以相交于此轴的中点。

现在假设最外侧的球体表面ＢＤＣ的力矩为ＦＨ。因此，既然面ＢＤＣ和面ＩＬＫ之比完全等于弓形ＢＤＣ和ＩＬＫ，亦即ＢＥ和ＩＭ，即ＦＨ和ＮＯ之比；设它像ＦＨ和ＮＯ之比那样，ＮＯ也就以同样的比相对于另一个ＮＰ；再者，像ＮＯ和ＮＰ那样，ＮＰ也以同样的比例和另一个ＮＱ相比；并且，让所有直线都平行于可能在三角形ＡＦＨ的底和顶点之间所作的底ＦＨ。然后，如果过所有的点Ｑ作曲线ＡＱＨ，那么，图ＡＦＨＱＡ就是具有两个中项的第一个三边形的余形；并且，这同一个图形也就是组成立体扇形ＡＢＣＤ的所有球体表面的力矩；结果，它也就是这个扇形自身的力矩。现在设ＦＨ被理解为一个直角锥体的底的半径，它的边为ＡＨ，轴为ＡＦ。因此，既然锥体过Ｆ和Ｎ以及这个轴的所有其他各点的诸底线在比例上，两倍于直线ＦＨ与ＮＯ等等之比，如此等等，那么，所有加在一起的底，也就是整个锥体的力矩，就是图ＡＦＨＱＡ本身；而且，因此，锥体ＡＦＨ的平衡的中心，就和立体扇形的平衡的中心是一样的。因此，既然ＡＧ是轴ＡＦ的$\frac{3}{4}$，则锥体ＡＦＨ的平衡的中心就在Ｇ上；而且，因此，这个立体扇形的平衡的中心也是在Ｇ上，并且分割轴的ＡＦ部分，以至于ＡＧ三倍于ＧＦ；也就是说，ＡＧ和ＡＦ之比为３∶４。这正是原本要证明的。

注意：当扇形是一个半球，锥体的轴止于这个球体的中心的那个点上时，它就不可能把任何事物添加到这个部分的轴的一半上去。因此，如果在这个半球的轴上，取出距中心的轴的一半的$\frac{3}{4}$，也就是这个球体半径的$\frac{6}{8}$，即得到这个半球的平衡的中心。

第二十四章 论折射与反射

1.定义——2.在垂直运动中,不存在任何折射——3.从较稀薄的媒介抛入到较稠密的媒介的事物如此被折射,以至于被折射的角大于此角——4.从一个点趋向各个方向的努力将如此被折射,以至于被折射的这个角的正弦与该斜角的正弦之比,等于第一种媒介的密度和第二种媒介的密度之比——5.在一个斜角的折射角和在另一斜角中的正弦之比,等于那个斜角的正弦和这个斜角的正弦之比——6.如果有两条斜线,斜度相等,其中一条存在于较稀薄的媒介中,另一条存在于较稠密的媒介中,则斜角的正弦就将是存在于两个折射角的正弦之间的比例中项——7.如果斜角是半直角,而斜线存在于较稠密的媒介里,其密度之比等于正方形对角线和边之比,并且分界面是平面,那么,这条折射线就将存在于该分界面上——8.如果一个物体沿直线被带到另一个物体之上,并未穿透这一物体,而是被反射回来,那么,这一反射角就将等于入射角——9.同样的情况也发生在入射线上运动的产生之中

1. 定义

一、折射(REFRACTION)就是一个物体在同一个媒介里沿着一条直线受到推动,或它的作用沿着一条直线运行,但这条直线却由于本性不同的两种媒介而**折成两条直线**。

二、它们中，前者被称作入射线，后者被称作折射线。

三、折射点是入射线和折射线的公共点。

四、折射面，作为是两种媒介的分界面，是折射点所在的那个面。

五、被折射角，是折射线在折射点上与另一条线一起造成的那个角，这条线由该点画出，垂直于处于不同媒介里的分界面。

六、折射角是指由折射线和入射线所形成的角。

七、斜角是指入射线和过折射点而作的垂直于分界面的那条直线所形成的角。

八、入射角是指作为斜角的直角的余角。

这样一来，(见本书附录第二十四章图图1)在ＡＢＦ上便形成了折射。折射线是ＢＦ。入射线是ＡＢ。入射和折射点是Ｂ。折射面或分界面是ＤＢＥ。直接产生的入射线是ＡＢＣ。垂直于分界面的直线是ＢＨ。折射角是ＣＢＦ。被折射角是ＨＢＦ。斜角是ＡＢＣ或ＨＢＣ。入射角是ＡＢＤ。

九、再者，较稀薄的媒介可认为是在其中运动或者运动产生的阻力较小；较稠密的媒介(the thinker)，则在其中的阻力较大。

十、那种在其中各处阻力都相等的媒介，是一种同质的媒介。而一切其他的媒介都是异质的媒介。

2. 在垂直运动中，不存在任何折射

如果一个物体经过了或者沿垂直于分界面的直线产生了从一种媒介到达另一种不同密度的媒介的运动，那么，就将不会存在有任何折射。

因为既然在此垂线的每一侧，媒介里所有的事物都被设定为是相似的和相等的，所以，如果运动本身被设想为是垂直运动，那么，各个斜角也就都是相等的或全然不同的；因此，就不可能存在有任何理由，可以从垂线的此侧推论出折射，但却得不出在另一侧也存在有同样折射的结论。如果事情是这样的话，那么，在一侧的折射就将破坏在另一侧的折射；其结果或者到处都是折射线，而这是荒谬的，或者根本就不存在任何折射线；而这正是我们要证明的。

推论：由此看来，很显然，折射的原因仅仅存在于入射线的倾斜上，不管入射的物体穿透了两类媒介，还是没有穿透而仅仅通过压力传递了运动，事情都是如此。

3. 从较稀薄的媒介抛入到较稠密的媒介的事物如此被折射，以至于被折射的角大于此角

如果一个物体，没有发生内部状态的任何变化，如一块石头，而倾斜地从较稀薄的媒介里运动出来，继而穿过较稠密的媒介，并且较稠密的媒介的内在部分由于受到推动而能自行恢复到其以前的状态；则这个被折射角就会大于斜角。

因为设 D B E（见本书附录第二十四章图图1）是两类媒介的分界面；再设一个物体，如一块抛出去的石头，被认为是沿直线 A B C 运动；设 A B 在较稀薄的媒介里，如在空气里，存在；而 B C 为在较稠密的媒介里，如在水中存在。我则说：这块被抛出去的在直线 A B 上运动的石头，将不是沿直线 B C，而是沿其他直线继续运动，也就是说，垂直的 B H 和该条直线所形成的被折射角 H B F

将大于斜角ＨＢＣ的直线。

因为既然这块从Ａ过来落到Ｂ的石头使处于Ｂ点的事物继续向Ａ运动，而且，平行于ＢＨ的所有直线上的事物也都作类似的运动；并且，既然受到推动的各个部分是借相反的运动沿着同一条直线恢复自己的；在ＨＢ上，以及在与之平行的所有直线上，便都会产生出相反的运动。因此，这块石头的运动就将是由在ＡＧ，也就是在ＤＢ，和在ＧＢ上，也就是在ＢＨ上，以及最后，在ＨＢ上的运动集合而成的，也就是由这三种运动集合而成的。但借在ＡＧ和ＢＨ上运动的集合，这块石头将被带往Ｃ；从而，通过添加上ＨＢ上的运动，它就被带到更高的另外的某一条直线上，如被带到直线ＢＦ上，并且使角ＨＢＦ大于角ＨＢＣ。

从这里也许可以推断出，为什么沿斜线抛出的物体假如它们是任何扁平的物体或者被用力抛出，那么，当它们落在水中时，它们就会从水面上又被抛入空气中。

设ＡＢ（见本书附录第二十四章图图2）是水面；一块石头从点Ｃ沿直线ＣＡ被扔进水中，并和直线ＢＡ形成了一很小的角ＣＡＤ；无限制地延长ＢＡ到Ｄ，作ＣＤ垂直于它，使ＡＥ平行于ＣＤ。这样一来，这块石头就将根据在ＣＤ和ＤＡ上的两个运动合成的运动，而在ＣＡ运动，它的速度就等于直线ＣＤ和ＤＡ本身。而且，从在ＣＤ上的及其向下的平行线上的运动就可看出，只要这块石头落在Ａ上，就将有向上的反作用，因为水恢复了它以前的状态。现在，如果这块石头被很倾斜地扔出去，也就是，如果直线ＣＤ足够短，亦即如果这块石头向下的努力小于水向上的反作用，也就是小于它由其重力而具有的努力（这是可能的），那么，这块石头由于其恢复的自己的努力超过了石头下落时的努力，就又在面ＡＢ之上被抬高了，而且，由于它沿直线，如ＡＧ，被向更高处反弹了起来，从而被带到更高的地方。

4. 从一个点趋向各个方向的努力将如此被折射，以至于被折射的这个角的正弦与该斜角的正弦之比，等于第一种媒介的密度和第二种媒介的密度之比

如果从一个点，而不管其媒介是什么，努力沿各个方向被传递到这种媒介的每一个部分，并且对于这同一努力斜对着有另一种不同性质的媒介，也就是或者稀薄的或者稠密的媒介，那么，这种努力将如此折射，以至于折射角的和斜角的正弦之比，就等于第一种和第二种媒介密度的相互之比。

首先，设一个物体存在于在较稀薄的媒介的Ａ点（见本书附录第二十四章图图３），再把它设想为向各个方向都有努力，从而，它的努力在直线ＡＢ和Ａb上继续发挥作用；斜对着它在Ｂ和b，设Ｂb作为较稠密的媒介的平面，以至于ＡＢ和Ａb相等；还让直线Ｂb沿着两个方向延长。从点Ｂ和b，作垂线ＢＣ和bc；在中心Ｂ和b上，以相等距离ＢＡ和bＡ，作圆ＡＣ和Ａc，交ＢＣ和bc于Ｃ和c，这同一个ＣＢ和cb沿长到Ｄ和d，同样，也延长ＡＢ和Ａb到Ｅ和e。那么，从点Ａ到直线ＢＣ和bc作垂线ＡＦ和Ａf。因此，ＡＦ就是直线ＡＢ的斜角正弦，Ａf则是直线Ａh的斜角正弦。这两个斜角因作图白造成相等的。我则说：ＢＣ和bc在其中的媒介与ＢＤ和bd在其中的媒介的密度之比，就等于被折射角和斜角的正弦之比。

设作直线ＦＧ平行于直线ＡＢ,交ｂＢ于Ｇ。

因此,既然ＡＦ和ＢＧ也是平行的,所以,它们也就是相等的;因此,在ＡＦ上的努力就在同一时间内被传递。如果媒介的密度相等,ＢＧ上的努力就将得到传递。但因为ＢＧ在较稠密的媒介,也就是在一种阻碍努力的媒介而不是在ＡＦ所在的媒介中,所以,这一努力就将按照ＡＦ和ＢＧ各在其中的媒介的密度之比例,而在ＢＧ比在ＡＦ上传递得要少些。因此,ＢＧ和ＡＦ各在其中的媒介的密度之比,就等于ＢＧ和ＢＨ之比;再设时间的量度用圆的半径来表示。作ＨＩ平行于ＢＤ,与这个圆交于Ｉ;而且,从这个点Ｉ,设ＩＫ垂直于ＢＤ;在这些工作完成之后,ＢＨ和ＩＫ就将是相等的;而ＩＫ与ＡＦ之比,就等于ＡＦ和ＩＫ各自在其中的媒介的密度之比。因此,既然在时间ＡＢ内,即在该圆的半径内,这个努力在较稀薄的媒介里在ＡＦ上传递,所以,它将在同一时间内,也就是在时间ＢＩ内,在较稠密的媒介里从Ｋ传递到Ｌ。因此,ＢＩ是入射线ＡＢ的折射线;而且,ＩＫ就是折射角的正弦;而ＡＦ则是斜角的正弦。因此,既然ＩＫ和ＡＦ之比等于ＡＦ和ＩＫ各自所在的媒介的密度之比;所以,ＡＦ或ＢＣ和ＩＫ或ＢＤ各自的媒介的密度之比,就等于折射角和斜角的正弦之比。而且,由于同样的理由,我们也可以证明:较稀薄的和较稠密的媒介的密度之比等于折射角和斜角的正弦之比。

其次,设一个向各个方向努力的物体,处于较稠密的媒介的Ｉ点。因此,如果两种媒介的密度是相同的,那么,在ＩＢ上的这个物体的努力就会直接趋向于Ｌ;并且,斜角ＬＭ的正弦就将等于ＩＫ或ＢＨ。但由于ＩＫ所在的媒介的密度与ＬＭ所在的媒介的密度之比，等于 BH 和 BG，也就是和 HF 之比，则此努力在 LM 所在的媒介里就比 IK 所在的媒介里传递得更远，其比例即是密度和密度之比，也就是 ML 和 AF 之比。因此，作 BA，被折射角就将是 CBA。它的正弦是 AF。但 LM 却是斜角的正弦；再者，因此，就像一种媒介的密度和另一种不同的媒介的密度之比那样，被折射角的正弦与斜角的正弦也同样是相互成比例的；这正是我们要证明的。

在这种推证中，我已经通过建构，使分界面 B b 成为平面。虽然它是凹的或凸的，但这个定理无疑却是正确的。因为在这个平面分界面 B b 的 B 点所形成的折射，如果作一条曲线，如 PQ，与分界线在 B 点相接触，那么，被改变的，就既不是折射线 BI，也不是垂线 BD；而且，折射角 KBI，也和它的 KI 弦那样，将仍同原来一样不会改变。

5. 在一个斜角的折射角和在另一斜角中的正弦之比，等于那个斜角的正弦和这个斜角的正弦之比

在一斜角中的折射角的正弦和另一斜角中的折射角正弦之比，等于那个斜角和这个斜角的正弦之比。

因为既然这个折射角的正弦和无论是什么斜角的正弦之比，就等于一种媒介和另一种媒介的密度之比；所以，折射角和斜角的正弦也就是由密度和密度之比及一个和另一个斜角的正弦之比。但在相同的同质的物体中的密度之比被假定是相同的。因此，在不同斜角中的折射角就等于这些斜角的正弦；这正是本来要证明的。

6. 如果有两条斜线，斜度相等，其中一条存在于较稀薄的媒介中，另一条存在于较稠密的媒介中，则斜角的正弦就将是存在于两个折射角的正弦之间的比例中项

如果两条入射线，斜角相等，其中一条在较稀薄的媒介里，另一条在较稠密的媒介里，那么，它们的斜角的正弦就将是两个折射角的正弦之间的一个中项比例项。

因为设直线ＡＢ（见本书附录第二十四章图图3）在较稀薄的媒介里形成斜角，而在ＢＩ所在的较稠密的媒介里形成折射；又设ＥＢ在较稠密的媒介中形成大的倾斜，并ＢＳ所在的较稀薄的媒介里形成折射；再设ＲＳ，作为被折射角的正弦，被画出。我则说：直线ＲＳ、ＡＦ和ＩＫ处于连续的比例之中。因为就像较稠密的媒介和较稀薄的媒介的密度之比那样，ＲＳ也以同样的比例相对于ＡＦ。但这也像同一种较稠密的媒介和此同一较稀薄的媒介的密度之比那样，ＡＦ和ＩＫ之比也同样如此。因此，ＲＳ.ＡＦ：ＡＦ.ＩＫ是比例项；也就是说，ＲＳ、ＡＦ，和ＩＫ处于连续的比例之中，而ＡＦ则是中项比例项；这正是本来要证明的。

7. 如果斜角是半直角，而斜线存在于较稠密的媒介里，其密度之比等于正方形对角线和边之比，并且分界面是平面，那么，这条折射线就将存在于该分界面上

如果斜角是半直角，斜线在较稠密的媒介里，而密度的比例等于对角线和它的正方形的边之比，分界面是平面，那么，被折射线

第二十四章　论折射与反射

就将存在于在那些分界面之上。

在圆ＡＣ上(见本书附录第二十四章图图4)，设斜角ＡＢＣ是45度角。让ＣＢ延长，和圆周线交于Ｄ；并且作ＣＥ，作为角ＥＢＣ的正弦，在分界线ＢＧ上取ＢＦ等于它。因此，ＢＣＥＦ就是一个平行四边形，而且，ＦＥ和ＢＣ，也就是ＦＥ和ＢＧ相等。画ＡＧ，即作为其边为ＢＧ的正方形的对角线，那就会出现这样的情况：像AG对于ＥＦ那样，ＢＧ也以同样的比例相对于ＢＦ；并且，根据假定，Ｃ存在于其中的这种媒介的密度之对于Ｄ所在媒介的密度的比例也是如此；折射角和斜角的正弦之比也同样如此。因此，作ＦＤ，并从Ｄ作直线ＤＨ垂直于ＡＢ，那么，ＤＨ就是斜角的正弦。而且，既然被折射角的正弦和斜角正弦之比等于Ｃ所在的媒介和Ｄ所在的媒介的密度之比，也就是，根据假定，等于ＡＧ和ＦＥ，也就是ＢＧ和ＤＨ之比；而且，既然ＤＨ是斜角的正弦，所以，ＢＧ就因此而是折射角的正弦。因此，ＢＧ就是被折射线，并且也存在于分界面的平面之内；这正是本来要证明的。

推论：因此，很明显，当斜角大于45度时，或当在密度较大的情况下小于45度时，就可能发生这样一种情况：折射将完全不进入较稀薄的媒介里。

8. 如果一个物体沿直线被带到另一个物体之上，并未穿透这一物体，而是被反射回来，那么，这一反射角就将等于入射角

如果一个物体直线落在另一物体上，而并没有穿透它，而是从它那里被反射回来，那么反射角就等于入射角。

设在Ａ处存在有一个物体（见本书附录第二十四章图图5），沿直线ＡＣ直落在Ｃ点的另一物体上，不是进一步向下，而是被反射回来；又设入射角是任意的一个角，如ＡＣＤ。作直线ＣＥ，与ＤＣ形成一个角ＥＣＦ，并等于角ＡＣＤ；再作ＡＤ垂直于直线ＤＦ。又在同一直线ＤＦ上取ＣＧ等于ＣＤ；向上延伸ＧＥ和ＣＥ交于Ｅ。作完这些后，三角形ＡＣＤ和ＥＣＧ就是相等或相似的。作ＣＨ等于且平行于直线ＡＤ；再不确定地延长ＨＣ至Ｉ。最后，作ＥＡ过Ｈ，平行且相等于ＧＤ。我则说：在入射线ＡＣ上从Ａ到Ｃ的运动，将沿直线ＣＥ反射过来。

因为从Ａ至Ｃ的运动，是由两个共同起作用的并发的运动造成的，其中一个在平行于ＤＧ的ＡＨ上，另一个在垂直于同一个ＤＧ的直线ＡＤ上；在这两个运动中，在ＡＨ上的运动在它过Ｃ点后并不作用于物体Ａ，因为根据假定，它并不经过直线ＤＧ；而在ＡＤ上，也就是在ＨＣ上的努力，将继续向Ｉ发挥作用。但既然它只是压迫而并不穿透，所以，在Ｈ上就将产生反作用，使之由Ｃ运动到Ｈ；与此同时，ＨＥ上的运动仍同它在ＡＨ上的运动是一样的；因此，这个物体现在就受到在ＣＨ和ＨＥ的两个运动的集合的推动，而这两个运动等同于前此它们在ＡＨ和ＨＣ上的两个运动。因此，它就将被带着在ＣＥ上继续运动。由此而来，反射角就是ＥＣＧ，由作图可知，它即等于角ＡＣＤ；这正是我们要推证的。

现在，当这个物体被设想为是一个点时，无论它是在面还是在线上被直线或曲线反射，都完全是一回事；因为入射和反射点Ｃ，

第二十四章 论折射与反射

既在点C上接触DG的曲线上,也在DG自身上面。

9. 同样的情况也发生在入射线上运动的产生之中

但是如果我们假设并非一个物体受到推动,而仅仅是某些努力从A传递到C,那么,这种证明无疑就是一样的。因为所有努力都是运动;并且,当它在C点上触及到了固体时,它便压迫它,并且在CI上进一步努力。因此,反作用也将在CH上继续存在;而与在HE上的努力同时发挥作用的在CH上的努力,将以受推动物体的反弹的方式,在CE上产生这种努力。

如果因此努力从任何一点传递到一个球体的凹面上,那么,在此同一球体上的一个大的圆所形成的反射线就构成一个等于入射角的角。

因为如果努力从A(见本书附录第二十四章图图6)传递到圆周线上的B点,球心为C,作直线CB,也作切线DBE;以及最后,如果角FBD等于角ABE,那么,在直线BF上就将形成一个反射,正如刚才所说明过的那样。因此,直线AB和FB与圆周线所形成的角度也将是相等的。但这里需要注意的是:如果延长CB到G,那么,在GBC线上的努力就只能由GB上垂直产生的反作用产生出来;这样一来,除了朝向球心的部分外,在朝向球内各个部分的B点上,就将不会存在有其他的任何努力。

这里我对本著第三个部分①作一个总结:在这一部分中,我已

---

① 所谓本著第三部分,即本著第三篇"论运动与量的比例"。——译者

经抽象地考察了运动及其本身的大小。在第四和最后一部分，我将接着考察**自然现象**，也就是去考察作为真实和现存世界组成部分的物体的运动及其大小。

第四篇

物理学，或自然现象

第二十五章 论感觉与动物运动

1.关于已经论述部分与将要论述部分之间的联系——2.对感觉本性的调查研究,与感觉的定义——3.感觉的主体和对象——4.感觉的各种器官——5.并非一切物体都被赋予了感觉——6.但在同一时间却只能出现一个心像——7.想象,即过去感觉的余留,那也是一种回忆。论睡眠——8.心像是怎样相互接续的——9.梦,它们究竟出自何处——10.论各种感觉,其种类,其器官,以及特有的和公共的心像——11.心像的大小,它们是怎样以及借什么被测定的——12.快乐、痛苦、欲望和厌恶,它们究竟是什么——13.慎思与愿意,它们究竟是什么

1. 关于已经论述部分与将要论述部分之间的联系

在第一章中,我曾经将哲学定义为借真实的推理所获得的关于结果的知识,这种知识是由我们先行具有的关于他们的原因或产生的知识获得的;而我们所可能就有的关于这样一些原因或产生的知识,又是从我们先行具有的关于它们的结果或现象的知识获得的。因此,有两种哲学的方法。第一种,从事物的产生推知可能的结果。第二种,从它们的结果或现象推知那些相同事物可能的产生。在这些事情的第一种情况里,关于我们的推理的首要原则的真理,即定义,是由我们自己作出或构建的,这时候我们是赞成或同意这些事物的称谓的。而这一部分我在前面各章中已经讲

完了；在那里，如果我没有受到欺骗的话，我没有肯定过什么，只有定义本身要除外，它们与我给出的定义并没有什么太大的联系；也就是说，对于那些同意我使用各种语词和称谓的人们来说，这样的证明是不够的，仅仅为着他们的缘故我才写下了这些。现在，我进入到了另一部分；这就是通过为我们凭感觉所知晓的大自然的现象或结果，查明它们可能借以产生，我并不是说它们现实借以产生的一些方法和手段。因此，下述讨论所依赖的这些原则，并非诸如我们自己用一般术语制造和宣布为定义的东西；而是大自然的造主将其置放进事物本身之中、为我们在事物之中所观察到的东西；而且，我们是在单一的和特殊的事物之中，而不是在普遍的命题中使用它们的。而且，它们也没有将构建定理的任何必要性强加到我们头上；它们的用处无非在于向我们表明某种产生的可能性，尽管这样做的时候少不了要用到我们已经证明过的那些一般命题。因此，鉴于在这里所教授的科学，在自然的现象中具有其原则，而且，其目的也在于获得关于自然原因的某些知识，我便已经给这一部分起了一个名称，叫作**物理学**，或者**自然的现象**。现在，显现出来的这样一些事物，或自然显现给我们的这些事物，我们称之为现象。

在我们周围的所有现象中，最可惊叹的是显现本身，τὸ φαίνεσθαι；也就是说，有些自然物体在其自身中具有几乎所有事物的样式，而另外一些事物则完全没有。这样一来，如果现象就是我们借以了解所有其他事物的原则，我们就必须承认感觉就是我们借以了解那些原则的原则了，而且，我们所拥有的一切知识都是由感觉得来的。至于感觉的种种原因，我们是不可能从感觉自身之外的任何其他现象来开始我们对它们的探究的。不过你会说,我们应当通过什么感觉来考察感觉呢?我的回答是,通过感觉自身,也就是,通过感性事物本身消失后,仍在我们心里身上存留一段时间的关于感性事物的那种记忆。这是因为,如果一个人知觉到他曾经知觉过,那他就是在回忆。

因此,首先要探究的便是我们知觉的原因,也就是当我们应用我们的感官时,在我们身上持续不断地产生出来的那些观念和心像的原因,以及它们的产生是照什么方式进行的。为了帮助这样的探究,我们可以首先看到:我们的心像或观念并不总是一样的;而是新的显现给我们,旧的消失不见,这是因为当我们运用感觉器官的时候,一会儿指向一个事物,一会儿又指向另一个事物的缘故。因此,它们是既有产生,又有消灭的。由此,很显然,它们在感觉者身上是有一些改变或变化的。

2. 对感觉本性的调查研究,与感觉的定义

既然所有的变化或改变都是被改变事物的内在各个部分的运动或努力(努力也是一种运动),这一点我们在第八章第9节已经从下面一点证明过了,这就是:即使当任何一个物体的最微小的部分相互之间依然存留在同样的位置,除非整个物体被一起移动过了,我们便不能说有任何改变对它已经发生过了。而只能说那个事物无论是现在的显现还是现在的存在,都与过去的显现和存在没有什么两样。因此,感觉者身上的感觉,不可能是任何别的东西,而只能是这个感觉者某些内在部分的运动;而受到如此推动的那些部分,则是感觉器官的各个部分。因为我们借以感知任何事

物的我们身体的各个部分,就是我们通常所谓各种感觉器官。而且,如是,我们就发现了究竟什么是我们感觉的主体,那就是各种心像寄寓的地方;同时,我们也已经部分地发现了感觉的本性,那就是感觉者身上的某些内在的运动。

在别处(第九章第7节),我已经证明:任何运动都不可能仅仅由一个邻近和受到推动的物体产生出来;由此看来,很显然,感觉和知觉的直接原因在于:第一感官被触及或者受到压迫。这是因为,当器官的最外在的部分受到挤压的时候,它并不是马上就产生感觉,而是其内部邻近的那个部分也受到挤压;并且,以这样一种方式,压力或者运动便通过器官的所有部分而传递到其最内在的部分。从而,其最外在部分的压力也是这样由某个更远的物体的压力产生出来,并且这样继续下去,直到我们进展到作为源头,由以出发的地方,致使我们能够通过我们的感觉在我们身体内部产生出心像和观念的东西。这样,不管那个东西可能是什么,它就都是我们通常称作**对象**的东西。因此,感觉就是感觉者身上的某种内在运动,它为该对象各个部分的某种内在运动所产生,并且通过所有媒介而传递到该器官的最内在的部分。用这样一些话,我就差不多已经对感觉之所是作了界定。

再者,在第十五章第2节,我已经证明:所有的抵抗都是与另一种努力相反的努力,也就是说,都是反作用。因此,既然在整个器官中,借助其自身的内在运动,针对从该对象传递到该器官最内在部分运动,而存在有某种抵抗或反作用,在该器官中,也就同样存在有一种与由对象产生出来的努力相反的努力。从而,当那种向内的努力是感觉行为中最后的作用时,则不管其绵延的时间可能如何短暂，一种心像或者观念便都会产生出来。至于这种心像或者观念，由于这种努力现在是朝外的，便始终显现为某种位于器官之外的事物。这样，我现在便可以把感觉的完整定义给你指出来了，这个定义是根据对感觉的原因及其产生的秩序的解释得出来的，这就是：感觉是一种心像，由感觉器官向外的反作用及努力所造成，为继续存在或多或少一段时间的对象的一种向内的努力所引起。

3. 感觉的主体和对象

感觉的主体为感觉者自身，亦即某个生物；当我们说一个生物在看时，比我们说眼睛在看，要更正确些。对象是那被接受的事物；而且，说我们看见了太阳，要比我们看见了光，更精确些。这是因为，光和颜色，热和声音，以及别的性质，人们通常将其称作感性的，它们并非对象，而只是感觉者身上的心像。这是因为，心像是感觉行为，它同感觉之间的关系，与 fieri，即是正在做的一种活动（being a doing），同 factum esse，即正在被做（being done）之间的关系毫无二致。这种区别在瞬时即可完成的事物中是根本算不了什么的；而心像正是瞬时完成的。因为借持续传递进行的所有运动中，受到推动的第一部分推动第二部分，而第二部分又推动第三部分，如此不断进行下去，直至最后，不管距离可能多么大，事情都是如此。而且，在第一部分或者最前面的部分朝第二部分的位置运行的那个时间节点上，除非到最后，在同一个时间节点上，一个进到了这最后让出的部分的位置，这样的运动才可能连续不断地进行下去；这样的运动，借着反作用，在同一瞬间，如果反作用足够强大,便能够造成一种心像;而且,一旦心像形成,知觉也就一并造出来了。

4. 感觉的各种器官

位于感觉者之内的感觉的各种器官是感觉的这样一些部分,如果它们受到伤害,心像的产生本身也就因之而被摧毁了,尽管所有的其他部分仍然完好无损。现在人们发现,在绝大多数生物中这些部分就是精神和薄膜,这些精神和薄膜由于它们是从**软膜**处开始进行活动的,它们包含了脑子和所有的神经;脑子本身,以及脑子里的动脉血管也是这样;还有其他可以被激动起来的部分,以及作为各种感觉的源泉的心脏也随同它们一道被激动起来。这是因为,当物体的活动达到感觉者的身体时,那活动便为一些神经传递给脑子了;而如果连接到那里的神经受到伤害或者受到阻碍,运动便不可能继续被传递,也就没有随之而来的感觉了。同样,如果由于这种活动借以传递的器官的缺陷而造成运动在脑子和心脏之间被切断,那就将也没有对于该对象的知觉了。

5. 并非一切物体都被赋予了感觉

但正如我已经说过的那样,虽然所有的感觉都是反作用造成的,然而,却未必每一件有反作用的事物都有感觉。我知道,长期以来,一向有一些哲学家和博学之士,他们是主张一切物体都被赋予了感觉的。如果感觉的本性仅仅被置放到了这种反作用里面,我也看不出他们何以可能遭到批驳。而且,虽然借助无生命物体的反作用,心像也有可能造出来,尽管如此,一旦那个对象被移开,

第二十五章 论感觉与动物运动

心像也就停止存在了。这是因为,除非那些物体,像生物那样,具有适当的器官,宜于保留那种在它们身上造成的运动,它们的感觉便绝不可能记住它们。而且,因此,这就与作为我的话题的感觉毫无关系了。这是因为,我们通常是通过感觉来理解我们用心像造成的关于各种对象的判断的;也就是说,我们是通过比较和区别那些心像来理解各种对象的判断的。如果在心像借以造成的器官的那种运动,不在那里停留一段时间并且使同样的心像返回来的话,我们是不可能做到这一步的。因此,感觉,正如我在这里所理解的那样,又如人们通常称谓的那样,必定有某种记忆黏附于它,凭借这样一种记忆能力,前后心像才有可能放到一起进行比较,并且得以相互区分。

因此,如此正确地称呼的感觉,在其内部必定存在有一种心像的持久不断的变化,以便它们能够得以相互区别开来。这是因为,假如我们设定某一个人生有一双明亮的眼睛,而且其一切视觉器官也配置完好,但他却没有被赋予其他的感觉;我们再设定他只盯着一件永远只具有同样颜色和形状的事物,连最微小的变动现象也没有,那么,不论别人会说什么,在我看来,他只不过是在看罢了,他所得到的并不比我用触觉器官摸我自己的骨头时得到的多多少;而那些骨头则一直在四周被一层最敏感的膜接触着。也许我可以说,他是在发呆吧,老盯着一件东西看嘛;但我却不应该说,他看见了那件事物;这是因为,对于一个可能永远对同一件东西有知觉的人来说,假如那件东西几乎就是一切,那么他实际上根本就不可能对任何东西有丝毫的知觉。

6. 但在同一时间却只能出现一个心像

感觉的本性就是这样，它不允许一个人同时分辨许多事物。因为既然感觉的本性在于运动；只有这些器官被用于一个对象，它们便不可能同时受到另一个对象如此推动，以至于借助它们双方的运动来即刻把其中的每一方都造成一个真正的心像。因此，虽然不可能通过两个共同起作用的对象来造成两个各别的心像，但却有可能通过二者的活动复合而成为一个唯一的心像。

此外，正如当我们分割一个物体的时候，我们分割的是它的空间。而当我们计算物体的时候，我们计算的一定是它们究竟占据了多少空间；反之，正如我在第七章中已经说明过的那样，当我们说到次数的时候，不管可能有多少次，我们所理解的必定也是运动的次数。而且，就像我们常常数许多运动那样，我们也常常数运动多少次。这是因为，虽然我们观察到的物体具有各种颜色，但具有那些各种颜色却只是一个变化了的对象，而非各个不同的对象。

再者，当各种感觉所共有的那些器官，比如在人体内进行活动的从神经末梢到心脏每一个器官的那些部分，被来自某一个对象的强大活动剧烈刺激的时候，由于它们原有运动的反抗，就会使它们抵制对所有其他运动的接受，这样一来，它们便不太适合于接受来自别的对象的其他印象，并将其传递到那些对象所属的各种感觉上去。因此，欲认真研究一个对象，就要排除掉对当前所有其他对象的感觉。这是因为，**研究**（study）不是别的，就是对心灵的占有，换句话说，研究是某一个对象在感觉器官中所造成的剧烈运动，只要这种运动还在持续，感觉器官对所有其他的运动便都会显得非常迟钝;按照泰伦斯①所说:"迟钝的人用研究占据着自己的灵魂,仿佛他是一个踩钢丝的艺人。"什么是迟钝(*stupor*)呢?不就是希腊人所说的 ἀναισθησία(麻木)吗?不就是中止对其他事物的感觉吗?因此,在同一时刻,我们不可能用感觉来感知一个以上的对象;好比在读书的时候,我们看见的是一个一个连续的字母,而不是全部字母,尽管整个那一页书就在我们的眼前。而且,虽然每一个字母都写得分明,可是当我们猛一下向书页望去的时候,我们什么也没有读到。

由此可见,器官向外的每一个努力,并不是都能够被称作感觉的,在若干次努力中,只有那个比所有其他努力都更加强大也更有影响的努力激烈造成的努力,方可称作感觉。这一努力剥夺了我们对于其他心像的感觉,这与太阳剥夺其他星星的光芒没有什么不同,只不过太阳是用自己过分强烈的光明来模糊和掩盖了它们的光芒而已。

7. 想象,即过去感觉的余留,那也是一种回忆。
论睡眠

但器官借以造成心像的那种运动,除非对象在场,还不是通常所说的感觉。这种心像,在其对象被移开或消失后,还依然存在,则它便被称作形象(*fancy*),用拉丁文说,便是 *imaginatio*;②

---

① 泰伦斯(Terence,前 186/185 —约前 161),古罗马著名喜剧作家,著有《安德罗斯女子》《婆母》《自责者》《阉奴》《福尔米昂》和《两兄弟》。该句原文是"Populus studio stupidus infunambulo animum occuparat"。——译者

② Imaginatio,这个拉丁词的基本含义为:形象,想象,空想,虚构。——译者

imaginatio 这个拉丁词,就其一般的意义论,并不能充分地传达出英文单词 fancy 的意义,因为并非所有的心像都是形象(images)。尽管如此,只要我将其理解为希腊词 φαντασια,我还是可以足够安全地使用这个词的。

因此,想象(IMAGINATION)不是别的,它只不过是由于对象的不在场而在**衰减的**或**减弱了的感觉**。但这种衰减或减弱的原因是什么呢?是因为对象被移开而运动变弱了吗?如果是那样的话,则处于想象的心像就始终并且必然没有在感觉中的心像那么清楚明白。但事实却并非如此。这是因为梦就是处于睡眠状态中的人的想象,但在睡梦中它们的清楚明白却一点也不逊于它们之在感觉中。在醒着的人那里,已经消失的事物的心像比尚且在场的事物的心像要来得模糊一些,其所以如此,乃是因为他们的器官受到当时在场的其他对象的推动,因此,那些心像也就不那么突出了。然而,在睡眠中,由于通道被关闭了,外在的活动便全然不能够打搅或者说障碍内在的运动了。

如果真是这样,那么接着需要考察的事物便是:可否从联系外在事物与感觉内部器官的通道被关闭这一相关的假设中找出任何原因。因此,我假设:由于对象连续不断的活动,器官对它们的反作用,尤其是精神对它们的反作用,便必然导致器官被弄得疲劳不堪,也就是说,它的各个部分不再毫无痛苦地为精神所驱动了;结果由于神经被放弃而变得松弛,他们就退回到其源泉处,也就是脑子或心脏缩聚的那个空穴而休息了;这样,由神经所开展的活动就必然中断。因为这就像一个活动施加到一个就寝的病人身上一样,起初还会留下很少一点儿印象。到了最后,当神经一点儿一点儿松弛下来的时候,就根本没有任何印象了。因此,根本不存在任何更多的反作用,也就是说,根本不存在任何更进一步的感觉,于是便没有反映了,也就是说,没有感觉了,直到那个器官由于休息而复苏,通过补充新的精神而恢复了力气和运动,这个感觉者苏醒过来为止。如果没有超自然原因干预的话,情形似乎始终都是这样;这就好像疲劳或者某种疾病都会使其内在的各个部分发烧,因为无论是疲劳还是疾病都会使精神和器官的其他部分以某种非常规的方式活动。

8. 心像是怎样相互接续的

也许正如许多人会想到的那样,心像就这样一个接一个地进行其形态的重大变化,这并非没有原因,也不是一件什么偶然的事情;而且,明明是同样的心像进入脑子里,有的时候它们像它们自己,有的时候它们又非常不像它们自己。这是因为在任何一个连续的物体的运动中,由于内聚力一部分会紧接着另一部分的缘故。因此,当我们把眼睛和别的器官连续地转向许多事物的时候,由于每一器官所进行的运动会留存下来,随着那些运动次第超过其他运动而占据主导地位,心像也会不断地得到更新;于是,心像也按照先前它们为感觉所产生出来的次序而不断地占据主导地位。这样一来,随着时间的推移,由于感觉的缘故有非常多的心像产生于我们心中,于是几乎任何一个思想都有可能从任何一个别的思想产生出来;就此而言,一个思想随着一个思想产生出来似乎是一件无关紧要的和偶然的事情。但就大部分而言,这对于醒者,就像对于睡眠的人一样,并不是一件那么不确定的事情。因为有关所意欲的目的的思想或心像，产生了所有的心像，它们是导致目的的手段，它们在顺序上从最后一个退到最前面一个，再从始点前进到终点。但这就假设了识别可以导致目的那些手段的欲望和判断，这是通过经验获得的。而经验则是心像的仓库，而这些心像又是从对非常多的事物的感觉中产生出来的。因为 $\varphi\alpha\nu\tau\alpha\zeta\varepsilon\sigma\theta\alpha\iota$（形象）和 *meminisse*（回忆）的区别仅仅在于：回忆假设了过去的时间，但形象却没有。在回忆中，我们所考察的心像仿佛因时间而磨损了；但在我们的形象中，我们却把它视为真实存在的东西；这样的区别并不属于事物本身，而是处于该感觉者的考虑。因为在回忆中存在有一些事物，就像是从很远处看事物所出现的情况那样；在这种情况下，就像由于事物距离遥远，无法识别对象的细微部分那样，在回忆中，事物的许多偶性、位置和部分，尽管这些都是此前感官知觉过的，同样由于时间久远而变得模糊不清乃至遗忘。

　　心像在持续产生，既在感觉中，也在想象中，这就接触到我们通常称为心灵的话题，心灵是人和其他生物共有的。因为一个人如果在思考和比较各种来来往往的心像，他也就是在注意它们相互间的相似性与非相似性。正如一个人当其欣然观察具有不同本性的各种事物的相似性或者相互之间距离遥远的事物的时候，他就被说成是具有真正的形象那样，一个人当其发现相互相像的事物之间的不同或差异时，他就同样被说成是有了适当的判断了。然而，这种对差别的观察不是由一个公共感官所造成的知觉，它区别于严格称谓的感觉或知觉，而是对于保留了一段时间的那些特殊心像的差异的回忆；这就像热与亮之间的区别不是别的，只不过是对一个正在发热的对象和一个正在发亮的对象两者的一种回忆罢了。

9. 梦，它们究竟出自何处

睡觉的人们的心像就是**梦**。关于睡梦，经验教给了我们五样事情。第一，对于大多数睡梦来说其中既无次序也不连贯。第二，我们所梦见的一切只不过是过去的感觉的混合物罢了。第三，正如我们在昏昏欲睡时所做的那些梦一样，睡梦有时候从其心像中断的地方一点一点地开始，在整个睡眠中他们有时候被打断，有时候又被改变；还有的时候，睡梦是睡眠的中途开始的。第四，睡梦比清醒的人们的想象还更加清晰，只有那些由感觉本身所造成的除外，因为在这种情况下，它们是同等清晰的。第五，当我们做梦的时候，对于显现给我们的事物来说，我们既不赞美其空间，也不赞美其样子。然而，从与我们已经说过的看来，要说明这些现象的原因究竟是什么是很难的。这是因为，就第一点来说，既然所有的次序和连贯性都是从朝向目标的惯常的向后追溯开始进行的，换句话说，是从会诊开始的。于是情况便必然是这样：由于明白在睡眠中我们丧失了对目标的所有的想法，我们的心像便一个接着一个鱼贯而入，它们不是按照趋向于任何目标的顺序进行，而是纯属偶然发生似地进行；并且睡梦还以如下方式进行，就像我们漠然地随意打量我们跟前的所有事物的时候那样，各个物体纷纷将自身呈现在我们的眼前，我们倒是看见了它们，不过这并不是因为我们想看见它们，只不过是因为我们没有闭上眼睛罢了。因为在那个时候，它们向我们显现是完全没有什么顺序的。第二点则是这样产生出来的：当感觉静默的时候，是根本不存在来自对象的任何运动的,从而,也根本不存在任何新的心像,除非我们把那些旧的心像组合而成的东西称作新的,如客迈拉,[①]一座金山等。至于第三点,为什么一个梦有时候竟然像是感觉的连续不断呢?尽管它是由破碎的心像构成的,就像那些因疾病而精神紊乱的人那样,其理由显然在于:感觉在某些感觉器官中依然存在,而在另一些感觉器官中却不复存在。不过,当所有的外部器官都因睡眠而变得麻木的时候,一些心像何以能够复活,却并不是那么容易证明出来的。尽管如此,在以上已经说出来的话语之中也已经包含有这方面的理由。这是因为,无论什么东西,只要它击打软膜,便都能够激活一些依然在脑子中运动的心像;当心脏的任何内在的运动抵达那层薄膜的时候,那种脑子里占据主导地位的运动就会造成心像。然而,心脏的各种运动是欲望和厌恶,对于这一个问题,我现在就来深入地讲一下。就像意欲和厌恶是由各种心像产生出来的那样,各种心像也同样是由意欲和厌恶产生出来的。例如,心脏里边的热就是从愤怒和搏斗产生出来的;再者,在睡眠之中,心脏里边的热,不管其原因可能是什么,又都是由敌人的形象和对敌人的愤怒产生出来的。再如,就像爱和美在某些器官中激发其热那样,在同样的器官中,不管它是由什么样的东西产生出来的,都往往会引起对不可征服的美的意欲和形象。最后,冷也以同样的方式在

[①] 客迈拉(Chimera),希腊神话中的一种动物。据《神谱》等记载,客迈拉是怪兽提丰和厄喀德那杂交的后代。客迈拉狮身狮首,背生一首如羊,蟒尾。它呼吸时吐出的都是火焰,无论它出现在什么地方,它都会摧毁那个地方,它不仅吞噬其他动物,而且还吞噬人类。最后,西里亚国王委派柏勒罗丰刺杀客迈拉。柏勒罗丰在其长矛上涂上防火的涂料——石墨,用长矛扎进客迈拉的喉咙,结果了它的性命。——译者

那些睡眠者的心中产生恐惧,并且使得他们梦见各种鬼怪,产生出各种令人恐怖的和危险的种种心像;就像恐惧在那些醒着的人身上会产生出冷的感觉一样。心脏和大脑的运动就是这样相互作用的。第四,我们在睡眠中似乎看见和感到的事物与在感觉中同样地清晰,这种情况是由两种原因产生出来的。其一,在当时的那种情况里并没有我们不曾感觉过的事物,而且由于当时所有的其他印象都不在场,因而造成心像的内在的运动就占据了主导的地位。其二,在我们的心像中,那些由于时间的缘故而衰减和磨损的部分便被别的虚假的部分弥补起来了。第五,总起来说,当我们做梦的时候,对陌生的地方以及我们不熟悉的事物的显现,我们并不感到惊奇,因为赞美或羡慕要求事物显得新颖和不同寻常,对于那些记得起此前现象的人来说,这样的事情是不可能发生的。然而,在睡眠中,所有的事物都显现出来了,宛如临在。

但有一点在这里应该注意到,这就是:有一些梦,例如,尤其是那些半醒半睡的人所做的梦,以及那些对睡梦的本性毫无知识的人所做的梦,再有那些迷信的人们所做的梦,迄今为止都不曾被算做梦,现在也不被算做梦。至于那些幽灵或鬼怪,人们以为他们在睡梦中看到过,以为他们在睡梦中听见过它们的声音,认为它们并非心像,而是自行独立存在的事物,是存在于梦境之外的对象。有一些人,他们无论在睡觉的时候,还是在醒着的时候,尤其是那些有罪的人,在夜间,在神圣的场所,由于那些幽灵鬼怪故事的作用,孤独恐惧,在他们的心灵里便出现了可怕的心像,这些心像一直在**鬼怪和无形实体**的名义下,被误认为真实存在的事物,并且至今依然被当作真实存在的事物自欺欺人地为人们接受。

10. 论各种感觉，其种类，其器官，以及特有的和公共的心像

在大多数生物中，能够看到有五种感觉，这是按照它们的器官来区分的，而且也是按照它们的不同种类的心像来区分的；这五种感觉是视觉（sight）、听觉（hearing）、嗅觉（smell）、味觉（taste）和触觉（touch）；而这些感觉既各自具有部分地专属于它们中的每一种器官，也具有部分地共同属于它们全体的器官。视觉的器官，既有一些部分是有生命的，也有一些部分是没有生命的。无生命的那些部分就是三种体液。它们是水状液体、晶状液体和玻璃状液体。先说水状液体，它在一侧被包含于眼睛的第一个凹形表面中，而在另一侧则被包含于睫突和盛晶状液体的薄膜之中。水状液体为叫作眼色素层的薄膜（又叫葡萄膜）所隔开，其孔即被称作瞳孔。其次说晶状液体，它悬于睫突的中间，而且几乎呈球形，具有浓厚的稠性，其四周都由自己的透明的外壳所包裹。最后说玻璃状液体，它充满了眼腔的其余部分。比起水状液体来，玻璃状液体要黏稠一些，但是比起水晶状液体，玻璃状液体又要稀薄一些。至于该器官的有生命部分，首先是叫作**脉络膜**的那种薄膜，它是**软膜**的一部分，只有包裹脉络膜的外壳才是由视觉神经的髓质变化而来的，而视觉神经本身则被叫作视网膜。至于这个脉络膜，由于它是软膜的一部分，它被延伸到位于颅腔里的**脊髓**的开端处，头颅里所有的神经的根子都在那里。这样一来，各种神经所接受的所有动物精神便都在那里各就各位了。这是因为，我们难以想象，它们还能够在别的什么地方生根。一方面这是由于感觉不是别的，而

第二十五章 论感觉与动物运动

是传递到器官最前端的各种对象的活动；另一方面这又是由于各种动物精神不是别的，而是先由心脏加以净化然后由动脉血管从那里加以传输的生命的各种精神。因此，感觉必然遵循这样一条路线：其活动由脉血管的某些部分从心脏引导出来，然后被传输到头颅里的神经的根子之处。这些动脉血管要么是**网状血管丛**，要么是安插在头颅里并进入脑组织的其他动脉血管。因此，这些动脉血管就是整个视觉器官的补体或留存部分。而且，这最后一部分对于所有的感觉来说都是一种共同的器官。相比之下，那个从眼睛到达神经之根的东西则是供视觉专用的。听觉的专门器官是耳朵里的耳鼓及其神经；从耳鼓到心脏的器官则是共同使用的。如此看来，嗅觉和味觉的专门器官是神经的膜，味觉的神经膜位于上腭和舌头，嗅觉的神经膜则位于鼻孔；而从这些神经的根部到心脏的器官则是共同使用的。最后，触觉的专门器官是遍布全身的神经和膜；那些膜则是从神经的根产生出来的。而且，此外的一切东西都一概为所有的感觉所共同享有，似乎它们统统都由动脉血管所管理，而不是由神经来支配的。

视觉的专门心像是光；颜色不是别的什么东西，只不过是一种受到扰乱的光罢了，因而，在光这个名称之下，人们也应该理解颜色。这样一来，一个透明的物体的心像就是光了；而有颜色的物体的心像，也就是颜色。但视觉的对象，严格地讲，既不是光也不是颜色，而是那个透明的，或被照亮了的，或着了颜色的物体本身。这是因为光和颜色，由于是感觉者的心像，它们便不可能是对象的偶性。从这里可以足够地明白地看到，可见的事物经常在我们确信知道它们不在的地方显现；再者，在不同的地方它们具有不同的颜色；还有，在同一个时间它们可以在好几个地方显现。运动、静止、大小和形状是视觉和触觉所共有的；而连同形状、光线或者颜色在一起的整个现象，按照希腊人通常的说法，叫作 εἶδος，εἴδωλον 和 ἰδέα；①按照古罗马人通常的说法，叫作 species 和 imago；②所有这些名称所指的都不外乎现象。

由听觉所造成的心像就是声音。由嗅觉所造成的心像就是气味。由味觉所造成的心像就是滋味。由触觉所造成的心像就是坚硬和柔软，炎热和寒冷，湿漉漉，油腻腻，以及许许多多别的比较容易由感觉来区别而不是由语词来言说的东西。光滑、粗糙、稀薄、稠密等，这些都与形状有关，因此它们是为视觉和触觉所共同享有的。至于听觉、嗅觉、味觉和触觉的对象，它们不是声音、气味、滋味、坚硬等，而是由之发出声音、气味、滋味、坚硬等的物体本身；至于它们的原因，以及它们怎样被产生出来的方式，我将在后边讲到。

这些心像，尽管它们在感觉者身上是结果，然而作为主体，它们就是由作用于种种器官之上的各个对象产生出来的。尽管如此，除了这些之外也还有别的种种结果，它们也是作用于种种器官之上的各个对象产生出来的。这就是在同样的器官中由同样的对象所产生出来的某些运动，也就是人们所说的**动物运动**。这是由于在对于外在事物的一切感觉中均存在相互作用的作用力和反作

---

① εἶδος，εἴδωλον 和 ἰδέα，这几个词在希腊文中，是"观念"或"理念"的意思。——译者

② 在拉丁文中，species 是"种相"的意思，而 imago 则是"影像""心像"和"摹绘"的意思。——译者

用力的缘故。换句话说,这是两种方向相反的努力。很明显,如果把这两种力合在一起,双方的运动均可以按照每一种方式继续下去。对于两个物体的边界来说,尤其是这样。而当这种情形发生在内部器官里的时候,这种向外的努力便以立体角的方式进行,如果印象一向较弱的话,它就会比此前更大一些,从而观念也会更大些。

11. 心像的大小,它们是怎样以及借什么被测定的

由此可知,自然的原因是明显的。首先,那些似乎较大的事物,假使其余的情况均相同,为什么只有当它们处于较大的角度里的时候才被人们看到要大一些呢?为什么在晴朗无云的寒夜里,在没有朗朗月光照耀的时候,有着比其他时候更多的恒星出现在天空中呢?这是因为恒星的行动在空气澄澈清明的情况下受到的妨碍要少一些,同时由于当时没有月亮,恒星的行动也没有因月亮的更加明亮的光线的干扰而变得模糊;还有寒冷,它使空气变得更加刺激逼人,这有助于或者说增强了星星施加于我们的眼睛的作用;这样一来,那些在平时看不见的星星在这种情况下也就看得见了。这足以说明与器官的反作用所造成的感觉的一般情况。至于形象的位置,视觉的欺骗,以及别的我们在自己身上凭借感觉已经有所经验的事物,既然它们在很大程度上取决于人类眼睛的构造本身,当我谈到人类的时候我将论述它们。

12. 快乐、痛苦、欲望和厌恶,它们究竟是什么

但还存在有另外一种感觉,在这里我就想谈一谈,这就是快乐

和痛苦的感觉,它们并不是由心脏向外的反作用产生出来的,而是由趋向心脏的器官的最外面部分的延续活动产生出来的。因为生命之源存在于心脏之中,因此传递到心脏里的感觉者身上的运动,必然会对生命的运动造成某些改变或转换,换句话说,心脏要么加快,要么放缓,要么帮助,要么妨碍生命的运动。既然如此,那么,当它有助于生命的运动时,这就是快乐;当它妨碍生命的运动时,这就是痛苦、烦恼、悲伤,等等。而且,就像心像由于内在器官的努力,似乎存在于外边的时候,快乐和痛苦,也会同样由于内在器官的努力,而似乎存在于内心里边。也就是说,快乐和痛苦的原因在那里,快乐和痛苦就在那里。当痛苦从伤口产生出来时,我们就认为痛苦和伤口两个都存在于同一个地方。

然而,生命的运动就是血液的运动。血液在静脉和动脉血管中永远循环,这一点已经由哈维医师这位血液的第一个观察者,[①] 用许多确实可靠的记号和符号说明了。这种运动,当它受到由可见对象的作用所造成的其他运动妨碍时,可以通过身体某些部分的弯曲或伸直而恢复;当精神一会儿被传递到这些神经一会儿又被传送到那些神经的时候,身体的这些运动就完成了,直到发生痛苦为止。当然,这样的痛苦也完全可以消除。但如果生命的运动得到由感觉所造成的运动的帮助,那么,器官的各个部分就会被安排用来以这样一种方式指导精神:借助于神经的帮助最大限度地促成对那种运动的保持和增强。而且,在动物运动中,这正是第一

---

① 威廉·哈维(William Harvey,1578—1657),英国医生和解剖学家,于 1628 年出版《动物中血液和心脏的运动实验》一书中,首次提出了血液循环理论。——译者

第二十五章 论感觉与动物运动

努力本身,这样的努力甚至在胚胎中也能发现。当胚胎还在子宫中的时候,它就在以随意的运动不停地运动其肢体,为的是避免指向它的无论什么让它烦恼的东西,或者追求着任何使它快乐的东西。而且,这种第一努力,当它趋向由经验所知的令其快乐的目标时,就被称作**欲望**,也就是一种接近;当它躲避令其烦恼的东西时,就叫作**厌恶**,也就是一种避开。小不丁点儿的婴儿,在他们生命之初或他们刚生下来的时候,由于他们缺乏经验和记忆,欲望的事物极少,避免的事物也极少。因此,他们并没有像我们在成年人身上所发现的那样广泛的动物运动。因为如果没有源自感觉的大量知识,换句话说,如果没有经验和记忆,要认识那些给人带来快乐或伤害的事物,是根本不可能的;但在婴儿那里,却只有就事物的相貌或外观方面进行的猜想。而且,因此,虽然他们并不知道什么事物可能对他们有好处,什么事物可能对他们有伤害,他们有时会去接近某些事物,但当他们的怀疑提醒他们的时候,他们有时却又会避开同样的事物。但到后来,随着逐渐地养成习惯,他们慢慢就懂得了什么是应该追求的,什么是应该加以避免的。同时,他们也逐步非常灵便地使用他们的神经和其他器官,以追求好的东西和避免坏的东西。因此,欲望和厌恶是动物运动的第一努力。

紧跟着第一努力而来的,是进入各种神经的冲动,以及从动物精神的再次撤回,在神经源的附近,必定有一些容器或位置来实现这样一类运动或努力。而且,紧随着这种运动或努力而来的,还有肌肉的隆起和松弛。最后,随之而来的,还有四肢的收缩和伸展,这些都是动物运动。

13. 慎思与愿意，它们究竟是什么

人们对欲望和厌恶的考虑是各种各样的。因为既然生物对于同一件事物有时候欲望，有时又厌恶，这是因为他们认为同一件事物要么他们有好处，要么对他们造成伤害的缘故。当欲望和厌恶的交替变迁还保存在他们身上的时候，他们便会有一系列的想法，这就叫作**慎思**；只要他们有力量取得那使之快乐的事物或避免那使之不快的事物，慎思就会持续下去。因此，只要欲望和厌恶不随慎思接踵而至，我们就还是这样称呼它们。但如果慎思发生在前，随后的最后行为，如果是欲望的话，我们就把它叫作**愿意**。同理，如果慎思发生在前，随后的最后行为是厌恶的话，我们就把它叫作**不愿意**。因此，同一件事物既叫作愿意，又叫作欲望；但对它们的考虑，即孰在慎思之前，孰在慎思之后，却是不一样的。再者，当一个人愿意什么的时候，在他的身体里完成的一切，与别的生物身体里所完成的一切，也是不相同的。因为在后者，当慎思已经先行一步的时候，他们便有了欲望。

愿意和不愿意的自由度，在人类身上要比在其他生物身上更大一些，但这两者都不是自由选择的结果。这是因为，凡存在有欲望的地方，欲望的整个原因就已经在此前存在并发挥作用了。因此，欲望的行为便不可能是选择的而只能是随之到来的，也就是说，它之随后到来具有必然性（关于这一点，本著第九章第 5 节已经证明过了）。因此，那种离开必然性的所谓自由，无论在人类还是在兽类的意志里，都是不可能找到的。不过，如果我们不是把所谓自由理解为愿意不愿意的功能或能力，而是将其理解为他们愿

第二十五章 论感觉与动物运动

意做什么的行为,那么,可以肯定这样的自由在人类和兽类都是被允许存在的,而且,无论何时,只要有这样一种允许,双方都是可以同等地拥有自由的。

再者,当欲望和厌恶迅速地相互连续发生的时候,由它们所造成的整个序列有时取名为欲望,有时又取名为厌恶。因为同样的慎思,有时倾向于这一方,有时又倾向于另一方。当它取名为欲望的时候,就被称作**希望**;当它取名为厌恶的时候,就被称作**恐惧**。这是因为,凡是没有希望的地方,便没有什么值得恐惧的,有的只是**仇恨**。凡是没有恐惧的地方,便没有什么值得希望,有的只是**欲求**。总之,所有的感情,其之所以叫作感情,乃是因为它们都是由欲望和厌恶组成的;只有纯粹的快乐和痛苦例外,它们是善和恶的一种果实。至于愤怒,那是由某种迫近的恶引起的厌恶,不过其中也掺杂了以强力避免那种恶的欲望。但由于心灵的感情和不安无可计数,而且,其中有许多种类在人类以外的任何造物中均无法分辨;这些问题,我将在论人的那一部分里更加详尽地加以阐述。至于那些完全不打搅心灵的对象,如果有的话,我们便被说成是不应当介意它们。

关于一般的感觉,我们要谈的就这么多。接下来,我将谈及感觉对象。

第二十六章　论世界与星辰

1.世界的大小和绵延,这是不可思议的——2.世界上没有任何一个位置是空的——3.卢克莱修对真空的论证及其无效——4.关于建立真空观念的其他论证及其无效——5.关于解释自然现象的六个假设——6.周年运转与周日运转之可能的原因,以及行星外表的方向、位置和逆行之可能的原因——7.关于简单运动的假设,何以可能——8.关于地球周年运转的偏心度的原因——9.为什么月亮始终以同一面朝向地球——10.海洋潮汐的原因——11.春秋分点岁差的原因

1. 世界的大小和绵延,这是不可思议的

与对感觉的默思相应的是对物体的默思,而物体乃感觉的动力因或对象。然而,每个对象不是整个世界的一个部分,就是其各个部分的集合。在所有物体中,或在感觉对象中,最大的,是世界本身;也就是我们从被称之为地球的这一相同的视点环顾四周所看到的一切。至于世界,如果它是许多部分的一个集合,那么能够进入我们研究范围的东西就微乎其微;而且,我们也不可能确定任何东西。对于整个世界,我们可以探究的是它究竟有多大?它究竟能绵延多久?究竟存在有几个?还是仅此一个。因为作为空间

第二十六章 论世界与星辰

和时间,也就是广延和绵延,它们只是我们自己关于所谓物体的影像或形象(our own fancy),也就是说,像我在前面第 7 章所表明的那样,是我们自己的关于缺乏明确限定的物体的影像或形象。所有其他的心像都是属于物体的,或属于对象的。因为它们是相互区别的。例如,颜色,与有颜色的物体的心像,声音,属于推动听觉的物体等。有关世界大小的各种问题,有它究竟是有限的,还是无限的?它究竟是充实的,还是不充实的?世界的绵延问题有:世界究竟是有开端的,还是永恒的?世界的数量问题是:世界究竟是一个,还是多个?尽管在我们考察数量的时候,如果世界是无限的大,那就毫无争论的余地。还有,如果世界有个开端,那么,究竟是什么原因使它产生,它又是用什么质料构成的?再者,产生世界的原因来自何处?这些质料何以能够有其存在?这些将是一些新的问题。这样不断地追问下去,到最后便追问到一个或多个永恒的原因这样一个问题。所有这些问题都取决于教授哲学普遍原则那个人,假使他也探究这么多问题的话。但关于何谓无限的知识,是绝对不可能借有限的探究获得的。我们作为人,不管我们知道的是无论什么样的东西,我们都是从我们的心像中获得的;但对于无限,不论是大小方面的无限,还是绵延方面的无限,我们都完全没有任何心像;因此,所以,无论是对于一个人,还是对于任何一个其他的受造者来说,要具有任何一个关于无限的概念都是不可能的。虽然一个人可以从一些结果推演出其直接的原因,并由此进一步推出更遥远的原因,这样不断地通过正确的推理,从原因到原因的原因,一直追溯上去。然而,他却不可能永恒地进展下去,最后精疲力竭,只好放弃,终究认识不到他是否可能达到终点。但不管我们设想这个世界是有限的,还是无限的,都不会导致任何荒谬。因为现在出现的同样的事物、不管造物主是喜欢它成为有限的,还是无限的,它们都有可能出现。此外,尽管没有任何事物能够推动自身,但由此还是可以正确地推论出:存在有某个永恒的第一推动者。然而,这样的结论却是绝对推演出来的,尽管一些人过去常常进行这样的推论,宣称:这个推动者是永恒不动的,但毋宁说它是永恒受到推动的。因为正像没有任何事物是自行运动的那样,没有任何一个事物是借已经运动的事物运动也就同样是真实无疑的。因此,关于世界的大小和开端这些问题并不能由哲学家们来决定,而只能由那些有法定权威、能够规定上帝崇拜的那些人士来决定。因为就像全能的上帝,当他把他的子民带进犹太地区,允许神父们作为第一批成熟的果子保留给他自己那样,当他把世界交付给人们予以争辩,则关于无限和永恒的本性的所有意见,也会同样令其快乐的;因为关于无限和永恒的本性,原本只有他自己知道,也就应当作为智慧的第一批成熟的果子,由他所指定的用于宗教管理的那些神职人员来裁决。因此,我不能够称赞那些自吹他们已经根据从自然事物中得出的理由证明世界有一个开端的人们。他们甚至连白痴也不屑一顾,因为白痴不理解他们;有学问的人对他们也不屑一顾,因为有学问的人理解他们;他们受到这两种人的鄙视,是理所当然的。那么,究竟有谁能够称赞他们证明了世界有一个开端呢?"如果世界是永恒的,那么,一个数目无限的时日或其他一些时间尺度,就会早于亚伯拉罕出生。但亚伯拉罕的出生又早于以撒的出生。因此,一个无限就会早于另外一个无限,或者说一个永恒就会先于另外一个永恒";但他会说:"这是荒谬

第二十六章 论世界与星辰

的。"这个证明,就像一个人在证明:如果偶数的数目是无限的,从这里便可以得出结论说:存在有和偶数一样多的数目,也就是说,偶数的数目和所有偶数与所有的奇数加在一起的数目一样多。他们用这种方式从世界中排除掉永恒,难道他们就不可能以同样的方法将永恒性从世界的造主那里排除掉吗?因此,他们又从这样一个荒谬的理论陷入另一个荒谬理论,被迫将永恒称作 *nunc stans*(永恒的现在),当前时间的停滞不动,或者是一种永久不变的现在。而且,更加荒谬得多的是,他们将那个无限数目的数字命名为一(unity)。但为什么永恒应当被称作一种持久不变的现在,而不是一种持久不变的那时呢?为此,要么就是存在有许多个永恒,要么就是**现在**和**那时**表示同样的时间。同这样一些用另一种语言讲话的推证者进行争辩状态,是根本不可能的。而且,进行这样荒谬推理的人,他们并非白痴,而是作出不可谅解的蠢事的几何学家,他们虽然如此粗鲁地作出判断,但却苛求其他人的推证。其原因在于:一旦他们卷入到**无限**和**永恒**这类词的纠缠之中,由于我们心灵对这些语词没有任何观念,我们自己的心灵便不足以理解它们,他们因此就被迫或者去讲一些荒谬的东西,或者由于他们喜爱更糟糕的东西,保持他们的心灵宁静。因为几何学其中内蕴有点像酒一样的东西,当其是新的时候,非常猛烈;但过一段时间,虽然不再那么令人兴奋,但却更加有益于人的健康。因此,无论什么东西,只要是真的,年轻的几何学家们便认为都是可以推证的,但年长的几何学家们却并不这么认为。为此,我有目的地忽略掉那些关于无限和永恒的问题,使我自己满足于有关世界的开端和大小的学说,我一向被劝说以《圣经》和其他一些神迹故事来证实它们，也以我的国家的风俗习惯，以及对法律应有的尊重来证实它们。因此，我现在就转到去争论那些并非非法的事情。

2. 世界上没有任何一个位置是空的

关于世界，需要进一步考察的问题是：世界的各个部分是否是以其间不承认有任何一点点空的空间的方式彼此交接着的；赞成或反对的争论的双方所持的观点都具有足够的可能性。为了消除真空，我将用唯一的一个经验，一个普通的经验作为例子，但我却认为这是无可辩驳的。

设 A B（见本书附录第二十六章图图 1）代表一个容器，诸如园丁用于洒水的器皿；器皿的底部 B 布满了小孔；洒水壶的嘴 A，一旦需要被堵住的时候，便可以用一个人的手指堵住。如果现在这个器皿装满了水，顶部 A 的嘴被堵住了，水将不会从底部 B 的任何一个小孔中流出。如果移开手指让上面的空气进入，水将从下面的各个小孔中流出；而一旦用手指重新堵住，水突然全部又不流了。其原因似乎只能是这样：水不能够凭它自然下降的努力把空气压低到它的底部，因为没有地方让空气进入，除非强行把相连的空气排出，它才能通过不断的努力前进到壶的嘴部 A，在那里它可以进入并且接替流出的水原来占据的位置，否则，借抵抗水往下的力量，渗透并穿过水。用第一种方法，当顶部 A 的洞依然被堵着的时候，便不存在任何可能的通道；用第二种方法，也不可能，除非那些洞很大以至于当水流出的时候，水可以通过自己的重量迫使空气由这些洞中同时进入容器；这就好像我们看到我们用一个其口很宽大的容器，突然将其底翻过来倒水时发生的情形；因为那时，水的重量强迫空气进入，这一点在孔的侧面或四周水受到阻碍而哗哗作响中看得很明显。我便将这作为一个符号(a sign)，表明所有的空间都是充实的。因为如果不是这样，水作为重物，它的自然流动，即下降活动，便不会受到任何阻碍。

3. 卢克莱修对真空的论证及其无效

相反，为了建立真空理论，人们提出了许多似是而非的证明和经验。然而，在所有这些证明和经验中，似乎缺乏一些能够坚定地得出这样一个结论的事物。这些关于真空的证明部分地是由伊壁鸠鲁学说的追随者提出来的；他们教导说：世界是由许多极小的不包含任何物体的空间与其内部不包含任何空的空间的极小的物体组合而成的，这些其内部不包含任何空的空间的极小的物体，由于其坚硬，他称之为原子；这些小的物体和空间，到处都混合在一起。他们的证明由卢克莱修继承了下来。

首先，他说道：除非世界就是这样，否则便不可能有任何运动。因为物体的职责和特性就是抵挡和阻止运动。因此，如果宇宙中充满了物体，那么，运动就会到处受到阻止，这样运动在任何地方都不可能开始，所以，根本就不可能有任何运动。诚然，在无论什么事物都是充满的、其各个部分都是静止不动的世界里，运动要有其开端是完全不可能的。但从这里却得不出任何东西来证明真空的存在。因为即使承认有真空存在，然而如果与之相混合的物体，全都突然同时一起处于静止状态，它们就将永远不可能再运动了。因为我们在本著前面第九章第 7 节已经证明：除非受到与之交接的已经在运动的物体的推动，任何事物都不可能运动。但假设所有的事物都一起处于静止不动的状态，那就根本不可能存在有任何相交接的运动的事物，从而，任何运动也就不可能开始。然而，对运动开始的否认，并不能取消现在的运动，除非这种开始也从物体中取消了。因为运动可能同物体一样是永恒的，也可能是与物体一起创造出来的。说物体先是静止，后来运动，似乎并不比说它们先是运动，后来静止，具有更大的必然性；如果它们曾经静止，后来也静止的话，事情便必然如此。也不会出现任何这样的原因，来解释为什么世界上的物质会允许运动和空的空间结合而不是和充实的空间结合。我所说的虽然是充实的，但另一方面却又是流动的。最后，也不存在任何一个理由，来解释为什么那些坚实的原子不可以在混合的流动物质的作用下聚集在一起，构成一些如我们所看到的那么大的复合物体。因此，除了运动要么是与物体一样永恒的，要么是与运动物体具有同样绵延的之外，从这个证明中，我们根本不可能得出任何结论；而两个结论中的任何一个与伊壁鸠鲁的学说都不一致，因为伊壁鸠鲁既不承认世界有什么开端，也不承认运动有什么开端的。所以，真空的必然性至此并没有得到任何证明。就我对他们关于真空论述的理解而言，其所以如此的原因在于：当他们默思流体的本性时，他们设想流体仿佛是由坚硬物质的细小微粒构成的，其构成的方式，就像稀饭作为流体是由磨碎的粮食做成的那样；在这种情况下，便有可能设想流体以同质的原子或同质的虚空本身作为它自己的本性。

  他们的第二个证明是由重量获得的，这包含在卢克莱修的这些诗句中：

第二十六章　论世界与星辰

既然物体倾向于使东西坠下去；

反之虚空由于相反的本性却是无重量的。

因此，一个同样大小而却较轻的东西

无误地告诉我们它包含更多的虚空。

——《物性论》，第1卷，第363—366行。[①]

这就是说，既然物体的职责和特性在于压迫所有的事物向下运动；而与之相反，既然真空的本性在于完全没有任何重量；因此，当同样大小的两个物体中一个比另一个轻的时候，那个轻的物体中显然比那个重的物体有更多的真空。

对关于物体向下努力的这个设想，由于它不是一个正确的设想，什么问题也说明不了；因为这个世界与向下运动毫无关系。向下运动只是我们的一种虚构；这也是无济于事的，因为如果所有的事物都趋向于世界的同一个最低的部分，那就要么根本不存在有物体之间的任何联合，要么它们全都集结到同一个地方：既然他曾经做过如下的论证，即空气，与他的那些原子混合在一起，既有助于他的目的，又有助于说明他的混合的真空，但他的上述假设，便足以取消他的这一论证的力量。

他的第三个证明是由下面一点推演出来的：光、声、热和冷，渗透到除原子以外的所有物体之中，不论它们是多么的坚硬。但这

[①]　参阅卢克莱修：《物性论》，方书春译，北京：商务印书馆，1982年，第19—20页。——译者

个理由，除了它被用来首先推证出：如果没有真空，同样的事情是不可能借运动的持久产生而发生的，是完全无效的。但所有这些同样的事情都是可以这样发生的，我们在后面将在适当的场合对此加以论证。

最后，第四个证明是由卢克莱修在下述诗句中记录下来的：

> Duo de concursu corpora luta
> Si cita dissiliant, nempe aer omne necesse est,
> Luter corpora quod fuerat, possidat inane,
> Is porro quamvis circum celerantibus auris
> Confluat, haud poterit tamen uno tempore totum
> Compleri spatium; nam primum quemque necesse est
> Occupet ille locum, deinde omnia possideantur. —I. 385-91.

将其译出来，就是：

> 最后，在两个宽而平的物体
> 撞在一起而又突然彼此跳开去的地方，
> 空气必定涌进这两个物体之间
> 刚刚形成的那整个虚空里面；
> 但空气不管冲流得多么快，
> 也不能一下子把空隙填满——
> 因为在它充满整个空隙之前，

第二十六章 论世界与星辰

它首先要流向一个地方。
——《物性论》,第 1 卷,第 385—391 行。[1]

然而,这与那些否定真空的理论相比,与伊壁鸠鲁的意见更加抵触。因为尽管诚然,如果两个物体无限坚硬,由它们两个的平面最完全、最紧密地结合在一起,要把它们拉开是不可能的,除非通过瞬间的,是不可能做到这一步的;然而,如果像所有的量值中最大的量值给不出来,所有运动中最快的速度给不出来那样,同样,所有物体中,最坚硬的物体也给不出来;那就可能出现这样的情况:通过使用特别大的力,就可能造成一个位置,供空气连续流动使用,也就是说,在连续作用下,通过不断地分离结合在一起的物体的各个部分:从最外面的开端部位到最里面的终端部位。因此,他本来首先应该去证明,有一些极端坚硬的物体存在,不是与较软的东西相比而相对坚硬的,而是绝对坚硬的,也就是说,是无限坚硬的;然而,这是不正确的。但如果我们像伊壁鸠鲁那样,去假设原子是不可分的,但却具有属于它们自己的很小的表面;那么,如果两个物体应该通过原子的许多表面结合在一起,但却只通过其中的一个小的表面结合在一起,那么,我就要说:卢克莱修的这个证明将是一个坚实的证明,正如他所假设的,由原子构成的任何两个物体都永远不可能被任何无论什么大的力量拉开。但是,这与日常经验是相抵触的。

---

[1] 参阅卢克莱修:《物性论》,方书春译,北京:商务印书馆,1982 年,第 20—21 页。——译者

4. 关于建立真空观念的其他论证及其无效

420　　这些就是卢克莱修的许多个证明。现在,就让我们来考察一下后来的作家们从经验中得出的有关证明。

一、第一个经验在于:如果一个中空的容器,让它底朝上强行向里面灌水,水将上升进入到里面;他们说这是不可能的,除非里面的空气被推挤到一起,进入一个相对比较狭小的空间;即使这样,除非空气中有那么一点空的位置,否则这也是不可能的。同样,一旦空气被压缩到一定的程度,它就不能再进一步进行压缩了,空气的这些小的微粒不能忍受它们被关进更小的空间。如果当水往上注入容器的时候,空气不能穿过水流,这个理由就显得似乎是合理的。但我们应该充分地认识到:空气在一个与水的重力相当的力的作用下,将会穿透水。因此,如果这个容器受到推挤的力量大于或等于水自然下降的重量,空气就将从阻力产生的地方出去,也就是冲向容器的边缘。因为渗透过去的水有多深,这个压力也就多大。但是,当容器完全沉入水中以后,它受到的压力,也就是,水往上提升的力量,就不会继续增长了。因此,在它们之间也就存在有这样一种平衡,这就是,水的下降的自然努力等于这水借以渗透达到所增加的深度的努力。

421　　二、这第二个实验在于:如果一个中空的具有足够长度的圆筒,为了使这个实验可以被看得更清楚一些,使这个圆筒用玻璃制成,使圆筒的一端开着,把它的另一端给封死,用水银把圆筒灌满,再用一个人的手指堵住它的开端,然后,再与这根手指一道将其放入装有水银的盘子或其他容器中;接着,让圆筒垂直倒立,把手指移开，让里面的水银流出来。这样，我们就将看到，圆筒里的水银下降到下面的容器里，而当圆筒里还剩下许多的时候，水银就不流了，剩下的这些可以把这个圆筒装到26英寸；而且，这种情况将会始终发生，不管这个圆筒是无论什么样的东西，只要这个高度不低于26英寸，事情就必然如此。由此，他们得出结论说：圆筒中水银之上的空的部分依然是缺乏所有的物体。但在这个实验中，我根本看不到关于真空的任何一种必然性。因为，当圆筒中的水银下降的时候，位于圆筒底下的容器中的水银必然要装得更满一些，从而，与水银相接的空气便必定被强行推挤开，以便为下降的水银提供位置。然而，如果要问空气究竟到了什么地方，那就只能这样回答：它推挤了相邻的空气，相邻的空气又推挤了相邻的空气，像这样如此不断地继续下去，一直到空气回到推进开始发生的地方为止。而且，在那里，这样受到推挤的最后的空气，就将以与把第一部分空气推挤开的作用力相当的力，来压迫容器中的水银；而且，如果这一致使水银下降的力量有足够的大，其大小是视其下降的初始位置的高低而定的，这个力量就将使空气渗入容器中的水银，并且继续向上运动，进入圆筒，以填补他们认为是留下的真空的位置。但由于水银并不是在任何一个不同程度的高度，都有足够的力量，引起这样的渗透，因此，在水银下降的过程中，它必定停留在某个地方，也就是说，在那个地方，水银下降的努力，与水银抵抗空气渗透的阻力，达到了一种平衡。而且，通过这个实验，有一点是显而易见的，那就是，这种平衡将在水银面之上26英寸的高度或大约这个高度。

三、第三个实验是这样的：拿一个容器，让它装满在通常自然状况下能容纳得下的空气,然后,再用能够装满这个容器四分之三的水量强行灌到里面去。这个实验是以这种方式来做的:把一根导管放进一个玻璃瓶里,这个瓶子用球体ＦＧ代表,其中心是Ａ,使这根导管ＢＡＣ如此合适,可以恰好填住瓶口,而且让导管的底端Ｂ特别靠近瓶的底部,仅仅留下一点空间,这个空间也足以为向上流入导管的水流提供了一个自由的通道。在导管的顶部的Ｄ处有一个盖子,Ｅ处有一个喷口,这样当导管里的水流上升,通过这个喷口便可以流出来。而且,让ＨＣ充当一个水龙头,这样,一旦有需要的场合,它就可以打开或关上ＢＤ之间水的通道。然后,把ＤＥ处的盖子打开,把ＨＣ处的龙头开关也打开,用一个装满了水的注射器把水强行注入到里面,而且,在把注射器拿走之前,就把水龙头关上以阻止里面的空气跑出去。而且以这样的方式,如果需要的话,经常不断地往里面注水,一直到瓶里面的水不断地上升,例如,上升到ＧＦ处。最后,把盖子重新盖紧,再把ＨＣ处的龙头打开,这样,水就将在Ｅ处飞快地喷出,里面的水因此便一点一点地下降,从ＧＦ处一直下降到导管Ｂ处,即导管的底部。(分别见本书附录第二十六章图图1、图2)

根据这个现象,他们便坚持认为:他们以这种方式证明了真空存在的必然性。这个瓶子,开始的时候,装满了空气;而这些空气既不能像用导管注射那样,通过穿入如此长的一段水层而跑出;同样,它也不能采用其他的任何方式跑出。所以,这是必然的,所有的达到ＦＧ高度的水,也像在水被强行灌入瓶子之前的瓶子里的空气一样,它们现在必须在一个共同的地方,这个地方开始时只是被空气所占据的;但这是不可能的,如果瓶子里所有的空间先前都

第二十六章 论世界与星辰

被空气全部占满了,也就是说,没有任何真空了。不仅如此,尽管有些人可能会认为,空气作为一种稀薄的物体,可以穿过导管里面所包含的水的物体,然而,从那样一种另外的现象,也就是,处于空间BFG处的水会在喷水口E处强行喷出;其所以如此,除非空气借以把自己从压力下释放出来的那个力以外,要给出任何一个其他的理由似乎是不可能的,但由此便可以得出结论说:要么是瓶子里有一些真空存在,要么是许多不同的物体可以一起存在于同一个位置。但后者是荒谬的。因此,前者是真实的,也就是说,存在有真空。

这个证明有两个地方是无效的。一个是假设了不被承认接受的观点;而第二个是,一个实验所带来的结论,我认为与真空理论是不相容的。其所作假使是:空气不可能具有任何通过导管而出去的通道。然而,我们在日常生活中却可以看到,空气非常容易地从河底上升到河面上,根据上升的泡沫,这一点是显而易见的;与水的自然下沉的努力相比,这更不需要任何其他原因来给它以这种运动。所以,为什么相同的水的向上运动的努力不可以引起瓶子里的空气以与水向下压迫空气的那种方式进行渗透呢?水向上运动的努力是通过注射获得的,而且这个向上的努力要大于水自然下沉的努力。尤其是,既然水,当它在瓶子里上升的时候,它给其上面的空气造成了如此大的压力,这样,它就向各个部分渗透,其中一个渗透的努力就指向了导管的外部的表面,因而,使得被封住的空气成了所有部分都直接指向导管B处的通道。我则说,这也同样是显而易见的,正如从河底冒上来的空气,不管河水是多么的深,它总可以穿过河水。因此,我并没有看出有任何原因,来解释为什么水被注射的力不可以同时驱逐空气。

至于他们由水的注射而极力主张真空存在的必然性，首先，在假设存在有真空时，我需要知道的是：究竟是通过运动的什么原则造成了水的喷出。当然，既然可以看到这个运动是从里面向外面发生的，这个运动肯定应该是由瓶子里的某个活动主体引起的；也就是说，是由空气自身引起的。然而，那些空气的运动，由于是由水的上升所引起的，便从瓶子的底部开始发生，然后再向上推进；相反，使水得以注射的那种运动却应当是从上面开始的，然后再向下运动。那么，这些被封闭的空气究竟是从哪里获得其趋向瓶底的这种努力呢？对于这个问题，我知道没有什么答案能够给出的，除非说这些空气自然而然地下降来驱逐水。因为这是荒谬的，而且，在水被强行灌入以后，空气便不再有其量值（大小）所需要的足够的空间，所以，在这里也就依然没有任何原因，来解释水何以被迫喷出去这样一种现象。因此，关于真空存在的这个论断与这里用来建立真空存在理论的这个实验本身是抵触的。

许多其他的现象通常也被拿来证明真空的存在，如那些气压表、风枪等，这些东西全都很难解除疑虑的，除非水在不混合有真空的情况下可以被空气穿透。但现在，既然空气不需要用很大的努力就不仅可以穿透水，而且还可以穿透其他任何一种流体，尽管这些流体绝对不像水银那样坚硬，则这些现象便什么也证明不了。尽管如此，我们还是可以合理地期待：一个人，如果他要取消真空，他就应当，在没有真空的情况下，向我们显示出这些现象的这样一种原因；如果没有更大的可能性，至少也是不相上下的。因此，在下面的讨论中，当我在适当的场合讲到这些现象时，我将对此作出

第二十六章　论世界与星辰

说明。但首先,那些自然哲学的最一般的假设还是应该事先提出来的。

而且,既然各种假设之提出来乃是为了解说那些显然结果的真正原因的,则每个假设,除了那些荒谬的假设,便必然在于某种被假设的可能的运动;因为静止是永远都不可能成为任何事物的动力因的;而且,运动也预设了能够运动的物体;有三种这样的物体,即流体、固体和这两者的混合体。**流体**是那样一些物体,即它们的各个部分只要因非常小的一个努力就可以相互分开;而对于**固体**,则要使用很大的努力才能够将它们的各个部分分开。因此,也就有了不同程度的坚固性;这些程度,通过对它们坚固性大小比较,就有了**硬的**和**软的**名称。因此,一个流体总是可以被划分为具有同样流动性的各种物体,就像量(quantity)可以被分为好多个量(quantities)一样;而且,软的物体,不论它软到什么程度,也都可以划分为具有同样柔软的各种物体。而且,尽管很多人似乎都在设想**流动性**并无任何别的差别,而只有由其各个部分的大小的差别所引起的差别,在这个意义上,粉尘,即使是金刚石的粉尘,也可以被叫作流体。然而,所谓**流动性**,我却将其理解为流体的各个部分都是由本性相同的东西组成的东西;并不像粉尘是流体那样。因为如是,一个房子,当它作为碎片降落的时候也可以被称作流体了;但以这种方式,如水,似乎就是流体(fluid)了,而且,还可以把它划分成持久流动的各个部分。由于这一点很好理解,我现在就进展到我的各种假设。

5. 关于解释自然现象的六个假设

因而，首先，我假定，我们称之为世界的这个巨大的空间是所有物体的集合；这些物体，要么是固体的和可见的东西，像地球和星辰之类；要么是不可见的，像散布在地球与星辰之间整个空间的很小的原子；最后，是那些最易于流动的以太（ether）、大气，它们充满了宇宙的所有剩余的空间，以致宇宙中根本没有留下任何空的空间。

其次，与哥白尼一样，我也假设：世界上那些比较大的物体，它们既是坚固的又是持久的，它们之间存在有一定的秩序：太阳占据第一位，水星排在第二位，金星排在第三位，地球与围绕它运转的月球一起排在第四位，火星排在第五位，木星排在第六位，土星排在第七位；在它们之后，那些恒星与太阳之间各自都有一定的距离。

第三，我假设，在太阳和其他行星之间存在有，并且始终存在有一种简单的圆周运动。

第四，我假设，在气体中，混杂有某些其他并非流体的物体，它们不是流动的；但它们却又是如此之小，以至于不能通过感觉而为我们所知觉；而且，这些物体也有它们自己特定的简单运动，其中一些比较坚硬或坚固，一些则不够坚硬或坚固。

第五，我与开普勒一样假设，就像太阳与地球之间的距离和地球与月球之间的距离成比例一样，月球与地球之间的距离和地球的半径也成比例。

第六，至于圆周的大小，以及所描绘的物体在其中旋转的次数,我将假设它们与所讨论的现象极为吻合。

6. 周年运转与周日运转之可能的原因,以及行星外表的方向、位置和逆行之可能的原因

地球表面的所有地方一年有不同季节的原因,以及白天和黑夜各种不同的变化的原因,首先由哥白尼,随后由开普勒、伽利略和其他的一些人,根据下述假设推证出来了,这就是:地球围绕着它自己的地轴每天自转,同时它又围绕着太阳在黄道上遵循着十二宫的秩序做一年一度的公转;第三,是通过同一个地球围绕着它自己的中心,遵循着与十二宫的秩序相反的秩序做一年一度的旋转。与哥白尼一致,我也假设:地球的一日一度的旋转来自地球的运动,通过这一运动,便形成了赤道的圆周运动。而且,至于其他两种一年一度的运动,它们都是地球在黄道上被带着以始终与它自身保持平行的方式运动的动力因。这种平行是由于这样一个理由被引进来的,这就是以免通过地球的一年一度的公转运动,地球的两极应该似乎必然地围绕着太阳转动,这是反乎经验的。我在第二十一章第10节,已经从假设太阳做简单圆周运动出发,推证出地球是如此围绕着太阳运动的,就像其轴始终平行于它自身一样。因此,从太阳的这样两种假设的运动,一种是简单的圆周运动,另一种是围绕着自己的中心做的圆周运动,我们可以推证出:一年到头都有白天和黑夜的两种同样的变化,一如哥白尼已经证明的那样。

因为,如果这个圆周 $abcd$ 就是黄道(见本书附录第二十六章图3),其圆心为 e,其直径是 aec;而地球则被放置在 a 点

上，太阳在一个小的圆周 $fghi$ 上运动，即按照 f、g、h 和 i 这样的次序运动，这就证明了：一个被置放于 a 点的物体也将以相同的次序通过黄道上的各个点，即 a、b、c 和 d，并且，将始终使它的轴与它自身保持平行。

但是，正如我所假设过的那样，如果地球也是在一个平面上做简单的圆周运动，通过 a 处，与黄道平面相切，以至于这两个平面的共同的截面在 ac 上，这样，地球的轴就将始终与它自身保持平行。因为，让地球的中心在本轮的圆周上运动，它的直径是 lak，lak 是直线 lac 的一个部分；因而，lak 即本轮的直径，通过地球的中心，将会在黄道的这个平面上。因此，既然由于地球既在黄道上又在本轮轨道上做简单运动，直线 lak 始终与它自身保持平行，取自地球上物体的每一根其他的直线，从而地球的轴，也将以同样的方式，始终与它自身保持平行。以至于无论在黄道中心的哪一个部分发现本轮的中心，以及无论在本轮的那一个部分同时发现地球的中心，只要地球的中心从来没有偏离出黄道之外，地球的轴就将永远与其一向所在的位置保持平行。

现在，正如我已经证明的，地球的简单的一年一度的运动来自对太阳的简单运动的假设那样，月球的一月一度的简单运动也同样可以从地球的简单运动的假设推证出来。因为只要把名称改变一下，证明过程将是完全一样的，从而，也就无须重复。

7. 关于简单运动的假设，何以可能

使太阳在其本轮轨道 $fghi$ 上做简单的圆周运动的这种假设成为可能的，首先在于：所有行星的运行周期不仅仅是被描述成

第二十六章　论世界与星辰

围绕着太阳,而且也可以这样来描述,即它们都被包含在黄道圈之内,也就是说,在十六度这个范围之内;因为这个原因似乎是依赖于太阳中的某种能力,特别是在太阳中与黄道圈有关的那一部分的某种能力。其次,在天空的整个范围之内,没有出现任何一个其他的物体,从中推演出这个现象的原因的可能性。此外,我不可能想象如此之多的和如此多种多样的行星的运动相互之间没有一点依赖关系。但通过假定太阳中运动的动力,我们也可以设想运动;因为没有运动的运动的能力就是没有任何一种能力。因此,我曾经假设,在太阳系中存在有一种对主要行星的管理,在地球上存在有一种对月球的管理;那样一些从主要的星星和月球获得的运动,使得它们必然以我们所看到它们的那种方式向我们显现。而那种通常归因它们的围绕一个固定的轴旋转的圆周运动,被称为变换,即一种仅仅是它们部分的一种运动,而不是它们整个物体的运动,从而不足以解释它们的现象。因为既然无论什么如此运动的物体,都根本没有任何指向那些不在圆周上的部分的努力,则它们便没有能力将任何努力传播给那些放置在圆周之外的物体。而且,那些作这种假设的人们既然可以借磁性的能力或无形的非物质的种相做到这一步,他们便假设根本没有任何自然的原因,也就是,根本没有任何原因。因为根本不存在无形的运动物体,而地磁的吸引功能也是一种我们全然不知的事物;一旦什么时候它被我们认知了,我们就将发现它只是物体的某种运动。因此,事情依然是:如果主要的行星由太阳推动而运动,月球由地球推动而运动,它们就具有太阳和地球的简单的圆周循环运动,以其作为它们循环运动的原因。否则,假如它们不是由太阳和地球带着运动的,而是每一颗行星自从其被创造以来,它就像现在在运动着一样,一直在运动着,则它们的运动中便根本不存在任何自然的原因。因为,要么这些运动与它们的物体是一起被创造出来的,这样,它们的原因就是超自然的;要么这些运动与它们的物体是永恒的,这样,它们就根本没有任何原因。因为不论什么东西,只要它是永恒的,就是永远不会产生的。

除此之外,我还要补充说:为要证实这种简单运动的可能性,尽管在关于地球的轴的平行性方面,几乎所有的学问人士都与哥白尼持同样的意见,但在我看来,在下述两种说法中,前者比后者似乎更加具有真理,至少更加合适一些,这就是:一种说法是,它应该是由简单的循环运动单独引起的,另一种说法是,它是由两种运动共同引起的,其中一种是在黄道上的运动,另一种是围绕着地球的轴所做的反向的运动,这两种运动都不是简单的,它们中的任何一个也都不是由太阳的任何运动可以产生出来的。因而,我认为最好是保留简单运动这个假设,从这里我可以得出尽可能多的现象的原因,而对于那些在这里推不出来的现象的原因,我可以不去管它。

这或许会遭到反对。因为尽管根据这个假设,可以提供地球的轴的平行性的理由和许多其他现象的理由,但既然把太阳这个物体放置在那个轨道的中心位置,地球围绕着它做一年一度的运动,这个假设本身就是错误的;因为这个一年一度的轨道与太阳不是同圆心的。因此,首先让我们考察一下这种偏心度有多大,以及它得以产生的根源。

8. 关于地球周年运转的偏心度的原因

令地球 $abcd$（如本书附录第二十六章图图 3 所示）的年度圆周被直线 ac 和直线 bd 分为四等分，于圆心 e 处切另一部分；再令 a 为天秤座（Libra）的开端处，b 为摩羯座的开端处，c 为白羊座的开端处，d 为巨蟹座的开端处；再假设整个轨道 acd 为已知，按照哥白尼的看法，由于从每一个方向距离恒星的黄道带均十分遥远，因此与之相比它们便成为一个点。假设地球现在处于天秤的开端处 a 的位置。因此，太阳将在白羊座的开端处 c 的位置出现。如果地球从 a 运动到 b，太阳的外表运动将是从 c 到巨蟹座所在之处 d；而且，由于地球正在从 b 处向着 c 处运动，于是，从表面看来，太阳是在从天秤座的开端处 a 向前进行着运动的。这样一来，cda 将是夏天的弧，而冬天的弧将是 abc。于是，情况必然是这样：太阳在夏天的弧上作外表运动的时间，共计有 $186\frac{3}{4}$ 天。而且，照此推算，地球在同样的时间里在弧 abc 上作了同样数目的周日变换。因此，这样一来，地球在其经过弧 cda 的运动中，将仅仅造成 $178\frac{1}{2}$ 个周日变换。这样一来，弧 abc 应当比弧 cda 大 $8\frac{1}{4}$ 天。这也就是说，几乎相差如此多的度数。假设弧 ar，也与弧 cs 一样，二者均为 $2\frac{1}{16}$ 的弧。那么，弧 rbs 将比半圆 abc 大 $4\frac{1}{8}$ 度，并且，比弧 sdr 大 $8\frac{1}{4}$ 度。因此，春分和秋分点将位于点 r 和点 s 之上。并且，这样一来，当地球位于 r 之中的时候,太阳将出现在 s 处。这样一来,太阳的真正的位置将位于 t 处。也就是说,太阳的真正的位置,按照弧 ar 的正弦的程度,或者按照二度又十六分的正弦的程度,而偏离地球的周年运动的中心。现在,若设半径为 100,000,那么,这个正弦的值就将接近其 $\frac{3580}{100,000}$。因此,地球的周年运动的偏心度就是这么多,假如那个运动是处于一个完全的圆周之中的话。至于 s 和 r 则为春秋分点的部分。直线 sr 和直线 ca,它们沿着两个路径产生,直到它们到达恒星的黄道带。这是因为,整个轨道 $abcd$ 被设想为相对于恒星的巨大距离而根本没有大小可言。

假设现在太阳位于 c 处,那么,我依然需要表明为什么当地球的周年运动被发现位于 d 处的时候,比它在位于 b 处的时候,更靠近太阳的原因。我认为,其原因应该是这样的:当地球位于摩羯座(Capricorn)的开端处 b 的时候,太阳显得来位于巨蟹座的开端处 d 上;而在这个时候,时间正值夏季的中间。可是,在夏季的中间的时候,地球的北半部是朝着太阳的,而且,地球的北半部几乎都是干的陆地,它包含整个的欧洲以及亚洲的大部分和北美洲。然而,当地球位于巨蟹座的开端处 d 的时候,从时间上看,正值冬季的中间,而且,地球的那一部分是朝着太阳的,地球的该部分包含着的是汪洋大海,即叫作南海和印度洋的地方,在南半球上这一部分海洋的面积比起该部分所包含的所有的干的陆地来要大得多。于是,我们看到,根据第二十一章最后 1 节的原理,当地球位于 d 处的时候,它将距离其最初的运动近一些。这也就是说,这时候太阳位于 t 处。换句话说,在冬季的中间的时候,位于 d 处

第二十六章 论世界与星辰

的地球，比起在夏季的中间的时候位于 b 处的地球来，更加靠近太阳。于是，这样一来，在冬季期间，太阳位于其运行轨道的**近地点**，而在夏季的中间的时候，太阳则位于其运行轨道的**远地点**。这样，我便证明了地球偏心度的一个可能的原因。这正是原本要作的。

因此，在这一点上，我想就开普勒的意见谈一些看法。开普勒将地球的偏心度归结为地球的两个部分的差别，并且设想其中的一部分受到了太阳的影响，而另一部分则没有受到太阳的影响。在这一点上，我与他持不同的意见。开普勒认为，这是由磁场引起的，而这个要么将地球吸引过来，要么将地球推回去的磁场的力量，却是由非物质种类的东西所造成的。其实这个非物质种类的东西是不可能存在的，这是因为，除了已经运动的并且相交接的物体之外，是没有什么东西能够引起运动的。因为，如果那些物体，对于一个不动的物体来说，不是已经运动的并且与之相交接的话，这个物体怎么可能开始被运动起来呢？说它居然被运动起来了，这简直是不可想象的。这一点我已经在第九章第 7 节中论证过了，而且，在其他各章也反反复复地讲过。最后，我要说，哲学家们或许最终会戒绝使用那些不可思议的乱七八糟的用词用语的吧。在另外一点上，我也与他持不同意见。开普勒说，各个物体之间的相似是由它们的相互吸引这一原因引起的。这是因为，假如真是这样的话，我不明白为什么一个鸡蛋居然不被另一个鸡蛋所吸引。因此，如果地球的一部分较其另一部分更多地受到太阳的影响，它便由此出发开始运动，结果是一部分有水，而另一部分有更多的干的陆地。因而，由此可知，正如我在上面说明了的一样，当地球上有着较多的水的那一部分,较之地球上有着较多的干的陆地的那一部分来说,正在闪闪发光的时候,它就更加靠近太阳。

9. 为什么月亮始终以同一面朝向地球

地球的这种偏心度就是为什么其周年运动的轨道并非一个完美的圆周,而是要么呈现为椭圆形,要么略微呈椭圆形的原因。这也说明了地球的轴略微有一些偏斜的原因,除了在春秋分点的时候,地球的轴较正之外,它并非在所有的地方与自身完全平行。

既然我已经说过,月亮被弄得来绕着地球运行,而且以同样的方式,地球被弄得来绕着太阳运行;地球绕着太阳走,是以这样的方式进行的:有的时候它显示出来以一个半球朝着太阳,有的时候它显示出来以另一个半球朝着太阳。有鉴于地球是如此情形,那么,就还有一个问题有待于探求,这就是,为什么月亮却总是以同一面朝向地球呢?

因此,我们假设,太阳应该以简单运动的方式在小圆 $fghi$ 之中被运动(如本书附录第二十六章图图4所示),而这个小圆的圆心是点 t。再令为地球的周年运动的圆轴为♈♋♎♑。再令点 a 为天秤座的开端处。环绕着点 a 令小圆 lk 为已经作出,而且,在这个小圆中假设地球的中心为已知,那么,它将以简单运动的方式进行运动。显然,太阳和地球都应该按照这些符号所示的次序而进行运动。在圆心 a 上,假设月亮的轨道 $mnop$ 被描出。再假设 qr 为将月亮之球体切分为两个半球的半径,其中的一个半球,在月亮为满月的时候为我们所看见,而另一个半球则是背向我们的。

第二十六章 论世界与星辰

因此,月亮的半径 qor 将垂直于直线 ta。这样一来,由于地球运动的缘故,月亮就被携带着从点 o 向着点 p 运动。但是,由于太阳运动的缘故,如果月亮位于点 p 处,那么,在同一时间,它将被携带着从点 p 处向着点 o 运动。而且,由于这两种运动方向相反的缘故,直线 qr 将被旋转。而且,在圆 $mnop$ 的一个象限中,它将被旋转到如此程度以至于它在整个变位中造成一个四分之一部分。这样一来,当月亮位于点 p 处的时候,qr 将平行于直线 mo。其次,当月亮位于点 m 处的时候,由于地球运动的关系,直线 qr 将位于 mo 之处。可是,由于太阳的运动在 pm 象限内作用于它的上边,同一个 qf 将被转动到如此程度以至于造成其整个变换的另一个四分之一部分。因此,当月亮位于 m 处的时候,qr 将垂直于直线 om。由于同样的理由,当月亮位于 n 处的时候,qf 将平行于直线 mo。而且,由于月亮转向 o,同一个 qr 将回复到其初始的位置。而月亮这个物体将在整整一个时期之内,也围绕着其自身的轴,造成一个整个儿的转动。在这个转动的形成过程之中,明显的是,月亮的同一个面始终都是朝着地球的。如果在那个小圆内取任意一条直径,假设在小圆内月亮被携带着以简单运动的方式进行转动,同样的效果便会接着发生。这是因为:如果没有活动从太阳产生出来,月亮的每一条直径都将被始终携带着进行与其自身平行的转动。这样一来,我便已经给出了可能的原因,回答了为什么月亮的同一个面始终朝着地球。

但是,还有一点应该被注意到,这就是:当月亮处于非月食状态的时候,我们并非始终能够精确地看见其同样的面庞。这是因为我们所看见的仅仅是它那发光的部分。可是,当月亮处于非月食状态的时候,月亮朝向我们的那一部分,与它那发光的部分相比,是并非完全相同的。

10. 海洋潮汐的原因

有这样三种简单的运动,其中一个是太阳的简单运动,另一个是月亮的简单运动,第三个是地球的简单运动。这样三种简单的运动都在它们自己的小圆之内进行,这三个小圆分别是圆 $fghi$,圆 lk 和圆 qr。这三种简单的运动,连同地球的周日变换,对地球上的东西发生作用。通过地球的这种变换,所有附着于地球表面之上的事物都必然地被携带着进行旋转。其中,可以谈到的有三种现象均与海洋的潮汐有关。这三种现象的第一种,是海岸边海水的呈现出交替性的上涨和下落,它们在每 24 小时中出现两次,每次将近 52 分钟。在所有的时代,它们已经在这样恒常地持续着了。其次,每当新月和满月的时候,潮水的上涨要比其间的其他时候来得大一些。第三,每当太阳处于春秋分点的时候,潮水的上涨比其他时候都要来得更大一些。为了解释这种现象,我们已经论述了上面所说的四种运动。对此,我还要提出一个先决条件。那就是:地球的那个叫作美洲的部分,由于它比海水要高一些,并且由北向南伸展纵贯在整个半圆之上,因此阻挡了海水的运动。

假定了这一点之后,我们将在同样的(本书附录第二十六章图)图 4 之内进行讨论。在这里,$lbkc$ 被假设为月亮的每月运动的平面。假设小圆 $ldke$ 已被作出,其圆心同样是位于赤道(equinoctial)平面之内的点 a。因此,这个圆较之圆 $lbkc$ 来说

第二十六章　论世界与星辰

将有些倾斜,倾斜的角度大约为 $28\frac{1}{2}$ 度。这是因为月食的时候,最大的倾斜值为 $23\frac{1}{2}$ 度。在此基础之上增加五度就得到了月亮在非月食的时候的最大倾斜值,其总和恰好是 $28\frac{1}{2}$。现在,既然海水在月亮运行路径所形成的圆周之下发生,又由于地球的简单运动也发生在同一个圆周之内,海水便不仅受到月亮运动的影响,而且还受到地球运动的影响。换句话说,海水既没有连同其底部上涨出去,也没有连同其底部被降落下来。如果我们加上周日运动的话,就会明白如下情形:由于周日运动,其他的海水就会按照同样的次序在赤道带之下被运动起来。而且我们不妨考虑,月亮运行的一道道圆周于赤道带是相互交叉在一起的。这将显示得很明白,有这样两种海水,一种是位于月亮运行的圆周之下的海水,另一种是位于赤道带之下的海水,它们都将在赤道带之下一起奔跑。于是,势必出现这样的结果,那就是,这些海水的运动将不仅比运载它们的大地的速度快,而且每当地球位于赤道带之下的时候,这些海水本身也将有一个较大的上涨。这样看来,无论潮汐的原因还有些别的什么,这里所讲的运动都足以解释潮汐在那个时候增长的理由。

再者,既然我已经作了假设,认为月亮在小圆 $l\,b\,k\,c$ 之内被地球的简单运动携带着进行旋转。而且,在第二十一章第 4 节里,我已经证明:任何东西,如果被引起运动,而施动者本身具有简单运动的话,那么,这些被引起运动的东西就将始终做匀速运动。由此便可得出结论:地心将被携带着在圆周 $l\,b\,k\,c$ 之内以匀速运动的方式进行运动,而月亮则同样以匀速运动的方式被携带着在圆周 $mnop$ 之内进行运动。这样一来,月亮在圆周 $mnop$ 之内被携带着旋转所用的时间,就等于地球在圆周 $lbkc$ 之内被携带着进行运动所用的时间。这是因为一个圆周对于另一个圆周来说是相等的,即 ao 等于 ak。但是,根据观察所知,ao 与地球的半径之比等于 59∶1。因此,如果以 ak 为地球的半径,那么,在圆周 $lbkc$ 之内,以及在月亮于圆周 $mnop$ 里进行其每月一度的巡回的时间之内,地球将进行 59 次巡回。可是,月亮却是在稍微多于 29 天的时间之内进行其每月一度的巡回的。这样一来,地球将在圆周 $lbkc$ 里进行其巡回,而地球每一次巡回的时间是 12 个小时稍多一点儿。这稍多一点的时间是大约 26 分钟。换句话说,在每一个 24 个小时又 26 分钟的时间里,地球将进行两次巡回。通过观察可知,头一天的高潮与第二天的高潮之间的时间正好是这么多。既然这些海水的路径受到了美洲南部的妨碍,那么,它们的运动也将在那里被中断。于是必然得到这样的结果,那就是,这些海水将在那些地方被抬起来,接着又落下去,依靠的都是由于它们自身的重量,这种情况每 24 小时又 52 分钟就会发生两次。于是,用这样的方式,我已经就海洋周日发生的往复运动的原因进行了可能的解释。

然而,位于地球的那些部分的海洋的这种膨胀,还导致了大西洋、西班牙海、不列颠海和日耳曼海的涨潮和退潮。虽然这些现象发生在其固定的时间里,可是,在几个海岸上还是每一天都有几个小时在发生。而且,它们还从北方得到某种程度的增强,其原因是中国和鞑靼的海岸阻碍了海水的总的通道,于是造成它们在那里的膨胀,并且部分地将它们释放出来,通过阿尼安海峡而进入北海,而且,也这样进入日耳曼海。

至于发生在新月与满月之间的朔望潮,它们是由简单的运动引起的,这种简单的运动在开头的时候我假设它总是位于月球上。这是因为,当我先前说明地球偏心度的原因的时候,我是从太阳的简单的运动推导出海水的上涨的。因此,在这里,也可以同样实施此法,即从月球的简单的运动来进行推导。这也是因为从云的产生来说,在太阳里出现的提升海水的力量要比那在月球里出现的更加明显。可是,出现在植物和生物中的增加湿度的力量,则既比月球里的力量更加明显,也比太阳里的力量更加明显;这也许是这样产生出来的:也就是说,太阳将较多的水珠提升上去,而月球将较少的水珠提升上去。尽管如此,也还是很有可能这样,而且也更加合乎大家观察到的结果,即雨不仅仅被太阳所提升,而且也被月球所提升。因为几乎所有的人都期待在星球汇合的时候发生天气的改变,要么是太阳与月球汇合,要么是其中之一与地球会合。星球汇合的时候天气的变化多于它们各自守在自己的区域里的时候。

最后,讲一讲为什么发生在春秋分点的朔望潮较其他时候更为宏大。在本节中,我实际上已经充分地言明这一点了。我已经进行了论证:是地球的两种运动引起了海水更大的上涨。其一是地球在小圆 $lbkc$ 之中进行的简单运动,其一是地球在 $ldke$ 之中所进行的周日运动。这种情形,当太阳位于春秋分点附近的时候,较之它在其他的位置,发生得更加明显。因此,我已经给出了海洋涨潮和退潮现象的可能的理由。

11. 春秋分点岁差的原因

至于如何解释一年一度的岁差,我们必须记住,正如我们已经说明过的一样,地球的周年运动并不是发生在一个圆的圆周线上,而是发生在一个椭圆的圆周线上,或者说,它是在一条并非很不同于椭圆的圆周线上进行运动。因此,首先得对这样一条椭圆线加以描述。

令椭圆 ♎ ♍ ♈ ♋(如本书附录第二十六章图图 5 所示)被两条直线,即直线 ab 和直线 ♍ ♋,分为四个等分,并且它们在点 c 处以直角相互相切。再取两度又十六分的弧 bd,作直线 de 平行于 ab,并且切割于 f 处的 ♍ ♋。由于这样做了图,可以看出地球的偏心度将是 cf。因此,鉴于地球的周年运动是在椭圆的圆周之上进行的,而对于这个椭圆来说,♍ ♋ 就是其长轴,而 ab 不可能是其短轴。这是因为,ab 与 ♍ ♋ 是相等的。这样一来,当地球经过 a 和 b 的时候,它将要么从 ♍ 的上方越过,如同从 g 处穿过一样,要么直接地穿过 ♍,也就是说,不管怎么样,地球都将在 c 和 a 之间落下。兹假设它穿过 g 处。并且令 gl 与直线 ♍ ♋ 相等。并且,等分 gl 于 i 处,则 gi 将等于 ♍ f,而 il 等于 f ♋。于是,必然出现这样的结果,即点 i 将切割偏心度 cf 为两个相等的部分。再作 ih 等于 if,那么,hi 将是整个的偏心度。现在,假设一条直线,即直线 ♎ i ♈ 被作出,它经过点 i 并平行于直线 ab 和直线 ed,那么,太阳在夏季所经过的路径,即弧 ♎ g ♈,将比它在冬季所经过的路径大八又四分之一度。这样一来,真正的春秋分点将位于直线 ♎ i ♈ 之上。因此,地球周年运动的椭圆就不会经过 a、

第二十六章 论世界与星辰

g、b 和 l 等点了,而是经过 ♎ g、♈ 和 l 。这样一来,地球的周年运动就位于椭圆 ♎ g ♈ l 之上了。而且,由于偏心度已经解决了,地球的周年运动就不可能位于任何其他的线上了。这也许就是说明为什么开普勒与在他那个时代之前的所有天文学家的意见都不相同的那个理由,他认为将地球的偏心度进行二等分是合适的,或者,按照古人的意见,将太阳的偏心度进行二等分,而不是减小同一偏心度的数值(因为这个数值的真正的测量值是夏季弧长超出冬季弧长的差额部分)。但是,既然以更接近 f 的点 c 为大轨道的椭圆的圆心,那么,如此放置的整个大轨道就会朝着 ♋ 挪动而更加接近于诸恒星,而这就正好是 c 和 i 之间的距离。鉴于整个大轨道相对于诸恒星之间的距离来说只不过是一个点而已,那么两条直线 ♎♈ 和 $a\,b$,由于它们是由两端延伸作出而指向白羊座和天秤座的开端之处的,它们势必将落在以诸恒星为庞大背景的茫茫天穹中的相同的点上。因此,假设地球的直径 $m\,n$ 位于地球周年运动的平面之上。现在如果太阳的简单运动引起地球在以 i 为圆心的椭圆的圆周上进行运动,那么,这个直径将永远保持着与其自身以及与直线 $g\,l$ 的平行。但是,既然地球之被运动,系在该椭圆之外的一个椭圆的圆周之上进行的,所以点 n,当它经过 ♎ ♑ ♈ 的时候,将行走在一个比点 m 小一些的圆周之上。于是必然出现这样一种情况,那就是,一旦它开始被运动起来,它就将失去其与直线 ♑ ♋ 的平行。这样一来,所产生出来的直线 $m\,n$ 就将最终切割所产生出来的直线 $g\,l$。与此相反,一旦 $m\,n$ 通过 ♈,由于地球系在内部的椭圆线 ♈ l ♎ 之上运行,所产生出来的指向 m 的同一个 m n 就会切割所产生出来的 l g。而且,当地球的运行几乎完成其整个周长的时候,同一个 m n 就将再度与由圆心 i 拉出来的直线形成一个直角,而这一条直线比由地球开始其运动时所在的那个点上拉出来的那一条直线要短一点儿。因此,在第二年的春秋分点中,有一个点应该是靠近♍的端点的,而另一个点则与之相反,它应该是靠近♓的端点的。于是,这样一来,造成白昼和黑夜等长的那两个点就会每年都向后退一点。但是,由于这是一个如此缓慢的运动,以至于在整整一年里仅仅移动 51 秒。由于这种后退与符号的顺序相反,因此它通常被称为**春秋分点的前行**。① 关于这一点,我已经从先前的假设推导出可能的原因了;而这正是本来要证明的。

按照我已经说过的关于地球的偏心度的那些话的意思,尚有如下的话要说。按照开普勒的观点,地球的偏心度的原因,据他假设,是地球的一部分受到了太阳的影响,而地球的另一部分并没有受到这种影响。倘若如此,那么太阳的远地点和近地点应该是每年都以同样的顺序被移动的,而且是做匀速运动,由于这种移动,春秋分点也被移动。而且,其相距于它们的距离应当总是位于一个圆的象限里头。这一点似乎应该另有解释。这是因为,据天文学家们说,春秋分中的一个点现在距离白羊座的第一颗星后退了大约 28 度,而另一个点则距离天秤座的开端处同样的度数。这样一来,太阳的远地点或者地球的远日点,应该是巨蟹座的大约第

---

① 春秋分点的前行(*precession of the equinoxes*)系直译,如意译,即是我们所说的"岁差"。——译者

28度。但是，实际被人们所认识到的却是在第7度上。有鉴于此，我们得承认，我们现在还没有 ὁτί（知其然）的充分证据，因此，如果现在就去搜寻 διοτί（所以然）的话，肯定是徒劳的。远地点的运动是很缓慢的。因此，只要远地点的运动还不是可以观察到的话，只要人们对它距春秋分点的距离究竟是大于还是小于一个象限的问题还存在怀疑的话，那么，我认为它们两者以相同的速度从它们那里出发进行运动就是合法的。

还有，我并没有把这些理由与土星、木星、火星和水星的偏心度弄在一起。不过，正如我已经说明了的一样，地球的各个部分交替地转向太阳，而地球的偏心度却可能由这些部分的不同组成所引起。有鉴于此，也就可以相信下边的看法：在别的这些行星上，相同的结果可以由它们所具有的不相同的各个部分的平面所产生。

关于星球的哲学，这就是我要说的一切。再者，虽然我在这里所假设的各种原因未必是这些现象的真正的原因，不过，按照我起初阐明的各种原理，我到底证明了它们足以产生这些现象。

第二十七章 论光、热,并论颜色

1.有些物体极其巨大,有些物体则极其微小——2.阳光的原因——3.光是如何生热的——4.火由太阳的产生——5.火由碰撞的产生——6.萤火虫、朽木和博洛尼亚石发光的原因——7.海水冲击下发光的原因——8.火焰、火花和熔解作用的原因——9.为何湿草有时自燃,以及闪电的原因——10.黑色火药威力的原因。什么归因于炭?什么归因于硫磺?什么归因于硝石——11.摩擦如何生热——12.光区分为初级光、次级光等——13.我们透过玻璃棱柱所见到的颜色,即红色、黄色、蓝色、紫色的原因——14.月亮、星星为何在地平线上比在天顶上显得红些——15.白色的原因。——16.黑色的原因

1.有些物体极其巨大,有些物体则极其微小

除了我在上一章谈到的星辰之外,无论是世界上的任何一种其他的物体,都可以被理解为星际之间的物体。我曾经假设,这些物体要么是极其流动易变,要么它们的各个部分具有某种程度的内聚力,这样,这些物体便因其各种各样的**密度**、大小量值、运动和形状而各不相同。关于密度,我设想有些物体坚固些,有些物体松软些,依其**坚韧**程度而不同。关于其大小量值,有些大些,有些小些,还有许多物体小得无以言表。因为,我们必须记住,就我们的

第二十七章 论光、热,并论颜色

理解力而论,量是可以持久地分割成可分割的事物的。因此,假如一个人真的能够用手做出他凭理解力所做出的事情,那么,他就能够从任何给定的大小量值中取出一部分,这部分比任何给定的其他大小量值都要小。不过,世界的全能的创造者的确能够从任何事物的一部分中取出更小的另一部分,就像我们凭理解力能够设想可以这样进行无限分割那样。因此,根本不可能存在任何无法再分的微小物体。那么,是什么原因使得我们竟然会认为这种无法再分的微小物体是可能的呢?因为我们知道,有些生物是如此微小,以致我们几乎不能窥其全貌。然而,即使是这类生物,也有幼崽;它们的微小的动静脉及其眼睛是如此细小,以至任何显微镜都看不见它们。这样,我们便设想不出任何一个如此微小的量值。然而,我们的这一假定实际上被自然超越了。此外,现在经常制造出这样的显微镜,使用它们,我们所见到的事物显得比我们用肉眼所见到的要大上十万倍。毫无疑问,通过扩大这些显微镜的显微能力(因为只要不缺乏物质,也不缺乏人手,这些显微镜的能力就可以扩大),这些十万分之一的每个部分仍旧可以比它先前所显示的还要大十万倍。有些小的物体也并不比其他巨大的物体更值得赞赏。因为,无限地扩大,和无限地缩小一样,都适合于同一个无限的能力。造就巨大的天体,亦即其半径范围从地球直达太阳,但就太阳与地球之间的距离而言,则它无非是一个点而已;相反,造就如此微小的物体,以至它所占有的体积比任何其他看得见的物体都要小,这两种情况,都同样出自同一个自然的造主。但是,恒星之间的巨大距离,长期以来一直被认为是不可思议的事情,而现在,几乎所有受过教育的人都对此确信无疑。那么,另一方面,某些物体的渺小为何不应当在某个时候成为可信的事情呢?因为,**尊贵的上帝显现在小的事物之中**,一点也不逊于他之显现在大的事物之中。正如在宇宙的极其宏大中,上帝的尊贵超乎人类的感官那样,在宇宙各部分的极其微小中,也同样如此。同现在人们所相信的恒星间的巨大距离相比,无论是复合物的最初构成元素,还是各种活动的最早起源,抑或时间的初始瞬间,更加不可信。

有些事物在人类看来,尽管有限,却极其巨大,正如他们所见到的那样。他们也承认,有些事物,尽管他们看不见,却可能具有无限的量值。但是,人们既不能立刻被说服,也不能不经过大量的研究就被说服,去相信:在他们或者看见或者可以想象的那些事物的极大与无限之间,存在任何一个平均值。不过,经过沉思冥想之后,许多我们先前感到困惑不解的事物,现在变得更为我们所熟悉,然后,我们相信它们,并将我们对受造物(the creatures)的赞美,转变为对造物主(the Creator)的赞美。但是,有些物体,无论可能是多么的微小,我也不会设想,它们的量比该现象的解释所必需的更小。同样,我会假定,它们的运动,亦即它们速度的快慢,及其形状的大小,才是解说它们自然原因所要求的唯一的东西。最后,我假定,纯粹以太的各个部分,似乎可以说是原初物质,它们是不具有任何一种运动的,它们只是从它们在其中漂浮的物体领受到的东西,从而它们本身并非流体。

2. 阳光的原因

奠定上述基础之后,让我们接下来谈谈各种原因。首先,让我们来探究什么可能成为太阳发光的原因。因此,既然太阳这一天体是通过其简单的圆周运动,有时以这种方式,有时又以另一种方式,将周围的以太物质推挤开,以至靠近太阳的那些部分,由于受到它的推动,而将这种运动传播给相邻的遥远的部分,然后再往下传播给相邻的遥远的部分,如此连续不断地进行下去;不管距离多么遥远,它都必定需要使眼睛的最前面部分最终受到挤压;通过对眼睛这一部分的挤压,这种运动就将被传播给视觉器官的最内在部分,即心脏;而由心的反作用,将以同样方式产生出一种向后的努力,终止于对被称作视网膜的眼膜的那种向外的努力。但是,向外的这种努力,如我在第二十五章中所界定的,是被称之为光的东西,或明亮物体的心像。因为正是由于这一心像,一个对象才被称之为透明的。因此,我们便获得了关于太阳的光的一种可能的原因;这正是我要寻找的东西。

3. 光是如何生热的

阳光的产生总是伴随着热的产生。每个人在他自己发烧时,通过感觉而知道,在他自己体内的热是怎么回事;但是,在其他事物中,热是怎么回事,人们只有通过推理才能了解。因为,发烧是一回事,而生热或使之发热则是另一回事。这样,尽管感知到火或者太阳生热,但是,我们却感知不到它本身热。而其他的生物,当它们使其他事物发热时,也使它们本身发热,我们从自身中的类似感觉来进行理性推理,得知这一情况。但是,这并不是一种必然的推论。因为,它们生热,故它们本身也是热的,虽然这种情况可以真正说成是生物的特点;但是,却不可能由此而真确地推论出:火生热,故它本身是热的;更不用说推论出:火产生痛苦,故它本身处于痛苦之中。因此,只有当我们感知到我们必定热的时候,我们才能恰当地将其称之为热的事物。

然而,我们发现,当我们发烧时,我们的精神和血液,以及我们身上的无论什么样的液体,都在我们体内涌动,从我们的身体内部冲向外部,其高低程度视我们发热的程度而定;而且,我们的皮肤也因此而肿胀起来。因此,一个人,如果能够对这种涌动和肿胀给出一个可能的原因,并且他的给出的这一可能的原因也与其他的发热现象相吻合,则他便可以被认为已经给出了太阳发热的原因了。

在第二十一章第5节中,我已经证明:流动的媒介,我们称之为空气,它受太阳的简单的圆周运动的作用而如此移动,以至它的所有部分,甚至最小的部分,都持续不断地相互变换位置;在那里,我曾将这种位置变化称之为**发酵**。在前一章的第8节中,我已经阐明,空气的这种发酵,可以把水吸入到云层中。

现在,我将要证明:这些流动的部分,依照同样的方式,通过同样的发酵,可以从我们身体内部被吸出达到身体外部。因为既然无论在什么地方,流动的媒介若接近于任何生物的身体,那么,在这里,媒介的各个部分通过持续不断的位置变动而相互分离开来;生物的各个邻近的部分不可避免地力图进入分离开来的各个部分原来占据的空间。因为否则,在假定不存在任何真空的情况下,那些部分就将无处可入。这样,在生物的各个部分中,接近于媒介的那些最易流动并且可以分离开来的部分就将最先冲出去,其位置就将被其他部分,如那些能轻而易举地穿过皮肤毛孔而发散出来的部分,接替和进入。从而,便必然出现下述情形:其余的并未分离开来的部分,必定全部被驱使向外移动,以保证所有位置都被充满。但是,所有各个部分一起向外的这种运动,不可避免地挤压周围随时准备离开其位置的那部分空气;这样,身体的所有部分立刻朝这一方向努力,从而使得身体肿胀起来。因此,一种可能的原因就提供给太阳发热这一现象了;而这正是我们原本要做的事情。

4. 火由太阳的产生

现在,我们已经看到,光和热是如何产生的:热是由媒介的简单运动造成的,它使得各个部分不停地相互变换位置;而光则是这样产生出来的,即通过同样的简单运动,活动以直线传播出去。但是,当一个物体使它的各个部分如此地运动,以至在我们的感觉上它同时既发热又发亮,那么,我们就说火产生出来了。

然而,所谓火,我并不是将其理解为与一种物体截然不同的易燃的发光的灼热物质的物体,如木头或铁块,而是将其理解为这种物质本身:不是简单地或始终地将其理解为这种物质本身,而是仅仅当其发光和发热时,才将其理解为这种物质本身。这样,只要有人给出了这一现象的一个可能的原因,并且这个原因又与该现象的其余部分相吻合,亦即什么时候以及由什么活动,产生出这种既**发光又发热的现象**,那么,我们就认为他已经给出了关于火的产生的一个可能的原因。

因此,我们假定ＡＢＣ(见本书附录第二十七章图图1)是一个球体,或者是球体的一部分,其球心为Ｄ;并且假定它是透明的和同质的,如水晶球、玻璃或水,再假定它正对着太阳。因此,ＡＢＣ的最前面部分,受太阳简单运动的影响,而被推向媒介,由于受到太阳光线的作用,它将沿着ＥＡ、ＦＢ和ＧＣ发散出去;就太阳的巨大距离而言,这些直线可以被看作是平行线。而且,鉴于球体之中的媒介比球体之外的媒介要浓厚些,这些光线将朝着垂直线折射。假设直线ＥＡ和ＧＣ被延伸,直至它们在Ｈ与Ｉ处与球体相交;并且,画出垂直线ＡＤ和ＣＤ,被折射的光线ＥＡ和ＧＣ将必然下垂,其中一条处于ＡＨ和ＡＤ之间,另一条则处于ＣＩ和ＣＤ之间。假设这些被折射的光线为ＡＫ和ＣＬ。并且,再次假设直线ＤＫＭ和ＤＬＮ被画成垂直于球体;假设ＡＫ和ＣＬ被延伸,直至它们与直线ＢＤ相交于Ｏ点。这样,鉴于在球体中的媒介比球体之外的媒介要浓厚些,被折射的光线ＡＫ将比ＫＯ更加从垂直线ＫＭ向后倾斜。因此,ＫＯ将落在被折射线和垂直线之间。这样,假设被折射线为ＫＰ,它相交ＦＯ于Ｐ;同理,直线ＬＰ将成为直线ＣＬ的被折射线。鉴于光线不是别的,而正是运动在其中被传播的途径,因此,在Ｐ周围的运动就将比在ＡＢＣ周围的运动更为猛烈,其猛烈的程度视ＡＢＣ的底部比圆心为Ｐ的球体中的类似部分的底部大多少而定。这个类似部分的大小量值同围绕Ｐ的那个小圆的大小量值相等,它包括从ＡＢＣ传播过来的所有光线;由于这一球体比球体ＡＢＣ小得多,媒介的这些部分,亦即围绕Ｐ的空气部分,将比围绕ＡＢＣ的空气部分远为迅速地相互变换位置。这样,假如任何易燃物,也就是说,诸如可以极为容易地被驱散的物质,被置于Ｐ的位置,假如在ＡＣ和围绕Ｐ的小圆的类似部分之间的比例足够大,这部分物质就将摆脱自身的相互内聚力,而被分离开来,获得简单运动。但是,猛烈的简单运动,在观察者那里,产生一种热而明亮的心像,如同我在前面所

第二十七章 论光、热,并论颜色

证明的太阳的简单运动那样;这样,被置于位置 P 的易燃物就将被弄得热而明亮,也就是说,就将产生火。这样,我就已经给出了火的一种可能的原因;而这正是我们原本要做的事情。

5. 火由碰撞的产生

从太阳产生火的这种方式,可以容易地解释两个燧石相碰撞能够产生火的方式。因为,通过这种碰撞,组成石头的某些微粒,被猛烈地分离开来,并被抛开;又由于眼睛受它的作用而转动,以此而急速地作圆周转动,如同它在太阳产生光的过程中那样。因此,碰撞微粒发光,并落在那些已被驱散为两半的物质上,如同引火物,碰撞微粒彻底地将其各个部分驱散开来,并使它们作圆周转动。由此,正如我刚刚表明的,光和热,也就是火,便产生了。

6. 萤火虫、朽木和博洛尼亚石发光的原因

萤火虫、某些种类的朽木以及产自博洛尼亚(Bologna)的某种石头的发光,可能具有一个共同的原因,即:它们在炽热的太阳下曝晒。我们凭经验发现,博洛尼亚石并不发光除非它在炽热的太阳下曝晒;而在它被曝晒后,它发光,不过只持续一会儿,亦即直到它保留的一定程度的热被耗尽为止。其原因可能如下:它由以组成的那些部分可能由于受热而一起作由太阳赋予它们的简单运动。如果是这样,那么,它必然在黑暗中发光,只要在它之中有着足够的热。但是,当这种热不足时,它就不再发光。我们凭经验还发现,在萤火虫中,存在一定浓度的体液,正如眼睛中的水晶体液;如果把它取出来,放在人的手指上待上足够时间,然后,把它带到暗处，它将凭着从手指上接受来的热量而发光；但是，一旦它变冷了，它就停止发光。这样，由此说来，这些生物如果不是在夏天最炎热的时候整天躺在太阳光线底下，它们还会有光吗？同理，朽木要不是在阳光下变朽，或后来以足够长时间地在太阳下曝晒，也不会发光。并且，上述发光的情况，既不是在每种昆虫中发生，也不是在所有种类的朽木中发生，也不是在所有的被煅烧的石头中发生，其原因可能是这样，即：上述萤火虫、朽木和博洛尼亚石这些物体由以组成的各个部分，在运动上以及在形状上同其他种类的物体的各个部分都不相同。

7. 海水冲击下发光的原因

当人们挥桨搏击海水时，或者当航行中的船舰劈波斩浪时，海水也发光；不过，闪光的强弱依据从不同方向吹来的风而定。此事的原因可能如下：盐的微粒，在盐池中，由于只是被太阳缓缓地汲入空中，所以从不发光；但在海水中，由于被更大的力量以更大的数量击入空中，盐的微粒因此而被迫作圆周运动，并且因而发光，尽管很弱。这样，我就为这种现象提供了一种可能的原因。

8. 火焰、火花和熔解作用的原因

如果由小而硬的物体合成的那种物质点着了火，它必定会这样，即：随着那些小而硬的物体以或多或少的数量冲出来，它们所产生的火焰将是或大或小。如果这一物质的以太的部分或流动的部分同它们一道冲出，它们的运动就将会更迅速，例如，在木头和其他事物中，火焰显然是混合有风的。这样，当这些硬的微粒通过

向外冲出而使观察者的眼睛强烈地转动时,这些微粒便发出明亮的闪光;大批的微粒一起冲出,它们便造就了一个巨大的闪光的物体。因为,火焰无非就是闪光的微粒的聚合体,聚合体愈大,火焰便愈大愈明显。这样,我便证明了火焰的一个可能的原因。由此,被人使劲吹着的玻璃为何如此地容易而快速地被蜡烛的小火焰熔化,其原因看来是相当清楚的。若不是借助劲吹的风势,玻璃是不会被熔化的,除非是用极为强劲的火焰。

然而,如果从同一块物质中,有一部分,亦即由许多小微粒组成的这部分断裂开来,那么,火花正是由此造成的。因为,这一断裂开来的活动会造成剧烈的圆周转动,光也就是由此产生出来的。但是,尽管从这一物质中,既没有飞出火焰,也没有飞出火花,不过,它的某些最微小的部分依然有可能被带出来,直至达到该物体的表面,并作为灰烬留在那里;它的这些部分是如此地极其微小,以至绝不能再怀疑自然界在进行分割中究竟可以走到何种地步。

最后,即使把火引到这一物质上,几乎没有或者完全没有任何东西飞离它,但在它的各个部分之中,还将存在有一种进行简单运动的努力;通过这种努力,整个物体将要么被熔化,要么被软化,亦即在某种程度上被熔化。因为,一切运动对无论什么样的物质产生某种结果,一如我在第十五章第3节中已经证明的那样。然而,如果它被软化到如此程度,以至这些部分的坚硬性已被这些部分的重力所超过,这时,我们就说它已经被熔化了;如果没有超过,我们则说它被软化了,被弄得柔韧可塑了。

再者,物质自身之中有一些坚硬的微粒,也有一些以太的微粒或水的微粒;如果用火烧它,这些以太的微粒或水的微粒便排挤出去,而那些硬的微粒因此而逐渐更为紧密地相互结合在一起;所以,它们将不会如此轻易地被分离开来。这就是说,整个物体将变得更为坚硬。这可能是为何同样的火,使某些事物变软,而使某些事物变硬的原因。

9. 为何湿草有时自燃,以及闪电的原因

我们凭经验知道,如果趁草料尚未干的时候把它堆成一堆,过了一段时间,它就会开始冒烟,然后可以说是自己燃烧起来。其中的原因似乎如下:在封闭于草料的那些空气中,存在这样一些小物体,正如我在前面所设想的,它们被推动着自由地作简单运动。但是,这种运动逐渐愈来愈多地受到下降的水分、湿气的阻碍;下降的水分最后充满并阻塞了所有的通道,空气的比较稀薄的部分通过弥漫和穿过水而上升;那些坚硬的物体,由于被如此地猛推挤在一起,以至它们相互接触和挤压,获得更为猛烈的运动;直至最后,通过得到加强的这种运动的力量,那些潮湿的部分最先被推向外面,从那里出现蒸气;而通过不停地加强这种运动,干草的最细小的微粒被挤出来,并恢复其自然的简单运动,它们生出热来并且发光,这就是说,它们着了火。

闪电的原因也可以说和这是一样的。闪电发生在一年中最炎热的时候。其时,水被提升到空中的数量最多,高度最高。因为,在第一批云被抬起时,其他的云一批接一批地跟着被抬起;由于它们在上面被凝结,所以,正当它们的某些部分上升而其他部分下降时,它们恰巧以如此的方式一个落在另一个上,以致在某些地方,它们的所有部分都连在一起,而在其他地方,它们在自身之间留下

空的地盘；而以太的各个部分受云的压缩作用而被挤出来，并进入这些地盘，许多比较硬的小物体就是如此地被封闭在一起，以至它们不具有空气自然具有的这类运动的自由。因此，它们的努力变得更为猛烈，直至最后，它们穿过云层而奋力前进，有时在一个地方，有时在其他地方；在伴随巨大的声音进行突破的过程中，它们猛烈地驱动空气；而在撞击我们的眼睛过程中，它们产生了光。这就是说，它们发亮。而这种发亮也就是我们所谓的闪电。

10. 黑色火药威力的原因。什么归因于炭？什么归因于硫磺？什么归因于硝石

由火引发的最为常见的现象中，最令人惊叹的是点燃黑色火药的威力；黑色火药是由硝石、硫磺和炭组成的，并被碾成粉末。它由炭得到引火；由硫磺得到营养和火焰，这就是说，得到光和运动；由硝石得到光和热的猛烈。现在，把一小片未经碾碎的硝石放在燃烧的炭上。最初，硝石熔化了，并且像水一样浇灭它所接触的那部分炭。接着，蒸气或空气从炭和硝石相结合的地方飞出来，从各个方向极其迅猛地吹动炭。此后，通过两种相反的运动，即：其一，从燃烧的炭中跑出来的微粒的运动，其二，硝石的以太物质和水物质的运动，它由此出现下述情形，即：产生剧烈的运动和着火燃烧。最后，当不再存在来自硝石的任何活动，也就是说，当硝石的不稳定易挥发的部分被驱散后，我们发现，在其周围有某种白色物质，把这种东西重新扔进火里，它将再次变得炽热起来，但不会被驱散开来，除非把火力增大。如果现在可以说，我们已经找到了这种现象的一个可能的原因，那么，它同样也会是下述情况的一个

可能的原因,即:一粒黑色火药点燃后为何以如此剧烈的运动而扩张开来并且发光。黑色火药的这种现象可能就是由上述方式产生出来的。

我们假设组成硝石的那些微粒应该是这样的,某些微粒坚硬,另外一些微粒像水一般湿软,其余的微粒则像以太般稀薄轻飘。我们还假定,坚硬的微粒应该是球形而中空的,就像小泡泡,这样,许多这种微粒聚在一起便可以组成一个物体,它的那些小洞穴或是充满了水物质,或是充满了以太物质,或是二者兼而有之。这样,一旦坚硬的物质被驱散开来,水的微粒和以太的微粒就必然飞出;而当它们飞出时,不可避免地猛烈地吹着混在一起的燃烧的炭的和硫磺;于是,接下来的将是大量的光四面扩散开来,伴随猛烈的火焰,还有硝石、硫磺和炭的微粒剧烈地散发开来。这样,我就已经给出了引燃黑色火药的巨大威力的一个可能的原因。

由此看来,很显然,铅弹和铁弹从枪炮中射出为何如此迅速飞出,要给出其原因,并无必要引入所谓的稀疏作用。按照对稀疏作用的普通定义,它无非是使得同一物质有时具有较大的量,有时具有较小的量;这种情况实际上是不可想象的。因为,每一个事物之所以被说成大些或小些,这是就它具有较大或较小的量而言的。子弹从枪膛中射出所具有的威力,来自引燃的黑色火药粉末的小微粒的快速运动;至少可以说它可能来自这一原因,而无须假定任何空的空间。

11. 摩擦如何生热

此外,通过将一个物体同另一个物体相摩擦,比如用木头同木头相摩擦,我们发现,不仅能够生出某种程度的热,而且有时还能够产生明火。因为,此种运动是压力的往复变换,有时往这一方向,有时往其他方向;通过这种往复变换,在两片木头中,任何流动的东西都被推向各处;结果,便得到一种往外冲的努力;最后,通过爆发而产生火。

12. 光区分为初级光、次级光等

现在,我们把光区分为初级光、次级光、再次级光,直至无限次级光。我们把下述的光称为初级光,它存在于最明亮的物体之中,如存在于太阳、火等之中;把下述的光称为次级光,它存在于那些本身并不明亮,而是受太阳所照亮的物体之中,如存在于月亮、墙壁等之中;把下述的光称为再次级光,它存在于其本身并不明亮,而是受次级光所照亮的物体之中,等等。

13. 我们透过玻璃棱柱所见到的颜色,即红色、黄色、蓝色、紫色的原因

颜色(*colour*)就是光,但却是受到干扰的光,诸如由扰乱运动(perturbed motion)所产生的光:如红色、黄色、蓝色和紫色显示出来的,这几种颜色是由透亮的棱柱(其相对的底部是三角形)在光和光所照亮的物体之间的干扰造成的。

因为,假设有一个玻璃棱柱,或任何其他的、密度超过空气的透亮物质构成的棱柱;并且假定三角形ＡＢＣ是棱柱的底部。我们还假定直线ＤＥ是太阳这一天体的直径,太阳处于同直线ＡＢ成45度倾斜的位置;假设光线按照直线ＤＡ和ＥＢＣ通过。最后，假设直线ＤＡ和ＥＣ无限地延伸，直到Ｆ和Ｇ。这样，鉴于直线ＤＡ由于玻璃的密度而朝向垂直线折射；假设在Ａ点受到折射的光线是直线ＡＨ。再次，鉴于在ＡＣ之下的媒介比在ＡＣ之上的媒介要稀薄一些，在那里将产生再次折射，并将从垂直线分岔。这样，假设这条次级折射线ＡＩ。还假设在Ｃ点也会产生同样的情形，我们假设初级折射线为ＣＫ，次级折射线为ＣＬ。这样，鉴于在直线ＡＢ的Ａ点上的折射，其原因在于在ＡＢ之中的媒介的阻力超过空气的阻力，不可避免地存在从Ａ点对Ｂ点的反作用；因此，在三角形ＡＢＣ之中，在Ａ点上媒介将使其运动受到干扰，这就是说，在ＡＦ和ＡＨ之中的直线运动将与ＡＦ和ＡＨ之间的横切运动相混合，这种横切运动由三角形ＡＦＨ之中的短的横切线来表征。又鉴于在直线ＡＣ的Ａ点上，存在从ＡＨ在ＡＩ处的第二次折射，媒介的运动从Ａ向Ｃ的横向反作用将再次受到干扰，这种横向反作用同样由三角形ＡＨＩ之中的短的横切线来表征。同理，在三角形ＣＧＫ和三角形ＣＫＬ之中，存在着由那些横切线所表征的双重扰动。但是，至于ＡＩ和ＣＧ之间的直线，它将不会受到干扰；因为，倘若在直线ＡＢ和直线ＡＣ之间的所有各点上都存在在Ａ点和Ｃ点上存在的同样的运动，那么，三角形ＣＧＫ的平面就该在任何地方都同三角形ＡＦＨ的平面相重合；而这就意味着在Ａ和Ｃ之间一切都应相同。此外，我们可以观察到，在Ａ点上的所有反作用都朝向处于Ａ和Ｃ之间的那些被照亮部分，并因此干扰了初级光。与此相反，可以看到，在Ｃ点上所有的反作用都朝向三角形ＡＢＣ之外或棱柱ＡＢＣ之外的那些部分，在那里，除了次级光，没有其他的光；还可以看到，三角形ＡＦＨ显示出在玻璃本身之中产生的光的扰动；正如三角形ＡＨＩ显示出在玻璃之下所产生的光的扰动。按照类似的方式，可以看到，ＣＧＫ显示出玻璃之中的光的扰动；还有ＣＫＬ显示出玻璃之下所产生的光的扰动。由此便存在四种不同方向的运动，或四种不同的光亮和颜色，对感官来说，在一个其底部为等边三角形的棱柱中，当太阳光线穿过它，而光线落在一张白纸上时，这种差异最为明显。因为，三角形ＡＦＨ对感官显示为红色；三角形ＡＨＩ显示为黄色；三角形ＣＧＫ显示为绿色，并接近于黄色；最后，三角形ＣＫＬ显示为紫色。这样，显然，当微弱的初级光穿过阻力较大的透亮物体如玻璃时，横向地落在它上面的光线，产生红色；而当同样的初级光更强一点，例如，在直线ＡＣ之下的较稀薄的媒介中，横切光线产生黄色；还有，当次级光强而最接近于初级光时，例如，在三角形ＣＧＫ中，横切光线产生绿色；当同样的次级光更弱一点，例如，在三角形ＣＫＬ中，横切光线产生紫色。

14. 月亮、星星为何在地平线上比在天顶上显得红些

由此可以推导出一个原因，以解释月亮和星辰为何在地平线上比在天空正中显得更大、更红。因为，在眼睛和视平线之间，比在眼睛和较视平线更高的天空之间，存在更多的不纯的空气，诸如混有水和尘埃的小物体。但是，视觉是由构成一个锥面体的光线造成的。如果我们仰视月亮，那么，这个锥面体的底部是月亮的表面，而它的顶端在眼睛中；这样，来自月亮的许多光线，不可避免地落在这个视觉锥面体之外的小物体上，并且通过这些物体向眼睛

反射。但是,这些被反射的光线全部走的是横切于视觉圆锥体的直线,并且在眼睛上产生一个比该锥面体的夹角更大的夹角。因此,月亮在地平线上比它升得更高时看起来大些。由于这些被反射光线横向经过,所以,通过最后的那个物品,就将会产生红色。这样,我便已经表明了一种可能的原因,说明月亮以及星辰为何在地平线上比在天空正中显得更大。这也可能是太阳为何在地平线上比它升得更高时显得更大、在颜色上更加衍变为黄色的原因。因为,来自这些细小的物体之间的反射以及媒介的横向运动依然是一样的。然而,太阳光比月光要强得多:这样,通过最后的那个物品,太阳的光辉不可避免地受这种扰动而衍变为黄色。

但是,对于这四种颜色的产生,并不一定要求玻璃的形状是棱柱形,因为,倘若它是球形体,它也会产生同样的结果。因为,在球形体中,太阳光线两度被折射,又两度被反射。笛卡尔观察到了这一点。此外,他还观察到,只有在下雨时,才可能见到彩虹的出现;并且,雨滴的形状几乎都是球形体;笛卡尔由此而表明了彩虹的颜色的原因;因此,对此我无须在此赘言。

15. 白色的原因

白色就是光,但却是受到干扰的光,即对在一个小空间中一齐射向眼睛的许多光线进行反射,经过这种反射的干扰所造成的光就是白色。因为,如果玻璃或任何其他的透明物体受撞击或震动而被碎裂成极其微小的部分,如果一个明亮的物体的光线从这些碎片的任何一点向眼睛反射,那么,其每个碎裂部分就将向观察者展现出明亮物体的完整观念或图像,也就是说,白色的心像。因为,最强的光线就是最白的光线;这样,许多这类碎裂的玻璃部分将会产生许多此类图像。因此,如果这些玻璃部分厚实而紧密地堆在一起,许多这类图像就将显得颇为零乱。由于这种弄得凌乱不堪的光,所以,许多这类图像将显现出白的颜色。因此,从这里可以推导出一种可能的原因,以解释玻璃遭撞击后,也就是被粉碎后,为何看起来是白色的。并且,还可解释水和雪为何是白色的;水和雪无非就是一堆极其微小的透明物体,也就是说,一堆小泡泡,从它们的几个凸起的表面,通过反射造成了关于整个明亮物体的好几个凌乱的心像;也就是说,白色。同理,盐和硝石是白色的,它们是由其中包含有水和空气的小泡泡构成的。这在硝石中很明显。硝石被扔进火里时,由于这种构造,它同样剧烈地爆裂。盐也是如此,不过爆裂不如硝石剧烈罢了。但是,如果一个白色物体被曝晒,但不是在白天的阳光下受曝晒,而是受火光或烛光的曝烤,一眼看去,我们很难判断它是白色的还是黄色的;其原因可能是这样,即燃烧并吐出火焰的这些事物的光,其颜色几乎是介于白色和黄色之间的中间色。

16. 黑色的原因

既然白色是光,那么,黑色也就是光的丧失,或者说是暗。由此,而产生了下述情况:首先,所有的洞眼,任何光线都不能由此而反射给眼睛,它们看起来是黑的。其次,当一个物体使得细小的微粒从其表面上笔直地突起,这样,落在物体表面上的光线不是向眼睛反射,而是向该物体自身反射,这时,物体的表面看起来是黑色的。同理,海面被风吹皱时,看起来也是黑色的。第三,着火使得任何易燃的物质在它发光前看起来是黑色的。因为,火力要驱散扔进火中的物体的那些最微小部分,它必然在能够造成这些部分的散开前,先把它们提升和竖立起来。这样,如果在这些部分完全被驱散之前,我们将火扑灭,那么,炭烬看起来就将是黑色的;因为,这些最微小的部分刚刚被竖立起来,落在它们上面的光线不是向眼睛反射,而是向炭烬自身反射。第四,曝晒着的玻璃点燃黑的事物比点燃白的事物更为容易。因为,在白色物体的表面上,那些突起的部分就是顶端,就像许多小泡泡;这样,落在它们上面的光线从这个受照射的物体向四处反射。然而,在黑色物体的表面上,那些突起的微粒较之更为突出,落在它们上面的光线便必然都朝向物体自身反射;这样,黑色的物体比起白色的物体更容易因受太阳光线的照射而着火。第五,由白色和黑色的混合物构成的五颜六色,来自于物体各个表面上升起的那些微粒的位置差异,以及微粒粗糙的形式的差异。因为,根据这些差异,或多或少的光线由好几个物体向眼睛反射。但是,由于这些差异不可胜数,而物体自身又如此微小,以至我们难以察知它们;对五颜六色的原因的阐明和精确的测定是一件如此棘手的事,以至我不敢贸然担当此任。

第二十八章 论冷,风,硬,冰,弯曲物体的复原,透明,闪电与打雷;并论江河的源头

1.从同一张嘴里呼出来的气,为何有时热,有时冷——2.风及其变幻莫测,风的源头——3.在赤道附近,为何有一股从东到西的风,虽然不大,但却持续不断——4.空气被封堵在云层之间会产生什么后果——5.除非通过运动,否则不能发生任何由软变为硬的变化——6.什么是极地附近寒冷的原因——7.冰的原因;与晴天相比,在雨天为何寒冷反而减轻?深井里的水为何不像靠近地表的水那样结冰?冰为何没有水重?葡萄酒为何不像水那样容易结冰——8.硬的第二个原因来自原子更加充分的接触;以及硬的事物是如何被弄破裂的——9.硬的第三个原因来自热——10.硬的第四个原因来自被封堵在狭小空间中的原子的运动——11.硬的事物是如何变软的——12.弯曲事物自动复原究竟出于什么原因——13.透明和不透明,何谓透明和不透明?它们究竟出于什么原因——14.闪电和打雷的原因——15.云在一度被升入空中并且冻结成冰之后何又重新降落下来——16.当月亮与太阳并不是方位完全相反时,何以会出现月食——17.通过什么方法才能够同时出现许多太阳——18.论江河的源头

1. 从同一张嘴里呼出来的气,为何有时热,有时冷

当周围以太实体的运动使得我们体内的情绪和流动的部分往

外涌时，我们感觉到热。同样，由于同样的情绪和体液向内努力时，我们感觉到冷。因此，发凉就是使身体的外在部分向内努力，这是由与发暖作用相反的运动产生出来的。而通过发暖作用，身体的内在部分便向外激发。因此，如果有人要了解冷的原因，那么，他就必须找到究竟通过什么运动或哪些运动，任何一个身体的外在部分努力向内回缩。我们还是从那些我们最为熟悉的现象开始吧。几乎任何人都知道，使劲用力呼吸，并且气息猛力从嘴中呼出，这就是说，呼吸气流所走路径呈直线，那么，气息使手感到发凉；而同样的气息轻轻地吹，也就是说，从更大的口径中穿过，那么，气息使手温暖起来。这一现象的原因可能是这样的，即呼出的气息有两种运动：其一是整体的直向运动，它把手的最前面部分推向身体内部；其二是该气息的那些小微粒的简单运动，它导致发热（正如我在上一章第3节中已经表明的那样）。因此，随着这两种运动中的某一方占主导地位，有时产生冷的感觉，有时产生热的感觉。所以，当我们以较大口径将气息轻轻呼出时，导致热的那种简单运动盛行，因而我们感觉到热；而当我们抿着嘴唇将气息用力呼出时，直向运动盛行，它使我们感觉到冷。因为气息或空气的直向运动就是风；而且凡是风都使先前的热冷却下来，或者把它驱散开来。

2. 风及其变幻莫测，风的源头

鉴于不仅大风，而且几乎空气的任何流通和骚动都能致凉消热，所以，我们若没有先弄清楚风的起因是什么，我们也就决不可能完整地给出有关冷的众多实验的缘由。然而，风不是别的，无非

第二十八章 论冷,风,硬,冰,弯曲物体的复原,……

就是往前推进的空气的那种直向运动;不过,当好几种风同时发生时,空气的运动可能是圆周运动,或者与直线运动相反的变向运动,如旋转风中空气的运动。因此,我们首先要探讨风的起因。风就是相当大数量的空气在运动,它或者是以波浪的形式运动,这样,它既往前推进,同时又上下波动,要不然,它就只是往前推进。

因此,我们假设空气清澈而平静,不过,任何时候这种情形都是极为罕见的。我们还假设世界上较大的物体,就像我们曾经说过的那样,被放置和排列,那么,必然会出现下述情况,即不久风就会在某处生起。因为鉴于太阳按照其自身的本轮即周转圆作简单运动,造成这部分空气的运动,而空气的运动又导致水的微粒从海洋和其他潮湿的物体之中蒸发出来,这些水的微粒进而产生云;从而必定会出现下述情况,即当水的微粒往上穿越时,为了确保所有的空间被充满,空气的微粒被挤往四面八方,并且催促着下一批微粒,然后是再下一批,直到它们完成一轮时,有如此之多的空气不断地来到地球的后面部分,就像有同样多的水已经离开地球的前面部分。因此,上升的水蒸气把空气推向四面八方;由于空气的所有直向运动都是风,所以,这些运动的空气便产生一种风。如果这种风经常遭遇从其他位置上升起的其他水蒸气,那样,很显然,风力就将得到增大,风的前进路线或行程被改变。此外,地球通过其每日的运动,有时将较干燥的部分,有时将较潮湿的部分转向太阳,据此,被蒸发到空中的水蒸气的数量,有时较多,有时较少;这就是说,有时会有较大的风,有时会有较小的风。这样,我便已经给出了关于水蒸气所产生的那类风的一个可能的原因;这也是此类风变幻莫测的一个可能的原因。

由此，我们便可以得出结论说：这类风决不可能在比水蒸气能够上升到的高度还要高的任何位置上产生。在那些据说是世界上最高的山脉，如特内里费峰和秘鲁的安第斯山脉，也就是说，在完全不受这类变幻莫测的风所困扰的地方，若说会产生这类风，也是不可信的。只要我们可以肯定，在那些山脉的顶峰既见不到雨，也见不到雪，那么，毫无疑问，这些位置就比水蒸气通常上升到达的任何位置都要高。

3. 在赤道附近，为何有一股从东到西的风，虽然不大，但却持续不断

不过，在上述位置也可能有风，然而，它不是由水蒸气的上升导致的风，而是一种风力较弱却更加持续不断的风，就像一架手用吹风器持续送出的风那样，自东向西吹来。这种现象可能有两个原因：其中一个，是地球每日的运动；另一个则是它按照自身的本轮即周转圆所作的简单运动。因为，这些山脉，由于其高度较地球的其余部分更为突出，通过上述两种运动的作用而将空气自西往东推进。尽管地球每日的运动几乎不起什么作用，不过，鉴于我已假定地球按照自身的本轮即周转圆所作的简单运动，同时造成两种旋转，而在这两种旋转中，地球每日的运动只是造成其中一种旋转，又鉴于我曾假定本轮的半径是每日的换位活动半径的两倍，地球的任何一点按照自身的本轮所作的运动，其速度将是它每日的运动之速度的四倍；这样，由于这两种运动共同作用，在这些山脉的顶峰，人们就会感到它们是顶着空气运动的，从而，人们会感到有风扑面而来。因为，无论是空气扑向有感觉能力者，还是有感觉

能力者扑向空气，人们对运动的知觉将是相同的。但是，既然这种风不是由于蒸气的上升造成的，所以，它就必定是非常稳定和持续不断的。

4. 空气被封堵在云层之间会产生什么后果

当一团云已经被抬高上升到大气中，如果另一团云朝它上升，那么，被拦截在这二者之间的那部分空气不可避免地被挤往四面八方。同样，在一团云上升而另一团云或者停留或者下降的过程中，一旦这两团云逐渐以如此方式结合在一起，以至以太实体被关闭在云团之中，在受到这种挤压作用的时候，以太实体也通过弥漫和穿透云块的水而跑出来。但是，与此同时，那些硬的微粒——它同空气混在一起，并且如我曾假设的，它受到简单运动的激发鼓动——将不会穿越云团的水，而是更受拘束地被压缩到这些硬微粒的洞穴之中。在第二十二章第4节和第5节中，我已证明过这一点。此外，鉴于地球的球体飘浮在空气之中，而空气则受到太阳运动的激发鼓动，受到地球阻挡的这部分空气将从四面八方铺展在地球的表面之上；我在第二十一章第8节中就已经证明了这一点。

5. 除非通过运动，否则不能发生任何由软变为硬的变化

我们设想有一个硬的物体，基于这一点，如果我们触碰它，就会把我们所触碰物体的这部分往前推，除非我们把整个物体往前推，否则，我们就决不可能把该物体的一部分往前推。事实上，我们可以轻易地并且可以感觉得到把我们所接触的任何空气微粒或水往前推,但我们凭感官感知到它的其余部分却仍旧保持不动。但是,对石头的任何部分,我们却做不到这一点。因此,我把硬的物体定义为这样的东西,即除非整个物体被移动,否则,我们感觉不到它的任何部分被移动。无论什么软的或流动的东西,若要使它变硬,除非凭借这样一种运动,即该运动能够使物体的许多部分,通过共同抵抗该物体的某个部分的运动,而使这部分的运动停止下来。

6. 什么是极地附近寒冷的原因

上述问题作为前提得到解答之后,我将提出一个可能的原因,说明靠近地球两极的地方为什么比远离地球两极的地方冷得多。太阳在赤道之间的运动,把空气向垂直于它之下的那部分地球表面驱动,使它四处散开;而随着地球的表面变得愈来愈狭窄,这就是说,随着平行于赤道的纬度圈变得愈来愈小,空气的这种扩张的速度也变得愈来愈快。因此,空气的这种扩张运动驱动着它前面的那些空气部分,而在这种扩张运动向前推进中,随着扩张运动的力量逐渐愈来愈联合起来,这就是说,随着平行于赤道的纬度圈愈来愈小,这些空气部分不断地并且愈来愈强劲地向两极推进;也就是说,这些空气部分愈是靠近地球的两极,它们的力量就愈大。因此,那些越是接近两极的位置,比那些越是远离两极的位置要冷得多。由于太阳不断地到达那些相继处于它之下的地球表面位置,空气在地球表面的这种自东往西的扩张,使得在太阳升起和落下时天气寒冷;但是,随着太阳逐渐地转过来愈来愈垂直于这些寒冷的位置,在随之而来的太阳的简单运动所产生的热的作用下,寒冷又再次得到缓解;并且这种寒冷决不可能得到根本缓解,因为导致这一过程的活动并不持久。这样,我便已经给出了一个可能的原因,说明在接近两极的那些地方,或者在太阳的倾角大的那些地方,为什么会产生寒冷。

7. 冰的原因;与晴天相比,在雨天为何寒冷反而减轻? 深井里的水为何不像靠近地表的水那样结冰? 冰为何没有水重? 葡萄酒为何不像水那样容易结冰

对于水是怎样因受冷而冻结成冰这样一种现象,可以根据上述道理来加以解释。我们假设 A 代表太阳(见本书附录第二十八章图1),B 代表地球。因此,A 比 B 要大得多。我们假设 EF 处于赤道平面上;我们假设 GH,IK 和 LC 与 EF 平行。最后,我们假设 C 和 D 是地球的两极。因此,空气通过它在这些平行线上的活动,将会掠过地球的表面;由于愈往两极,平行的纬度圈愈小,空气的运动也就愈来愈强劲。由此必然会出现风,而风将迫使水的最上面部分聚拢,此外,还把它们抬高一点点,减弱水的这些部分朝向地心的努力。而从它们朝向地心的努力,再结合上述风的努力,水的最上面部分就将被挤压在一起并凝结,这就是说,水的顶部将被剥离开来并且变硬。如此反复,紧挨顶部的水以同样的方式变硬,直至最后冰变厚了。而这种冰,现在由小而硬的物体所组成,它必定也包含被吸收到它之中的许多空气的微粒。

同理,正如江河海洋,云层也可以以同样的方式被冻结成冰。因为,通过几团云同时上升与下降,被拦截在云层之间的空气,由

于压缩作用而被推挤出来，这时，它掠过云层，并逐渐地使云层变硬。尽管这些通常构成云的小水滴，尚未被联结组合成较大的物体，不过，同样的风还是会被产生出来；而且，由于这种风的作用，水蒸气便被冻结成雪花，其道理正如水被冻结成冰。基于同样的原因，可以通过人工办法来制造冰，而且，这也并非一时头脑发热所产生的奇思乱想。因为，只要把雪和盐混合在一起，并且把一个盛满水的容器埋入其间，就可以做到这一点。在雪和盐之间，存在有大量的空气。当雪和盐溶化时，空气从四面八方被推挤出来，生成风，掠过容器的各个侧面；正如风通过它的运动而掠过容器那样，容器也通过同样的运动和活动而冻结盛在其中的水。

我们凭经验发现，在事物的所有其他方面都相似的情况下，下雨的地方，或天气多云的地方，比天气晴朗的地方，寒冷反而减轻了。这与我在前面所说的完全吻合。因为，在晴朗的天气，风的行程，正如我反复说过的，掠过地球的表面，随着它摆脱了所有的干扰，它也就非常的强劲。但是，当小雨滴或者往上升或者往下降时，这种风被小雨滴推动着、打碎着和驱散着；而风变得愈小，寒冷就变得愈轻了。

我们凭经验还发现，深井里的水并不像地表上的水那样结冰。因为，造成结冰的那种风，由于它的各个部分的自由飘荡而进入地球，在这一过程中，或多或少丧失了它的某些威力，尽管丧失得并不多。因此，如果井并不深，那么它也会结冰；而如果它是如此之深，以致导致寒冷的那种风也无法企及，那么，它就不会结冰。

此外，我们凭经验还发现，冰比水轻。其中的原因，从我业已表明的观点来看是很明显的，即在水凝结成冰的过程中，空气被吸纳到水的那些微粒之中并与之相混合。

最后,葡萄酒之所以不像水那样容易受冻结,乃是因为在葡萄酒中有这样的微粒,它们本身并不是流动的,却被推着飞快地运动,而由于它们的运动,冻结过程便受到阻滞和延迟。但是,如果寒冷压倒了这种运动,那么,葡萄酒的最外面部分就将最先结冰,随后是后面的部分;处在中间的葡萄酒若保持不受冻,那么,这是一个信号,它表明这种酒极为浓烈。

8. 硬的第二个原因来自原子更加充分的接触;以及硬的事物是如何被弄破裂的

我们已经看到了使事物变硬的一种方法,即通过凝结作用。第二种方法则如下所述。我们已经假定有无数的原子,有些原子比其他原子更坚硬,我们还假定这些原子自身具有多种简单运动,这些原子同以太实体是混合在一起;由此便必然可以得出结论说:由于我在第二十一章中所谈到的整个空气的骚动,有些原子同其他原子相遇,它们按照与它们自身的运动和相互接触相应的方式相互适应,这样,它们相互黏在一起;而且,既然根本不存在任何真空,所以,根本不可能把它们扯开,除非我们所用的力足以克服它们的硬度。

然而,硬的程度不等,难以胜数。例如,在水中有一种硬度。显然,在水平面上,我们可以用手指随心所欲地把水向任何方向挑起来。在黏糊糊的液体中,硬度要更大一些。当我们把这类液体倒掉时,它们在往下掉的过程中,排列成一条连续的线;这条线在被中断前逐渐地减少其厚度,直到最后它变得如此细小,以至它似乎在某一点会突然中断；而在这类液体的分离过程中，外面的部分最先相互分离开来，然后是较内在的部分一个接一个地紧跟着。在蜡中存在的硬度的等级还要大些。因为当我们把一部分蜡扯离另一部分时，在我们能把蜡扯开之前，我们最先得使整个蜡块变细变长。我们要分离的东西愈硬，我们需要施加的力也就愈大。因此，如果我们不断地去尝试去分离更硬的事物，如绳子、木头、金属、石头，等等，理性使我们相信，同样的情况必然会发生，尽管这种情况并非总是可以被我们感觉到。理性还使我们相信，甚至那些最坚硬的事物，我们也可以用同样的方式把它们分离开来，即通过瓦解它们的连续性这样一种方法：从最外部的表层开始，接着进到最里面的部分。按照类似的方式，当我们要把物体的这些部分分离开来时，我们不是把它们扯开，而是把它们打破。因此，最先的分离将必然发生在物体的弯曲部分的凸面，然后才发生在凹面。因为，在所有的弓形事物中，在凸面上，物体的各个部分存在一种努力，它使物体从其他部分进到某个部分，而在凹面上，所存在的努力则使物体的各个部分相互渗透。

完全理解了这一点，就可以给出一个原因，说明相接于一个共同表面的两个物体为何可以因受力而根本无须引进真空而分离开来；尽管卢克莱修并不以为然，他相信这种分离过程在于牢固地确立真空状态。因为，如果一根大理石柱一端被悬挂起来后，只要悬挂足够长的时间，它就会因自身的重量而碎裂开来。然而，却并不能必然得出结论说：应当存在有真空。因为它的连续性的消解可能是从它的圆周开始，然后再逐渐深入到其内部。

9. 硬的第三个原因来自热

在某些事物中,硬的另一个原因可能在于这样一种方式。如果一个软的物体是由许多硬的微粒组成,这些硬的微粒由于许多其他的流动的微粒的混合而松散地黏在一起。正如我在第二十一章最后一节已经表明的,这些流动的部分将被蒸发掉;通过蒸气,每一个硬的微粒使自己在一个较大的平面上适应与它相邻的微粒,所以,它们将更为紧密地相互结合在一起,这就是说,整个团块将变得更硬。

10. 硬的第四个原因来自被封堵在狭小空间中的原子的运动

除此之外,在某些事物中,以下述这种方式,也可以形成一定程度的硬。任何一个流动的实体,当有某些极微小的物体混在其中时,这些极微小的物体由于按照其自身的简单运动而被移动,因而将类似运动给予流动的实体的各个部分,而且这是在一个封闭的小空间中进行的,例如在一个小球的洞穴中,或一根极细长的管子中,如果这种运动剧烈,并且这些被围困的微小物体的数目非常之大,那么就会发生两件事;其中一件在于:流动的实体将具有一种努力,使它自己立即向四处膨胀开来;第二件事情则在于:如果这些微小物体没法跑出来,那么,由于它们的反射作用,将会出现下述情形,即这部分被围困的流动实体的运动,原来就剧烈,现在将变得更为剧烈。因而,如果这种流动的实体的任何一个微粒受到某些外部的运动的接触和挤压,要不是使用极为明显的力,它本来是不会弯曲变形的。被围困并被如此移动的那个流动的实体因此便具有某种程度的硬度。然而,硬度的大小依赖于这些微小物体的数量与速度,而且,也依赖于二者结合在一起的空间的狭小程度。

11. 硬的事物是如何变软的

因突然受热而变硬的那些事物,诸如因火而变硬的事物,一般因浸渍作用而被分解为它们先前的软的形式。因为,火通过蒸发作用而使事物变硬,因此,只要被蒸发的水汽又得到恢复,先前的本性与形式随之也得到恢复。而且,因受冷而结冰的那些事物,只要使它们结冰的那种风变成相反方向的风,那么,它们就将重新解冻,除非它们因长时间处于这种硬度状态,而已经获得一种新的运动或努力的习惯。如果这种导致冰冻的风中止了,它也不足以导致解冻溶化;因为这一原因的解除并未消除它已经产生的后果;解冻溶化也必须有其适当的原因,即一种相反方向的风,或者至少是一种在某种程度上相反方向的风。我们凭经验发现这一点是真确无疑的。因为,如果冰被置于一个封闭得如此严密的地方,以致空气的运动不可能触及它,那么,冰将继续保持不变,虽然这个地方并不让人感到寒冷。

12. 弯曲事物自动复原究竟出于什么原因

在硬的物体之中,有些物体可以明显地被弄弯曲;有些物体则不然,它们刚刚弯曲就被折断。而在这些可以明显地被弄弯曲的物体中,有些物体被弄弯曲后,我们一旦把它们松开,它们就会自

第二十八章 论冷,风,硬,冰,弯曲物体的复原,……

动恢复先前的姿态;其他物体则仍旧保持弯曲状态。然而,倘若人们要问这种复原的原因,我则说:它可能是出于下述道理,即当被弄弯曲物体保持弯曲状态时,它的那些微粒仍旧保持它们的运动;而一旦使得物体弯曲的那种力被取消,这些微粒通过这一运动而使弯曲的物体复原了。因为,当任何事物被弄弯曲时,比如当一块铁片被弄弯曲时,一旦我们把力取消,它就会再次恢复原样。很显然,这种复原的原因决不能归诸周围的空气;它也决不能归诸使物体弯曲的那种力被排除了。因为,在处于静止状态的事物中,障碍的消除并非事物将来运动的充分理由;除了运动之外,不存在运动的其他原因。因此,这种复原的原因在于钢铁本身的各个部分之中。因而,当它保持弯曲状态时,在它由以组成的各个部分之中,存在着某种运动,尽管这种运动是看不见的;这就是说,至少存在某种看不见的努力,以此而造成复原作用;因此,所有各个部分的这种努力总合起来就是复原作用的最初来源;如此一来,障碍被消除后,也就是说,使它保持弯曲状态的力被消除之后,它将恢复原状。各个部分的这种运动,亦即造成这一切的这种运动,就是我先前所谓的简单运动,或者说回复到它自身的运动。因此,当铁片的两端被拉在一起因而整个铁片处于弯曲状态时,在其一边存在着铁片各部分的相互挤压作用;这种挤压作用就是一种力,它与另一种力正好相反,这另一种力即在另一面上存在着铁片各部分的撕扯作用。因此,在其一个边上,铁片各部分的力倾向于使铁片从中间向两端复原;而在另一边上,则倾向于使铁片从两端向中间复原。所以,一旦障碍被消除,作为复原作用之源泉的这种努力,将使铁片恢复到先前的形状。我便已经给出了一个可能的原因,说明有些物体被弄弯曲后为何又恢复自身形状；而这正是原本要作的。

至于石头,鉴于它们是由土中的许多极其坚硬的微粒积聚而成的,而这些微粒并无多大的黏合性,这就是说,这些微粒只是略微相互接触并因而容纳了许多空气的微粒；这就不可避免地会出现下述情况,即在这些石头的弯曲过程中,由于它们的硬度,石头的各个内在部分将不容易被压缩。又由于它们的粘合性并不牢固,一旦那些外部的坚硬微粒被拆散开来,这些以太的部分也将必然爆裂,这样一来,物体就将突然破裂开来。

13. 透明和不透明,何谓透明和不透明？它们究竟出于什么原因

我们把下述物体称之为**透明的**,即当某个透亮的物体的光线落在这些物体上面时,每条光线的运动在这些物体中是如此地进行传播的,即它们仍旧保持它们自身原有的秩序,或者将这种秩序倒置过来；所以,完全透明的物体,也是完全均质同一的。与此相反,不透明的物体则是这样的,由于其异质性本性,它通过在不同形状和不同硬度的微粒中的难以胜数的反射和折射作用,使得落在这个不透明物体上的光线在到达眼睛之前就被减弱了。在这些透明的物体中,有些物体从一开始就是被大自然如此地造就的；比如空气的实体,水的实体,也许还有石头的某些部分,除非石头的某些部分也是早就被冻结的水。其他的透明的物体是通过热力的作用而如此造就的,这种热力把同质的物体集合到了一起。然而,按照这一方式而造成透明的那些物体,是由先前透明的元素构

成的。

14. 闪电和打雷的原因

太阳的运动把水的微粒从海洋和其他潮湿的地方提升到空中,从而造成云,其中道理,我在第二十六章已经作出解释。云是怎么结成冰的,我也在本章第7节作了说明。上升的云和下落的云遭遇,可以把空气封堵在像洞穴般的狭小空间,并且把空气关得愈来愈紧。基于这一点,我们可以推断出关于**打雷和闪电**的一个可能的原因。因为既然空气是由两个部分构成的,其中一个部分为以太部分,它没有自身的运动,如同分割成最微小部分的一个东西那样;第二个部分则为坚硬的部分,它由许多坚硬的原子所组成,而每一个原子又都有自身的极为迅速的简单运动;云层由于相互遭遇而使因它们的拦截而造成的那些洞穴愈来愈紧缩,这时,那些以太部分就将渗透和穿越云层的水的实体;然而,那些坚硬的部分与此同时将会愈发被推挤到一块,并且相互挤压;因此,由于其剧烈的运动,它们就将获得一种从对方那里往回弹的努力。所以,每当压缩作用足够强大,并且云层的那些凹面部分出于我已经给出的原因而冻结成冰时,云就必然会爆裂;云的这种爆裂产生打雷的第一声霹雳声。随后,被关在里面的空气,现在突围而出,在外面造成空气的震荡冲击,由此而产生轰鸣并伴随嗡嗡声;第一声霹雳声和伴随的嗡嗡声二者一起造成我们称之为打雷的那种声响。此外,被围困的空气冲破云层的突围,伴同落在眼睛上的震荡冲击,随之在我们的眼睛上产生这样的活动,该活动使得我们产生了对光的感觉,我们称这种光为闪电。因此,我就已经给出了关于打雷和闪电的一种可能的原因。

15. 云在一度被升入空中并且冻结成冰之后何以又重新降落下来

但是,如果被抬升到云层中的蒸气,确实又聚集起来成为水或者冻结为冰,既然冰和水都比空气重,那么,它们停留在空中,又是出于什么原因呢?或者确切地说,这些一度被升入空中的蒸气,又降落下来,这是什么原因呢?因为,可以把水提升到空中的这同一种力,也可以使水停留在空中,这是毫无疑问的。那么,一度被提升到空中的东西,它为何又降落下来呢?我认为,太阳的简单运动,既导致使蒸气往上抬升的结果,又导致使已经集结为云层的水往下降落的结果。因为,在第二十一章第11节中,我已表明蒸气是如何被提升到空中的;在同一章第5节中,我还表明了同样的运动是如何把同质的物体聚合在一起,又如何把异质的物体驱散开来的;这就是说,那些同地面上的事物有着一种类似本性的事物,是如何被驱向地面的;这也就是说,这就是重的物体往下降落的原因。如果在蒸气的上升过程中,太阳的活动受到阻碍,而在蒸气的下落过程中,太阳的活动完全不受阻碍,那么,水就将往下降落。然而,在使得那些本来具有尘世本性的事物降落到地球上的过程中,一朵云决不可能妨碍太阳的活动,虽然在使得蒸气往上抬升过程中,它可能会妨碍太阳的活动。因为,一朵浓云的较低部分被它的较上部分如此地覆盖着,以至它决不可能接收到太阳的这种活动,而正是凭借太阳的这一活动,蒸气才被抬升起来;因为,蒸气是通过空气不停的骚动,或者通过空气的那些最微小的部分相互分离而被抬升起来,而这种相互分离在一朵浓云插进来时,比在天空晴朗万里无云时要微弱得多。所以,只要一团云被弄得足够的浓厚,那么,先前并未往下降落的水,现在就会往下降落,除非它由于受风的鼓动而停留在空中。因此,我已经提出了一个可能的原因,既说明云为何可以停留在天空中,也说明云为何可以重新下落到地面上;而这正是先前提出来需要回答的问题。

16. 当月亮与太阳并不是方位完全相反时,何以会出现月食

我们假定,云层可能被冻结成冰,那么,当月亮差不多已经处于地平线之上两度的位置,而太阳刚刚露出地平线的时候,如果我们在此时见到出现月食,也就并不奇怪;因为,这样一种月食现象,早在公元1590年,迈斯特林(Moestlin)就在图宾根观察到了。因为,在这个时辰,可能会发生这样的情况,即一团冻结成冰的云被插入到太阳和观察者的眼睛之间。如果果真如此的话,那么,此时实际上差不多处于地平线之下两度的太阳,由于它的那些光线穿越冰层,就可能会看起来刚好处在地平线上。而且需要注意的是,那些把此类折射归因于大气层的人,是决不可将如此巨大的一种折射归因于大气层的。所以,要么是处于一个绵延性的物体之中的水,要么是冰,而不是大气层,才必定是此一折射的原因。

17. 通过什么方法才能够同时出现许多太阳

再者,要是我们承认在云层之中可能存在有冰,那么,有时候许多太阳同时出现在空中,也就不再是什么奇迹了。因为,我们可

以把许多镜子这样放置，使它们通过反射而在许多地方显示同一对象，如此之多的被冻结成冰的云层岂不可以充当如此之多的镜子吗？它们用于这一目的岂不是十分恰当吗？此外，还可以通过折射而增加这类现象的数目；所以，像这类现象倘若从来都不出现的话，在我看来，那才是一个更大的奇迹。

要不是由于人们在仙后座中曾经见到的关于那个新星的一种现象，我本来还以为彗星也是根据同样的方式构造成的，即以为它不仅从地球那里，而且也从其他行星那里将蒸气汲取过来，由此而构成它自己，并且凝结成一个绵延性的物体。我本来完全可以由此给出一个理由，既说明它们的细节，又说明它们的运动。然而，鉴于这种星置身于恒星群之中，它在整整十六个月中保持在同一位置，所以，我决不可相信它的物质就是人们所说的冰。因此，我抛开了其他人对于彗星的原因的专题研究；关于这些专题研究，迄今已经出版的内容，除了关于彗星的纯粹的历史记录之外，没有什么东西值得考虑。

18. 论江河的源头

从雨水或者从融雪中可以很容易地推断出江河的源头；但从其他的原因，几乎难以或者说完全不可能推断出江河的源头。因为雨水和融雪都顺着山坡往下流；而如果雨水和融雪正是因为山脉的外部表面而往下流，那么，阵雨或雪本身则可以被认作是泉水或源泉的原因；然而，如果它们进入地面并且流入地面之下，那么，它们在哪个地方冒出来，哪儿就会有它们所化作的泉水。这些泉水汇聚成涓涓小溪，而许多涓涓溪流则汇聚成汪洋江河。迄今，我

第二十八章 论冷,风,硬,冰,弯曲物体的复原,……

们所发现的所有泉水,无不是出现在下述地方,在这些地方,流入的泉水成为泉水之源的水,要么比泉水本身离地心更远,要么至少像泉水本身一样远离地心。有鉴于一位伟大的哲学家曾经对上述看法提出反对意见,认为在塞尼斯山(Mount Cenis)——它把萨伏伊(Savoy)从皮埃蒙特(Piedmont)分割开来——的顶峰,那里涌出一条河流,它流经苏萨(Susa)而奔涌直下;他的这种看法实际上并不真确。因为,在这条河之上,两公里之遥,两边有高耸入云的山峰,这些山峰差不多常年被积雪覆盖,无数的涓涓溪流顺势而下,显然,它们哺育着这条河,以丰富的水源,保证了它的巨大水量,使之浩浩荡荡。

第二十九章 论声音、气味、滋味与触摸

1.声音的定义,声音的各种区别——2.声音有各种程度的原因——3.尖锐声和低沉声的区别——4.清晰声和沙哑声的区别,原因何在——5.雷声和枪声,它们是从何处发出来的——6.一吹就响其声悠扬的管乐器的声音从何处发出——7.关于反射回来的声音——8.整齐而持续的声音是从哪里发出来的——9.风怎样帮助和妨碍声音的——10.不仅空气,而且其他物体,无论它们多么坚硬,都可以传递声音——11.低沉声和尖锐声的原因,和声的原因——12.嗅觉的各种现象——13.第一器官和嗅觉的产生——14.它是怎样得到热和风的帮助的——15.为什么其中具有最少空气混合物的物体最不容易被嗅到——16.为什么有气味的东西越擦,气味越大——17.味觉的第一器官;为什么有的味道引起恶心——18.触觉的第一器官;我们是怎样获得那些有关触觉和其他感觉公共对象的知识的

1. 声音的定义,声音的各种区别

声音是由媒介的活动所产生的感觉,当其运动抵达耳朵和感觉的其他器官的时候,声音就产生了。这下我们明白了,媒介的运

第二十九章 论声音、气味、滋味与触摸

动不是声音本身,而是其原因。因为在我们的心中所产生的心像亦即器官的反映,才是我们所说的声音本身。

声音的主要区别如下,第一,如果有某一个声音比较强烈,就必定有另一个声音比较微弱。第二,如果有一个声音比较低沉,就必然有另一个声音比较尖锐。第三,如果有一个声音比较清晰,就必然有另一个声音比较沙哑。第四,如果有一个声音是原生的,就必然有另一个声音是派生的。第五,如果有一个声音是整齐的,就必然有另一个声音是不整齐的。第六,如果有一个声音持续得比较长久,就必然有另一个声音持续得不那么长久。

至于视觉,也和听觉一样,也是由媒介的运动所产生的,但是产生的方式有所不同。这是因为视力产生于压力,换句话说,产生于一种努力;在这种努力中,没有关于媒介的任何部分的可以感觉到的级数;而只有一部分对另一部分的怂恿或者推挤,由此将运动传递到不同的距离;然而声音由之而造成的媒介的运动便是一种打击。这是因为,当我们听见的时候,作为听觉的第一器官的耳鼓便被打击了。而正是由于耳鼓之被打击,软膜才受到震动,而与它在一起的是插入其中的动脉;通过它,这种活动被传到心脏本身,通过心脏的反作用,一个心像就产生了,这就叫作声音;由于那反作用倾向于向外边,我们就认为它在外面。

2. 声音有各种程度的原因

而且,既然运动所产生的结果有的大一些,有的小一些,不仅因为速度有的大一些有的小一些,而且还因为即使在速度一样的时候,物体本身也有大小的区别。这两种方式都可能使一个声音

较大一些或者较小一些。而且,因为物体的体积和运动的速度都不可能给出极大值和极小值,就可能发生如下的情形:要么运动的速度太小以至于根本产生不出相应的声音来,要么物体的体积太小以至于根本产生不出相应的声音来;要么是物体的体积或速度太大,以至于通过刺伤器官而带走对声音的感觉的功能。

由此可以推导出下述各种现象中,声音的力量和强弱的可能的各种原因。

第一种现象是这样的:如果某人说话的时候,是通过通风管道进行的,该管道的一端连着讲话者的嘴巴,另一端连着听话者的耳朵,那么,在这种情况下声音就比从空气中传来的时候来得更大一些。至于其原因,不仅可能的而且肯定而明白的原因是这样的:在通风管道里的空气由于第一口气而运动起来,并且传播开去,它不像在敞开的空气中那样被分散,因此理所当然地以几乎与第一口气被呼出时同样的速度传送到听话者的耳朵里。然而,在敞开的空气中就不同了。在那种情况下,第一次运动将自身一圈一圈地向四周分散,就好像投掷一块石头于静止的水中所造成的情形一样,随着波纹一圈又一圈地扩大,那个由石头的运动而开始的速度,却变得越来越小。

第二种现象是这样的:如果通风管道短,而且连接嘴的一端比连接耳朵的一端大一些的话,那么声音便会比在敞开的空气中传播的时候要大一些。至于其原因,则是一样的。通风管道的大端即连接耳朵的一端越大,那么分散的程度就越小;通风管道的距离越短,那么分散的程度也就越小。

第三种现象是这样的：相比之下，处在室内的人容易听见室外的人的谈话，而站在室外的人难于听见室内的人的谈话。这是因为，窗户和其他的通道对于运动的空气来说，起到了如同通风管道的大端的作用。而且同样由于这个原因，有些动物似乎有较好的听力，因为大自然赋予了它们更宽更大的耳朵。

第四种现象是这样的：站在海边的人不可能听见附近的两朵浪花的撞击声，尽管如此，但是他却能听见整个大海的咆哮。原因似乎是这样的：虽然几次撞击驱动了器官，但是，由于这是分别进行的，所以还不够强烈到足以引起感觉。相比之下，当整个大海没有什么妨碍而一起轰鸣的时候，声音就产生出来了。

3. 尖锐声和低沉声的区别

当物体受到打击的时候就会发出声音，的确有的声音更加低沉，而有的声音更加尖锐。原因在于物体受到打击的部位不相同，这些部位被迫逸出它们的位置然后又恢复到原位。这是因为，在有些物体里，被运动起来的部分其恢复得比较快，而在另一些物体里，被运动起来的部分其恢复得比较慢。而且，以下也可能是一种原因。器官的某些部分，由媒介驱动起来之后，又恢复到静止状态，这种恢复有时候要早一些，有时候要晚一些。现在，我们看到，其情形是这样的：物体的某些部分的振动，或曰往复的运动，其频率越高，在同样的时间里由一次打击而引起的整个声音也就越响；当然，我们知道，越是细小的部分，也就越容易振动。再者，一个物体，发出的声音越尖锐，其质地也就越精细。两种声音，即尖锐的声音和低沉的声音,都是由非常细小的部分构成的,前者由时间的频率造成,后者由物体的质地决定。

各种声音的第三种区别,如果用我已经使用的**清晰**(*clear*)和**沙哑**(*hoarse*)这两个术语来理解,不可能设想得很清楚。如果用我知道的其他术语来描述,也还是不很清楚的。因此只好通过一些例子来加以说明。当我说沙哑的时候,按照我的理解,是指耳语声和嘶叫声,以及使用这个名称时它有可能被表达的与此相似的诸如此类的声音。这种声音似乎可以由某种强烈的风的力量造成,劲风一吹,诸物跌倒,擦刮地面,而非敲打,这时候的声音就是沙哑。与此相反,当我使用清晰这个词的时候,我并不把它理解为一种可以很容易地很分明地听见的声音。这是因为,悄声耳语有时可能更清晰。我所指的是这样一种声音:它由某种破裂所引起,其声音或是连续激越,或是叮当作响,犹如喇叭所发出的声音,等等。而且,假如用一个单词来表达其含义,那就是嘈杂。而且,我们还须明白,这些声音都是由至少两种物体的声音汇合协同而造成的。这样的汇合协同,必然有作用和反作用,也就是说,一个运动与另一个运动方向相反。由于这两种方向相反的运动之间的比例各不相同,因而汇合协同也随之变化。这样一来,声音也就各不相同了。而且,每当其间的比例较大的时候,在这些物体中,一个物体的运动也就变得比另一个物体的运动更加明显,因此声音也就不属于同一个种类了。比如,当疾风以大的角度歪斜着吹在一个坚硬的物体之上的时候,又如,当一个坚硬的物体在空中被迅疾地刮走的时候,发出的声音便不同平常。我所说的沙哑的声音就

第二十九章 论声音、气味、滋味与触摸

是指在那个时候发出的声音,即希腊文里的 συριγμός。① 因此,由嘴巴用猛烈的力量一吹所造成的声音就是沙哑声。因为当气流从嘴巴跑出来的时候,它擦刮着双唇的表面,双唇施于气流力量之上的反作用并不明显。这就是为什么风一吹就发出沙沙风声的原因。再者,两个物体,无论它们多么坚硬,如果用不大的压力将它们一起摩擦,也会发出沙哑的声音。而这种沙哑的声音,当它被造成的时候,正如我已经说过的,由于系空气刮擦坚硬物体的表面,其声音听起来不像别的,而像是空气被分成了无数碎片一样。这是因为,两个物体的表面都很粗糙,上边又有无数部分具有明显的隆起。就是这些东西将在表面流动的空气区分为或者说切割成了碎片。

4. 清晰声和沙哑声的区别,原因何在

嘈杂声(*noise*),也就是我所说的清晰声,是由两种方式造成的。一种系由方向相反的两种沙哑声所造成。另一种系由碰撞所造成,或者由将两个物体突然拉开而造成,在那种情况下,它们的微小的粒子被引入了骚动之中,或者本来已经处于骚动之中的微粒子又突然恢复了原状。那种运动,由于它压印在媒介之上,就被传递到听觉器官那里去了。我们还须明白,当发生这种碰撞或撕裂的时候,在一个物体的粒子中存在着一种努力,在另一个物体的粒子中也存在着一种努力,而且二者方向相反,因此在听觉器官中

---

① συριγμός 意指牧神潘的笛声和口哨声。他有人的身体,头上长角,长耳朵,下半身像羊的脚。他不仅是创造力、诗歌和性爱的象征,而且也是音乐的象征。他擅长吹笛子、排箫,据说他的笛声非常有魔力,容易叫人和希腊众神陶醉和忘我。——译者

也存在类似于那两种努力的一种对立,也就是说,存在两种运动的对立。因此,理所当然地,从那里产生出来的声音也是由两种方向相反的运动造成的。换句话说,在器官的同一部分里存在这两种方向相反的沙哑声。这是因为,正如我已经说过的那样,凡是谈到一个沙哑的声音的时候,便设想了众物体中只有一个物体的显著的运动。这种在器官中存在的运动的对立,就是为什么要有两个物体才能发出嘈杂声的原因。嘈杂声产生的时候,要么两个物体突然被相互敲击,要么两个物体突然被撕裂开来。

5. 雷声和枪声,它们是从何处发出来的

既然我们已经承认了这一点,既然在凝聚冻结在一起的云块之中隐藏着巨大的孔穴,其中有空气,隆隆雷声就是由这里空气的急剧爆发而产生的。巨大的噪声或者霹雳声可能是冰块突然裂开的结果。原因至为明白。在这个活动中必然存在巨大的震荡。不仅有破裂部分细微粒子的震荡,而且还有被传播到空气中的震荡。震荡由空气传递到听觉器官。并在其上留下印象。再有,第一个最巨大的声音是从器官的第一个反作用开始的,它由当时正恢复原状的各部分的碰撞所造成。既然在所有的震荡中,在被打击的各个部分中均有前后往复的运动,这是因为,方向相反的运动不可能在一瞬间之内相互得到抵消,我在第八章第11节里已经说明了这一点,于是就出现这样一种情形:声音继续在响,但是它却变得越来越弱,直到最后往复运动的空气变得如此弱,以至于人们不可能感觉到它。这样一来,一种可能的原因就提供出来了,既可以用它来说明雷声初起的时候,总是猛烈几声炸响,也可以用它来说明

第二十九章　论声音、气味、滋味与触摸

随后雷声持续下去,越来越小,宛如喃喃低语。

大炮开火时发出的巨大声音与响雷时怦然短促的声音有些类似。因为在火药被点燃的时候,在火药急于迸发出去的努力之中,在炮筒的每一个方向都作了如此方式的一种尝试,以至于火药要在整个炮筒子里面扩展炮筒的周长,并且同时缩短轴线。这样一来,当大炮开火的时候,它就变得比开火前宽一些和短一些了。我们还须明白,一旦大炮开了火,其宽度就会减小,而其长度则会增加,这是由铸造大炮的物质的所有粒子引起的,因为这些粒子都要恢复原位。这一切都是由各部分的各种运动所完成的,这些运动不仅非常剧烈,而且方向相反。由于这些运动被传递到空气里,它们便对器官造成印象,而且由于器官的反作用而创造出会持续一定时间的声音来。这一点,我在本节里已经做过说明。

顺便说一下,尽管本来不属于这里研究的内容,我还是注意到了为什么枪炮在开火的时候会产生后坐力的可能的原因。那是因为由于火力的作用,枪炮先膨胀之后又恢复原状的缘故。由于这种恢复,有一种努力向着枪炮膛里的所有方向运动。理所当然地,这种努力存在于临近枪炮尾部的地方。由于枪炮的尾部并不是空的,而是实心的,恢复的效果由于为之所阻碍而变为纵向的运动。这样一来,枪炮的尾部和整个身子便受到了向后的撞击。火力越大,向后的撞击力也就越大。借助于这种撞击力,临近枪炮尾部的那一部分就被恢复到了原来的位置。换句话说,那一部分就越小,向后的撞击力也就越大。因此引起枪炮后坐的原因,有大有小,其大小取决于临近枪炮尾部的那一部分的厚度。厚度越大,它们的后坐力就越小。反之亦然。

6. 一吹就响其声悠扬的管乐器的声音从何处发出

这里也谈一谈笛声的原因。人们吹笛子,就会发出清脆的笛声。这种声音也同样是由撞击产生的。这是因为,当气息吹进笛子的时候,如果气息仅仅擦刮了笛子的凹面,或者气息以非常尖锐的入射角而落在笛子上,那么笛声就不可能是清脆的而只能是沙哑的。可是,如果这个角度足够大,以至于在中空的各个方向上产生打击的话,那么气息就可能朝相反的方向振动。于是将会造成这种连续的从一边到另一边的来回打击,直到最后笛子的整个凹面都投入运动。这种运动将是双向反复的,与撞击一模一样。而且,这种双向反复还传递到器官,由于器官的反作用,清脆的声音就产生出来了,这与撞击时的情形是一样的,也与将坚硬的物体强行分开时的情形一样。

人的声音也是依照同样的方式产生出来的。这是因为,当气息不受阻碍地吐出来的时候,气息是轻轻地接触着它所经过的各个腔体的,于是沙哑的声音就发出来了。可是,如果气息吐出来的时候,强烈地敲打在咽喉(larynx)之上,那么,一个清脆的声音就造成了,这与笛子的情形是一样的。而且,同样的气息,当它以不同的方式来到上腭、舌头、牙齿和其他发音器官的时候,就等于进入了呈不同发音状态的器官里一样,于是各种声音也就变得互不相同了。

7. 关于反射回来的声音

由发声体出发的、以直线方式向着器官前进的、没有反射的运

第二十九章　论声音、气味、滋味与触摸

动所产生的声音，我称为**原级声**。由一次或多次反射所产生的声音，我称为**反射声**。反射声与回声是一样的。在从物体到耳朵之间的路程上，有多少次反射，回声就被重复多少次。这些反射可以由山峰、水流或其他的抵挡的物体造成；这些运动物体的置放使得它们造成的运动反射有多有少，这是就它们自身在次数方面的多少而言的；运动反射的次数越多，回声发出的次数也就越多；运动反射的次数越少，回声发出的次数也就越少。而且，它们的频率也有大有小，这是就它们相互之间距离的大小而言的。然而，我们从反射物着眼来探讨这两个事物的原因，就像我们探讨视觉时通常所做的那样。这是因为，反射的规律在听觉和视觉两方面都是一样的，那就是入射角和反射角相等。因此，如果在一个里面非常光滑的中空的椭圆物体里，或者在两个以共同基座相连的正抛物面的立体里，放置一个发声体，再用一根有两个着火点的导火线进行连接，其一连着发声体，其一连着耳朵，这时我们听见的声音就会比在敞开的空气中大许多音级。假如我们把这样的可燃物放入同样的地方，而且遇到阳光的照射它们就会着火，那么，我们就会明白，这件事情和这样的可燃物的燃烧都是同样的原因引起的结果。但是，当可见的物体被放在一个着火点上的时候，它在另一个着火点上是看不清楚的。这是因为那个物体的每一部分都处在耀眼的光线之中，而光线又受到凹面的反射而刺眼，于是造成视觉的模糊。在周围都是反射光线的情况下，当声音传到耳朵的时候，声音也同样听得不大清楚，同样也没有那么分明了。这也可以用来解释教堂里的情形。教堂具有拱形的屋顶。虽然它们既不呈椭圆形又不呈抛物形，但是其形状毕竟与上述情形相差不太远。因此如

果完全没有穹隆型的屋顶的话，从布道坛传来的声音就不会像它可能具有的那样清晰。

8. 整齐而持续的声音是从哪里发出来的

关于各种声音的**整齐划一**和**绵延**，这两方面均具有共同的原因。我们由观察可知，有些物体受到打击的时候会发出不均等的或曰沙哑的声音。这样的物体是非常不同质的，也就是说，它们由之构成的各个部分，在形状和硬度方面都非常不相似，比如说，它们由木头、石头以及不少其他的东西所构成。当这些东西受到打击的时候，就会产生其内部粒子的震荡以及它们的恢复原位。但是，它们自己运动的时候既不一致，它们相互作用的时候也不一致。它们中的一些物体从打击反弹回来，与此同时，另一些已经完成了其反弹的物体却正在恢复。这样一来，它们便相互妨碍，并且阻止了相互的运动。由此可知，它们的运动不仅是不均等的粗糙的，而且它们的往复运动也迅速停息了。因此，每当这种运动被传到耳朵的时候，不均等的而且持续时间短的声音就造成了。与此相反，如果一个受打击的物体不仅足够坚硬，而且该物体由之所组成的粒子在硬度和形状上也相互类似的话，那么一旦它首次被融化，以后其性状就会固定下来并变得坚硬；比如像玻璃和金属，它们就都具有那样的粒子。由于它的各个部分及其往复运动是相似的和整齐划一的，它所发出的声音就将是整齐划一和悦耳的。而且，它所发出的声音，其持续时间依该物体的体积大小而不同。发声体的体积越大，它所发出来的声音就响得越久；发声体的体积越小，它所发出来的声音就响得越短。因此，声音是否整齐划一抑或

第二十九章 论声音、气味、滋味与触摸

沙哑,是否持续久长抑或短暂,其可能的原因或许同样在于发声体本身,在于其内部粒子在形状和硬度两方面的相似与否。

此外,如果两个质地相同、厚度相等的长板形物体,都能发出整齐的声音的话,那么,在长度方面最大的那个物体,其声音也将被最长久地听见。这是因为,在两个物体中都存在从打击点开始的运动;由于这种运动在较大的物体中传播的时候所需要穿过的空间也较大,因而其传播所需要的时间也就理所当然地较长;而且,我们还须明白,被运动起来的各个部分,也需要更多的时间来恢复原位。这样一来,所有的往复运动就只有在较长的时间中才能完成。而且由于还要被传递到耳朵里,这也使得声音持续得更长久一些。由此可以很明白,如果有两个坚硬的物体,均能发出整齐的声音,其一外圆而中空,其一为板条形状,而且在其他方面两者均相同,那么外圆而中空的物体其声音将持续得较为久长,呈板条形状的物体其声音将持续得较为短暂。这是因为,在呈圆圈状的线条中,从任何一点开始的活动,由其性状所决定,其传递都是没有终点的。显然,在圆圈中被传递的东西,传来传去,总是又回到它的起始点。这样一来,圆的形状并没有妨碍传递,运动可以在圆形中无限地进行下去。然而,在板条状的物体中,情况则有所不同。在那里,由于每一根线条都有一定的长度,活动便不可能超越那个长度进行。因此,如果两个物体的质地相同,其一圆而中空,其一呈板条形状,那么前者各部分的运动就会比后者更为长久。

还有,如果一根弦线被固定在一个中空的物体的两端,那么所发出来的声音将比弦线不那么固定时更为持久。因为它从弦线那里接受来的颤动或曰往复运动由于进行了连接而传递到中空的物

体那里去了。而且，如果那个中空的物体体积大的话，这种颤动将会因为那种大的体积而更加持久。于是我们看到，由于上述的理由，声音就会更为长久地持续下去。

9. 风怎样帮助和妨碍声音的

在听觉中，也像在视觉中一样，还会发生这样的情形：那就是媒介的运动会由于风的作用而产生变化。如果风吹拂的方向相同，那么声音就变得强些；如果风吹拂的方向相反，那么声音就变得弱些。有关的原因不能从别处得到解释，只能从声音的产生和光线不同而得到说明。在光线产生的过程中，位于对象和眼睛之间的媒介的各个部分均没有发生从其自己的位置到别的位置的可以感觉到的移动；活动只是在不可感知的空间中被传递。所以，没有逆风可以将光线变弱，也没有逆风可以将光线变强。除非风太大的时候，将对象吹得离眼睛更远，或者将对象吹得离眼睛更近。这是因为风即空气的移动，当风平静的时候，风并不因为其介入对象与眼睛之间而会发生什么作用，而在视觉之外的其他场合风是发生作用的。这是因为，在压力持续不断的情况下，空气的一部分马上就被带走，而另一部分空气接踵而来，而新来的空气所接受的印象，与被刮走的那部分空气先前接受的印象相同。但是，声音的产生就不一样了。当第一次撞击或撕裂将空气的最临近部分赶走或驱除出其原来位置的时候，还留下了一段相当长的距离，还使用了一个相当大的速度。我们知道声音以圆圈的形式渐增其遥远，随着圆圈越变越大，空气被驱逐得也越来越远，于是它的运动就变得越来越微弱了。因此，每当空气被打击得发出声音的时候，如果有一阵风顺着吹过来,风就把声音带近我们的耳朵。如果有一阵风逆着吹过去,声音就会离我们的耳朵更远。声音随风吹的方向而变化。当风顺着对象吹过来的时候,那声音似乎来自一个较近的地方;当风逆着对象吹过去的时候,那声音似乎来自一个较远的地方。至于反作用,由于距离不相等,它要么被增强了,要么被削弱了。

由此可以理解与被说成是人们在肚子里说话一类声音的原因,虽然这种声音近在咫尺,但却很少听到,人们甚至怀疑根本就没有发出过任何声音,就像是在很远的距离以外说的一样。因为如果对某个发出声音的确定的地方没有任何先见,那么,从那里传来的人的说话声音,就会视其大小来判断距离,如果声音微弱,那么,就判断其距离必定长;如果声音强烈,那么,就判断其距离必定近。因此,我们看到这些口技表演者,他们的发声方法与其他人不同。其他人通过向外吐气而发出声音,口技表演者通过向内吸气而发出声音。向内吸气就使得同样的声音显得细小而微弱。声音的这种微弱就欺骗了那些粗心的人,他们既不怀疑那是人工的摹拟,又没有琢磨过他们讲话时所运用的努力。于是,他们并不认为那声音微弱,而是以为那声音来自远处。

10. 不仅空气,而且其他物体,无论它们多么坚硬,都可以传递声音

至于传递声音的媒介,它并不只是空气。因为水,乃至任何别的无论多么坚硬的物体都可以是那种媒介。这是因为,在任何坚硬的连续的物体之中运动都可以持久地被传递。可是,因为很难

将坚硬物体的各个部分移开,所以从坚硬的质地中出来的运动对空气造成的印象就很微弱。尽管如此,如果有一根长而坚硬的梁,其一端受到打击,其另一端上同时贴着人的耳朵,那么,当那活动就要走出这一根梁的时候,它所打击的空气就会立即为耳朵所接受,进而马上传递到鼓膜,于是声音就相当强烈了。

以同样方式发生的还有如下的情形:在万籁俱寂之夜,一切妨碍声音的嘈杂都停歇下来了。一个人将耳朵贴在大地上,它就会听见过往行人的脚步声,即令那些行人在很远之外悠悠而行。这是因为,通过他们的踏脚而传递到大地的运动,又通过接受他们脚步的大地的最上面部分而传递到了耳朵。

11. 低沉声和尖锐声的原因,和声的原因

在前面我已经说明过了,低沉和尖锐的声音之区别就在于:声音的尖锐程度与往复运动所花的时间有关。物体受到打击,其各部分必然发生往复运动。往复的时间越短,其声音也就越尖锐。但是,质量相同的物体,其体积可能不同。有的可能更沉重而不够延展,有的可能更轻巧而比较延展,因此其往复运动所需的时间也是不同的。比较沉重而不够延展的物体,如果在其他方面相同,那么,其所发出的声音便较为低沉。不够沉重而比较延展的物体,如果在其他方面相同,那么,其所发出的声音便较为尖锐。

至于声音的相和,应当受到如下的考察:空气的往复运动或曰振动造成声音;当空气的往复运动到达耳鼓后,它便在那被包裹于其中的空气之上打上类似振动的印记。通过这种方式,里面的那一面耳鼓的四周就被轮流敲打了。两个声音的相和在于:鼓膜既

从相等的发声体那里接受发出声音的打击，又从相等频率的时间间隔那里接受发出声音的打击。这样一来，当两根弦线在相同的时间里发出振动的时候，它们产生的内容就成了所有其他一切的首要的先决条件了。这是因为，鼓膜即听觉器官的四周，将同时受到两个那样的震动的一齐打击，有如两面夹攻。请看下图。

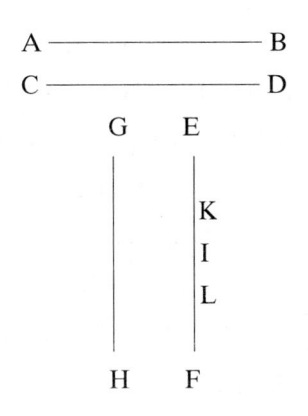

```
A ─────────── B
C ─────────── D
    G   E
    │   │
    │   K
    │   I
    │   L
    │   │
    H   F
```

例如，如果两根相等的弦线ＡＢ和ＣＤ一齐受到打击，它们的振幅ＥＦ和ＧＨ相等，点Ｅ、Ｇ、Ｆ和Ｈ均在鼓膜的凹面上，那么，它同时在点Ｅ和点Ｇ上接受来自两根弦线的打击。而且，同时在点Ｆ和点Ｈ上，由每一根弦线的振动所造成的声音，将是如此相似以至于被认为是同一个声音，而这就叫作同度或和音；这是最大限度的谐和。再者，弦线ＡＢ仍然保持原来的振动ＥＦ，假设弦线ＣＤ被拉紧到其振幅两倍于原来的频率，又假设振幅ＥＦ于点Ｉ处被等分。于是，当弦线ＣＤ在点Ｇ至点Ｈ之间造成其振动的一部分的时候，弦线ＡＢ将在点Ｅ至点Ｉ之间造成其振动的一部分。

当弦线ＣＤ使得其振动的另一部分由点Ｈ回到点Ｇ的时候，弦线ＡＢ的振动的另一部分将在点Ｉ至点Ｆ之间造成。可是，由于点Ｆ和点Ｇ位于器官的两边，因此它们将一齐打击器官，不是每一次振动都打一下，而是隔一次振动才打两下。这样就造成了最接近于同度的谐和，而所发出的声音叫作一个八度音程。再者，由于弦线ＡＢ仍然保持原来的状态，假设弦线ＣＤ被拉紧到其振动以３∶２的比例快于弦线ＡＢ，又假设振幅ＥＦ被三等分于点Ｋ和点Ｌ处。于是，当弦线ＣＤ在ＨＧ上造成其振动的另一个三分之一的时候，弦线ＡＢ将在ＥＦ上造成其振动的另一个三分之一，即从点Ｌ到点Ｆ的振动，以及从点Ｆ到点Ｌ的回归。最后，当弦线ＣＤ在ＧＨ上造成其振动的最后一个三分之一时，弦线ＡＢ将在ＬＥ上造成其振动的最后一个三分之一。但是，由于点Ｅ和点Ｈ位于器官的两边，这样一来，每隔三分之一的时间，器官将由于两根弦线的一齐振动而受到打击，而由此造成的谐和就叫作五度和音。

12. 嗅觉的各种现象

为了寻找出气味的各种原因，我将利用下述现象作为证据。第一种现象在于：嗅觉受到冷的妨碍和热的帮助。第二种现象在于：当风从对象刮过来时，气味较为强烈；反之，当风从感觉者向对象刮过去的时候，气味较为微弱。这两种现象都可以由经验得到证实，很明显，在狗那里也可以验证其真实性，狗是靠嗅觉来跟踪野兽的踪迹的。第三种现象在于：不容易透过液体媒介的物体，发出的气味较少；容易透过液体媒介的物体，发出的气味较多。这一点可以从石头和金属那里得到验证。将它们与植物或者生物相比,就可以看出来。植物或者生物的某些部分,比如,果实和粪便等,气味浓烈;而石头和金属,要么只有很小的气味,要么根本没有任何气味。第四种现象在于:由于其本性而具有浓郁气味的物体,被擦抹以后气味会变得更加浓郁。第五种现象在于:当呼吸停止以后,至少在人那里,那就什么气味也闻不到了。第六种现象在于:去掉鼻孔以后,即使嘴巴依然还张着,嗅觉也就没有了。

13. 第一器官和嗅觉的产生

由上述第五和第六种现象,下列情形可以看得很清:嗅觉的第一和直接的器官是鼻孔最里面的表层,及其位于为鼻孔和上腭所共同使用的通道之下的那一部分。这是因为,当我们用鼻子吸气的时候,我们把气息吸进了肺部。因此,那传送气味的气息就在前往肺部的通道里,换句话说,就在鼻孔位于通道之下那一部分里,气息就是从那里进出的。超出了气息的内部通道,就没有什么东西可闻;没有鼻孔,就什么气味也闻不到。

而且,既然从不同的气味,还必定产生出器官内的某种转变。因此,在闻任何东西的时候,器官的各个部分,即内部表层以及插入其中的神经,也必定为各种气味所驱动。而且,既然我们已经证明,除非为一个已经运动起来的毗邻物体所驱动,任何事物都不可能运动,而且,除了气息即被吸引的空气之外,并没有任何其他的物体毗邻鼻孔的内膜,而且,如此细小的、立体的、眼睛看不见的物体,如果有的话,它就一定是与空气混合在一起的,那么,由此我们便必然可以得出结论说:嗅觉的原因,要么是那种纯粹空气或以太实体的运动,要么是那些细小物体的运动。但是,由于这种运动从被闻的对象那里开始的,因此,情形必定是这样的:要么是整个对象本身被运动起来了,要么是它的若干个部分被运动起来了。这样一来我们就明白了:气味的原因就是具有气味的物体的看不见的那些部分的运动。然而,我们知道:是有气味的物体制造了气味,尽管它们的整个团块并不会受到推动。因此,气味的原因乃有气味的物体的那些不可见部分的运动。这些不可见的部分要么走出对象,要么于其他部分一起保持着它们前面的位置,这些部分是与它们一起受到推动的,也就是说,它们做的是简单的不可见的运动。一些人说,有一些东西从有气味的物体那里出来,他们将其称作臭气。① 这种流出要么来自稀薄的物质,要么来自与稀薄物质混合在一起的细小物体。但是,气味的所有变体之应该从那些细小物体的放出之处而开始其自身的运动,而那些细小物体已经与稀薄物质混合在一起了,这一点简直全然令人难以置信。这是因为,第一,某些油膏,虽然在数量上非常少,只有一点点儿,但是,它们却确实能够发出非常强烈的气味来,不仅在空间里跨越很长的距离,而且在时间上也经久不散,同时,在任何一个时间点上和空间点上都可以闻得到。结果是,被发出来的那些部分足以充满比有气味的物体自身大一万倍的空间。但这是不可能的。第二,无论气味的发出是呈直线运动还是呈曲线运动,如果同样的数量竟然以同样的运动方式从其他有气味的物体流出,我们就会得出结

---

① an effluvium 原义为恶臭或臭气,在此语境下,当为流出或流出物,与 an efflux 的语义比较接近。——译者

第二十九章 论声音、气味、滋味与触摸

论说:所有有气味的物体都会产生同样的气味。第三,既然那些发出具有很大的速度(这一点由下面这个例子可以明白看到:从洞穴里面发出来的恶臭,很快就可以在极远距离闻到),我们便可以得出结论说:由于没有任何东西妨碍那些放出物走向器官的通道,所以只有这样的运动才足以引起嗅觉。其实事情并不是这样的。这是因为,如果我们不由我们的鼻孔将我们的气息吸入,我们是不可能闻到什么的。因此,嗅觉并不是由原子的流出引起的。根据同样的理由,嗅觉也不是由稀薄物质的流出引起的。因为假如是那样的话,那么,不用吸进我们的气息,我们竟然也能够闻了。此外,由于稀薄物质在所有的有气味的物体中都是一样的,它们总会以同样的方式影响器官。而按照这种逻辑推下去,所有东西的气味就会是相同的了。

因此,情况仍然只能是这样:嗅觉的原因必定在于有气味的物体的某些部分的简单运动,而不是在于其整个物质的流逝或者减少。通过这种运动,借助作为媒介的空气,发生了向器官的传递。但是,如果没有借助呼吸的对空气的吸入,类似的运动是不可能强烈得足以使它自己的感觉兴奋的。而这就是嗅觉的可能存在的原因。

14. 它是怎样得到热和风的帮助的

为什么嗅觉为冷所妨碍?为什么嗅觉为热所帮助?其原因可能是这样的。正如在第二十一章中所说明的,热产生简单的运动。因此,就会出现这样的情形。凡是在运动业已存在的方,运动还会在那里增强其自身。由于嗅觉的原因被增强了,气味本身也就被

增强了。至于为什么从对象那里顺着刮过来的风会使气味变得强烈,其原因与在呼吸中吸入空气时所作的一切是完全一样的。这是因为,将身边的空气吸进的人,与空气一道也连续地吸进了对象存在于其中的那种空气。然而空气的这种运动就是风,当另一股风从对象那里顺着吹过来的时候,这种运动就被它增强了。

15. 为什么其中具有最少空气混合物的物体最不容易被嗅到

包含最少量空气的物体,如石头和金属,所产生的气味比植物和生物所产生的气味要少一些。原因可能是这样的:引起嗅觉的运动是一种只涉及液体各部分的运动;这些部分,如果它们有任何来自它们自身被包含在其中的坚硬部分的运动,它们就会把同样的运动传递到空气中,借助于空气,它被传递到器官那里去。因此,在那里就与在金属里一样,是不存在任何液体的部分的,或者说,在那里液体的部分没有接受任何来自坚硬部分的运动。比如,在冲积层经过自然形成而变得坚硬的石头里,就不可能有任何气味。石头如此,水亦然。水的那些根本没有或者很少有运动的部分是产生不出任何气味的。但是,如果同样的水,由于种子或者太阳热的关系,随着泥土的微粒一齐被提升进了一株植物之中,而随后又被挤压出来的话,那么它就将是有气味的,就像葡萄酒来自葡萄树一样。这是因为,由于那些植物的某些部分的运动,流经植物的水就被变成一种有气味的液体了。水如此,空气亦然。当植物正在生长着的时候,如果有空气通过同样的那些植物,空气也会被变成具有气味的各种气体。各种汁液和酒的情形也是这样的,它

第二十九章　论声音、气味、滋味与触摸

们都是在各种生物中被酿造出来的。

16. 为什么有气味的东西越擦,气味越大

令人懊悔的是:有气味的物体可能被弄得气味更加强烈,其所以如此,乃是因为:将有气味的物体弄碎,使之具有许多部分,这些部分就是所有的气味,这样,由于呼吸,从对象那里被吸引到器官的空气,在其通道中不仅接触了所有的那些部分,而且还接受了它们的运动。然而,空气接触的仅仅是表面。当一个物体处于整体状态的时候,它的表面积是比较小的。当一个物体被研成粉末之后,所有部分的表面积加起来则大得多。由此,便可得出结论说:同样具有气味的物体,当其为整体的时候,产生的气味较小。同样具有气味的物体,当其为破碎为较小部分的时候,产生的气味就较大。关于气味,就讲到这里。

17. 味觉的第一器官;为什么有的味道引起恶心

我们接着考察味觉。味觉的产生与视觉、听觉和嗅觉的产生不同,后面三种感觉系对远处对象的感觉,而味觉则是对近处对象的感觉。如果所尝之物不在毗邻之处,我们是尝不到什么东西的。所尝之物要么立即接触舌头或上腭,要么立即接触二者。理由至为显明,舌头和上腭的表层以及插入其中的神经是味觉的第一器官。而且(因为从对于这些部分的打击开始,接下来的必然是对于软膜的打击)传递到这些部位的活动复被传递到大脑,再从那里被传递到最遥远的器官即心脏处,而感觉的本性就在于心脏的反作用。

然而，各种滋味，以及各种气味，都不仅使大脑运动，而且还使胃运动。这一点可以从它们两者所引起的种种厌恶而得到说明。如果我们把大脑和胃看成是味觉和嗅觉这两种感觉的器官，那就一点也不奇怪了。这是因为，舌头、上腭和鼻孔拥有同一块连续的表层，这种表层是从**硬膜**衍生出来的。

再者，臭气这一概念与味觉没有任何关系。这一点从这里可以得到说明。在器官与对象不毗邻的地方，是根本没有什么味道不味道的。

味道的种类是无数的，但是我不知道，通过各种运动的什么样的变体，可以将味道的不同种类区别开来。或许综合考虑其他特征，我可以从那些原子的不同形状将它们推导出来，因为凡是可以品味之物都是由原子构成的。或许我可以从不同的运动，通过假设那些原子的属性，将它们推导出来。猜测与真理并非毫无相似之处，因此我猜测那些品尝起来甜的东西使得它们的粒子以缓慢的速度作圆周运动，而且这些粒子的形状是球形的。这就使得它们向器官显得平滑和令人快乐。苦的东西也在作圆周运动，但是太猛烈了，而且它们的形状呈多角形，这样一来它们就搅乱了器官。至于酸的东西，它们作直线的往复运动，它们呈细长形状，这样一来它们就对器官造成切割和创伤。而且以类似的方式，我还可以对其他味道的原因作出解释，比如不同的运动方式，又如原子的形状，等等，在很大程度上这些东西可能就是真正的原因。但是，这样做就会反叛哲学而走向占卜学。

18. 触觉的第一器官；我们是怎样获得那些有关触觉和其他感觉公共对象的知识的

通过触觉，我们感觉到什么物体是冷的或者热的，虽然这些物体可能离我们有一段距离。其他可触及的感觉，比如坚硬、柔软、粗糙和光滑，等等，如果它们不是毗邻的，我们也是感觉不到的。触觉的器官是从**软膜**被延续过来并分布到全身的那些膜中的每一种膜。每一种膜的任何一个部分都不可能被挤压，但是，**软膜**却可以与它一起被挤压。因此，无论什么东西压在它的上面，这施压的东西的软硬都可以被感觉到，也就是说可以感觉到它是较坚的还是不够硬的。至于粗糙的感觉，它只不过是对坚硬的无数感知罢了，这种感知一个接着一个，在时间和空间上都有一些短的间隔。这是因为，我们注意到粗糙和光滑，正如我们也注意到大小和形状一样，不仅通过触摸，而且还通过记忆。原因在于，虽然某些事物在一个点上被触摸到了，可是粗糙和光滑，正如数量和形状一样，只有通过一个点的持续运动才有可能被感知，换句话说，没有时间，我们就不可能有对它们有任何感觉；但，倘若没有记忆，我们就不可能对时间有任何感觉。

第三十章　论重力

1.一个稠密的物体并不比一个稀薄的物体包含更多的物质,除非它还包含更多的空间——2.重物的下降并不是由它自己的欲望产生出来的,而是由地球的某种能力产生出来的——3.重力的差异是由动力的差异产生出来的,这种动力组成重物的元素落到地球的上面——4.重物降落的原因——5.重物降落是按什么比例加速的——6.为什么潜水者在水下面感觉不到他们上面的水的重量——7.一个漂浮物体的重量与充满该物体浸入水中所占据的空间的那么多水的重量相等——8.如果一个物体比水轻,无论该物体有多大,它都将漂浮在无论多少量的水面之上——9.水是如何被空气提升并从一个容器中流出来的——10.为什么一个气泡吹满空气时比没有空气时重——11.风枪使重物喷射的原因——12.晴雨计上水上升的原因——13.生物向上运动的原因——14.自然界中存在着比空气更重的一类物体,然而通过感觉却不易将其与空气区分开来——15.论磁力的原因

1.一个稠密的物体并不比一个稀薄的物体包含更多的物质,除非它还包含更多的空间

在第二十一章,我按空间的要求定义了稠密和稀薄,所谓稠

密，其所意指的是具有更多抵抗性的物体，而所谓稀薄，其意指的则是具有较少抵抗性的物体；这也是在遵循此前我在论述折射问题时的习惯。然而，如果我们考察这些词的真实日常意义，我们就会发现它们是集合名词，也就是说，它们是众多事物的名词；因为所谓**稠密**，就是占据了给定空间的更多的部分，所谓**稀薄**（thin），就是在同样空间中或与之相等的空间中包含同样量值的较少的部分。稠密因此便与密集是一回事，例如一支密集的队伍，而稀薄则与稀疏是一回事，例如一支稀疏的队伍，房子稀疏等；这并不是说，一个空间比另一个同等的空间具有更多的物质，而是说一个空间比另一个空间具有更大的量的某种指定的物体。打一个不甚恰当的比喻，在一个沙漠中并不比在一个城市里具有更少的物质或物体，只是具有更少的房子或更少的人而已。一个密集的队伍所具有的物体并不比一个稀疏的队伍所具有的物体具有更大的量，只是其所具有的士兵的数量更多一些。因此，在相同空间中所包含的部分的多或少便构成了密和疏，不论这些部分是由真空还是由空气分隔开来的，都是如此。但是，这种考察在哲学中并没有任何重大的意义，不是什么重要的要素，因此，我将把它搁置一旁，转而探究重力的原因。

2. 重物的下降并不是由它自己的欲望产生出来的，而是由地球的某种能力产生出来的

然而，我们称这些物体为重的，只要它们不受到某种力量的阻碍，它们就会朝向地心，并且是自愿如此的，因为无论如何我们通过感官都察觉不到一直与之相反的情形。一些哲学家因此便一向

持这样一种意见,认为重物的下降是由其某种内在的欲望产生出来的,由于欲望,当它们上抛的时候,它们再次下落,就像是它们自己受到推动似的,回到与它们的本性相一致的地方。另一些人则认为它们因受到地球的吸引才降落下来的。对于前者,我不能赞同,因为我已经足够清楚地证明了运动不可能有任何开端,而只能出自外在的运动着的物体;因此,无论什么事物,只要它朝向任何一个位置的运动或努力,它就将始终朝着同一个地方运动或努力,只要它不被某个外在物体的反作用阻碍,事情就是如此。因此,重物一旦上抛,它就不可能不再次受制于外在的运动,而降落下来。此外,既然无生命的物体根本没有欲望,下面这种看法就是荒谬的:认为在不理解究竟什么保持它们的情况下,它们为了保持自身,凭借它们内在的欲望,离开它们所在的地方,并将它们传送到另一个地方;另一方面,人,既有欲望,又有理智,却不能为保持自己的生命,而将自己提升到离地面三四英尺的地方;最后,将自身运动的力归因于所创造的物体,除了说有不依赖于造主的受造物,还能有别的什么事物呢?对于后者,他们将重物的下降归因于地球引力,我则是持赞同意见的。但对究竟根据什么样的运动,才能做到这一步,至今还没有人作出解释。因此,在这里,我将就地球以其活动吸引重物的方式作出解释。

3. 重力的差异是由动力的差异产生出来的,这种动力组成重物的元素落到地球的上面

由于假定太阳作简单运动,同质物体聚集,异质物体分散,这在本书第二十一章第5节中已经阐述过了。我还假定:存在有一

第三十章 论重力

些与纯粹空气混合在一起的很小的物体，也就是其他一些人称乎它们的，原子；它们由于极其微小而不能被看见，不同于有硬度、形状、运动和大小的其他物体；它们从那里传送过来，其中的一些聚集到地球上，另外一些聚集到其他行星上面，其他一些则被到处带到这些居中的空间。而且，既然那些被运送到地球上的物体，相互之间在形状、运动和大小方面不同，它们中有些是以大的动力落到地球上的，另一些则是以小的动力落到地球上的。由此，我们便可以得出结论说：那些具有较大动力的物体便更重些，那些具有较小动力的物体便较轻些。因此，我们的探究便必定是那些从天上降落到地球上的物体的传递的方式或手段，其中的一些带有较大的动力，而另外一些则带有较小的动力；也就是说，其中一些物体比另外一些物体更重一些。我们还必须探究，被安置在地球上的这些物体究竟是以什么方式为地球自身迫使其上升的。

4. 重物降落的原因

令以中心点 C 的圆（见本书附录第三十章图图 2）为地球表面的一个大圆，穿过点 A 与点 B。再令任何一个重物，如石头 A D，被放置于赤道水平面的任何一个地方，使它沿 A D 竖直上抛，或沿任何一条其他的线达到 E 点，并假定静止在那里。因此，石头在 A D 上占据的空间，就是它现在在 E 上占据的空间。因为所有空间都被假定是充满的，空间 A D 由空气所填充，空气是由距地面最近的位置注入它里面的，然后是由更遥远的位置连续不断地注入。以 C 为中心画一个圆穿过 E；令处于地球表面和那个圆之间的水平面，被分隔为相同的同心的平面球；令第一个球包含在穿过 AD 的两个圆周之间。因此，第一个球中的空气充满了空间 AD，球自身被造得很小，并且其范围比直线 AD 还小。因此，从上面紧挨的球体中将必定下降一些空气；同样，由于同一种原因，将有空气从紧挨着的上面的球体中下降；而且由于这种连续作用，石头便停留在 E 点。而且，既然空气由于地球每天的公转而比石头更加容易被甩离，包含着石头的球体内的空气将比石头抛离得更远。但在没有真空介入的情况下，如果没有这些空气从上面紧挨的地方下降到 E 点，这是不可能的，除非这么多空气也从邻近上面的位置降落到 E 点；当这些做了之后，石头就将被推挤下去。因此，通过这种方式，石头目前便获得了它下降的开端，即它的重力的开端。再者，无论什么事物，只要它一旦运动，就将以同样的方式也以同样的速度持续不断地运动（如本书第八章第 19 节所证明了的），除非它由于某种外在的运动而受到阻碍或得以加速。然而，空气，这是地球 A 与在其上的石头 E 之间的唯一物体，它在直线 EA 的每一个点上都有着在 E 点所有的同样的运动。但是，它在 E 点压着石头；从而，它也将在直线 EA 的每一点上同等地压着石头。于是，石头从 E 到 A 以加速度运动下降。因此，在赤道下的重物下降的可能原因就是地球每天的运动。并且，同样的推证也有助于说明：如果石头被放置在平行于赤道的任何其他圆的水平面上，但是由于那些平行圆上的运动比赤道上的运动要慢得多，这种运动甩离空气的力量也就小得多，以致在极点上根本没有任何力量，这就使人们很有理由（作为一种结论）认为：当它们离赤道越来越遥远的时候，重物会以越来越慢的速度下降；而且，当在极点本身时，它们要么根本不再下降，要么不再沿着轴线下降。无论这一点是真是假，都须交由经验进行判定。但这是很难去做实验的，这一方面是因为它们下降的时间不易精确地测量，另一方面还因为极点附近的空间不易进入。尽管如此，我们还是知道，我们靠近极点越近，降下来的雪片就越大；而且，这些流动的和驱散的物体下降得越快，进入其受到驱散的物体的微粒也就越小。

5. 重物降落是按什么比例加速的

因此，如果假设这就是重物下降的原因，我们便会由此得出结论说：它们的运动在下述方式下将会是加速的，在不同时间里，它们所传送的空间，作为从 1 开始的奇数互相之间具有同样的比例。因为如果直线 EA 被分割为任何数目的同等部分，下降的重物由于每天持续不断的运动，在时间的每一个点上，在直线 EA 的每个点上，都会接受到来自空气的各个新的、相等的动力。因此，在那些时间的每一个点上，它将获得各个同等级别的速度。而由此便可以得出结论说：根据伽利略在他的《运动的对话》中所推证的，下降的物体，在不同的时间里，其传送空间的差等于从 1 开始连续不断的平方数的差；这些平方数是 1、4、9、16 等数，其差为 3、5、7 等；这就是说，是从 1 开始的连续不断的奇数。对我已经给出的关于重力的这一原因，也许会遭到反驳：如果一个重物被置放到某个铁制的或坚硬无比的中空圆柱的底部，其底部被翻转上去之后，物体就将下降，尽管顶上的空气不可能能压迫它，其运动的加速也将小得多。但是，应当考虑到，根本不可能存在有任何圆柱或空穴，而只能存在有受到地球支撑的东西，而且这样受到支撑的东西，由它的每日运动所带动。因为通过这种方式，圆柱底部就将像地球的表面；而抛离下面的最底层的空气就将使得最顶层的空气，以我们在上面解释过的方式，压迫处于这个圆柱顶端的重物。

6. 为什么潜水者在水下面感觉不到他们上面的水的重量

通过经验我们发现水的重力是巨大的，但却需要给出理由，说明为什么潜水者不管在水下有多深，都感觉不到他们之上的水的重量。原因似乎在于：所有的物体，它们有多重，它们向下的努力也就有多大。但是一个人的身体比相同体积的水更重。因此，一个人身体向下的努力较水向下的努力更大。而且，既然所有的努力都是运动，一个人的身体也就将比那么多的水具有更大的速度趋向底部。因此，从底部便产生出更大的反作用；从而向上的努力便等于向下的努力，不论水是被水压迫着还是被比水更重的物体压迫着，都是如此。因此，由于这两种反向的相等的努力，水中的这两种方式的努力便被抵消掉了。结果，潜水者便根本感受不到水的压迫。

推论：因此，很明显，水中的水根本没有任何重量。因为水的所有部分，无论是水上的部分，还是直接在水下的部分，都以同等的努力，并且在同一条线上趋向水的底部。

7. 一个漂浮物体的重量与充满该物体浸入水中所占据的空间的那么多水的重量相等

如果一个物体浮于水面，那么，该物体的重量就将与充满该物体浸入水中所占据的空间的那么多水的重量相等。

第三十章　论重力

令ＥＦ（见本书附录第三十章图图３）为一个物体漂浮于水ＡＢＣＤ中；再令部分Ｅ于水的上面，另一部分Ｆ于水的下面。那么，整个物体ＥＦ的重量就等于空间Ｆ将接受的那么多水的重量。因为既然物体ＥＦ的重量使水在空间Ｆ之外，并且将它放置于表面ＡＢ之上，在那里它向下施压。由此，便可以得出结论说：由于底部的抵抗，就将存在有一个向上的努力。而且，既然由于水的向上的这样一种努力，物体ＥＦ就被托起，因此，如果物体向下的努力不等于水的向上的努力，那就要么整个物体ＥＦ由于它们的力或力矩的不等，而被提升到高出水面，要么它就降到水的底部。但是，假定它在水中保持不动的话，它就既不上升，也不下降。那么，在这两种努力之间就保持着一种平衡；也就是说：物体ＥＦ的重量等于空间Ｆ将要接受的那么多水的重量；这正是原本要证明的。

８．如果一个物体比水轻，无论该物体有多大，它都将漂浮在无论多少量的水面之上

由此，我们可以得出结论说：任何一个物体，不论体积有多大，只要它所包含的物质较水轻，都将浮于任何数量的水上，而不管水有多少，都是如此。

令ＡＢＣＤ（见本书附录第三十章图图４）为一个容器，令其中的ＥＦＧＨ为一包含较水轻的物质的物体；再令空间ＡＧＣＦ充满了水。我则说：物体ＥＦＧＨ将不会沉到底部ＤＣ。因为既然物体ＥＦＧＨ的物质较水轻，如果ＡＢＣＤ的整个空间没有充满水，那么，物体ＥＦＧＨ的某个部分，如ＥＦＩＫ，就将浮在水

上；而且，充满空间ＩＧＨＫ这一空间的那么多水的重量，就将等于整个物体ＥＦＧＨ的重量；从而，ＧＨ便不会接触到底部ＤＣ。至于容器的各边，不论它们是坚硬的还是流体的，都毫无关系。因为它们只是用于给水确定边界的；这样的事情既可以由水来完成，也可以由无论什么坚硬的物体去完成。没有容器的水会在某处受到限制，以致它不会有更进一步的扩散。因此，这一部分ＥＦＩＫ就将存在于包含在容器之中的水ＡＧＣＦ之上。从而，物体ＥＦＧＨ也将漂浮在水ＡＧＣＦ之上，无论水有多少，亦复如此；这原本是要证明的。

9. 水是如何被空气提升并从一个容器中流出来的

在第二十六章第4节中，谈到有一个用来证明虚空存在的封闭在一容器中的水的实验；由于开口向上，水受空气的压力而向上喷出。因此，需要说明的是：既然水比空气重，这一点何以能够做到呢？令第二十六章中受到考察的同样的图2，水由水枪以巨大的力量注入空间ＦＧＢ。在注入时，空气（只是纯粹的气）以同样的力被排出容器。但是，至于那些小的物体，我原来以为它们是同空气混合在一起，并且是以简单运动的形式运动的，它们是不可能与纯粹的空气一起穿透水的，而是必定被一起挤入一个更为狭窄的空间，即挤入在水ＦＧ之上的空间之后，依然留存着。因此，那些微小物体的运动的自由将越来越小，注入的水的数量却越来越多；以至于随着它们相互碰撞的运动，同样小的物体互相之间就会压缩在一起，而具有它们重新获得其自由的持续不断的努力，压迫着那些阻碍它们的水。于是，一旦上面的口打开，紧挨着的水就将会有一种努力向上升,并必然喷出。但如果在同等的时间内没有进入一定量的空气,它就不能喷出;因此,既要有水喷出,又要有空气进入,直到在容器内的那些细小的物体恢复它们先前运动的自由;也就是说,直到容器重新充满空气,在 B 处没有足够高度的水去阻塞这条通道。在此,我就已经表明了这种现象的可能的原因,这与打雷现象的原因是一致的。因为正像在雷的产生中,细小物体封闭在云块之中,并聚集在一起,由于它们的运动而冲破了云层,恢复了自身本来的自由;封闭在一定空间中的细小物体存在于直线 F G 上,一旦通道被打开,便由自身的运动而喷射出水。如果通道被继续阻塞,这些细小物体便由于更多的水持续不断的进入而更加猛烈地压缩着,它们将最终带着巨大的声音冲破这个容器。

10. 为什么一个气泡吹满空气时比没有空气时重

如果空气被吹入一个中空的圆柱体,或一个气泡之中,这将稍稍增加它们中任何一个的重量,正如许多注重精确的人在做这样的实验中所发现的那样;这是不足为奇的,既然一如我已经假定的,存在有许多细小而坚硬的物体,与普通的空气混杂在一起,这种普通空气比纯粹的空气更重一些。因为以太由于太阳运动的搅动在各个方向相同,具有趋向宇宙各个部分的努力也就相同;因此,它根本没有任何重力。

11. 风枪使重物喷射的原因

我们通过实验还发现,最近发明有一种枪,通过封闭在一个中空枪管内的空气的力量发射子弹,并颇具威力,被称作风枪。在这个枪的尾部有两个洞,洞内有阀门去紧紧地封闭着它们,一方面是为了进气,另一方面是为了排气。而且,进气管的尾部连接了一个同样钢质与大小的枪管,其内穿孔,安装了一个撞槌,并有一个与一个空心轴开通的阀门,通过这个阀门,撞槌很容易扳回,并使进气毫无泄漏;通过扳回和用力敲击几次之后,使得部分空气进入到前一个枪管内,直到最后,封闭的空气的抵抗大于敲击的力。通过这种方式,人们便认为,枪管内比此前有了更大量的空气,尽管它此前也是充满的。还有,这样被迫进入的空气,无论它可能有多少,再次受到上述阀门的阻止,而不至于外泄,而空气外泄的努力本身也必定封闭于其内。最后,释放空气的阀门一旦打开,它便马上猛烈地爆发,以极大的力量与速度射出子弹。

至于这种现象的原因,我能够很容易地,像大多数人那样,将其归因于压缩,认为开始时空气只有很稀薄的普通程度,后来由于空气的进入而压缩,最后,由于释放而稀薄,以致恢复其自然的自由。但是,我不能想象,同样的空间怎么能够始终是充满的,但有时包含着较多的物质,有时却又包含着较少的物质;也就是说,它能够比充满更加充满些。我也不能够设想,充满何以能够自行地成为运动的动力因。因为这两样事情都是不可能的。因此,我们必须找出此类现象的其他的可能的原因。因此,当进气阀门被撞槌的第一次敲击所打开的时候,两根枪管内的空气以同样的力,抵抗着来自外面的空气的进入;以至于存在于内部空气和外部空气之间的努力正相反对,也就是说,存在有两种相反的运动:其中一个要走进来,而另一个则要走出去,但枪管内的空气却没有任何增加。因为敲击打通撞槌与两根枪管之间的通道，它放出了多少纯粹的空气，就有多少不纯粹的空气由于同样的敲击而进入。因此，经过多次用力的敲击，枪管内细小物体的数量增加，它们的运动愈来愈烈，只要构成枪管的物质能经受它们的力量，事情就会如此；这样，如果它不爆裂，它就会至少在每个方面都受到它们想释放它们自己的努力的推动。而一旦阀门打开，让它们出去，它们将伴随猛烈的运动携带着它们连同子弹沿着它们的路线飞出。这样，我就已经得出了这种现象的可能的原因。

12. 晴雨计上水上升的原因

水与重物的习惯相反，能在晴雨计中升降；当天气寒冷时则上升，当天气暖和时则下降。这个机关被称作为温度计或验温器，因为热和冷的程度能由它得到测量与标示。它是用以下方法制作的。令ＡＢＣＤ(见本书附录第三十章图图5)是一个盛满水的容器，ＥＦＧ为一个中空的玻璃圆柱体，Ｅ封闭，Ｇ开口。使之加热，笔直的放入水中至Ｆ处；并使开口端至Ｇ处。做完以后，当空气一点一点变冷后，圆柱体内的水将缓慢地从Ｆ升至Ｅ；直至最后，外部与内部的空气变成同样的温度，它才既不升高也不降低。假定固定在任何一点，如 H。如果空气加温，水将降至 H 之下；如果变冷，水则将升至 H 之上。尽管这一点经实验证实是千真万确的，但其原因却迄今为止尚未被发现。

在第十八章第 6 节和第 7 节中，我考察了寒冷的原因，我已经证明：空气的压力使得液态物体变得更冷，也就是，一种持续不断的风压迫它们，使它们变冷。由于同样的原因，水的表面在 F 处受到压迫；由于除了圆柱体中 H 到 E 之间的空腔外，没有任何空间供它撤退避免这种压迫，它便必然由于寒冷趋向那边，从而它便必然升高，究竟升高多少，则视寒冷增加的多少而定。再者，由于热水更为强烈，冷水则更为迟缓，同样的水便或多或少受到它自己重力的受自身重力的压迫，也就是说，受到前面解释过的重力原因的压迫。

13. 生物向上运动的原因

生物尽管也有重量，但却能够通过跳跃、游泳和飞翔使它们升高到一定的高度。但除非受到某种抵抗物体，如地球、水、空气的支撑，它们就不可能做到这一步。因为这些运动借助肌肉开始于有生命的身体的收缩的。通过收缩可以使它们的整个身体完全膨胀起来；通过膨胀，支撑它们的地球、水、空气便受到压迫；因此，由于这些受压物体的反作用，生物便获得了一种向上的努力，但由于它们身体重力的缘故，这种努力不久就又丧失了。因此，凭借这种努力，生物虽然凭借跳跃将它们自己提升一点，但却并无大的成效；它们凭借游泳和飞翔却能将自己提升得更高；这是因为在它们的努力的结果被它们身体的重力消除之前，它们能够重新获得同样的努力。

借助灵魂的力量，无须任何肌肉的在前的收缩，也无须借助于某些事物的支撑，任何一个人都能向上提升他自己的身体，这只不过是一种幼稚的幻想。因为这如果是真的，那么，任何一个人就能够随心所欲地将自己提升到他所满意的任何高度。

14. 自然界中存在着比空气更重的一类物体，然而通过感觉却不易将其与空气区分开来

透明的媒介，环绕着眼睛的四周，是不可见的；空气也不能在空气中被看见，水也不能在水中被看见，任何东西除了较模糊的东西都不能看见。但在两种透明的物体中，其中一个可能会与另一个有区别。因此，普通人都认为我们所说的空气所在的所有空间都是空的，这一点似乎并不显得特别荒谬。使我们设想空气是一种什么事物乃理性的工作。因为根据我们对空气的感觉，我们就会注意到：空气既不可见，又不可闻，也不可尝，也不可嗅，也不可感，既然如此，它能成为什么事物吗？当我们感觉到热时，我们不会将其归于空气，而是将其归于火；我们也不会说空气是冷的，而只是说我们自己是冷的；当我们感觉到风时，我们宁可认为有某种东西正在扑面而来，而不认为有什么东西已经到来。还有，我们在水中根本不能感觉到水的重量，我们就更加感觉不到空气的重量了。我们是通过推理，才认识到我们称之为空气的东西是一种物体的；但这只是一种推理，因为遥远的物体不可能对我们的感官发生作用，只有凭借中间物体才行，如果没有中间物体，直到它们成为相交接的，我们对它们就不可能有任何感觉；因此，仅仅凭感觉，而没有由果索因的推理，我们对物体的本性就不可能具有足够的证据。

在一些煤矿中，本性居于水和空气之间的某种物质埋于地底，不能通过感觉与空气相区分；因为它同最纯净的空气一样透明；并且就感觉所能判断的而言，它们是同样可穿透的。但如果我们探

究其结果,它就像水一样。因为这种物质贮存于地底的某个矿坑中,它或是完全或是在某种程度上充满了这个矿坑之中;如果一个人或一把火放入其下,它就将如同水一样瞬间地将它们淹灭。但为了更好理解这种现象,我得绘制第六幅图。令ＡＢ代表矿坑,令其中的某部分ＣＢ充满了那种物质。如果一支点亮的蜡烛放入到Ｃ以下,它将突然地熄灭,如同掉入了水中;而且,如果熊熊燃烧的煤炉被放下,一旦放到Ｃ之下,火焰就将开始变白,与将其放入水中并无二致。但如果把炉子马上拉上来,煤仍然炽热,火便又慢慢重新燃起,光亮如前了。实际上,这种物质与水有着相当大的区别,它既不能打湿什么,也不能像火一样附着于放下去的物体之上;水所残留的水分,会阻碍曾经熄灭的物质重新燃烧。同样的,如果一个人被放入Ｃ以下,他不久便感到呼吸困难,头晕目眩,如果不马上拉上来便会死掉。因为,下坑井的人们有这样的经验,一旦他们感到不适,他们就摇晃他们放下的绳子,以表明他们不行了,必须马上被拉上去。如果一个人被拉出来太晚,没有了感觉和运动,他们便挖一个地方,将他的脸和嘴靠近新鲜的泥土。这样,如果他还没有死绝,他会慢慢苏醒过来,通过呼吸排除体内在坑中吸入的令人窒息的物质,恢复生命,这种方式就如同受淹者通过吐水复苏一样,但这种事情并不会在所有矿井中都发生,只是在某些矿井中发生,而且,即使在这些矿井中也不总是发生的,只是发生得很经常而已。如果在这种矿坑中发生类似事件,他们就会用这种治疗手段:他们会并列挖一个同样深度的坑,如ＤＥ,并用一个平常的隧道ＥＢ将两者连接起来,他们在隧道底部Ｅ点生一堆火,以便在Ｄ排除坑道ＤＥ内的空气;并同时带出坑道ＥＢ内的空气；同样，带出去的还有包含在管道ＣＢ内的有毒物质；通过这种方式，矿坑在一定阶段便有益于健康了。这样一些历史事实，我之所以将其写出来，只是为了说明人类确实有过有关其真理的经验，而并无用这些可疑的故事来支持我的哲学的意图，但从这些历史事实中，我们还是可以得出有关这一现象的下述可能的原因；这就是：存在着某种流体的和最透明而且并不比水轻多少的物质，这种物质当从地球上爆发出来时，便充满了坑道，直至Ｃ点；而且，在这种物质中，就像在水中一样，无论是火，还是生物，都会被窒息。

15. 论磁力的原因

有关重物的本性问题，最困难的莫过于思考使其他重物升至它们所在之处的东西；诸如黑玉、琥珀和磁石。但最令人费解的则是磁石，磁石也被称作海克力斯宝石（*Lapis Herculeus*）；一块石头，尽管其貌不扬，但却具无比的力量，它能将铁从地底吸出，并使它悬浮在空中，正如海克力斯对付安泰一样；① 而且，我们稍感惊奇的是黑玉吸引草芥，尽管草芥没有铁重。但黑玉为要吸引草芥，它首先必须经过摩擦，即要来回运动；而磁石却凭借自身的本性便具有充足的力量，即凭借某种自身特殊运动的内在原则，便具有充足的力量。然而，凡是受到推动的事物，都必定是由某个邻近的运动物体所推动的。由此，我们便可以得出结论说：很明显，铁趋向

---

① 海克力斯是希腊神话中的大力神，其一生曾成就过不少丰功伟业。他不仅具有非凡的力气，而且还具有非凡的智慧。一次，他在与希腊神安泰战斗时，在得知安泰只要身体离开地面，就必然失败后，便将安泰举到半空中，然后将其击毙。——译者

527 磁石的最初的努力是因为铁所邻近的空气的运动;而且,这种运动是由紧挨着的空气的运动产生出来的,如此类推,直至我们发现所有中间空气的运动是发端于磁石内部的某种运动的;由于磁石看起来是不动的,运动也就看不见。因此,可以肯定地说,磁石的吸引力决非其他,就是那些最小微粒的某种运动。因此,如果假定这些最小微粒在地球内部组成磁石,它们本性上具有黑玉所具的那样一种运动或努力,即一条因其太短而看不见的线上交互运动,这两种石头就将具有吸引的同一种原因。然而,导致引力效应的方式和原理却是我们要探究的。首先,我们知道,鲁特琴(lute)①或提琴的弦被弹击时,颤动,也就是同一条直线上的那根弦的交互运动,引起另一根有着同等张力的琴弦同样的颤动。而且,我们还知道:用手或一根木棒在底部猛烈地交互搅动水,在容器底部的沉渣或小沙粒就会翻腾上来。因此,为什么不应当将铁的移动归结为磁石各部分的交互运动呢?如果磁石内有着这样的交互运动,或

528 各部分来回不断的运动,那就可以得出结论说:类似的运动将会由空气传播到铁那里,从而在铁的所有部分都将有同样的来回不断的交互和运动。而且,由此还可以得出结论说:存在于这块石头与这块铁之间的中间的空气就将一点一点地被排挤出去;而且,由于空气的被排挤,磁石与铁这些物体便必然结合到一起。所以,磁石和黑玉吸引它们——一个吸引铁,一个吸引草芥——的可能的原因,就在于:那些具有这种引力的物体或是在一条直线上,或在椭圆线上,具有一种相互运动,那时,在所吸引的物体的本性中是完

---

① 鲁特琴是14—17世纪为欧洲人所使用的类似吉他的一种弦乐器。——译者

第三十章 论重力

全没有与这样一种运动相冲突的东西的。

但是,如果将磁石拴在软木塞上使之自由地漂在水面上,再放置于子午线之上的任何一个位置,例如在这些相同的点上,它在一个时间里,当其处于静止状态时,它就将会指向地球的磁极,而在所有其他的时间里,当其处于静止状态时,它也将同样指向地球的磁极;其原因很可能在于:我所假定的存在于该磁石各个部分之中的交互运动,在地球中轴平行线之上产生出来了,而且,自这块磁石产生出来之日起,这种运动就一直存在于那些部分之中。因此,既然磁石,当其存留在矿穴之内时,它便随着地球的每天的运动而聚集到了一起,经过漫长的时间获得了一种在垂直于交互运动的线上运动的习性,尽管起初其中轴偏离了平行的位置,但它后来却会与地球中轴相吻合,以保持重新回复到那种位置的努力;而且,既然所有的努力都是运动的开端,任何事物的干扰都不能妨碍其作同样的运动,磁石因此就将回到它先前的状态。因为任何一块铁长期以来一直静止地存在于子午线上,任何时候,只要它被迫离开此处,到最后它还是会再次回复到它自己的自由状态,从而它就将自行地回复到它所在的子午线上的位置的。而这样一种回复显然是由它从地球每天的运动中获得的努力产生出来的,而地球的每天的运动则是围绕着垂直于子午线的平行的圆周进行的。

如果铁受到磁石从一极到另一极的摩擦,两件事情就会发生:一件事情是,铁就将获得与磁石同样的指向作用,也就是说:铁将位于子午线上,在与磁石同样位置上它有它自己的轴和磁极。另一件事情是:磁石与铁相同的极会相互排斥,不同的极则互相互吸引。前面一种情况的原因可能在于:铁既然是借并非交互的运动相接触的,而是以从一极到另一极的同样的方式相吸引的,在铁中就会刻印上从同一极到同一极的努力。因为既然磁石与铁的差别,不是别的,无非是矿石与金属的差别,则铁之接受存在于石头之中的同样的运动,就根本不存在任何冲突。由此,我们便可以得出结论说:既然它们两者都同样受到地球每天运动的影响,它们两者都将同样地回到它们在子午线上的位置,无论在什么时候,事情都会如此。后面一种情况的原因则可能在于:就像磁石是通过它的活动接触铁,在铁上留存了朝向一极的力,假定是朝向北极的一种努力,铁则通过在磁石上的活动就在磁石之上留存了朝向另一极的努力,即朝向南极的努力。因此,事情发生在存在于北极和南极之间的磁石的微粒和铁的微粒的交互作用和运动中,当它们中的一个,作从北到南和从南到北的回复运动时,它们中的另一个则作从南到北和从北到南的回复运动;由于这两者运动的方向是相反,而且是通过空气传递的,当引力发生作用时,铁的北极就会趋向磁石的南极;相反,磁石的北极便会趋向铁的南极;而且,磁石与铁两者的轴线就将坐落于同一条直线上。有关的真理是实验告诉我们的。

至于这种磁力的传播,不仅通过空气,而且也通过无论多么坚固的其他的物体,这是不足为怪的,因为任何运动都不会如此的微弱,而不能通过充满坚固物体的空间而无限地传播出去。因为在一个充满的媒介中,根本不存在任何一个不能使下一个部分让步的运动,而达到下一个部分的运动又会是另一个下一个部分让步,这样接连不断地无止境地进行下去;因此,无论什么样的结果都根

第三十章 论重力

本不存在,除非存在于世界上的所有各种事物的各种不同的运动必然地将某种事物贡献给这种产物。

关于物体的一般本性就讲这么多。我现在将我的哲学原理的第一部分概括如下:在第一、第二、第三篇中,推理的原理在于我们自己的理智,也就是说,在于我们自己构建的那些语词的合法使用,如果我没有受骗的话,所有的定理都是正确推证出来的。第四篇依靠的是假设;除非我们知道它们是真的,我们就不可能推证出我在那里已经阐释过的那些原因是那些我从它们获得其产物的事物的真正的原因。

然而,既然我并没有设定任何既不可能又不容易加以理解的假设,既然我已经从那些假设中进行了正确的推理,我已经充分地证明出它们可能是真正的原因,而这正是物理学默思的目的。如果另有他人从其他的假设中得出同样的或更好的东西,那他就应该比我自己获得更大的赞赏和感谢,只要他的假设都是这样一些可能的和可以想象的。至于说任何事物可以凭借其自身,凭借种相,凭借它自己的能力,凭借实体形式、凭借无形的实体,凭借本能,凭借逆蠕动,凭借厌恶、同情、神秘性质,以及其他学究式的空洞语词,而运动和产生,他们的所有这些说法都是毫无效用的废话。

现在,我将进而探讨人的身体的现象,在那里,我将论及光学以及人的气质、感情和举止,如果上帝高兴,给我生命的话,我将揭示出所有这些现象的原因。

附录 各章附图

第十四章图

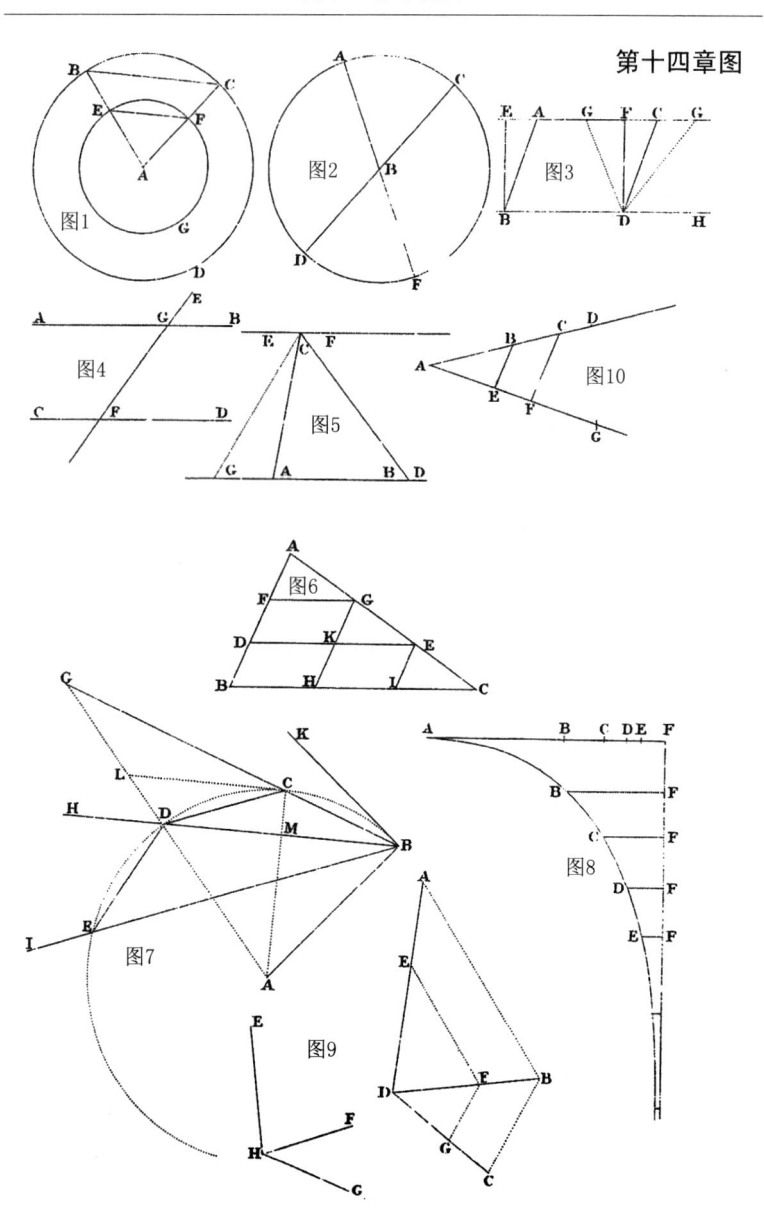

附录　各章附图

第十六章图

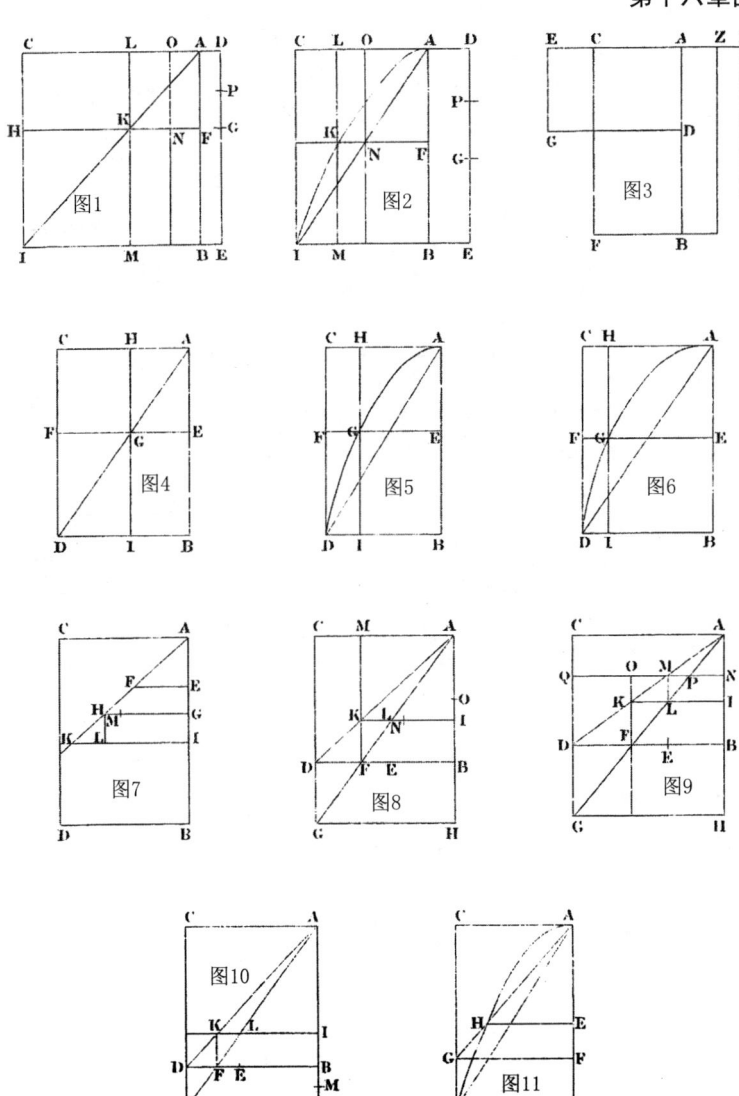

图1

图2

图3

图4

图5

图6

图7

图8

图9

图10

图11

第十七章图

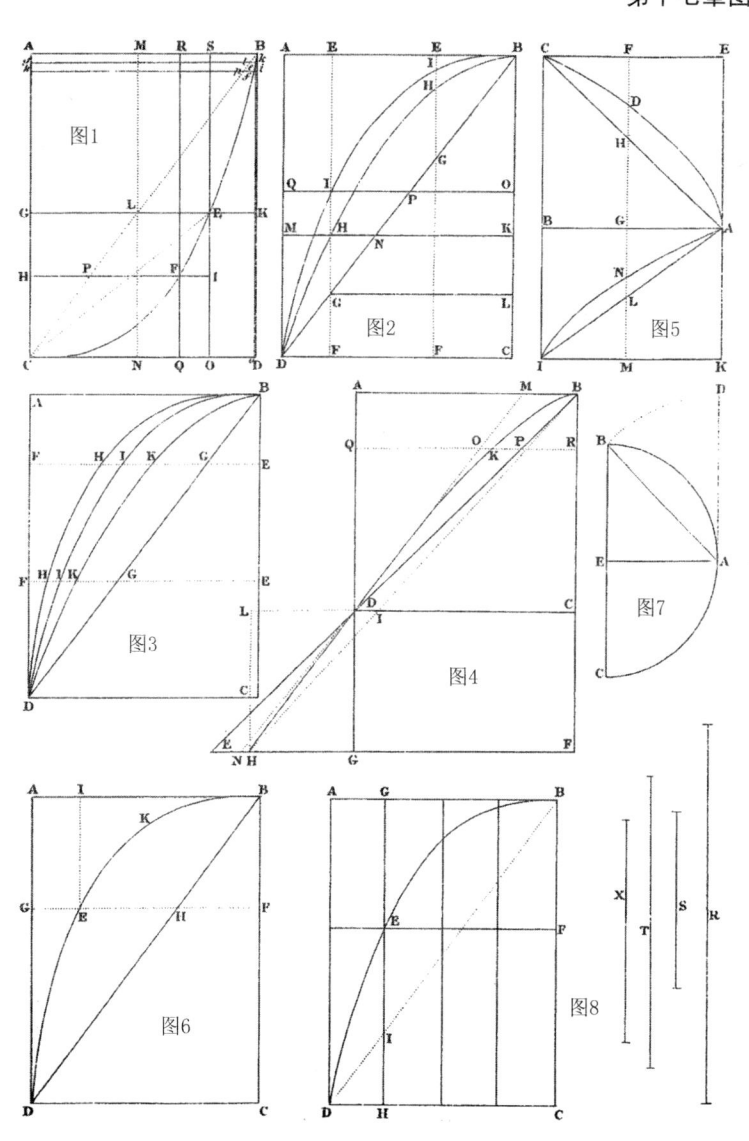

图1
图2
图3
图4
图5
图6
图7
图8

附录　各章附图

第十八章图

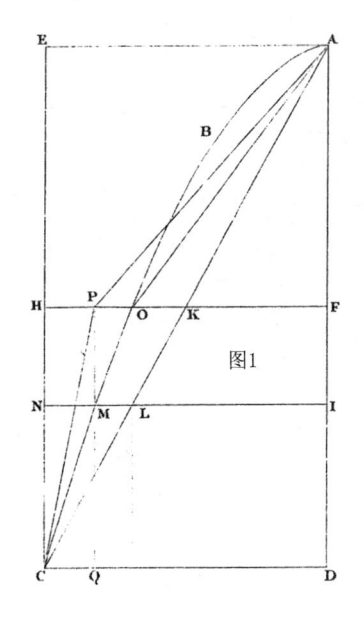

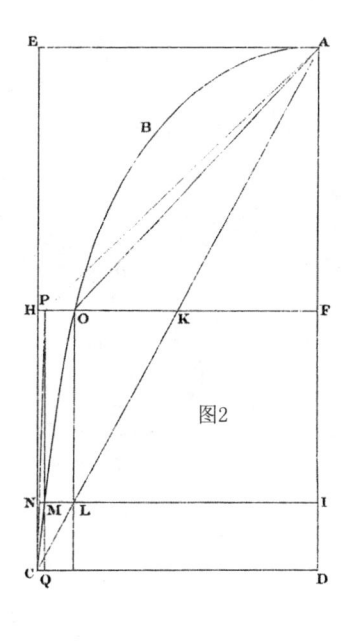

图1

图2

第十九章图

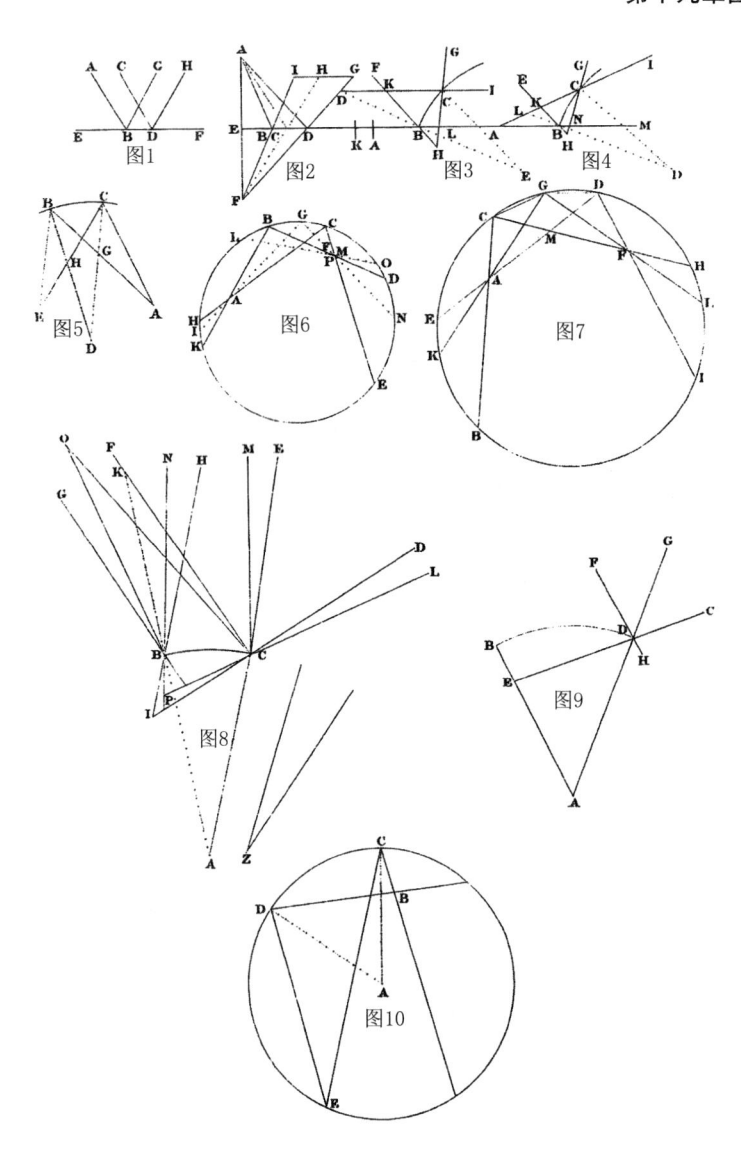

第二十章图

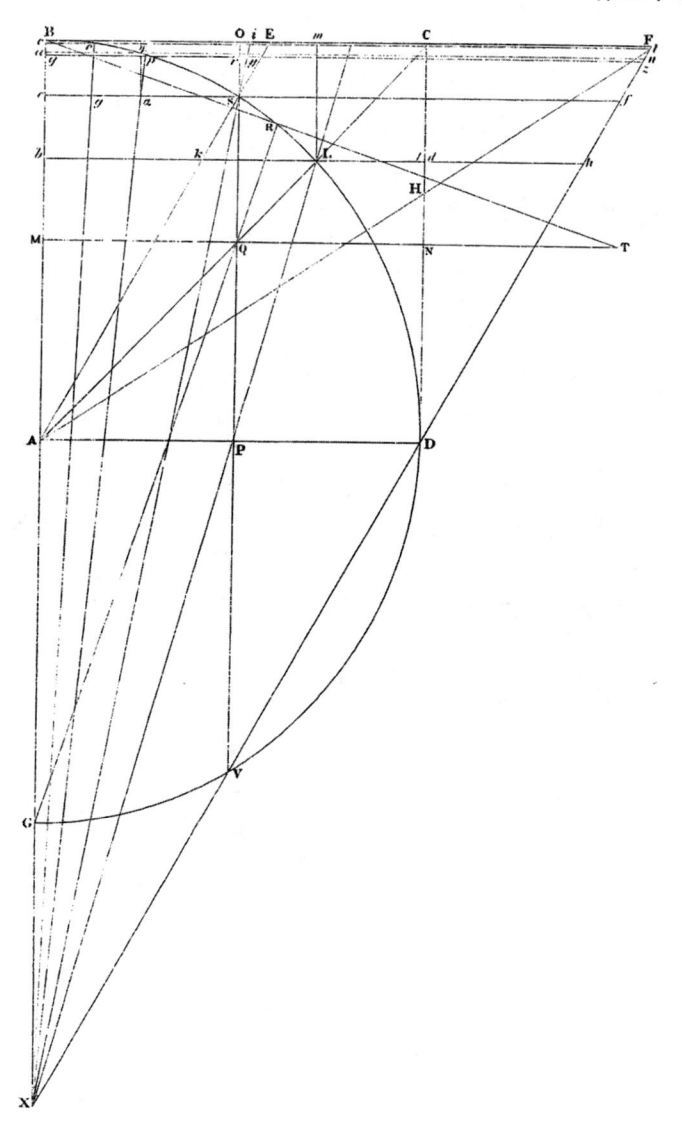

第二十一章图

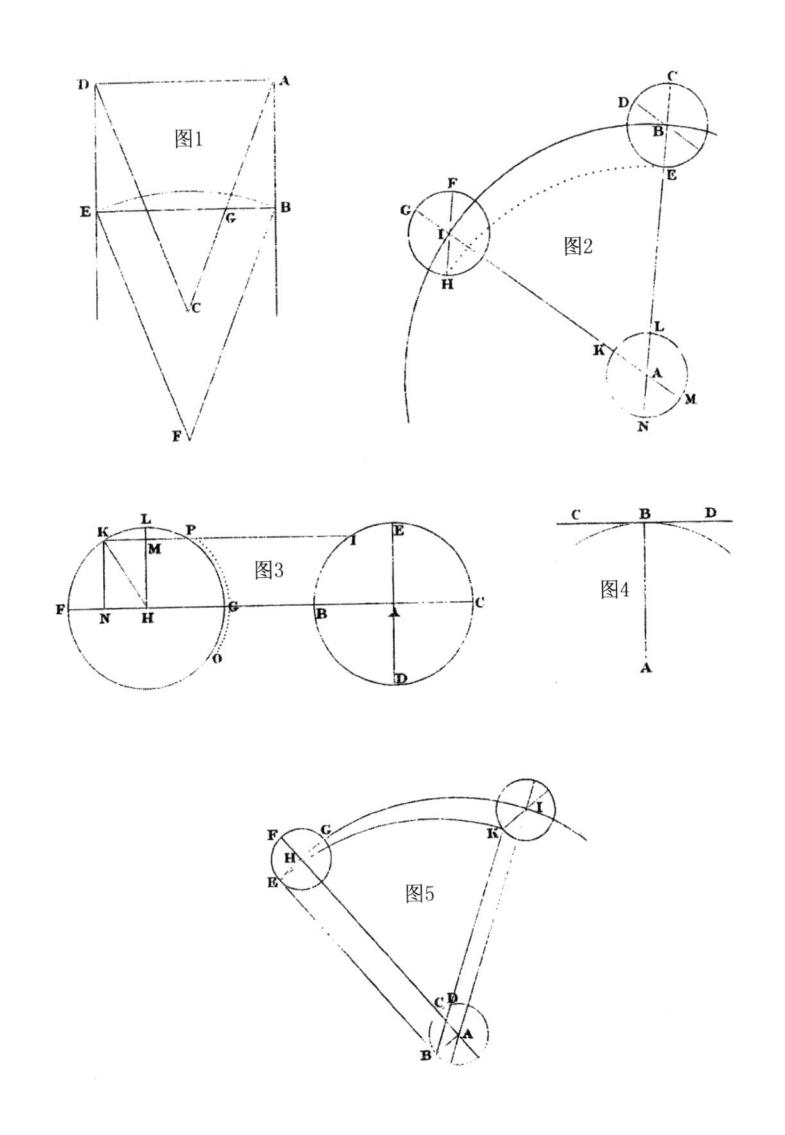

图1

图2

图3

图4

图5

附录 各章附图

第二十二章图

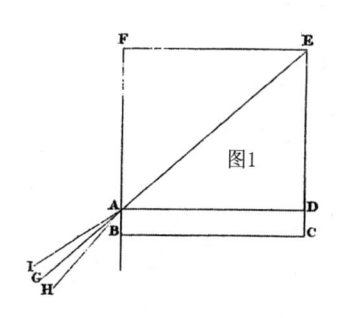

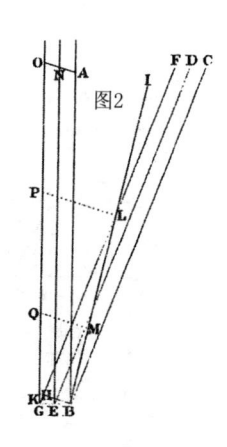

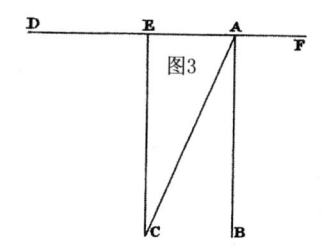

图1

图2

图3

附录　各章附图

第二十三章图

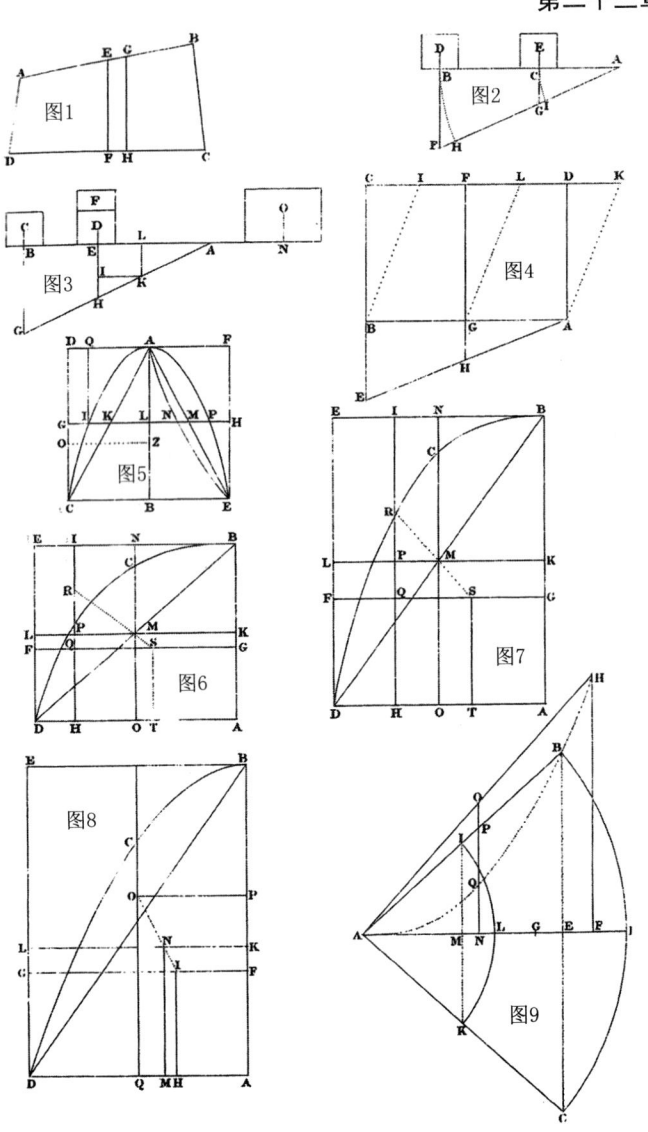

图1

图2

图3

图4

图5

图6

图7

图8

图9

附录 各章附图

第二十四章图

第二十六章图

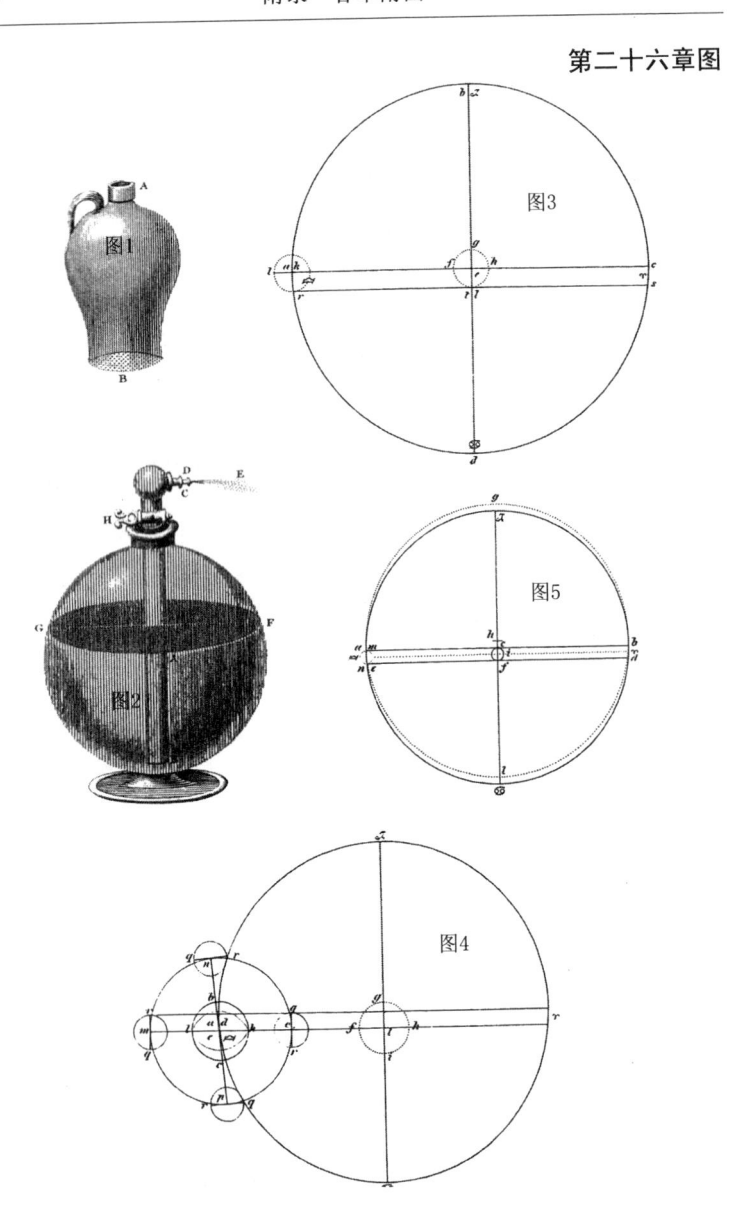

图1

图2

图3

图4

图5

附录　各章附图

第二十七章图

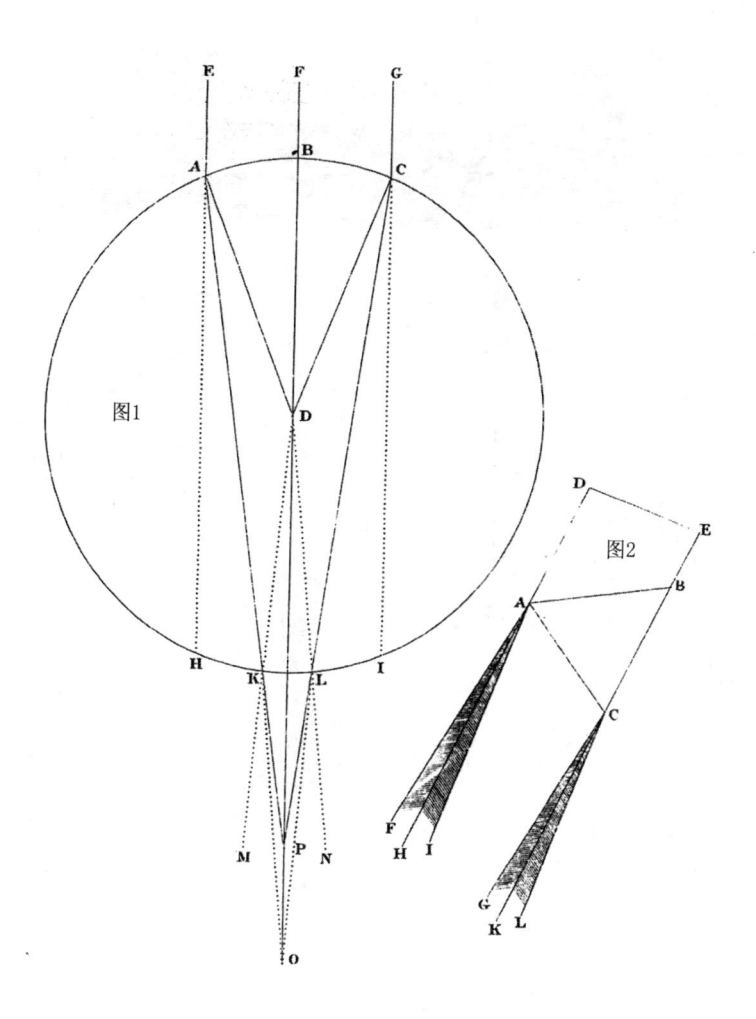

图1

图2

第二十八章与第三十章图

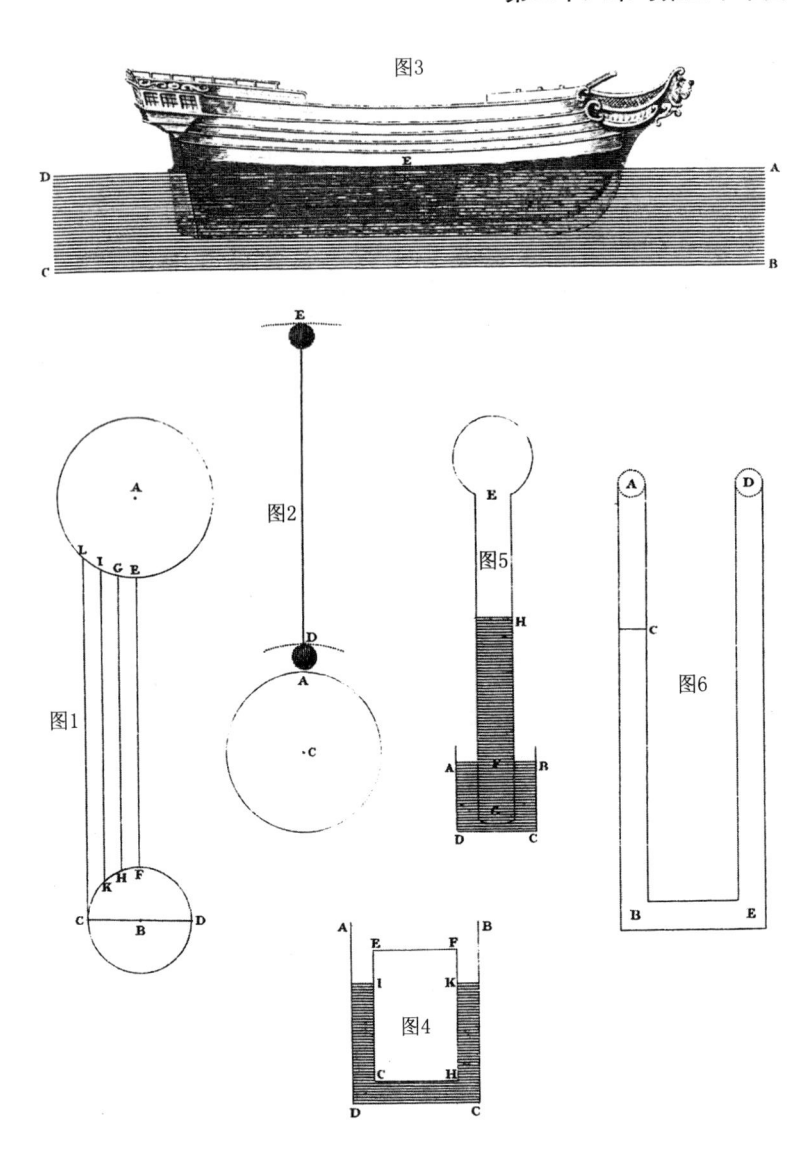

图3

图1

图2

图5

图4

图6

索　引

（本索引所标页码为约翰·博恩出版公司1839年版页码，即本书边码）

Abstraction 抽象　～与具体名称,它们的区分源自何处？　31；～名称,它意指什么？　32；其意指的只是具体名称的原因,而非事物本身　32

Accident 偶性　大多数人称作～的东西是什么？　33；以这样一种方式伴随着事物,它们可以全部消亡,但却永远不可能抽离出来　33；广延乃唯一不可能消亡或被破坏的～　33,166；什么～构成了一件事物的本性？什么构成了事物本身？　67；探究的方法,任何现象或结果的原因究竟是物体还是～？　75；探求是否任何一种～都存在于这个或那个主体之中　76；用定义来解释～并没有用例子那么容易　102；对何谓～的探究,所探究的是我们已知的东西,而并非我们应当研究的东西　102；～并非任何一件事物的一个部分　103；～

的最好的定义在于～乃一个物体借以设想的方式　103,104；～就是某个物体在我们心里造成它自身概念的那种能力　103；关于～的正确提问,何谓关于～的正确提问？　103；其答案在何处　103；～并非物体中所包含的任何东西　104,117；正如大、静止或运动之大的东西、静止的东西、或运动的东西里一样,每种其他～也存在于它的主体里　104；一些～可能消灭,一些～则不可能消灭,除非物体也消灭了　104；～被说是固有的　104—105；被称作为物体所固有的～,既非心灵的运动,也非物体本身的运动　105；我们以不同名称来称呼物体的那些～,如生物、树,等等,都是可以有生有灭的　116；但～却并非物体　116；除大小或广延外,所有别的～都是可以有生有灭的　116；物体与～之间的差别在于:物体是事物,它们没有产生;而～却是产生出来的,它们并非事物 117;～并不是从一个主体进入另一个主体,而是一个～消灭了,另一个～产生出来了 117;把运动归于～是不合适的 117;我们将一定名称赋予任何物体的那种～,通常被称作～的本质 117;任何一个～的产生或消灭都使它的主体被说成是被改变了 118;～相对于在其之前的其他的～而言,是偶然的,它们并不依赖于作为其原因的那些～ 126;动力因是由那些～的集合形成的 122,127;质料因是由那些～的集合形成的 122;那些构成动力因的～也构成了该活动主体者的能力 127

Acorn 橡子 在古代,人们靠～为生 1;靠日常经验生活的人,就像食用～的人一样 2

Act 活动 所产生的偶性相对于原因来说,被称为一个结果,相对于能力来说,则被称为一种～ 128;不可能的～是那种没有充分能力产生出来的～ 129;每个并非不可能的～都是可能的 129;每个～,只要是可能的,便将在某个时间被产生出来 129

Action 活动,作用 明显的～,即从那里推或向前拉的运动 87;物体的～和受动性,何谓～和受动性? 120;一个活动主体与一个受动者相互交接时,我们便说它们的～与受动是直接的,否则就是间接的 120;在～与受动这样一种进展中,它的第一部分不可能被视为任何别的东西,而只能被视为那种～或原因 124;在所有～中,始点和原因被认为是一回事 124;每一个中间部分都既是～又是受动,既是原因又是结果 124;任何一种～无论是仅仅对于活动主体的能力,还是仅仅对于受动者的能力,都不能够说是可能的 129;～与反作用方向相反 348;一个～施加到一个就寝的病人身上,只会留下很少一点儿印象 397;同现在人们所相信的恒星间的巨大距离相比,各种～的最早起源更加不可信 447

Adam 亚当 ～可以单靠自己成为一个哲学家,无须任何老师 80;按照后来一个作家的意见,在一条直线和一条曲线之间所存在的相等,既然～堕落了,如果没有神恩的帮助,就发现不了这一

点 273

Admiration 赞美 要求事物显得新颖和不同寻常 401；因此要记得起此前的现象 402；

Agent 活动主体 一个物体在另一个物体之中产生或消灭某种偶性 120；一个～与一个受动者相互交接时，我们便说它们的活动与受动是直接的，否则就不是直接的 120；一个物体，处在～与受动者之间，它本身就既是一个～，又是一个受动者 120—121；有许多物体都是像这样排列着 121；～依据它与受动者双方都受影响的某个或某些偶性产生它的结果 121；如果～与受动者在一个时间和在另一个时间在所有的方面都一样，其结果就将是一样的 125；～被说成是有能力产生其结果，何时？ 127；～与受动者的能力都只是有条件的 129；任何一种活动无论是仅仅对于～的能力，还是仅仅对于受动者的能力，都不能够说是可能的 129

Air 空气 ～在一个与水的重力相当的力的作用下，将会穿透水 420,423,424；～还可以穿透其他任何一种流体，尽管这些流体绝对不像水银那样坚硬 425；

受太阳的简单的圆周运动的作用，～的所有部分是如何相互变换其位置的 449；～是如何将水吸收到云层之中的 450；被封堵在云层之间的～使它的以太实体受到挤压作用 470,481；为地球运动所提升的～的各个部分，将从四面八方铺展在地球的表面之上 470；～是如何被包含在冰里的 473；～由两个部分组成:以太和原子 481,511；～的坚硬的原子受到云层的限制，将获得一种从对方那里往回弹的努力 481；当植物正在生长的时候，如果有～通过，～就会被变成具有气味的各种气体 505；～由于地球每天的公转而比其他物体更加容易被甩离 512；在一个用来证明虚空存在的封闭在容器中的水的实验里，纯粹的～以水得以注入的同样的力量通过水 517；与～混合在一起的坚硬的原子是以简单运动的形式运动的 481,511,517；受到猛烈压缩的～将最终冲破封闭着它的那个容器 518—519；普通～比纯粹的～更重一些 519；纯粹的～没有任何重力 519；其理据 519；最近发明的气枪 519；对气枪的说明 519；在充气时，枪管内的～便以同等的力量抵抗着外面～的进入 521；里面的～并没有任何增加 521；但纯粹的～被驱出，不纯粹的～则以同样的量进入 521；～不能在～中被看见 523；设想～是一种什么事物乃理性的工作 523；只有借遥远物体得以作用于我们感官的中间物体的必要性，我们才得以认识它是一种物体 524；作为本性居于水和～之间的某种物质，在一些煤矿中能够发现 524；其结果 524；其可能的原因 526

Algebra 代数学 ～与徒有其表的解析学，乃解析学的一种速记学 316；一种对几何学家发明的简洁、快速记录的艺术 316

ἀναισθησία 麻木不仁 395

Analogy 类比，类推 ～推理，何谓～推理？146；依据大小，对～的量进行比较 156—157

Analysis 分析 ～的方法 66，309；在什么时候运用？68；原则是借～发现的 68；～者并不能比普通几何学做更多的事情 307；～何以区别于综合？310；逻辑包含～和综合两者 310；在每一个～中，其探求的都是两个量的比例 311；～没有任何终点，直到最后我们得到它们相等与不相等的原因本身 311；也就是说，直到得到那些包含着打算对之作出建构的动力因的那些定义为止 311；这种原因是由运动和运动的集合构成的 312；～是从一件事物的所假定的建构或产生到建构或产生事物的动力因 312；有三种方法，通过～，发现在两个给定的量之间相等或不相等的原因 314；成功将依靠机敏，依靠以前获得的科学知识，而且在许多时候，还得靠运气 314；没有一个人会是一个好的～家而不是一个好的几何学家 314；借乘方工作的～，只在一定范围内有效 314；它全被包含在矩形和长方体的学说中 314；在角和弓形的量值中，根本没有任何用处 315；古代几何学家没有用过 316；这种～的优点在于矩形的变化、转向、翻转和类比推理 316

Anger 愤怒 乃由恶引起的厌恶，不过其中也掺杂了以强力避免那种恶的希望 410

Angle 角 ～的定义 184；～的产生 184，187，197；有两种～：平面～和立体～ 184；简单称呼的～和切线～ 184；直线～,曲线～和混合～ 185 一个～的量是一个由它对整个圆周的比例所决定的圆的弓形 186;在直线～中,其量必定是由其离开圆心的任何距离决定的 186;如果包含它的线中有一个或两个是曲线的话,则这个角的量便应当从它们离开会合点的最小距离予以审视 186;曲线～与由两条切线所造成的～是一回事 187;对顶～相等,它们何以相等? 187;直～是其量为圆周四分之一的角 187;斜～,何谓斜～? 187;斜～与锐～,何谓斜～和锐～? 187;切线～同一个简单称谓的～相比是异质的 196;同一个简单称谓的～的比例,与一个点所具有的对于一条线的比例是一样的 196;它之造成,它是如何造成的? 196;不可能与一个公共～比较,何以不可能? 197;等于一个其对向的弓形是一个点的～ 197;其量在于弯曲的大小 197;它同较小的圆所造成的切线～大于它同一个较大的圆所造成的切线～ 197;这样简单称谓的～即是由两个平面所造成的倾～ 198;立体～,何谓立体～? 198;其量,何谓其量? 198;按照任何比例来划分～,有益于发现该圆的周长的大小 288;一个～切成为任何给定的比例,可以从何处推演出来? 307;古人断言,以平面是不可能显示～的分割的,除非平分为二等等 315

Animal 动物 ～是如何通过跳跃、游泳等手段来使它们自己升高到一定高度的 522;～是如何通过游泳和飞翔比通过跳跃将它们自己提升得更高 523

ἀποδείξις, ἀποδείκνυειν 推理 ～的意义 86;在几何学中只限于比例,为何只限于比例? 85—87

Apollonius 阿波罗尼奥斯 读者在其阅读《论物体》之前,应当先行阅读一下几何学著作 204

Appetite 欲望 ～或接近,动物运动的第一努力就是趋向由经验所知的令其快乐的那样一些事物 407,408;避免指向它的无论什么让它烦恼的东西或令其感到厌恶的东西 407,408;生物对于同一件事物有时候～,有时又厌恶,这是因为他们认为同一件事物要么对他们有好处,要么对他们造成伤害的缘故 408;这种交换更替被称作审慎 408;～和厌恶并不总是和慎思接踵而至

408；如果慎思发生在前，随后的最后行为，如果是 ～ 的话，我们就把它叫作愿意　409；如果慎思发生在前，随后的最后行为是厌恶的话，我们就把它叫作不愿意　409；～，在其存在之处，都具有必然性　409；当 ～ 和厌恶迅速地相互连续发生的时候，就被称作希望和恐惧　409；心灵的所有情感都是由 ～ 和厌恶组成的　409

Archimedes　阿基米德　在阅读《论物体》之前，应当先行地阅读一下几何学家的著作　204；他的螺线，是由一个圆的半径以与该圆圆周减少的比例同样的比例，不断减少而形成的　263；欧几里得之后的所有的人除 ～ 和阿波罗尼奥斯以及我们时代的波那文都外，全都认为：勤奋的古人已经把几何学应当做的事情全都做完了　272；他设定一些直线等于一个圆的圆周　273；第一个得到了在数字范围内与真理几乎无异的圆周的长度　287；发现一条直线与他的螺线相等　307；在他的《论螺线》的书中所运用的那种方法　313；从量的考察中推证出抛物线的面积　313；将两个量分割成不可再分割的部分也能用来求出相等和不相等　313

Aristotle　亚里士多德　他意欲将语词归结为范畴表的理据　28；在其《形而上学》中所发现的抽象名称与具体名称的不连贯性　58；他在其《形而上学》的开篇是借原理理解事物的　63；他的时间的定义　94，95；他的偶性的定义　104；这是正确的，只要它存在于某件事物里　104；他在其《形而上学》中说，凡是由任何事物造成的东西都不应当被称作某某事物，而是应当被称作是由某某事物造成的　118；他的原初质料，何谓原初质料？　118；他将相关的物体称作关系项或相关者　133

Arts　技术　各种 ～ ，它们都是些什么？　7

Astrology　占星术　并非哲学的主题或对象11

Astronomy　天文学　先人对 ～ 的发明，为语词的陷阱所窒息《作者献辞》；～ 的发端不会比哥白尼更远《作者献辞》

Asymptotes　渐近线　何谓 ～ ？　99；依赖于无限可分的量的假设　99；在数目上是无限的　200

Atom　原子　存在于以太实体之中的 ～　474，511；它们如何通过

索 引

发酵而形成硬的实体 474,511；伊壁鸠鲁假设 ～ 是不可分的 419；～在流体中的简单的运动被限定在一个狭小的空间里,将会产生硬 476—477；空气中的坚硬的 ～ 每一个都有一种极快的简单的运动 481,517；它们在坚固性、形状、运动和大小方面都不相同 151；它们中有些聚集在地球上,另外一些聚集在其他行星上面,还有些被带到上上下下的空间 511；它们中有些是以大的动力落到地球上的,另一些则是以小的动力落到地球上的 511

Axiom 公理 ～ 和公共意念,被有些人称作基本命题 37；它们并非真正的原则,何以如此？ 37；欧几里得的 ～ 并非推证的原则,何以如此？ 82

Babel 巴别 原本强加给事物的那些名称,随着 ～ 的通天塔计划的夭折而被人忘却了 16；亚当及其后裔所获得和增强的所有的语言都随着 ～ 的通天塔计划的夭折而丧失了 19

Battery 连续猛击 为什么在 ～ 中,在粗细和速度一样的情况下,一条长的木棍比一条短的木棍,在长度和速度一样的情况下,所产生的结果会更大些 217

Be 存在,是 同一件事物不可令人费解地既 ～ ,又不 ～ 。但人们却可以同样荒谬可笑地说：任何 ～ 的事物,要么 ～ ,要么不～ 19；对任何事物都可以说它曾经 ～ 或将要 ～ ,对于任何一件事物,也可以在此之前曾说过它 ～ ,或者在此之后可以说它 ～ 94；将要 ～ 的东西将要 ～ 这个命题,就如一个人是一个人这个命题一样,是必然的 130

Beginning 始点 在两个端点中,最初被看作是端点的那个部分,是为 ～ ,最后被看作是端点的那个部分,是为终点 98；想象空间和时间的 ～ 和终点,就是去限定或限制它们 99；没有什么事物能在 ～ 之前即存在 124

Bend 弯曲 在所有 ～ 的事物中,在凸面上,物体的各个部分存在一种努力,它使物体从其他部分进到某个部分,而在凹面上,所存在的努力则使物体的各个部分相互渗透 476

Black 黑色 ～ 是光的丧失或缺乏 464；所有的洞眼等,任何光线都不能由此而反射给眼睛,所以它们看起来是 ～ 的 464；当一个物体使得细小的微粒从其表面上笔直地突起,这就是物体的表面看起来是 ～ 的原因 464;任何易燃的物质在它发光前看起来都是 ～ 的 464;曝晒着的玻璃何以点燃 ～ 的事物比点燃白色的事物更为容易? 464

Blood 血液 ～ 运动,生命运动 407

Body 物体 存在于心灵之外的 ～ 是以名称的同样的方式组合而成的,这些东西中有许多已经是哲学了 24;关于探求任何一种现象或结果的原因究竟是物质或 ～,还是 ～ 的某种偶性的方法 75;～ 的定义 102;～ 必定与空间的某个部分相合或具有同样的广延 102;～ 必定是不依赖于我们思想的东西 102;～ 可以说是一个自己存在的东西,～ 何以能够被说成是一个自己存在的东西? 102;～ 可以为感觉所知觉,并且为理性所理解 102;一个 ～ 的广延,与它的大小或实在空间是一回事 105;许多 ～ 不可能存在于一个位置上 108;一个 ～ 也不可能存在于许多位置上 108;一个 ～ 及其大小和位置都是由同一个心灵活动分开的 108;相交接的和连续的 ～,何谓相交接的和连续的 ～? 108;任何一个 ～,不管多么小,都不能够整个一下子从它的位置进入另一个位置,而不存在于一个为放弃了的位置与取得的位置二者所共有的位置的一个部分里 109;～ 只能具有三维,～ 何以只能具有三维? 112;～ 永远不可能有产生或消灭 116;但却可以出现在不同的种相的名下 116;一旦它们被称作 ～,那就永远不能够再称作非 ～ 了 116;～ 是事物,它没有产生;而偶性却是产生出来的,它们并非事物 117;～ 只能设想为广延,倾向于接受偶性,它也可以被设想为一般 ～,被称作原初质料 118;当一个 ～ 在另一个 ～ 之中产生或消灭某种偶性时,便被称作活动主体 120;里面有一个偶性被产生或消灭的那个物体,就被成为受动者 120;一个 ～ 之推动另一个 ～,并不是因为它是一个 ～,而是因为它是一个自身运动的～ 121;在一个所接触的处于静止状态的 ～ 中,是不可能存在有运动的任何原因的 125;任何 ～,无论是当其静止的时候,还是当其中间插入真空的时候,都不能在别的 ～ 里产生

索　引

或消灭运动　125；当某个～可以说成是两个～中的一个，同时又不能说是它们中的另一个时，这两个～便被说成是相互区别的　132；没有任何两个～是完全一样的　133；两个～在大小方面不同，它们是如何在大小方面不同的？　133；所有的～在数值上都是相互不同的　133；那些只在大小上不同的～，才叫作相同　133；那些不只在大小上不同的～，叫作相异　133；在种相上相异的～，它们如何在种相上相异？　133；在属相上相异的～，它们如何在属相上相异？　133；～的关系，何谓～的关系？　133；相关的～与相关者，何谓相关的～？何谓相关者？　133；各种～，作为各种～，是没有任何差别的　323；各种～因其内部的运动而相互存在有不同或差别　324；异质～因简单圆周运动而离散，它们何以因此而离散？　324；同质～因简单圆周运动而聚集，它们何以因此而聚集？　324；沉淀流体媒介中的～，将混合在它们自然沉淀的那个位置　324；有些自然～在其自身中具有几乎所有事物的样式，而另外一些事物则完全没有

389；一些哲学家主张一切～都被赋予了感觉　393；在任何一个连续的～的运动中，由于内聚力一部分会紧接着另一部分　398；～是动力因和感觉对象　410；～中最大的乃是世界　410；～有三种：流体、固体和这两者的混合体　425；～相互吸引的原因不是它们的类似性　434；除了星辰之外，无论是世界上的任何一种其他的～，都可以被理解为星际之间的～　445；～要么是以太，要么是具有某种程度的内聚力　445；后者相互不同，在那些方面不同？　445；～被假定具有不同程度的坚硬性和松软性　445；一些～小得无以言表　445；根本不可能存在任何无法再分的微小～　445；任何一种不可设想的微小都依然为自然所超越　445；没有比其他事物的巨大更值得赞美的　446；不能够假设比解释该现象所必需的等级更大　447；～速度的快慢，及其形状的大小，被假定为解说它们自然原因所要求的东西　448；人的身体的流体部分，是如何因发酵从内在部分流向外在部分的？　450；异质的～由在形状和硬度两个方面不同的部分组合而成

的 494—495；～遭到打击后产生不规则的音 494；固体和流体两者都传递声音 498；将无生命 ～ 自己的保存归因于它们的欲望,为何是荒谬的？ 510；将自身运动的力归因于所创造的 ～ ,也就是使它们不依赖于造主 510；关于 ～ 的本性,如果没有由果索因的推理,仅仅凭感觉,我们便没有足够的证据 524；如果一个具有任何可以设想的硬度的 ～ 在其对具有重量的最小事物的最初接触中不予屈服,则这个世界上的所有的重物都将不能使它屈服 212—213

Bologna 博洛尼亚 产自 ～ 的石头,它何以发光？ 453

Breath 呼吸 有两种运动：一种是直接的,另一种是它的微粒的简单运动 467；随着这两种运动中的某一方占主导地位,有时产生冷的感觉,有时产生热的感觉 467

Brittle 脆的 什么样的物体被称作 ～ ？ 343

Cassiopeia 仙后座 在 ～ 中所看到的新星,证明彗星不可能是大气中的冰 483—484

Cavallerius 卡瓦勒赫乌斯 卡瓦勒赫乌斯·波那文都 313

Cause 原因 一个命题是如何成为另一个命题的原因的？ 43；理解活动是理解活动的 ～ ,但言语却并非言语的 ～ 43；说任何一件事物的特性的 ～ 即是这件事物本身,就讲得荒谬了 43；一个几何图形被说成是它的特性的形式因,为什么这样说？ 43—44；一种认识真的是另一种认识的 ～ 44；的科学,何谓 ～ 的科学？ 66；事物的 ～ ,只有通过什么样的方法才能够发现 66；整体的 ～ 是由各个部分的 ～ 组合而成的 67；关于单个事物的 ～ ,关于普遍事物的～ 68；每一个种类中的最高 ～ 和最普遍的 ～ ,都是借它们自身认识到的 69；运动乃万物的普遍～ 69；～的定义 77；在寻找 ～ 的时候,部分地需要用分析方法,部分地需要用综合方法 79；虚假 ～ 的谬误 88—89；一切结果的 ～ ,都在于活动主体与受动者双方之中的某些偶性 121；这些偶性全部在场时,就产生结果 121；但如果其中缺少任何一个,结果就不产生 121；那个属于活动主体或受动者的,没有它结果就不能产生的偶性,叫作不可缺少的～ 121；单纯一个～,乃是一切属于活动主体和受动者双方的偶性合在一起的集合。假定它们都在场时,就只能被理解为结果同时产生；如果其中缺少任何一个,就只能被理解为那结果不能够产生 121—122,125；动力因,活动主体中为产生结果所需要的偶性的集合 122；在没有任何结果的地方,也就没有任何～ 122；动力因和质料因,只是完全～的部分 122,129；完全的～始终足以产生其结果 122；只要～是完全的,结果就同时产生出来 123,128；～和结果的产生在于某种连续的进展 123；在因果关系的进展中,其第一部分不能被视为别的,而只能被视为活动或～ 124；最后的部分不能被视为别的,而只能被视为结果 124；但每一个中间部分却都既是～又是结果 124；动力因与活动主体的能力是一回事 127,131；质料因与受动者的能力是一个东西 128；～是相对于过去而言的,能力则是相对于将来而言的 128；活动主体与受动者的能力合在一起,与完全的～是同一个东西 128；被说成是偶然发生的事情,实际上是我们尚未知觉到它的～ 130；形式因与目的因 131；两者都是动力因 131；目的因除非在具有感觉和意志的事物中,没有任何意义 132；任何两个结果之间的比例,都是由与一个结果同时发生的诸多～所具有的同与另一个结果之产生同时出现的诸多～之间的比例产生出来的 264；各种量的～,也就是它们借以产生出来的运动 265；一个或多个永恒的～,如何达到这样的～? 411；在从～到～的推理中,是不可能永恒地进展下去的 412；各种可能的～,乃物理学默思的主题 531

Cenis 塞尼斯 ～山,把萨伏伊从皮埃蒙特分割开来 484；那里涌出一条河流,它流经苏萨而奔涌直下；这种看法实际上并不真确 484

Chance 偶然 被说成是～发生的事件,乃是因为我们尚未察觉出其原因 130

Change 改变,变化 被说成被～了的事物,其显现给我们感官的是与此前不同的东西 126

Church 教会,教堂 ～的最初的圣师,他们是如何利用哲学招降纳叛,将敌对营垒中的诱骗到基督宗教的营垒中来的？《作者献辞》；～具有拱形的屋顶,为何如果没有这样的屋顶,在～里从布道坛传来的声音就不能够清晰地被听到？ 494

Cicero 西塞罗　他使用的抽象名称 *Appiety* 和 *Lentuliety* 32

Circle 圆　～的产生 6, 180；～的定义 181；～的特性 181—183, 185, 188, 191, 193—8；在同心～中,同一个角的弓形是相互成比例的,一如整个圆周线相互成比例一样 185；关于从圆心到该～切线的直线 188；～的圆周线如其半径一样相互成比例 191；在不同～中的等角的弦是相互的,就像它们所包括的弓形那样 193；是什么决定着一条直线弯曲成～的圆周线 195；当一条直线是许多～的切线时,它同较小的～所造成的切线角就大于它同一个较大的～所造成的切线角 197；由一条直线和在它们同时发生的那个点上触及到～的另一条直线所造成的角 198；一个受动物体在圆周线上的路线就是由无数的线段复合而成,这些线段中的每一条都小于可以得到的 216；包含在半径和螺线之内的空间,是整个

～的三分之一 263；～的半径,也就是这么多扇形 263；如果在该～的半径与处于其螺线内部的半径的部分之间的任何地方,连续地取一个比例中项,那就会造成另一个图形,它将等于该～的一半 264；许多伟大的几何学家,甚至从最古老时代起,就运用他们的理智将弓形与线段进行比较 287；他们通过那些嫉妒得到他人赞扬的人来贬低前人 287；这种比较在多大程度上得到了真理 288；如果我们考虑到利益,它无疑是全部思考都应该针对的目的,但他们所作的改进却是少之又少,甚至是全然没有的 288；所得到的实际利益在于按照任何比例的分配来划分一给定的角 288；这种比较不能通过算术来进行 288；通过线段来发现～的面积 289；通过从～自身的弯曲性质所得出的论证来求证～的面积 294；以另一种方法,来求证出～相同的面积 301—307；一个～的弓形的弯曲度处处都是匀质的 294—295；一个～的周长是一条均匀的线段 295；按照弓形自身的比例,同一个圆里,大弓形的弯曲度便大于小弓形的弯曲度 295；在两个不

等的 ～ 中,同等弓形的弯曲度与它们半径的弯曲度相互成比例 295;发现一条直线等同于任何一个给定的弓形,但却不大于 90 度的弓形 298—299;假定 90 度的弓形、半径和第三条线是连续不断的比例项,则 45 度的弓形、90 度弓形的半个弦,以及第三条线段,就将也同样是连续不断的比例项 301;这个半径,45 度的弓形,45 度的正弦,半径的二分之一是比例项 301;求证一个给定扇形的面积,它是从何处推演出来的? 307

Cloud 云 ～ 是雨接踵而至的符号 14;不是 ～ 块,而是我们由于看到了 ～ 块,而说天将要落雨 57;从 ～ 的产生表明:在太阳里出现的提升海水的力量要比在月球里出现的更大些 440;～ 是如何从空气的发酵形成的? 450,468,482; ～在上面被凝结 456;产生闪电,如何产生? 457;以太实体被关闭在 ～ 团之中,便被它们挤出来 470,481;它们是如何可以结冰的? 473,481;它们是如何产生雷鸣和闪电的? 481;～块的上升和下降乃是由于太阳的简单运动 482;冻结成冰的 ～ 块乃迈斯特林观察到的月食的原因 483;两个太阳同时被看到 483;为什么不是彗星的? 483—484

Coal-mines 煤矿 本性居于水和空气之间的某种物质,是在 ～ 发现的 524;其结果和可能的原因 524—526

Cold 冷,寒冷 ～ 使空气变得更加刺激逼人,这有助于或者说增强了星星施加于我们的眼睛的作用 406;由于情绪和体液向内努力,我们感觉到～ 466;～ 的原因,它是如何被发现的? 467;为何靠近地球两极的地方比远离地球两极的地方 ～ 得多 471;为什么下雨的地方,或天气多云的地方,比天气晴朗的地方,～ 反而减轻了 473

Colour 颜色 要是没有感觉得到的现存的图案,也没有人能记得住各种～ 13;～ 只不过是一种受到扰乱的光 404,459;所有的 ～ 都是黑色和白色的混合物,它们产自何处? 465

Comet 彗星 ～ 何以不可能成为冰冻的云块的原因 483—484;抛开其他人对于 ～ 的原因的专题研究 484;迄今已经出版的内容,没有什么东西值得考虑 484

Commodity 福利 人类的最大

~,何谓人类的最大 ~？ 7

Compound 组合，复合 何谓 ~？96—97；~ 乃心灵的一种活动 97

Computation 计算 一切推理都是~ 3—5；除应用到数字上面外，没有任何意义 5

Concent 和谐 声音的 ~，如何造成？ 499；最优雅的 ~，如何造成？ 500

Conception 概念 心灵的 ~，它是如何组合而成的？ 4

Concrete 具体 抽象与 ~ 的区别，源自何处？ 31；~，何谓 ~？ 32；它之被称作主项，它何以被称作主项？ 31

Consequence 后项 命题的 ~，何谓命题的 ~？ 42

Contiguous and Continous 交接的与连续的 何谓 ~？ 98，108

Copernicus 哥白尼 他关于太阳和行星秩序的假设 426；地球围绕着它自己的地轴每天自转，同时它又围绕太阳在黄道上遵循着十二宫的秩序做一年一度的公转 427；地球围绕着它自己的中心，遵循着与十二宫的秩序相反的秩序做一年一度的旋转 428；他的关于地球的轴的平行性的意见，现在几乎所有的人都接受了 431；假设地球的轨道与恒星的距离相比就像是一个点 432

Copula 联系词 命题的 ~，或者是某个词，或者是一个词的某种词尾 30—31；这种联结却使我们借主项和谓项想到那些名称加到那件事物上面的原因 31；必定是独立表达出来的，不以任何方式与主项和谓项相混合 39—40,62；具有 ~ 的词项的含义，它是如何找到的？ 62

Definition 定义 属相、种相、都只不过是语词的名称 21；用 ~ 来代表事物的本性，为何是不正确的？ 21；~ 是言语发明者随意构建起来的真理 37，338；~ 是一件事物的本质，为何是一个假命题 60；~ 只是表示我们所设想的有关事物的本质的一种语言 60；~ 无非是对我们简单概念的一种解释 70；~ 只是第一的和普遍的命题 81；~ 有两种 81；事物名称的 ~ 具有可以设想的原因 81；事物名称的 ~ 根本没有可以设想的原因 81；事物的名称是如何界定的？ 81；凡是有原因或产生的东西，都应该将它们的原因和产生放在它们的 ~ 里面，为何如此？

82；～的本性和对～的～ 83，84；～是用来表示事物的观念的 83；如果给定事物的名称的～是表示某种复合而成的概念的，那么它就只是把那个名称分解为最简单的部分 83，85，86；～由属相和种差组成，在什么场合这样？ 83；在什么场合不是这样，在这种情况下，它是如何组成的？ 83；在什么场合，属相和种差放到一起并不能形成～？ 83；～的属性，它有哪些属性？ 84—86；～取代多种区别 84；取消多义 84；代表或表象出心灵所界定的那件事物的某种普遍图景 84；表现出被～的东西的清楚观念 84；不必争论所下的～是否受到承认，何以如此？ 84；在哲学里，～先于被～的名称 84—85；复合名称在哲学的某一个部分里是这样下～，在哲学另一个部分里也可以那样下～ 85；～的建立乃是为了理解所论述的特殊学说 85；任何一个名称都不能用某一个语词来下～ 85；被～的名称不应当在～里重复 86；任何可以组成一个三段论的两个～，都能产生出一个结论 86；结论是由原则引申出来的，也就是说从～中引申出来

的，所以人们说：结论是被推证出来的 86；如果各种学说都以真实的定义为前提，那么各种推证也就将是真实的 87；～乃推理的第一原则 388；其真理所在于的事物 388；那些为解释人们关于物体本性和产生的概念所需要的～，构成了第一哲学 87

Deliberation 慎思 对同一件事物的欲望和厌恶是变化无常的 408；只要他们有力量取得那使之快乐的事物或避免那使之不快的事物，～就会持续下去 408；～的最后行为，如果是欲望的话，就是愿意 409

Demonstration 推证 包含着自然哲学里一切可以用真正的～来说明的那个部分，这样称呼是恰如其分的 72；～的方法是综合的 80，81；用来发明的同一种方法也可以用来向别人作～ 80；要进行～，就要至少假定有两个人，并且还要假定三段论式的语言 80；何谓～？ 86；～的定义 86；真实的～，何为真实的～？ 86；名称的起源 86；希腊人和拉丁人将其界定为几何学命题，他们何以这样界定？ 86—87；有方法的～，其特性有哪些？ 87；根据三段论推理

规则,有方法的 ～ 中,存在有一个理由接着一个理由的真正的连续性 87;～ 必定能够以与其借以发现它的方法相同的方法继续进行下去 87;～的谬误 88;其中根本不存在任何真实的证明,而只有一些科学之类的东西 312;任何一种 ～ 都不是科学的,问题的构建是从关于原因的知识产生出来的东西得出来的 312

Dense 稠密 ～与稀薄,何谓 ～与稀薄? 375,509;乃众多事物的名称 509;由在同样空间里具有众多事物和较少部分所组成 509

Des Cartes 笛卡尔 观察到球体像棱柱形一样,也产生四种颜色 463;以此来解释彩虹的颜色的原因 463

Desire 欲望 ～乃没有恐惧的希望 409

Devonshire 德文郡 ～伯爵威廉 《作者献辞》;不是由于作者的信任,也不是由于风格的装饰,而是由于将任何意见推荐给他的理性的分量 《作者献辞》

Diaphanous 透明的 在 ～ 物体中,每条光线的运动,或是仍旧保持它们自身原有的秩序,或者将这种秩序倒置过来 480;完全 ～ 物体,也是完全均质同一的 480;在 ～ 物体中,有些物体是本性 ～,另外一些则是由于热力的作用而～ 480;后一种 ～ 物体,是由本性 ～ 元素构成的 480;～媒介,环绕着眼睛的四周,是不可见的 523;在两种 ～ 物体中,其中一个可能会与另一个有区别 523

Differ 相异,不同 两件事物在什么场合被说成是 ～ 的? 132;在什么场合下,一些事物被说成是在种相上 ～,一些事物被说成是在属相上 ～? 133

Dilatation and Contraction 膨胀与收缩 何谓 ～? 342—343;假定弯曲物体的内在的各个部分或者更加接近于外在的部分,或者更远离它们 343

διότι 为什么 关于 ～ 的科学,何谓关于 ～ 的科学? 66;在其中,探究是从何处开始的 67;什么是借以认识事物为什么的第一原则? 70

Diver 潜水者 为什么 ～ 在水下面感觉不到他们上面的水的重量? 515

Divide 分割 何谓 ～?95;在 ～ 中,我们所有的各种不同的概念便势必多于我们所制造的诸多部

索 引

分 96;所谓 ～ 并不是指把这个空间或时间与另一个分隔开或扯开,而是指各种不同的思考 96;～ 不是由手的操作而是由心灵的活动造成的 96;最小的不可分的事物是永远达不到的 100;～ 不管进展到何种地步,物体的某些最微小的部分从本性上讲,依然有可能被带出来,就像灰烬一样 455

Downwards 向下 ～ 运动只是我们自己的一种虚构 418

Dreams 梦 ～ 乃睡觉的人们的想象 396,399;对于大多数 ～ 来说其中既无次序也不连贯 400;我们所 ～ 的一切不是别的,只不过是过去的感觉的混合物罢了 399;～ 有时就像是感觉的继续 400;～ 比清醒的人们的想象还更加清晰,像感觉本身一样清晰 401;当我们做 ～ 的时候,对陌生的地方以及我们不熟悉的事物的显现,我们并不感到惊奇 401;在睡 ～ 中,没有任何来自感觉的新的运动 400;在睡 ～ 中,感觉在某些感觉器官中依然存在,而在另一些感觉器官中却不复存在 400;在我们的心像中,那些由于时间的缘故而衰减和磨损的部分便被别的虚假的部分弥补起来了 401;在睡眠中,所有的事物都显现出来了,宛如临在 402;那些半醒半睡的人所作的 ～ ,以及那些对睡梦的本性毫无知识的人所作的 ～ ,迄今为止都不曾被算作 ～ 402;在 ～ 中,冷在睡眠者心中产生某些可怕对象的形象 401

Duty 责任 公民 ～ ,其根据或公民哲学即包含在这样一种感觉、想象和内在情感的学说之中 87;哲学的这一部分在能够得到论证之前,得到理解是必要的 88

Ear 耳,耳朵 ～ 鼓,由于受到空气震动的作用而听到声音 499

Earth 地球 ～ 周日运动的假设即是先人的发明 《作者献辞》;但却为后来的哲学家以语词陷阱所窒息 《作者献辞》;证明 ～ 运动错误原因的例证 89;～ 的一日一度的旋转来自地球的运动,通过这一运动,便形成了赤道的圆周运动 428;其他两种一年一度的运动,它们都是 ～ 在黄道上被带着以始终与它自身保持平行的方式运动的 428;这种平行,为何要引进来? 428;除了在春秋分点的时候, ～ 的轴较正之外,它并非在所有的地方都与自身完全平行 435;～围绕着太阳做一年一度的运动是偏心的 431;这种偏心度有多大,以及它得以产生的根源 432;～的轨道与到恒星的距离相比,就像是一个点 432,442,446—7;～在冬天比在夏天更靠近太阳,为何如此? 433;～不同部分偏心的原因是不同的 434,444;将～推回去的磁场的力量,并不是由非物质种类的东西所造成的 434,444;～周年运动的轨道是要么呈现为椭圆形,要么略微呈椭圆形 435,441;它使简单圆周运动每24小时又52分钟就会发生两次 439,469;地心以月亮沿着其轨道运行的同样的速度受到推动 438;～偏心度的测量值是夏季弧长超出冬季弧长的差额部分 442;～本轮的直径是它自己的直径的两倍 469;～简单圆周运动的速度将是它每日的运动之速度的四倍 470;在赤道下的重物下降的可能原因就是地球每天的运动 513;越是趋向极点,其所具有甩离空气的力量就越小,以致在极点上它根本就没有任何力量 513

Echo 回声 反射回来的声音 493;反射的规律在听觉和视觉两方面都是一样的 494

Ecliptic 黄道 地球每年旋转的轨迹,被称作～线,也被称作一个点 111;其最大的倾斜值,是多少度? 437

Effect 结果 事物对于感觉所产生的～和现象,乃物体的能力或力量 5;有关～的知识,如何能从有关～产生的知识得出 6;在什么时候,我们才被说成是认识了～? 66;在受动者里产生的偶性,就叫作～ 120;～是依据活动主体与受动者双方都受影响的某个或某些偶性在受动者身上产生出来的 121;没有～,就不会有原因 122;无论是在受动者身上还是在活动主体身上,都有可能受到缺陷的挫败 122;只要原因是完全的,～就在同一个瞬间产生出来 123,128;无论什么样的～也都是由必要的原因产生出来的 123;曾经产生出来或将被产生出来的一切～在产生前的事物中都有其必然性 123;原因和～的产生在于某种连续的进展 123;其中,它的第一部分或始点就只能被视为原因,它的最后部分也只能被视为～ 124;同样的活动主体和受动者,将会产生出同样的 ～ ,尽管时间不同 125;无论什么样的 ～ 都根本不存在,除非存在于世界上的所有各种事物的各种不同的运动必然地将某种事物贡献给这种产物 530—531

εἶδος, εἴδωλον, ἰδέα 观念,理念,心像 404

ἐκεῖνο, ἐκείνινον 某某事物,由某某事物造的 亚里士多德是如何用这些词的? 118

Embryo 胚胎 当 ～ 还在子宫中的时候,它就在以随意的运动不停地运动其肢体,为的是避免指向它的无论什么让它烦恼的东西,或者追求任何使它快乐的东西 407

Empty 空 ～ 与实,何谓 ～ ?何谓实? 107

Empusa 恩浦萨 何谓 ～ ?《作者献辞》;受女神赫卡忒差遣,而女神赫卡忒则被视为厄运的象征 《作者献辞》;什么是对付 ～ 的最好的驱邪方法? 《作者献辞》;恐吓和驱走这个形而上学的 ～ ,是通过让光亮照到她身上的方式实现出来的 《作者献辞》

End 终点 最后被看作是端点的那个部分,是为 ～ ;最初被看作是端点的那个部分,是为 ～ 98;终点被一些人称作目的因 131;思想上所有的次序和连贯性都是从朝向终点的运动产生出来的 400

Endeavour 努力 在比能够得到的空间和时间少些的情况下所造成的运动 206;通过一个点的长度,并在一瞬间或时间的一个节点上所造成的运动 206, 216, 333;一个 ～ 也可以同另一个 ～ 进行比较,从而可以发现一个比另一个大些或小些 206;受到推动的物体的 ～ ,其趋向的方式 215;在由集合所致的运动中,一个运动物体停止了,这种 ～ 就改变成由另一个物体所趋的路线 215;在一个圆的运动中,在那儿当一个受动的物体开始沿着切线并且依照使它与圆心保持一定距离的半径运动,如果这半径的保持力停止了,则处于这个圆的周线上的这种 ～ 就将处于切线上 215—216;全部 ～ 都无限地传递出去 216, 341;存在于时间的瞬间之中 216;不是存在于空的空间之中,就是存在于实的空间之中 216;不管有无阻力都是一样的 333;简单地讲,所谓 ～ 就是去活动 333;～ 和压力,它们如何区别? 333;～ 的无论什么事物,都是受到推动的 342,385,389;无限传递的 ～,虽然并不始终像运动那样显现给感官,但它却总是显现为某些变化的原因 342;动物运动的第一 ～,被称作欲望和厌恶,在什么时候被称作欲望?在什么时候,被称作厌恶? 407

Entity 实存 本质、本体、实体等,都是一些无意义的语词,它们是从什么样的源泉涌现出来的? 34;在一些民族里,是绝不可能听到他们用动词是来联结他们的名称 34

Epicurus 伊壁鸠鲁 他的原子 416;～ 所提出的关于虚空的证明 416;既不允许世界也不允许运动有任何开端 417;假定原子是不可分割的 419;但却具有属于它自己的很小的表面 419

Equality 相等 ～ 和不等,与所比较的那个事物的大小,也是同一个偶性,虽然它用了另外一个名称 135;在欧几里得那里,没有关于 ～ 的任何定义 272

Equation 方程式,等式 找出已知事物与未知事物之间的 ～ 90;这样一种找出有什么样的必要性? 90;一个人要是有最上乘的自然才智,他就能够以最出色的方式找到 90

Eqalibrium 同等平衡 如果两个重物的重量和与天平中心的距离是互成比例的,则它们就是 ～ 的 355;反之,如果它们是 ～ ,那么,它们的重量和与天平中心的距离也将是相互成比例的 355

Euinox 春秋分点 ～ 岁差的原因 440—443;为何这样称呼? 443

Equiponderation 平衡 何谓 ～? 351;～ 的平面,何谓 ～ 的平面? 351;～ 的直径,何谓 ～ 的直径? 352;～ 的中心 352;当两个物体同等 ～ 时,如果重量添加到它们中的一个上面,它们的 ～ 就不复存在了 352;～ 的两个平面并不是平行的 352;～ 的中心存在于每一个 ～ 的面上 353;如果两个重物的重量和与天平中心的距离是互成比例的,则它们就是同等 ～ 的 355;反之,如果它们是同等 ～ 的,那么,它们的重量和与天平中心的距离也将是相互成比例的 355;根据底和高的可通约的比例,任何一个有缺陷的图形的 ～ 的中心,将以什么样的比例分割这个轴? 359;各种不同的有缺陷的图形的 ～ 的中心,是如何被发现的？ 362—3；有缺陷的图形的一半补足的 ～ 的直径，它是如何划分轴的 363；～ 的直径，它是如何被发现的 364；任何一个曲线图形的一半的 ～ 中心，它们可以在什么地方找到？ 365；一个立体扇形的 ～ 中心，是以什么样的比例存在于被分割的轴上的？ 371；一个半球的 ～ 的中心，它存在于何处？ 373

Equivocal 多义 显然的 ～，没有任何风险 62；有时 ～ 词虽然不那么含糊，但却往往可能骗人 63；～ 为定义所取消 84

Error 错误，犯错 ～ 和虚假，它们如何不同？ 55；～ 是如何发生的？ 55—57；由肯定和否定造成的～，何谓由肯定和否定造成的 ～ ？ 55—56；是由从一个想象向对另一件不同事物的想象的转移造成的；或是对过去了的事物，或是对将来的事物的虚构造成的，这些事物原本过去不曾存在，将来也永远不会存在 56；有些 ～ 是具有感觉的一切事物所共有的，那些 ～ 是具有感觉的一切事物所共有的？ 56；这种 ～ 既非出自我们的感觉，也非出自我们知觉到的事物，而是出自我们自己 56；使我们自己免于由自然符号所引起的这样一类 ～ 的最好方式 57；这些 ～ 是由于我们缺乏推理造成的 57；那些由肯定和否定造成的 ～（即命题的虚假）也是由推理的差错造成的 57；～ 与哲学相抵触，哪些 ～ 与哲学相抵触？ 57；在三段论中发生的 ～，它们在于什么？ 57；假设某些事物是必然地存在的，而另外一些事物则是偶然地存在的，或是借偶性而存在的 60；由于把一些观念置放进理智之中，而把另外一些观念置放进想象之中 61

Essence 本质 我们将一定名称赋予任何物体的偶性，即是这一物体的～ 117；同一个 ～，当其被产生出来时，便被称作形式 117；这被一些人称作形式因 131；这为一些人称作可理解的 131；关于任何事物的 ～ 的知识是关于事物本身的知识的原因 132

Eternal 永恒，永恒的 ～ 的现在 413；凡 ～ 的事物都绝对不是产生出来的 431

Ether 以太 流动的 ～ 充满了宇宙的所有剩余的空间，以致宇宙中根本没有留下任何空的空间 426；～ 的各个部分，它们是不具有任何一种运动的,它们只是从它们在其中漂浮的物体领受到的东西,从而它们本身并非流体 448,481;有无数的原子,具有不同程度的硬度,具有多种简单运动,这些原子同 ～ 实体是混合在一起的 474;～的实体在所有物体中都是一样的 504;它们不具有任何重力 519;其理由 519

Ethics 伦理,伦理学 为何几何学家的著作曾经增进了科学,而 ～ 哲学家们的著作,除了语词之外,不曾增进任何东西 9;～的著作是如何被用来肯证恶人的意图的? 9;～著作主要缺乏的是什么? 9;～研究什么? 11

Euclid 欧几里得 他的公理,为何不是推证的原则? 82;为何它们在人们中间已经获得了原则的权威 82;为何由 ～ 在其第一原理开宗明义设定的公理,是可以得到推证的 119;它们不是推证的原则 119;他关于同一比例的定义 157;关于复合比例的定义 162;他只给直线平行线下了定义 189;他的立体角,何谓立体角? 198;读者掌握 ～ ,以便其在继续阅读《论物体》的几何学时,能够更加清楚明白地理解和把握它们 204;不曾给相等下任何定义 272;除全等外,也没有任何据以对之作出判断的记号 272;一个人奉 ～ 为老师,便可以在没有韦达的情况下,成为一个几何学家 314;反之,则不行 314

Experience 经验,实验 那些沾沾自喜于日常 ～ 的人,比起那些从意见出发的人来说,他们的判断往往更为健全。因为那些从意见出发的人,他们的那些意见虽然未必粗俗,但却充满着不确定性,并且是漫不经心地获得的 2;～ 不是任何别的东西,而只是记忆 3;～ 是心像的仓库,而这些心像又是从对非常多的事物的感觉中产生出来的 398;如果没有 ～ 和记忆,就完全没有任何关于那些给人带来快乐或伤害的事物的知识 408

Extension 广延 空间被错误地视为物体的～ 93,102;划分一个有 ～ 的物体及其 ～ ,以及那个 ～ 的观念,是与划分它们中的任何一个一样的 108

Extreme 端点 ～ 与中项,何谓 ～ ? 何谓中项? 98

False 假,虚假 ～命题绝不可能由真命题推演出来 42;～的出现不是来自感觉的欺骗,也不是来自事物本身的欺骗,而是由于轻率的断言 56;它既不属于事物,也不属于关于事物的想象 56—57

Fancy 形象,想象,心像 这种～,在其对象被移开或消失后,还依然存在 396;并不能假设过去的时间 398;不同于有关记忆或回忆 398;在我们的 ～ 中,我们把 ～ 视为真实存在的东西 398;一个人当其欣然观察各种相互之间距离遥远事物的相似性的时候,他就被说成是具有真正的～ 399

Fear 恐惧 ～ 与希望,其名称是如何取自交替的厌恶和欲望的? 409;没有希望的 ～ ,被称作仇恨 409

Figure 形状,图形 一切 ～ 的不同,都是由造成这些 ～ 的运动的不同产生出来的 69—70;～是量,是由其所有端点的位置或安置所决定的量 202;相同的 ～ ,何谓相同的 ～ ? 202;相同的 ～ 受到相同的安置 202;一个 ～ 对于另一个提到的 ～ 究竟相同不相同,如何知道? 202;有缺陷的 ～ ,何谓有缺陷的 ～ ? 247;完全 ～ ,何谓完全 ～ ? 247;有缺陷 ～ 的补形,何谓有缺陷的 ～ 的补形? 247;一个有缺陷的 ～ 是由某一按照处处成比例的可通约的比例,连续地成比例地减少、直到减少到零的量值所造成的 247;所有有缺陷的 ～ 的大小,当它们的底部不断减少的比例同它们的高的减少成比例时,就可以同它们的补形相比校;并且因此,可以同它们的完全 ～ 相比校 251;三边的有缺陷的 ～ 何以可能得到绘制? 253;一条线段如何可以画出来,以至于在任何一个点上,都能触及到一个有缺陷的 ～ ? 256;同样的 ～ 以什么样的比例超出同高同底的直线三角形? 256;相同的 ～ 以什么样的比例超出同高和同底的锥形? 258;一个平面的有缺陷的 ～ 何以能够在一个平行四边形里绘制出来,致使它能够成为一个同底同高的三角形,就如另一个有缺陷的平面的或立体的两次使用的图形能够成为同样有缺陷的 ～ ,连同那个绘制出来的完全的～ 259;在确定时间里,以加速运动传送的空间所具有的同时间本身的比例,是由运动的物体在不同时间里以一个或一个以上的速度受到加速而定的　260—262；当一个物体的速度与时间的速度同比增加时，速度就按照从 1 开始的数的连续增加而增加　262；如果速度是以时间的平方的比例变化的，其增加就是按照从 1 开始的数字开始的，而缺失每一个别的数字　263；如果速度是以时间的立方的比例变化的，那么，其增加就会按照从 1 开始，其间每个地方都漏掉两个数字的比例进行　263；如果任何一条线或任何一个面减小的比例与它们所减少的时间的比例是可公度的，则它们所绘制的 ～ 的大小就可以知道了　264；哲学的原则，乃有缺陷 ～ 的学说的基础　264；决定两个有缺陷的 ～ 的原因，其中一个是另一个的补形，它们在什么方面不同？　264；从对一个平行四边形中的有缺陷的 ～ 的绘制中，可以把存在于两条给定线段之间的任何数量的中项比例项找出来　267

Fire 火　～ 之所以暖，并不是因为它是一个物体，而是因为它是热的　121；～ 是如何从太阳产生出来的？　450；什么时候由一个物体的各个部分的运动产生出同时既发光又发热的现象，那就被说成 ～ 产生出来了　451；所谓 ～，我并不是将其理解为与一种物体截然不同的易燃的发光的灼热物质的物体，而是将其理解为这种物质本身　451；物体既发光又发热的原因即是 ～ 产生的原因　451；～ 是如何由两个燧石相碰撞产生出来的？　453；～ 是如何产生出一种简单运动的努力的？　455；～ 为何能够使一些事物变软，而使另外一些事物变硬？　455—456；把尚未干的草料堆成一堆，为何能够变热？　456；摩擦生 ～　459；由流动的微粒所获得的往外冲的努力产生出 ～　459；着 ～ 使得任何易燃的物质在它发光前看起来是黑色的　464；因蒸发而变硬　477

Flame 火焰　那些小而硬的物体组合而成的物质所产生的 ～ 或大或小　454；为何在木头和其他事物中，～ 显然是混合有风的？　454；～ 无非就是闪光的微粒的聚合体　455；～ 的原因，什么是 ～ 的原因？　455；为何被人使劲吹着的玻璃如此容易而快速地被蜡烛的小 ～ 熔化？　455

Flexion 弯曲　假定了 ～ 物体最小部分的变化　343；在 ～ 中引起一种从内在部分到外在部分所造成的接近　343

索　　引

Fluid　流体,液体　什么样的物体被称作～？　334,425;有人设想～仿佛是由坚硬物质的细小微粒构成　417;有可能设想～以同质的原子或同质的虚空本身作为它自己的本性　417;可以把它自己划分成持久流动的各个部分　426;～与原子混合在一起,并且被限定在一个狭小的空间里,它是如何变硬的？　474—477;流动的和驱散的物体下降得越快,进入其受到驱散的物体的微粒也就越小　513;～是由于大气的压力而变冷　472,522

Flux and Reflux　涨潮与退潮　参阅 Tides"潮汐"(Tides)条和"海洋"(Sea)条

Force　力,力量　不能够说:不借运动和物体,在～中,即具有任何一个量　26;～就是以运动量值的每个部分计算出来的运动的速度　115;～即是运动的动力或疾速,它或是乘以它本身或是乘以运动物体的量值　212

Form　形式　物体的～,当其被产生出来时,即是它的本质　117;任何一个偶性的产生或消灭都使它的主体被说成是被改变了,只有形式的产生或消灭才使主体被说成是产生或消灭了118

Freeze　冻结,结冰　参阅"冰"(Ice)条,"雪"(Snow)条和"水"(Water)条

Full　充实～与空虚,何谓～？107

Future　将来　～这个词,在心里惯常把过去的东西同现在的东西紧密结合在一起　17

Galileo　伽利略　第一个向我们打开了宇宙自然哲学的大门《作者献辞》;他假设地球围绕着它自己的地轴每天自转,它又围绕着太阳在黄道上遵循着十二宫的秩序做一年一度的公转,并且围绕着它自己的中心,遵循着与十二宫的秩序相反的秩序做一年一度的旋转　427—428;他已经推证出下降的物体,由于重力的作用,以什么样的比例加速　514

Generation　产生　同一件事物借以产生的方法是多种多样的312

Geometry　几何学　为何～家的著作曾经增进了科学,而伦理哲学家的著作却只增进了语词？9;它是从什么样的思考中产生出来的？　71;它在于探究简单运动的方式　73,87;为何自然哲学

必须从～开始？ 73；希腊人和拉丁人看来已经了解到：除～以外，是没有达到科学的确实推理的 86—87；～家们的技巧称作逻辑学，何谓～家们的技巧？ 89—90；逻辑学区别于几何学，为何区别于几何学？ 90；其三个部分各是什么？ 90；由线和角的比例找出图形的量 202；一个人，如果他想要研究～，他就必须首先知道什么是量、比例、角和图形的本性 202；一些量是可以从对它们借以产生的运动的比较来确定的，这要比由～的普通原理来确定容易得多 265；～的真正学说，是通过综合的方法获得的 314；～家们荒谬地主张无限和永恒的理由 413；～何学中内蕴有点像酒一样的东西 414；无论什么东西，只要是真的，年轻的～家们便认为都是可以推证的，但年长的～家们却并不这么认为 414

Glass 玻璃 为何被人使劲吹着的～如此地容易而快速地被蜡烛的小火焰熔化 455；～被撞击成粉末，为何成了白色？ 463；～和金属，为何在其受到撞击时，会产生出整齐划一和持续不断的声音？ 495

Glory 光荣 内心的～与胜利，是不值得研究哲学的人花费那么多气力的 7

Glow 萤火虫 其由于在炽热的太阳下曝晒而具有光 453—454

God 上帝 从对空间的错误的定义中，得出某些哲学家关于甚至连～也不可能创造出不止一个的世界的轻率的结论 93；把他的子民带进犹太地区，允许神父们作为第一批成熟的果子保留给他自己 412；关于无限和永恒的本性，原本只有他自己知道 412；应当由他所指定的人们来裁决 412；能够从任何事物的一部分中取出更小的另一部分，就像我们凭理解力能够设想可以这样进行无限分割那样 446；无限地扩大，和无限地缩小一样，都适合于他 446；尊贵的～显现在小的事物之中，一点也不逊于他之显现在大的事物之中 447

Gravity 重力 按照古代哲学家的意见，重物的下降是由物体的欲望产生出来的 509；重物的下降是由地球的引力产生出来的 509；只能由外在的运动产生出来 510；空气中的原子的～，能够从中得出什么样的结论？ 511；赤道～可能的原因，是地球的周

索　引

日运动　513；在两极是否存在有～，是由经验决定的　513；物体因～下降的速度，是按照从1开始的奇数互相之间具有的比例加速的　514；对所设定的～原因的异议　514；所作的回答　514；水的～，为何潜水者在最深处感受不到水的～？　515；一个漂浮物体的重量与充满该物体浸入水中所占据的空间的那么多水的重量相等　516；任何一个物体，不论体积有多大，只要它所包含的物质较水轻，就都将浮于任何数量的水上，而不管水有多少，都是如此　516

Great　大　～和小只有通过比较才可以理解　144；与之比较的东西是某种显示出来的东西，即某个～小，它或是为感官所知觉的，或是为语词所定义的　144

Gun　枪　火药，由火引发的最为常见的现象中，最令人惊叹的是点燃火药的威力　457；火药的构成　457；每一种成分的效果　457；火药威力的可能的结果　458；并不是由空气的稀薄产生出来的　458；一种～炮，当被点燃的时候，火药要在整个～筒子里面扩展枪筒的周长，并且同时缩短轴线　491；在放出子弹后，它就恢复原位　491；为何会有后坐力？　492；后坐力的大小取决于临近～炮尾部的那一部分的厚度　492；气～（风～），是最近发明的　519；对气～的描述　519

Habit　习性　是一种运动的产生，并不简单是运动，而是一种受推动的物体以一种确定和有图谋的方式所进行的一种轻易的行为方式　349；～是如何得到的？　349；～的定义　349；～不仅在生物上看到，而且也能够在无生命的物体中看到　349；新的运动的～除非通过长期连续的硬度状态才能够获得　477

Hard　固体，硬　什么样的物体被称作固体？　334，471；软的、～的和流动的等语词，仅仅是被相比较时才使用的　334；事物因凝结而变～　472；因发酵而变～　474；因加热而变～　476；因原子的运动被限定在一个狭小的空间而变～　477；～的程度不等，难以胜数　475；最～的事物与最软的事物一样，都是以分解它们连续性的方式破裂的　475；～的事物是如何变软的？　477；～的事物弯曲后是如何恢复的？　478；～的和软的感觉，何谓～

的感觉？何谓软的感觉？ 507；不计其数的 ～ 的和软的感觉是相互连续的，它们是如何变得粗糙的？ 507

Harvey 哈维 人体科学的发现者 《作者献辞》；他是唯一一位生前就确立新说的学者 《作者献辞》；血液循环运动的第一个观察者 407

Hate 仇恨，憎恨 乃没有希望的恐惧 409

Hearing 听力，听觉 ～ 的专门器官，何谓 ～ 的专门器官？ 404,500；当心脏的任何内在的运动抵达那层软膜的时候，那种脑子里占据主导地位的运动就会造成心像 401；～的运动是欲望和厌恶 401；～ 的情感和心像是相互产生出来的 401；心脏和大脑的运动是相互作用的 401；此乃生命之源 406

Heat 热，热量 阳光的产生总是伴随着 ～ 的产生 448；在除我们自己之外的其他事物中，～ 是怎么回事，人们只有通过推理才能了解 449；发 ～ 是一回事，而生 ～ 或使之发 ～ 则是另一回事 449；火生 ～ ，故它们本身也是 ～ 的，并非一个必然的推论 449；什么才是严格地被称作 ～ 的事物？ 449；～ 的感觉，何为 ～ 的感觉？ 449 ～ 而明亮的心像是由猛烈的简单运动产生出来的 452；摩擦产生的 ～ 459；由逃避的流体颗粒的努力所产生 459；周围以太实体的运动在我们身上产生 ～ 466；聚合同质的物体 480；～ 产生简单的运动 504；我们不是将 ～ 归因于空气，而是归因于火 523；～ 存在于身体的一定部位，但为何在睡眠之中，却能够引起意欲和不可征服的美？ 401

Hecate 赫卡忒 被认为受女神 ～ 差遣，而女神 ～ 则被视为厄运的象征 《作者献辞》

Herculeus 海克力斯 ～ 宝石 526；为何如此称呼？ 526

History 历史 自然的 ～ 和政治的 ～ 都不是哲学的对象 10

Hobbes 霍布斯 公民哲学并不早于他的著作《论公民》《作者献辞》；他在写作《论物体》时的敬畏、审慎和踌躇 《作者献辞》；在不断写作它时，努力不表现为嫉妒，而是为他自己复仇 《作者献辞》；他的哲学并非是那种用来制作哲人石的 《作者致读者书》；他的哲学是什么；他给读者的一切，不是推荐，而只是建议；他的

索　引

目的在于尽力去昭示基本哲学原理，这些原理就像许多粒种子一样，纯真的哲学此后有望由这些种子一点点地生长出来　2；承担的使命　12；他将范畴由语词还原为形式的理由　28；他的著作《论物体》是哲学正确方法的唯一例证　88；关于几何学，我在《论物体》中，将仅限于一些新的而且是有助于自然哲学的东西　204；在《论物体》中，我不是根据感觉和经验而是根据理性来考察事物的　217；他或是已经求证出了圆的面积，或是它就根本求证不出来　307；求证一条直线与圆的弓形相等，以及仅仅用尺子与圆规求证一个角的三等分　316；已经用语词和称谓写出了那些他所赞同的作品　388；他的有关世界的开端和大小的学说，他的这一学说是什么样的？　414；与哥白尼一致，他也假设：地球的一日一度的旋转来自地球的运动，通过这一运动，便形成了赤道的圆周运动　428

Homogeneous　同质的　在～物体中，就像重量对于重量那样，大小和大小之比也是如此　357

ὁμοιομερεῖς and ἀνομοιομερεῖς　均匀的与具有不同形式的　～线，何谓～线？　180

Hope　希望　～与恐惧，它们是如何由欲望和厌恶的交替发生取名的　409；没有恐惧的～，被称作欲求　409

ὅτι and διότι　那个在者与为什么　关于～的科学，关于～的科学，何谓关于～的科学？何谓关于～的科学？　66

Hyperbole　双曲线　～和抛物线，在几何学里有一个定义，在修辞学里就有另外一个定义　85

Hyperlogism　超出推理　～与不足推理，何谓～？何谓不足推理？　147，154；它们的变形　154—155

ὑποκείμενον　主项　主项或具体名称　32

Hypothesis　假设　旨在解说那些显然结果的原因的每个～，都必然在于某种被～的可能的运动　425；世界的～，它在于什么？　426；行星秩序的～，和恒星秩序的～　426—427；太阳和行星的简单圆周运动的～　427；～在气体中，混杂有某些其他并非流体的知觉不到的物体　427；～就像太阳与地球之间的距离和地球与月球之间的距离成比例一样，月球与地球之间的距离和地

索 引

球的半径也成比例 427;星球的轨道以及它们在其上运行的时间的~ 427;通过 ~ 太阳中运动的动力,我们也可以设想运动,为何能够如此? 430

Ice 冰 太阳对大气的活动是如何形成 ~ 的? 472;被压缩成小而硬的物体 473;包含着空气 473;人造 ~ 是如何形成的? 473;~ 为何比水轻? 474;如果 ~ 被置于一个并不让人感到寒冷的地方,但空气的运动不可能触及它,那么, ~ 将继续保持不变 478

Idea 观念,理念 每个 ~ 都是一,而且还都是属于一件事物的 60;那些称~是普遍的人,他们在什么地方上当受骗了? 60一个 ~ 相关于一个名称,另一个 ~ 则相关于一个命题,人们在思考这个问题时,是如何受到蒙骗的? 61;在感觉中, ~ 以向外的努力所造成的立体角的比例更大些 405

Identity 同一,同一性 在什么意义上, ~ 可以被设想为一个物体在一个时间与此前的物体是同一个,在另一个时间与此前的物体不是同一个? 135—137;一个人从婴儿长成一个老人时,其 ~ 并不能归因于质料,或许应当归因于形式 136;在探究 ~ 时,名称必定被认为能够称呼那件事物 137;问苏格拉底他是否是同一个人是一回事,问他是否为同一件物体又是一回事 137;他可以是同一个人,虽然他的身体并非同一个身体 137;如何可以借名称即可以确定一件事物是否个别地相同? 137—138

Image 肖像,影像 雕刻师不是制作而是发现了~ 《作者致读者书》;拉丁人将什么称作种相和 ~ ? 404;~ 的大小,景象的大小,依赖于由向外的努力所造成的立体角 405

Imagination 想象,想象力 ~ 和感觉,乃心灵运动的原因 72—73,74;物理学思考的主题 73;拉丁词 ~ 并不完满地对应于英文的~ 396;乃感觉的余留 396;由于对象的不在场而衰减了的感觉 396;梦就是处于睡眠状态中的人的~ 396,399

Impediment 障碍 撤销 ~ 并不能产生运动 213,344

Impetus 动力 何谓 ~ ? 207,218—219;当一个点处于静止状态时,如果它不屈服于最小的 ~ ,

它就将对无论什么东西也不屈服212;当一个点受到推动时,不管其～多么小,落到任何一个处于静止状态的物体的一个点上时,不管这个物体多么坚硬,它都将在最初一触中使它有所屈服212

Incidence 入射 参阅"反射"(Reflection)条

Incorporeal 非物质的,无形的 有一些人,他们无论在睡觉的时候,还是在醒着的时候,在他们的心灵里出现了可怕的心像,这些心像一直在鬼怪和～形实体的名义下,被误认为真实存在的事物 402

Individuation 个体性,个体化 ～的始点,在哲学家中产生的关于～始点的争论 135;～,不同的作家放在不同的位置 135;～的始点并不仅仅来自质料,也不仅仅来自形式 137

Infant 婴儿 小不丁点儿的～,在他们生命之初或他们刚生下来的时候,由于他们缺乏经验和记忆,欲望的事物极少,避免的事物也极少 407;他们也没有像我们在成年人身上所发现的那样广泛的动物运动 407;接近某些事物,但当他们的怀疑提醒他们的时候,他们有时却又会避开同样的事物 408;他们慢慢就懂得了什么是应该追求的,什么是应该加以避免的,他们是如何做到这一步的? 408;获得了神经和器官的用处,他们是如何获得的? 408

Infinite 无限 被分割成～多的部分,何谓被分割成～多的部分? 63—64;一条线可以被～分割,这在什么意义上才是真的? 64;～与有限,何谓～?何谓有限? 98;～的数被理解为是不确定的 99;潜在地～和有限,何谓潜在地～?何谓潜在地有限? 99;在～的空间中,无论我们取怎样的一个点,其离开我们的距离都是有限的 99;对任何一个～的事物,我们都不可能说它是一个整体或一 99—100;世界是否是～的,这个问题的意义 100;空间和时间的可分性,何谓空间和时间的～可分性? 100;关于何谓～的知识,是绝对不可能借有限的探究获得的 411;关于～的幻觉 411—412;关于～和永恒的知识,只有上帝才能够认识得到 412;他委托给谁对此作出裁决? 412;在他们或者看见或者可以

想象的那些事物的极大与～之间,存在任何一个平均值,这是不容易获得承认的 447

Instant 瞬间 是一个未经划分的时间,而不应看作是一个不可划分的时间 206

Interrogation 疑问 是用来表示求知欲望的 29

Intersidereal 星际 ～物体,何谓～物体? 445

Judgment 判断 通过经验所获得的,识别导致目的的手段 398;适当的～,以发现相互相像的事物之间的不同或差异 399;它并不区别于这样严格称谓的感觉 399;乃对于保留了一段时间的那些特殊心像的差异的回忆 399

Just 公正 一种行为的～或不～,是如何借综合的方法确定的? 74

Kepler 开普勒 天文学和一般自然哲学,为乔安尼斯·～、皮埃尔·伽森狄以及马林·梅森卓越地向前推进了 《作者献辞》;他关于太阳与地球之间的距离和地球与月球之间的距离,月球与地球之间的距离和地球的半径的比例的假设 427;地球围绕着它自己的地轴每天自转,它又围绕着太阳在黄道上遵循着十二宫的秩序做一年一度的公转,通过同一个地球围绕着它自己的中心,遵循着与十二宫的秩序相反的秩序做一年一度的旋转 427—428;将地球的偏心度归结为地球的各个部分的差别 434;将地球推回去的磁场的力量,是由非物质种类的东西所造成的 434;各个体之间的相似是由它们的相互吸引引起的 434;将地球的偏心度进行二等分的模式 442;有关理据 442;他所指出的地球轨道偏心度的原因 443

Knowledge 知识,认识 认识的目的,认识能力 7;～的开端乃是感觉和想象的心像 66;在感觉获得的～中,对整个对象的认识要比对这个对象的任何部分认识得都更清楚些 66;在关于那个在者的～和关于为什么的～中,我们的探究是从何处开始的? 67;事物的普遍～,这种～是如何达到的? 69

Loadstone 天然磁石 参阅"磁石(Magnet),磁铁"条

Law 法律 ～的运动,它分解成什么? 74

Liberty 自由 那种离开必然性的

索 引

所谓～,无论在人类还是在兽类的意志里,都是不可能找到的 409;若将其理解为他们愿意做什么的行为,则这样的～便同等地属于人类和兽类 409

Light 光 一些人把～放在质的范畴表中,另一些人则把它放在物体范畴表中 28;～的心像曾经欺骗了许多人 75;偶性的集合构成了～的原因 77—79;～只是从对象延续来的运动影响生命运动而造成的生命运动的变化 79;～乃视觉的专门心像 404;～乃透明物体的心像 404,448;～和颜色是感觉者的心像,而非对象的偶性 404;这从何处看来是显而易见的？ 404;～发热的原因 448—450;由猛烈的简单运动所产生的热而明亮的心像 452;区分为初级～、次级～等 459;初级～,它是如何制造红色的？ 461;它是如何制造黄色的？ 461;次级～,它是如何制造绿色的？ 461;它是如何制造紫色的？ 462;根据来自于物体各个表面上升起的那些微粒的位置差异,或多或少的～线由好几个物体向眼睛反射 465;声音和～,其产生的方式是不同的 497;在～线产生的过程中,位于对象和眼睛之间的媒介的各个部分均没有发生从其自己的位置到别的位置的可以感觉到的移动 497;～并不会因顺风或逆风而增强或变弱 497;媒介的压力是永久的 497

Lightning 闪电 ～为何发生在一年中最炎热的时候？ 456;～的原因,把空气封堵在上升的云和下落的云之间的狭小空间 480

Like 相同 ～乃那些只在大小上不同的物体 133,201;～的图形,何谓～的图形？ 202;一个图形对于另一个提到的图形究竟～不～？如何认识到这一点？ 202

Line 线,线段 何谓～？ 70;～是如何画出来的？ 70,71;当物体受到推动时,其大小根本不予考虑,它进展的轨迹便称作一条～ 111;～、面和体都是借运动显示出来的 140;～、面和体是通过并置显示出来的 140;～和面可以借片断显示出来 140;直线,其定义和比例 176—179;两点之间最短的～,何谓两点之间最短的～？ 176;一条～的大小,它是如何计算的？ 176—177;一条曲线,曲线的定义

177;具有同样端点的直线和曲线,曲线长于直线 177;在具有同样端点的曲线中,最外面的将是最长的线段 178;一条直线和一条曲线不会重合 178;在两个给定的点之间,只能画出一条直线 178;两条直线不能包括一个面 178;一条直线必然也全部在同一个面上 179,182;曲线有许多种类 180;全等的与非全等的 180;任何一条曲线都不可能想象会如此短,从而只可能存在有一条较短的直线 186;垂线,何为垂线? 187;一条直线是如何弯曲成一个圆的? 195;无论什么样的两条 ～ 都或者是平行的,或者是相交的,或者是相互接触的,或者它们是渐进的 199;迄今尚没有任何一个人将任何一条曲线与任何一条直线相比较,尽管每个时代都有许多几何学家作过这种努力 272;为何如此的可能的原因 272;全等,作为相等的记号,在比较直线和曲线方面,却可以说是一件毫无用处的东西 272;一些古代几何学家所争论的问题在于:在直线和曲线之间是否可能存在有任何相等 273;后来有一个作家却主张:既然亚当堕落了,如果没有神恩的帮助,那就发现不了这一点 273

Logarithms 对数 建立在什么基础之上? 175

Logic 逻辑,逻辑学 ～ 的著作家们,他们是如何一向致力于对事物所有种类的名称加以分类,使它们形成一定的级别或等级的? 25;被称作范畴表 25;～ 家根据什么说:前提乃结论的原因? 43;那些研究数学家推证的人们,他们学习真正的 ～ 要比那些花费时间阅读 ～ 家制造的三段论推论规则的人们快得多 54—55

Logistica 逻辑学,逻辑 ～ 技巧,何谓 ～ 技巧? 89—90;如果不精通几何学的话,其方法就既不能被实践,也不能被理解 90;它实际上并不是一个与几何学本身明显不同的东西 90;它的三个部分 90;由分析方法和综合方法组成 310

λογίζεσθαι 计算,推理,计数 进行 ～ ,进行思考 5

λογομαχία 有关名称的争论 关于三段论四种格的逻辑学争论 53

Lucian 琉善 古代哲学家们的嘲笑者 《作者献辞》

Lucretius 卢克莱修 他对伊壁鸠鲁关于真空证明的解释 416;他

的第一个证明,没有真空,便不可能有任何运动,这就是由此得出的结论 417;他的第二个和第三个证明 418;他的第四个证明同伊壁鸠鲁的意见的抵触比否认真空的证明还大 419

Magnet 磁石 ～的吸引功能是一种我们全然不知的事物 430;一旦什么时候它被我们认知了,我们就将发现它只是物体的某种运动 430;被称作海克力斯宝石,何以如此? 526;吸引的特性是由某种自身特殊运动的内在原则产生出来的 526;是不可见的,磁石的吸引力决非其他,就是那些最小微粒的某种运动 527;其可能的原因,就在于:那些具有这种引力的物体或是在一条直线上,或在椭圆线上,具有一种相互运动 528;～不同于铁,除非它就是矿石 528;如果铁受到～从一极到另一极的摩擦,～与铁相同的极就会相互排斥 529;其可能的原因 529—530;它的能力,它是如何通过无论多么坚固的其他的物体而传播的? 530

Magnitude 大小,量值 物体的广延 105;一些人将其称作实在空间 105;～不依赖我们的思维 105;原因,不是我们想象的结果 105;一个物体始终保持着同样的～ 105;～乃真实的广延 105;哲学家们视为绝对的～ 113; 我们借以给予任何一件事物以物体名称的 ～ 却是既没有产生也没有消灭的 116;运动和～,它们是全部物体最普通的偶性 203;它们对于视觉和触觉两者是共同的 404;假如一个人真的能够用手做出他凭理解力所做出的事情,那么,他就能够从任何给定的 ～ 中取出一部分,这部分比任何给定的其他 ～ 都要小 446

Man 人 所有的 ～ 都具有着同一种灵魂 8;所有的 ～ 都具有着同一种心灵能力 8;它们之间的差异是由哲学所引起的 8;～的欲望以及心灵的情欲如果不受某种权力的限制,他们就会永远互相攻战 74;～在古代以橡子和饮水为生 1

Marks 记号 参阅"标记(Moniments)"条

Matter 质料,物质 什么样的事物是所有 ～ 都普遍的 69;～不能因我们的任何努力而被制造或消灭,被增加或减少,或者被推动得离开它的位置 76;普遍 ～,

把普遍～分成哪些部分？ 76；一个物体，相对于形式而言，它便被称作～ 117；在所有的生成变化中，～这个名称依然存在着 118；原初～，纯粹是一个名称 118；但却是一个并非一无用处的名称 118；因为它意指的是这样一个物体概念，除大小和广延及倾向于接受形式或其他偶性这一点外，不考虑任何形式或其他偶性 118；或称作一般物体 118；～自身之中有一些坚硬的微粒，也有一些以太的微粒或水的微粒 455

Mean 中项 ～与端点，何谓～？何谓端点？ 98

Medium 媒介 ～的差异，折射的原因 374；较稠密的～，与较稀薄的～，何谓较稠密的～？何谓较稀薄的～？ 375, 509；同质的与异质的～，何谓同质的～？何谓较稀薄的～？ 376

Memory 记忆，回忆 对于事物的感觉与～，是人与一切生物所共有的 3；它们虽然也是知识，但它们却并不是哲学，为何如此？ 3；需要用感觉的记号来帮助 13；即使一个人孤独地活在世上，名称在帮助他～方面也是有用的 15；如果一个人知觉到他曾经知觉过，那他就是在～ 389；如果没有适当的器官，宜于保留那种在它们身上造成的运动，便没有～ 393；在～中，我们所考察的心像仿佛因时间而磨损了 398；就像是从很远处看事物所出现的情况那样 398—399；我们注意到粗糙和光滑，不仅通过触摸，而且还通过～ 508

Mersenne 梅森 《作者献辞》

Metaphor 隐喻 ～公开承认将名称从一件事物转换到另一件事物 62—63

Metaphysics 形而上学 一些人认为这才是超乎寻常的学问 19；使人们认为当他们这样做时他们并不理解他们自己在干什么 19；～作家的错误是从认为即使没有物体偶性也可以存在产生出来的 34；～著作家差不多都将无意义的言语作为有意义的言语加以使用 30；～微言大义使人们将这种方式视为鬼火 109；～的著作家们，是如何猜测出许多原因的？ 131

Method 方法 研究的～，即哲学的～ 64；～的定义 66；分析的～与综合的～，何谓分析的～？何谓综合的～？ 66；从已知的事物进展到未知的事物,这对于所有种类的～来说都是一样的 66;分析的～与综合的～,它们是根据什么加以使用的？ 66;我们用来发现事物的原因的～,分析～ 66;发明的～ 68—79;探究组合的～,何谓探究组合的～？ 71;那些单纯研究科学的哲学～,一部分是分析的,一部分是综合的 74—75;探求是否任何一种偶性都存在于这个或那个主体之中 76;部分是分析的,部分是综合的 77;探求所提出的任何一个结果的原因的～ 77;在发明的～中,语词有何用处？ 79;论证的～,综合的 80;推证的～,在各类哲学中都可以看到,何谓推证的～？ 87;何以如此？ 87—88;关于哲学中这种真正的～,除《论物体》这部著作外,给不出任何别的例证 88

Microscope 显微镜 当今时代具有什么能力的～？ 446;能够放大多少倍？ 446

Mind 心灵 人的～之对于虚时比其自然之对于虚空更加缺乏耐性 《作者致读者书》;它的概念是如何组合而成的？ 4;它的运动,何谓心灵的运动？ 72;其原因在于何处？ 72—73,74;它们是如何被认知的？ 73;～的知识,构成了政治学的原则 74;当问题在关于～的某种官能时,事物是以什么方式受到考察的？ 92

Moestlin 迈斯特林 他在太阳刚刚露出地平线的时候,对月食的观察 483;以被冻结成冰的云层加以说明 483

Momentum 动力,力矩 运动物体所具有的运动对抵抗物体的运动的超出 214; 砝码或重物的能力推动着衡量 351;当两个大小相等、具有同一种相或质料的重物,在距天平中心的两边以相等的距离压着横梁,它们的～便是相等的 352;两个都在下压和努力 352;放在横梁上不同点上的相同或相等重物的～,就像它们同天平中心的距离一样 353;不等重物的～相互之间所具有的比例是由它们的重量和其与天平中心的距离的比例组合而成的 354;离开同一个种相的重物的中心的大小和距离,其～是相等的,它们是相互成比例的 357;如果任何一个重物的各个部分到处都同等地压在天平横梁上,那么被切掉的所有部分,从天平中心算起的～,就将与三角形的由

平行于底边且从顶点切掉的各个部分的力比例相同　357

Moniments　标记　～或记号,它们对于帮助记忆的必要性　13；它们究竟为何物？　14；它们对获得哲学的必要性　14；符号与～,它们的差别　15

Moon　月亮,月球　～的一月一度的简单运动可以从地球的简单运动的假设推证出来　429；～始终以同一面朝向地球,这是由于什么原因所致？　435；但是由于太阳的活动,其轴将始终平行于它自身　436；当～处于非月食状态的时候,我们并非始终能够精确地看见其同样的面庞　436；那时,～朝向我们的那一部分,与它那发光的部分相比,是并非完全相同的　437；她因月食而产生的最大的偏差,是5度　437；～比太阳具有更大的在植物和生物中增加湿度的力量　440；和太阳一样增加雨　440；人们所期待的天气的改变是在它们与地球的汇合时发生的　440；～、星星为何在地平线上比在天顶上显得红些？　462；迈斯特林在太阳刚刚露出地平线的时候,观察到月食　483

Moral　道德　～科学的缺乏,乃国内战争的原因　10

Motion　运动　～本性的知识,乃宇宙自然哲学的大门　《作者献辞》；～,不能够说,无须线段和时间的帮助,即具有量　26；芝诺的反对～的著名论证　63—64；～,乃所有事物的普遍原因　69；～,除～外,不可能有别的原因　70,124,213,412；通过感觉而观察到的各种各样的事物,除了～以外,没有任何别的原因　70；它们部分地在对象中,部分地在我们自身之内　70；无论什么种类的～,如果没有推理,便都认识不到　70；所有的变化都在于～　70,123,126,131,323,390,502；这就是普遍得不到理解的原因　70；～乃放弃一个位置,又取得另一个位置　70,204；对简单～的考察,它产生了什么？　70,71；哲学中论述运动的部分,它是从什么样的沉思得出来的？　71—72；关于简单～的知识,如何对于理解物理学有必要性？　73；事物对感觉的一切现象都是由复合～决定的　73；简单～的方式,是几何学探究的　73；内部的、不可见的～,是自然哲学家们要研究的　73；并且包含公民哲学　87；心灵的

～,何谓心灵 ～？ 72—73;它们的原因在什么东西里面？ 73;它们之被认识,它们是如何被认识的？ 73;年、月、日被一些人说成是太阳和月球的～ 94;时间乃 ～ 的影像 95;时间是由 ～ 来度量的,～ 并不是由时间来度量的 95;～的定义 109;为何将 ～ 定义为对位置的连续的放弃？ 109;如果没有时间,任何事物都不可能～ 110,204;受到推动或已经受到推动,何谓受到推动？何谓已经受到推动？ 110;无论什么事物受到了推动,它都已经受到了推动 110,204;凡受到推动的东西还将受到推动 110,204;凡受到推动的东西在任何时间里都不处于同一个位置,不管这段时间是多么短暂 110,111,204;反对 ～ 的证明;如果任何物体受到推动,它就或是处在它现在所在的位置上,或是不处在它现在所在的位置上 110;其荒谬性在于何处？ 110;一个物体的运动在于它从它现在所在的位置,转移到它现在所不在的位置 111;如果不设想过去和将来的时间,就不会有 ～ 的任何概念 111;～,是在什么时间被说成是在相等的时间产生出来的？ 113;当在同一个时间里经过同一个长度时,这些运动便被说成是等速的 114,205;匀速 ～,何谓匀速 ～？ 114,214;匀加速 ～,何谓匀加速 ～？ 114;～之被说成是大些、小些或相等,不仅是简单地就速度而言的,而且也是就每个具有大小的最小微粒的速度而言的 114,205;两个 ～ 相互等同是一回事,它们等速却又是一回事 114,205;两匹马的～可能是等速的,但它们两个的 ～ 却是其中一匹的两倍 114,205;一个处于静止状态的物体 ～ 的原因,存在于某个外在的物体之中 115,510;～的物体将继续运动,除非它为某个别的物体使它静止 115,205,213,345,510;当手受到推动,使笔 ～,～ 并没有从这只手离开,而进入到这支笔上面,但一种新的 ～ 却在这支笔上产生出来了 117;除非在交接的和受到推动的物体中,是不可能存在有 ～ 的任何原因的 124,205,213,334,344,390,412,416,434,502,526;凡 ～ 的东西都将以一定的方式和一定的速度永远运动,除非它为某个别的相交接的运动的物体所阻止 125,205;为某个作家所设想的～，并不像静止那样与～正相反对 125；使他蒙受欺骗的东西 125；～实际上并不是为静止所抵抗，而是为相反的～所抵抗 125；～，被称作一种能力，何以如此？ 131；它并非一种偶性 131；它是一种活动，但却是一种有别于所有其他活动的活动 131；～和大小，乃全部物体最普通的偶性 203；如果一个在～的点开始接触到另一个处于静止状态的点，则尽管能够指派给它的动力是最小的，它都将使另一个点～ 212；当一个点处于静止状态时，如果它不屈服于最小的动力，它就将对无论什么东西也不屈服，所以，处于静止状态的东西将永远不可能～ 212；如果具有任何硬度的物体，并不能够使一个具有可能最小动力的点屈服，它就将不可能使任何数量的每一个具有同样动力的点屈服 212—213；取走了阻碍或阻力，便没有任何～的原因 213，344；对作为已经分割的和未经分割的物体的～的考察 213；匀速的～与各式各样的～，何谓匀速～？何谓各式各样的～？ 214；由一个～物体造成的～，与由许多～物体造成的～ 214；垂直的～与倾斜的～ 214；推进与牵引 214；缚绑与传播，碰撞与敲击 214；力矩是～物体所具有的对抵抗物体的～的超出 214；从媒介的多样性对～的考察 215；简单～与复合～ 215,317,328；～物体的～决定它的第一努力 215；在由集合所致的～中，一个～物体停止了，这种努力就将由另一个物体所趋的路线所造成 215；～可以是感觉不到的 216；当两个～物体具有同样的大小时，它们中～速度快者比速度慢者对一个在抵抗它们～的物体的作用要大些 217；如果两个～物体速度一样，则它们中较大的比较小的对那个物体的作用力大 217；在所有匀速～中，传送的长度与平均动力与其时间的乘积与平均动力与其时间的乘积是一样的 219；也就是说，与时间的比例是一样的 221；时间的比例与长度的比例是一样的 221；在从静止开始和匀加速～中，平均动力乘以时间所得出的一个乘积，对于另外一个同样的由平均动力乘以时间所得出的乘积，和长度的比例是一样的 221；在匀加速～中，所传送的长度对于它们时间的长度的比例,由它们的时间对于它们的时间与动力对于动力的比例复合而成 223；在匀加速～中,在相同时间里从运动一开始在不断的连续中所获得的传送的长度,是从 1 开始所数的数字的平方之间的差 223；在从静止开始的匀加速 ～ 中,所传送的长度虽然相对于在同一个时间里匀速传送的另一个长度,但却具有由加速运动在那个时间的最后一点所获得的动力,就像一个三角形对于一个平行四边形一样,它们具有共同的顶垂线和底边 223 ；在由静止开始的其动力不断地以其时间的比例的平方的比例增加的加速 ～ 中,其长度将如平均动力乘以时间所得的乘积 223—224；其长度处于在其时间最后点上所获得的动力的比例 225；在从一开始就相互连续的相同时间里,所传送的长度,相互之间就像从 1 开始的立方数的差数 226；在这样加速的 ～ 里,由于其所传送的长度始终双倍于它们时间的比例,在整个时间里由始终等于最后获得的动力所匀速传送的长度,就像 2 对于 3 那样的比例 226；如果动力以四倍于它们时间的比例的比例增加 227；如果四倍,就将以五倍时间比例的比例增加 227；如果两个物体以匀速但却不同的速度 ～ ,它们所传送的长度,其相互之间的比例就将是时间与时间的比例和动力与动力比例复合而成的 227；当两个物体作匀速 ～ 时,如果时间和动力相互成比例,则所传送的长度将相等 228；如果两个物体在同一个时间,都以不同的动力 ～ ,则所传送的长度就将和动力对于动力一样 228；其时间就将是由长度与长度和动力与动力之间的比例复合而成的比例 229；受到推动的时间的比例就将由相互采取的长度与长度和动力与动力的比例复合而成的 229；动力的比例是由相互采取的长度对长度和时间对时间的比例复合而成的 230；如果一个物体为两个运动的物体推进,一起作直线匀速 ～ ,这两个物体相交于一个角上,则它就将沿着一条直线 ～ 231；如果一个物体作匀速 ～ ,另一个则从静止开始作非匀速地加速 ～ ,直到由加速 ～ 所获得的最大动力的线段等同于匀速～时间线段的比例,则受到推动的那个物体所在的线段将是一个半抛物线的曲线,其底边为最后获得的动力,以及作为静止点的顶点 232;如果一个物体为两个相交于一个角的两个 ～ 所推动,其中一个是匀速的,另一个是从静止开始的加速 ～,而且,其所传送的长度的比例在每一个地方都是它们在其中得到传送的时间的比例的立方,这个物体在其中受到推动的线段,将是两个中项第一个半抛物线的曲线,其底边即是最后获得的动力 233;如果这个 ～ 以借数字说明的空间和时间的比例加速,则如何去发现这个物体 ～ 的路线 234—235;如果一个 ～ 以任何一种无论什么样的方式发生,这个匀速 ～ 就将沿着空间的若干条平行线越来越小地推动这个物体,其比例与另一个 ～ 更大加速的比例是一样的 235;如果任何一个给定的长度,在一个给定的时间里以匀速 ～ 穿过,找出在同一个时间以匀加速 ～ 将要穿过的那个长度 237;找出同一个如此加速的 ～,其所传输的长度为它们时间的立方的比例,而且,最后获得的动力的线段将等于给定的时间的线段 238; 找出同一个如此加速的 ～,其所传输的长度将为它们时间的四次方、五次方等的比例 240;像任何数值对于任何数值那样,同样的方法也有助于发现以这样的动力在这样的时间里所传输的长度 240;如果两个 ～ 一个是匀速 ～,另一个是以长度对于时间的任何比例的加速 ～,则在任何一个时间所穿过的长度,都将与在另一个时间所穿过的长度的比例相同 242;如果在任何一个平行四边形中的两个邻边,在同一的时间里,被推向相反的两边,其中一边具有匀速 ～,另一边具有匀加速 ～,则作匀速 ～ 的这一边,所造成的影响,就会和另一个 ～ 所造成的影响一样大,如果另一个 ～ 也是匀速的话,而且,它所传送的长度,就将是一个存在于整体与其一半之间的中项比例项 243;权衡是～ 314;在简单的圆周 ～ 中,～ 物体内的每条直线都必定始终与其本身相平行 318;在任何作简单 ～ 的物体中都将会发生同样的情况,尽管并非是圆周 ～ 318;在简单的圆周 ～ 中,同等圆的半径或一个球体的轴始终与它自身相平行 319;如果一个周转圆围绕着一个圆周旋转,在相同时间内造成相同的角,当这个圆围绕着相反的方向旋转时,这个周转圆内的每条直线就将与它自身相平行 319；当一件物体在充实的流体媒介中作简单～时，它便在一定程度上改变着该流体所有部分的位置 321；持续返回初始位置的物体，其所作的简单～不管是圆周的，还是非圆周的，都具有离散阻碍物体各个部分的与其速度成比例的力 321—322；如果一个物体在一个做简单圆周～的流体内～，则流体较为遥远的各个部分将适时地以其离开～物体的距离的比例完成它们的圆 322；在～物体完成一圆周～的同时，未接触这一运动物体的流体的任何部分，将形成一个圆的一个部分，等同于这个～物体的整圆 323；处在流体媒介中的物体所作的简单～，聚合同质的事物，离散异质的事物 323，482，510；如果一个以简单圆周～在一种流体中～的物体的任何一部分的轨道，与在同一流体中的任何其他一个点的轨道，是可公度的，则后一个点就将形成它的轨道，而与此同时，～物体中的那个点，其一些轨道将等同于另一个点的轨道 325；在简单～中，如果～的物体是球体，则其在接近其两极所具有的力便小

于其趋向于其中间离散异质物体或聚合同质物体所具有的力 326；在垂直于轴，并与极点本身相比，距球体中心更远的平面上，简单～产生不出任何效果 327；如果在一个做简单～的流体媒介内，设想漂浮着一个球体，则该流体媒介的各个部分，将会竭力使它们自身扩散到该物体表面的任何部分 327—328，336；何以如此的理据 328；复合的圆周～所携带的～的物体，将那些并未黏附其上的物体从一个切点上抛出去 328；随简单圆周～运行的物体，产生简单的圆周～ 329；如果流体媒介的各个部分受到一个作简单～的物体的搅动，其中还漂浮有另一种物体，或完全是固体，或完全是液态，则后一种物体的～就将与前一种物体的～是同圆心的 330—331；但若此物体一边是固态的，另一边是液态的，则这两种～便不具有同一个圆心，漂浮的物体也不会受到推动，在一个完全圆形的圆周上运行 331；～的传播，何谓～的传播？ 334；当处于空闲的和敞开的空间中的两种流体相互施压时，它们的各个部分就将向边沿移动 334；存在

于垂直于施压物体的一条线段上 335;同样的情况也发生在坚固的物体上,虽然这不是常为感觉所明显感觉得到的 335;如果压力发生在一个封闭的空间里,流体就将相互渗透 335;受到推动的物体如何可以沿着一条与 ~ 物体的运动几乎直接相反的方向继续向前运动? 339;~ 的传播,何谓 ~ 的传播? 334;在一个充实的媒介里,~ 能够无限传播 341,530;能够在一瞬间无限传播 392;一个被携带的物体的 ~,不会因携带物体的物体的 ~ 的终止而停止 345;也不会因携带物体的物体的 ~ 的增加而增加 345—346;如果一个物体的内在部分处于静止状态,不管时间是多么的短暂,都不可能自行产生任何新的~ 347;如果一个硬的物体,在受到压迫或扩展后,如果取消对它的压迫或扩展,它们自身便会恢复到以前的位置或状况,但其内在的 ~ 却并未取消 347—348;此前由对象作用于感官所造成的 ~,再次在感觉所产生的同样的秩序中居主导地位 398;由感觉产生的 ~,被称作动物~ 405;由传递到心脏里的感觉者身上的 ~,所造成的生命 ~ 的加快或放缓,乃快乐或痛苦的原因 406;生命的 ~ 就是血液的~ 407;受到由可见对象的作用所造成的 ~ 的妨碍 407;重新恢复,如何重新恢复? 407;也受到同一 ~ 的帮助 407;动物精神的伸缩和扩展 408;永恒的第一推动者,是从何处推断出来的? 412;这个推动者是永恒受到推动的,这是从何处推断出来的? 412;在无论什么事物都是充满的、其各个部分都是静止不动的世界里,~ 要有其开端是完全不可能的 416;对 ~ 开始的否认,并不能取消现在的~ 416;~ 预设了能够 ~ 的物体 425;凡围绕一个固定的轴作简单 ~ 的物体,都没有能力将任何努力传播给那些放置在圆周之外的物体 430;根本不存在无形的运动物体 430;如果施动者本身具有简单 ~ 的话,那么,它所推动的无论什么样的物体,就将始终作匀速~ 322,438;任何被分离开的物质的各个部分,都可以获得简单~ 452;猛烈的简单 ~,在观察者那里,产生一种热而明亮的心像 452;进行简单 ~ 的努力,是如何由火产生出来的? 455;一切 ~ 对无论什

索　引

么样的物质都能产生某种结果 455；所有各个部分的简单圆周～，是硬的物体恢复自身的原因 478—479；～所产生的结果的大小，在速度一样的时候，也因物体本身的大小所致 486；相反的～不可能在瞬间消失 491；充满不可能成为一种动力因 520；生物游泳、跳跃等～，它们是如何造成的？ 522；任何事物可以凭借其自身、凭借实体形式、凭借无形的实体而～，这些说法都是毫无用处的废话 531

Name 名称　～乃言语的各个部分 15；既可以用作符号，也可以用作记号 15；但它们是在用作符号之前用作记号的 15；它们的本性，它们的本性在于什么？ 15；～的定义 16；～是人为的，这表现在何处？16；哲学家们却总是具有自由，从而有时他们有必要自己使用一些新的～ 16；数学家们也是如此 16；～是我们概念的符号，而不是事物本身的符号 17；关于～意指的究竟是质料，还是形式，还是有时也意指这两者的复合物？此乃形而上学的玄机 17；一些事物的～没有必要 17；将来，不可能的、无，它们究竟是什么事物的～？ 17；每一个～都与被命名的事物有某种关系 18；～的首要区分是：肯定～与否定～ 18；肯定～必须先于否定～，何以如此？ 18；否定～意指的是我们未曾想到的东西 19；矛盾～，何谓矛盾～？ 19；在矛盾的～中，其中之一是无论一件什么事物的～ 19；这条公理的确定性，乃所有推理的基础 19；公共～ 19；普遍～，什么样的～被这样称呼？为何这样称呼？ 20；公共性较大或较小的～ 20；为了理解公共～的范围，必须具有什么样的官能？ 20；属相与种相，何谓属相？何谓种相？ 20；第一意念的～与第二意念的～ 20—21；确定的和限定的～，与不确定的和不限定的～ 21；发明普遍的和特殊的～，不仅是为了使我们方便记忆，而且还是为了使我们能够同他人进行讨论 22；单义～与多义～ 22；这种区分与其说属于～，毋宁说属于～的使用 23；绝对～与相对～ 23；抽象～与具体～ 23,33；具体～的发明先于命题，抽象～的发明后于命题 23,33；抽象～的效用在于乘、除、加、减物体的特性 33；抽象～的滥用，在言说偶性时，仿佛它们可以脱离物体而存在似的 33；简单～与复合～ 23；简单～，是那些其中每一种都是最普通的或最普遍的～ 23；复合～，其所表示的是存在于心灵之中的不止一个的概念，后面的～就是因此而添加上去的 24；一个真实精确的～分类，并非只要哲学不完善，就不可能达到这一步 28；～的构造，并非来自事物的种相，而是来自人们的意志和同意 56，85；假命题来自抽象～与具体～的连接 58；关于具有心像～的物体的～ 59；关于具有～的名称的物体的～ 59；关于具有心像～的偶性的～ 59—60；或者关于具有～的～的偶性的～ 60；关于具有～的～的心像的～ 60；关于具有言语的～的物体、偶性或心像 60—61；物体的～与偶性的～不应当耦合，何以如此？ 59；定义必须在复合～之前得到理解 85；如果把某个言辞各个部分的～都解释明白了，就没有必要再把那些～组合起来当作定义 85；在哲学里采用被定义的～只是为了简便的缘故 85；～不能用某一个语词来下定义 85；如果所问的是一个具体～，即它是什么，这就一定要用定义来回答 103；但如果问的是一个抽象～，其答案就将是一个东西之所以表现得如此的原因 103；借以回答一个物体在何处这个问题的～并非位置的专门～ 107；在某处这个～乃其最高的属相 107；一个～可以是由许多语词集合到一起组成的 23

Nature 本性,自然 哪些偶性组合成了一件事物的～,哪些偶性组合成了事物本身？ 67；常言道,一些事物更多地为我们所认识,而另一些事物则更多地为～所认识,这意味着什么？ 67；为～所认识,究竟是什么意思？ 67,69

Nitre 硝石 把～放到燃烧的炭上的结果 457；其作为火药的一种成分的结果 457；它之为白色的原因 464

Nothing 无 ～,不管它乘以多少倍,都将永远是～ 212

Notions, common 意念,公共意念 公理和～,被一些人称作基本命题 37；并非真正的原理,为何如此？ 37,82

Number 数,数字,数目,数值 要

索　引

是没有排列有序的～的名称,没有一个人能记得住～　13;～即是若干个一　96;～的极点是一　98;每一个～都是有限的　99;所有的物体在～上都是相互不同的　133;～上的同一与差异是两个因矛盾而相互对立的名称　133;～或是通过点的显示或是通过～的名称显示出来的　141;～被称作离散的量,何以如此?　141;借～的名称来显示～有何必要性?　141

Object　对象　显现出来的并非～的真实的大小和形状　59—60;它们不是任何别的东西,而仅仅是一种心像　60;欲认真研究一个～,就要排除掉对当前所有其他～的感觉,为何如此?　395;在同一时刻,我们只能够用感觉知觉到一个～　395;每个～不是整个世界的一个部分,就是其各个部分的集合　410;由于什么样的心像,一个～才被称之为透明的?　448

Odour　气味　是有～的物体制造了气味,尽管它们的整个团块并不会受到推动　503;～的原因乃有～的物体的那些不可见部分的运动　503;其可见部分

503;它们是由其简单运动产生出来的,而不是由臭气产生出来的,为何如此?　503;水、空气、动物身上的精神和液体,这些东西是如何造成～的?　505;将有～的物体弄碎,它是如何使有～的物体的～变得更为强烈的?　505

One　一　一件事物当被视为其他类似事物中的一个时,它就被说成是～　96;关于～的普通定义,是一个应当受到批评的荒谬结论　96

Opaque　不透明　什么样的物体被这样称呼?　480;其为异质的　480

Orb　天体　巨大的～,其半径范围从地球直达太阳　446;但就太阳与地球之间的距离而言,则它无非是一个点而已　447

Pain　痛苦　伤口的～,为何被认为和伤口存在于同一个地方　407

Pappus　帕普斯　他将各种问题区分为平面的、立体的和线性的　315

他借助于夸张法求证一个角的三等分　316

Parabola　抛物线　～和双曲线

在几何学里和在修辞学里具有一种区别 85；找出一条直线,等同于半～的曲线 268；找出一条直线也等同于第一半～曲线 270

Parallel 平行,平行线 ～的一般定义,没有发现在什么地方被定义过 189；平行直线的特性 189—191；～四边形,何谓～四边形？ 189

Paralogism 谬论,谬误 ～的错误,在于何处？ 88；循环论证 88；错误的原因 89；在物理学的著作家中常常发现的～推理 89

Part 部分 除了那些与包容着它的某件东西相比较的东西外并没有什么能够正确地称作～ 95；制造～,何谓制造～ 95；倘若没有分割,任何事物都不可能具有～ 97；一个～的部分是这个整体的～ 97

Passion 情感,受动性 公民哲学包含在内在～以及感觉和想象的学说之中 87；物体中的作用与～ 120；何时是间接的？何时是直接的？ 120；心灵的所有～都在于欲望和厌恶 409；～无可计数 410；在人类以外的造物身上并非都是可以看到的 410

Patient 受动者 一个物体在另一个物体之中产生或消灭某种偶性 120；这样产生出来的偶性,被称作结果 120

Perception 知觉 探求～的原因,如何得到帮助？ 389；～是与心像一起造成的 392

Percussion 撞击,打击 ～或敲击,何谓～或敲击？ 214；它的运动,是如何传播的？ 346；不同于缚绑,区别在于什么？ 346；～的结果与重量,是几乎形不成任何比较的 346；为何如此？ 347

Petition 请求 几何学著作家的那些～,是技艺原理或建构原理,而非科学和推证原理 37,82；是问题的原则,而非定理的原则 82；循环论证,何谓循环论证？ 88

τὸ φαίνεσθαι 显现本身 ～是最可惊叹的 389

Phantasm 心像,影像 分清～借以产生的事物本身与它们对感觉的现象并不是那么容易的 75；关于感性事物的～的原因,在自然哲学中,是所有问题的主题 75；同一件事物产生各种各样的～ 75；我们计算的不是别的,只是我们自己的 ～ 92;～的原因,是需要我们加以探究的 389;它们在感觉者身上是有一些改变或变化的,这从什么地方看是显而易见的? 389;针对从该对象传递到该器官最内在部分运动,而存在有某种反作用 391;看来像是器官之外的某种事物,何以如此? 392,406;～是感觉行为 392;～之不同于感觉,一如正在做的一种活动同正在被做的活动 392;～是在一瞬间完成的 392;如果 ～ 也能够由无生命物体的反作用造出来,则一旦那个物体被移开,也就停止存在了 393;～的持久不断的变化,对于感觉是必要的,何以如此? 394;但在同一时间却只能出现一个 ～ 394;两个共同起作用的对象虽然不能造出两个各别的 ～ ,但却有可能通过二者的活动复合而成为一个唯一的 ～ 394;强大的 ～ 剥夺了我们对于其他 ～ 的感觉,这与太阳剥夺其他星星的光芒没有什么不同 396;～,除非对象在场,还不是通常所说的感觉 396;在其对象被移开或消失后,它便被称作形象 396;处于想象的 ～ 与感觉中的 ～ 一样清楚明白 396;～在梦境中与在感觉本身中一样清楚明白 396;在醒着的人那里,已经消失的事物的 ～ 比尚且在场的事物的 ～ 要来得模糊一些,何以如此? 396;～的接续并非没有原因,也不是一件什么偶然的事情 397;同样的 ～ 进入脑子里,有的时候它们像它们自己,有的时候它们又非常不像它们自己 397—398;～也常常地按照任何一种由先前对象所造成的运动占据主导地位而不断地更新 398;～也按照先前他们为感觉所产生出来的次序而不断地占据主导地位 398;当所有的外部器官都因睡眠而变得麻木的时候,一些 ～ 是如何复活的? 400;无论什么东西,只要它击打软膜,便都能够激活一些依然在脑子中运动的～ 400;～是如何为心脏的运动造出来的 401;有些人并不认为他们在梦中看到和听到的现象和声音是一些 ～ ,而是认为它们是自行独立存在的事物 402;有一些人,他们无论在睡觉的时候,还是在醒着的时候,在他们的心灵里出现了可怕的 ～ ,这些 ～ 被误认为真实存在的事物,为人们接受 402;所有的 ～ ,除空间和时间,都是相互区别的物

体 411；我们作为人，不管我们知道的是无论什么样的东西，我们都是从我们的 ～ 中获得的 411

Φαντάσια 想象，形象 ～与记忆不同，它们是如何不同的？ 398

Phenomenon 现象 何谓 ～？ 389 在所有 ～ 中，最可惊叹的是显现本身 389；

Philosophy 哲学 ～ 的这一部分，其中考察的线段和图形，先人遗留给我们的是显著改进了的东西 《作者献辞》；没有一个自然 ～ 的时代能够被认为高出伽利略的时代 《作者献辞》；公民 ～ 不会早于《论物体》 《作者献辞》；古希腊时代的 ～，何谓古希腊时代的 ～？ 《作者献辞》；～ 乃世界和你自己心灵的产儿 《作者致读者书》；～ 思维的方法务必与世界创造的方法相一致或相类似 《作者致读者书》；思考的秩序，何谓思考的秩序？ 《作者致读者书》现在 ～ 之存在于大多数人中，就好像在古代说谷和酒存在于世界上一样 1；～ 即自然理性 1；～ 为人带进世界 1；真实的精确的 ～ 公开反对语言的虚假色彩 2；～ 的定义 3，65，387；审慎并非～ 3；为何如此？ 3；～ 的目的或目标 7；～ 的效用如何得到最好的理解 7；～ 乃人类一切利益的原因 8；要估价道德 ～ 和公民 ～ 的效用，靠的是我们由不知道这些科学而蒙受的灾难 8；道德 ～ 乃公民生活规则的知识 8；～ 的对象 10；～ 排除什么？ 10—11；～ 的两个部分：自然的物体与人造的物体或国家 11；公民 ～ 也有两个部分：伦理学与政治学 11；～ 不需要本质、实存这些语词 34；～ 的职责，在于建立有关事物特性的普遍规则 49；错误与 ～ 相抵触，何谓错误与 ～ 相抵触？ 57；抽象名称与具体名称的不相贯的连接，充满了这样一类连接 58—59；～ 家们，他们致力于认识什么？ 68；自然 ～ 的什么部分是借推证来阐释的，特别适合于这样称呼？ 72；道德 ～，它考察什么？ 72；为何要在物理学之后予以考察？ 72—73；自然 ～ 家们，他们探究内部的、不可见的运动的各种方式 73；研究自然～ 的人必须从几何学开始 73；公民 ～ 与道德 ～ 并非紧密地相互依附，它们是可以拆分开的 73；公民 ～ 的原理，可以借分析

索　引

的方法得到,而无须几何学和物理学　74;自然 ～,其所有问题都相关于感性事物心像的原因　75;教授 ～ 时,首先从定义开始　85;整个教授过程,直到我们认识复合的事物之前,都是组合的　85;第一 ～,包含在普遍的定义之中　87;公民 ～ 包含在关于感觉、想象和内在情感的学说之中　87;～ 的真正方法,唯一的例证是《论物体》这部著作　88;在教导自然 ～ 时,没有什么比从缺乏开始更为合适的了　91;自然 ～ 的大部分就在于探究那些所谓固有的偶性是否既非知觉者心灵的运动,也非被知觉的物体本身的运动　105;～ 的这一论述运动和大小的部分,经过历代最杰出的才智之士改进过　203;～ 的原理乃有缺陷图形的学说的基础　264;有两种 ～ 的方法,第一种,从事物的产生推知可能的结果;第二种,从它们的结果推知那些可能的产生　388;～ 普遍学说的职责,什么适合于这种职责?　411

Physics　物理学　哲学的什么部分?　72;要了解 ～,只有先认识简单运动中的什么内容才行　73;虚假谬误的原因常常存在于

～ 著作家之间　88;自然的原则,是大自然的造主将其置放进事物本身之中　388;我们是在单一的和特殊的事物之中,而不是在普遍的命题中使用它们的　388;它们也没有将构建定理的任何必要性强加到我们头上　388;它们的用处无非在于向我们表明某种产生的可能性　388;～ 默思的对象是可能的原因　531

Physicians　医生,医师　医学院,伦敦医学院 《作者献辞》;～ 乃唯一真正的自然哲学家 《作者献辞》

Place　位置　～ 的定义　70,105;～ 与大小,它们如何区别?　105;～ 是具有这种那种量值和形状的任何物体的影像　105,106,411;～ 离开心灵便是无　105;～ 是想象的广延　105;～ 是不可移动的　105;其本性在于实在的空间　106;这儿,那儿等,并非 ～ 的专门名称　107;一个物体,如果它的某个部分在某个时刻不处于两个 ～ 的一个公共空间的话,便不可能放弃一个 ～,而获得另一个 ～　109;平面 ～,何谓平面 ～?　313;立体 ～,何谓立体 ～?　313;当我们分割一个物体的时候,我们分

割的是它的空间 394
Planet 行星 按照哥白尼的假设，～的秩序 426—427；关于它们简单圆周运动的假设 427；它们的轨道全都包含在十二宫内 429；这依赖于太阳中的某种能力 430；它们的围绕一个固定的轴旋转的公共假设，不足以解释它们的现象 430；以太阳的简单的圆周循环运动，作为它们循环运动的原因 431；否则，它们的运动中便根本不存在任何自然的原因 431；它们偏心度的原因并未得到探究 444；可能与地球的偏心度的原因是一样的 444

Pleasure 快乐 ～和痛苦的感觉，它们并不是由心脏向外的反作用产生出来的，而是由趋向心脏的器官的最外面部分的延续活动产生出来的 406；器官向内努力的理由，似乎存在于内心里边 406；如果没有经验，就没有那些给人带来～或伤害的事物的知识，而只能有就事物的相貌或外观方面进行的猜想 408；～和痛苦，它们是善和恶的一种果实 409—410

Plenum 充满，充实 在一个～的媒介里，运动能够扩展到任何一个距离 341—342；同样的空间不可能有时包含着较多的物质，有时却又包含着较少的物质；也就是说，它在同一个时间始终是～的 520；不可能成为运动的动力因 520

Politics 政治，政治学 探讨什么？ 11；～的原则由心灵运动的知识组成 74

Point 点 被视为没有大小的物体 111，206；任何三～都在同一个平面上 183；一条直线上极其小的一个部分，以致其小到完全可以忽略不计 187；所谓一个～并不能被理解为它没有任何量，而应当理解为：它的量的大小完全不予考虑 206；一个～不应当被看作是一个不可划分的平面，而应当看作是一个未经划分的事物 206；一个～可以同一个～比较 206；两个角的顶点相互具有的比例与这两个角本身所具有的比例相同 206；如果一条线段切割许多同心圆的圆周，则交点的不等就将与周长相互具有的比例相同 206

Populus studio stupidus 迟钝的人用研究占据着自己的灵魂 395

Power 能力，力量，权力 强制～，其源自何处？ 74；～与活动，一如原因与结果 127；活动

索 引

主体的～,它是由什么样的偶性形成的? 127;与动力因是一回事 127,131;但原因是相对于过去而言的,～则是相对于将来而言的 128;活动主体的～也就是所谓能动的～ 128;受动物体的～也就是所谓被动的～ 128;受动物体的～,与质料因是一回事 128;活动主体与受动者的～合在一起,便可以叫作充分的～ 128;同样的事物也具有完全的原因 128;所产生的偶性相对于原因来说,被称为一个结果,相对于～来说,则被称为一种活动 128;可以产生出来的每一个活动都是在～充分的同一个瞬间产生出来的 128;任何活动只由充分的～才能够产生出来 128;主动～和被动～也都只是充分～或完全～的一个组成部分 129;活动主体和受动物体的～都只是有条件的 129;没有充分的～,任何活动的产生都是不可能的 129;所有能动的～都在于运动 131;没有运动的运动的～就是没有任何一种～ 430

Predicament 范畴 对～的描述 25;连续不断地使那些公共性较少的名称隶属于公共性较多的名称 25;在所有的～表中,都可以将～区分成矛盾的名称 27;在所有的肯定名称的～表中,前者都包含后者 27;在所有的否定名称的～表中,后者都包含前者 27;～表在哲学中的用处并不大 28

Predicate 谓语 一个命题的～ 30,31

Press 压力 在两个运动的物体中,其中一个压迫另一个,它以它的努力使另一个物体或是整个或是部分地离开它的位置 211;努力被称作压力,在什么时候? 333;它们是如何区别的? 333;当处于空闲的和敞开的空间中的两种流体相互施压时,它们的各个部分就将沿着垂直于～的直线向边沿移动 334;坚硬的物体也是如此,尽管这不是常为感官所明显感觉得到的 335;但当空间是封闭的和两个物体都是流体时,如果它们一起受到压迫,它们将相互渗透 335;如果一种流体,没有被封闭,压迫着一个固体,它的努力就将确实是朝向该固体内部的表面的 336;如果一个物体,压迫另一个物体,却并未穿透它,那么,它将不过给予它所压迫的这一部分一种使之屈服的努力 336；其活动垂直于受压物体表面的直线 336；如果一个落在或压迫另一个物体的固体，并且穿透了这一个物体，那么，其在首次穿透后的努力，就有时存在于这两者之间，有时又存在于它们之外 337

Priest 神父，教士 当他把他的子民带进犹太地区，上帝允许～们作为第一批成熟的果子保留给他自己 412

Principles 原则，原理 那些不可理解的，有时甚至是显然虚假的命题，则是一些人以～的名义大肆兜售，强迫我们接受它们的 37；也有一些请求通常也被视为～一类的东西被人接受 37；几何学著作家的请求，实际上是技艺～或建构～，而非科学和推证～ 37；用什么样的方法来发现它们？ 68—69；～是不可推证的 80；它们是借本性认识到的 80；～需要阐释，但无须推证 81；除几何学外，希腊人和拉丁人是缺乏真正的～的，而真正的推理正是发源于这种～的 87

Prism 棱镜 各种不同颜色通过～被看到的原因 459—462；各种不同的颜色在一个其底部为一等边三角形的～中得到最充分的显示 461

Property 特性 物体的～，是什么？ 5；物体的～是借它们的产生被认识到的，反之亦然 6

Proportion 比例 ～不是别的，无非是就前件的大小仅仅与后件的大小相比较形成的相等或不等 133；小的对大的～叫作不足～ 134；大的对小的～则叫作超过～ 134；既有大小的～，也有～的～ 134；比例项，何谓比例项？ 134,146；在这种比较中，不少于四个大小 134,145；前件与后件的～，它在于什么？ 134；两个大小的～，是借大小本身显示出来的 142；两个大小的～例在与它们中的一个比较所形成的差异 134,142；不等的～是量 143,146；相等～，不是量 143,146；有三种～：相等的～；超出的～；关于不足的～ 145；算数～，简单地借差异来比较一个大小与另一个大小 145；几何～，简单地借它们的整除部分进行比较 145；几何～，一般称作单纯～ 145；这两种～，当对它们两个方面进行比较的量值相等时，则这些～中的一个便不能大于或小于另外一个 146；但不等的两种比例，无论它们是超出还是不足的,其中的一个就可能会大于或小于另外一个,否则它们就可能是两个相等的 146;不等的 ～ 可以相加、相减、相乘和相除 146;相等的 ～,则不能这样 146;两个相等的 ～ 一般地称作同一～ 146;大于的 ～,何谓大于的 ～? 146—147;小于的 ～,何谓小于的 ～? 147;一个算术 ～ 与另一个算术 ～ 同一,它们在什么情况下同一? 147;同一算术 ～ 的其他特性 147—149;一个几何 ～ 与另一个几何 ～,当在相同的时间里产生相等结果的相同的原因决定着这两个 ～ 时,便是同一的～ 149;同一几何 ～ 的变形 147—154;依据大小,对类比的量的比较 156—157;四个比例项中,如果第一个大于第二个,那么第三个也将大于第四个 156;如果取第一个比例项与第三个比例项以及第二个与第四个比例项的等倍量,如果第一个的倍数大于第二个的倍数,则第三个的倍数便大于第四个的倍数 156—157;命题的组合 157—163;纵坐标 ～,何谓纵坐标 ～? 160;摄动的 ～,何谓摄动的 ～? 160;为何平行四边形和立体,具有其共同有效的 ～ 组合而成的～ 162;如果任何一个 ～ 与它本身的倒置复合起来,则这种复合就将是相等的～ 163;一个 ～ 为一个数字相乘,它是如何为一个数字相乘的? 164;一个 ～ 为一个数字相除,它是如何为一个数字相除的? 164;同一个量与两个其他量相比,与其中较小者相比则 ～ 就大于与其中较大者相比的～ 165;连续比例项的～ 166—171;连续比例项的差将是它们的比例项 168;算术 ～ 与几何 ～ 的～ 171—175;若干个几何学的比例中项,少于算术比例中的若干个中项 171;对数,它建立在什么基础之上? 175;～,在什么条件下,被说成是比例项 247;可通约的 ～,在什么条件下,～ 被说成是可通约的 ～? 247;几何比例项,当它们在每一个点上取定后,便同算术比例项一样 263;诸量之间的这些 ～ 与它们的原因的 ～ 是一样的 264;两个结果之间的 ～,都是由与一个结果同时发生的诸多原因与另一个结果之产生同时出现的诸多原因之间的 ～ 产生出来的 264;从对一个平行四边形中的有缺陷的图形的绘制

中,把存在于两条给定直线之间的任何数量的中项比例项找出来 267

Proposition 命题 所谓～意指的是那些进行肯定或否定的言语 30;在哲学中,只有一种语言有用 30;～的定义 30;～可以由一个名称的位置置于另一个名称之后形成,而无须一个联系词 31;各种～的定义 34—39;普遍～与特殊～ 34;不定～ 34;单称～ 34;肯定～与否定～ 35;肯定～与否定～的差异,在于何处? 49;真～与假～ 35,57;原初～与非原初～ 36;它之被称为原初的,乃是因为它首先存在于推理之中 37;原初～不是任何别的东西,它无非是定义,或者是定义的各个部分 37;必然～与偶然～ 37;只有那些属于永恒真理的～,才是必然的 38;无条件～与假设～ 38;如果是必然的,两者便意指同样的东西 39;如果是偶然的,两者所意指的便不是一回事 39;假设的～,在什么条件下能够被正确地说成是真的? 39;只要假设～是真的,与之对应的无条件～,便是必然的 39;哲学家们在大多数事物中是借假设～,而不是借无条件～,坚实地进行推理的,为什么? 39;每个～都可以以许多方式宣布和写出来 39;含混不清的～,如何处理这类命题? 39;等值～ 40;任何两个普遍～,其中一个～的词项与另一个～的词项相矛盾,这两个～是等值的 40;一切使其词项颠倒的特殊～,是等值的 41;否定～不管否定词在联系词前还是在其后都一样 41;特称～是那些具有同质的普遍的和特殊的～ 41—42;反对关系的～是那些具有不同质的普遍～ 42;小反对关系的～,是那些具有不同质的特殊～ 42;矛盾～,是那些在量和质两个方面都不相同的～ 42;一个～被说成是从另外两个～推演出来的,在什么条件下? 42;真～可以由假～推演出来,但假～却绝不可能由真～推演出来 43;前提的～如何通常被称作结论的原因? 43;～乃哲学的进展中的第一步 44;没有任何一个结论能够从没有一个公共词项的两个～中推演出来 45;大前提与小前提,何谓大前提?何谓小前提? 45;从两个特称～中得不出任何结论 47；正如～是两个名称相加而成的那样，三段论也是把三个～加在一起形成的 48；假～来自名称的不连贯性 57—61；是如何以多种方式造成的？ 57；在每个真～中，名称都必须如何联系在一起？ 58；一个～所意指的仅仅是那些接踵而至的事物的秩序，而这样一种秩序则是我们在人的同一个观念中看到的 61；它只提出一个观念 61；～的虚假都能够借联系在一起的名称的定义发现出来 61；借定义对各种名称进行分解，直到我们达到一个简单名称 61；什么时候我们借哲学和推理？ 62；定义只是第一的和普遍的～ 81；明天将必然下雨这个～，或者必然为真，或者必然为假 130；还有一些人，他们不愿承认明天将下雨，或明天将不下雨这个～两个部分其中之一单独为真 130—131；他们说，这两个～中的这个或那个都不能确定地为真 131

Quality 质，质量 ～的区别，命题的～的区别，何谓命题的～的区别？ 35；除非我们认识了感觉的原因，感性～的原因便不可能认识 72

Quantity 量，数量 要是没有感觉得到的现存的尺寸，便没有一个人能记得许多～ 13；如果没有线段和运动的帮助，便不可能说量存在于时间之中 26；如果没有线段和时间的帮助，也不可能说～存在于运动之中 26；如果不借助于运动和立体，也不可能说～存在于力中 26；命题中～的区分，何谓命题中～的区分？ 34；没有一个～会小到不可能再获得一更小的数值，如何对这一点作出推证？ 100；三个向量或维中的任何一个，如果它的界限弄明白了，就被称为～ 138；所谓～，这个词所意指的东西，也就是用来答复这有多少这个问题的答案 138—139；～的定义 139；确定～的方式有两种，一是通过感官，一是通过记忆 139；前一种方式被称作显示 139；显示的～必须是某种可以对感觉再现的东西 140；借记忆和比较所确定的～，不过是一个并不显示的向量与另一个显示的向量的比例 140；一切由运动指示出来的～则被称作连续的～ 141；依据大小，对类比的～的比较 156—157；一个圆上的

接触角是 ～,但却与这样简单称谓的角的 ～ 异质 196；凡存在有大小的地方,也就存在有～ 197；诸 ～ 之间的这些比例与它们的原因的比例是一样的 264；～ 是可以由关于它们的原因的知识所确定的 265；～的相等和不相等是既可以从一致或全等中得到证明,也可以从运动和时间中得到证明 312；还存在有一种运动,两个 ～ 不管是线还是面,虽然一个是弯的,另一个是直的,但却都可以通过它而成为一致或相合 312—313；从思考重量中也可以求出和证明两个 ～ 的相等或不相等 313；通过思考线的乘方或这些乘方的根,通过乘法等都同样能证明 313；所有感性性质都只是感觉者身上的心像 391—392；～ 是无限可分的 446；每一个事物之所以被说成大些或小些,这是就它具有较大或较小的 ～ 而言的 458

Rain 雨,下雨 ～ 是那片乌云在前面运行的符号 14；～ 不仅仅被太阳所提升,而且也被月球所提升 440

Reaction 反作用 作用与 ～ 方向相反 345；～ 不是别的,无非是受动物体恢复其自身原来状态的一种努力 348；虽然所有的感觉都是 ～ ,然而,却未必每一件有 ～ 的事物都有感觉 393

Reason 推理,理性 所有的人都能在一定程度上对某些事物进行 ～ 1；但在那些需要一长串 ～ 之处,大多数人却茫然不知所措,这是因为缺乏方法 1；人们在思想里进行 ～ ,而无须使用语词 3—4；两个矛盾的名称中,一个是任何无论什么样的事物的名称,另一个则不是,这条公理的确定性乃全部～的基础 19；对于真正的 ～ 来说,实践比规则更有必要 54,64；～ 的工作,就是去认识感觉和想象的心像为什么存在,或者去认识它们是由什么原因产生出来的 66；一切从真实原则开始的真实 ～ ,都产生科学 86；并且都是真实的推证 86；如果世界上只有一个人,如果世界消灭了,世上还能剩下什么供这个人进行 ～ 呢？ 91—92

Reflection 反射 入射角与 ～ 角,被假定相等 274；实在事实的知识依赖于自然的原因 274；入射角与反射角,何谓 ～ 角？ 275；从另外一条直线 ～ 出来的平行线,也是平行的 275；如果

索 引

从一个点引出的两条直线投射到另一条直线之上,在这条线段的另一边产生出来,那么由它们～出来的线段,将交于一个角,此角等于由入射线形成的角 275;如果由相同部分作出而不是由相反方向作出的两条平行直线投射到一段圆周线上,那么由它们～出来的直线,假如作出来后相交于圆内,就将形成一个角,此角等于由圆心向入射点引出的两条直线所形成的角的二倍 276;如果由圆外同一个点引出来的两条直线投射到圆周上,而且由它们所～出来的线相交于圆内,那么它们将形成一个角,此角等于由圆心向入射点引出的两条直线所形成的角加上入射直线本身所形成的夹角的二倍 278;由一个点引出来的两条直线投射到一个圆的圆周的凹面部分,它们是怎样～的? 279;如果经过任何一点作两条相互切割的不相等的弦,且圆心不在其间而由它们～出来的线段相遇于某处,那么,此处便不可能经过先前所作两条直线经过的那一点 280;如果在一个圆的圆周线上画出两条直线,那么它们的～线就可能造成任何一个给定的角 283;如果一条直线与一个圆和半径相切,以至于在圆周和半径之间所截取的那一部分与交点与圆心之间的那一部分相等,那么,这条～线就将平行于此半径 285;如果从圆内一点向圆周线引两条直线,直达圆周线上,那么,由～线所形成的角就将等于这个入射角的三分之一

286;如果一个物体沿直线撞击另一个物体,并未穿透这一物体,而是被～回来,那么,这一～角就将等于入射角 384;当这个物体被设想为是一个点时,无论它是在面还是在线上被直线或曲线～,都完全是一回事 385;如果努力从任何一点传递到一个球体的凹面上,那么,在此同一球体上的一个大的圆所形成的～线就构成一个等于入射角的角 385;阳光和声音在物体上的～呈椭圆形和抛物形 494

Refraction 折射 ～线 338, 374;何谓～? 374;～点,何谓～点? 375;～面,何谓～面? 375;～角,与倾角,何谓～角? 375;在垂直运动中,不存在任何～ 376;在从较稀薄的媒介抛入到较稠密的媒介的运动中,～角大于倾角 376;从一个点趋向各个方向的努力将如此

被～,以至于被～的这个角的正弦与该斜角的正弦之比,等于第一种媒介的密度和第二种媒介的密度之比 378;在一斜角中的～角的正弦和另一斜角中的～角正弦之比,等于那个斜角和这个斜角的正弦之比 381—382;如果两条入射线,斜角相等,其中一条在较稀薄的媒介里,另一条在较稠密的媒介里,那么,它们的斜角的正弦就将是两个～角的正弦之间的一个中项比例项 382;如果斜角是半直角,斜线在较稠密的媒介里,而密度的比例等于对角线和它的正方形的边之比,分界面是平面,那么,被～线就将存在于在那些分界面之上 383

Relation 关系 物体的～,何谓物体的～? 133;前件对后件的～,根据大小,被称作前件对后件的比例 133;～并不是一个与关系项的所有别的偶性都不相同的偶性,它只是那个比较借以形成的偶性 135;存在于关系项中的偶性的原因,也是相同、相异、相等和不等的原因 135

Religion 宗教 在～规则与哲学规则之间作出区分,乃最好的驱除恩浦萨的方法 《作者献辞》

Remembering 回忆 如果一个人知觉到他曾经知觉过,那他就是在～ 389

Resistance 阻力,抵抗 一个运动物体或者整个地或者部分地同另一个与之相触的运动物体的努力相反的努力 211,391;取走了～,就没有运动的任何原因 213;在抵抗的物体仅仅作用于它所触及的运动物体的那个部分 217

Rest 静止 处于～状态,何谓处于～状态? 110,204;处于～状态的事物将始终～,除非它为某个外部事物所推动 115,205,334,344;～不可能构成任何事物的原因 126,213,425

Restore 恢复,还原 一个物体,当其受到压力时却并非整个地受到推动,便被说成是自行～,在什么时候方能自行～? 211;～的原因在于其内在部分中有某种运动 344,478;并不是由于使它得以压缩的力之取消产生出来的 344

Riches 财富 ～只是作为一面镜子对于人们才会有所助益,因为只有在这面镜子里,他们才有望目睹并沉思他们自己的智慧 《作者致读者书》

索　引

Right　权利　～的规则和尺度，至今尚未被任何人确立起来　9

River　江河,河流　～的源头,为何除雨水和融雪外,几乎推演不出别的任何原因　484;我们所发现的所有泉水,无不是出现在下述地方,在这些地方,流入的泉水成为泉水之源的水,要么比泉水本身离地心更远,要么至少像泉水本身一样远离地心　484

Rudolphine numbers　鲁道夫数字　293

Saturn　土星　其偏心度的原因,尚未得到探究　444

Sceptic　怀疑论者　古代智者和～的诡辩,他们的大部分错误错在何处?　63;他们常常自欺欺人　63

School　学院,经院,学派　～神学,属于哪一类事物　《作者献辞》;它类似于恩浦萨　《作者献辞》;学究,他们的空洞无物的作品　531

Science　科学　整个～的第一基础不仅不美丽,反而乏味、枯燥,而且,从外表看来,甚至还丑陋　2;关于为什么的～,何谓关于为什么的～?　66;关于那个在者的～　66;所有的～,除关于原因的～外,它们是何种～?　66;～,就其能够达到的范围而言,即是关于万物原因的知识　68;对于那种以不确定的方式探求～的人,什么是必要的?　68;～的目的是对事物的原因与产生的推证　82;一切从真实原则开始的真实推理,都产生～　86

Sea　海,海洋　～水,为何当人们挥桨搏击时,它会发光?　454;～面被风吹皱时,为何它看起来是黑色的?　464

Sense　感觉　在我们能够认识感性性质的原因之前,我们必须认识到～的原因　72;对～原因的考察,属于哲学的什么部分?　72;～与想象,乃心灵运动的原因　72—73,74;物理学默思的对象　73;～学说包含着公民哲学　87;～与想象的对象、大小、运动等,都只不过是观念和心像　92;是内在地发生的　92;但它们看起来却好像是外在的,完全不依赖心灵的任何力量　92;所有的知识都源于～　389;其原因应当从～本身的现象中来寻找　389;～必定为记忆所注意　389;～者身上的感觉,只能是这个感觉者某些内在部分的运动　390;

～器官,就是我们借以感知任何事物的我们身体的那些部分 390;～的主体,就是各种心像寄寓的地方 390;～的直接原因在于第一感官受到压迫 390;其运动传递到感官的最内在部分 390;～的对象,乃产生压力的遥远的物体 390;～的完整定义 391,405;～的主体,乃～者自身 391;～的对象,乃被接受的事物 391;更确切地说,是那个生物在看,而不是眼睛在看 391;是我们看见了太阳,而不是我们看见了光 391;～器官,有哪些～器官? 392;～的缺陷,在于～器官对于运动的不传递 392—393;虽然所有的～都是反作用造成的,然而,却未必每一件有反作用的事物都有～ 393;否则,一切物体就都被赋予了～ 393;所谓～,通常被理解为对心像的比较和区别 393;必定有某种记忆黏附于它 393;心像的持久不断的变化对于～是必要的 394;一些器官对于所有～都是公共的 395;并非器官向外的每一个努力都被称作～,只有那些更有力的努力才能够 396;造成心像的器官的运动,除非对象在场,是不能被称作～的

396;由于对象连续不断的活动,器官不再毫无痛苦地为精神所驱动 397;根本不存在任何更多的反作用,直到那个器官由于休息而复苏,恢复了力气和运动,这个～者苏醒过来为止 397;在大多数动物中,有五种～ 402;他们的器官,部分是特殊的,部分是公共的 402;～不是别的,只是传递到器官最前端的各种对象的活动 403;这种活动源于心脏,以什么方式源于心脏? 403;什么事物都一概为所有的～所共同享有,似乎它们统统都由动脉血管所管理,而不是由神经来支配的 404;两种方向相反的努力均可以按照每一种方式继续下去,达到两个物体的边界 405;这种向外的努力以立体角的方式产生出来 405;物体乃～的动力因和对象 410

Ship 船,船只,船舰 忒修斯～,关于它的同一性的争论 135;～是如何以运动物体的运动几乎直接相反的方向向前运动的 339

Sight 视力,视觉 没有各种不同的颜色,便没有～ 394;～器官,部分是有生命的,部分是无生命的 402;哪些属于无生命的部分? 402;哪些属于有生命的部

分？ 403；什么器官为 ～ 所专有？ 403—404；光乃 ～ 的固有心像 404；但 ～ 的固有对象却是透明的物体 404；什么是～和触觉所共有的心像 405

Sign 符号 何谓 ～？ 14；一些 ～ 是自然的，一些 ～ 是人为的 14；～与记号之间的差异 15

Situation 位置，情势 一个地点对于另一个地点的关系 200；在有许多地点时，它们的 ～ 就由四个东西决定 200；点，不管有多少，都同一个同等数量的别的点具有相同的位置，在什么时间，情况才是这样？ 200

Sleep 睡觉，睡眠 在 ～ 中，外在的活动便全然不能够打搅内在的活动 396—397；这是由于从外在对象到内在器官的通道被关闭了的缘故 397；身体一些部分的发热往往会引起对不可征服的美的意欲和形象 401

Smell 嗅觉，气味 ～ 的专门器官，何为 ～ 的专门器官？ 404，502；～ 所产生的心像是气味 405；～ 的对象不是气味等，而是由之发出 ～ 的物体 405；～ 受到冷的妨碍和热的帮助 501；也受到风的帮助 501；不容易透过液体媒介的物体，发出的 ～ 较少 501；由于其本性而具有浓郁 ～ 的物体，被擦抹以后 ～ 会变得更加浓郁 502；当呼吸停止以后，那就什么 ～ 也闻不到了 502；只有通过鼻孔才能有～ 502；超出了气息的内部通道，就没有什么东西可闻 502；～ 既不是由原子的恶臭所引起，也不是由以太的实体所引起 504；～ 的原因存在于有 ～ 物体的部分的简单运动之中 504；传递到器官上的运动，如果没有借助呼吸的对空气的吸入，不可能强烈得足以使它自己的感觉兴奋 504；～何以得到热的援助，而得到冷的障碍？ 504；何以受到风的援助？ 504；～ 只由物体的流体部分的运动所产生 505；味觉既推动脑，也推动胃 506；何以如此的原因？ 506

Snellius 斯内利乌斯 ～ 与范·卡伦，比阿基米德更接近圆周的长度 287

Snow 雪 一堆极其微小的透明物体 463；它的白的可能的原因 463

Soft 软，柔软 什么样的物体被这样称呼？ 334；硬、～、流动等这些词都是相比较时运用的 334；它们并非不同的种类，而只是性质的不同程度 334；除非改变其各个部分的运动，～的事物不可能变成硬的 471；事物由火变成硬的,通过浸泡而变成～的 471

Solon 梭伦 他的法律被说成是有些类似蜘蛛网的东西 36

Sophist 智者 古代～的诡辩，其错在何处？ 63；自欺欺人 63

Soul 灵魂 借助～的力量，无须任何肌肉的在前的收缩，任何一个人都能向上提升他自己的身体到空中，这只不过是一种幼稚的幻想 523

Sound 声,声音 ～的定义 485；媒介的运动并非～，而是它的原因 485；因器官的反作用所造成的心像，才被严格地称作～ 485；各种～的区别 485—486；可以造出几乎无限多的～ 485—486；～的种类，似乎不少于颜色 485—486；至于听觉,和视觉一样，也是由媒介的运动所产生的，但是产生的方式有所不同 486；视觉产生于压力，～则产生于打击 486；这种心像并不是由心脏的反作用产生出来的 486；由于那反作用倾向于向外边，我们就认为那心像在我们外面 486；如何受物体大小的影响，如何受物体运动速度的影响 486；通过通风管道,该管道的一端连着讲话者的嘴巴，另一端连着听话者的耳朵，那么，在这种情况下～就比从空气中传来的时候来得更大一些 487；处在室内的人容易听见室外的人的谈话，而站在室外的人难于听见室内的人的谈话 487；站在海边的人不可能听见附近的两朵浪花的撞击声，但是他却能听见整个大海的咆哮 488；有的～尖锐，有的～更加低沉，其差别在于物体的振动不同 488；～尖锐的,质料精细 488；清晰的～和沙哑的～,何谓清晰？何谓沙哑？489；嘈杂～都是由至少两种物体的～汇合协同而造成的 489；在其中，必然有作用和反作用 489；～不同，是因为这两种方向相反的运动之间的比例各不相同 489；沙哑的～,是因将空气分成无数碎片造成的 490；清晰～由方向相反的两种沙哑～所造成 490；或者由将两个物体突然拉开而造成 490；在听觉器官里,产生的～是由两种方向相反的运动造成的 490；大炮开火时发出的巨大～与响雷时怦然短促的～有些类似 491；人们吹笛子，为何会发出清脆的笛～ 492；人的～因为什么而不同？ 493；原级～与反射～ 493；在椭圆的和抛物的物体里的～的反射 494；～更大些，但却不清晰 494；有些物体受到打击的时候会发出不均等的～，这样的物体是异质的 494；～的整齐或刺耳，以及它们绵延的长短，其可能的原因在于物体内在部分在形状和硬度方面的相似或不相似 495；如果两个质地相同、厚度相等的长板形物体，都能发出整齐的～的话，那么，在长度方面最大的那个物体，其声音也将被最长久地听见 495；硬的物体产生出整齐的～，圆而中空的物体比板条形状的物体产生出更为长久的～ 496；如果一根弦线被固定在一个中空的物体的两端，那么所发出来的～将比弦线不那么固定时更为持久 496；～与光，其产生的方式不同 497；～以圆圈的形式渐增其遥远，但空气的运动却变得越来越微弱 497；～是如何受到风的影响的？ 497；～既通过流体传播，也通过硬的媒介传播 498；～可以在任何坚硬的连续物体之中持久地被传递 498；～通过一根长而坚硬的梁传播，它的效果 498；一个人将耳朵贴在大地上，它就会听见过往行人的脚步～ 499；比较沉重而不够延展的物体，其所发出的～，与那些比较轻的更为延展的物体相比，便较为低沉 499；由空气的颤动所产生出来的～ 499；～的相和，它是如何形成的？ 499；最优雅的～，是在相同的时间里由多根弦线震颤产生出来的 500；和音，最大的谐和 500；它是如何造成的？ 500；一个八度音程，它是如何形成的？ 500；五度和音，它是如何造成的？ 501

Sowing 播种 在古代，没有培植和～ 1；人的理性借方法而改进，一如在生产上借培植和～而改进一样 1—2

Space 空间 ～概念，～概念是如何得到的？ 93；人们将什么东西称作～，这是为了什么？ 93；～为哲学家们错误定义 93；他们据此推演出了什么？ 93；～的定义 94,108；交接的和连续的～，何谓交接的～？何谓连续的～？ 98；想象～和时间的始点和终点，就是去限定或限制它们 98；有限的～和

时间与潜在无限的 ～ 和时间,何谓潜在无限的 ～ 和时间？ 99；任何无限的 ～ 和时间都不能真正地被说成整体,或一 99—100；～ 的无限可分性,何谓 ～ 的无限可分性？ 100；想象的 ～ 与大小,何谓想象的 ～ ？ 105；充实的 ～ 与空的 ～ ,何谓充实的 ～ ？何谓空的 ～ ？ 107；认为所有的 ～ 都是空的,这一点似乎并不显得特别荒谬 523

Sparks 火花 ～ 是如何产生的？ 455

Speculation 思辨,思考,思索 全部 ～ 的目标乃是在于践履某项活动,或是把事情办成 7

Speech 言语,语言 如此这般联系在一起的语词乃思想的符号 15；由名称的联系而形成了多种不同类别的～ 29；一些 ～ 所意指的是人的意欲和情感 29；无意义的 ～ ,何谓无意义的 ～？ 29—30；有两种 ～ ,其中一种是那些对某些深奥的问题本来一无所知,但为了使别人以为自己有知的人使用的 30；在哲学中,只有一种 ～ 有用 30； 这种～ 是什么？ 30；一些没有 ～ 的生物,在观看一个人在镜子中的肖像时,可能害怕之,然而,它们却并非把它作为真的或假的加以理解 36；一切真正的推理归因于对 ～ 的正确理解 36；他们也把各种错误归因于对 ～ 的误解 36；～中有些类似蜘蛛网的东西 36；那些不使用 ～ 的生物,在心灵中并没有与由全称命题造成的三段论相应的概念或思想 50

Sphere 球体 一个 ～ 的任何一部分的表面都等于一个其半径为一条从该部分的顶端到它的底边的圆周线的直线的圆 265；～与棱柱一样,也能产生四种颜色 463

Spider 蜘蛛 言语就像 ～ 的网 36；在什么地方相像？ 36

Spirit 精神 动物 ～ 的基础在脑子和心脏的空穴之中 397；动物的所有 ～ 都是借神经接受的,它们是从什么地方进入的？ 403；各种生命 ～ 由心脏加以净化,然后由动脉血管从那里加以传输 403；它们是如何受到生命运动的影响的？ 407

Star 星,星辰 为什么在晴朗无云的寒夜里,在没有朗朗月光照耀的时候,有着比其他时候更多的恒 ～ 出现在天空中呢？ 406；恒 ～ 之间的巨大距离,长期以来一直被认为是不可思议的事情 447；而现在,几乎所有受过教育的人也都对此确信无疑 447；它们为何在地平线上比在天顶上显得更红和更大？ 462

Stone 石头 是由土中的许多极其坚硬的微粒积聚而成的 479,505；这些微粒并无多大的黏合性 479；将突然破裂,何以如此？ 480；木头、～等,何以当受到打击时,会产生出一种不等的和持续的声音？ 495；何以产生不出任何气味？ 501,502,505

Study, stupor 研究,迟钝 何谓～（研究）？何谓～（迟钝）？ 395

Subject 主语,主体 一个命题的～,何谓一个命题的～？ 30,31；一个物体,相对于任何一个偶性而言,就被称作～ 117

Substance 实体 抽象～,独立本质等,这些无意义的语词,是从什么基础涌现出来的 34；在这样一些民族中没有听说不使用连系词是的 34

Sun 太阳 人们将～所显现的东西称作～ 75；这种光辉与外表看来的大小究竟是否在～里面,这一点是如何确定的？ 76；对～的简单圆周运动的假设 427；

地球的轴在其旋转中与其自身保持平行的原因 428；～有两种假设的运动,一种是简单的圆周运动,另一种是围绕着自己的中心做的圆周运动 428；简单圆周运动的假设,何以可能？ 429；比地球的两种运动的说法更为可能,也更为连贯,其中一种是在黄道上的运动,另一种是围绕着地球的轴所作的反向的运动 431；～在夏天的弧上作外表运动的时间,究竟有多少天？ 432；～在冬天的弧上作外表运动的时间,究竟有多少天？ 432；地球在冬天比在夏天更靠近～,何以如此？ 433；～在冬天位于其运行轨道的近地点,在夏天则位于其运行轨道的远地点 434；～的远地点和近地点应该是每年都以同样的顺序被移动的,而且是做匀速运动,由于这种移动,春秋分点也被移动 443；～比月亮有更大的提升水的力量 440；～发光的原因,什么是～发光的原因？ 448；阳光的产生总是伴随着热的产生 448；～的热的原因,何为～发热的原因？ 449—450；空气的各个部分改变其位置,是如何以～的简单圆周运动作为其原因的？ 449；又是如何产生云的？450,468;阳光无非是运动借以传播的方式 452;为何 ～ 在地平线上比在天空正中显得更大、更黄？462;为何 ～ 在升起和落下时天气寒冷？472;它是如何作用于空气,从而形成冰的？472;是如何借它的简单的圆周运动使云块既上升又下降的？482;两个 ～ 被同时看见的现象,可以由结了冰的云块加以解释 483;～ 通过其简单的运动,聚集同质的事物,遣散异质的事物 510

Superficies 面,面积 ～ 是如何形成的？70,71,111;～ 是借运动显示的 140;～ 是通过并置显示的 140;～ 也可以借片断显示出来 140；平 ～ 的定义 197;平 ～ 与曲面的比较与直线与曲线的比较可以相同 197;任何三点都在某一个平 ～ 上 183;整个物体的 ～ 小于其各个部分的面 506

Syllogism 三段论 哲学进展中的第二步 44;～ 的定义 44;从没有一个公共词项的命题中,是不可能造出任何一个 ～ 的 45;在一个 ～ 中只能有三个词项 45,62;在结论中是不可能存在有任何一个前提中没有的词项的 45;大项、小项和中项,何谓大项、小项和中项？45—46;中项在这两个命题中必须规定为同一件事物 46;那个以中项为其主项的命题,应当不是全称的就是单称的,但不能是特称的或不定的 46;以单称名称作为中项的 ～,可以是真的,但在哲学中却是没有什么用处的 46—47;从两个其中项都是特称的命题中,是做不出任何一个 ～ 的 47;一个 ～ 不是别的,只不过两个命题集合在一起形成的东西 48;正如命题是两个名称相加而成的那样,～ 也是把三个命题加在一起形成的 48;～ 的格,何谓 ～ 的格？48;借中项的不同位置相区别 48; 直接的格,何谓直接的格？为何这样称呼？48;区分为四种论式,因量与质的不同而不同 48;在哲学中,只有两种用处 49;与直接 ～ 相应的思想,它们是如何产生出来的 49;第一间接格,它们是如何产生出来的 50—52;变换直接格为第一间接格,大项必须是否定的 51;由这种变换所形成的论式,它们何以是无用的？51—52;第二间接格,它是如何形成的？52;它为何是无用的？52;第三间接格,它是如何形成的？ 52—53；～ 的格,如果仅仅由中项的不同位置标号的话,它们便只能有三个 53；但如果它们单纯地依据词项的位置予以标号的话,则 ～ 便会有四个格 53；在每个格中都有许多论式,但它们大多数在哲学上毫无用处 53；无条件的 ～ 与假设的 ～ 是等值的 54；一个 ～ 如何就其质料而言,被说成是有错误的？如何就其形式而言,也被说成是有错误的？ 57；～ 的错误在于具有联系词的各种词项的含义 62；或是来自某个词的多义 62—63；～可以说是走向哲学的第一步 64；～也可以叫作推证,在什么时候？ 86；一切 ～ 的前提都是由第一定义推证出来的 87

συλλογίζεσθαι 计算、推理或计数 进行～ 5

Synthesis 综合 ～ 方法,何谓 ～ 方法？ 66；什么时候运用 ～ 方法？ 68；何谓 ～ ？它是如何区别于分析的？ 310；从建构的第一因,不断地进行推理,直到我们建构或产生的事物本身 312

συριγμός 沙哑 ～ 声音 489

Taste 味觉 ～ 的专门器官,～ 的专门器官是什么？ 404,506；由 ～ 造成的心像,是滋味 405；～ 的对象,不是滋味,而是由之发出滋味的物体 405；没有接触的事物,便没有～ 506；～ 不仅使大脑运动,也使胃运动 506；臭气这一概念与 ～ 没有任何关系,这一点从什么地方看是很显然的 506；各种各样的味道如何据对象各个部分的形状和运动加以推测？ 507

Teaching 教导 何谓 ～ ？ 80

Tenerifee 特内里费 ～ 峰,完全不受变幻莫测的风困扰,为何如此？ 469

Tension 张力 产生从外在部分到内在部分的运动 343

Terence 泰伦斯 395

Term 项,词项 三段论中的大 ～、小 ～ 和中 ～ ,何谓大 ～ ？何谓小 ～ ？何谓中 ～ ？ 45

Theology 神学 并非哲学的对象 10

Thermometer 温度计 对 ～ 的说明 521

Theseus 忒修斯 雅典智者之间关于 ～ 的船的同一性的争论 135—136

Thing 事物 ～ 对于感觉所产生的结果和现象,乃物体的能力或力量 5;可以把～这个词运用到我们命名的无论什么东西上,尽管我们命名的东西并不总是一件～ 18;～并没有绝对的或相对的,单义的或多义的之分,只有名称才能够这么说 23;～本身的差异并非和名称一样可以凭借这样一类的逻辑区分找到,并确定下来 27;～的种类不是无限的,并不是像有些人曾经荒谬地证明过的那样 28;一件～,某一件～和一件真实的～都是相互等值的;这种说法只是一种无聊的和幼稚的把戏 35—36;各种～,作为符号,并不允诺它们代表任何～ 57;它们实际上,根本不允诺任何～,是我们因它们而允诺某种～ 57;我们赋予名称的所有～可以归结为四种 57—58;各种～,在什么意义上被称作是普遍的 67;在什么意义上被称作是单个的 68;～的普遍知识,是如何达到的? 69;可以被考察,亦即被求问的～,或者是我们心灵的内在偶性,或者是外在～的种相 92;在第一哲学中,～以什么方式受到考察? 92;在虚无之中是不可能放进任何东西的,这并非真的 93;所有单个的～都具有它们的形式和一定的偶性 118;就它们的原因而言,一切～都是以同样的必然性产生的 127;说一件～的产生没有任何原因,这是不可理解的 127

Thought 思想 人们的～是多么的变幻无常和衰退消失 13;人们～的恢复是多么地依赖于机会 13;心灵中与直接三段论相应的～,它们是如何产生出来的? 49;许多心像随着时间的持续为感觉不断地产生出来,几乎任何一个～都可以与任何一个～接续起来 398;有关目的的～产生了作为目的的手段的所有的～ 398;～的连贯性是从朝向目的盼望中产生出来的 400;～是对过去心像的比较 399

Thunder 打雷 ～为冻结成冰的云块爆裂成碎片所产生 481,490,518;第一声霹雳以及随后喃喃低语的原因,它是什么? 491

Tide 潮汐 ～的三种现象 437;太阳、地球和月亮的三种简单圆周运动,以及地球的周日旋转,可以解释～ 437;美洲阻挡了海水的运动 437;为何当太阳处于春分秋分点时,～最大? 437—438;24小时内两次～的

索 引

原因 438—439；在几个海岸上每一天都有几个小时发生～439；在新月与满月之间的朔望潮发生的原因 439

Time 时间 ～不借助于线段和运动，便不能够说是具有量 26；～只存在于心灵的思想之中 94；从一个空间连续不断地过渡到另一个空间的物体的观念 94；我们前辈的～，它们意指什么？ 94；还有一些人，他们将年、月、日说成是太阳和月球的运动，也就是说，现在不存在、一直不曾存在、将来也不存在有任何～ 94；～乃运动的影像 95，110，113，114；～包含着前后的概念 95；一个物体运动中的连续的概念，是就它先在这里后在那里而言 95；～的完全的定义 95；我们是以运动来量～，而不是以～来量运动 95，205；连续的～，何谓连续的～？98；紧接的～，何谓紧接的～？98；想象空间和时间的始点和终点，也就是限定或限制它们 98；有限的空间和～，以及潜在无限的空间和～，何谓潜在无限的空间和～？ 99；无限的空间和～不能说成是一个整体或一 99—100；～概念，过去和将来，必定是一个运动概念 111；～能够借某种暴露的运动来计算 113；什么是在较短的～里发生了较大的运动？ 114；～的等于、大于或小于，它们各自为何物？ 113；～是借线段的显示而显示的 141；或是由被假设沿着这条线运动的某件事物显示出来 141；其运动必定是匀速的 141；当哲学家们用一条线段来表示～时，他们意指的是什么？141；一个瞬间也就应当被看作是一个未经划分的～，而不应看作是一个不可划分的～ 206；有多少次，也就有多少运动 394—395；有多少运动，也就有多少次 395；空间和～只是我们自己关于所谓物体的影像或形象 411；其第一运动并不比恒星的距离更为可信 447；如果没有～，我们也就没有关于粗糙和光滑的任何感觉 508；倘若没有记忆，我们就不可能对～有任何感觉 508

Toricelli 托里塞里 他的证明虚空存在的实验 420—422；为何水银与空气的平衡出于26英寸的高度 422

Touch 触觉 ～的专门器官，什么是～的专门器官？ 404，

507;由～所造成的心像就是坚硬和柔软等　405;什么是为～和视觉所共有的心像？　405;～的对象不是坚硬和柔软等,而是这些性质借以产生的物体本身 405;粗糙和光滑对于～是什么？ 507

Tough　坚固　什么被称作～？ 334,342;硬的、软的、～的等,仅仅是被相比较时使用的　334;它们并非不同的种类,而只是性质的不同程度　334

Traction and pulsion　牵动与推动 它们是什么？　343—344

Triangle　三角形　在一个～中,平行于其底边的直线,与从顶点切割开的各边的部分一样,相互成比例　192

True　真　～、真理与真命题是相互等值的　35;虽然～有时与表面的或假装的相对立,然而却总是涉及命题的真理性　35;～的命题能够从假的命题推演出来 43;但假的命题绝不可能由～的命题推演出来　43;何谓确定地为～？　131

Truth　真理　～并非事物的任何属性,而只是与之相关的命题的属性　35,38;～与谬误除非在使用言语的生物之间,显然是没有任何存在余地的　36;第一～是由那些将一些永恒真理的名称强加给事物的人们随意制造出来的　36;某些永恒的～　38;未来事物的～,并不依赖于我们的知识,而是依赖于它们原因的此前的发生　130

Unity　一　给予关于无限数目的数字的一个名称　413

Universal　普遍,普遍的　除名称外,没有任何事物是～　20, 106;为何名称被这样称呼？　20;任何一件事物的观念都是～,为何这是一个假命题？　60;就存在而言,单个事物比～事物更容易认识　66—68;但就它们为什么存在或什么是其存在的原因而言,～事物比单个事物更容易为人们所认识　66—68;在共相的原因被认识之前,必须先认识共相之存在　68;～事物包含在单个事物的本性之中　69;关于它们的知识是如何获得的？　69;～的名称表示的是无限单个事物的概念　80

Vacuum　真空　形而上学家反对～存在的证明　109;反对～的无可辩驳的论证　414;赞成或反

索　引

对～的争论双方所持的观点都具有足够的可能性　414；但在支持～存在的所有证明中，缺乏一些得出其结论的坚实的东西415—416；卢克莱修支持～存在的证明　416—419；后世作家的有关证明　420—425；证明～存在的其他一些现象　425；相接于一个共同表面的两个物体为何可以因受力而根本无须引进～而分离开来　476；密封到一个容器的水的实验证明～的存在422，517；这种现象的原因与雷鸣的原因是一样的　518

Van Cullen　范・卡伦　路德维库斯・～，比阿基米德更加接近确定圆的面积　287

Velocity　速度，速　依据长度的运动　112，113，204，128；可以使圆的大小由四维组成　112；～的相等、大于和小于，它们各自为何物？　114；匀～，何谓匀～？　114；～是一种在一定时间里经过一定空间的运动　142；为了显示～，我们就不仅必须显示时间，而且还必须显示那个物体所经过的空间　142；任何物体的～的量，都是由存在于该物体运动的时间点上所有各种动力的总数决定的　218；如果在每一个时间点上动力都是一样的，整个运动的～，就将由那个平行四边形来代表　219；但如果运动的动力从静止开始，并且匀～地增加，则运动的整个～将为一个直三角形所表征　219；或者为一个平行四边形所表征　219

Ventriloquist　口技表演者　～，不是通过向外吐气发出声音，而是通过向内吸气发出声音　498；声音的微弱使得他的声音听起来似乎来自远处　498

Vision　视觉　～是由构成一个圆锥体的光线造成的，它的顶端在眼睛中　462；一个物体如果放在一个椭圆形的一个焦点上，为何它不如放在其他地方那样被清楚地看到？　494；除非在一个不够透明的媒介之中，否则，任何事物都是不可能看到的　523

Voluptuous　耽于享乐　～的人们为何轻视哲学？《作者致读者书》

Waggon　小推车　为帆配上一条小木板，它的运动　340

Waking　醒，醒着　在～的人那里，已经消失的事物的心像比尚且在场的事物的心像要来得模糊一些　396；一个思想随着一个思

想的连续,这对于 ～,就像对于睡眠的人一样,并不是一件那么不确定的事情　398

Walk　走,走路　小孩子学习 ～,也不是通过规则学习的,而是通过练习走路学习的　55,64

War　战争　～ 的灾难,首先是国内 ～ 的灾难　8;内战的原因,在于很少有人懂得使人们保持和平状态的责任　8;关于这些规则的知识来自道德科学　10

Water　水　～ 乃一堆极其微小的透明物体　463;～ 是由于什么原因而成为白色的?　463;～ 是怎样因受冷而冻结成冰的?　472;深井里的 ～ 为何并不像地表上的～那样结冰?　474;既传输空气,也传输声音　498;其各个部分很少有运动,甚至没有运动　505;所以,～ 不产生任何气味　505;但由于太阳的活动,而被提升进入植物之中,随后又被挤压出来,那么它就变得有气味了　505;为什么潜水者感觉不到它的重量?　515;一个人的身体比相同体积的 ～ 更重　515;～ 中的 ～ 为何根本没有任何重量?　515;如果一个物体浮于 ～ 面,那么,该物体的重量就将与充满该物体浸入 ～ 中所占据的空间的那么多 ～ 的重量相等　516;任何一个物体,不论体积有多大,只要它所包含的物质较 ～ 轻,都将浮于任何数量的 ～ 上,而不管 ～ 有多少,都是如此　516;～ 能在晴雨表中升降;当天气寒冷时则上升,当天气暖和时则下降　521;我们在 ～ 中感觉不到 ～ 的重量　523;本性居于 ～ 和空气之间的某种物质能够在一些煤矿中发现　524;其结果　524;其可能的原因　526

Weight　重量　是借任何一个重物显示出来的　142;撞击的结果不能与 ～ 的结果相比较　346;为何如此?　347;～ 就如一个固体,是通过整个物体的维度而被测量的　347;～ 乃一个物体沿着平行线趋向下面的所有努力的集合　352

Whiteness　白,白色　～ 就是光,但却是受到干扰的～　463;最强的光是最 ～ 的　463;为何难以借火或蜡烛的光将 ～ 与黄色区别开来?　464;～ 的事物将火与黑色的火镜区别开来　464

Whole　整体　在什么意义上说,～ 比部分能够更多的得到认识?　67;～ 和被放到一起的所有不同的部分,其实是一回事　97;凡是不能设想成由各个部分组合而成的东西,凡是不能分割成不同部分的东西,都是不能够正确地称作一个 ～ 的 97;如果我们否认一个事物有多个部分,则我们就是在否认这个事物是一个～ 97;任何无限的事物都不能真正地被说成～ 99,100;～ 大于其任何部分,它是如何推证出来的？119

Will 意志,愿意 ～ 作为目的来说只会是善的,至少看起来是善的 8;乃审慎的最后行为 409;同一件事物既叫作 ～ ,又叫作欲望,因考虑的东西不同 409;当慎思已经先行一步的时候,他们便有了欲望,在人身上的 ～ 与在其他动物身上的并没有什么差别 409;～ 自由,在一个身上并不比在其他身上更大一些 409

Wind 风 所有的 ～ 都减弱此前的热度 467;～ 无非就是往前推进的空气 468;当好几种 ～ 同时发生时,空气形成圆周运动 468;空气清澈而平静,不过,不久 ～ 就会在某处生起 468;太阳所造成的水蒸气的产生,乃起～ 的原因 468—469;地球每日的简单圆周运动如何在赤道附近产生了持续不断的东～ 469;

～ 是如何形成冰的？ 472;～ 是如何形成雪的？ 473;～ 变得愈小,寒冷就变得愈轻 474;～ 是如何具有沙哑声音的？ 489;为何 ～ 增强或减弱的是声音的传播,而非光的传播？ 497;当我们感觉到 ～ 时,我们宁可认为有某种东西正在扑面而来,而不认为有什么东西已经到来 523

Wine 酒 新 ～ 是猛烈的 414;陈 ～ 虽然不再那么令人兴奋,但却更加有益于人的健康 414;类似于几何学 414;～ 为何不像水那样容易爱冻结？ 474;其包含的微粒,本身并不是流动的,却被推着飞快地运动 474;处在中间的葡萄 ～ 若保持不受冻,这表明这种 ～ 极为浓烈 474

Wisdom 智慧,才智 那些研究财富的人,是出于热爱 ～ 而去从事这样一种研究的 《作者致读者书》

Wood 木头,木材 为何一些朽 ～ 能够发光？ 454

Word 语词 人是如何在思想里进行推理而无须使用 ～ 的 3—4;集合到一起来表示一件事物的任何数量的 ～ ,都可以构成一个名称 23;在发明的方法中,～ 有何用处？ 79;如果没有 ～ ,

我们的一切发明就消失不见了79；如果没有～，我们也不能从基本原则出发超出一两个三段论以外79；任何一个人，如果不运用～，如果他发现它的三个角加在一起等于两个直角，他就会是什么情况？80

World 世界 如果～上，只有一个人，所有的事物全都消灭了，还剩下什么供这个人进行推理呢？91—92；从一个虚假的空间定义，推测出～是无限的93；从同样的定义，人们还可以得出一个轻率的结论，说甚至连上帝也不可能创造出不止一个的～来93；证明～有限的推理，是不恰当的99；这个问题的意义在于：～究竟是有限的还是无限的100；不管我们设想这个～是有限的，还是无限的，都不会导致任何荒谬412；在感觉对象中，最大的，是～本身410；～乃我们从地球环顾四周所看到的一切411；～，如果它是许多部分的一个集合，那么能够进入我们研究范围的东西就微乎其微411；我们也不可以确定任何东西411；关于～的大小问题有哪些？411；关于～的绵延问题，有哪些？411；关于～的数目问题，有哪些？411；关于～的大小和开端由谁来确定的问题412；不是由哲学家们来确定的412；那些自吹他们已经根据从自然理性推证出～有一个开端的人们，既受到白痴的谴责，也受到有学问的人的谴责413；为何这是理所当然的？413；关于世界并非永恒的证明412；同样的理由也能够证明对～的创造不是永恒的412

Worship 崇拜 上帝～的学说也被排除在哲学之外11

Zeno 芝诺 ～反对运动的著名证明，错在何处？63；他自己认为这是真的63；其错在何处？63

ζέω, ζύμη 发酵324；～，或聚合同质物体、离散异质物体的运动324

Zodiac 黄道带，黄道圈 在十六度这个范围之内429；所有行星的运行轨道都被包含在～之内429

译者后记

这部译著的"第一因"可以一直上溯到上世纪70年代末。我是1963年从河南辉县一中考入武汉大学哲学系的,1968年毕业后,先到军垦农场劳动一年,随后被分配到湖北省鹤峰县工作。1878年,出于对哲学研究工作的志趣,报考了陈修斋和杨祖陶先生的外国哲学硕士研究生,研究方向为欧洲近代经验主义和理性主义。在攻读硕士学位期间,陈修斋先生曾多次鼓励我翻译霍布斯的这部著作。这一方面是因为霍布斯是欧洲近代经验主义的一个极其重要的代表人物,另一方面是因为霍布斯虽然将自己的哲学概括为"论物体""论人"和"论公民"三个基本环节(这也常常被称人作他的哲学研究工作的"三部曲"),虽然他也常常以"公民哲学"的开创者自居,但他的整个哲学,包括他的"公民哲学"在内,毕竟还是奠基于他在《论物体》一书中所阐释的本体论、逻辑学、物理学和认识论的基础之上的。80年代初,经陈修斋先生积极推荐,该书列入商务印书馆的出版规划,我对该著的翻译工作也就是从那个时候开始的(当时的责任编辑为陈兆福先生)。这个时期,虽然教学任务较为繁重,但翻译工作进展得还比较顺利。至80年中后期,整个翻译工作业已过半。

但就在这个时候,这项译事却突然停了下来。其原因固然是多方面的,但最深层的原因却在于这时我对哲学或认识论有了一种新的理解。当初,我之所以报考陈修斋先生和杨祖陶先生的研究生,之所以选定欧洲近代理性主义和经验主义(特别是经验主义)作为研究方向,其深层动因在于对"以阶级斗争为纲"那一套的厌恶,出于对科学技术乃第一生产力的感悟。但我在研究欧洲近代认识论的时候,却比较深刻地认识到认识的目的和方法问题归根到底是一个与认识的主体,即人,紧密相关的问题。正是基于对认识论的这样一种理解,使我觉得有必要开展对西方人学或西方人本主义的研究,而正是后面这样一种研究又将我引向了宗教哲学和宗教学的研究。而在这样一种哲学旅游过程中,我不仅开出了"现代西方人本主义""死亡哲学""宗教学"等课程,而且还出版了一些有关著作,如《死亡哲学》(湖北人民出版社)、《宗教概论》(人民出版社)、《西方死亡哲学》(北京大学出版社)、《宗教学》(人民出版社)、《主体生成论》(人民出版社)、《哲学的宗教维度》(商务印书馆)和《中世纪哲学研究》(人民出版社)等著作。不难发现,这样一种哲学旅游,既是对霍布斯《论物体》的远离,也是对霍布斯《论物体》的逼近。因为它使得我在对《论物体》的再理解中不仅获得了前所未有的哲学广度,而且也获得了前所未有的哲学深度。而这样一种进步无疑为我更好地理解和翻译《论物体》打下了一个比较坚实的基础。

为了培养和锻炼新人,也为了加快翻译的进度,我曾邀请了几个学生和教师参加了此项译事。他们(依照其所译章节的前后顺序)分别是:段淑云(第十七至十八章),雷红霞(第二十章),陈志鸿、黄春姣(第二十一章),范志军(第二十二至二十四章),舒永生

(第二十六章 1—7 节),张思齐(第二十六章 8—11 节、第二十九章),黄炎平(第二十七至二十八章),彭海涛(第三十章)。张思齐教授还应邀对上述 10 章又 7 节(除他自己所译部分)进行了初步的审校,特此说明,并予以致谢。

鉴于上述翻译人员中大部分为初译者,为了保证译著质量,我对照原著,对各章译文作了比较认真的审校和统稿,对其中的一些章节作了较大幅度的修订和调整,对个别章节进行了重译。因此,如果该著在译文质量上存在有什么问题,当由我这个最终审校者和统稿者承担主要责任。

在《英文著作集》中,各书的索引及有关图形一律附在著作集第 11 卷中。这样一种做法虽然方便编辑排版,但却不利于读者对照阅读。鉴此,我们将有关本书的索引及图形作为附录放在本书最后。相信读者会欢迎我们所做的这样一种变更的。此外,原著所附图形不甚清晰,且第二十章图形只有一张,似乎与文本有些出入。若对理解文本有不便之处,还望读者予以谅解。

在本译著即将付梓之际,我要特别感谢现任责任编辑。没有他们的督促和积极工作,本译著是很难如此迅速地与读者见面的。

此外,我还要感谢陈兆福先生和朱泱先生。陈兆福先生非常关注本译著的翻译和出版,1987 年,他甚至约我一起面见馆领导,洽谈预领部分稿酬事宜。尽管他的这个提议被我婉言谢绝,但他的热情和殷切至今还让我感动不已。朱泱先生也曾多次敦促我,希望我尽快完成译稿。

译稿完成后,段淑云硕士曾认真审读了一篇,纠正了译稿中的一些笔误。这也是我需要感谢的。

翻译工作历来是一项极具挑战性的工作。其挑战性不仅源于伽德默尔所说的语言本身存在的某种"不可翻译性",不仅在于译者与作者、原作与译作之间不可避免地存在的巨大的时空间距,而且还在于译者与作者在理论视野和学术水准方面存在的这样那样难以逾越的差距。尽管人们对托马斯·霍布斯及其著作往往见仁见智,但无论如何,他在人类思想史上的崇高地位是我们这些译者很难企及的。正因为如此,尽管我们在翻译工作可谓竭尽全力,尽管我们在翻译过程中有时也有过得心应手的感觉,但由于我们知识结构方面这样那样的缺陷,在一些地方也还是有力不从心的感觉。鉴此,译著中出现这样那样的错讹,实在是一件难以避免之事。还望读者予以批评指正,以期再版时予以订正。

段德智

2014年10月二稿
2015年4月定稿
于武昌珞珈山南麓

图书在版编目(CIP)数据

论物体／(英)霍布斯著；段德智译. —北京：商务印书馆，2019
ISBN 978-7-100-16740-6

Ⅰ.①论… Ⅱ.①霍…②段… Ⅲ.①哲学—研究 Ⅳ.①B8

中国版本图书馆 CIP 数据核字(2018)第 238842 号

权利保留，侵权必究。

论　物　体
〔英〕霍布斯　著
段德智　译

商　务　印　书　馆　出　版
(北京王府井大街36号　邮政编码100710)
商　务　印　书　馆　发　行
北京市艺辉印刷有限公司印刷
ISBN 978-7-100-16740-6

2019年1月第1版　　　开本 850×1168　1/32
2019年1月北京第1次印刷　印张 20⅜
定价：65.00元